U0281444

国家出版基金项目
NATIONAL PUBLICATION FOUNDATION

海上絲綢之路文獻集成

總主編　陳支平　陳春聲

歷代史籍編

13

主編　范金民

海峽出版發行集團
THE STRAITS PUBLISHING & DISTRIBUTING GROUP
福建人民出版社

本册目次

海國圖志一百卷（卷五五至卷一〇〇）

〔清〕魏源撰

海國圖志卷五十五

北洋　　邵陽魏源輯

大俄羅斯十八部

莫斯科部 東界阿那里麻南界都臘 西界斯摩速北界底瓦 本俄羅斯舊都也封域寥闊故曰大俄羅斯幅員萬有五百方里戶百二十八萬九千八百二十口轄小部落三兵二萬二千土番皆習額利教北界近綏林層巒疊嶺林木葱蘢天寒多雪尚不害麥亦產穀佛蘭西那波利稔王曾率師來侵踞其國都爲火所焚不戰自潰死者無算敗績而遁蓋俄羅斯設計空城伏火以待也先

是莫斯科之屋廬牆用木板上覆以瓦或有以鐵爲門以鐵代瓦者自遭兵燹極目荒曠行人常虞迷失嗣後鳩工修築磚瓦崇麗修廟則仿之韃韃里造衙署監獄則仿之佛蘭西而寶刹之輪奐營帳之嚴壯皆埒諸國現存大鐘一寬六十七忽 八寸爲忽 重二萬二千頓約值銀七萬棒 五員爲棒 大礮一內寬可容坐一人從未施放

那窩俄落部 東界窩鹿那南界底瓦 西界比特革北界何羅義斯 地處北陬並

轄麻爾底瀕海各地爲至蠻悍之區不受約束後爲蒙古韃韃里王所奪 疑即元太祖所攻服之欽察也 至俄羅斯伊挽王始征服其地幅員五萬六千五百五十一方里戶九十一萬五千五百口轄小部落八壯麗雖不及國都亦俄羅斯至大之部落

尼斯諾科部 東界加匽西界窩拉里麻南 界水耶北界果士多羅麻 濱臨窩爾牙河爲阿細阿洲歐羅巴洲各國商賈所聚惟河漲時有淹之患幅員二萬五百零一方里戶百三十四萬口轄小部落五土番皆習額力教

阿那里麻部 東界尼斯諾科西界莫斯科 南界阿匽北界耶羅斯羅 幅員萬八千六百六十九方里戶百三十萬六千零四十六口轄小部落四土番皆習額力教產鐵器

底窪部 東界耶羅斯羅南界莫斯科 西界伯斯果北界諾科落 附近窩爾牙河幅員二萬四千二百十三方里戶百二十三萬二千三百五十八口領小部落五土番皆習額力教

都臘部 東界阿匽南界阿里爾西 界加魯牙北界莫斯科 幅員萬一千九百零四方里戶百零九萬三千七百二十口領小部落四土番皆習額力教產鐵器居人富庶

加僧牙部東界都拉西界斯摩速南界阿里爾北界莫斯科幅員萬二千七百三十六方里戶百十五萬九千六百口領小部落四土番皆習額力教土腴產粗尼粗布貿易蕃盛

何臘爾部東界窩羅義斯南界戈塞西界渣尼俄甫北界都臘幅員萬六千七百七十九方里戶百二十七萬零八十五口領小部落五土番皆習額力教美田疇產稻穀運售于比特革

窩羅義斯部東南俱界端戈沙斯西界戈塞北界旦摩甫附近端河俄羅斯比達王始得其地幅員三萬二千四百八十七方

里戶百有四萬四千八百二十口領小部落十一土番皆習額力教土沃商賈盛

斯摩速部東界莫斯科南界阿臘里西界委的塞北界底窪幅員二萬一千零八十八方里戶百二十九萬七百有五十口領小部落六土番皆習額力教廟宇華麗

伯斯果甫部東界底窪西南界委底塞北界比特革在大俄羅斯之西幅員二萬二千二百九十三方里戶七十八萬三千九百四十口領小部落四土悉俱習額力教

耶羅斯羅部東界果斯多羅麻西界底洼南界窩拉里麻北界窩麻那在大俄羅斯之中央幅員萬四千五百二十八方里戶百有二萬二千九百九十口領小部落五土番皆習額力教

窩祿那部東界俄羅斯南界巴毋北界阿占牙爾西界諸戈落在大俄羅斯之北幅員十六萬三千七百有十二方里戶八十萬零二千一百七十口領小部落十有九樹木蕃茂俗尙織機不產五穀皆仰商販土番皆習額力教

阿羅義斯部東界阿占牙爾南界諸科落西界宏蘭北界阿占牙爾在大俄羅斯之北幅員七萬有七百八十九方里戶三十五萬二千九百口領小部落七土番俱習額力教多樹少

五穀仰商販

阿占牙爾部東界阿細阿洲俄羅斯西界幾摩南界窩祿那北界氷海在大俄羅斯之北幅員三十四萬六千一百三十三方里戶十六萬二千六百六十口領小部落四十有五糧食俱由南方商舟運至舟不回帆至卽折爲薪以材木賤也土番皆習額力教俗皆業漁

赫阿屡部東南俱界旦摩甫西界窩那里摩北界都臘幅員萬四千五百五十三方里戶百二十七萬二百九十口領小部落五土番俱習額力教

果斯多羅麻部東界未壓加西界耶羅斯羅南界尼斯諾科北界窩祿那幅員三萬八千五百七十方里戶百四十二萬二千七百口領小部落六土番皆習額力教。

戈塞部東南俱界阿羅匿斯西界渣尼俄付北界阿臘爾幅員萬四千九百五十四方里戶百六十一萬一千有五口領小部落五土番皆習額力教

小俄羅斯三部

幾富部東界布爾多洼西界牙爾西阿南界卡循北界阿爾希尼阿土宜耕種本俄羅斯舊地前為韃韃里波蘭兩國所據後復奪回幅員萬七千五百五十七方里戶百三十五萬三千八百口領小部落二十有二首部落有新舊之別舊城廟宇多荒蕪新城極壯麗土番皆習額力教俗尚潔勤工作屋墻俱飾以白人多好勝

查尼俄南部東界戈塞南界布爾多洼西界敏塞北界阿葛爾幅員二萬二千九百八十八方里戶百三十七萬八千五百口領小部落七土番皆習額力教。

布爾多洼部東界阿羅匿斯西界幾付南界斯底里加那南北界查尼俄付幅員萬六千八百零十方里戶百九十三萬三千口領小部落五土番皆習額力教土產穀麥農商富庶

南俄羅斯五部

南俄羅斯平衍宜麥土番西底奄最曠野至俄羅斯比達王加底尼里王時漸歸教化

加底里部東界端科薩斯西界卡循南界擣利達北界布爾多注千七百九十六年波爾王始設部落招商賈今則爲俄羅斯國中等之埠幅員二萬九千七百五十五方里戶九十四萬四千九百四十口領小部落四土肥而難于取水

卡循部東界加底里那斯拉付南界擣利達西界窩沙拉米北界幾付幅員二萬五千七百二十八方里戶五十二萬三千六百口領小部落十有一

擣利達三部又名格里彌阿北界卡循東南西俱界東海在歐羅巴俄羅斯極南幅員四萬三千五百六十二方里戶四十三萬七千四百口領小部落四小山層疊螺髻可觀和暖稱樂土前屬耶麻尼後屬韃韃里俄羅斯連年攻戰而得之

窩沙那彌部東界卡循西界普魯社南界裏海北界波那里幅員萬八千七百一十方里戶三十一萬口領小部落八

端戈沙司部東南俱界歐色特里西界窩羅匿斯北界水耶新麥塞幅員七萬七千零三十四方里戶三十一萬口領小部落十有九土番本韃韃里種類修偉瀆樸富足好施家居力作征戰奮勇部落生殺自擅所征賦稅每年稍助俄羅斯新藩兵餉而已查加色首部落也濱臨端河常被水患遷城高阜仍其舊名民免昏墊而貿易不若舊部之便

加㔶俄羅斯五部

加㔶領大部落五。加㔶、未壓加、新麥塞、氷耶、巴母。本韃韃里之地，至千五百五十年明世宗嘉靖三十九年始歸俄羅斯。

加㔶部東界阿臨默，南界未壓加，西界尼斯諾科，北界新麻塞。幅員二萬二千二百七十二方里，戶百有十三萬八千八百口，領小部落五。先時街道咸鋪木板，嗣因不戒于火，改用磚石。地多樹木，產銅鐵。土番普魯社種類，勤耕種，精焇皮，製造番靦。

未壓加部東界巴母，西界果斯多羅，南界加㔶，北界窩麻那。幅員四萬七千三百八千一方里，戶百二十六萬九千五百口，領小部落十有二。土番普魯社種類，產五穀，多運售于阿占牙爾，兼產銅，產番靦。

新麥塞部東界荷林罷，西界氷耶，北界加㔶，南界端戈沙斯。濱臨窩爾牙河。幅員二萬九千九百一十方里，戶百有九萬五千一百四十口，領小部落七。土番普魯社種類，出產銅鐵樹木。

氷耶部東界新麥塞，西界單摩市，南界端戈沙斯，北界加㔶。濱臨蘇臘河。幅員萬六千五百九十七方里，戶百有四萬四千八百口，領小部落五。土番普魯社種類，勤耕種。地多樹

巴母部東界阿細亞俄羅斯，西界未壓加，南界荷林罷，北界阿鹿那。幅員十二萬七千零一十七方里，戶百二十三萬二千四百七十口，領小部落十有五。土番普魯社種類。西隅之山產銅鐵尤旺。

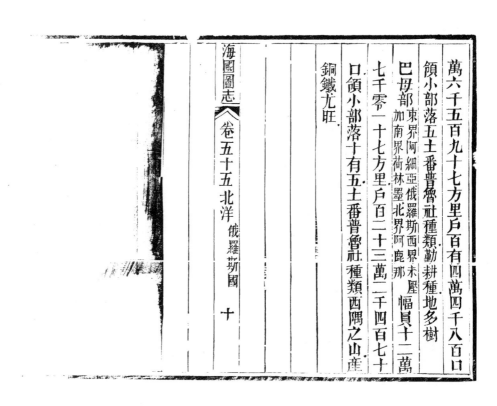

俄羅斯南新藩五部

俄羅斯南新藩之薩加社納希斯丹諾尼阿阿沙塔干阿鄰𪏆五大部落同屬一區內有高加薩斯大山外臨黑海裏海壤地崎嶇不與各國往來人皆化外恃其險僻謂無人敢侵其境未幾諾尼阿蠻區竟爲巴社所奪尚有濱海數小部亦爲都魯機所奪而薩加社等部落是時又爲俄羅斯所有嗣因諾尼阿背叛巴社俄羅斯率師征服并得土魯機所屬之數小部從玆濱海蠻區悉爲俄羅斯屬地土番皆習馬哈

墨回教小諳文學技藝刼掠爲生俄羅斯設兵設官極力撫導惟阿林墨部近已歸化同于內地次則薩加社亦加馴服阿薩塔干平地多有韃韃里流寓之人設勘名官管束稅其牛羊尚遵法度若諾尼阿納希斯丹則粗蠻如舊因其地與巴社附近欲籍其力以捍拒雖有官彈壓羈縻而已

薩加社部（東界納希斯丹南界諾尼阿西界黑海北界阿薩塔干）境內崇山峻嶺最高曰高加薩斯山千三百二十丈終年積雪土不饒而宜麥領小部落十有四首部曰摩斯諾設有礮臺地極崎嶇自俄羅斯闢山路造橋梁五年始蔵設總領一人及玉士領千五百名玉士領武官也所乘馬皆雄壯善走兵器弓矢鳥銃甲堅能禦銃彈所蓄奴僕分二等一備戰陣一司耕作其備戰之奴僕多至萬人修偉趫戰女多妍麗出則以布蒙面躡木屐童女以皮束下體釘以銀扣俟嫁時夫親釋之生兒女三四歲親朋即抱去撫育教習事業無異親生男至堪臨陣女至可婚配始還其父母謂親自鞠養恐其溺愛也機土臘小部落瀕氏力河市埠萬家而

都魯機之阿敏阿人十居七八産絲髮及酒

諾尼阿部（東界納希斯丹南界都魯機西界黑海北界薩加社）巖巒盤互萬木參天山深多礦本巴社之地因國王與俄羅斯交兵徵國中年不及壯之丁盡入營伍憤怨背叛原欲自制方面不意復爲俄羅斯所得領小部落二十土番壯勇而女多美戶三千餘萬口習額力教者大半習馬哈墨回教者僅小半其俗權貴之家御僕殘刻無論田之磽沃倍額收租不計耕奴凍餒故赤貧甚衆刼掠四出雖良農負耒而耕亦必手械自衛特付里

斯首部落也。俗舊淳樸，今漸華靡，有習武館、軍裝庫，互市蕃盛。

阿薩塔千部（東界海，西界薩加社，南界端苛薩斯，北界阿林墨薩。）地多曠野崇山，領小部落四十有一。首部落瀕裏海，巴社之絲髮、寶石諸貨，皆售諸此。土番亦富足，善貿易，貧者捕魚爲生。東南隅有阿喇湖，可以煮鹽。格廉敏爲舊時首部，今雖頹廢，居民尚七萬餘，內有英吉利、佛蘭西、巴社、印度各國之商，而都魯機國之阿敏尼阿八最衆。

阿林墨部（東界阿細亞洲俄羅斯，西界加屡，南界阿薩塔千，北界帕尼）界阿細亞

歐羅巴兩洲之間，地多草埔，東隅有河，發源烏臘嶺山中，謂之烏拉領河，境內南歷阿薩塔千，而注裏海。轄小部落三十有三。阿林墨本首部落也，緣近邊界，改移總領官于烏臘，故近日以烏臘爲首部。土番頑梗，今漸入化，韃韃里之人每年販馬至者萬計，羊約六萬。

納希斯丹部（東界裏海，南界巴社，西界諸尼阿，北界薩加社。）近海岸，土膏沃，領小部落十有三。

北洋俄羅斯東新藩在阿細亞洲內地（與蒙古滿洲相毗連之地）

悉畢厘阿國在阿悉亞洲之東北隅，俄羅斯藩屬也。東界大洋，與彌利堅洲對峙，中隔一峽，謂之墨領峽。西界烏拉嶺，嶺高僅三百餘丈而長，則自北海而至加斯比菴海（郎裏海也。）阿細亞與歐羅巴郎以此嶺分界。中有一路可通車馬，實爲兩洲之關鍵。北抵氷海，南以阿爾臺山爲界。阿爾臺山起處距烏拉嶺不遠，自西而東，直抵海岸。最高之峯二千丈，有出火焰者。山北爲悉比厘阿，山

南郎蒙古伊犂、韃韃里、黑龍江等處也。其地舊爲韃韃里遊牧之所。（觀此則俄羅斯東北亦舊爲游牧國，故佛經謂北方爲馬主。元太祖封其長子朮赤于阿羅思，故云。亦游牧國也。）額利西羅汝國亦有人往焉，生齒日蕃。分族類立頭目，其薩克阿左右之地，界連悉比厘阿者，爲韃韃里。凝匿士王所得，（凝匿士王似是元代藩封。）陰遣人偵探悉比厘阿形勢，欲越阿爾臺山而取山北地，路險崎嶇，不果。迨俄羅斯自立國，不屬韃韃里統轄，有俄羅斯之商至悉比厘阿海岸貿易，以洋貨易皮貨，日漸蕃盛，交結頭目，盛誇俄羅斯之富庶，各頭目惑之，間有率屬至俄

羅斯者覩其國都市廛宮殿之壯麗傾心歸向歲貢方物爲藩屬俄羅斯遂于近海之鳥彌河口建礮臺扼要害不勞一兵一矢而悉比厘阿悉爲俄羅斯所有然地曠人稀乃取國中罪人謫戍于此以罪名之輕重分派力役及至伊挽洼爾西二代王特恐生內患將附近國都之韃韃里人驅之加斯比㢪海即裏海旋得端戈薩司之戰士用爲前驅恢復侵地遂統大兵欲盡驅韃韃里之人韃韃里有豪健頭目耶爾麻不服領部衆六千餘東據悉比厘阿欲自立國而力不敵仍臣服于俄羅斯

耶爾麻旋爲其部下所殺于是俄羅斯王復移駐防阿辨之兵闢地至華尼西阿其居民曰儻俄斯族士浜漘艮大兵甫至爭貢皮毳復沿菴雅臘河而上幾至雅克薩即黑龍江雅克薩城其居民曰模臈斯蒙古猛悍異常即索倫俄羅斯憚于前進旼沿裡那河左而行崎嶇冰雪一片荒曠惟産貂狐最貴既而端戈薩司之兵不畏冰雪往來其地五十餘年至千六百三十九年太宗文皇帝崇德四年有端戈薩司之彌特厘者直至東洋荷葛斯海岸偵探道路復增兵前往菴雅臈河以至麥加湖遠近之地無不征

服此即康熙初年俄羅斯與我朝爭黑龍江索倫地之事由彼徑抵黑龍江適遇滿洲兵至與之交鋒俄羅斯敗歸山後阿模爾河即黑龍江麥加湖即呼倫貝爾泊也山即外興爾大嶺職方外紀圖謂之東金山故瀕江荒地仍屬滿洲後即以此爲界俄羅斯自此固守邊疆撫其所得之地較之當日阿列山達王西沙爾王時幅員遼闊不啻倍蓰由是欲窮東界所極是否與阿彌利堅洲相連抑或東洋有海間斷并欲于阿細亞洲之西直抵印度已得捷徑惟阿悉阿洲東方與彌利堅洲斷續之處屢訪之先曰蘭頓荷蘭商船未得端倪比達額列王亦曾募荷

蘭人操舟訪察無獲旋令雅古薩各官雅古薩乃俄羅斯東方部落非黑龍江之雅克薩也徧考史記亦無紀載惟云里那河因底雅加河阿臘斯加河水皆北流注海千六百四十八年順治五年有端戈薩司頭目特斯紐及孤底那二人相繼舟訪祇言阿細亞洲與彌利堅洲不相連千七百年康熙三十九年取得甘查甲其地斗出東海大洋風土迥異似別有天地其東之少南即日本國所屬之薩牙蓮島熱斯棱島正東邊界則與歐羅巴濱海諸國相連並得彌利堅洲一小隅之地及附近海島報至國都而比達額列王已逝

其女加特臘因嗣位于千七百二十年（康熙五十九年）纘述父志復遣官一士般麻一芝利果一墨領攜熟諳天文地理之特里斯列乘船東邁一無所獲千七百二十八年（雍正六年）墨領復至東隅僅考明阿細亞與彌利堅中隔一峽雖不相連而相距不甚遠遂以己名而名其峽曰墨領峽從茲不復遣使矣按悉畢厘阿國分二域西二部曰都莫斯曰科利弗東二部曰雅古薩曰甘查甲（英夷圖稱此爲四省蓋四大斯科也與中國相首尾）四部之城池又以都莫斯雅古薩爲最鉅其王獨攬國權雖有世家公卿莫敢專政廣興

文學以化邊鄙聲名文物日進于舊然因地制宜故與歐羅巴之俄羅斯法度稍異且距俄羅斯國都遥遠凡在悉畢厘阿之加彌業（貴官名）每自專擅不爲百姓所服幸當日甫得其地即將本國之人分徙僑居尚知王化主客相維故至今無敢背叛水師官弁多侵船料以肥其私近日力懲前轍兵共二萬二千半住都莫司半住雅古薩派守各口礮臺者十之六派防南界者十之四因當日取悉比厘阿者皆端戈薩司之兵故仍以其人充伍此外尚有甘查甲部地處極邊屯兵較內地尤衆

悉比厘阿所居之人有兩種一流寓一土著流寓者或因官寄籍或本國遷徙良民及謫配之人亦有所俘綏領將士流戍此地究皆官裔無僿鄙之習其罪犯定例重者開礦採金輕者酒館服役約束綦嚴其遷徙良民授畝而耕歲輸丁銀拉布爾八只徵男丁而不徵女土著者西南隅近哈薩克皆回教東北隅近蒙古則信奉剌麻教文學技藝當推都莫司雅古薩兩部在都莫斯者多流寓之人在雅古薩者多武官客商千七百九十年（乾隆五十七年）創書館貯史書設梨園大略與歐羅巴相等

敬賓客躭麯糵居則板屋食亦儉薄無非葱蒜魚肉牛馬乳面多紫黃似蒙古慷慨勇猛非耕牧即射獵極北嚴寒多不出戶產米穀大麥小麥粗麥石鹽石髓石奶油野鴨鴈鵝牲畜器用有大呢玻璃金銀銅鐵鉛紅寶石青金石鑽石水晶綠晶別有一種石刀切成片可代玻璃皮毳則灰鼠貂鼠白狐黑狐紅狐海狐海虎海獺壤沃厚易播種五金產自烏拉嶺及阿爾臺山并有沙漠千有餘里中亦產金千八百二十八年（道光八年）三處産金五十三蘧銅三萬千五百蘧鐵六萬六千蘧銀三十

三萬四千棒近日銀礦不旺歲產不過四五六萬棒採取五金約萬有三千餘人皮貨俱運售于都莫司雅古薩東洋遙遠北海沍冰或行數日無人煙河道紆曲茫遠萑苻出沒貿易跋涉艱難無匹徒以產豐利厚故商旅不絕冒險爭騖甘查甲物產尤甚運至雅古薩征稅甚輕以貨易貨大都烟酒刀劍玩物居多中國恰克圖城爲俄羅斯與中國互市之所以皮貨呢絨玻璃易中國茶葉大黃磁器絲髮棉花煙葉磁器每年交易約值二三十萬棒大湖二一巴西達湖由波注出海一麥鼐

湖在阿爾泰山之北雅古薩之東南眾水所滙最爲瀠淼河十有四烏彌河自科利弗大山發源紆繞北流中途會走頒河野代士加河並滙伊新河都莫爾河諸水由麻洼尼士加而注之海因尼西河自韃韃里發源北流至朱爾戈河會依那維河至都彔山薩又會黨俄士加河阿牙那河裡那河由豆定薩而注之海因底牙加河阿那斯加河珂里馬河阿那底河均發源阿爾臺山僅阿那底河一水趨東海餘俱北流而出氷海

都莫司部東界雅古薩南界韃韃里西界歐羅巴俄羅斯北界海 領大小邑三十九產金銀銅鐵錫五穀皮貨馬酒材木脂膏

雅古薩部即悉比虀阿首部東界甘查甲西界都莫斯南界中國北界海 領大小城五十有三產銀鉛皮貨

科利弗部東界雅古薩西界韃韃里南界中國北界都莫斯 領大小城十產金銀銅鐵鉛

甘查甲部東界海西界雅古薩南北俱界海 領大小城十七產皮貨海馬珍寶

重輯原無今補

地里備考曰亞悉亞州之地隸尼羅斯國者曰西卑里

曰日爾日曰是爾彎曰亞爾美尼曰義米勒多曰明哥勒里曰達日斯丹曰西爾加西曰亞巴西曰高加索各等處序列于左案西卑里一作西比利一作悉畢里一作細密里皆譯音之殊

西卑里在亞細亞州之北緯度自北四十八度起至七十度四十分止經度自東五十度起至一百八十九度止東枕白令科各度斯各二海西連烏拉爾山南接達爾給斯丹蒙古滿洲三國北界北海長一萬三千里寬五千餘里地面積方約五百六十六萬九千四百五十里烟戶一兆餘口地勢平坦海濱潟鹵南方峯巒參天

湖河甚多河之長者曰科比曰日尼塞曰亞那巴拉曰勒那曰英的日爾加曰哥義馬曰亞那的曰亞木爾曰義爾的土湖之大者曰拜加爾曰亞的音奴曰德合尼曰比牙星各曰蘇迷曰沙加德森至于田土北方土曠人稀西南膏腴豐茂土產金銀銅鐵錫鉛礬硝硫磺磁砂信石紋石磁器各種獸皮地氣嚴寒多冬少夏所奉之教或回或釋或大秦或天主趣向不一技藝平常貿易豐盛其地有鎮部郡三者之分其鎮則四一名德波爾斯各一名多木斯各一名耶尼塞斯各一名義爾古

德斯各其部則二一名科慕斯各一名亞古德斯各其郡則二一名科哥德斯各一名岡扎德加

日爾日亞在亞細亞州之西緯度自北四十九分起至四十二度四十八分止經度自東四十一度起至四十五度止東至是爾彎地暨加斯比約海西枕黑海暨亞爾美尼亞地南接土耳基亞白爾西亞二國北界高加索山長約一千里寬約六百餘里烟戶三億口境內崇山峻嶺田土膔腴草木禽獸無不繁衍地氣參差寒暑俱極技藝庸陋貿易冷淡首郡名的非利斯

是爾彎在亞細亞州之西緯度自北三十八度四十分起至四十一度三十八分止經度自東四十二度四十分起至四十七度三十九分止東枕加斯比約海西連日爾日亞地南接日爾西亞國北界達日斯丹地東西相距八百里南北相去五百里地面積方約一萬二千二百里烟戶一億五萬口境內峯多積雪田土膏腴生物茂盛四季温和技藝庸常貿易蕭疎首郡名巴古

亞爾美尼亞在亞細亞州之西半屬土耳基亞國兼攝半屬厄羅斯國兼攝其屬厄羅斯者又名黑里彎昔爲

白爾西管轄道光八年始爲本國兼攝東北界日爾日亞地西連土耳基亞國南接白爾西亞國長寬皆約七百三十里地面積方約九千九百里烟戶一億六萬口境內岡陵平原互相間隔土饒穀菓地氣温和西北地名黑里彎東南地名那各斯齊彎

義米勒多在亞細亞州之西黑海之邊岡陵重疊平原沃壤甚少土產材木魚類充斥土人弗取地氣温和人安物阜首郡名古泰西

明哥勒里亞在亞細亞州之西東至義米勒多地西枕

黑海南接日爾日亞地北界西爾加西亞地長約五百里寬百五十里烟戶約十萬口境內岡陵絡繹多樹林少隴畝菓實茂盛禽獸充斥土產絲酒首郡名宋鼻的

達日斯丹在亞細亞州之西緯度自北四十度三十三分起至四十三度四十八分止經度自度四十三度三十分起至四十六度四十分止東枕加斯北約海西連西爾加西亞日爾日亞二地南接是爾彎地北界高加索部長約九百三十里寬約二百二十里地面積方約一萬二千里烟戶二億六萬口境內崇山峻嶺湖河甚

多田土膴厚葡萄成叢不植自生禽獸蕃衍鱗介充斥產錫鐵硫磺地氣不一冷熱互異技藝蕭疎貿易清淡首郡名古巴

西爾加西亞在亞細亞州之西緯度自北四十一度五十二分起至四十五度十一分止經度自東三十四度二十分起至四十四度四十五分止東枕加斯比約海暨達日斯丹地西界黑海南接日爾日亞地北連高加索山長約二千里寬約五百里地面積方約二萬七千七百三十里烟戶二億六萬餘口境內峯巒參天夏雪凝積湖河甚多灌溉田畝產穀果絲蔴地氣互異平原溫和高陵寒凜其地一名大加巴爾達一曰小加巴爾達

亞巴西在亞細亞州之西緯度自北四十二度三十分起至四十四度四十五分止經度自東三十四度四十八分起至三十八度二十一分止東至明哥勒里地西連西爾加西地南枕黑海北界高加索山長約八百餘里寬約五百里烟戶一億九萬餘口境內岡陵與平原相間田土膴腴生殖蕃衍土產蠟蜜熟皮等物其地一

曰大亞巴西諸酋統攝各分部落一曰小亞巴西隸厄羅斯國兼攝

高加索部在亞細亞州之西緯度自北四十度起至四十五度止經度自東三十五度起至四十七度止東枕加斯比約海西連西爾加西地南接高加索山北界黑海長約二千餘里寬約七百二十里地面積方約四萬五千里烟戶一億三萬口境內山陵綿亘隴畝膴腴間多瀉鹵土產蠟蜜牛狐貂鼠海虎各皮地氣溫和人安物阜首部名斯達窩羅波爾

〈地球圖說〉西北利亞國東界大東洋南界滿州并蒙古西界歐羅巴大州北界北海其百姓約七百萬之數所述之教回回教希臘教釋教所習之藝漁獵商賈凡莪羅斯之居民犯罪咸遷徙于此與中國貿易之處名甲他城地勢東南西三方俱高北方平坦惜近北極之處終年冰雪五穀不登草木野獸繁殖人跡希少土人每用木屐車一乘負以五大犬搭轡馳驅南方頗温和畧堪栽種內有鹽湖數處名不詳述又有伊士江胡壁江里納江此三江之大甲于亞細亞洲產金銀銅鐵金剛

石獸皮

海國圖志卷五十六

邵陽魏源輯

北洋俄羅斯國沿革 原無今補

皇清四裔考俄羅斯國東北至海南接喀爾喀準噶爾哈薩克土爾扈特西接西洋諸國秦漢爲渾庾屈射丁靈諸國匈奴并有其地唐爲骨利幹國居瀚海北其地北距海元時爲阿羅思吉利吉思昂可新地元史稱吉利吉思南去大都萬餘里其境長一千四百里廣半之有謙河西北流注于昂可剌河北入于海今俄羅斯有

昂噶喇河即元史昂可剌河也昂可新者元史謂即唐之骨利幹也今名俄羅斯即元阿羅思轉音也案元時阿羅思爲一國欽察爲一國太祖滅之以封其長子者也吉利吉思爲一地昂可剌爲一地謙州爲一地益蘭州爲一地此則隸于嶺北行省元帥府皆在和林以北以阿爾泰嶺興安大嶺爲界在今日爲俄羅斯東藩而在元時則乃蠻故地非阿羅斯所屬也近始爲俄羅斯所并相傳其國舊無汗號西北近海計由之地其酋名依番瓦什里魚赤者因族姓擾亂求助于西費耶斯科國假其兵力服屬諸族自立爲汗歷三百餘年今其酋皆稱察罕汗云其地寒多陰少晴蕃林木稀人煙分八道曰西畢爾斯科曰喀山斯科曰

佛羅尼使斯科曰計由斯科曰司馬連斯科曰三皮提里普爾斯科曰郭羅多阿爾吟連斯科曰莫斯窪斯科一斯科所屬城堡名柏興多者至百餘少或一二十餘蒙古語謂民居曰板升與柏興音近俄羅斯鄰蒙古疑卽其轉音也官制汗左右近侍官四得專政每斯科設總管官一彼中名噶噶林每柏興設頭目田則什一而稅凡業打牲者納貂鼠狐狸銀鼠灰鼠其不打牲者歲納銀錢二百法律凡叛逆犯上者支解遇敵敗北者斬刼奪人及殺人者俱斬傷人者斷手偷盜倉庫官物者

視贓之多寡有劓刵者有以火灼之而發遣者私鑄錢者鎔銅灌口內以殺之私賣烟酒者重責籍其家遣其人因姦殺死本夫者本婦則埋于地露其首以殺之姦夫則懸于樹以殺之犯姦者本婦重責不離異姦夫重責又罰銀入官其幼童與女子姦者重責之配爲夫婦俗尚天主教不知朔望或二十九日或三十日或三十一日爲一月十二月爲一歲每歲按四季大齋四次或四十日或三十餘日以冬季大齋完日爲歲初平時皆逢七齋戒知節儉厭兵戎性矜誇貪得喜諛諂好詞訟

每逢吉日男子相聚會飲醉則詠謌跳舞婦女不避客爭相炫飾遊戲爲隊行歌于途卑賤見尊者免冠立地而叩尊長不免冠平等相遇皆免冠立地而叩男子與婦人遇男子免冠婦人立地而叩以去髭鬚爲姣好髮卷者爲美觀婚嫁亦用媒妁聘娶之日往叩天主堂誦經畢方合巹殯殮有棺俱送至堂內葬埋不飲茶服氈褐芒布以麥麪爲餅餌不爲飯每食用匙及小叉無箸俗尚貿易務農者少知種而不知耘不以牛耕居河濱者善泅用瓜種大小銀錢有值三文十文五十文百文

者亦有紅銅錢與小銀錢通用以十六寸爲尺十二兩爲觔千步爲里後改五百步爲里其木則有杉松馬尾松楊樺叢柳櫻薁榆刺玫其穀則有大麥小麥蕎麥油麥及稷其蔬則有蘿蔔蔓菁白菜王瓜芫荽倭瓜葱蒜獸畜則有駝馬牛熊狼堪達韓野豬鹿狍黃羊狐狸兎貂鼠銀鼠灰鼠鼢鼠行地中遇陽氣卽死身大有重萬觔者骨色白潤類象牙性最寒食之可除煩熱骨可成器彼中名麻門橐窪禽則有鷹鵬鴿鶴海青鴉鵲鷄又有聶木沁鷄大如鵝脚高尾短有蒼黑色而花紋者有

白色青斑者其冠色不時變幻人稍侵之即鳴翅立冠
下垂比尸畜之俄羅斯稱西費耶斯科國爲聶木沁云
魚則有鯝鰭鰽鯉石斑鯽魴鰱鱮鴨嘴哈打拉他庫木
舒爾呼松阿禪勾深牙魯四帖里烈帖鄂莫裏樂則有
鐘鼓喇叭木笛嗩吶銅絃箏胡琴其土宜風俗物產大
畧如此明時阻于朔漠未通中國順治十二年其國察
罕汗始通使
一統志曰俄羅斯在喀爾喀楚庫河以北東南至格爾
必齊河北岸自大興安嶺之陰以東至海與黑龍江所

轄北境接界西接西洋西南至土爾扈特舊國及準噶
爾界北至海去中國京師二萬餘里其貢道由恰克都
經喀爾喀地進張家口以達于　京師地在極北古難
詳考秦漢之間服屬匈奴史記匈奴傳冒頓單于北服
渾庾屈射丁靈鬲昆薪犁之
國注正義曰薪犁以上五國在匈奴北按魏略曰匈
奴北有渾窳國有屈射國有丁令國有融昆國有薪犁
國蓋北海之南自有丁令非烏孫之西
丁令也烏孫長老言北丁令有馬脛國漢有堅昆丁令
漢書匈奴傳郅支單于北擊烏揭降發其兵西破堅昆
北降丁令　按堅昆在烏孫北烏揭之西丁令又在其
北史記所謂丁令　唐時有黠戛斯骨利幹等國　唐書黠
也即今俄羅斯也　戛斯古
堅昆國也地當伊吾之西焉耆之北白山之旁或曰居
勿曰結骨其種雜丁令乃匈奴西鄙也匈奴封漢降將

李陵爲右賢王衛律爲丁令王後郅支單于破堅昆于
時東距單于庭七千里南車師五千里郅支留都之後
世得其地者訛爲結骨稍號紇骨亦曰紇扢斯云直回
紇西北三千里南依貪漫山地夏沮洳冬積雪人皆長
大赤髮晳面綠瞳以黑髮爲不祥黑瞳者必曰陵苗裔
也男少女多俗趫伉氣多寒雖大禾亦半禾稼有禾粟
大小麥青穋穄峕至壯大其君曰阿熱遂姓阿熱氏駐
牙青山至回鶻牙所橐駝四十日行回骨牙北六百里
得仙娥河河東北曰雪山地多水泉青山之東有水曰
劍池偶艇以度水悉東北流經其國合而北入于海堅
昆本强國也地與突厥等東至骨利幹南吐蕃西南葛
邏祿貞觀二十二年入朝帝以其地隸堅昆麻隸燕然
都護乾元中爲回訖所破後語訛爲黠戛斯蓋回紇謂
之若曰黃赤面云又云骨利幹處瀚海北多百合產良
馬其地北距海去京師最遠又北度海則晝長夜短日
入烹羊胛熟東方已明蓋近日入處也太宗時入朝以
其地爲元闕州其大酋獻馬帝取其異者號十驥龍朔
中以元闕州更爲余吾州隸瀚海都督府　按唐時堅

昆在西骨利幹在東皆今俄羅斯南境　元時有俄羅斯
今其人多赤髮晳面綠瞳蓋堅昆裔也　元時吉里吉
及吉里吉思及撼合納謙州益蘭州等處　思南去大都
萬有餘里其境長一千四百里廣半之謙河經其中西
北流又西南有水曰鄂普東北有水曰王舒皆巨浸也
會于謙而注于昂可剌河以北入于海俗與諸國異土
產名馬白黑海青昂可新者因水爲名附庸于吉里吉
思去大都二萬五千餘里即唐史所載骨利幹國也烏
斯亦因水爲名在吉里吉思東謙河之北撼合納蓋猶
言布囊也蓋口小腹巨地形類此因以爲名在烏蘇東
謙河之源所從出也其境土惟有二山口可出入山木
林樾險阻頗甚謙州亦以河爲名去大都九千里在吉
里吉思東南謙河西南唐麓嶺之北朔漠圖自和寧北
行三千里名昂吉爾海子自此又行五百餘里至謙州
吉利吉思地又行千里至大澤云○源案謙州在唐努
山之北謙河之西吉里吉思則在謙河之北烏斯部在
其東昂可新則在極北謙河入海之處惟撼合納在極

東爲謙河之源與今黑龍江交界此皆嶺北之地非元初阿羅思所有至今日始盡并于俄羅斯號東新藩四部詳後元代北方疆域考此五部之西則爲元諸王海都等金山以此分地元史無考皆其地也明時阻于朔漠未通中國　本朝順治初其衆曰羅剎竊據黑龍江雅克薩之地築城居之侵擾索倫達虎爾等索倫達虎爾二部居額爾古納河及淨溪里江之地與羅剎接境康熙十五年遣使入貢諭以嚴禁羅剎毋擾邊陲羅剎潛使淨里溪等處遷延不去　命都統公彭奉率兵進討羅剎窘迫乞降及我兵回潛據雅克薩如故二十四年復　命黑龍江將軍薩布素等統兵圍之降者日衆二十五年其國察漢汗遣使上書言下國邊民搆釁自當嚴治乞撤雅克薩之圍且請分定邊界許之二十八年遣內大臣索額圖等與其使臣費要多羅等會議于尼布潮之地定格爾必齊河以北大興安山一帶爲界其前所侵之尼布楚雅克薩諸處俱入版圖于格爾必齊河旁立碑爲志自後貿易之使每歲每間歲一至未嘗稍違節度三十三年俄羅斯送回逃人二名理藩院行文獎之是年察漢汗遣使入貢　聖祖閱其奏章諭大學士曰俄羅斯貢獻想從乜所經其國距京師甚遠從此陸路可直達彼處自嘉峪關行十一二日至哈密自哈密行十二三日至吐魯番過吐魯番即鄂羅斯之境聞其國遼濶有二萬餘里三十九年俄羅斯遣使者齎奏至　聖祖曰

俄羅斯地方遙遠僻處西北海隅然甚誠敬噶爾丹窘廹求救于彼曾拒而不答曩者遣人分畫疆界即獻尼布楚地以東爲界尼布楚等處原係布拉忒吳郎海諸部落地彼皆林居以捕貂爲業人稱之爲上中人後俄羅斯强盛并吞之能遂獻還可此允當軫念也其國王所居之城曰莫斯科窪近西北大海去　京師甚遠相傳其國本微弱地亦狹初居近海之討山地後假兵力于西費耶斯科國漸强盛其國至依番瓦什里魚赤始得西費耶斯科之助以兵八于及餉收諸部族遂雄長西北稱汗者歷二十三代五百五十餘年吞併喀山托波兒諸處亦一百六十餘年今其地廣袤幾二萬餘里分八道一道曰莫斯科窪斯科國王所都一道自托波兒河東至尼布楚與中國分界處曰西畢爾斯科其六道曰喀山斯科佛羅尼使斯科計由斯科司馬連斯科三皮提里普爾斯科郭羅多阿木哈斯科每一斯科如中國省會其餘小斯科無數設官管轄每斯科設一人統轄曰噶噶林各處省城堡名曰柏興猶中國州縣大者兵民數百或千餘小者一二百設頭目一人有樓房屋舍架大木爲之城垣亦皆列木柵但絕少多盧名耳南界土爾扈特哈薩克諸國及內附之喀爾喀西北尚有十餘國大者曰西費耶斯科圖里耶斯科近爲所侵掠皆微弱云康熙間其國遣人來　京師就學設俄羅斯館派滿洲助教一人漢助教一人教習之雍正五年定俄羅斯來學喇麻六人學生四人每十年更換一次乾隆三十二年王師追討準噶爾部叛賊阿陸爾撒納由哈薩克嶺

入俄羅斯境未即縛送　特命典屬嚴詞索取適逆賊身斃俄羅斯遂傳送其屍修詞恭順與　天朝永睦地寒土濕多雨雪少晴和山川險阻林樾叢繞居止有廬舍水陸用舟車風俗以去髭鬚爲姣好髮卷者爲美觀卑賤見尊長以免冠立叩爲恭敬服氈罽喜飲酒不知茶屑木爲餅不飯食知種而不知耘不知牛耕居河濱者喜浴善泅有錢文大小銀銅式不一以十六寸爲一尺十二兩爲一觔千步爲一里無節氣書知有四季而不知朔望人材勇健性矜誇貪得平居和睦喜恢諧少

爭鬭好詞訟刑罰頗嚴尚浮屠自國王至庶民有四季大齋戒十日其山川有怕付林斯科山在國境東佛落克嶺西北高出諸山之上土人云冬夏積雪人皆不能至○按自喀爾喀諸部馳牧色楞格河下流地名楚庫柏興入俄羅斯界自此而北水皆北流沿路皆大山深谷山多林藪夏多蛇蝎水多魚　本朝康熙五十一年原任內閣侍讀圖理琛奉使土爾扈特道經其國歸而著其山川風土今依其所經次第列諸大水于下山雖多而有名絕少故不盡錄之

佛落克嶺在費爾和土爾斯科地高十餘里嶺東流出二水曰土拉河曰托波兒河下流東會於額爾齊斯河山陰有水曰喀穆河下流西會於賺吉斯湖

色楞格河源出喀爾喀境內東北流至楚庫柏興入俄羅斯界受東南來之楚庫河又東北流二百餘里至烏的柏興受東南來之烏的河又北流二百餘里入白哈兒湖河廣四五十丈水清流急十月中始凍兩岸皆山沿岸多叢柳榆樺櫻薁中多魚

昂噶刺河自白哈兒湖西北流出又西北流一百五十里至厄爾庫城受西南來之厄衛庫河水又西北流二千九百餘里東北來之伊里穆河又數百里會伊聶謝河流入北海此河長三千餘里受十餘小水又大于色楞格兩岸及河中皆高峯峭壁水深溜急舟行甚險五六月尚有冰舊志昂可拉河兩岸皆山自伊里穆河流入之處以至伊聶謝河中間河流俄羅斯人又呼爲通古斯科河又有十餘小河皆注入之昂噶拉河內有伯克五處破落克八處西費拉九處其國謂水中高峯及臨水懸岸曰伯克有滅提別而伯克巴達爾滿斯克伯伯克多達兒斯克伯克滅費斯克伯克費達穆克伯克謂夾岸峭壁中有大石河水陡下懸流曰破落克有博合滅兒爾納破落克牙皮乃破落克巴墩破落克多爾規破落克沙滿斯克破落克阿普林司克破落克木爾蘇克破落克四鐵烈洛什破落克謂水淺多在急流之處曰西費喇有洛什西費喇鄂標穆索斯奈西費喇柏格西費喇郭洛活瓦西費喇郭費殷斯克西費喇噶什那西費喇鄂費夏那西費喇鄂爾吉那西

費喇鄂薩牙西費喇源按元史吉里吉思有謙河西北流注于昂可喇河一統志以昂可河當謙河與水道提綱說不合詳元代北藩考

伊聶謝河水自厄爾庫城之西北由昂噶拉河水行三千餘里至伊聶謝柏興得伊聶謝河其水大于昂噶喇不知發源之處北流經伊聶謝柏興會東來之昂噶喇河轉東北流入于北海自此而北地益寒蓋近北海矣

揭的河伊聶謝柏興之西北二百五十餘里地名麻科斯科有嶺名佛落克水從嶺下流出西北流二千五百餘里至那里穆柏興入于鄂布河舊志揭的河土人名爲解梯多灣曲水色赤沿河有小柏興四五處順流約二千里河面漸寬水色漸白

鄂布河自麻科斯科西北由揭的河水行二千五百餘里至那里穆柏興得鄂布河其水西北流至托穆斯科受東南來之托科河至那里穆柏興又受東南來之揭的河又西北流二千餘里至薩馬爾斯科之地轉西南流與厄爾齊斯河合復西北流入北海此河又大于伊聶謝水濁溜緩洲渚甚多自此而北地漸平坦不甚大矣

厄爾齊斯河

自那里穆柏興西北由鄂布河水行二千餘里至薩馬爾斯科得厄爾齊斯河其水自阿爾泰山發源北源入俄羅斯境又西北流至托波兒之地受托波士拉二河轉東北流與鄂布河合流入北海此河大如色楞格水溷溜急其發源之阿爾泰山屬中國西北塞外邊界即古金山也計其源流與色楞格相等不知幾千里舊志厄爾齊斯河在蘇爾呼式柏興西南六百餘里托波兒河源出費雅爾士爾斯科地之佛落克嶺西東南流與土拉河會又東北流入于厄爾齊斯河其入厄爾齊斯河處之東地名托波兒在薩爾斯河西南一千餘里彼所稱六道中之一道也居民二千餘戶駐兵二千餘名頭目十數人有盧舍市井謂之西畢爾斯科設噶林一人統之凡諸柏興皆其所轄云舊志狄穆演斯科西南六百餘里爲托波兒地厄爾齊斯河來自東南繞過托波兒向東北由托波兒河來自西南至北地而合士拉河源出佛落克嶺東東南流入托波兒河會于厄爾齊斯河其發源處地名貴耶爾和士爾斯科在托波兒西北二千餘里自此西北與國城相

近彼謂之內地喀穆河在佛落克嶺之北從一山中流出西南流千餘里至黑林諾付之地有佛落克嶺北流出之費牙武喀河西流入此河又流至喀山城東南入佛兒格河此河上流至地名黑諾付俱屬西畢爾斯科道至喀川乃別爲一道自此而北至國王所居莫斯科窪城僅二十餘里地勢趨下人煙稠密舊志喀穆河大似色楞格河水色赤瀨急自東北流西南流至喀山相對之地入佛爾格河佛爾格河發源西北山中東南流至喀山城東南受喀穆河流三百餘里至西穆必爾斯科之地轉西南流又五百餘里入土爾扈特國界南流滙于勝吉思湖此河大如鄂布河水溷溜緩在俄羅斯名佛兒格在土爾扈特國名厄濟爾他水皆北流入海惟此自北而南不入海其所經之喀山亦八道中之一道也在黑林諾付西南五百餘里地平坦多田畝產稻稷麥環大水爲城有八門周八里居民五千餘戶設總管統轄其南三百餘里地名西穆必爾斯科又西南五百餘里曰薩拉托付自此而南即土爾扈舊所游牧之地矣白哈爾湖在楚庫柏

五百餘里亦入北海去喀爾喀之北界千餘里有巨澤南北長二百里許東西廣千餘里四面皆山色楞格河自西南流入昂噶喇河自西北流出其從東流入者又有一河亦名昂噶喇河中有洲曰鄂遜漢在湖內之東北偏南北五十餘里東西二百里上有山岡多野獸水多魚蒙古五十餘戶游牧于此十二月下旬冰始堅可行二月盡冰始解按唐書地理志骨利幹都播二部落北有小海冰堅時馬行八日可渡海北多大山其民狀貌甚偉風俗類骨利幹晝長而夕短所謂小海即此水也又按史記匈奴傳匈奴留郭吉遷之北海上漢書蘇武傳匈奴徙武北海上無人處使牧羝武既至海上廩食不至掘野鼠去草實而食之杖漢節牧羊單于弟子軒王弋射海上王死後人衆徙去丁令盜武牛羊武復窮厄匈奴使李陵至海上爲武置酒設樂武終不降後漢使復至匈奴常惠夜見漢使教使者謂單于言天子射上林中得雁足有係帛書言武等在某澤中前言北海海上後言某澤以塞外遇水澤通稱海也白哈爾湖地在匈奴北與丁令正相近史記匈奴傳冒頓北服

丁令漢書李陵傳匈奴立衛律爲丁令王注云丁令匈奴之別種又蘇武傳注丁零即上所謂丁令耳然則俄羅南境即丁零故地而白哈爾湖即蘇武牧羝之北海上歟其物產有麥有大麥小麥蕎麥油麥松杉樺已上三種各處有之馬唐書骨利幹產良馬首似橐駝筋骼壯大日中馳數百里今俄羅斯所產馬皆高大逾常即其類也牛羊豕鹿唐書有鞠國居拔野古東北有木無草地名苔莪無羊馬人豢鹿若牛馬惟食苔俗以駕車又以鹿皮爲衣元史撼合納在烏斯東謙河之源所從出也貧民無恒產者皆以樺皮作廬帳以白鹿負其行裝取鹿乳採松實及斸山丹芍藥等根爲食今俄羅斯之東境伊聶謝柏興之地有一種貧民名曰喀穆尼漢亦曰通古斯俱畜鹿以供乘馭負載鹿色灰白形如驢有角名曰俄倫即其類也白狐伊聶謝之北地名上兒汗斯科產此獸麻門豪窪華言鼠也產于極東北近海虛牙特庫之地身大如象重萬觔行地中見風即死每丁河濱上內得之骨理柔潤潔白如象牙彼人以其

骨製爲椀碟梳篦之類肉性極寒食之可除煩熱云此
地最寒距北海大洋止一月程晝長夜短亦不甚晴雖
日落夜深猶可博奕不數刻東方已曙 按唐書 貂各
載骨利幹之北晝長夜短近日入處即此地也 處
有之又有黑貂皮甚貴亦 銀鼠青鼠四帖黑烈帖魚 形
產極東北牙特庫之地 類
鱘無鱗脊上並兩肋有三骨連生大不過三尺味頗佳
氷未凍時從北海由鄂布河溯流而來甚多人取食之
又有名鄂莫裏者長止尺餘白露後五日內由自哈兒
湖逆流而來取之不盡其諸河內皆產鱸鱠鯉鯽鱓鯿
等及哈呼拉魚他庫魚石斑魚穆
舒呼魚松阿打魚勾深魚牙魯魚

職方外紀亞細亞西北之盡境有大國曰莫哥斯未亞
即鄂羅斯也俞正燮議此書不知有俄羅斯豈知外域
音殊字別況此時鄂羅斯尚未兼并西費雅之地乎即
本朝之書稱鄂羅斯有日羅剎者有
日羅車國者豈亦不知有俄羅斯耶
東西徑萬五千里

南北徑八千里中分十六道有窩爾加河最大支河八
十皆以爲尾閭而以七十餘口入北高海瀦焉不通大
海國內兵力甚强日事吞併其地夜長晝短冬至日止
二時氣極寒雪下則堅凝行旅駕車度雪中其馬疾如
飛雹其室宇多用火溫雪中行旅爲嚴寒所侵血脈皆
凍堅如氷石如驀入溫室之中耳鼻輒墮于地每自外
來者先以水浸其軀俟僵體漸甦方可入溫室內故八
月以至四月皆皮裘多獸皮如狐貉貂鼠之屬一裘或
至千金者熊皮以爲卧褥永絕蟣虱產皮處即用以充

賦稅以遺鄰國多至數十車國人多盜人競畜猛犬見
人則噬晝置穽中夜聞鐘聲始放人亟匿影閉戶矣惟
國王許習文藝其餘雖貴戚大臣亦禁學恐其聰明過
主爲主辱也故其國有天主能知國王能知之諺今亦
稍信眞教其王常手持十字國中亦傳流天主之經或
聖賢傳記無禁矣俗最澆凡欲貿易須假託外邦商賈
方取信國人若言本土則逆其詐矣有大鐘以搖不以
撞搖非三十人不能惟國主即位及其誕日鳴之所造
大礮其長三丈七尺一發用藥二石可容二人入內掃

除又有一蜜林其樹悉爲蜂房國人各界其樹爲恒產
案窩爾加河見南懷仁坤輿圖北高海即裏海亦名騰
吉斯海即異域錄之佛爾格河源出土拉嶺逕俄羅斯
之南入騰吉斯海土爾扈特游牧河旁謂之厄濟爾河
者也納林河亦會之同入裏海至其夜長晝短則別謂
俄羅斯北方冰海
之地非裏海地也

西域聞見錄鄂羅斯北邊之大國東界海南界中國西
北鄰控噶爾東西距二萬餘里南北窄狹自千里至三
千餘里不等稱其王曰汗自鄂羅斯之察罕汗歿無子
國人立其女爲汗嗣後皆傳女近今已七世矣仍襲其
祖名號故國人猶稱爲察罕汗也其女主有所幸或期

年或數月則殺之生女留承統續謂其汗之嫡嗣也生男則以爲他人之種也案鄂羅斯汗卒子幼則其妃代主國事如中國太后臨朝之例非其汗之女也但必女主歿其子始嗣位與中國之女后攝政歸政者不同松筠綏服紀略言之甚明故鄂羅斯近日已易男汗並無生子輒殺之說其七世中亦其皆母死子立夫死妃代迭主國事非七世皆女主也人深目高鼻睛碧鬚髮黃赤男女皆蓄髮男髮頻以膠水刷之使其卷曲女髮梳爲高髻男衣縛身徧體扣繞女衣裙衫袍褂悉如漢裝但不纏足耳無褻衣故裙長而兩襲以銀爲錢鑄文肖其汗之面重七錢餘謂之呵拉斯朗以洋算成歲分至啟閉建閏日月蝕纖杪無差

喜樓居有四五層者其梁柱頂壁皆用木密灌油灰不須瓦甃而金粉雕鑿極盡人工開窗四達或飾以各色玻璃鏤金銀絲以隔蔽之次用其國之田皮紙牵皆修整可觀木多易遭回祿故火禁最嚴一有不虞則萬家灰燼室中皆床几椅櫈酷似南方男女皆不能盤膝坐一日兩浴見親友賓客無拜跪揖讓之儀惟接吻以爲禮嗜茶然必調糖而飲啜之食以麥麪爲常饌魚爲上品猪次之以大茴爲佳味人嗜之菽米則充牲畜棧豆而已都城雄壯圍數十里官制文武皆懸刀爲佩刀柄有玉金銀銅錫鐵之區別官階等級視其刀柄而知其民皆耕田納稅三丁抽一五丁抽二以爲兵兵各有營自十六歲入營給伊馬匹器械即不準歸家不娶妻日居營中習學訓練遇有戰陳之事則隨其將領而去月支阿拉斯朗錢一圓糧一石年至五十而後出伍刑罰極嚴男犯盜女犯姦殺人不問謀故鬬誤以及出邊私入別國概以斧剁殺之其國名山大川甚多地之肥沃瘠鹵亦錯雜不齊土產冰糖白糖紙茶噶拉明鏡玻璃元狐黑貂倭刺猻銀鼠海龍水獺但金銀缺少其餘果

蔬之類咸備鄂羅斯本控噶爾屬國稱臣納貢由來已久案自明至本朝西洋人著述皆以鄂羅斯爲第一大國從無此語乾隆二十年後察罕汗恃其強大不復稱臣缺其貢獻復興兵擾其邊境以故兩國連兵數年不解鄂羅斯累遭大敗喪師二十餘萬因而大困力不能支仍復稱臣常貢之外歲增納童男五百童女五百而後罷兵其俗最重君臣之義如其汗雖無道之極亦無有敢議其是非者自古無叛逆篡奪之事一姓相傳不知其閱幾千年案此誤以天主教一千幾百年之數爲其國王之年數也俄羅斯稱汗止三百餘年見四裔考及一統志視他國之朝夕易

姓者相懸矣。案西北域記，鄂羅斯一名羅剎。案羅剎即羅斯之音轉，或又傳爲羅車，又傳爲羅沙。古丁零國也。夜短晝長，多江湖，通舟楫。土産五穀、六畜、百果、諸蔬，及玻璃、色氈、金紙、湖鐵、紅黑牛皮、皮氊之屬。其人皙而隆準，深眶綠睛，亦有黑睛者，漢李陵之裔也。卷髮赤鬚，衣止裹身，履無前，齒嗜酸辛，貪杯酌，餐蕘麤飯粔敉，橫板爲屋，棚木爲城，鑄銀爲錢，編石爲簡。其教宗耶蘇。康熙年間始與中國通，遣其徒秀入我國學，肄業受四子書而去。乾隆二十年後，以阿睦爾薩納之故，土爾扈特之嫌，復絕其貿易，不復與通。

椿園氏曰：鄂羅斯雖爲大國，而地形長狹，無率然環顧之勢，且介乎中國、控噶爾之間，議守之處太多。案鄂羅斯北負海，故北面無所容守也；東接中國蒙古，而有大山亘之，亦無容守也；惟西與歐羅巴各國接壤，故戰爭皆在西方。此全不知其國形勢。故僅足自立。乾隆二十年，與控噶爾連兵不解，控噶爾用荀瑩故智，東西疊駕，虛實聲擊，致鄂羅斯地境瓜分棋判，往來救援，疲于奔走，然後控噶爾大舉入境，圍其國都。數千年相傳之統，幾至夷滅，迨稽顙稱臣，歲增朝貢，幸控噶爾仁慈，不輕滅人之國，舍之而去，則察罕汗不知度量，不察形勢之所至也。烏有之事，孟浪之談。

糾不勝糾，別詳聖武記。

又曰：控噶爾西北方回子最大之國。案誤以汗名爲國名，又誤以天主教爲回教。地包鄂羅斯東西界之外，案止接西界，不接東界，以鄂羅斯北面瀕海也。稱其王曰汗，其大頭目亦謂之阿奇木伯克，所轄各城自萬戶至十餘萬戶不等，均爲其汗之阿拉巴圖。合各城計之，小屬于大，每一大城屬小城或三或四，以至十餘。大城阿奇木伯克共計一千四百餘員，建都之城名務魯木，極廣大，南北經過，馬行九十餘日，東西亦然。荒誕之極。都城若此，則都城以外又廣幾何？盡歐羅巴、亞細亞二州不足容其疆域矣。委巷之談，奈何出縉紳之口。

城門二千四百，城內大江三，山河藪澤不可勝計。宮室閎遠深邃，縣亘數十百里，黃屋朱門，皆以金玉珠貝爲飾。地産金銀多于石子，珊瑚珠玉數見不鮮。自鳴鐘表、綢緞、氈罽尤多奇異。俗重大紅寶石，如拳如卵者，人人縣佩。黃金爲錢，每文重二兩許。居人田園廬舍墳墓牧場各分地界，散布而居，各種公田，猶是古井田法。所轄之地有不富饒者，其汗聞知，輒親往巡視，暗攜金銀無算，潛拋擲于人煙聚集之區，如金徧地間，有拾取者尚謂無害，如拾取人多，甚至爭拾，其汗則惻然而憫惕然而懼因廣爲施濟必至比戶豐裕而後已故入其地者曾未有一貧窶藍縷之人千求借貸之事風俗敦厚知禮讓彝倫攸敘與中國不殊迥非西域各國禽行獸處之比唯敬天地日月不知有神鬼仙佛聖人之道每日男女禮拜唪經之聲雷動猶天主教之風（前云回教此又云天主教矛盾之極）最戒軍事其說以天地生人無非同類奈何以人殺人自殘同類之理故國雖富强從無侵凌附近弱國之事而兵則精銳鳥鎗可及二百餘步以死敵爲勇敗而歸者終身不齒于人數其兵無入伍食糧之事入爲

農出爲兵訓練皆于農隙亦同三代以上法也如有軍事其汗量敵之大小命其阿奇木伯克或一人或二三人各選其部下壯丁前往應敵鄂羅斯本其屬國（徧考西洋人著述及粵東商舶有一人作此語否）歷有年所乾隆二十年後鄂羅斯停其貢賦七年未嘗責問而鄂羅斯反以兵相加控噶爾撥兵大戰鄂羅斯全軍覆沒喪師八萬察罕汗又起十萬之衆更借土爾扈特精兵數萬與控噶爾再戰又復大敗以故土爾扈特大懼于乾隆二十五年棄鄂羅斯而投誠中國而控噶爾戎兵數十萬出境長驅直壓鄂羅斯國都察罕汗大恐求和稱臣定于常幣之外歲納童男女各五百人控噶爾許之乃捨去或曰控噶爾西界亦多其屬歲修朝貢之禮如鄂羅斯云（案此皆誤聽土爾扈特妄誕之談有同西游演義小說不值與辯）

俞燮癸巳類稾述曰俄羅斯始見于元史謂之阿羅思又謂之斡羅思其大也在明中葉至　國朝而極大其天氣和藹處亦有花痘之證故阿睦爾撒納入其境以痘死惟沙漠行國趁涼者無之蓋居國皆如此也俄羅斯有火器平定羅刹方畧言康熙二十三年正月十一

日我師抵雅克薩以其鳥鎗歸絕域紀畧云邏車國所遇皆擅鳥鎗黑龍江外紀言其納藥箭中凹凸如梅花式鮚碕亭集畫雅薩樂府注言其國精火器異域錄言圖理琛入其境伊國具鎗礟旗幟以迎土爾特扈又借之以衛我使者今雅克薩城有康熙時獲俄羅斯礟三位則言俄羅斯無火器者非也噶爾丹揚言假俄羅斯火器兵攻喀爾喀豈舉其所無以自敗哉康熙六十年俄羅斯人來言其地去北極二十度以上爲北海堅冰凝結人不能至　聖祖以爲始信東方朔記北方層

氷千尺冬夏不消之言不謬。是其國已極北。而或以其西南屬國之控噶爾汗。謂在俄羅斯北。且謂控噶爾能征俄羅斯。又以女汗有男侍。俗聞小說。遂謂我使侍衛碩託。與其汗訂十八條議於枕席之上。其說皆佻謬。且亦安得有十八條議哉。艾儒略等職方外紀坤輿圖說皆侈陳氷海若所足履目驗者。而竟不知有所謂俄羅斯。至錢少詹爲定地球圖說始納入之。然則地誠圓。亦非五大洲。即五大洲。亦不必如西洋人所說地之圓不圓與西洋人無涉。源案職方外紀坤輿圖有莫哥斯未亞大國。即俄羅斯也。此誤。

澳門新聞紙巳亥歐羅巴洲各大國兵丁戰船之多寡。當以俄羅斯爲最多。俄羅斯戶口五千萬。戰船一百三十隻。兵一百餘萬。內有一半在各處防守邊疆。以及在屬國。其次即算歐色特厘阿。戶口三千三百萬。兵四十萬。另有蘭威阿兵在外。佛蘭西戶口三千三百萬。戰船二百二十隻。兵三十五萬。另有國中各處防守兵在外。英吉利連愛倫。戶口二千四百萬。戰船五百二十隻。兵十萬。別有印度各屬國之兵在外。所有戰船共載大礟二萬三千門。普魯社。戶口比以上各國更少。兵只二十五萬。連蘭威阿兵。共有三十五萬。乃耕種之國。並無戰船

每月統紀傳曰。康熙二十七年間。英吉利國之穌。以天王登位。立志分侵敵國。始侵大尼王。勝之。方罷戰。又侵伐波林國。逐其舊王。別置新王鎮撫之。又攻日耳馬尼國。列國皆震。莫不勸和。穌以天王不息干戈。復強侵俄羅斯國。烈風刻骨。英軍不戰敗走。穌以天王匿身士耳其地。逃歸本國。又霸侵那耳瓦鄰國。被彈擊而死。案此英吉利與俄羅斯交戰之事。志中無之。惟見于每月統紀傳所謂士耳其國者。一作士爾幾。即北都魯機國。英吉利與俄羅斯陸地不接。蓋兵船由地中海往侵。故戰敗則由士爾幾國遁歸也。

又曰。道光十三年。士爾嘰國被北方迤志比多諸侯攻伐。奪去亞細亞內各部落。今士爾嘰國王遣臣籲救於鄂羅斯汗。其汗坐視顛危。不救不扶。在俄羅斯汗之意。恨不得驅逐士爾嘰出歐羅巴。歸中國新疆本地。但英國與佛蘭西國王不允。強使彼此平安。俄羅斯忽遣兵幾萬人。往守士爾嘰國都。又命師船數隻。防範迤志比多艨艦。英國與佛蘭西國之宰相見此光景。立諭兩幫戰船。巡地中海。免致迤志比多諸侯圍士耳嘰國都。并免俄羅斯軍駭愕。士耳幾國王。倘迤志比多諸侯不肯

即議和則以兵力勒令平安。源案此謂俄羅斯欲逐土爾幾歸中國新疆本地者即第三十二卷中北都魯機回回國于元代被蒙古軍驅竄西域之事。故譯者以本朝之新疆稱元代之回疆也。或謂土爾扈特分牧俄羅斯之額濟勒河兩岸。其南岸部落于乾隆時歸中國。而北岸部落十餘萬尚留俄羅斯。此或指河北之土爾扈特。然土爾扈特北部在裏海左右。去地中海及英佛諸國甚遠。且土爾幾乃回教。而土爾扈特則刺麻佛教。亦判然不倫。此土爾幾仍當是北都魯機國。而兵船巡地中海一語。尤可證英鄂二國行兵道路。

貿易通志曰。俄羅斯國康熙年間始興。前此居民不知文學。近日始奉天主教。出口之貨。爲材木五穀麻油牛油粗帆麻布皮貨銅鐵白蠟魚肚。進口之貨。與西洋各

國同。其國都曰彼得羅堡。貿易極盛。道光十年國都進口之貨。計價萬萬員。出口之貨七千四百萬員。船進口者千有二百三十八隻。其南北他港進口貨價計三千三百萬員。出者亦千六百萬員。百餘年前。未有今日之十一。其國之興。隆崛起可謂驟矣。其與中國貿易。惟準在蒙古地方。不準在南海。

異域錄曰。俄羅斯國之西北諸國。名曰圖里耶斯科。凡言斯科者。皆部落之謂。案圖里耶一作普里社。即與俄羅斯爭戰之空科爾汗也。空科爾一作控噶爾。曰宜大里牙。即意大里亞。曰式費耶忒。案在俄羅斯之西北。連年爭戰。未知于四洲志中何

國。曰博爾托噶里牙。案一作博爾都噶亞。即布路亞大西洋國。曰雅爾馬尼牙。案即耶馬尼。曰付蘭楚斯。案即佛蘭西。曰宜斯巴尼牙。案一作以西把尼亞。即大呂宋。曰狄音。未詳。曰和爾斯提音。未詳。曰布魯斯苛。斯苛即斯科也。國未詳。曰博爾斯苛。未詳。曰別穆斯苛。未詳。曰賽薩林穆斯苛。案賽薩林即綏沙蘭也。即瑞國。曰昂假爾斯苛。未詳。曰賀蘭斯苛。即荷蘭。曰博玻林穆斯苛。即波蘭。曰肆班斯苛。案一作是班牙。即大呂宋也。與前重出。其南面所有諸國部落名目。曰土爾扈特。曰哈薩克。曰布魯特。此三國今臣屬。曰哈拉哈爾叭。疑塔爾巴哈台。曰策旺拉布坦。即準夷酋名。曰莽武特。疑是敖罕酋名。曰布哈爾。一作布噶爾。在敖罕西。曰

哈薩兒巴什。未詳。曰伊爾欽。即葉爾羌。曰哈什哈爾。即喀什噶爾。曰庫策。即庫車。曰阿克蘇。今同。曰吐爾們。未詳。曰沙障。即尼納特赫國之汗名。在裏海東。

國朝俄羅斯盟聘記　魏源

哦羅斯國至明始大。其地袤絡滿洲蒙古新疆之西北境。與中國相首尾。其國都在大西洋。而東接蒙古黑龍江者。特其邊鄙。云自古不通中國。至元太祖始滅之。并滅其北之欽察國。南之阿速國。合爲一國。以封其長子术赤。其地皆在葱嶺西北。未至東方也。其阿羅思裔族。

逃于北海計由之地臣服于元及元亡後俄羅斯族姓亦內爭其部長乞援于西費雅國假其兵八千以平內亂而割那爾瓦城賂之自立爲汗其國益强盡驅元裔蒙古出境恢復舊疆距康熙初察罕汗三百五十餘年矣數傳至明嘉靖時南滅庫程汗阿斯坦拉汗遷其人于阿爾泰山北遂與韃靼瓦剌鄰有大斯科四曰計由斯科其北海舊都也曰莫斯克窪斯科其新都也曰喀山斯科則葱嶺迤西南抵裏海界西哈薩克地也曰悉畢爾斯科則葱嶺以東復分四部東抵額爾齊斯河南

界雅爾科布多爲一部東抵色棱格河南界阿爾泰山爲一部又東抵朱爾克河南界車臣汗蒙古爲一部又東抵海南界黑龍江索倫爲一部四部皆名悉畢爾斯科乃其新藩屬地也閱百有三十餘年而至康熙世之察罕汗故梟雄兒童時好戰鬭戲及卽位同戲諸人皆爲將日事攻戰嘗由地中海黑海之間攻服諸游牧部落闢地至西印度又與圖理雅國之控噶爾汗爭阿藻城大戰破之控葛汗請和乃還其城而盡奪阿藻東北千餘里地于是又增斯科三曰司馬廉斯科曰郭羅多

阿爾哈連斯科曰佛羅尼斯科共有大斯科七又遣使索其先世所割之那爾瓦部于西費雅國不與連戰數載竟并其城數千里以已名名之曰散丕特里普爾斯科而自遷都之于是有大斯科八其七道置噶噶林鎭守之而都城置大臣四總八道之治斯科者若中國省治一大斯科所屬小斯科數十若府治柏興數百若縣治也每大斯科設總管官一曰噶噶林猶中國總督每小斯科及栢興設頭目猶守令其疆域東北際海東西二萬餘里南北六千里其東西之中以烏拉嶺分界卽

葱嶺北幹亦名大里布山横抵冰海烏拉嶺以東水皆入北海烏拉以西水皆西南入裏海地中海其山川城郭人物畜牧種植痘疫五方風氣部類別處師兵羅衛與中國大同其地產名馬兵長騎戰長火器甲堅可禦銃彈其國奴僕浮于兵額大部落之奴僕有至十二萬者其奴僕一備戰一司農每農給田五十畝養一兵一馬無餉兵之費其教崇耶穌以紀年其書横行自左而右東合拉提諾西合托忒烏珠克而轉譯蒙古清漢文拉提諾者西洋字體托忒者厄魯特字體烏珠克者唐

克特字體康熙四十四年俄羅斯貿易使至　上閱其文字謂兼三體云初俄羅斯東邊接黑龍江者以外興安嶺爲界當明末年我　大清方定黑龍江索倫達瑚拉及使犬使鹿各部東北際海而俄羅斯東部曰羅刹者亦踰外興安嶺侵偪黑龍江北岸之雅克薩尼布楚二地樹木城居之兩師相值各罷兵旣又南向侵掠布拉特烏梁海奪四佐嶺崇德四年　大兵再定黑龍江毀其木城歸而未及戍守也兵退而羅刹復城之順治十一年遣兵於黑龍江逐之十五年調高麗兵

逐之又數遣大臣督兵以餉不繼半途返順治十二年十七年俄羅斯兩附貿易商人至京奏書絶不及邊界事康熙十五年貿易商人尼果賚等至　聖祖召見之貽察罕汗書令約束羅刹毋寇邊久之未答也而羅刹復東略人畜於赫哲費雅哈地藪我逋逃阻我索倫貂貢將割據黑龍江東北數千里甌脫地　上以其窋遯留都不可滋蔓又重開邊釁乃于二十一年遣都統彭春等以兵獵黑龍江徑薄其郛偵形勢于黑爾根及齊哈爾各築城戍之置十驛通水運又令喀爾喀車

臣汗斷其貿易令戍兵刈其田稼以困之二十四年四月官兵乘氷解水陸並進克其城縱其人歸雅庫舊部二十五年正月羅刹復以火器來據城我師圍攻之死守不去時荷蘭貢使在都稱與俄羅斯鄰乃　賜書付荷蘭轉達其汗時察罕汗已卒新察罕汗嗣立知中國東方距已遼遠且限以行國非若西北之西費雅西南之圖里雅近在肘腋所必爭也海道往還迅速九月復書郎至言中國前屢賜書本國無能通解者今已知邊人搆釁之罪郎遣使臣詣邊定界請先釋雅克薩之

圍明年使由此方陸路至喀爾喀土謝圖汗境文移往復二十八年十二月始與我大臣索額圖等會議于黑龍江一循烏倫穆河上游之石大興安以至于海凡山南流入黑龍江之溪河盡屬中國山北溪河盡屬鄂羅斯一循流入黑龍江之額爾呼納河爲界南岸盡屬中國北岸屬俄羅斯乃歸我雅克薩尼布楚二城定市于喀爾喀東部之庫倫而立石勒會議七條滿漢拉提諾蒙古俄羅斯五體文于黑龍江西岸于是東北數千里化外不毛之地盡隸版圖初準噶爾之擾喀爾喀及中

國也動言借俄羅斯火鎗兵六萬以張聲勢然俄羅斯
方西用兵無南侵意噶爾丹敗往投亦不受及康熙三
十五年噶爾丹死五十年土爾扈特使由俄羅斯至土
爾扈特者本與厄魯特爲四瓦剌之一于明季與厄魯
特不睦西越哈薩克投俄羅斯俄羅斯以其行國也指
裏海額濟勒河之南圖里雅之東哈薩克之北無城郭
地與之使游牧已七八十年至是聞準夷敗滅來貢
聖祖欲悉其要領乃使兵部郎中圖理琛等往報之
假道俄羅斯經西悉畢爾及喀山兩斯科往返行三載

以五十四年三月歸繪圖呈
御覽又爲異域錄數
萬言記其所經河道大者曰色棱格河曰厄爾齊斯河
皆發源中國流入北海其近北海處夏至無夜色棱格
河在土謝圖汗部受鄂爾昆河土臘河之水徑俄羅斯
境爲楚庫河又北爲昂可刺河以入北海使命往來皆
由此出入焉我使臣過境時邊臣以察罕汗命厚致禮
餼以兵護行時察罕汗春秋四十有一在位二十六年
矣其後汗卒子幼其妃代臨朝爲叩肯汗華言女主也
雍正五年其使臣薩瓦復與我喀爾喀親王策凌議喀

爾喀北界自楚庫河以西沿布爾穀時山至博穆沙嶺
爲兩國邊境而定市于恰克圖議定陳兵鳴礮謝天立
誓俄羅斯國在大西洋崇天主教其南境近哈薩克者
崇回教其東境近蒙古者崇佛教故嘗遣人至中國學
刺麻經典以綏東方之衆并遣子弟入國子監習滿漢
語言文字居于舊會同館十年更代爲例乾隆十九年
土爾扈特使復由俄羅斯入貢二十二年我師定西域
叛賊阿睦爾撒納逃入俄羅斯　朝廷命理藩院移
文索之俄羅斯以渡河溺死聞既而患痘眞死乃于明

年移尸恰克圖請大臣往驗之而厄魯特叛賊舍楞害
我副都統復逃于俄羅斯我使索之又不與　上怒
絶恰克圖貿易而舍楞于三十六年誘土爾扈特全部
十餘萬衆趨伊犁來降時俄羅斯與圖理雅國兵爭圖
理雅以其先世控葛爾汗失地故世仇不服俄羅斯屢
徵土爾扈特兵攻之土爾扈特兵不善戰憚于征役叛
逃投中國　廷議諸臣恐以收納逃亡啟邊釁
高宗命理藩院移文其邊吏告以伊犁本我地土爾扈
特本中國部落舍楞乃我叛人歸斯受之無爽盟約俄

羅斯無他言亦不問土爾扈特所往。四十四年開市。五十四年復以納我叛人閉市嚴禁茶葉大黃出界。逾三年復通市。時汗位已數傳夫死妻立妻死子立恰克圖辦事大臣松筠于五十六年言女汗之子已長成年三十餘將來嗣母位云其聘中國未嘗遣正使皆貿易人來附請　大皇帝安朝廷亦因其人答之嘉慶十年。女汗之子嗣立特遣正使來至邊界議禮不合而返故會典禮部載朝貢之國凡俄羅斯不與焉惟理藩院設庫倫辦事大臣掌蒙古與俄羅斯貿易之事與東西兩

將軍會商皆行文于其國薩那特衙門不直達其汗也俄羅斯既地廣物阜凡諸國至俄羅斯市者則衛藏以西沙章汗愛烏罕各部其外市則西至安集延伊犁哈密喀爾喀東至黑龍江秋高馬肥被氊捆貨而至而白徼頹高準朵鬟髯紅氊帽油韡帳居者布列恰克圖及黑龍江西岸恰克圖迤東為車臣汗部十四卡倫地稍平衍迤西則高山密林中通峽溝即色楞格河東岸緜亘至庫倫八百餘里天然險隘也方準噶爾强時嘗以兵窺俄羅斯境由額爾口城深入六百里不見一人疑

俄羅斯設伏誘己遂遁還然自準噶爾滅于中國俄羅斯亦震我兵威故二百載無邊患始俄羅斯在明初立國時俗尚雄悍未識西洋技藝至比達王才武奇杰離其國都潛遊他國船廠火器局講習工藝返國傳授其所造戰艦火器反為他國最其境與英吉利佛蘭西中隔數國惟舟行由地中海可相往來自俄羅斯日强大大西洋各國忌之康熙二十七年英吉利蘇以天王以兵船由地中海攻之俄羅斯縱其登岸而截其歸路會天大雨雪敵軍多凍死英吉利王由北都詹機國逃歸

嘉慶十三年佛蘭西波利稔王選兵十三萬并約諸國兵五十萬攻之俄羅斯舉國遷避空其都城待佛蘭西深入乘風雪夜潛回縱火風烈火猛佛蘭西兵大潰遁自是威震大西洋近日復與英吉利爭中印度別詳後記。別記載五印度志內。

臣源曰俄羅斯古不通中國漢書康居西北二千里有奄蔡國控弦十餘萬與康居同俗臨大澤無涯即北海其今俄羅斯西域哉又言丁令在北海上唐書骨利幹國居瀚海北地北距海其今俄羅斯東域哉　魏書烏洛侯國從難

水北行二十餘日有于巳尼大水即北海皇清通考據此殘烏洛侯即俄羅斯然魏史列高麗國百濟勿吉契丹諸東夷間又稱爲拓拔先世舊墟且難水今黑龍江則所稱有于巳尼大水者蓋塞外得水謂海之例非俄羅斯北之大海明矣盛京通志云今黑龍東北有大泊即于巳尼大水又一統志𡚁難河即黑龍江之源故黑龍江亦名難水舊唐書曰烏羅渾國即後魏之烏洛侯也亦謂之烏羅護在長安東北六千三百里東與靺鞨南與契丹北與烏桓相接云云是烏洛侯即今索倫錫伯之地非俄羅斯益可證官書四裔考之誤況原書作烏洛侯而徑改侯爲俟以叶斯音亦涉牽強今并不取　元史稱阿羅思地南去大都萬餘里元太宗時有其地然欽察阿速諸國及嶺北諸部皆不屬阿羅思則初境狹小尚不及今俄羅斯地十之二至近日乃橫絶東西北海又南侵及印度界其

興勃然方乾隆中土爾扈特之棄俄羅斯而來也以俄羅斯與圖理雅國之控葛爾汗搆兵圖理雅一作普里社控葛爾一作空科爾一作洪豁爾土爾扈特方恨其上國征役之迫播遷之勞故其愬告中國也皆貶察罕而張控葛謂控葛爾汗國在俄羅斯之北征討俄羅斯察罕汗幾爲其所覆城環萬里富雄八溟而中國縉紳亦輒信之筆諸載籍荒矣哉夫圖理琛之奉使也稱所經地距北海僅一月程其海濵夏至前後不夜而康熙六十年俄羅斯人至稱其地去北極二十度以上爲氷海人不能至　聖祖始

信古記北方層氷冬夏不化之言爲不誣蓋夏至不夜則冬至不晝故市舶但有東西南洋從無至北海之人是其國已極北迫近氷海安得復有大國在其北乎俄羅斯與荷蘭英吉利大西洋諸國接壤環峙搆兵通市而利瑪竇南懷仁諸地圖開方計里眉燦星臚何地更位置此數萬里之控葛爾商船從未通人迹從未至乎今西洋互市數十國有普里社者偪俄羅斯西界蓋即異域錄所稱圖里雅控葛爾汗與俄羅斯搆兵之國是汗名非國名粤人稱普魯社爲單鷹以市舶桅旗所畫稱之其國商船歲至粤互市並非荒渺絶

域聞見錄妄聽傳聞則好奇輕信之過　乾隆末庫倫辦事大臣松筠譔綏服紀畧亦闢控葛爾大于俄羅斯之夸誕黟縣俞正燮亦辯正趙氏翼謂鄂羅斯無火鎗其汗通我侍衛之誣妄然又謂利瑪竇等地圖不知有俄羅斯今考利瑪竇圖以鄂羅爲縛羅日縛羅答日縛羅得抹日縛羅得没三地相連甚大又有葛勒斯國皆在地中海之北歐羅巴東境正當俄羅斯國都南懷仁圖說則曰歐羅巴州東北有莫哥斯未亞大國東西萬五千里南北八千里中分十六道兵力甚強日事吞併其地極寒冬至晝僅二時皆即鄂羅斯之明證

不可謂佛蘭西非佛郎機英吉利非英圭黎榜葛剌非
孟加臘彌利堅非墨利加也今猘臚其事涉中國者於
篇餘詳海國圖志

附錄澳門月報道光十九年十二月報曰我等聞俄羅
斯之權柄陰謀有大害于我等東邊之印度巴社等國
蓋俄羅斯書館在北京中國事情悉知中國已知英吉
利印度之稅餉皆由鴉片並茶葉多得中國之利益而
俄羅斯亦欲奪我等印度之貿易稅餉令公司所屬之
地不能安靜亦已足矣又何必再用別法來相害耶千
八百三十七八年我等所屬印度各地方出兵攻取印
度西北直到干弩哈又至加布爾英國兵馬已近西藏
之西界相距葉爾羌戈什哈地方不遠邊疆上駐札有
大兵在此幾座城與達機士賴並附近各國貿易極大
中國看我等先時在印度不過只有貿易行而已後來
卻全勝印度地方又見我等再得新奇坡又見我等好

似有暗謀澳門小呂宋之意又見好似有犯中國之意
故此中國將自己之各埠頭塞閉只準在廣東貿易不
肯待我等與大西洋俄羅斯一樣今又兼有俄羅斯人
挑動故用此膽大之法我等今要中國待我與大西洋
俄羅斯一
體相同

元代北方疆域考上 即今俄羅斯西北境

元太祖以阿羅思欽察阿速康里四部地封其長子朮
赤其域西起歐羅巴北抵氷海東界金山額爾齊斯河
北有欽察南包阿速東盡康里地兼四國而以阿羅思
爲王庭古蒙古源流言成吉思汗令其長子珠齊於俄
羅斯地方即汗位珠齊即朮赤二字之音轉不言于欽察阿速等地
即汗位也然則今日俄羅斯其即元後乎非元後乎曰
阿羅思復興之時異域錄止言元末族姓內爭告兵于
西洋式寶耶忒國始平內亂不言元裔何往惟四洲志
始言明宏治中有諾戈落部人起兵恢復俄羅斯盡逐
蒙古奪向故疆則今之俄羅斯非元後明矣至元初征
四國事雖始自太祖而實竟于太宗之世則朮赤之封
亦當在太宗之世考其事皆散見本紀及速不台土圖
哈麥里昔里等傳別詳于元史中國所謂寬定吉思海
者據乾隆十三排輿圖塔爾巴哈巴之西有巴爾噶什

泊又西千餘里有慈謨斯奇泊又西北九千餘里有額
納噶泊泊中皆有島惟額納噶泊最北可當寬定吉思
海見西域水道記即漢書西域傳奄蔡國踰康居大宛境北臨
大澤無涯者然尚非大北海也其太和嶺則烏拉嶺之
別名乃葱嶺之北幹康里即古康居爲今東哈薩克在
太和嶺之東欽察則在大和嶺之西北而寬定吉思海
一作騰去斯海皆在太和嶺東北當爲康里境內非欽
察境內史稱朮赤之封其地極遠去京師數萬里驛騎
急行二百餘日方達京師地理志所謂西北月祖伯地

即朮赤所封顧朮赤月祖伯封域雖大皆在金山以西其金山以東則海都篤哇昔里吉諸王分據至元亡以後阿羅斯舊裔恢復故國日益强大并金山東北諸蒙古王封地而有之則迥非元初阿羅思之故疆矣曰元史征阿羅思欽察之軍往返皆由阿速則阿速在二國之南當爲今何地曰明史西域傳言阿速近天方及賽馬爾罕倚山面川川南流入海即西哈薩克之河南流入裏海者也又言沙哈魯部在阿速西海島中考今哈薩克西部有格騰里大澤澤中有大山即裏海之島也

欽察之寬定吉思海在太和嶺東北阿速之格騰里海在太和嶺西南皆非大海而裏海東則征阿羅思兵往返必由之路又哈薩與阿速音近西哈薩克爲今布哈爾當即元阿速無疑又土爾扈特游牧俄羅斯之厄濟爾河者在布哈爾西境亦倚山面川南流入裏海元時或在阿速境內歟至欽定續文獻通考以阿速爲阿克蘇則無容喙焉

元代北方疆域考下（即今俄羅斯東北境）

元時北方疆域不但西有阿羅思欽察也乃并今日俄羅斯東北全境皆有之考世祖都燕後立嶺北行中書省統和林路總管府以轄漠北地蓋自金山杭海山興安嶺以北直抵北海之地皆隸焉而地理志于嶺北所轄疆域部落概不及其附見西北地名末者曰吉利吉思部昂可刺部烏斯部撼合納部謙州益蘭州等處而謙河受色楞格河之水貫諸部以入北海色楞格河源嶺南自西而東謙河源嶺北自東而西元史則以謙河爲正源吉利吉思者即唐書黠戛斯國之音轉也南去大都萬有餘里（在和林正北故距燕京遠）相傳乃滿部（即乃蠻）始居此

其境長千有四百里廣半之謙河經其中西北流又西南有大水曰阿浦東北有大水曰玉須皆會於謙而注於昂可剌河北入於海又曰謙州以謙河得名去大都九千里在吉利吉思東南謙河西南唐麓嶺之北烏斯部亦因水爲名在吉利吉思東謙河之北昂可刺河亦以水得名謙河下游入海之地附庸于吉利吉思去大都二萬五千餘里晝長夜短日沒時炙羊肋熟東方已曙即唐史之骨利幹國也康熙間圖理琛使俄羅斯作異域錄曰色格河北渚爲巨澤曰柏哈爾湖亦曰小海

一水自湖西北角流出曰昂噶喇河西北流百五十餘里受西南來之厄爾庫河又西北流二千九百餘里受東北來之伊里穆河又北數百里會西來之伊聶謝河轉東北流入北海伊聶謝去北海大洋一月程時夏至前後夜不甚暗日落夜深猶可碁奕不數刻東方日出也源證以元史謙即昂可喇上游東北來之玉須即伊里穆河西南來之阿浦即伊聶謝河伊聶謝河以上爲吉利吉思地伊聶謝河以下爲昂可剌地伊里穆河以上爲烏斯地柏哈爾湖西岸爲謙州則知昂可剌河之名

當在謙河會伊聶謝以後故以謙河綱紀諸部自異域錄稱水自柏哈爾湖後即名昂可剌河以下游之名被諸上游于是水道提綱泥之以出湖西北流百五十餘里之厄爾庫水即爲阿浦河則吉利吉思太近不應距大都萬餘里且其南更有何地位置謙州不合一史言元代疆域北至鐵勒天文志和林北極出地四十五度夏至晷長三尺二寸四分晝六十四刻夜三十六刻鐵勒北極出地五十五度夏至晷長三尺二寸四分晝六十四刻夜三十六刻鐵勒北極出地五十五度夏至晷景長五尺一分晝七十刻夜三十刻北海北極出地六十五度夏至晷景長六尺七寸晝八十二刻夜十八刻鐵勒其吉利吉思之地北海則昂可剌河入海之地歟若以昂可剌河即在柏哈湖下安能遠瀕北海距大都二萬五千里不合二謙州在唐麓嶺北唐麓嶺即今唐努山烏梁海地（一作唐魯）在和林西北金山東北故言謙河西南一統志引朔漠圖曰自和林北行三千里名昂吉爾海子自此又行五百餘里至謙州及吉利吉思若謙河止于柏哈爾湖則距唐麓山北之謙州尚遠安能以

水得名不合三土土哈傳至元二十年從皇孫晉王征海都戰於杭海嶺二十九年略地金山獲海都戶三千還至和林三十年春進兵取乞里吉思（即吉里吉思）師次欠河（即謙河）水行數日始至其境盡收五部之衆而還（五部除益蘭州烏斯）有屯兵守之海都聞之引兵來爭敗之於欠河又劉好禮傳海都執好禮歸欠州脫走逾雪拔嶺出鐵壁山間道南行數日至南海始遇戍兵得歸是謙州近海都金山封地故爲其所割據若僅在柏哈爾湖上游則距金山遠甚何得爲海都巢穴且距吉利吉思更遠何

得交兵於欠河不合四史言吉利吉思爲乃滿故居謙州地爲王罕故居者乃滿新庭在和林爲今賽音諾顏部地元秘史太祖征乃蠻時其塔陽汗渡塔米爾河登納忽山以望敵及敗後其子復由塔米爾河走阿勒合山故知和林即乃蠻庭帳矣王罕新庭在土拉河爲今土謝圖汗地元秘史成吉思汗初年于土拉河黑林與王罕結父子皆與謙河隔嶺無涉惟其故居在嶺北者則數千里皆謙河所縈貫若謙河短狹止于柏哈爾湖安能亘兩大部游牧之舊帳不合五知此則知色棱格河入柏哈爾湖後復西北行數千里皆謙河之正幹謙河明而嶺北五部輿地綱領得矣至

撼合納部則在諸部之東謙河源所從出樺皮爲帳白鹿負之冬月亦乘木馬出獵其東界則爲朱爾克河別流入北海其南界則近黑龍江之使鹿部矣今俄羅斯東路不產馬乘鹿出入卽其地矣其益蘭州則諸部東西適中之地至元七年遣劉好禮爲吉利吉思撼合納謙州益蘭州等處斷事官而以此爲治所修庫廩置傳舍招陶冶工匠鑄農器造舟楫地在楚庫河左右爲西北孔道故海都兵至卽執劉好禮歸謙州以其當兵衝也此數部總隸于嶺北行中書省皆在北幹大山之北

吉利吉思昂可剌烏斯在其正北與土拉河隔嶺撼合納在其東北與斡難河隔嶺謙州在西北與和林隔嶺益蘭州在二嶺中斷通色棱格河之地世祖至元以後諸王海都出沒其間恃荒遠爲藪穴每敗遁輒不知所往至其屢次入寇一由謙河而至杭海是和林東必由之要道一由額爾齊河而至金山是和林西必由之要道其金山以北地名畧見藏兀爾傳成宗大德元年領征北諸軍踰金山攻海都軍於達魯忽河師還又大戰於阿雷河又玉哇失與戰於撒剌思河此皆額爾齊河所受之水及海都踰金山而南則屢戰皆於鐵堅古山我軍踰金山北而追寇則皆駐軍於按台山此皆阿爾泰山南北今唐努山烏梁海以北之地成宗

大德十年海都及篤哇皆已死篤哇子款撤已降乃詔徙諸部降人於金山之陽我軍屯田於金山之北軍食旣饒又扼其心腹於是海都蔑里二部餘衆相率來降北邊始寧蓋海都封金山以北其分地西以額爾齊斯河與拔都大王分界東以謙河與嶺北中書省分界自世祖都燕以後嶺北固鞭長莫及和林亦兵備較虛海都有割據漠北之志故率篤哇及蔑里等屢於金山杭海山兩路擁兵出沒恃其險遠我出彼遁我退彼出觀馬紹傳言漠北民避亂南者七十餘萬則其震蕩侵軼

之勢可知雖以開國之初師武臣力然金山南北不奉正朔垂五十年故元經世大典地圖不著海都所封而地里志則妄稱阿力麻里爲海都行營之所又言阿力麻里在和林西北五千餘里是並不知阿力麻里爲今伊犁在和林之西南故妄指爲極北又指爲海都分地又何譏焉又何難焉今則嶺北際海皆屬俄羅斯東藩四部以異域錄及四洲志考之則海都篤哇等初分金山以北地今俄羅斯之都莫斯部西界額爾齊斯河南界科布多者也謙州則今俄羅斯之科利弗部東界謙

河北界吉利吉思南界烏梁海及和林者也其撼合納地則今俄羅斯之雅古薩部北界烏斯東界朱爾克河南界車臣汗蒙古及黑龍江索倫者也至俄羅斯尚有極東北之甘查甲部更在撼合納之東北元史地里志未之及凡古史沿革亦皆未之及

瀛環志畧曰峩羅斯舊國在秦漢爲渾庾屈射堅昆丁零諸部受役屬於匈奴在唐爲黠戛斯骨利幹等國宋末元太祖起北方拓地西域以阿羅思欽察阿速三部分其長子乃東峩大峩兩部地非今日峩羅斯之全土也元氏既衰峩羅斯故王後裔再熇餘燼假鄰國西費耶忒兵力今瑞典國驅逐蒙古恢復疆土迨後日益強盛沿北海漸拓而東繞出西域回部外蒙古諸部之北直達黑龍江東北徼外名曰西伯利部我　朝順治年間築城於雅克薩侵擾索倫諸部稱爲羅刹屢遣兵毀其城輒復據之康熙年間兩致國書復由荷蘭附書諭其國王其王乃遣使上書乞撒雅克薩之圍分定疆界立碑爲志通貿易於車臣汗部之恰克圖并遣人來　京師學習漢文每十年更易沿爲常例其西境自彼得羅崛

起日益恢拓西割瑞典之芬蘭南兼高加索迤北諸部西取白峩諸部又割波蘭三分之二土耳其波斯北境亦多被侵割於是峩羅斯境土北環於冰海西據波羅的海東距大洋海即東海又跨海據北亞墨利加之一隅長約二萬餘里其南北之勢則西土較闊約六七千里東土較狹約四五千里宇內疆土之恢闊無過峩羅斯者宜其強大莫與京矣然在歐羅巴諸國中亦不過比肩英佛而未能定霸於一方者何也嘗以詢之雅裨理曰所有者多北裔窮荒之土其東部層冰積雪草不

繫牲不育不可遊牧故漠北諸部棄而不居峩人得之收其皮鑛之利所謂人棄我取非力能驅除而據爲已有也迤西入歐羅巴界户口稍盛再西至大峩東峩之南不乏名都大邑然較之英佛諸國總覺土滿舟楫之利火器之精心計之密又遠遜於諸國逐鹿海隅往往瞠乎其後特因其疆土之廣究係海內大國故諸國亦未敢輕視之比權量力不過齊秦晉楚相爲匹敵已耳峩羅斯都城臨海亦有巨艦數十然水戰究非所長故不能在大海中與諸國角勝其貨船亦止往來西洋諸

國未嘗涉大洋而至粵東蓋其國物產之最多者曰銅鐵曰麻布曰木料曰牛馬鄰近諸國皆仰給焉不必求售遠方最珍貴者皮貨如狐貂海龍駱駝絨洋灰鼠之類專以供中國之用入海舶而載至炎方計無不朽敗者通市之在陸而不由海職是故也

西域聞見錄云峩羅斯本控噶爾屬國峩羅斯缺其朝貢又興兵攪其邊控噶爾以大兵臨之峩羅斯恐懼乞降增其歲貢控噶爾乃舍之又云當峩羅斯與控噶爾連兵屬國土爾扈特不堪徵調之苦其汗烏巴錫叛峩羅斯率其人户度戈壁內附正乾隆年間勘定西域之時也今考歐羅巴諸國並無控噶爾之名百年以來諸大國與峩羅斯搆兵者止有土耳其佛郎西波斯三國佛郎西之侵峩係嘉慶十六年峩人焚舊都以避之其禍最烈事在土爾扈特投誠之後波斯之役亦係近年惟土耳其與峩羅斯連兵前後近百年道光初年猶交鬨未已聞見錄所云交兵事其爲土耳其無疑土耳其都城名君士但丁一作康思坦胎諾格爾噶爾即格爾上五字之訛爲控或由於轉音省文舊本羅馬東都後

來猶冒羅馬之名故聞見錄稱控噶爾都城名務魯木魯木即羅馬之轉音也土耳其本回部大國所據者亞形勝之地恃其虓悍敢於侵擾強鄰峩羅斯與之搆兵至數十年之久徵發及於屬藩蓋非得已烏巴錫素不知兵出輒撓敗多所亡失又爲舍楞所愚欲恢復伊犁舊牧傾國東徙爲哈薩克所掠逼入沙漠種類幾致覆滅乃決計內附賜牧於喀拉沙爾峩羅斯與控噶爾連兵之事即土爾扈特人所傳述然土耳其雖稱強大比權量力究非峩敵疆埸之役峩屢勝而土屢敗未聞峩

之挫於土也烏巴錫怨峩羅斯徵調之煩致已狼狽失
國故盛誇敵人之強大以輕蔑之七椿園於大西洋國
土形勢概乎未有聞遽信其夸誕之說杜撰一莫大之
控噶爾比諸懸圃瑤池同一荒唐矣或云控噶爾乃圖
理雅國王之名曾與峩羅斯爭地相戰烏巴錫傳述此
事誤以汗名爲國名今考泰西人紀載圖理雅卽普魯
士國勢遠遜於峩乾隆年間並無與峩交兵之事
波蘭故地尚有加拉哥維亞國袤延百餘里乃波蘭遺民所立自推鄉長理事不立君長地在峩屬波蘭部之西南
峩羅斯貨船嘉慶十一年曾有來粵東者道光二十八年又有一船至上海皆經　奏明駁回蓋其國貨船偶隨諸國私來并非奉其國命故一經駁飭隨卽回航而去

海國圖志卷五十七

歐羅巴人原撰
侯官林則徐譯
邵陽魏源重輯

北洋歐羅巴洲

此卷五國皆在洲中之北與氷海近故別爲北洋

普魯社國記

一作陂魯斯一作破路斯一作埔魯寫一作圖里雅皆譯音不同職方外紀圖作亞爾蠻亞西域聞見錄作控葛爾國又或作馬西噶北

普魯社國卽來粵貿易之單鷹也在歐羅巴中央之北疆域舊小部落星散耶穌紀年千有八百年嘉慶五年富律達和王奪得歐塞特厘國之西里西阿部并波蘭之波新部遂列于大國甫六年與佛蘭西戰敗績于支那國幾不守近日乘佛蘭西爲俄羅斯所敗興兵復仇并糾沿邊番部助攻佛蘭西約以奪回疆土卽令各有其地番衆踴躍爭先破敵事後王悔前言推諉數年後始如約至今未踐政事設賀官四人每會議各國之賀官但集于耶麻尼兵三等一曰士丹定阿彌一曰蘭威阿一曰蘭士端其蘭士端之兵惟護衛都城不出征未悉其數曰其士丹定阿彌之兵額設駐防兵萬有七千九百步兵八萬二千九百三十有八騎兵萬九千六百四十

七砲手萬有三千五百共十四萬一千有奇年三十以上爲一班年四十以上爲一班蘄威阿之兵以二十二萬七千爲一班十八萬爲一班共兵五十萬有奇故墨蘭領麥之人充伍者居十之二其各部教門不一或奉加特力教或奉波羅士特教或由斯教或魯低蘭教

普魯社國在歐羅巴洲中央稍北部落星散幅員十萬七千有二十五方里戸千有三百八十四萬口轄大部落九小部落三百四十有三

墨蘭領麥部東界波斯西界都領吉阿南界塞循北界敏那尼阿在耶麻尼北少

東與波蘭交界幅員萬六千零四十九方里戸百五十七千有三口領小部落四十有一其孛斯旦部則舊都也又佛郎賀部近阿達阿每五年開市交易一次則俄羅斯波蘭之人皆至國土瘠雖竭力耕種亦不敷用土產煙芸　蔴呢布木絲髮磁器玻璃

東普魯社部東界俄羅斯南界波蘭西界西普魯社北界氷海幅員九千九百八十五方里戸七十七萬二千五百七十七口領小部落四十其首部日南寨有三城貿易皆盛土産與東普魯社同

波新部東界波蘭西界墨蘭領麥南界西里栖阿北界西普魯社在波蘭國境原屬波蘭後爲普魯社所得地平衍幅員萬一千八百八十五方里戸百有五萬一千一百三十七口設總領一人領小部落四十有三奉加特力教由教魯底蘭教土產穀牛羊極多

西里栖阿部東界波蘭塞牙里西界都領吉阿南界歐塞特里北界波新在歐塞特里阿波蘭兩國之中濱阿達阿西邊多山東邊多沙幅員萬五千四百三十一方里戸二百四十五萬五千四十九口領小部落四十有二皆尊波羅特士頓教其首

部曰墨里斯路又有額那斯部在山谷中有礮臺二十產芓蔴煙布呢鉛銅鐵砒霜鹽

都領吉阿部東界魯那底阿南界威麻西界阿那注北界墨蘭領麥在塞循部落內最爲堅固幅員九千八百零九方里戸百三十九萬六千二百四十口領小部落二十有三首部曰墨尼麥街衢廣貿易盛

威塞花里阿部東界希西領俄西界尼達蘭南界臘引北界哈那注在荷蘭哈那注之間汃獵比河北岸多沙南岸多石山林深密不能栽種幅員七千八百六十七方里戸百二十一萬零七

百有十二口領小部落二十有一其首部曰曼斯達士最膏沃又有敏領一部貿易最大土產鐵煤鹽火腿布大花緞細蔴布嗶嘰

臘引部東界那省西界尼達蘭南界佛蘭西北界威花里阿先分數部一曰汝里阿斯一曰格里威斯一曰羅注臘引後并爲一統而名之曰臘引在耶麻尼荷蘭之中幅員九千七百二十五方里戶二百二十二萬零八百五十三口領小部落三十六其首部曰戈祿尼貿易甚大又格里威斯部險固有礮臺以濱臨臘引河得名東岸有大山西岸多山產不敷食土產苧蔴布五金絲髮

波彌那尼阿部東界普魯社南界波新西界墨蘭領麥北界冰海在巴爾底海沙灘對海有玉斯南島烏林島魯凝島地皆磽瘠資穀他部幅員八千七百五十八方里戶萬二千百四十口領小部落四十有三斯特鼎斯特臘山其港口也

普魯社國沿革原無今補

貿易通志曰破路斯國政事有名國人戴之產五穀材木白鉛大尼麻布商船六百五十二隻外國船進口者二千隻所載入之貨與各西洋國不異此條補入

海錄單鷹國又名帶輦在雙鷹西北疆域風俗略同今番舶來廣東用白旗畫一鷹者是

又曰埔魯寫國又名馬西噶比在單鷹之北此以單鷹與埔魯社國爲二者蓋埔魯寫指其國都而來粵貿易之單鷹乃其屬地亦猶安集延之于敖罕也疆域稍大風俗與回回同案普魯社奉天主教且疆域與回回不相接此言風俗偶同非謂教門同也自亞哩披華至此天氣益寒男女俱穿皮服彷彿如中國所披雪衣夜則以當被自此以北須海則不知其所極矣

萬國地里全圖集曰陂魯斯國南連峩羅斯與地利加

日爾曼佛蘭西等國北及巴得冰海東至波蘭峩羅斯國西連綏林領罷等國北極出地自四十九度至五十八度偏東自六度至二十度廣袤方圓三十二萬方里居民一千三百萬丁其房屋三百三十一萬一千間每年入國帑銀三千六百萬員所出者相等其中兵餉銀千五百六十九萬員國之欠項銀萬三千萬員此時漸減少兵十六萬五千人其中侍衛萬八千人騎兵萬九千人礮手萬五千七百步兵十萬零四千另有民壯三十五萬九千二百共計五十二萬四千國分東西兩方

共十部或在日耳曼內或在於其國外
陂曾斯東路各部一曰班丁堡縱橫阿得河流而大舟航其水面沿河水澤泥地暢茂草塲畜牲其餘地平坦多沙無土故所出之五穀不足用其地面四分之一係松橡林而已居民製造磁器又織呢緞等貨其會城爲國都曰伯隣在北極五十度及三十一分偏東十三度二十二分居民二十二萬丁城周圍三十六里有市二十二門十五上帝之殿二十七其居民大半皆崇耶穌正教城內有孤子院養孤子千八武藝院醫院內收諸

旅客貧民五千有餘其殿袤四十六丈廣二十七丈高十丈古狀巍巍其軍局多大礮兵器其文學院內有儒千六百餘其磁器造房有名居民絲綢布帛百貨製作在西國最著出衆商旅不遠萬里而來一曰陂墨隣部廣袤方圓三萬六千方里居民九十萬丁阿得河通流之入巴得海其海濱最低有沙阜時出琥珀南方田豐肥其餘地多沙出木料麻五穀河口商船出入不絕居民文學甚興會城士得丁在河濱居民二萬七千丁自有商船百六十隻其郊長大海口稱曰瑞隱口大船出

入無礙卒他港城在巴得海濱居民萬五千丁其上帝之殿堂葢以紅銅額林城內建文學院吉隣城在海邊街直屋美文石爲路薩牙居民七千丁房屋高大北勒有居民四千城中學院之師學問有名近城有聖池於宋朝年間居民初進耶穌之教時受洗禮每次數千人田宜穀麥突比城離海不遠由小河交通居民巧造琥珀奇器○治勒隱班之南一帶山嶺阿得河源在此境自南至北通流其地大半膏腴所耕之六萬九千頃多出五穀但人稠地狹必由外國運入以補之也有八千

機杼織夏布又賣羊毛與英國山出鐵每年十五萬石銀二千六百七十七斤其會城曰伯老居民八十萬六千丁內多巧匠其文院多名儒瀕河堅城曰瑞匿曰勒匿曰額剌曰嶌告曰匿士皆深溝高壘又一曰薩普部在隱班部西南多五穀其羊毛最細居民好禮温柔皆崇正教其都會捺得堡固城居民三萬二千丁壘高池深屢次擊退國敵哈勒爲大文學院內有千儒吉令堡昔乃尼姑所掌多寺廟令居民棄邪歸正又一曰陂斯部乃極東之境與峩羅斯交界即以此都會爲國名平

坦無山出五穀出松椽高宜建船賣與英國省會王山居民六萬三千丁其城垣周圍二十七里但不可防禦攻敵其河名日河澤界境東西陂魯斯城在此海口澤城有六萬居民經營貿易道光八年所入之船千有五十隻運出麥最多敵兵圍困其城所失者千五百萬員至北之墨麥城與西國通商有得實城與佛蘭西議和之處有益平城在海口每年進千四百船又一曰波新部昔屬波蘭今陂魯斯據其地釋其奴教其子令庶民向化其民始怨終服其地惟出五穀無他物產會城居

民二萬五千丁街市廣大百姓半執異端

陂魯斯西路各部一曰西法里在日耳曼國中間多澤密林居民織漂麻布售火腿半崇異端未奉正教其會城曰閔士得一曰如勒山部在萊尼河沿山地居民最巧造各項鐵器布疋甚衆每年貨價銀數百萬員會城曰可倫在來尼河邊居民五萬丁造香水綢緞其城之廟甚古入之者自覺肅畏本城內大文學院益百田八民蔚起戶口繁多出鐵器布帛哭鄉在萊尼河邊街濶市廣爲樂國一曰下來尼部多出葡萄酒但缺五穀因

山水之秀遠客恒往遊賞全地在來尼河濱其都會曰谷鄰城有民萬二千亞金居民三萬二千丁織造布帛

陂魯斯國新立不久在明朝年間爲日耳曼國之諸侯盡忠治國其王悅之封以藩地於康熙三十九年始自稱王號其世子深通韜畧武藝絕倫又善理財遂以富強嗣子菲得王國帑充足與外國結仇百戰百勝自後威聲大震後王淫湎其國漸衰戰敗受辱其世子屏斥奸邪以厚風俗但嘉慶十一年佛蘭西水軍由海道侵國戰敗所失不可計數割去地之一半六年後捐餉招

兵結列國爲脣齒擊退佛軍攻復舊都再取昔所據地國王遂修文偃武善得民心務農商興學院訓練兵卒召各部貴人會議政務是以國勢復盛

地里備考曰布魯西國一作普魯社在歐羅巴州之中北極出地四十九度起至五十六度止經線自東三度三十分起至二十度三十分止通國分爲東西二處東方則東至厄羅斯波羅尼奧斯的里三國西連亞諾威爾布倫瑞克二國南接波羅尼奧斯的里薩克索尼三國北界乖零德勒利地斯二國暨州中海長二千一百

二十五里寬一千一百三十七里地面積方十萬零八百五十里西方則東至諾威爾亞里曼等國西連賀蘭北爾日加二國南接佛蘭西國北界賀蘭諾威爾二國長七百五十里寬約六百餘里地面積方約一萬七千五百里總計煙戶一京二兆四億六萬八千口本國東北二方平坦廣闊地勢低窪頗爲荒瘠西南二方岡陵聯絡田土膏腴中有磽确河之至長者九湖之至大者八土產金銀銅鐵錫硝磺礬煤雄黃信石白玉琥珀瑪瑙硇砂磁粉及各色花石等實爲富庶穀果敷用牲畜

蕃衍至於王位歷代世襲所奉之教乃路得羅修教暨羅馬天主公教通國之人奉修教者五分之三奉公教者五分之二至外國人寄寓所奉何教概不禁止技藝精良商賈雲集在昔民皆北狄之類不受外轄宋理宗嘉熙元年始有亞里曼國人進薄其地以兵服之明憲宗成化二年亞里曼國人暴虐無道本國人冀避水火求拯於波羅尼亞國王越十二載遂爲波羅尼國所轄明萬歷　十七年波羅尼國君甍絕嗣仍歸本國管轄時國君改立開闢疆域中國康熙四十年雖遭干戈之苦然皆自能創業嘉慶十一年與佛蘭西國戰敗皆爲那波良所取越九載各國公使集維耶納地會議復還所喪各地仍爲歐羅巴州巨邦通國分八部一名巴郎的布爾尼部首邑名伯爾靈乃國都也建於斯波勒河岸宮室峻麗貿易興隆人煙輻輳一名波美拉尼部首邑名斯德丁一名細勒西部首邑名北勒斯勞一名波森部首邑亦名波森一名布魯西亞部首邑名哥尼斯北爾一名薩克索尼部首邑名馬德不爾厄一名維士德發里部首邑名蒙斯德爾一名勒那納部首邑名哥

羅尼以上八部之內其巴郎的布爾尼波美拉尼亞細勒西亞薩克索尼亞維士德發里亞勒那納等六部乃與亞里曼國結盟通共應出兵丁七萬九千二百三十四名其國通商衝繁之處內外不一或爲海邊大馬頭或爲內地大埠頭兼攝之地惟一名曰牛弗沙德爾在蘇益薩國境內

地球圖說波路西亞國又名波路斯又名普魯社東界峩羅斯國南界阿士氏拉國西界伯利諸恒國并荷蘭國北界海百姓約四百萬都城名比耳林城內民二十

二萬大半耶穌教小半天主教是國昔年最小厥後東侵西佔以廓其地書院廣設百工技藝嫺習地雖平坦大半磽瘠難樹五穀內有至大之江三曰耳蘭英江烏達江伊拉伯江是也土產緜花布羊毛布呢綢緞磁器木料琥珀鐵器并所造之奇器等物

外國史畧曰陂路斯國漢人謂之單鷹亦以其船之旗名之唐朝年間在陂蘭日耳曼交界屢爭鬭始立君自衛所駐地曰班丁布歷三百年陸續廣地後衰及明永樂八年有何欣素林者即位扣五爵以請地方但其地

褊小無多物產明嘉靖間其君務令百姓服上帝崇正教國從此興萬歷四十七年國君卒所有東界之陂路斯國盡歸班丁布境益遼民日繁維時在日耳曼國之西邊各據地方與歐羅巴列國結盟連兵肇衅明崇禎年間有智勇之君曰威嚴者號第一王興焉招新民墾荒地和睦鄰國賢才雲集三十年物阜民康其子纘述立國嗣王好兵廣募壯士多積財帛卒後其子號威得第三王即位輒募兵先取親屬所據治利西之地敗東國之兵名揚海外各國忌之結盟來侵戰攻連歲國帑

空虛既而陂路斯國權勢愈增版圖愈廣威得王之姪嗣位不履正道久項日積先業日衰嘉慶二年威得威嚴王號第三王即位甚不好戰不肯肇衅值佛蘭西國之大變陂路斯不之助是以佛國深恨之嘉慶十年佛國主波那穩乘機攻敗陂路斯軍降其堅城雖峩羅斯兵來助皆敗退陂那穩王遂據地大半重征稅餉待陂路斯如藩屬嘉慶十七年佛軍在峩羅斯國敗退陂峩連合結為脣齒勠力以遏佛國招日耳曼瑞丁東等國陷其軍於是陂路斯武功大震并列國之兵入佛之都

令佛之君波那穩退位其舊主威聲王復立且恢復其原地加益焉波那穩王再舉返國之時陂軍又合英人擊敗之再入佛都而立其原君於是其王攝權多設學館廣通商與日耳曼等國互易大開造製之局練軍士益民壯其世子於道光二十年即位力行善政廣貿易恭奉救主耶穌祇畏上帝焉○陂路斯國大半在日耳曼地內為其外藩也地廣袤方圓千一百七十八里居民二百三十七萬二千三百口平坦無山多沙其澤豬長江自陂蘭流來者曰威悉河尼們河近海水甚淺東

北兩港甚長甚窄惟入小船林甚廣天氣冷其都城曰王山居民六萬五千口在必額江邊廣大古邑也多五穀木料但悉城在巴得海中居民五萬八千口最廣之埠也屋五千餘家多製造物件并將五穀木料等貨皆運出售於他國峇賓城居民萬九千口特悉城居民萬一千五百口此邑距峩羅斯界不遠昔佛蘭西王與陂峩二國于此結平焉○博閔部廣袤方圓五百七十四里居民百八萬五千丁地平坦在巴得海隅之南阿得河分兩支又分三派入海其地大半沙磽獨比力士他

押兩邑之郊外甚腴產麥穀其海產狗肚魚琥珀其會城曰士得丁居民三萬二千口在阿得江邊出糖冬多雪廣通商士達孫在巴得海邊貿易次之此部之書院在開瓦得居民一萬零五百口士達甲居民萬有一千比力在豐地最多穀南宋寶慶間其崇佛教之居民初進天主教故作受浸禮之池立教館以誌之○在日耳曼界陂路斯王所據之地一曰班丁布廣袤方圓七百三十里居民百八十八萬六千口其地平坦多沙出麻埜木料其居民頗聰敏阿得並他小港通流此地曰必

林城在小江之邊國都在焉軍民三十五萬四千丁多藝術之師學館中海外之士雲集布坦邑距必林不遠爲其軍之行館居民三萬丁班丁布邑居民萬四千口國之舊都在焉凡弗城在阿得河邊商旅所雲集也居民二萬四千丁○二曰陂新部前屬陂蘭之地廣方方圓五百三十六里居民百二十五萬九千口邑一百四十五座其地平坦有湖澤其林廣密最多穀最貴者係五爵廣財帛百姓大半崇天主新教城中居民三萬三千口有教師之魁居之○三曰治利西部前屬東國廣

袤方圓七百四十一里居民二百九十三萬丁西南多山最豐盛出穀豆等物綿羊毛最細可造好呢羽山內產銀鐵銅石炭硫磺各種玉每年所出之鐵十萬八千石各礦值銀百四十六萬圓所織之麻布與中國夏布等其呢羽由峩國運進中國每年不下數十萬匹今峩國自織呢矣其會城曰必老居民九萬口廣通商比勒居民萬一千丁勒匿萬二千丁勒力萬四千丁耐士萬一千丁地曠民繁尚缺日用○四曰撒孫部在班丁布之南廣袤方圓四百六十里居民百六十六萬九千丁

此豐盛之地多產物居民崇耶穌老教其會城曰馬得布鞏固之城也居民五萬五千口多貿易城內塔高及雲吉林布居民萬七千三百口布邑居民萬四千五百口多織呢益弗居民二萬五千口○五曰西法部在撒孫西向廣袤方圓三百六十八里居民百四十萬地平坦多沙產五穀火腿尤勝出銅鐵各器其會城曰閔得其塔廣大禮拜堂尤美比田城居民七千九百口此地出細白布○六曰來尼部廣袤方圓四百八十七里居民二百六十四萬在來尼河之兩岸多山出礦若銀銅

鐵石炭石鹽等貨葡萄大有名居民奉天主教戶口繁滋所製造之鐵銅器及布匹絲緞廣通商其會城曰哥倫是舊羅馬君一千八百年前所建者居民七萬有禮拜堂高大士悉突邑在來尼河邊居民三萬係製造之地附近巴閔邑居民三萬人多巧思崇耶穌本教居民萬四千丁內有大書院亞金邑居民四萬丁多造呢羽谷連邑居民萬四千威悉邑鞏固之城也在來尼河邊陂路斯之形勢東與峩羅斯交界南連東國及日耳曼列國西與佛蘭西國北及巴得海隅居各大國中間

四面受敵非克自振拔不至此別有端士國中之微地稱曰匿查得廣袤方圓十四里居民六萬通計陂路國地延袤共五千零九十一方圓地里其居民千五百三十一萬三千口或為田並牧場或為園埔葡萄埔或為山林地不豐沃民能力農每年產麥千五百五十萬石荷蘭薯更多即每年用千三百五十萬石以蒸酒二萬萬罇所造之啤酒過其數所出之烟每年約二十萬石運出之油亦價重其農務過他國者因其前君寬釋農夫之徭役准竭力耕耘故有七萬新農墾千三百方圓

地里牲畜馬百五十萬隻牛五百萬隻綿羊千六百五十萬隻豕二百五十萬隻其價銀二萬萬圓棉羊價千二百萬圓其毛賣與外國者約五萬八千石山出礦道光十七年掘出鐵百四十五萬五千石鐵條十五萬石鑄鐵器三十三萬七千石細器十三萬四千石長條鐵百十四萬一千萬石鐵薄十三萬三千石鐵線六萬五千石銀二萬四千觔鉛三萬四千石銅萬九千三百石銅器萬六千一百四十八石黃銅一萬八千五百石白鉛二十一萬五千四百石白鉛箔萬五千六百石大青

入中國者八千七百石白信石三千石白礬三萬三千石鐵礬三千八百石銅三千四百石石鹽四萬三千石計其礦值每年銀二千萬圓傭工人六萬五千二百名工費銀約六百萬圓○陂路斯國生齒繁盛於他國嘉慶二十年計一千萬名今一千五百萬名此地之五爵無大權百姓崇正教者五分之三天主教八分之三大城十八座居民各二萬餘大邑八十五所小邑六百零二座國民精造織毛布之杼二十九萬以織呢羽等貨每年用羊毛二千五百萬觔銀七百五十萬圓紗綫之

紃五十五萬件織布匹之杼機五萬九千九百所用之緜花每年約十六萬石織綫素色三萬九千石各色三千石織絲緞之杼計萬四千五十張賣與外國每年約銀五百萬烟每年國內種者二十萬運自外國者十一萬八千石用紅蘿蔔造糖約十一萬八千石立學館二萬二千九百一十處男教師女教師二萬五千五百七十五名入學之男百一十萬零九千名女一百零六萬二千名大學院七百三十四間男女教師二千九百名學生九萬名另設兵丁之學館又有藝術之大學百一

十處教師千四百名儒生二萬三千石其大院肄業計六處在彼敦務者五千名教師四百名在都內者千八百名○其國廣通商運出油緜羊芭麻五穀葡萄酒木料油種麻種鐵白鉛鐵器黃銅器顏色皮緜書本麻緜布匹綢緞琥珀運進之貨物係白糖珈琲烟葡萄絲茶香料胡椒丁香豆蔻錫硝玻璃魚牲畜其居民文學有名農夫學史書兒童知地理女子悉天文○其君曰威嚴號第三王操全權招十八歲以上宗室並功績之臣日在國內講求軍機教門醫務內國外國之務各有大

臣以籌事入奏其百姓亦立公會每同官憲議政國帑所入每圓重七錢其山林爲官業者每年售四百萬圓賣官業之價另銀百萬圓礦鑄五金製造磁器九十一萬七千圓驛務百四十萬圓白鴿標務九十二萬九千圓稅餉四千七百二十八萬圓雜稅五千五百八十六萬圓國帑所出者欠項利息八百五十七萬四千圓俸祿二百二十八萬圓賞賚一百萬圓大臣俸祿三十萬六千圓教門務宜三百萬圓內國務宜二百五十六萬圓外國務六十六萬八千圓軍士二千三百七十二萬

圓刑部與所屬之務二百二十一萬圓戶部務百四十三萬圓工部三百萬圓大憲百六十九萬九千圓養馬十七萬三千萬圓雜費二百四十三萬圓其國之欠項萬七千四百八十六萬圓每年務塡還近日日減矣國居各大國之中故募兵不少男不論貴賤尊卑均入陣儒則二年常人則必三年後始爲民壯每年一操演凡兵之數步兵八萬七千馬兵萬九千礮手一萬四千第一等民壯自二十六歲及三十二歲二十五萬丁第二等民壯自三十三歲至三十九歲一十八萬丁共計五

十五萬二千丁〇有要務其君與百姓議論然後定納賢儒畏上帝崇拜救主耶穌爲衆民之表法固保封疆以免峩羅斯佛蘭西東國之侵淩

海國圖志卷之五十八

歐羅巴人原撰

侯官林則徐譯

邵陽魏源重輯

大西洋 歐羅巴洲

嗹國一作嗹馬一作領墨一作吝因一作丁抹一作大尼一作丹麻爾即來粵之黃旗國也

嗹國歐羅巴小國也地形從日耳曼北出如人之握拳伸臂於海中者東界波羅的海西界大西洋海北隔海與那威鄰南抵日耳曼之伊爾河爲界地勢參差低窪平衍高阜出水不過數尺半多湖沙物產歉薄而陸地

衝衢據全洲要害東有三島曰臘蘭曰府領曰西蘭此外尚有數島西蘭島之戈西哈林即國都也得國最先聲勢最強好侵掠鄰國無不畏惡自耶穌千有十七年宋眞宗天禧元年加納王奪得英吉利地旋與耶麻尼波蘭兩國交兵連勝馬領女王嗣位復統兵征服瑞丁那威兩國是時嗹國威震西海迨至幾立斯底奄王酷虐無道國勢駸衰瑞丁背叛率衆直抵國都郊外大肆焚掠始還瑞丁侵地二百年後瑞丁又侵取嗹國邊地嗹國惟守舊疆與海濱貿易埠頭而已嗣當俄羅斯與佛蘭西

爭戰嗹國介兩國間俄羅斯假道欲拒不能欲避不可乃與佛蘭西合從而佛蘭西旋敗致芬蘭之地竟爲俄羅斯所據嗹國于俄羅斯兵退後乘間奪得瑞丁部落旋與議和以新得之波墨粒釐阿易回瑞丁侵去之老引墨部落焉政事額設職官祿一加穩斯十九麻倫十二大訟獄王自審理陸兵十萬戰艦大小十有四餞糧歲征七八百萬圓舊無河道疏濬通艘內地所產始得出海自此稅餉日增然遇意外之費卽不敷用是以國家虧欠七百五十萬圓國都設立書館一所貯書四十

萬部此外尚有大書館二千五百所蒙童館三千所文士精天文者推第谷爲最重貿易尚勤儉豪貴不敢淩貧賤也產大呢糖稻米麥其互市廣東用黃旗幅員二萬二千方里戶二百又四萬九千口日倫島(卽西蘭)東北爲大埔頭(卽都城一作可品哈音一作哥卑納給)諸國貨船出入波羅的海者必經由加的牙峽(闊僅數里)因設關榷之不則搶之使勿越諸國無如何亦遂安之日倫南有兩島西南有非俄尼亞　島隔海西北爲人德蘭部其南曰勞英不爾厄部又東南爲科爾斯德音部南鄰日耳曼矣又東曰

石勒蘇益克(東南北俱日耳曼國)人德蘭東北西俱海多湖泊勞英不爾厄西海濱多礁石其東皆波羅的海也

嗹國沿革(原無今補輯)

皇淸四裔考嗹國地居西北方凡歷海洋六萬餘里始達廣東界國中土地平衍山澤少著名者有一山土名士嗹國人皆從此出入前臨大海左右設礮臺距王城五十里王所居地名顛地墨(領墨國之得名以此也或作丁抹國卽領墨之音轉)(或作嗹國卽領字丁字之音轉)信奉天主多同英吉利土產黑鉛琥珀白金及大青葡萄乾之屬自雍正年間有夷商來廣通

市後歲以爲常

萬國地里全圖曰丁抹國或曰黃旗國乃半地有海隔絕於瑞丁國也惟南方與日耳曼國相鄰北極出自五十三度三十分至五十七度三十分偏東自八度至十一度也其東方羣島港汊無幾船隻若通行必納稅奉丁矣國地平坦無山海邊沙磧國地褊小圓方只萬二千方里居民二百萬嘉慶年間曾爲佛蘭西糾約與英交戰而英國水師轟擊其都强其國王交出戰艦以免爲佛蘭西所有其沿海產五穀牛畜奶餅等貨赴市廣

東因插黃旗故稱此名國軍共設四萬丁戰艦數十共國餉銀每年四百萬兩王專國事不聽尊貴五爵其南方大半係日耳曼民亦同言語但本國之音與瑞典國相似○其都城曰可品哈陰在嶼上為市埠居民十萬丁其街徑直其屋華麗與日耳馬國交界有亞里多那馬頭與翰堡港最易交爭基國乃其國之南書院近英國地海中有羣島屬丁抹所轄其民業漁極北海隅冰島者風氣凜冽中有火山兼屢地震其居民捕鯨取其油衣海犬之皮更遠北極之下亦有丁抹所開新地以

漁為務其地冰海夏時不開無船能到然民冒其險眞可謂鷹飛不到名利所牽也

案四州志貿易通志每月統紀傳萬國全圖地里備考外國史畧等書或有嗹國而無大尼或有大尼而無嗹國其實嗹即大尼之合音也考那威昔屬大尼海錄謂其來粵貿易亦稱大尼用黃旗於是有海北之黃旗海南之黃旗迨嘉慶二十年（此見地里備考若外國史畧則作十八年）各國公使會議維耶納以瑞丁地附近於嗹者歸嗹而割那威與瑞丁於是惟有海南黃旗之嗹國海北無那威之名矣前分大尼嗹為二今更正之

每月統紀傳曰大尼國地徵三濱及海惟南接阿理曼國之藩屬國延袤百七千萬正方里居民百萬有餘地平坦北面赤地窮髮曠野西方沿海地不高海水屢次漲溢築塘捍防常為風颶所敗是以栽樺樹等以堅固其沙土產惟五穀畜牲每年賣與外國者馬萬六千隻牛七千隻設遇英吉利國穀歉價昂時所載入者歲數萬石國中建城一百邑三十七鄉二千三百里五千五百戶口希少而心高志大遊徧天下謀利積蓄當宋朝

年間土人未向化斥鹵磽瘠舍耕業漁沿海之民肆劫洋面侵掠沿海宋朝眞宗四年深入英吉利國國王張徨厚賄請其退師不許英人乃設謀誘殲其軍大尼國王憤思復仇乘船縱橫洋面截商船擾邊境將為質之人割其鼻手而溺之遂領新軍伐南方與土人鏖戰日久乃講和不期英吉利王被弒大尼王號曰駕盧特遂脅服英民從加特力天主教賞罰嚴明遂攻北國屢戰皆克既獲全勝王沒子立英人復興銳力驅逐是時大尼國五爵擅權互相戰鬪需索農工國幾大亂賢王與

焉正位修政馭下安民明洪武十年大尼國王后攝權其女主鍾山川秀氣英妙不凡立志合大尼那耳瓦瑞典三國爲一行軍發令動合機宜所向臣服其境延袤過於鄰國嗣王效法亦擴土疆盛强再世後王暴虐耽溺女色宮妾猝死王猜疑服毒株累無辜恃强侵瑞典國盡殺其五爵貴人九十人逞虐作威彼民咸怨乘大尼王與南方鄰邑搆釁瑞典阻兵自守不貢錢糧揷盟誓死不受大尼管轄大尼王屢討皆敗懊恨而死于是國民進波羅士特正教崇拜救世主耶穌而不恭偶像

六開海路其傳教之師遠適各國廣佈教化近百年間大尼復與瑞典國釁隙發兵攻擊奪路奔走講和讓地大尼國威挫遂爲他國所輕百姓不悅以攝權之世爵爲倡禍故變舊例廢五爵以王總國政柄不旁落嘉慶二年大尼國王欲阻拒英吉利師船將其國都兵船密泊海港多建礮位英軍排艦開礮攻之大尼梢手不變色并力防堵英船壞舵欄講和而退七年後佛蘭西國王復密約其國師艦巡舟合侵英國英國師船奪之遂抵大尼國海口問罪勒降王曰寧死不敢辱國于是英水師放礮如雨圍困都城焚屋四百間危在旦夕太子議降將巨艦十八隻艟艨十五隻盡皆投出當時大尼王年老邁太子無才國人會議公舉才智出衆之士爲副王以治國

貿易通志曰大尼國或呼曰黃旗地褊狹戶口少然專務貿易產五穀酥餅牛羊豕道光十年出口商船三千六百九十三隻外國進口船四千四十四隻其貨價不等

案西蘭島一作塞蘭在海中領小部落三越蘭部郎

獵蘭領小部落十有五其南塞力斯穩部領小部落二（英人名曰頓害米邑）又南曰和爾色鼎部領小部落二（英人曰北音邑）南郎哈那窪之依瀰河也此嗹國全境云

地球圖說嗹尼國又名低納馬爾加粵人謂之黃旗東西北三面都界巴得海南界利曼諸小國百姓約有二百萬都城在國東一海島內地名可本海硜城內民十二萬統述耶穌敎國內有書院土地膏腴平坦無山土產五穀牛奶餅等物所屬大西洋有一大島名愛撒倫有火山節次出火不時地震傍有溫泉逆流而上約高

二十丈人民業漁取海犬皮爲衣

地球圖說青藍國係埭尼屬國東南西三面都界海北近北極人民約計二萬天氣極冷氷雪不消當地球偏北之地人跡罕至物產全無人好漁獵捕鹿海牛海犬鯨魚等物身體矮小不甚聰明以食魚獸等肉耳現有歐羅巴人在此傳教此大尼所侵瑞丁國海北地也

地里備考曰大尼國一名低納馬爾加國在歐羅巴州之北其國土在北極出地五十三度二十二分起至五十七度四十五分止經線自東五度四十五分起至十

度四分止東至加的牙海峽西枕大海南接亞諸威爾國北連亞德蘭海汊長九百八十里寬四百里地面積方約二萬三千里煙戶一兆九億五萬口地多平原海邊雖屬陡坡險峻仍係砂磧低陷西方尤荒蕪河則無幾其至長者惟四湖則甚多其至大者有七海島不一東則巴得海西則北海極北則亞西蘭的海至大之島名義斯蘭地內有火山一座晝夜吐火不熄所有各島惟在巴得海中者土腴穀豐餘地次之土產鐵礬磁器木料熟皮禽獸蕃衍鱗介充斥地雖潮濕而氣温和沿

海忽冷忽熱朝暮大霧彌漫男女皆得嗣位惟以長幼爲序奉路得羅修教其羅馬天主公教暨加爾威諸修教奉者無幾百工技藝稍庸而貿易興隆民人勤奮原本國始與諸威瑞西二國并稱斯干的那瓦國也初則爲夷狄所居之地其極北海寇昔日擾害歐羅巴州者惟時斯干的那瓦國人各自置酋不相統屬迨本國哥爾摩酋長自立爲王於是諸威國瑞西國之酋長亦效尤各稱王耶穌降生後一千年間至加奴度生乃兼併諸魯威牙國越三百餘載至馬加里達女王時又兼併

瑞西亞國及薨後三國土地皆并於亞里曼國明英宗正統中本國與諸魯威國更立基利斯的亞奴者爲王時二國未與瑞西國謀其國民遂別立一君自後本國與瑞西亞國永不復合嘉慶十二年歐羅巴州擾攘之際本國亦遭佛蘭西國那波良王攻圍其都迨各國公使齊集維耶納地會議乃割諸魯威國并於瑞西國將瑞西國附近本國各地裁歸本國通國分爲五部一低納馬爾力部乃本國都也屋宇峻麗工肆林立製造精巧百貨駢集一人德蘭部一石勒蘇益克部一科爾斯

德音部一勞英不爾厄部後二部乃與亞里曼國結盟通共應出兵丁三千六百名兼攝各地凡亞細亞州未里加州美里加州內皆有之

外國史畧曰大尼國在日耳曼西北之間微地也益之以羣島始能建爲一國扼州中海口各國商船出入海口者必納稅餉於大尼建礮臺兵船嚴守之故地小而能富強戰守其南方居民多日耳曼語音中國稱爲黃旗古時與日耳曼同族好駛船劫掠羅馬國廢時在海隅四處攻擊唐朝年間與佛蘭西英吉利兩國戰據其

地又肆虜掠於西班亞意大里等國唐咸通年間大尼列族始合爲一國宋靖康中攻陷英吉利民大半進天主新教南宋咸淳年間列族之酋各廣土地據瑞丁並巴得海隅全地威名大震明天順年與那威國合又欲兼幷瑞丁地屢戰敗退明嘉靖年其民棄新教而歸老教至今不變後其民在四海通商如北極之島及亞默利加羣島並五印度國等處皆有市埠又以右老教故屢與日耳曼瑞丁國爭戰國民受害如水益深雍正以來大尼國與中國廣通商每年商船九隻到黃埔貿易

歐羅巴各國交戰時大尼國晏然作壁上觀然佛蘭西與英人肇衅大尼又與佛國結爲脣齒於是英人攻其都而取其戰艦嘉慶十八年大尼國以所據那威地讓還瑞丁國始安靜其地平坦出五穀多牛北方一帶沙漠每風害田稼則種樹以護之居民頗有胆畧遠商尋利亦多學院與日耳曼國相連之地曰老市曰何石曰悉威其在北地之若蘭其大島曰西蘭島小島卽副島拉蘭島中有海峽在瑞丁間相去不過三四里乃各國商船出入洲中海必由之路故必納稅餉民無製造只

運出五穀牛油麻子每年約價一千二百萬圓其地廣袤千二百二十里居民二百零七萬城九十八座所屬船九千九百隻貿易甚興其都城曰哥賓哈音在西蘭島海口街廣屋麗悉威其邑居民一萬二千老布邑居民一萬二千另有所據北海隅之冰蘭島廣袤一千八百里居民五萬氣候甚冷鮮產物多火山恒有山崩地裂之災民崇耶穌正教食魚牧羊本港所出者不足自贍皆由外運入○其地近英國之北有法呂羣島居民只十之七餘皆荒寒之地惟業漁及水手又有青地廣

袤二萬方里居民二萬四千冰雪長年不消無草木食物居民捕魚而飲其油其鯨油所用甚廣各國之船入夏與蛟鼉並伐取之百姓耐艱苦○大尼國都在亞默利加海隅所據之島八里居民四萬七千八多黑面在亞非利加西邊者二十二里居民三萬三千大尼國雖不大然扼州中海口地勢要害握商稅兵旅之權每年入公帑千五百二十八萬圓所出者千四百九十五萬圓欠項最重一萬一千六百六十萬圓兵士三萬火礮千八十門

瑞丁國那威國總記瑞丁一作瑞典或作綏林或作蘇以天或作雪爾際亞○那威一作諾魯威一作那委阿一作那耳瓦一作諾爾勿惹亞皆音之轉

外國史畧瑞丁那威同一區西北抵冰海西南抵耶麻尼海東北界抵麻爾底海源案麻爾底海玻的亞海斯多各海皆所謂州中海隨地異名也并與俄羅斯都城波得羅堡接界東北芬蘭即所謂西費耶斯科東南斯多尼亞俄羅斯邑南北距一千五百五十里東西距三百五十里地近冰海為歐羅巴洲最寒之區北隅山深雪厚物產稀少人皆麤魯牧獵為生瑞丁與那威以倫佛韲尼斯山為界無酋長耶穌紀年九百後唐昭宗光化三年有哈羅佛額統領瑞衆屢出冦掠人皆畏懼遂自立為王建都於斯篤和林距海僅六十里同區之那威亦屬焉旋又攻得璉國之司蘭阿爾韲希墨韲斯三島立國三十餘年為璉國馬里額女王所滅并所屬之那威皆被吞併然瑞丁土人不服屢叛屢敗迨至璉國幾利斯底奄王暴虐無道國政大亂千五百二十年明武宗正德十五年有瑞丁人額斯達瓦薩者樹幟恢復屢破璉國之衆竟抵國都鏖戰三載璉國厭兵遂還瑞丁故地瑞丁復國為王復攻耶麻尼取回粵地亞亞所侵地又并

波墨臘厘阿數部落凡歐羅巴各國有事悉聽瑞丁號令千七百年（康熙三十九年）爲渣爾國王所敗求助于土魯機土魯機爲之和解遂割厘阿厘委阿數大部落以賂渣爾始罷兵瑞丁僅守磽瘠邊境越數十年傳至額斯達瓦斯昏于政事國內再變王位虛懸衆擇佛蘭西兵帥墨那氏爲主墨那氏恐本國王見討故厚結人心自樹又所屬那威貨物至嗹國之都交易多被挾制皆瑞丁之大患立衙門四一官一僧一部落士著一鄉村士著官衙門千二百八分三等曰希臘曰厘那曰西委那凡

各首領均世襲僧衙門大僧師曰阿治彌涉次曰彌涉部落中土著衙門由各部落中選舉有租賦者充之鄉村土著衙門由各鄉村選舉有產業者充之五年期集會議一次期以三月或展至四月所議者文武職官賢否及稅餉增減以聽王命凡會議之時非服章服之希臘無坐位那威設立會多挺衙門隨時會議俟王准駁然一事經三請亦得准之瑞丁步兵二萬六千三百二十騎兵千五百八十火器兵二千四百蘭威阿兵八萬三百六十有八養兵之法平日撥田耕種行陣別給

口糧那威步兵九千六百四十有二騎兵千有七十火器兵千二百七十有八蘭威阿駐防兵糧餉如綏林之制境內倫佛厘尼斯山最大自那威之俄鼎麻迄綏林界峯高八百丈起伏綿亘至北海濱忽高起壁立河道四那爾河至額佛里東出海長二百六十里額攬彌河特攬河臘勃河自北發源南出海國中材木皆由此出洋湖二曰委尼湖曰馬里爾湖爲衆水之壑歲濬河道宣洩積水奉波羅特士頓教貌似俄羅斯好文學俗淳無盜作事忍耐專心技藝推求金石草木質性歐羅巴

洲各國皆不及焉產金銅銀鐵黑鉛細呢自礬矽磺材木綜計綏林各部落歲產鐵百八十萬擔達（每擔達計重七十八斤）硫磺千一百五十擔達自礬四萬二千六百擔達那威首部落沃牙哈斯向產金銀黑鉛今則稀矣那蘭斯歲產銅七千八百六十擔達幾力斯底奄山歲產鐵十五萬擔達

瑞丁國四部（東界俄羅斯南界洲中海西北界那威）幅員二十九萬七千方里戶二百七十七萬千二百五十二口管大部落四小部落十有七

綏林勃羅部東界海南界曷蘭西北界那威領部落三產細呢硫磺白礬押沙爾每年產銀二三千碼鉛一萬六七千斤鐵礦尤旺化倫每年舊產銅四千萬斤近年只五百六十萬斤金五十碼銀五十碼鐵無定數

臘巴蘭部東界俄羅斯南界那蘭斯西北界那威

那蘭部東界海南界綏林勃羅巴西界那威北界臘巴蘭領部落一每年舊產金三四十碼近年所產僅十之一

曷蘭部東南西界海北界綏林勃羅巴領部落九產鐵

附那威國

那威國六部東界俄羅斯及綏林西南北俱界海戶百有五萬零百三十二口大部落六小部落七

沃牙哈斯部東界綏林南界海及幾力斯底菴山西界麻銀哈斯北界特倫林領小部落一土產金銀今漸少

肥引墨部東南皆界俄羅斯西界那蘭斯北界海領小部落一

那蘭斯部東界臘巴蘭南界特倫林西北界海領小部落一產銅

特倫林部東界那蘭南界沃牙哈斯西界海北界那蘭斯領小部落二

麻銀哈斯部東界沃牙哈斯南界幾力斯底菴山西界海北界特倫林領小部落一

幾力斯底菴山部東南西皆界海北界麻銀哈斯沃牙哈斯領小部落一

產鐵白礬黑鉛木材皆原本

職方外紀歐羅巴西北有四大國曰大呢即黃旗之連國曰諾而勿亞即那爾威曰雪際即瑞丁一作雪爾際亞曰鄂底即普魯社國論地界此四國皆與亞勒馬尼國相隔一海道阻難通西史稱為別一天下南北經度自五十六至七十三其南夏至日長六十九刻其中長八十二刻其北夏至日輪橫行地面半年為一晝夜地多山林產獸及海魚極大異於他方其大泥亞國沿海產菽麥牛羊最多牛輸往他國

者歲常五萬海中魚蔽水面舟為魚湧輒不能行捕魚不藉網罟隨手取之不盡也近二十年內一國士名地谷白剌格酷嗜瑪得瑪第加之學建一臺於高山絕頂以窮天象究心三十年累黍不爽其所制窺天之器窮極要渺後有大國王延之國中以傳其學今為西士歷法之宗其諸而勿惹亞窮五穀山林多材木鳥獸海多魚鼈人惟馴厚喜接遠方賓旅曩時過客僑居者絕不索物價今稍需即饜足矣故其地絕無盜賊其雪際亞地分七道屬國十二歐邏巴之北稱富庶云

瑞丁國沿革

那威國沿革附載 □原本無今補輯

貿易通志曰瑞丁爲北方之國產銅鐵木每年進口貨價千三百萬員出口千二百萬員本國船二千四百二十七隻外國船入口者千六百五十八隻瑞丁一作瑞典見每月統紀傳

萬國地里全圖集曰瑞丁國西南北三方及海但東連峩羅斯北極出自五十五度至七十七度偏東自八度至二十四度袤三千九十里延三百五十里北方峇巍

崎嶇其南沆瀣泥地其西海邊港汊洄洑若舟不幸遇之必危其江河最多急流不長皆入布尼海隅天氣嚴凝大半難耕居民用鹿爲馬其牛羊皆雪中度生焉居民共計四百萬丁古時此國衆蠻哭出侵至歐羅巴之南地於明萬歷年間始奉正化事耶穌敢作敢爲又受日耳曼國侯之地兵力甚强嗣後權勢再衰五爵屢亂於嘉慶年間國中尊貴擇佛蘭西將軍爲王修政安民其土產木鐵銅但五穀不足用其貧民不得食餅薯則以鹹魚參調樹皮爲食國餉銀每年二百萬兩其軍一萬戰艦亦不多其商船亦到中國貿易其都城曰士突訓亦通商馬頭沃撒剌乃國之書院其丁末之對面海口稱爲鄂堡也其國之北稱爲臘地居民身矮終身住冰雪之中勞苦養生夏時天氣又暴熱蚊毒難堪忽兩月後轉瞬凍至其民出入乘鹿以奶哺之以肉養之以皮穿之以筋爲弓也又那耳圍者其國西方窄地也昔屬丁末國於嘉慶十七年始歸丁天氣寒凝與瑞丁不異其居民捕魚以代五穀沿海磤石林立航船惟難民性剛悍雖服瑞丁而其政事皆酋長專決

海錄綏亦古國在英吉利西少北案綏亦古即瑞丁國也在英吉利西地其非海南之瑞國明矣瑞國在英吉利之東也風俗土產如英吉利而民情較淳厚船由荷蘭往約旬餘由英吉利約六七日可到來廣貿易其船用藍旗畫白十字

地球圖說曰瑞丁國又作蘇以天國東南界海西北界那爾威百姓約有二百九十萬都城名士篤哈爾姆城內民九萬皆耶穌教有大書院國北極冷人民稀少西方多山中央江湖甚衆夏時暴熱約六十日或九十日過此則終年寒冷冰雪不消難於耕種有一獸名快鹿

可以御車代馬形狀與暹羅所出大同小異人飲其乳
食其肉衣其皮取其筋以爲弓弦嘉慶十七年間那威
國與蘇以天國合成一國而是國之百姓亦有一百十
萬之數其天氣地勢民風與蘇以天國相符土產大抵
鹿馬犬牛羊魚紅銅木料等物
地里備考曰瑞西亞國與諾魯威亞國原分二國嘉慶
二十年各國公使齊集維耶納地會議將二國合而爲
一惟二國田土殊地風俗不一故仍分釋之
瑞西亞在歐羅巴州之北北極出地五十五度二十分

起至六十九度止經線自東至度起至二十二度止東
至厄羅斯國西連諾魯威亞國南枕州中海北界諾魯
威亞國暨冰海長約二千七百里寬約一千里地面積
方約二十四萬里烟戶二兆八億口孤峯峭嶺各不相
聯湖河藪澤相間居北六十度外荒蕪少人河至長者
曰多爾內亞曰盧勒亞曰加黎塞利曰達勒加爾里曰
加拉辣曰達摩勒曰科達湖之大者曰威內爾曰威德
爾曰耶爾馬耳曰美拉爾曰西里然曰斯德爾南方稍
有沃壤北方盡低陷砂磧土產銀銅鐵錫窩宅白礬硫

磺花石木料皮貨地氣稍南入夏日長九時冬則夜長
九時極北則冬有夜無晝夏有晝無夜技藝惟精鐵器
貿易較諸威尤甚其國於明武宗正德十五年始不受
制於大尼國立首領古斯達鄂者爲王始改古教奉路
德羅修教至基利斯的那女王癖好文學厭苦兵事遜
位於外戚加爾祿斯而自之羅馬國游學不復返加爾
祿斯卽查理十二王康熙三十八年卽位年少銳於戰
伐攻克波羅尼國之地過半波羅尼大尼厄羅斯三國
將連兵來伐王聞之先舉兵逐去波羅尼國王圍困大

尼國都并敗厄羅斯之兵威聲震一時越數載再興師
攻波羅尼國敗績奔赴土爾基國請救五載未獲所請
乃歸復往圍諾魯威國城薨於軍中嗣王因以大衆躄
之嗣王屢戰皆北割東境之芬蘭以講和戢軍乃罷嗣
王將討本國土酋之懷貳者諸酋懼弒王其子立好戰
增餉又被廢嘉慶十四年國戚加爾祿斯攝王位其養
子智畧過人善用兵所向克捷王薨因傳以位亦更名
加爾祿其卽今在位之王也西境之那威舊屬嗹國嘉
慶二十年各國公使會議於維耶納以瑞地之附近於

嗹者歸嗹而以那威歸瑞通國分二十四部一名斯德哥爾摩乃本國都也建於美拉爾湖岸樓臺疊起風景雅麗貨物駢集人烟輻輳一烏布薩拉部一威士德來斯部一尼哥兵部一科勒波羅部一加羅斯達部一哥巴爾卑部一日非勒波部一靈哥賓部一加爾馬部一仍哥賓部一哥羅諾卑部一波勒金日部一斯加拉波部一勒爾佛斯波部一科德波部一亞慕斯達部一基利安斯達部一馬爾摩呼部一科德羅部一諾波敦部一威斯德部一諾爾蘭部一仍德蘭部其國通商衢繁之地內外不一半屬內地埠頭半屬海邊其所兼攝之地惟一海島在亞美里加州內

諾魯威國即那威國在歐羅巴北北極出地五十八度起至七十一度止經線自東三度起至十度止東至瑞西國西枕北海南接州中海峽北界氷海長三千四百里寬八百里地面積方約十五萬五千里烟戶一兆零六萬六千口地勢由南而北巉巖嵾崖海濱礁石槎枒波濤激湧舟誤觸立碎川澤湖河相間河至長者一哥羅門一達拉門一羅慕斯達一薩爾敦一多爾內一亞

爾敦一達納湖至大者一米約森一發門一的里斯一黎斯北界沙磧寒凍不毛居民以漁為業南有腴壤稼穡四句即熟林密少果實五金惟銀最多紋石極美禽獸繁衍鱗介充斥北則嚴寒南則燠暑冬令有夜無晝不見日者七十五日夏季有晝無夜不見月者七十五日五六兩月暴暖蚊蚋密如塵沙過此霰雪飛集皆寒凍之日矣國治與瑞西國同王而異法奉路得羅修教其天主公教暨加諾威諾修教為數無幾工市少技藝庸惟商賈輻輳通國分十七部一亞日胡斯一馬斯勒難一里德馬爾根一基利斯的安一布斯給盧一巴拉德北一內德尼斯一滿達爾一斯達完白爾一仍爾盧斯卑耳一南卑爾仁一北卑爾仁一羅慕斯達爾一南德倫的音一北德倫的音一諾爾蘭一分馬爾根其通商衢繁之地半屬海邊半屬內地之埠

外國史畧曰瑞丁國僻處北方地冷不毛古時居民惟以虜掠為生宋朝時與大尼國始啟爭端兩國忽合忽分明嘉靖二年百姓自擇立君曰古士達第一王聰明智慧始傳耶穌正教明崇禎二年國王不忍視日耳曼

國天主新教之徒剿滅正教故領兵入日耳曼國維持保護以寡勝衆自是瑞丁之名揚於各國其後甲里第十二王康熙三十五年卽位尙年少鄰國兵來攻擊甲里王約大尼國共平之後勝峩羅斯破波蘭軍侵日耳曼國各國皆畏其威峩羅斯軍再至甲里王追入深林忽峩兵四面伏起環攻王突圍出遂奔土耳其間道歸本國再合兵力戰受傷而死國民與五爵互相鬬國勢益廢無能再興於是峩國進迫瑞丁强奪其地政事俱由峩國大臣主張相沿日久嘉慶年間其君與佛蘭西

交戰民人恐懼因驅其君謀迎立佛國之將軍代王位賴峩國王擊破佛軍嘉慶十八年議平獲那耳威國地入版輿到中國貿易○瑞丁並那爾威北極出地自五十五度二十二分至七十一度十一分北至氷海東南至峩羅斯並巴得海隅西及北海兩國之南係平地溪流不大林甚密廣袤一萬三千七百七十里兩國居民四百四十二萬氣候最冷在北長有氷雪雖夏月亦不熱草木難生山皆在北而南則澤湖也那爾威海邊其山石礁如齒海汊甚深瑞丁之農地一百七十方里牧

塲三百四十方里湖澤一千零六十方里荒地一千四百六十方里獨南方可耕也五穀不足用居民惟種荷蘭薯以養生以捕魚爲業山産鐵及紅銅運出外國百姓聰明而不願離本土好酒耗費鮮製造商船一千隻道光十二年運進者價值千三百五十萬圓運出者價值千二百三十萬圓其部囘蘇哭含島居民八萬三千峩丁布居民一萬九千其國肄院賢儒雲集北去平居民一萬九千甲申晃一萬二千○瑞丁連那爾威國俱磽地鮮食物松林最茂其木料爲各國所貴銀礦無幾

業漁喜賓客瑞那兩地之民與日耳曼國之民最相親土音不遠其都城曰吉提亞那居民二萬比音港居民二萬二千八百是此國之大港頓害米居民一萬二千出松板每年價百二十萬圓○瑞丁王統轄兩國事必聽鄉紳會議有理務之大臣七員會議之大臣三員所入國帑每年約千七十四萬圓所進用之軍士三萬九千水師大戰艦二十隻中船八隻小船八隻礮艇二百四十七隻那爾威國帑所入者銀三百七十八萬圓所出者銀二百八十五萬圓軍士一萬二千水師小船六

隻礟艇一百一十七隻
皇清四裔考瑞國在西北海中達廣東界俱係海洋計
程六萬餘里國中土地平衍有大山三一曰庇高天牙
禮華閣三四年輙有光燭天望之若烟火四面巉巖壁
立千仞人跡不能到一曰布農故巴黎自山麓達於頂
俱白沙童然無一草一木一曰化倫士高勞華山中産
紅銅民為採納於王王所居地名士的哥盧國人會聚
之地名曰乙頓巴黎距王居七百餘里國中四面皆大
澤汪洋千頃國人之散處者非駕船不能往來乙頓巴

黎蓋泊船總滙處也凡大市鎮當國人貿易之期則有
官司至若古司市者故市鎮皆設館舍以供駐宿置班
衙以供使令其人信奉天主俗同英吉利通市始自雍
正十年至今不絶
海錄盈黎馬祿加國在綏亦古（即瑞丁）西北與綏亦古同
一島陸路相通而疆域較大人稍麤壯風俗土産亦同
即來粤黄旗船是也（即那威國）

外大西洋墨利加洲總敘
嗚呼彌利堅國非有雄材梟傑之王也渙散二十七部
落渙散數十萬黔首憤於無道之虎狼英吉利同仇一
倡不約成城堅壁清野絶其饟道遂走强敵盡復故疆
可不謂武乎創開北墨利加者佛蘭西而英夷横攘之
憤逐英夷者彌利堅而佛蘭西助之故彌與佛世比而
仇英夷英夷遂不敢報復遠交近攻可不謂智乎二十
七部酋分東西二路而公舉一大酋總攝之匪惟不世
及且不四載即受代一變古今宮家之局而人心翕然

可不謂公乎議事聽訟選官舉賢皆自下始衆可可之
衆否否之衆好好之衆惡惡之三占從二舍獨狥同即
在下預議之人亦先由公舉可不謂周乎中國以茶葉
大黄歲數百萬濟外夷之命英夷乃以鴉片歲數千萬
竭中國之脂惟彌利堅國鄰南洲金礦充溢故以貨易
貨外尚歲運金銀百數十萬以裨中國之幣可不謂富
乎富且强不横凌小國不桀驁中國且遇義憤請效馳
驅可不謂誼乎故不悉敵勢不可以行軍不悉夷情不
可以籌遠魏源又曰彌利堅與英夷所據皆北洲其南

則最大者爲孛露國起赤道南三度至赤道南四十一度大小數十部廣袤萬餘里國中金銀銅極多國王宮殿皆以黃金爲板飾之惟鐵最少最貴其道路自國都以達四方鑿山平谷更布石爲坦途驛使傳命數里一更三日夜可達二千里其出音各種而別有一正音可達萬里之外與中國官語相等非西洋國國殊音之比故與南洲之彌利堅皆墨利加之二大雄邦也烏乎八荒以外存而不論烏知宇宙之大哉

海國圖志目錄

海國圖志卷五十九

外大西洋 北墨利加　　邵陽魏源重輯

墨利加洲沿革總説 原本無今備

此洲明代始有聞故前史無可考今述沿革自明代西人之書始

職方外紀曰亞墨利加第四大州總名也地分南北中有一峽相連峽南曰南亞墨利加南起墨瓦蠟泥海峽南極出地五十二度北至加納達北極出地十度半西起二百八十六度東至三百五十五度峽北曰北亞墨

利加南起加納達南極出地十度半北至氷海北極出地度數未詳西起一百八十度東盡福島三百六十度地方極廣平分天下之半初西土僅知有亞細亞歐邏巴利未亞三大州於大地全體中止得什三餘什七悉云是海至百年前西國有一大臣名閣龍者素深於格物窮理之學又生平講習行海之法居常自念天主化生天地本爲人生據所傳聞海多於地天主愛人之意恐不其然畢竟三州之外海中尙應有地又慮海外有國聲教不通沉于惡俗更當遠出尋求廣行化誨于是

天主默啟其衷一日行游西海嗅海中氣味忽有省悟謂此非海水之氣乃土地之氣也自此以西必有人烟國土矣因聞諸國王資以舟航糧糗器具貨財且與將卒以防寇盜珍寶以備交易閣龍遂率衆出海展轉數月茫茫無得路既危險復生疾病從人咸怨欲還閣龍志意堅決只促令前行忽一日舶上望樓中人大聲言有地矣衆共歡喜頌謝天主亟取道前行果至一地初時未敢登岸因土人未嘗航海亦但知有本處不知海外復有人物且彼國之舟向不用帆乍見海舶既大又

駕風帆迅疾發大礮如雷咸相詫異或疑天神或謂海怪皆驚竄奔逸莫敢前舟人無計與通偶一女子在近因遺之美物錦衣金寶裝飾及玩好器具而縱之歸明日其父母同衆來觀又與之寶貨土人大悅遂欵留西客與地作屋以便往來閣龍命來人一半留彼一半還報國王致其物產其明年國王又命載百穀百果之種併擕農師巧匠往教其地人情益喜居數年頗得曲折然猶滯在一隅其後又有墨利哥者至歐羅巴西南海尋得赤道以南之大地即以其名名之故曰南墨利加

數年之後又有一人名哥爾德斯國王仍賜海船命往西北尋訪復得大地在赤道以北卽北墨利加其地從來無馬土人莫識其狀適舟人乘馬登岸彼中人見之大驚以爲人馬合爲一體疑獸非獸疑人非人但齎兩種物至一是雞豚食物等云爾若人類則享此一是香花鳥羽等云爾若天神則享此旣而嘗其食物方明是人從此往來不絕其中大國與歐羅巴餽遺相通西土國王亦命教中掌教諸士至彼勸人爲善數十年來相沿惡俗稍稍更變其國在南墨利加者有孛露有伯西

爾有智加有金加西蠟南北相連處有宇革單加達納在北墨利加者有墨是可有花地有新拂郎察有拔革老有農地有寄未利有新亞比俺有加里伏爾尼有西北諸蠻方其外有諸島總名墨利加島云

貿易通志曰默利加內地自昔荒蕪人迹罕到草木暢茂禽獸繁殖土人遊牧射獵爲生自歐羅巴商舟往彼墾地通市商民雲集物產殷阜技藝日廣教化日興

每月統紀傳曰亞墨利加南至冰海北至冰海西至大洋東至大西洋西北應與亞細亞相連只隔峽也南極出地五十五度五十九分北極出地八十度有餘自此更南更北因氷如嶽船不能到故不知其度數西出地偏西一百六十八度一十八分東出地偏西三十四度五十四分

美理哥國志畧曰美理哥洲處於極西自古無有海外之人至此地者直至明代西洋明理之士遙思地圓如球東西二方不必遂無土地於是有伊大理人名哥倫布稟其國王求發船以往國王不允復求於葡萄牙國王亦不允復連稟西班雅國王延至八年始蒙許之以

大船一隻小船二隻共百餘人於宏治五年八月初向西啓行二十餘日不見厓岸同舟水手防致絕糧皆欲返棹船督哥倫布再三勸勉後漸見空中有鳥遠有堤岸由是用千里鏡而遠眺乍見人煙鼓棹前驅船至傍岸手執小旗禱謝上帝衆皆托足在此過冬明年舟旋返國迨宏治十年復有船主亞美理哥至此久駐故後人卽以其名名此地焉正德年間有歐羅巴人解纜西行先到美理哥洲而後過亞細亞之中華之印度又過利未亞以還歐羅巴亦有解纜東行先過利未亞再過

印度過中華而後西至美理哥洲以返歐羅巴可知自西而東自東而西皆圜圓如球明矣初有葡萄牙人名嘉奴者稟請發船五隻東行旋繞至西圜地而返返之日王賜以銀鑄小地球上刻字云始圜地而旋者其嘉奴乎今則海道益習洋船自東往西或由西返東圜地而返計不過八九月之間即可周行全地皆前人開創之功也美理哥地又分南北二方廣闊相似中有狹地相連南北二方所屬各有數國北方之極處則屬英吉利鄂羅斯二國但其腹地則爲美理哥兼攝邦國焉有美

理哥國全圖惜未之見

萬國地里全圖曰亞默利加大地自北七十度袤至五十六度長二萬七千里其大地分兩方一南一北由巴那馬微地相連南至大南海北及氷海東至大西洋海西及大洋海一帶高山綿亘直至海邊欽岑嵬巔在南方層崗疊巘高接雲霓四山之中高峯百七十丈其山之左右南北廣坦袤延圓方六十萬有餘方里地雖浩瀚非亞非沙漠之比江河疏通支灌草木豐茂其高敞之地高於海六十丈似亞齊亞土沃民饒產物豐美如

白糖加非橙柑等菓由他國而移種者及牛馬羊等五畜亦由異國運至而孳生者民分四族曰土人乃原始所駐者曰白面之氓由歐列國來者曰黑民之人由亞非利加買來者此等族類互相結親其居民似中國然其行藏動止殊異至白面之族大半英吉利是班牙葡萄牙三國之後裔古時亞默國隔重海與列歐國無往來其土民不知耕田但知游獵林內尚有幾國顏狀慈善性情敦讓但毫不識字又不知農惟待天生地產於明朝年間列歐國專務尋新地以開商路於是智士名

曰可倫奏請是班牙國王兵船望西而駛於明孝宗四年得到其地知山內藏金不少據獲其土金玉山積遇有葡萄亞船被風飄到南方亦守其新地是時英國亦調船航海而抵亞默利加北方其佛蘭西亦據徧少之地此四國占據大地惟是班牙國之藩屬最延不下歐羅巴之列國也歷三百年忽於乾隆四十年間入英國版圖之士氓齊心奮勇與英死戰而自立國於道光年間是班牙之新地遂一效尤驅其舊主而各自專制此次尚存數島以及英國北地今陳其列國風俗之涫滴

民人之利病疆域之大小山川之形勢戶口田賦兵防學校之盛衰逐一詳述之

又曰北默利加冰海周繞北極沿海墺灣石山巉巖天氣最寒夏亦飛雪秋先結冰冬月全係長夜星露滿天五六月間則太陽不落其冰漸消浮於海面若疊山然列西國冒危連年調船前往其境幸到北極者厚許賞給此等船冬停冰中不動水手以雪蓋船每年英吉利荷蘭等國駕船遍駛以捕鯨魚海犬海馬等獸煮肉而收其油夏時各國巡船百餘所獲鯨魚及骨價銀計二

百萬有餘兩但百千水手或覆舟或被鯨拉溺深淵好利習危不顧生命此海魚鼈無數居戶捕以為食而衣海犬之皮穴處土中人甚矮陋冬時晝夜燒油自照此處亞齊亞及亞默利加惟隔海峽故峩羅斯國由其藩屬遷此以捕貂鼠海虎之毳獸

地球圖說北亞美利駕大洲東界大西洋南西兩面界大東洋北界北冰洋百姓共三千零七十五萬之數洲北地近北極故凡沿冰洋之處當地球偏北天氣極寒惟夏月太陽不隱冰雪始消漫浮於海如疊山岳舟觸之者立摧破其南方地當熱道則天又極暑矣溯三百六十五年前各國尚不知有此大洲明朝宏治間意大里國有一智士名可倫波遍謁國王願借船覓地均不信從後大呂宋信從其言駕船至彼果得是洲且山內金銀充牣惜遠隔重洋與歐羅巴列國無往來之禮不知耕讀與木石居與禽獸伍好逸惡勞食天生之果以後英吉利佛蘭西大呂宋三國之人相踵而至繁延不絕瓜分為屬峩羅斯國人聞之亦徙民於茲而割據屬地焉至中國乾隆四十年間是洲之民不甘屬英兩相

決戰自立為花旗國號自主其地又是洲之南係大呂宋所屬今亦兩相決戰定為麥西可國但洲內尚有各種屬國即峩羅斯屬國埭尼屬國英吉利屬國花旗國麥西可國跨氐馬剌國是也

又曰南亞美利駕大洲東南北三面都界大西洋西界大東洋百姓約千六百萬之數是洲在昔本係英吉利佛蘭西大呂宋葡萄亞荷蘭五國管轄悉自立為國惟國之小者力不能自樹仍為荷蘭英吉利佛蘭西三國瓜分所屬洲內之國一曰可倫比二曰器亞那三曰比

魯(又名伯路)四曰破西(又名巴悉)五曰波利非亞六曰智理(又名治理)七曰伯大加宜八曰育奈士迭國大半天主教小半耶蘇教洲內多高山而土地平坦有三大江曰亞厤松江阿利挪加江伯拉達江亞厤松之江其大甲於天下洲東有極大曠野林木參天綿延萬里內多猛獸大蛇野馬野牛駝鳥土產金銀馬口鐵水銀金鋼鑽煤炭珍珠銅藥材木料五穀白饍鳥獸皮等洲之西有一帶高山名安地師計二千一百四十四丈折里得十二里計長五千四百里中有火山不時地震

外國史畧曰亞默利加大地分南北兩州中隔東西海港以巴那馬一峽相連廣袤方圓七十五萬里南及大南洋北至氷海東及大西洋西及大東洋北極出地自七十二度及南極五十六度偏西自三十五度及一百七十度長約三千六百里最廣之處橫闊一千零六十里惟巴那馬地甚窄闊只六里在南北二洲之間其西面皆山其東邊亦有山連延不絕北半地有三角之形廣袤三十四萬五千里居民二千五百萬有大湖長河長江東邊海隅西邊皆山地磽多沙石所有各湖廣袤四千六百里峩羅斯及英藩屬花旗麥西哥等國俱在南北兩地內西海隅有大西洋之羣島南半地廣袤方圓三十五萬里形狀亦似三角沿海之山距海濱十五里自南地嘴延及巴那馬高有三千三百丈者上永積雪內有火山四十餘地頻震火山出火幾為硫磺東方平坦其山出白金黃金白銅各寶此州各國曰巴他峩尼曰拉八他曰治利曰烏路危曰巴拉危涯曰破利威曰北路曰巴悉曰危亞那曰可倫比等國及列西國之藩屬地此地與歐羅巴各國自古無往來有是班牙國

智士名可倫者通地理默思地既圓體東半球既有地西半球亦當有地因請於國王航海往訪望西而駛浩無涯岸從人皆欲退可倫銳志前行屆斯抵一大洲可倫上岸見居民馴良皆以金飾身問知其來處遂據此地開礦回報國人來者益眾於是此州名揚海外又或過巴那國峽而據北路各金銀山獲寶千萬是州廣大之地盡歸是班亞國為藩屬人戶雖罕財寶極盛後有葡萄亞國之船到巴悉國據其地英人亦於此亞默利加據麥西哥金銀之山開墾佛蘭西荷蘭大呢等國亦

從其後分據各地皆較是班亞所屬地甚爲狹小于是歐羅巴各國互相爭奪連三百年乾隆三十七年英國藩屬之民因增餉肇衅佛蘭西是班亞荷蘭兼助之英人於四十六年議和由是聽其自主不爲藩屬卽今育奈大迭國中國所稱花旗國也嗣後是班亞於嘉慶年間與佛蘭西交戰不息所有藩屬亦皆叛之各自立爲列國

地理備考曰亞美加州卽所稱新域是也中分兩區界枕四海版輿亞于亞細亞州水道之多甲於天下土腴產豐人烟稠密地氣互異

亞美里加州自緯度北七十一度起至南五十四度止經度自巴黎斯午線西三十六度起至一百七十度止

本州之地四面枕海東至亞德蘭的海西至大海暨白令海峽南至南海北至氷海

本州有外海內海外海者東亞德蘭的海西平海又名大海南南海北氷海四面環繞並皆相通內海者東安的列斯海西白令海北巴非英阿德孫二海各自爲滙不相通達

江河之長本州爲最在南者尤甚于北其較大者南北約十有二曰馬拉艮乃江河之首也曰科勒諸哥曰多于定曰桑方濟各曰銀河皆注于大西洋海曰馬達勒那注于安的列斯海是爲南海之最曰馬更些注于氷海曰桑羅稜索曰德拉瓦勒曰波多馬哥皆注于大西洋海曰米西西卑曰北河皆注于美詩哥海灣是爲北河之最

本州之湖最盛北區尤甚每有因陰雨漲溢汎濫國中北區湖之大者曰意斯哥拉窩在新北勒達尼亞地曰

蘇卑里的爾曰米濟安曰呼倫曰厄列曰烏達里約皆在花旗國之北曰尼加拉瓜在瓜的馬拉國南區湖之大者曰馬加來波在哥倫比亞國曰的加在北盧國曰詩拉卽斯在北盧巴拉西利二國之間曰巴德斯在巴拉西利國之南其餘小湖不序

本州海島甚多有一島一名者有數島同名者曰日美斯曰蘇登波敦皆在阿德孫海曰德拉諾瓦曰桑諾漢曰安的斯哥第曰迷給倫皆在桑羅稜索海灣曰北爾慕達斯曰郞加皆在亞德蘭的海曰盧加亞曰巴合馬

曰盧加亞曰新波羅委連西亞曰桑薩瓦多曰大安的列斯曰古巴曰稜買加曰桑都名額斯曰波爾多黎各曰小安的列斯曰德莽達的曰馬爾的尼各曰瓜德盧卑曰多米尼各曰馬爾巴德曰安的各阿曰三達古盧斯皆在亞德蘭的與安的列斯二海之間一名發爾哥蘭曰諾委日耳曰馬加連義斯皆在南海曰濟羅哀曰若漢發爾難得斯曰亞拉巴額曰勒委列黎日多曰瓜達拉曰于古委爾曰昔德加曰哥的亞各皆在大海曰加拉爾哥曰桑馬羅斯曰桑保羅曰桑若爾日曰亞稜

德斯皆在白令海

本州徑地居七其著名大徑一名曰巴那馬為南北二區相通之路

本州平原曠廣其在馬更些米西西北二河之間者地面積方約有三百三十七萬五千里其在南方者地面積方約有二百六十五萬里其在安得斯山巴拉西利各山亞德蘭的海暨馬加連義斯峽之間者名曰銀河平原地面積方約有一百六十八萬七千五百里其在加給大河濱至科勒諾哥河口者地面積方約有三十六萬二千五百里其較小者不及備載

本州荒野次于亞細亞亞非里加二州之廣而磽瘠則同之一在北盧濟利二國之間一在北盧國海濱尸其較大者也

本州地氣南北互異其南方夏暑與北方冬寒均甚于歐羅巴州寒道嚴冷南北皆然物產維艱人多寒疾溫道炎熱西南為甚熱道溫和不似亞非里加州之酷烈為人物所難堪者則本州未之有也

金銀之多本州中熱道為最他州莫及至于銅鐵錫鉛

以及水銀石類等項靡弗備具至於飛潛動植他州所有者此皆蕃育

本州人民約計五至九兆餘口

本州原屬古教自歐羅巴州人前來居住始有奉耶蘇之教迄今奉古教者三十分之一但所奉耶蘇之教名目各殊曰公教曰修教曰路得羅曰加爾威諾曰厄肋西亞國教各從所尚趣向不同又有奉大秦古教者

本州各國多有不設君位立官宰理有黎庶公舉者有歷代相傳者至于歐羅巴州兼攝各國照藩屬之例

本州技藝與歐羅巴州技藝相同蓋三百年來自英吉利佛蘭西亞里曼等國來居之後所有技藝靡弗相授因得工作精巧織紡佳美然各國中惟花旗國爲魁百工製造俱與歐羅巴州精巧相等其美詩哥北盧哥倫比亞濟利巴拉西利等國則次之然巴拉西利等處仍屬精巧

本州分建各國曰育奈士迭國亦曰彌利堅國亦曰花旗國皆外人名之也曰美詩哥曰德沙曰瓜的馬拉曰桑薩瓦多曰問都勒斯曰尼加拉瓜曰哥斯德爾黎加

曰新加拉那大曰厄瓜爾多曰委內瑞辣曰北盧曰波里維亞曰濟利曰巴拉大河花旗國曰巴拉乖曰烏拉乖曰巴拉西利曰海地其歐羅巴州之英吉利呂宋佛蘭西賀蘭低那馬爾加厄羅斯瑞西亞等國兼攝之地暨巴達科尼亞部分落序於後

本州落機大山猶亞細亞之昆侖緜亘極南北爲本州各山之主殆無與匹敵者矣

彌利堅卽美里哥國總記上

美里哥國志畧曰圜地周圍三百六十度以天測地則美理哥地屬七十餘度中國亦屬七十餘度若以南北圜地而計周圍亦三百六十度內三十餘度屬美理哥國三十餘度屬中國中國之京城與北極相去不過五十度而美理哥國之都城與北極相去亦不過五十二度所以美理哥國之北甚寒而中國之北亦然自赤道至中國之南相去不過二十度而美理哥之南至赤道亦不過相去二十九度中國之東有大洋而美理哥之東亦然可知二地東南北皆無異惟中國之西皆列國爲交界而美理哥西則茫茫無際焉美里哥北有英吉

利附庸之國南有墨息哥國（案墨息卽墨西科亦作墨是可）東有壓瀾的海西有太平海然以普天下分爲二十一分而兼攝邦國僅屬一分矣原夫創國之始卽有伊大里法蘭西西班雅英吉利荷蘭等國人迢遞而至貿易至今不迴三四百年外國至者亦年來年返後見其無國主民散俗樸無不欲奪其土地適値年荒民多就食於別國勢益渙散各國遂加之以師旅新國不能自立迨明萬歷年間有英吉利人稟其女主請開新國遂創費治彌亞之地及占土王遂建城令七人管治內一人爲首六

人助之大小文武官吏任其選用以王名名之曰占土城其後泰昌年間英吉利王嚴諭庶民奉上帝者盡一同歸波羅士特教不得任意奉額利教加特力教違者加刑由是國人願請徙居新國者二三百人盖奉加特力教欲隨意事上帝也初至北方玭理某之地即以此名新洲後又名之曰新英吉利時有士人頭目名馬沙雪厚待英吉利人為之地主其後分茅列土有馬沙諸些部蓋為此頭目而名也自泰昌天啟間英人到新國者三千餘人因人衆始分居新韓賽羅底島緬部等地

惟總名則曰新英吉利矣前英吉利人至新方者特欲得隨意奉教故一至後即起殿堂以事上帝設官職立學校萬歷年間有荷蘭人至新地之南方名其地曰新荷蘭其後康熙三年英吉利人逐荷蘭改其地名曰新約基崇禎年間新荷蘭之南有瑞典人居此名之曰新遮些其南亦有瑞典人居其地稱曰底拉華既而皆為荷蘭人奪之英吉利又逐新荷蘭而盡有其地康熙二十年間有英吉利人衛廉邊者其父前為水師帥禦賊極多王賜以金不受求賜一新地於是王授以印信而

往名其地曰邊西耳文也邊者姓也西耳文者野地也謂邊姓之野地也崇禎五年有英吉利人稟女王欲居新國之極南遂名其地曰馬理蘭馬理者后也蘭者地也謂王后所賜地也順治五年有英吉利人至新方費治彌亞之南稱其地曰駕羅連內又分南北二都自萬歷年間始有費治彌亞部及雍正十年始有磋治亞部越百數十年後漸次而有十三部也其一費治彌亞其二馬沙諸些其三羅底島其四新韓賽其五千尼底吉其六新約基其七新遮些其八底拉華其九邊西耳文十馬理蘭十一南駕羅連十二北駕羅連十三磋治亞十三部人口共約百數十萬各部首領皆由英吉利國除授而以英吉利國例治

之維時有法蘭西國人亦開墾新地之北名為新法蘭西後亦名干那大於是漸次自北而西而南皆有民居建礮臺意以防虞新英吉利人也由是英吉利鎮守費治彌亞之總制修書於法蘭西之將軍令毋庸多設礮臺法蘭西將軍不允其往來傳信者則本地人華盛頓也於是總制傳檄鄰部並奏於王於康熙二十年王遣大將率兵船數十軍兵數千至費治彌亞交戰三載勝負未分迨二十四年法蘭西之大將曰滿鑒英吉利大將曰吳里富對壘於貴壁兩將皆受礮傷回營皆死旋

英吉利取勝於是逐客民毁礮臺奪其土爲附庸於康
熙二十五年班師回國此英吉利初據美理哥地之原
始也自康熙二十五年干戈既息又數十載至乾隆間
齒日繁田日闢貿易日盛英吉利王之心日侈遂欲加
重稅餉屢與人勒爭時英吉利有公司商船自中國販
茶回西國例賣貨者納稅英吉利王改諭令買茶者納
之上人不服於是南駕羅連部則相約不買公司之茶
囤積二三年變爲廢物費治彌亞與新約基之茶船皆
被驅逐不許進口而波士頓之茶夜爲土人投諸海於

是新國人互相傳約英國若征買稅者我國一人亦不
許買英吉利王大怒遣兵至新國將別項餉稅皆强勒
倍收民死不肯從時乾隆三十九年新國各部衆衿者
至費治彌亞會議欲客民與土民仍前和好復其舊制
收回新令於是稟王請不加征稅餉并撤兵回國英吉
利王不聽反增兵艘入境掠貨船焚垣壁國人弗忍其
虐如是衿耆復議密約各部落皆出壯丁整戰艦立華
盛頓爲帥於乾隆四十一年七月初四日檄告各國曰
上帝生民萬族同體各畀性命使安其分又恐民之强

凌弱衆虐寡蠢頑之無教故又立國主以範圍之扶植
之非使其朘削之也我國舊無渠長及英吉利來王我
地臣我民我民亦懽然而奉之曰庶覆幬我乎庶不災
癘我乎然其政非甚有害則民尚可忍而不變乃英利
利王之凌虐我國一而再再而三我衆亦忍至經年屢
月而英吉利王終無悛悔其勢不可再坐視矣故不得
不議立首領備兵甲以自扶傾而救危至英吉利王淩
虐我國之事各國或不盡知今條列十二端告白天下
知變動非我之罪

一舊例增改律例須與國中衿耆合議從民之願乃英
吉利王徑改新例不與衿者相議及新例不便再三
稟改不允所請
一每歲各部衿耆來集會城欲至議事廳商酌一切英
吉利王乃驅逐之既逐散後不許復聚商議
一土曠人稀原望歐羅巴各國人至庶農商日盛乃英
吉利王禁止各國之人入境不欲戶口日繁惟英人
獨擅其地
一舊例本處理刑官或先由衿耆選舉或先由王擇定

再采公議。茲英吉利王自專。不令衿耆預聞。
一舊例各部文武官各有定額。俸祿皆出自民。乃英吉利王擅加官額。派民供給。不與衿耆同商。
一舊例各省弁兵亦有定數。糧餉亦出自民。茲英吉利王擅自增設調派。糧餉亦不商之衿耆。
一舊例文武員弁或本土或外人不定。有事必文武同議。英吉利王不然。武員則必專用蘭墩人。有事不與文員商議。惟武員擅權。任武而不任文。
一英吉利王刻剝錢糧。多於前制。禁停貿易。大異常規。

民之所欲。必違之。民之所患。必興之。專以厲下而奉上。刻他國之人。以私已國之人。
一英吉利王所調各水路巡兵。惟有刦掠貨船及毀折城池。縱焚房屋。奉此為王。與奉寇仇何異。
一英吉利王使弁兵常居民舍。以便時行欺侮。
一被刦之良民。勒令從其為賊。往刦别艘。如有不從。即行加害。
一英吉利大官諭唆各部。使自紛爭。並唆土蠻。使害居民。使各不相安。

以上各事。我國衿耆屢諫。而英吉利王不聽。國人無如之何。不得不自創立邦國。新國既立。英吉利王亦其如我何。
英吉利王見檄。知十三部合為一國。益怒。復增兵船入境。新國拒戰。經年勝負未分。又得法蘭西國人出兵相助。于是彼此鏖戰六七年之久。時三國戰艦百十艘。將士數十萬。陣亡者固不勝數。乾隆四十九年英吉利王知新國終不可勝。乃遣大臣來西講和結盟。罷兵。國中衿耆議曰。我國之兵皆民也。今既相和。則衆兵盡散棄

甲歸農。法蘭西兵船亦返。華盛頓亦歸田里矣。倘英國再敗盟興師。何以備之。且國中有訟獄。誰為處斷。必立君長定法制。乃可久安長治。立君而繼嗣不賢。或至暴虐。國亦終亂。將何以善後。于是乾隆五十三年春各省衿耆會議于費治彌亞。共推華盛頓為首。身後公舉賢者更代。不世及。不久任。議四月畢。及散歸各執所議章程回告部內之人。再議一年。復至費治彌亞再議。然後定。並八舉文武各員。其戰陣所費公項尚欠二十餘萬。以每年所收之餉。漸次償補。乾隆五十九年計新國之

民不過三百九十二萬一千三百二十五口內爲奴者六十九萬五千六百五十五口是年共征收餉銀四百七十七萬一千員時尚無都城衿者共議欲買費治彌亞與馬理蘭交界之頗多麥河周圍三十五里以築都城其河口至城之地約有百餘里由是國內規模律例已備乃立與鄰國相通之制以絕後世邊釁令民視四海如一家視異國同一體遇列國紛爭勸和爲尚此與歐羅巴內法蘭西荷蘭瑞典英吉利葡萄亞西班雅鄂羅斯大尼阿理曼等國及亞非利加洲內麻哥安遮耳

都尼士等國亞細亞內都耳基（郎都魯機）阿黎米（白頭回國）暹羅等國相通各國皆有使至獨大清粤東則無惟有貿易領事商人來往而已此新國建立之本始也

國制首領之位以四年爲限華盛頓在位二次始末八年傳與阿丹士時歐羅巴內有法蘭西國奪新國貨船新國遂設艟艨兵士復請華盛頓爲帥二年然後事靖嘉慶五年華盛頓卒國人呼之曰國父以其有大勳勞於國故也（按康熙二十年英吉利與佛蘭西爭議時已稱華盛頓往來其間彼時年至少亦必二十外至乾隆四十年新國起兵拒英吉利時華盛頓爲帥已相距百二十餘歲矣若嘉慶五年始卒則百四十餘歲矣蓋二人同名非一人也）嘉慶六年間阿丹士在位四年傳與遮費遜其時戶口有五百三十一萬九千七百六十二丁遮費遜在位八年遂傳與馬底遜迨至嘉慶十七年歐羅巴內列國干戈未息時英吉利梢人不足用乃捉新國船上梢人以補之於是兩國復相鬬二年後始靖嘉慶二十二年馬底遜在位八年傳與滿羅滿羅在位八年傳與阿丹士之子阿丹士之子在位四年傳與查其遜計至道光十七年春正月二十八日（彼國則二月初四日也）則在位八年今又傳位與泛標倫矣立首領設國法之時

止有十三部（見第三章）至乾隆五十六年增華滿部五十七年建大基部嘉慶元年增典尼西部七年增阿噫阿部十九年增累斯安部二十年增引底安部二十一年增美士細比部二十二年增伊理奈部二十三年增亞喇罷麻部二十四年增緬部二十五年增美蘇里部道光十六年增美是干及阿干蘇部通計二十六部戶口約有千三百餘萬矣（部落之名即本書中亦多不同本無定字）

新國中原無亞細亞內中華日本暹羅越南各國人至惟有歐羅巴內伊大理法蘭西荷蘭英吉利西班雅瑞

典等國之人而已各國亦不過年來年返其久同處者惟英吉利爲多故新國人物規模體制皆不異於英吉利其後法蘭西荷蘭等國三五成羣而居則是新國戶口日盛一日康熙二十八年約有十二萬丁乾隆二十一年約百萬丁乾隆四十年約三百萬丁乾隆五十五年計三百九十二萬一千三百二十八丁前未設計戶口之法故舉大數而言至此而始立十年一計之法也嘉慶五年五百三十一萬六千五百七十七丁嘉慶十五年七百二十三萬九千九百零三丁嘉慶二十五年九百六十三萬八千一百八十一丁道光十年一千二百八十六萬六千九百二十丁內爲奴者約二百萬生齒雖日繁終未憂人稠地狹中華已過三萬萬況新國之未過一千三百萬者乎近見英吉利國著書稱美利哥國原是英吉利罪人充軍至此所衍苗裔其言荒謬無稽之甚不過英吉利人遷於喬木矣惟其風教技藝實賴歐羅巴人始開耳按英吉利禁奉加特力教之人故加特教中三百餘人遷往新地而英吉利因造爲罪人流謫之說以詆彌利堅人其實彌利堅國豈盡此三百餘人之裔即此三百餘人亦因不肯改教而遷他國並非謫戍罪人也新國地勢共列爲三分東離壓瀾的海數十里有亞罷

拉既俺山由南而北其景如畫自山抵海是爲一分西離太平海數百里又有治臂外嶺由北而南其形如線從嶺抵亞罷拉山亦爲一分自治臂外嶺至西之太平海復又爲一分所謂三分也由亞罷拉既俺山之東北轉而往南沿海而行漸次廣大其東北角山海相連毫無餘地東南則有平陽山河相間山頂有瀑布由基泥伯小河下流爲美里麥河干尼底河哈地遜河底拉華河蘇貴合拿河頗多麥河羅晏屋河奴細北底河卸番亞河其西之治臂外山高約百丈與太平海相隔約千五百餘里凡流注於太平海者無不經過此山中有一美斯細比大河由北而貫至南且有美蘇里河呵嘖呵河出墨息哥國海口其北則有素比里耳湖美是干湖胡瓏湖伊里湖安大里珂湖磋治湖汕玭璉湖南北寒暑不同北方甚寒愈南愈暑由南而北熱亦漸減田地亦然北地可以依時而耕南地近水時患潦由北邊界與北極相去不過三十五度若在北極至國之南界則相去六十五度在國之南界至南之中赤道則相去二十五度可知國內之地三十度無疑矣以三十度列爲

三分而近北極之一分每歲中有四五月盡是氷雪中央一分每歲雪霜漸少近南方之一分陽和晴暖時須納涼一年之四時不同每月之寒暑亦異故萬物之生産自不齊其大略也欲知土地之美惡必先知寒暑風雨之候故設一寒暑針用年月日較之則可知其寒暑欲知風信必須以年月日紀之方可知其大略如馬沙諸些部之波士頓城每年有北風三十日西風四十九日西北風六十四日東北風四十三日東風三十二日東南風十六日南風三十七日西南風八十八日在華

盛頓城北風五十六日西北風八十七日東北風三十五日東風十六日東南風二十四日南風四十日西南風五十五日西風五十六日在累斯安部之巴頓而碌城十一月内北風則三十九日西風七日東北風十一日東風五十九日東南風十六日南風七十一日西南風十五日西風一百四十六日土地美惡亦可知矣欲知雨之多少須在上年每月日紀天之星辰雲霧考驗知之在馬沙諸些省波士頓城每年約有二百二十四日天晴八十四日興雲三十五日下雨二十二日降雪在華盛頓城每年天晴二百二十二日興雲五十八日下雨七十二日降雪十三日在累斯安之巴頓而碌城十一月内天晴百六十二日興雲七十六日下雨九十七日降雪則無

世間日用之物無不從地産而至要者莫如金銀鉛銅鐵錫之類曩時金礦甚少邇來始知亞罷拉既俺山之東北駕羅連南駕羅連磋治亞典尼西亞剌罷麻等部皆有之計道光四年所取之金估價銀不過五千員五年則一萬七千員六年二萬員七年二萬一千員八年

四萬六千員九年十四萬員十年四十萬六千員十一年五十二萬員十二年六十七萬八千員十三年八十六萬八百員十四年八十九萬八千員銀與銅及水銀則或有或無鐵則各處繁多不勝用惟錫及各項珍寶甚稀煤炭則邊西耳文等部良而且多其始地曠人稀樹木叢茂人只取木而不取煤今則煙火日繁樹木不滅於前而煤炭愈旺於昔鹽則三面煮海且有山中鹽池及鹵石亦可爲鹽更有一山其水可作藥中有油氣竟可燃燈焚物此乃土産物性之異者也凡金銀鉛銅

鐵煤鹽中華例禁不許私開惟西國人人准取樹木約有百三十餘種高者約三丈餘而至高者則莫如橡木間有八九丈者以之作船作柱甚美其木則有四十四樣次則核桃亦有十樣次則楓樹高茂其汁甘可煎糖每年約糖數千石美蘇里部內有一株最大身圍四丈六尺次則樺樹尤壯觀贍其皮可代瓦蓋屋作舫渡河士人用作小舟輕捷異常出入背負渡水既迅攜帶又便亦有蠶桑以為綢緞其餘飛潛動植他國所有者新國皆有之

開國之初無知無識不諳工作之事或有人力而無物本或有人力物本而無知識皆難成器必三者兼備而物始成即如中華之綢緞磁器既有人力物本又有知識何怪其精美如中華之匹頭已有人力知識獨無物本何怪其不成至中華之時辰標雖有人力物本而無知識亦何所用新國則不然如有物本而無知識則延他國知識者以教習或有知識而無物本亦往別國通載或有知識物本而無人力則以物力代之如水力火力獸力皆是昔新國之南方棉花稀少且一車一機及

一人紡織成就不易故棉價最高迄嘉慶二十年間國人知識日廣每地置車數十架不用人力而以水力運行紡數十車之花以一女兒監之而已織布每地置機數十張不用人力而以水力旋繞數十機之布亦惟一小女督工而已茲有一紡織所內有紡花車萬五千架每日能織布四千丈共計八百人男一百女七百一女每月工銀十二元至二十二元不等內一總管理所有出入之買賣其工銀每年三千元別有一人總理八百人之事者其工銀每年二千元至商主所贏之息則十

之一已故近日棉價日賤乾隆五十五年前每年棉花從未有三萬八千斤者至道光五年間每年多至二萬七千萬斤估價銀二千七百萬圓留五分之一在本國自用餘皆販賣別國自道光六年間至今棉花日增比之二十年前之價則已減三分之二然今之為商者得利反重於二十年前是以織布日多前此多用苎蔴布自棉花日增苎蔴日減至大小呢則資羊毛故牧羊者亦不少此物始自英吉利而國人效之究不如英吉利之精故土人不買本國之呢至今則用水力為之益巧

益多並流販於別國亦有用人力爲之者留以自用其水力爲者則賣與人也若磁器國內雖有其泥惟不能制如中華之巧今始畧有焉書板則極多皆不用刊板而用鉛字活板故鑄字制紙印書三等人甚多

美理哥出商外國者其始極少今已蕃盛乾隆五十五年共計外商本利銀一千九百萬員至嘉慶元年則六千七百萬員其貨物不過魚油獸皮牛羊猪馬煙棉花五穀等類工作則有鐵器磁器木器玻璃器而已國中關稅甚少無論入貨出貨皆無重歛然在本國交易者

則不過南洲數國在歐羅巴洲內則有英吉利法蘭西荷蘭葡萄雅西班雅破魯斯瑞典鄂羅斯等國在亞非利加洲內則有埃及多國在亞細亞洲內則有都耳基國回印度葛剌巴小呂宋暹羅　大清等國究其初至　大清則在乾隆四十八年始由此日盛一日道光十四年本國入口船五千六百二十八隻外國入口船三千九百五十三隻本國出口船五千八百八十六隻外國出口船四千零三隻每年增減皆有冊報道光十三年一千百八十八隻內大船六十五隻一所載之貨道光十四年變價銀約二百餘萬山中之物變價銀約四百五十餘萬屠宰牲口變價銀約有三百餘萬農圃之物變價銀約八百餘萬棉花變價約五千餘萬煙變價約六百五十餘萬工作之器變價約七百餘萬共計變價銀約一萬萬餘通計出口之貨惟棉花爲最道光十五年售出百三十六萬六千五百九十九包十六年百六十三萬六千五百五十九包每包約價銀七十員其銀萬有一千五百五十五萬九千一百三十員上年每包約六十五員本年價稍昂以二年相比則十六年多於十五年二十七萬包俱在外運回之貨約銀一

萬二千五百餘萬員首領最喜貿易日繁故有數欵貨物出入關口毋庸稅餉者

美理哥國有都城之官有各部落之官各部落內一首領一副領議擬人員無定數公選議事者或十餘人或數十人無定各省設一公堂爲首領副領及士人議事之所事無大小必須各官合議然後准行即不咸允亦須十八中有六人合意然後可行本省之官由本省之民選擇公舉都城內有一統領爲主一副領爲佐正副

統領亦由各人選擇每省擇二人至都城合爲議事閣
又選幾人合爲選議處統領每年收各省餉項除支貯
庫不得濫用外每年定例享祿二萬五千圓若非三十
五歲以上及不在本地生者皆不能任此職例以四年
爲一任期滿別選如無賢可代者公舉復任若四年未
滿或己身没或自解任則以副統領當之副統領不願
則推議事閣之首若亦不願則以選議處之首護理設
終無人願當此職則吏政府移文於各部首領遍示士
民速舉焉統領三職文武官皆聽其號令若遣使於鄰

邦或迎使別國皆統領主之副統領亦由民選舉亦四
年一任享祿每年五千圓所司無事不過議事居首而
已至議事閣與選議處皆以每年十二月內之初禮拜
一日齊集都城公所會議議事閣之職每部有二人計
二十六部共五十二人選議處共二百四十三人以議
事閣五十二人分爲三等以二年爲期輪退後復擇新
者是以每等以六年爲一任不過或先或後而已又定
例年未　三十以上者不能當此職議事處則以二十
五歲以上爲例二年爲一任期滿別選以十二月初禮

拜之一日齊集會議凡國中農務工作兵丁貿易賞罰
刑法來往賓使修築基橋之事皆此時議之吏政府首
領每年俸六千員亦有左右佐事者幾人戶政府如之
兵政府之首則有幾百人以佐之廉俸亦如之別有水
師兵部惟專理兵船亦有佐事數十人每年廉俸亦如
之禮政府不過數人佐之每年廉俸四千圓驛政府總
理各部落來往文書設驛於各部衝要如有書札寄某
處則以路之遠近計程費之多寡其銀以每四季包封
送驛工食銀亦由驛政府發給政府廉俸每年亦六千

圓國之大政有三一則會議制例二則諭眾恪遵三則
究問其不遵者是以國都有一察院院內共七人以每
年正月齊集究人因何不遵法律之故審畢或二三月
然後回家其各部亦分設七院每年以四季齊集究問
不守例者但爲審官則不能會議制例會議制例官亦
不能兼攝審問也新國制例有五一曰國例爲二十六
部所通行二曰部落例各部不同三曰府例每府亦不
同惟生於斯者守之四曰縣例各縣自立其規各民自
遵其制五曰司例亦由司自立惟所屬者遵之此五例

中又小不能犯大如司則不得犯縣例焉國例乃都城
議事閣會議分發各部今將各大典悉列於左
一歲征糧餉所有動支各項皆於餉內撥發
一國帑不敷必會議預爲籌辦免致臨時拮据
一與各國貿易各部交通郎本土蠻人皆宜同一體
一流民准其寄居入籍以免失所
一設局鑄銀務權衡輕重多寡以歸畫一並嚴禁僞
造番銀
一設驛傳遞公文書信以時修其橋路

一教人習學六藝如六藝中有超衆者則別予獎賞
或能自創新制開前人所未及爲今人所樂效者
亦獎賞之
一各部立察院以審判民間之事或三部立一或二
部立一視部分之大小酌議
一宜防海賊剿刼如有捕獲無論本國外邦必照例
治罪或有謀反叛逆及在外國滋事尤必照例嚴
辦
一如遭外國欺凌統領必先曉諭萬民倘未便講和

致動干戈務必踴躍向前若兩相盟會郎可戢兵
一以錢糧招民爲陸路水路之兵必嚴核其技勇
一水陸兵士務遵約束不得騷擾
一國有攻戰除國中官兵而外凡民有肯同仇敵愾
者郎議給口糧
一專設法以治都城與治各外部不同
前例十四條如有不遵者則設法以引導之除此
例外首領亦不能任意自爲凡統領遇饋送當受
者亦必商之議事閣及選議處使大小文武皆得

傚行國人以律例爲重不徒以統領爲尊此外則
由各文武自立例款以約束其民但不得以部例
犯國例其各府文武各自立例以治因地制宜惟
亦不能以府例犯部例耳下至縣司亦如之
立一國之首曰統領其權如國王立各部之首曰首領
其權如中國督撫一部中復分中部落若干如知府再
分小部落若干如知縣其國都內立六政府如六部尚
書惟無工部而有驛部凡公選公舉之權不由上而由
下通國水陸兵事則推統領爲主兵有不遵者懲之都

中六政府之首必聽統領選擇副者則由正者擇焉設有升調革降皆請命於統領給文蓋印然後莅任國內刑獄事如察院審判不公統領亦可更正之設與外國相爭外邦求和統領必會議而後定計或外國使來或本國使往皆統領所理也每年各省官會議之際統領將一年收支各項言行各事出示於衆並本年未行各事亦示之於各部官若各部官散後復有要事或與例不符統領不能決者則出示召各官復至議焉所有條例統領必先自遵行如例所禁統領亦斷不敢犯之無

異於庶民而後能爲庶民所服至各部落亦有例其首領初立例時亦如統領自誓即都內各事亦如統領國內之事府州縣司皆倣此惟部府州道阻且長居縣者或艱於往返故如有事會議亦惟商之於縣也議事人例非二十一歲以上不得預常例以三四月爲期如有要事則無論何月每年議事多少幾次亦無定數前期縣官示諭某日某所公議何事至期耆老通知於衆各將所欲公舉之人書名紙上置匭內後開匭以人多公舉者爲之選官選人之時領事人亦先質於衆或有人

赴對請領事自行裁奪則領事再語於衆曰如衆中有欲吾選者則舉手爲號如舉手過半者則可如未過半則不可又如都中府中州中有要事會議則各縣各應選人赴會領事則謂衆云今選人往城會議當令何人往衆亦將保薦之人錄名紙上置匭啓匭如前例凡縣官之職一則以選人爲首所有縣內一切諸事皆必盡知即非其所管者亦必周知二則在縣內收餉必悉知縣內人丁多寡何人有田若干何人有地有屋若干三則總理縣主一年收支各數言行各事登錄存檔不能

苟且漏入漏出其外則有總理揭借拋欠偷竊捕盜濟貧等數人如非常任事者則別治生業如常任事者則各有俸祿

國中察院有三管理都城者曰京察院管理二三部落者曰巡按察院管理一部半部者曰分巡察院在都城者衙門其七人一正六副每年正月齊集會審各案一次如有因事不至者四人亦可審不及四人不能審都城之內若有不遵例者亦京察院審之若巡按察院審事不正任其轉告於京察院巡按察院衙門有七其一

管緬新韓賽馬沙諸些羅底島四部其二管千尼底吉華滿二部及新約基之南半部共三管新遮些部及邊西耳文之東半部其四管馬理蘭底拉華二部其五管北駕羅連及費治彌亞之東半部其六管南駕羅連磋治亞二部其七管建大基典尼西阿嘻阿三部惟亞剌罷麻累斯安美士細比美蘇理伊理奈引底安美是干新約基之北邊西耳文之西費治彌亞之西等部人數無幾故以分巡察院兼理之惟每巡按察院審事時如無京察院在則不能審若有要事則必有二巡按而後

可又每年齊集二次審判姻此數部內有人在他巡按察院所屬地犯法則即由巡按察院審之至分巡察院衙門共三十有三每院內一分巡察院每年審事四次若有要事則無定次倘審不公亦可轉告於巡按察院此皆國察院也其外又有數部察院部內犯法則部察院審之府州亦如是凡察院內有各科房各工役以聽差遣凡原告被告有愚蠢者則有人代爲書狀並同上堂代訴人犯既齊察院兼擇本地衿耆以助審衿耆少則十二人多則二十四人除本犯之親友兄弟外即先

知有此事者亦不能預既審後出而會議遂定曲直衆衿耆將情由寫明送呈察院而退察院觀其是非照例定罪每縣中亦有地保幾人勸和小事國內立一律例院有室數十餘間每間有一師掌教凡進院習讀者以三年爲滿皆訓告規條律例使人知遵守

國中犯法大者爲反叛殺人强劫放火立國以來告反叛者未之有也殺人則每年多少不定强劫每年終不能無放火則二十六部中每年不過五六次其强姦每年亦有二三次情姦亦時有之其餘或冒名僞造或竊

盜爲非或相鬥相爭或醉後逞凶今以馬沙諸些一部言之其犯法監禁者道光元年則有七十一人二年則八十四人三年則九十一人四年則一百零七人五年則八十六人六年則九十六人七年則八十一人八年則八十八人九年則百零四人十年則七十九人十一年則百有十五人十二年則七十一人十三年則七十六人十四年則百有十九人是年內竊盜者八十八人冒名僞造者十人强劫者四人放火者一人爭鬬者五人情姦者六人强姦者二人脫逃復捕獲者一人殺人者

二人以上各年監犯以十四年截計除審後放出監外尚存一百七十七人刑法則有三一絞死二則監禁三則罰贖並無梟首充軍拷打等刑凡反叛海盜皆絞死殺人强姦强刼放火等如之或永監禁焉其餘或監禁或罰金隨情輕重各省各府皆有監獄監內左右上下皆用大石爲之或數人一房或一人一房皆極潔淨亦有小窻通風房外四圍有欄杆餘地可以散步管監官體恤其衣食勸戒以善言約束以事業今計道光十五年馬沙芝監內犯人所作工銀除管監官教師並看門

兵丁等工食並各犯衣食所用外尚存銀七千二百九十六圓盡撥充公

新國之濟貧也未貧預防其貧既貧則防其愈貧如其防火災則多以磚石叠築並設水車水筒以備不虞防電閃傾頽則立一長鐵杆於門以拒之電見鐵杆即自頂旋繞至杆下而去貧人收作傭工倘無人收用則本縣設濟貧院以居之各分以事業所得之項全數入官倘生子女則有塾師教之府省亦然至會城村族不許有一丐食流離之人然非先立一濟貧之法又安能禁

人之乞食乎凡有國者所宜留意

每鄉設學舘一所鄉中富者科銀延師教一鄉子弟若鄉中無富者則在會城中官員處借助其就學之童每夕回家男女皆可以爲師若女師束修銀每月不過六員至十員教女童讀書外並教刺繡男師則二三十員不等亦有專教一家者又有縣中學舘有無多少不定惟鄉學舘不拘貧富縣學舘無束修者不收入因以此項延師故也其舘本處人稟縣官而後建或縣官公同建造者亦有之其中所學比之鄉學又略大更有會城

中學舘多少無定城中富者建之或設會而以會項建之或官員助之舘中條例擇幾人議之並司其事然後遍告同學學者每年考試一場取中者入舘內如中國之秀才習學以四年爲例不遵律戒不待四年亦可以逐之既習四年則如中國之舉人矣散舘後或爲官爲士爲農爲工爲商而各司其事別有大學舘惟許已中舉者進焉所學有三一聖文二醫治三律例規條二者不可兼得又以三年爲期期滿則猶中國之進士矣會城學舘每部一二所不等三四所不等惟進部者通融

計算約八九十所每所延師五位至三十位不等截長補短每所約十位其師每年束修銀一千至三千餘圓不等受業者每年每位送束修銀一二百圓不等每館之徒二三百不定通融牽算不過百四五十人分析言之聖文大學館國内約三四十所每所師四五位受業者約七八十人又醫治大學館約三四十所每所為師者約七位其徒數十人習律例之館師徒多寡亦與醫館大同小異

新國器械與中華異不但船隻之桅帆槳櫓即築屋建樓鋪設以及兵器皆然火礮能用彈子數十斤手鎗之口則有小劍但無弓箭長矛籐牌而已國人皆好音樂歌唱故有吹彈敲戛各器童蒙即有樂師教之又有畫地理山水人物花卉鳥獸之工次則雕刻之工又其次則建華屋築高橋等工或有能創新出巧如火輪船及水火織布之類則地方官獎勵之

新國立仁會以濟在監之犯昔監内弊端甚衆由監出之犯爲惡甚於前由是會中遂改各監之規模分而二十六部監内分善惡兩途善者居寬廣之所惡者居淺狹之所俱不能相見前收監者無事業今則一日不能閒遊有善書於禮拜日使誦故今之犯法收監者出監後即痛改前非且前此監中所費極多今犯人作工營生故每年除支外反有餘貲見十七章又聾盲啞者原屬無用今國内立仁會設館訓習如聾啞者亦以手調音而教之盲者即有凸字書使他以手揣摩而讀至幼失怙恃者亦有育嬰之院若酔酒亂性難以强禁乃設一節飲會館内藏一簿登戒飲者姓名願戒不願戒各從其便既進戒館後則不能再犯其計各部此館約有四五千間其登戒酒簿者約二百萬人其造酒之鋪變爲他

項貿易者約四五千間將酒舖賣人别尋生理者亦約七八千間故酒費日少戒飲之人日多又城中設醫生七十五人訪察酒之損益今則皆知其無益而有損故戒而不飲者大半至于水手輩多是貧乏之人故會内亦濟之並及其妻兒也凡無力延師訓習者亦設院延師以訓之窮人於禮拜日皆不作工故設一會所逢禮拜日教人内藏書極多如不在者亦可借回家自習至禮拜日復送回又不至學館誦習者亦延師至家而教

亦有刊刷小書分贈令人學善者亦有一院專刊聖書出售如無力買者亦可贈之別有一會名曰勸和會如兩人相爭或鄰省相鬬兩國不和者勸之每會中所用多者每年不過二十萬少者不下數百圓

開闢之始未有人類上帝既造一人爲萬物之主又立一女子以配之夫婦之禮自此始歷代相傳無異但無立妾及少年預聘之例年十五以上者訪求淑女若非親誼則踵府謁其父兄結好往來三五載彼此賢愚皆已知之或面訂佳期或各告父母並無奠雁迎輪及聘

定之禮娶之日男女升堂攜手有一官或族正等書二人名並之以鈐記印信其後報丁冊內列夫婦姓名自後必終身偕老國中二十六部無君臣之名惟有上下之分國領部領府領縣領之不同各首領起居飲食衣服亦無異乎民但事權屬之人人皆敬之而已其兄弟父子朋友三倫與中國略同

新國衣服之制帽高至七八寸不等或以黑絨灰色絨爲之其矮者或圓或六角八角帽前有皮簷一片以遮日光常有帽帶繫之冬寒則以法蘭仁氊爲內衣短小無領外加一汗衫四圍纏身不甚寬大其領高出至頷下有一頸巾繫之其外並一背心前夾後單高至頸膊下則用法蘭仁氊爲短小之褲外則並大褲汗衫在裏前後有兩鈕扣以十字交加帶過膊弔扣後並一長衫四圍纏身光滑無紋袖長至掌領包至枕後前長如背心後長至臀以羊毛氊爲襪長不過膝鞋以牛皮爲之底面皆然但底厚不過五層薄則一層面亦有帶繫之靴亦長不過膝底厚者多上下皆用牛皮穿時以大褲腳並之所有衣服鈕扣皆開在正面無左右開也飲食

則每日三餐早膳或飯或麪及肉亦有牛奶雞蛋牛油茶架非（架菲者將青荳炒焦研末水煎或白滾水沖隔渣）自七點鐘至十點各隨其便惟不多食名曰早餐至一點鐘及五點後所食則雞豚魚鴨牛羊多用燔炙自割而食並有生菓糖菓牛奶雞蛋等物或茶或酒合家同一檯檯面用布舖並後置各物其上男女各一便每人以一碟盛物不用箸惟用刀叉調羹等隨人暢飽故名大餐晚上六點鐘至九點不等所食者與早餐同此日用飲食之常規也至於出外則車馬或一車一馬至四馬不等每年月中並

無節氣每日亦無吉凶惟七日一禮拜而已餘與中國
無異喪事始死則冇一人爲之沐浴止穿一汗衫斂手
合掌置棺內逾三五日塟焉山地內或以石以鐵以錫
圍之然後放棺親朋送塟素服不用白而用黑墳之上
下皆有石碑碑上錄亡者之生辰死忌又圍石欄杆以
防牛羊踐踏原志序曰予生於美理哥國之馬沙諸些
部中以地球格之則與中華上下相對焉
可謂一天一淵也今年三十有七竟得渡海繞地而及
中華歷見英吉利法蘭西荷蘭西班亞利未加暹羅日
本中華等國之士與各國之文藝豈不奇哉回憶少年
在本國舍農業儒登大學之堂者三年始進會城書院
而肄業於各國古今文史地理天文律例規條四時土
產悉欲博覽研求以應每歲掌院臨場彙考毋得踰等

在內四年文憑給領由是出而進於大院習古聖經交
亦幸上等三年別換文憑時年二十有八家無內顧遂
欲遊覽異鄉之風俗兼以予國所見聞傳播異士幸於
葛留巴新埠麻六甲新嘉坡得逢唐人領略華書七八
載歎華人不好遠遊至我西國之光采規模杳無聞見
竟不知海外更有九州或者上帝之啓予心乎將使宜
而播之聯四海爲一家也不揣固陋創爲漢字地球圖
及美理哥合省國全圖又以事迹風俗分類略書百年
而後流入中土或有不耻下觀者其將擊節歎喜乎抑
拉雜摧燒之乎雖然馳觀域外之士必不方隅自封而
笑我已道光十八年歲次戊戌孟夏
高理文題於新嘉坡之堅夏書院

海國圖志卷之六十

外大西洋

邵陽魏源輯

彌利堅國即育奈士迭國總記原本

案粵人稱曰花旗國其實彌利堅即墨利加又作
美理哥乃洲名非國名也西洋稱部落曰士迭而
彌利堅無國王止設二十六部頭目別公舉一大
頭目總理之故名其國育奈士迭國譯曰兼攝邦
國

奈育士迭國在北阿墨剌加洲中爲最巨之區其地自

古不通各洲土曠人稀皆因底阿生番游獵其間耶穌
紀歲千二百九十二年宋祥興十五年呂宋之戈攬麻士乘船
西駛始知此地創立佛羅里達部落開墾興築將二百
年闢地未廣千五百八十四年明萬歷十二年英吉利女王衣
里薩柏時有英吉利人往彌利堅海岸開墾大呂宋人
拒戰英吉利人敗走英國女王依里薩柏遂遣勇將精
兵往墾其地無人敢阻遂名其地曰洼治泥阿續遣二
臣協創部落復墾羅阿忝之地英國占士王遂設甘巴
尼二員分治之一曰蘭頓甘巴尼一曰勃列茂甘巴尼

又於所屬各部落增設岡色爾之官而總轄於蘭頓之岡色爾又遣三巨舶每舶載百有五人溯河建築部落即以國王之名名之曰占士部落千六百有七年明萬曆三十五年英人與士人爭鬬英之首領士彌爲土司包哈但所擒自後英人不敢橫行惟與土人互相婣婭生齒日熾千六百二十一年明天啟元年英國設總領于洼治尼阿是年嚴禁波羅特士頓教斯教逃出數百人由荷蘭駕舟至彌利堅開墾創建城邑曰紐英蘭千六百二十八年明崇禎元年復得沙廉地即今馬沙朱碩士部落自設總

領自立律例千六百三十二年明崇禎五年覓出紐含社千六百三十五年明崇禎八年覓出勃羅威電次年開出袞弱底格千六百三十八年明崇禎十一年復開出紐含汾并歷年在海岸所墾之緬地均建築城邑設官治理尚有歐羅巴人續墾洲內各地千六百四十二年明崇禎十五年英國女王馬里阿勅加特力教之律官來治此地亦以國王之名名之其地曰馬里蘭千六百六十三年康熙二年英國查爾士王令數臣往墾彌利堅南隅即今之戈羅里那亦以國王之名名之其首部落曰查爾士頓後又擴地開

疆遂分爲南戈羅里北戈羅里明年英國復奪取荷蘭與綏林所墾之紐育紐慈西若地拉洼三部落至是千六百八十年康熙十九年英吉利水師官威廉邊者復開賓西爾洼尼阿部落千七百三十二年雍正十年英人復墾若治阿之地竭心力歷艱險至千七百五十二年乾隆十七年始成部落無異於戈羅里計英吉利占士王至查爾士王二代所得阿彌利堅洲內之部落十有六區悉將因底阿士番驅之遐陬千七百五十六年至六十三年乾隆二十一年至二十八年復興兵奪據佛蘭西國所墾之加那達佛

羅里達兩大部落除墨西科一國外凡歐羅巴人所墾阿彌利堅洲部落歸英國者十有八區盛極生驕強徵稅餉部衆籲免不聽千七百七十六年乾隆四十一年士衆憤怒次年遂約佛蘭西大呂宋荷蘭諸仇國助兵恢復爰議以戈攬彌阿之洼申頓爲首區總統兵馬稱爲育奈士迭國與英國血戰七年客不敵主大破英軍國勢遂定千七百八十三年乾隆四十八年即有附近彌斯栖比各部落前來歸之千七百九十二年乾隆五十七年有根特機部落率衆附之千七百九十六年嘉慶元年地尼西部衆咸背英

吉利而附之洼門部落在阿希阿地開墾歷十四年之久始成部落於千八百有二年（嘉慶七年）即來歸之因底阿那伊里內斯西隅之阿那麻馬同彌斯西比極南近海之佛羅里達緬地馬沙朱碩斯以及彌斯西比東邊各部落米梭里諸部落於千八百十六年至二十年（嘉慶二十一年至二十五年）先後歸之千八百三十六年（道光十五年）阿干薩斯米治顏同時附之此外尚有彌斯栖比西隅之雷栖阿那一部落亦以價贖諸佛蘭西而歸育奈士迭管轄統計設立育奈士迭以後凡六十年創建大部落二十

有七稱大國與英吉利爲勍敵

政事自千七百八十九年（乾隆五十四年）議立育奈士迭國以戈攬彌阿之洼申頓爲首區因無國王遂設勃列西領一人綜理全國兵刑賦稅官吏黜陟然軍國重事關係外邦和戰者必與西業會議而後行設所見不同則三占從二升調文武大吏更定律例必詢謀僉同定例勃列西領以四年爲一任期滿更代如綜理允協通國悅服亦有再留一任者總無世襲終身之事至公舉之例先由各部落人民公舉曰依力多經各部落官府詳定

送衮額里士衙門核定人數與西業之西那多里勃里先特底甫官額相若各自保舉一人暗書彌封存貯公所俟齊發閱以推薦最多者爲入選如有官舉無民舉有民舉無官舉彼此爭執即由里勃里先特底甫於衆人所舉中揀選推薦最多者三人仍由各依力多就三擇一膺斯重任其所舉之人首重生于育奈士迭國中尤必居住首區歷十四年之久而年逾三十五歲方爲合例否則亦不入選

設立副勃列西領一人即衮額里士衙門西業之首領

若勃列西領遇有事故或因事出國即以副勃列西領暫理其保舉如前例

設立衮額里士衙門一所司國中法令之事分列二等一曰西業一曰里勃里先好司（好司二字猶衙門也）在西業執事者曰西那多每部落公舉二人承充六年更代所舉之人必居首區九年而年至三十歲者方爲合例專司法律審判詞訟如遇軍國重事其權固操之勃列西領亦必由西那多議允施行常坐治事者額二十八日士丹咨甘密底無額數者日甘密

底皆西那多公同拈鬮以六月八日爲一任期滿復拈鬮易之

在里勃里先好司執事者曰特底甫由各部落核計四萬七千七百八中公舉一人承充二年更易所舉之人須居首區七年並年至二十五歲者方合例以現在人數計之特底甫約二百四十二人立士碧加一人（士碧加頭目也）總司其事凡國中徵收錢糧稅餉均由特底甫稽核官府詞訟則特底甫亦可判斷常坐治事之士丹吝甘密底每年於三月初四日由士碧加

于各特底甫中揀派二十九人以六人專司會議其餘或理外國事宜或設計謀或理貿易或理工作或理耕種或理武事或理水師或理公衆田地或理案件或理驛站或理因底阿人事件各司其事以一年期滿再由士碧加選代

每歲十二月內第一禮拜日則滚額里士衙門之西那多里勃里先衙門之特底甫齊集會議或加減賦稅或國用不足商議貸諸他國貸諸本國或議貿易如何興旺鑄銀輕重大小或議海上盜賊如何懲治或國中重獄有無冤抑或蒐閱士卒增益兵額或釋回俘虜或嚴立法律懲服凶頑或他國窺伺如何防禦一一定議至歲中遇有倉猝事宜隨時應變又不在此例

其專司訟獄衙門在洼申頓者一曰蘇勃林在各部落者曰薩吉凡七曰底士特力凡三十有三各以本國法律判斷

蘇勃林衙門一所專司審訊額設正官一員副官六員每一人分轄一薩吉凡國內大官之訟或案中有

牽涉大官之訟或本屬薩吉所轄部落與別薩吉所轄部落不睦爭執之訟均歸其審斷

薩吉衙門七所每薩吉轄底士特力四五屬不等凡屬下部落之獄有罰贖銀百員以上者或所犯之事例應監禁六月者俱歸薩吉審判

底士特力衙門三十有三所每底士特力轄部落多寡不等凡屬下部落有犯輕罪與在洋不法者俱歸底士特力審斷按其情節輕重擬議罪名間有不能結案者送薩吉審斷或與薩吉會訊

每部落設底士特力阿多尼一員麻沙爾一員底士特力阿多尼專司緝捕理所屬官民訟獄麻沙爾會同薩吉底事特力等衙門審判部內之事國中于袞額里士之外又設立士迭西格里達里一人仁尼臘仁尼臘爾二人在國中治事以士迭西格里達里爲首若行軍則以兩仁尼臘爾爲首俱聽勃列西領調遣又三人會合副勃列西領爲加彌業掌國中印信法律章程官府文檄及他國來往文書照票兼理巴鼎荷非士存貯文案凡加彌業總理鄰國相交之事內分五等曰勃羅麻的

模里敖曰袞蘇拉模里敖曰龕模里敖曰阿支付士曰巴鼎荷非士各執其事

其賦稅設立西格里達里荷非士袞多羅拉二人敖底多五人里尼士達特列沙那疏里西多等官專司征收支發歲報其數於袞額里士衙門以候稽核其武事額設里貴西循模里敖官芒地蘭模里敖官兵餉官管理因底阿土人事務官督理火器官繪圖丈量地畝官其總兵曰仁尼臘爾因智甫官統轄官兵分東西二路東路總兵統轄緬地紐含社馬沙宋碩斯洼門袞特底格

律愛倫紐育紐慧西地那洼馬里蘭洼治尼阿南戈羅里北戈羅里佛羅里達賓西爾洼尼阿若治阿根特機地尼栖阿希阿彌治顏等二十部之兵西路總兵統轄阿拉麻馬彌斯西比雷西阿那阿千薩土內地阿那伊里內土彌梭里威士袞申達多里等十一部之兵國中節嗇養兵甚少設馬約仁尼那爾官一員墨里牙底阿士仁尼那爾官三員戈羅尼爾官十九員副戈羅尼爾官十五員馬約官二十八員急頓官百有四十員領馬兵兩隊礮兵四隊步兵七隊以及製造火器兵器繪圖

工匠統計僅戰兵七千有六百名每年支發兵餉銀九十八萬八千三百十七員津貼兵丁銀四十九萬五千五百員每兵歲餉銀將二百員兵少餉厚故訓練精强又製造軍裝器械銀三十三萬員存貯軍器庫銀二十三萬一千五百員瓜達麻士達底入門銀三十三萬二千員國中防守地方汛兵銀一百三十萬員各處防守礮臺兵銀二十萬員此守兵在戰兵之外共計戰守兵餉及修玉器械共需銀三百八十七萬七千三百一十七員

千七百九十八年（嘉慶三年）設立管理水師書記衙門千八百十五年（嘉慶二十年）始立管領水師官兵船不甚多而與英吉利交戰三年地險必齊水戰練習其名遂著原設大兵船十五隻中兵船二十五隻小兵船二十三隻火烟輪兵船一隻近年因船不敷用增修兵船復設船廠七雕刻廠二所歷年支發水師銀二百三十一萬八千員修船銀百有六萬五千員津貼銀七十八萬二千員修船廠銀七十九萬八千一百二十五員水上費用銀四十三萬八千七百四十九員巡查南極費用銀三十

萬員共需銀五百九十萬有奇

波斯麻達仁尼臘爾衙門掌理國中水陸郵程遞報之事計遞報道路約十一萬二千七百七十四里每年往來路程約二千五百八十六萬九千四百八十六里各處信驛計萬有七百七十所歷年往來驛費銀二百七十五萬七千三百五十員歷年約收信價銀二百九十八萬三千五百五十六員綜計出入有盈無絀

國中原在非臘特爾非阿設鑄金銀局一所千八百三十五年（道光十五年）復在紐哈蘭北戈羅里若治阿三部落各增設一所派官監鑄其爐竈器具機竅皆以火烟激動不煩人力計每年傾鑄金錢值銀二百十八萬六千一百七十五員銀錢三百四十四萬四千零三員銅錢值銀三萬九千四百八十九員統值銀五百六十七萬員

各部落自立小總領一人管理部落之事每部落一議事公所其官亦分二等一曰西業一曰里勃里先特底甫即由本部落各擇一人自理其本部之事小事各設條例因地制宜大事則必遵國中律例如增減稅餉招

集兵馬建造戰船開設鑄局與他部落尋衅立約等事均不得擅專所舉執事之人數月一更代如分管武事設立章程給發牌照開設銀店貿易工作教門賑濟貧窮以及設立天文館地理館博物館義學館修整道路橋梁疏濬河道皆官司其事其法律大都宗歐羅巴之律刪改而成征收錢糧稅餉通酌國中經費出入公議定額不得多取

國中錢糧稅餉惟創業開國軍旅時與入不敷出遂致虧欠民項爲數不貲千七百八十三年（乾隆四十八年）欠項僅

四千二百萬員千七百九十三年即多至八千有三十五萬二千員官府歷年籌補止餘四千五百萬員千八百一十三年（嘉慶十八年）因與英吉利交兵三年即欠至萬二千七百三十三萬四千九百三十三員迨至千八百一十六年（嘉慶二十一年）兵戈寢定二十年來統計所還子母共二萬一千二百萬員當開國之初輕稅薄斂原可足用自與英國攻戰供億浩繁及向佛蘭西贖回雷西阿那佛羅里達兩部落所費亦不輕於千七百九十八年（嘉慶三年）及千八百一十三四五等年始加征戶口田地房產奴僕等項錢糧每年或加一百七十五萬或二百萬或三百萬多少不等千八百十六年（嘉慶二十一年）停止加征惟征收入口貨物稅餉視貿易之盛衰爲多寡按千八百十六年所征稅餉多至三千六百三十萬有奇自此以後十年即僅收千三百萬以至二千萬員不等千八百二十五年至千八百三十四年（道光五年至道光十四年）自二千萬至三千萬員不等近年日見減少此外尚有出賣官地一項其田地散在各部落即先日價買佛蘭西及因底阿土人田地逐一丈量畫分當隰（當隰村庄也）每當隰計

三十六色循每色循計六十四埃加（埃加一畝也）除留出學校道路河道基址千六百有四萬零二千四埃加外餘俱由勃列西頓出示招買初定每埃加價值二員先交半價餘半期年交訖嗣因欠價不繳者二千二百萬員旋議減價每埃加定價一員零先士二十五枚不得賒欠自後每年賣出田土價值少則百餘萬員多則六百萬員有奇在千八百三十五年（道光十五年）所得賣價多至千二百萬員截至是年爲止計阿希阿丈出田土千四百七十萬零三千一百六十三埃加已賣者千有六十萬二千六百七十一埃加得田價千有九百四十八萬九千九百三十二員因底阿那丈出四土千有八百九十九萬零四百四十七埃加已賣者八百三十九萬零八百三十九埃加得田價千有八十一萬零百七十二員依里內土丈出田土二千一百五十七萬四千四百五十九埃加已賣者四百三十四萬零四百八十一埃加得田價五百五十五萬五千四百八十七員阿那麻馬丈出田土二千九百九十一萬五千零八十八埃加已賣者七百三十二萬九千零三十埃加得田價一千

三百零萬七千一百一十五員。彌斯西比。丈出田土千有七百五十二萬五千八百二十埃加已賣者五千六百萬零一千五百一十七埃加得田價七百八十二萬二千九百八十七員。雷西阿那。丈出田土六百四十五萬零九百四十二埃加。已賣者七十六萬七千四百一十五埃加。得田價百有十六萬二千五百九十一員。彌治顏湖東。丈出田土千有二百二十一萬一千五百一十九埃加已賣者三百二十萬零七千八百二十二埃加得田價四百零七萬二千三百九十四員。彌治顏湖

西丈出田土四百六十七萬四千六百九十一埃加已賣者十四萬九千七百五十五埃加得田價二十一萬五千一百八十九員。阿干薩土。丈出田土千有三百八十九萬一千五百三十八埃加已賣者六十六萬八千三百六十二埃加得田價八十六萬一千八百一十六員。佛羅里達。丈出田土六百八十六萬七千一百三十埃加已賣者四十九萬二千九百零九埃加得田價六十五萬七千零九十二員。統計已賣田土四千五百四十九萬九千六百二十一埃加未賣者萬有二千一百

三十九萬七千四百六十三埃加別有曠野荒郊田土。七萬七千萬埃加已丈過萬有二千二百三十萬埃加計賣出田價共六千七百八十二萬零八十五員除辦理因底阿土人事務需銀千有七百五十四萬一千五百六十員買雷西阿那部落需銀二千三百五十二萬九千三百五十三員。羅佛羅里達部落需銀六百四十八萬九千七百六十九員還若治阿部落銀一百二十五萬員贖彌斯西比部落銀店需銀一百八十三萬二千三百七十五員地方官需銀三百三十六萬七千九

百五十一員丈量地畝需銀七十八萬六千六百一十七員總共需銀五千八百四十三萬八千八百二十四員綜計出入有盈無絀

彌利堅國歷年出納款項自千七百九十一年（乾隆五十六年）開國起至千八百三十二年（道光十二年）征收稅餉銀五萬九千四百九十萬零九千零六十七員田土賦稅銀二千二百二十三萬五千二百六十員人丁錢糧千二百七十三萬六千八百八十八員遞寄郵信銀百有九萬一千二百二十三員公家田土價銀四千零六十二萬

七千二百五十員債銀及庫中所出銀單等項銀萬有五千六百一十八萬一千五百七十八員銀店股分利息及出銀店股分銀千有一百零五萬二千五百零六員雜項銀六百四十二萬八千八百九十二員

歷年支銀文事需銀三千七百一十五萬八千零四十七員鄰國往來相交事件需銀二千四百十四萬三千五百八十二員雜欵需銀三千二百十九萬四千七百零三員修整礮臺銀萬有九千零五十三萬八千六百四十三員歷次兵餉需銀千有七百二十九萬八千二

百八十二員別欵兵餉需銀六百七十一萬零三百零七員辦理因底阿士八事件需銀千有三百四十一萬三千一百八十八員設立水師兵船等項需銀萬有一千二百七十萬零三千九百三十三員歸還軍需借項本利銀四千八百九萬員統計征收銀八萬四千五百二十六萬二千六百六十八員除支發銀八萬四千二百二十五萬零八百九十員仍存貯國庫銀三百零一萬一千七百七十八員

千八百三十三年道光十三年所征各欵錢糧稅餉除支發

兵丁銀二百四十三萬五千四百零三員行營口糧銀三百五十萬零七千四百八十四員修造軍器修補武備庫共銀五十三萬零九百五十一員修建礮臺銀九十六萬一千四百八十員修築堤工銀四十三萬五千七百六十一員濬河銀二十四萬員建築習武館銀十一萬七千一百六十六員辦理因底阿士八事件銀百有九十一萬二千五百八十一員水師兵船等項銀三百九十萬一千三百五十六員還虧欠銀百有五十四萬三千五百四十三員修道路橋梁銀六十五萬五千

四百八十六員立法各官公費銀四十六萬九千零七十四員各路辦事公費銀六十五萬八千六百零八員審訊衙門支發銀三十三萬八千七百五十八員修造路燈銀三十一萬三千九百三十員修造稅舘棧房零銀二十五萬零四百一十五員丈量海岸銀萬八千五百一十三員洼治尼阿疏濬運河銀二十八萬九千五百七十六員與他國交往貿易事務銀九十五萬五千三百九十六員共計千有九百五十三萬五千六百八十一員尚有盈餘銀八百六十九萬一千一百員連歷

年盈餘貯庫共銀千有百七十萬零二千九百零五員
千八百三十四年道光十四年征收稅餉銀千有六百二十
一萬四千九百五十七員地租銀四百八十五萬七千
六百員銀店息銀二十三萬四千三百四十員出賣銀
店銀三十五萬二千三百員雜稅銀十三萬二千七百
二十八員支發文事雜項銀八百四十萬零四千七百
二十九員武事需銀三百九十五萬六千二百六十員
還國家虧欠銀六百一十七萬六千二百六十員共計
征收銀二千一百七十九萬一千九百八十二員核計

本年虧欠銀二百八十一萬零四十七員在於盈餘庫
項支銷外尚有餘銀八百八十九萬二千八百五十八
員存貯國庫
千八百三十五年道光十五年征收各欵錢糧稅餉銀千有
八百四十三萬零八百八十一員除支發各項銀千有
九百二十七萬六千一百四十一員盈餘銀九百一十
五萬四千七百四十員共歷年盈餘貯庫銀千有八百
四萬七千五百九十八員
疆域東界阿蘭底海西界卑西溢海墨西果國南界墨

西果國之墨西根海北界英吉利俄羅斯所屬地幅員
二百三十萬方里以周圍邊界程途計之徑一萬里內
濱海岸者三千六百里濱湖岸者一千二百里自卑西
溢海至阿蘭底海東西距二千五百里除國中各部落
之外西隅尚有地百三十萬方里未盡開闢地勢內遼
濶外險阻故雖英吉利兵亦不能再窺伺
山陵最著者在洼申頓有阿巴臘止菴山又名阿里牙
尼山高峯僅二百四十丈而迤長袤延通數部落之遠
在北哥羅里有墨力山其最高峯亦不過五百一十四

丈有奇在國之西隅有落機山峯高九百六十丈此外
山多未能悉載
川澤分歧難以悉數其最長者曰彌校里河自落機大
山發源至雷西阿那出海長四千五百里其次彌斯西
比河自威士衮申部落發源至雷西阿那出海長三千
有百六十里兩河往來舟楫最盛此外蘇比厘阿湖休
倫湖安達里阿湖均處邊界惟彌治顏湖居于腹地南
北距三百六十里東西距八十里水深七十二丈有彌
支里墨機納港可通休倫湖

國中地廣人希以近年生聚計之自開國迄今僅數百
載蕃庶數倍在千七百九十年間乾隆五十五年戶僅三百九
十二萬九千八百二十七口及千八百三十年道光十年計
白男五百三十五萬三千零九十二八九十歲以上至
百歲者二千有四十一人百歲以上三百有一人白女
五百十六萬八千五百三十二八九十歲以上至百歲
者二千五百二十三人百歲以上者二百三十八人黑
男十五萬三千一百八十四人百歲以上者二百六十
九人黑女十六萬五千七百六十八人百歲以上者三百

八十六人奴僕百有萬二千零七十五人百歲以上者
七百四十八人奴婢九十九萬五千五百四十四人百
歲以上者六百七十六人白瞎人三千九百七十四名
黑瞎人千四百七十八白聾啞人五千三百六十三名
黑聾啞人七百四十三名統共千有二百八十六萬六
千九百十九人即丁口之衍蕃徵國勢之熾盛果能永
遠僇力同心益富且庶雖歐羅巴强盛各邦未之或先
國人多由外域遷至如居賓西爾洼尼阿者皆由耶麻
尼言語近始更變居雷西阿那校里依里內土彌治顏

等處者皆佛蘭西國之人居阿希阿因第阿那者皆瑞
國與耶麻尼之人尼紐育者皆荷蘭國人種類各別品
性自殊因地制宜教隨人便故能聯合衆志自成一國
且各處其鄉氣類尤易親睦也傳聞大呂宋開墾南彌
利堅之初野則荒蕪彌望無人山則深林莫知蹟處擴
剔啓辟始破天荒數百年來育奈士迭遼成富强之國
足見國家之勃起全由部民之勤奮故雖不立國王僅
設總領而國政操之輿論所言必施行有害必上聞事
簡政速令行禁止與賢辟所治無異此又變封建郡縣

官家之局而自成世界者
國中黑人居六分之一其中亦有似黑非黑似白非白
者種已夾雜難辨涇渭各部落中不准黑人預政事有
數部落准其一體公舉其律例內載賓西爾洼尼阿紐
育部落之人皆得自主惟黑奴子孫分屬下等凡事不
得擅專至千七百九十八年嘉慶三年禁止買賣奴僕即逃
走亦不准收回嗣西北之洼治尼阿彌斯西比各部亦
禁攜奴僕進口自此興販少息惟南隅產棉之部落尚
有便用奴僕者凡奴僕之例重罪始經官治小過家主

自治不得私置產業學習文字往廟拜神必須白人帶引若因底阿之待僕人則又不然遇禮拜日每奴散穀十八棒至二十四棒薯六十四棒並酌給魚肉冬夏布衣下及奴之子女又每二年人給洋氈幼小者二人共得一氈疾病設有醫藥過其境見其僕皆工作不輟嘯歌自得如逢禮拜概停力作其工役三日一派能并日完畢者所餘之日或得自作已業游戲無禁其恩邺奴僕爲諸部所未有

風俗教門各從所好大抵波羅特士頓居多設有濟貧

館育孤館醫館瘋顛館等類又各設義學館以教文學地理算法除普會社一國外恐無似其文教者其官地畝以供經費復有國人捐貲津貼于八百三十四年（道光十四年）在紐育所屬各小部義館讀書者共五十四萬有千餘八歲支修脯七十三萬二千員如紐慈西賓西爾洼尼阿阿希阿馬里蘭洼治尼阿南戈羅里鼎尼西根特機等處部落亦皆捐設學館造就人材又設授醫館二十二所法律館九所經典館三十七所教人行醫通曉律法博覽經典通各國音語近計非臘特爾非阿藏書四萬二千卷甘墨力治藏書四萬卷摩士頓藏書三萬卷紐育藏書二萬二千卷衮額里士署內藏書二萬卷邇來又增學習智識考察地里之館重刊歐羅巴書籍人材輩出往往奇異

技藝工作最精造火輪船卽紡織棉布製造呢羽器具均用火烟激機運動不資人力他國雖有皆不能及寫繪丹青亦多精巧如急里委士士都宅紐頓阿爾士頓里士里諸人皆以妙手名

地膏腴豐物產千八百三十四年（道光十四年）海產之乾魚

醃魚魚油鰍魚骨等物約值銀二百有七萬零千四百九十三員山產皮毛洋參木板船桅木樹皮木料松香等物約值銀四百四十五萬七千九百七十七員田地家宅所出之牛羊馬猪麥麪乾餅薯穀米租麥蘋菓煙葉棉花豆糖洋靛等類約值銀六千七百三十八萬零七百八十七員工作所造香鹼蠟燭皮鞋洋蠟酒鼻煙捲葉煙鉛錫器繩索桅纜鐵器火藥糖銅器藥材布疋棉紗夏布枱雨傘牛皮麞皮馬車馬鞍水車樂器書籍圖畫油漆紙札筆墨釘耳玻璃洋鐵石板金器銀器金

葉金錢銀錢木箱磚灰鹽等類約值銀六百六十四萬
八千三百九十三員
國中進口貨物茶葉架非豆紅糖椰子杏仁乾菩提子
無花菓胡椒香料桂皮荳蔻米酒冰糖燈油絲髮疋頭
金線等類其各國所出棉布夏布皮毛染料顏色銅鐵
金銀器皿紙札書籍販運進口者交易之六以英吉利
爲最次佛蘭西再次即彌利堅本國及海南之姑蘇島（彌利堅西南之墨西果國）若中國又其次也此外通商之國如俄羅
斯普魯社綏林領墨彌爾尼壬荷蘭大呂宋依達里耶

麻尼散迭里紐方蘭（在彌利堅東北屬英國所轄之一大海島）黑底（在彌利堅之南屬佛蘭西所轄之大海島）小呂宋葡萄亞阿非里加洲各海島都魯
機果攬彌阿墨臘西爾芝利庇魯等處其餘小國來貿
易者不計其數以千八百三十四年（道光十四年）計之英吉
利進彌利堅口岸貨物約值四千五百五十六萬六千
有奇出口貨物約值四千一百六十四萬八千四百二
十員中國茶葉進口者約計六百二十一萬三千八百
三十五員在國內銷流者居六分之一此外尚有絲髮
等項百六十七萬八千四百九十二員共計值銀七百

八十九萬二千三百二十七員由本國出口運赴中國
貨物計值銀不過百萬零丙百八十三員其餘各國進
口貨物多寡不一統計貨值萬四千九百八十九萬五
千七百四十二員千八百三十五年（道光十五年）各國進口
貨物共計銀萬二千六百五十二萬一千三百三十二
員出口運往各國貨物共計銀萬有四百三十三萬九
千九百七十三員千八百三十五年（道光十五年）通國銀鋪
五百有三家貲本大小不等其最鉅者三千有五十萬
九千四百五十員小者亦有十餘萬員統計銀鋪貲本

共萬有八千一百八十二萬九千二百八十九員
國中運河長三千五百里疏濬二十年始竣其不通河
道者即用火煙車陸運貨物一點鐘可行二三十里其
車路皆穿鑿山嶺砌成坦途迄今尚未完竣如值天寒
河凍亦用火煙車駛行冰面雖不及舟楫而究省人力
因底阿土人種類蕃多屢因爭戰被戮大半惟彌斯西
比之東有因底阿土人八萬西有因底阿土人十八萬
餘俱散處各部中間自成村落下窟上巢有同鳥獸疾
則倩師巫歌跳刺血誦咒間用草木作藥餌信鬼好鬬

行陣則佩符咒。獵者食人。尤嗜犬肉。其頭目服牛皮飾以羽毛。頸懸熊爪。履白皮。握羽扇。受傷則頭插紅漆木籤九枝。以彰勞績。散處各部。不受約束。近漸導以教化。招徠其黨。給以房屋耕織器具。并設岡色爾官治之。各立界限。不得踰越。創書館廟宇。歲提庫銀萬員。公捐銀四萬員。延師教課。千八百三十五年。道光十五年在館肄業之童蒙已千五百矣。彌斯西比。彌梭里平地中多有高隴。形似圍墻。高自數忽以至三四十忽不等。每忽八寸寬二三十埃加。埃加畝也內多土堆。參差不一。粗沙亂石。或方或

圓。或作數角。諸史並無紀載。有謂因底阿人所造之墳塋。第土蠻何解造作。或謂洪水泛濫。波浪激成者近是。

補輯

萬國地理全圖集曰。花旗國一曰兼攝邦國。因船插星旗。廣東人謂之花旗。亦稱之曰米利堅。皆指一國也。南及默西可海隅。北連英藩屬。東及大西洋。西至大洋海。北極出自二十五度至四十度。偏西自七十度至一百有餘度。袤延圓方三百萬方里。其山在西方一帶峰嶺。餘地大半平坦。其最長之江名曰米西悉江。北流九千九百里者。而接米訴利大河。兩水合而南流入海也。通舟之長河。如尾八地尼士河。乾撒河。亞加那河。紅河等。又造鐵轍轆之路。火輪之車。以便陸地轉運。每一時行百八十里。水路則火輪船前後梭織。故其江河帆檣舟馳不絕。如街衢無異。山出石炭鹽鐵白鉛金銀。其林內有野牛及熊。其西方有海騾狐狸等獸。又出五穀蔬菜。可謂隆盛之邦。惟其東方耕種大闢。而西方尚土曠人稀。每年士民自西移東者千百計也。明萬歷年間。英國船初到時。荒蕪稠林。天氣凍冷。兼以土人暴行。遍處剽殺。

而英民歷艱難。披荊棘。百苦備嘗。堅據其地。而攻其敵。於明萬歷三十六年。英國主驅逐加特力教。其民尋地涉海而抵亞默利加。賴上帝之恩庥。始困終亨。土民讓地相給。人戶日增。遂分其國爲列邦。二百餘年。英國欲加收稅餉。其國公會之紳士不從。兩國相爭。較論長短。遇有商船載茶葉進口。居民並起。投其茶箱于海。彼此怨憤結仇。與英兵交戰。並結援佛蘭西。是班牙。荷蘭等國爲助。齊心攻英。乾隆四十七年。英國議和。於是花旗自立新國。不立國王。公擇元首。凡事會議而後行。四年

後則退職。又公擇忠臣良士二位以爲都城公會之官。供職六年而退。設律例規矩，募勇征餉，與列郡邦結爲脣齒。緣此稱曰兼攝邦國。國庫每年所收銀四千萬員以下。於道光十七年其國補還軍費，毫無欠項。文官俸祿四百七十六萬員，水師四百五十七萬員，三軍四百三十萬員，雜費三百八十萬員，士費千三百萬員。其三軍上下一萬丁。其水師武備甚善，屢與英國交鋒獲勝。其鄉勇十萬有餘。各地擧壯丁當差。國民經營希利，算悉錙銖，亦多懷普濟之意。崇奉世主耶穌之教，捐身捐

財以招教師，頒文勸世。雖別國各開新地，而英民居其大半，是以語音文字規矩與英無異。出棉花、五穀，造雜項布疋。通商最廣。道光十七年所運進之貨，共計銀萬四千萬員；所運出者萬一千七百萬員。居民千四百萬丁。二十年前尚止九百六十萬。迅速增益，而各西列國之人尚雲集不已。所有土民分給田土，安居樂業，最好進學。遍開庠序，以習法術、武藝、文學。其列邦共計二十四部。所有最大之城邑，一曰破士敦城，在馬撒主悉邦之都會。此地雖瘠，而居民營造勤奮，共計千七百萬丁。

通商萬國。此城係大馬頭，四方所萃，文風甚盛，爲全國之冠。一曰新約城，乃國中最廣大之美邑。居民二十七萬丁，每年進船千五百隻，進貨價銀三千八百萬員，出價銀一千三百萬員。居民靈利溫和。一曰兄弟愛城，在品林邦。昔時士人讓給英國而收租值，因始終忠信守約，是以土人終不侵伐，待如遠客。其城亦係馬頭，街市正直。其居民勤勞積財，運出之石炭、鐵皿、布疋，共計三百八十四萬員，運進貨物一千一百六十八萬員。一曰巴里特摩城，在南地馬頭，居民不辭險阻，多出麥粉，造

建快船，駛航如飛。一曰威額耳那城，乃初時開墾之地。人最聰明，國內忠臣襄政事者皆出是邦。產煙及粟米。洼申頓國都，以其始創國之人得名也。其南方之三邦，卽南北甲羅里那以及熱可加，乃出棉花之地。此地惟黑奴務農，其白面之人廢時遊蕩，食烟飲酒，戀聲色而已焉。其西南之半地曰縛利他城，內地尚有土人據之，與白族交戰，連年未息。西南方馬頭曰新阿耳蘭，在大江口，居民七萬，通商最大，運進之貨每年價銀千四百萬員，運出者三千五百萬員。此城周繞澤藪，氣瘴晦冥

夏時民多染病其西方之邦尚新開地乃最先游獵之人至此招集農夫墾種曠野數十年而城邑鄉里田疇並同內地但有四萬土人居此爲自主之邦國家買其田而按例收其價土人遂讓之而白面之類爲其地主也此外西北各地皆英吉利俄羅斯各商占據捕野獸用其皮其中海虎等皮最貴大半銷賣於廣東土民身短而貧人戶甚罕原無今補

每月統紀傳曰北亞米利加兼攝列邦遼闊共有二十六部又別有邊地四部共廣二百四十萬正方里大清

國共三百八十六萬正方里乾隆五十四年米利加國三百九十二萬丁嘉慶四年五百三十萬丁嘉慶十四年七百二十三萬丁嘉慶二十四年九百六十三萬丁道光十年一千二百八十五萬丁由是觀之其人煙稠密戶口繁滋年增月累設連年如此加益數百年後其民繁多過今大國也其國城共二百八十九康熙四十年所產之物賣與外國共價銀一百五十萬圓乾隆五十四年一千萬圓嘉慶四年七千九十萬圓嘉慶二十二年九千三百二十八萬圓道光五年九千九百五十三萬圓道光十年七千三百八十四萬圓道光十一年八千一百三十一萬圓進口貨價自康熙四十年共銀一百七十萬圓乾隆三十四年九百四十萬圓道光元年六千二百五十八萬圓道光七年七千四百四十九萬圓道光十一年一萬三百一十九萬圓每年產物及製造貨件共銀一萬五千萬圓可觀其國豐盛矣其國帑出入乾隆五十五年入一千二十一萬圓出銀七百二十萬圓嘉慶十四年入一千四百四十三萬圓出一千三百六十萬圓道光九年入二千四百七十六萬圓

出銀二千五百七萬圓道光十年入二千四百八十四萬圓出銀二千四百五十八萬圓故此輸用出入皆制有餘道光九年國帑項內尚存銀五百六十六萬乾隆五十四年拖欠銀七千五百一十六萬九千九百七十四圓今已償清可用其餘墾荒地開運河保障封疆計國中弁兵共萬二千丁壯民百二十六萬丁巨戰艦十二隻中兵船十七隻小兵船十六隻小舟七隻原無今補

海錄咩里千國在英吉利西由散爹里西少北行約二月由英吉利西行約旬日可到亦海中孤島也疆域稍

狹原爲英吉利所分封今自爲一國風俗與英吉利同即來廣東之花旗也案咩里干即彌利堅之音轉故言即廣東之花旗然以洲言則其地數萬里豈得謂之孤島以國言則二十七部落富强爲英夷勁敵豈得謂之疆域稍狹蓋謝清高但至歐羅巴洲未至彌利堅洲故傳聞不確不詳土產金銀銅鐵鉛錫白鐵玻璃沙藤洋參鼻煙牙蘭米洋酒哆囉絨羽紗嗶嘰其國出入多用火船船內外俱用輪軸中置火盆火盛冲輪輪轉撥水無煩人力而船行自駛其製巧妙莫可得窺小西洋諸國近多效之原無今補

海國圖志卷六十一

外大西洋　邵陽魏源輯

彌利堅國總記下

育奈士迭者華言總理部落非地名也夷圖及茂易通志謂之兼攝邦國又曰聯邦國其船旗方幅紅白相間右角別作一小方黑色上以白點繪北斗形故名之曰花旗南懷仁所云大銅人即此之落哀倫島也葢其地工作有高千餘丈者云

地球圖說合衆國又名彌利堅又名花旗國東界大西

洋南界麥西可海西界麥西可國弁大東洋北界英屬國百姓約有二千萬之數都城地名瓦升敦部分三十每部各立一賢士以爲總統各總統公舉一極正至公之賢士總攝三十部之全政名伯理師天德又各部總統或一年或一年爲一任惟總攝國政者四年爲一任按期退職公舉迭更每歲俸銀二萬五千員七分耶穌敎三分天主敎國內偏設大小書院不計其數國之男女無不能書算者其衣服制度言語禮款與英吉利國無異所習之業士農工商又有捕鯨魚等藝多在西北

等處。國內運載貨物。陸則有大車小車藉馬力以行走。又有火輪車中可住千人。一時能行百八十里故國內多造鐵轆轤之路在水則有火輪船往來紛紜較他國更繁盛又有多船不用火輪而用馬牽亦穩而且利則內地小河所用也

國內有至大之城三。即牛亞爾葛城。撲斯登城。非拉達亞城是也。至大之江三。即米西悉比江。米蘇利江。可倫比江是也。江雖列三處而其內支分不少。西方有高山相聯不間。土地大半平坦。道光二十七年與麥西可國兩相決戰至二十八年盟約和好矣。土產緜花布呢麥米煙白傭蒸穀金銀鉛鐵煤炭油木料并一切造作之器。熊狼虎野猫麅狐狸水獺海虎海猓皮物至于野馬野牛不勝其數。

地里備考曰。育奈士迭國。華言合衆國也。即所稱花旗又曰彌利堅在亞美里加州北區之中北極出地二十五度起至五十二度止。經線自西七十度起至一百二十七度止。東枕亞德蘭的海。西界大海暨美詩哥國。南連美詩哥國海灣。北接新北勒達尼。長約一萬里寬約

四千八百五十里。地面積方三百一十六萬里。烟戶一京七兆餘口。平原廣闊岡陵延袤山勢峻峭。其亞巴拉士山爲東山之首在亞德蘭的海濱。踰越諸地。羅說索山爲西方之冠。兆江源大半出此。河之長者曰米西西比。曰米蘇利。曰哥隆比亞。曰亞巴拉濟哥剌。曰麼比勒。曰德拉瓦勒湖之大者曰蘇必里約爾。曰呼倫。曰米濟安。曰厄列。曰安達里約。曰章巴拉音。地氣互異各有不同冷熱西南爲甚。田土參差不一。物產西南爲最。穀果繁衍。人多務農。土產五金。煤礬磺。烟麻。緜花香料藥材。不設君位。國人各立官長理事。班次首領正副權理國政四載一舉。周而復轉。所奉之教乃修教也。其餘各教任人尊奉。概不禁止。技藝精良商賈輻輳。原本國昔爲英吉利國兼攝之地。乾隆四十年國人自立。驅逐英吉利官別爲一國。英吉利國與戰。越八載不克。乃聽其自立不復統屬。嘉慶十七年本國復與英吉利國交兵越三載始息。通國分二十六部。曰賣內。曰新杭師勒。曰委爾蒙。曰灬薩朱塞。曰羅德島。曰哥內的古。曰新約爾克。曰新日爾塞。曰奔西瓦尼。曰德拉桑。曰馬黎郎。曰委爾

濟尼曰北加洛辯曰南加洛辯曰惹爾里亞曰阿拉巴麻曰米西比曰盧宜西安曰音的亞那曰意黎乃曰迷蘇利曰德內西曰根都基曰可宜約曰迷詩安曰阿爾于薩都城名瓦盛敦建于波多麻哥河岸街衢寬闊其直如矢園亭花榭景色幽佳匠肆林立遠方輻輳爲本州富麗第一其國通商衝繁之地一名新約爾克一名非拉德亞一名波斯敦一名巴爾應一名新爾艮一名札爾勒斯敦皆沿海大埠也

外國史略曰彌利堅國南及麥西哥海隅北連英藩屬

地東及大西洋海及大東海廣袤方員四萬二千三十里濱海地一千二百里濱湖地四百里北極出地自三十二度及五十四度四十分明朝中間地尚荒蕪居民亦罕住林內以獵爲生不知開墾然今日掘出墳墓似是古時廣大之城邑或係日本高麗會到之地無從考究今則爲西國之大市民數少而種類多語音不一風俗迥異時結仇交戰自明朝時是班亞開創此州之後英國亦到此地欲開埠未果萬歷十二年後英民復至不得食物又遭土民之難或受是班亞之害或染烟瘴以斃皆怨而反會英國有奉天主教之民爲國中官吏所廹航海西駛逃于此地自設公班衙招氓開墾獲利英國亦以其地封五爵各據荒地荷蘭瑞丁等國亦時調其民在海邊開港皆不久而服英吉利別有佛蘭西氓所據之地久亦歸英於是英人日繁增土人遠避山林其艮善者漸向敎化復立議事之公會有事則調遣其丁壯日久其民益操自主敢作敢爲不聽英國之命英人欲增餉稅民拒不納由此肇衅乾隆三十一年英官在各港口征餉居民寧將茶葉盡投于海不願納稅

英國亦封港口且調兵前往其氓復公議寧死不受苛束遂糾合部衆立才能之瓦昇屯爲將軍與英兵拒戰兼赴愬于各國于是佛蘭西是班亞荷蘭等國合盟助之英人不能敵於乾隆四十六年議聽其自爲一國不受英人節制遂號爲育奈士造國自是與英人彼此相安花旗軍深入麥西哥地麥民力守終不肯降後事尙未定也○國內山嶺分三段一係東方一係山外之西方一係米西悉北等谷地本荒蕪廣袤十一萬三千八百方里其東方地約三千里沿河多港口地方蕃盛沿

河各谷可開六萬四千萬畝居民五百五十萬口其西地多磽瀕海地愈肥民愈罕西南牧場遠闊其湖在英吉利花旗交界稱為上湖有熱阿耳義湖胡倫湖以利雲他利湖皆廣如海入大西洋海之江曰本孫江長七十一里破他馬江一百三十六里撒瓦那江一百五十里亞拉馬他哈江一百里熟貴漢那江一百里入麥西海隅之河曰米西悉比河六百六十里米蘇利河六百二十里阿希阿河三百里押子薩河四百七十里紅河三百三十里地匿士河百四十里可倫比河長二百三

十里俱入大東海江河甚多通商甚便火輪船往來不絕北方出緜花烟穀薯等物各國產物並製造者鐵條價銀約二千零四萬員鉛石價銀約五十二萬九千員石炭價銀一百八十六萬員石鹽價銀六百六十九萬員各項玉石價三百六十九萬員所畜牲馬四百三十三萬隻牛千四百九十七萬隻緜羊千九百三十一萬隻豕二千六百三十萬隻鷄鴨鵝價值九百三十四萬員五穀烟薯麻綿花羊毛蠟白糖蠶絲乳奶餅油等價三千三百七十八萬員果子價七百二十五萬員每年

所製造物值二千九百萬員園蔬菜花等二百九十四萬員乾魚醃魚魚油鯨骨等貨一百二十五萬員捕魚銀一千六百四十二萬員木料價一千二百萬員巴馬油等貨六十一萬員皮貨一百零六萬員人參等貨價五十二萬員刀劍各鐵器價六百四十五萬員金銀寶物四百七十三萬員鉛錫鐵等各項九百七十一萬員羽毛呢二千六十九萬員布匹四千六百三十五萬員雜物六百五十四萬員插花旗進本地之船共七千七百三十五隻外國載貨入港口四千五百四十八隻花

旗所運進之貨值一萬一千三百萬員外國船所運進一千四百七十二萬員是年所出之船七千七百九十隻外國船出口四千五百五十四隻花旗船運出之貨價八千零二十五萬員外國船運出價二千三百萬員本國納稅一千四百四十八萬員各湖往來之花旗船與英人公共船隻值一百六十六萬員可見其勤奮興旺惟其商人銀局失信故外國人無敢賒賣之也○居民一千七百零八萬六十六口白面男人七百二十四萬九千女六百九十三萬九千口黑面人三十八萬六

千口黑面奴二百四十八萬七千口白面人務農三百七十一萬七千口貿易者十一萬七千口製造匠七十九萬一千口航海水手五萬六千人運內河之人三萬三千人醫生敎師等六萬五千人術藝之士共一萬六千二百三十三人男女學生一百八十四萬五千人康熙三十九年所有居民共計二十六萬口道光十年卽至千二百八十六萬口大半係英國日耳曼人其國爵無尊賤定分但人有才能善積財則貴耳其民崇拜上帝多立禮拜堂善經營道光十五年掘運河費九千九

百萬員以鐵造平路亦費四千六百萬員多識字讀書亦廣印書居民善開墾凡歐羅巴各國民有缺乏卽遷居花旗國如有受害者亦遷此地故開闢愈廣其國律例合民意則設否則廢之每三年庶民擇一長領統管各部每年俸二萬五千員長領外復設戶兵刑水師驛務諸部大官俸各六千員立兩會一曰尊會卽長領並大官辦重務一曰民會論民人所獻之議所稟求之事每四萬人擇一人各國皆同其水師大戰艦十二隻載炮七八十及一百二十門其次載四十四炮三十六炮

又其次或載十六炮至十炮以下又火輪船五隻躉船五隻軍士六千丁防禦各境各部自募民壯歲收餉五千六百萬員公費約五千三百萬員銀局未清理陸續破敗者一百六十一家所失本錢一萬三千二百萬員通行銀票四千三百三十萬員現銀一千零二十八萬員通國銀票六千三百八十四萬員現銀二千六百八十四萬員通國銀局十餘年共失銀不下七萬八千二百萬員其失信損重天下未有也○東北買尼邦部天氣甚冷地產不豐出木料等物運出者每年約值二百

萬居民五十萬餘皆崇正敎多學館城邑不廣海多支港木賤便於建船公餉約六十一萬員居民多以捕魚爲務○新含部在買尼西居民二十八萬二千餘口北界一帶白山有峯六百丈出五穀布匹納餉三萬六千員○弗門部居民二十九萬一千出五穀○在南之馬撒舒設地居民七十三萬七千餘口造布匹鐵器貿易通商其都會曰破土屯係大市居民數萬船往來不絕因新敎舊敎不合故別開埠公欠項六百七十二萬員每年貨價銀計四千二百萬員羅地島居民十萬八千

務農織布都會曰天綱係大通市居民三萬名○君匱地谷部居民三十萬在海邊新港居民勤勞向化製造積財餉稅約十萬零七千員公費八萬六千員銀局內戶稠密居民二百四十二萬口其會城居民二十萬有餘爲花旗國最大之邑各貨由此出口街衢廣大居民從正教爲各邦之宗公欠項二千二百七十九萬員歲收餉約二千七百六十二萬員○新執西海邊之褊邑也居民三十七萬八頗安分公費八萬八千員公帑收

四萬七千員○賓林部舊日開埠與士人往來秉公貿易居民富裕共一百七十二萬四千口多由日耳曼國來者製造繁盛過他邦每年約七千萬員內地開河平鐵路以便貿易農夫旺相庶民受福因失信故所損者重公欠項三千六百八十五員公帑收九十二萬四千員其都城曰愛戎地居民十六萬六千亦大通市花旗美地也有大學館廣布文學術藝○地瓦亞小邦七萬八千口居民務農公帑積五十萬員○馬利地部居民四十六萬九千口多五穀麪粉每年約價七十六萬員

公項一千五百萬員公費約百萬員公收三十五萬員入不敷出港口八地米城居民八萬口係通商大市最旺相○威厄尼部地初開墾居民百二十三萬口多出煙緜花等貨其都會曰勒門居民一萬六千口百姓聰明頗圖私利公欠項六百九十九萬員○可倫比部爲其國都居民四萬三千口統領所駐議事之地也其都曰瓦昇屯城居民二萬口以開創之統領得名有公會所聚之殿甚壯麗如羅馬國之古式○北加羅林部南加羅林部熱阿義部皆出緜花弗利他部多密林昔屬

是班亞國路義撒那部在麥西哥河北岸其會城中居民數萬○阿希阿部居民百五十一萬地極興旺公欠項一千五百萬員公收三十一萬員○新開之地曰印地亞那曰金突其曰停尼士曰亞拉巴馬曰米西悉曰北米稣利曰以利乃曰米治安曰約瓦曰威君新居人甚罕○在東澤邊有亞利雲地道光二十六年始與英國平分甫遷之氓漸墾務農○特察南地本屬麥西哥近爲花旗人所居地廣而豐但港淺有礙駛船其始不服花旗管轄拒戰甚力因麥西哥無戰船軍士花旗有

兵有艦直侵其地卒爲花旗所踞

瀛環志畧曰米利堅二十六部其內地各部大小不甚懸殊惟東北濱海數部壤地甚褊如紐罕什爾注滿地麻沙朱色士干捏底吉紐折爾西馬理蘭已不及諸大部三分之一而洛哀倫特爾拉華二部周迴皆不過百餘里乃不及諸大部十分之一此非分地之不均也當歐人之初闢此土也人戶先棲託於海堧各成聚落後乃漸拓而西日益墾闢其國之三大埔頭摩士敦紐約爾非勤特耳又皆萃於東北富商大賈之所聚地雖褊小氣象固殊

內地各部皆資耕作幅員易廣而財力不如海濱之盛其勢然也迨華盛頓倡義拒英華盛頓生於雍正九年十歲喪父母教成之少有大志兼資文武部豪起兵相應舉事者十餘部因即分爲十餘國其後續附新分遂成二十六部皆仍其舊而安之非裂地而定封也洛哀倫人戶止十餘萬特爾拉華止八萬餘不能因其彈丸黑子并歸大部東方通商諸部紐約爾最富厚麻沙朱色士賓夕爾勒尼安次之緬與勿爾吉匕阿又次之倭海阿土沃人殷阡的伊田納西地處中原沃野千里南方諸國濱海西方諸國傍河地利之產運行較便故國多富饒計兩湖之南密士失必大河之東已無不闢之土河西止魯西安納阿甘色密蘇爾釐三部近益以威士干遜衣阿華二部其迤西數千里密林奧草野番所宅開墾不易然生齒日繁數百年後當亦阡陌雲連直抵西海之濱矣

米利堅各國天時和正迤北似燕晉迤南似江浙水土平曠無沙磧鮮瘴癘南方微有瘴氣亦不甚毒其土平衍膏腴宜五穀緜花英佛諸國取給焉蔬菜果實煙葉皆備所出石炭鹽鐵白鉛境內小河甚多米人處處疏鑿以通運道

又造火輪車以石鋪路鎔鐵汁灌之以利火輪車之行一日可三百餘里火輪船尤多往來江海如梭織因地產石炭故也火輪船必須燃石炭木柴力弱不能用也英吉利火輪石炭皆自蘇各蘭帶來

米利堅政簡易榷稅亦輕戶口十年一編每二年於四萬七千七百人之中選才識出衆者一人居於京城參議國政總統領所居京城衆國設有公會各選賢士二人參決大政如會盟戰守通商稅餉之類六年秩滿每國設刑官六人主讞獄亦以推選充補有偏私不公者羣議廢之合衆國稅入約四千萬圓文職俸祿四百七

十六萬圓陸路官兵俸餉四百三十萬圓水師官兵俸餉四百五十七萬圓雜費三百八十萬圓開墾土費一千三百萬圓統領雖總財賦而領俸萬圓之外不得私用分毫衆國舊亦有欠項道光十七年一概清還不復丐貸于民然緣此公私銀號多歇業而國家或有不虞之費無從取給云米利堅合衆國額兵不過一萬分隸各炮臺關隘其餘除儒士醫士天文生外農工商賈自二十歲以上四十歲以下一概聽官徵選給牌効用爲民兵餱糧器械概由自備無事各操本業有事同入行

伍又設隊長領軍等官皆有職無俸每歲農隙集聚操演其民兵約一百七十餘萬丁與古人寓兵于農之法蓋暗合焉

危地馬拉之東南爲南北亞墨利加連界之地名巴拿馬（地屬可倫比亞）以一綫界隔兩海闊僅六十里泰西人謂能將此土開爲海道則東西兩洋一水相通掛帆而西直抵中國之東界便捷甚矣然石梗山脊疏鑿不易

按歐巴至中國道途之紆遠阻於紅海地中海之間隔蘇爾士旱路一百七十里若疏以通舟則水程減二萬里米利堅至中國道途之紆遠阻於巴拿馬片土數十里若疏以通舟則西行而抵中國之東水程當減三萬餘里然兩大洲中束成至細之處于形家爲過峽乃地氣所聯貫如人之有咽吭關兩洲之脈絡天地之所以界東西也今欲以人力鑿通之不亦傎乎

按孛露（即秘魯）爲南亞墨利加著名之國泰西人目爲金穴其民恃地中有寶不屑耕稼故土壤鞠爲茂草有懷金而啼饑者米利堅產穀饒而以富稱祕魯諸國產金銀而以貧聞金玉非寶稼穡爲寶古訓昭然

荒裔其能或異哉

按泰西人所記四大土人民惟巴他峩拿土番皮體長大高于常人一身之半此外黝黑如阿非利加醜怪如東南洋各島野番亦不過白黑妍媸之別而五官四體要無大異乃知長耳比肩之民飛頭貫胸之國古人故爲恢奇之說爾

南北亞墨利加海灣羣島

北亞墨利加之南南亞墨利加之北細峽相連自西北

而東南作灣環外向之勢其東北大小數百島星羅碁布西北起米利堅佛勒爾勒𧫤部之東南隅東南迄可侖比亞之東北隅作灣環內向之勢兩灣中間之海名曰加勒前明中葉是班牙遣可侖駕船覔新地地無主名夙聞海外有五度印國即云欲到五印度西行數月忽睹羣島譁然以爲抵印度矣遂稱之曰西印度而不知印度在東方與此無涉也西船初到時擇羣島腴壤開設埔頭誘交土番謀墾闢後察知土番昏懵又强不可使遂以兵力勦𠛬無孑遺別買阿非利加黑奴墾田播穀農務漸興其後復得墨西哥祕魯諸大國歲致金銀數十百萬視羣島如敝屣不屑經營久之爲海盜所據出沒剽掠商旅患之已而歐羅巴諸國接踵西來紛紛爭據羣島遂各有所屬是班牙之外曰英吉利曰佛郎西曰荷蘭曰嗹國曰瑞國羣島氣候極溫與亞細亞南海諸島相似

海國圖志目錄

外大西洋墨利加洲 即彌利加洲

卷六十二

彌利堅國東路二十部

戈覽彌阿國部　緬部

紐含社部 一作新韓賽　洼門部 一作華滿

馬沙諸碩斯部 一作馬沙諸些　律愛倫部 一作羅底島

袞特底格部 一作干尼底吉　紐育部 一作新約基

紐惹西部 一作新遮些　賓西爾洼部 一作邊西耳文

地那洼部 一作底拉華　馬里蘭部

洼治尼阿部 一作費治彌亞　南戈羅里部 一作南駕羅連

北戈羅里部 一作北駕羅連　若治阿部 一作嗟治亞

阿希阿部 一作阿嗜阿　彌治顏部

根特機部 一作建大基　佛羅里達部 一作費羅里大

以上廿部皆彌利堅東路

海國圖志卷六十二

外大西洋北墨利加洲

歐羅巴人原撰
侯官林則徐譯
邵陽魏源重輯

彌利堅國東路二十部沿革分附各部

彌利堅洲之育柰士迭國分士迭二十有六士迭華言
大部落也達厘多里華言地方也底士特力一華言
國都也在各士迭之中又各分岡底士華言小部落也
惟雷西阿那所屬之小部落不曰岡底士而曰巴里些

士尙有因底阿士番所屬四部在外

戈攬彌阿部幅員褊小間於馬里蘭洼治尼阿之中
濱波多墨河距阿蘭底海二百里千七百九十年乾隆
五十五年頭目洼申頓所定因以名其國都爲須政判事
會議之總地創築三城一曰洼申頓一曰查治當一
曰阿力山特厘阿此三者皆其都城不在部落之數
地土燥濕不一頗多勝景河道通達無論大小海舶
均可徑抵都城故貿易最盛案此部乃國都在二十六部之外
洼申頓城國初千八百年創築街道平潤若棋局車馬絡繹中設加碧多爾一座爲議事
公所周三百五十忽中央高兩傍低平四圍石砌
飾以白堊有上人戰陣之圖勃列西領衙門一所
亦用石砌樓高二層旁即文武官衙門餘作書院
廟宇民舍并建橋梁可通阿力山特厘阿查治當
兩部千八百十四年被英吉利人攻破各衙門均
被焚燬後旋奪回修復都內居民萬三千三百七
十九人黑人三千百二十九
口奴僕二千三百十九口

查治當城在洼申頓之西中隔小河相距三里可
謂洼申頓之外城屋多磚砌設有加特
力書館一所公衆書館一所讀書幼童約四百名
鑄炮局一所商賈貿易以此爲最居民三千四百
四十名

阿力山特厘阿城在洼申頓對岸相距六里築於
小山設有鑄炮局育嬰館廟宇
手藝館商賈貨物以麥麵煙葉兩
種爲最居民八千二百六十名

緬部東北俱界英吉利所屬之新懇地西半界紐舍
社南界阿蘭底海域內多山著名之加達領山高五
百餘丈在緬部之北有阿爾臘牙時河洼爾魯士多
河阿魯士多河三水俱由英吉利所屬之贊河發源
而注于緬地在緬南之河道有北納士葛河根尼碧
河各長三百五十里歷暑戕而出阿蘭底海模士迭
湖長五十里寬自數里以至十五里不等緬地河多
湖廣水居六分之一原屬馬沙朱碩士之地千八百
二十年嘉慶二十五年始來歸附創部落立岡色爾之官每

年一更代由衆推舉所舉之人必居緬地經三載而推舉最多者方得充之若小部落理事官即由總領選擇會商岡色爾委授如奉委之人果賢能可常供厥職非如岡色爾之歲更也幅員三萬五千方里戶三十九萬九千口有奇領小部落二十有五俗奉波羅特士頓教加特力教歲按戶收先士四十枚爲書館脩脯膏火之費土產煤炭鐵石板木料醃魚尤多巨木先冬斬伐待春漲浮出山谷 原本

美理哥國志畧曰明天啟六年有英吉利數人始至

基尼伯河畔創立一鄉後數十年與馬沙諸些合而爲一道光元年始分立一部曰緬部東接新普倫瑞克地西北連千尼底吉之南此二地皆屬英吉利國西南連新韓賽部南接壓瀾的洋南界隔赤道四十三度五分北界隔赤道四十八度自南而北則四度五十五分矣西隔中線東六度三分東極隔中線東十度三分由此觀之自東而西之地則四度無疑矣其地參差不成方圓故以其南北極東西極而言之延袤與浙江省相似其山則嶄巖不等最高者五百

餘丈萬山環繞水皆注大西洋其南境海潮常長至二三丈雖冬月嚴寒冰難凝結北境則寒沍雪深四五尺數月不消水面冰堅人馬可渡夏又炎熱故冬夏易于染疾境南去西大洋約五六十里沙礫泥濘產五穀爲最薥麰次之腹內地則腴沃高平大抵地曠人稀樹木葱蔚山內產鐵禽獸有馬牛羊豕林木有松橡樺榆果實有林檎桃苦提梨梅等惟材木極賤漁戶歲得銀五十餘萬貿易有大小呢棉花紙熟皮臘燭鐵器等物而以木材爲最洋艘皆賴乎此次

則畜牛羊豕犬販于他邦又次有牛油香皂蠟燭靴鞋石磚鐵等每年出口之貨約八百餘萬所收稅餉約銀三四十萬圓合計美理哥國貿易緬部居十之五焉道光十年其居民共計三十九萬九千四百六十二口所務生業惟農漁商無鉅富亦無極貧皆煖衣足食通部內分中部十小部落三百附基尼伯河新建會城名奥吉士大其官有四等首領一人副領七人巡按十二人贊議數十人其總制巡按議處皆以三十歲爲例由民公選各官皆以每年正月初禮

拜之第三日會議其副總制七人于巡按議處內公選總制每年俸銀千五百圓出缺則巡按之首署理除副總制外別有一善書助之軍務則總兵官保障封疆每歲總制與巡按及議處同會議省律法在必行其行之必至上始又省內有一正察院其餘分處各方通省各員所用之項共計銀二十萬圓爲率書院兩所別有大學公堂乃儒者苦攻聖文之所其鄉中學館共三十間此外童蒙之館各處皆有每人歲捐銀二錢八分送交首事而已別有聖教會所其有

五百餘每所內約六人至十人不等內一師于每禮拜日升堂宣訓每年束脩銀六百圓至千圓不等別有仁會數處以濟鰥寡孤獨疾病之人今補

紐含社部東界緬西界洼門南界馬沙朱碩士北界英吉利所轄新地城內峯巒層疊其最高之洼申頓山六百餘丈其河俱由外部落山澗發源入境湖澤最鉅者爲尼比西阿尼湖長二三十里廣十里狹二三里近渚遙山螺翠掩映淪漣澄漪娛懷蕩目始麻臣俄尼上二人於千六百二十三年明天啟三年懇出那洼博士茂兩處旋與馬沙朱碩士并一部落千六百七十九年康熙十八年復各分治旋歸附彌利堅國設總領及岡色爾官均千一年更易領小部落二十一幅員九千四百九十方里戶二十六萬九千三百二十八口俗奉加特力教波羅特士頓教設書館千六百所技藝館三十五所湖澤多魚民業漁販邇來澤國亦漸聲教土產洋參冰糖銅鐵鉛木牛馬豕原本

美理哥國志畧初明萬歷四十三年英吉利人始得新韓賽之地迨天啟三年許其自立爲政後數十年

土人皆將其地與馬沙諸些合爲一部而不自專及乾隆六年間則自立爲一部改稱新韓賽東接緬部北接于那大部西接華滿部南接馬沙諸些部東南界洋海南界南極出地四十二度四十一分北界北極出地四十五度一十一分西界隔中線東四度三十分東界隔中線東六度其地斜衺不正廣如浙江省四分之一自北而南羣峯秀峙山路崎嶇其北山高者六七百丈南山次之亦二三百丈惟北最高之峯積雪四時皓然呼曰白山山險嶺峻爲通國之最

近北有小湖南注干尼底吉大河與華滿部交界又
有大湖通貫美理麥大河南過馬沙諸些復轉入東
洋尚有各小河湖在外天時略暖于緬部土氣清和
故民多壽越百年而逝者八十有三人木最高者二
十丈厚徑七尺圍二丈有餘山內多鐵礦且多人參
農皆立會彼此相助以廣耕種工匠不可勝數其紡
織之所約六十間織呢絨之所三十二間亦有以人
力獸力而磨五穀之房共六百有九間以水輪鋸木
之房共九百五十二間每間用一二人掌之其水力
可抵百八橋梁共計二十有五其貿易罕商他國惟
賈本都道光十年民戶二十六萬九千五百三十三
口百年以前不過萬二千有奇而已地分部八小部
二百二十其波予某府城附近東洋海艘所滙港口
爲二十六部之冠隆冬不氷波濤不險最大之洋艘
皆可進口故國中兵船于此灣泊別有造船廠一所
礮臺二座部東瀕海有一河名庇士駕木瓜有二橋
一長四十八丈一長百七十五丈會城在美理麥河
畔名曰公哥突城戶口四千房屋稀少惟有一石監

長七丈濶三丈六尺高丈四尺監中五六十人工作
其中各官員與緬部同各鄉學館千六百間府學館
三十五間會城內有一大書院院內爲師者十位肄
業者約二百人教會共有五百餘每會建一禮拜堂
每會約有八九百人掌教者一人而已仁會亦同今補
〔洼門〕部東界紐含社西界紐育南界馬沙朱碩士北
界英國屬地境內多地其最高之曼士非爾山高四
百餘丈滚特底格河由洼門發源而達袞特底格入
海古勒連湖廣六百方里始由英吉利人居馬沙朱
碩士者首墾其地六年後佛蘭西人亦至千七百九
十一者乾隆五十六年郎歸附於彌利堅以滿比厘同爲首
區設立總領一副統領一並有立法衙門行法衙門
其逐年更易薦舉之方與紐含社同領小部落二十
五幅員一萬方里戶二十八萬六百五十口俗奉加
特力教波羅特士頓教設書館千六百一十二所並
有技藝館醫館一切費用定例每一小部供給三月
周而復始產鐵器布疋棉紗麤呢牲畜每年計鐵器
銀七萬五千員布百五十忽棉紗十一萬二十棒原本

美理哥國志畧萬歷元年法蘭西人由干那大地尋至華滿迨雍正二年英吉利人托足于馬沙諸些省由漸而據之乾隆年間別創華滿部東接于尼底吉河南北交界之度數與新韓賽同西接新約基部之汕玭連大湖其內地較新韓賽略廣南山連峯而北至會城分而爲二環抱左右内多杉木老葉未殘新葉又發時人呼日綠山即譯名華滿也其中瀑布有流入于尼底吉大河者有流入西之汕玭連大湖者其湖南北長四五百里東西濶幾十里洋艘數十可

航更有聯杉木爲筏販運他鄉惟冬寒湖凍舟不往來北界有湖名曰緬法喇美哥長百里廣十里又百里外有小湖水入之嘉慶年間夏月有人在大小湖之間建一麪房欲决水磨麥水忽漲發泛溢百里之內廬舍皆没湖亦不存天時土產民俗皆同新韓賽但山上冬春皆有積雪山中產鉛銅鐵錫而鐵尤旺又產皂礬每年不下萬餘石內分部十三小部二百四十五居民則二十八萬零六百七十九口會城在部中央名曰滿玭理首領副領理刑官各一御史十

有三書院教會等皆同新韓賽惟各官會議之期不以正月而以十月今補

馬沙朱碩斯部東界阿蘭底海南界衮特底格律愛倫西界紐育北界紐含社洼門地崎嶇多大山千六百二十年明泰昌元年英吉利人向奉加特力教者以犯英國新例逃至勃士茂闢地而居旋墾至洼治尼阿與土人不睦移墾馬沙朱碩士生齒日盛千六百九十二年康熙三十一年復歸英吉利國管轄及各部落怨叛自立遂亦翕然背英而附彌利堅設立總領一副總

領二并立法行法判事衙門每歲更易如例其推舉人之人須居部內一年曾輸納丁糧方能舉人判事之官即由統領率同岡色爾選擇定例亦是一年一更如果孚衆亦有再續一二年者綜計幅員七千百方里戶六十一萬零四百口領小部落二十有九以麼士頓爲首區俗奉波羅特士頓教加特力教書館二千三百九十七所費用亦各小部輪給土產鉛鐵白礬一板楪炭大呢布疋魚油鹹魚約值銀四百六十七萬二千七百四十餘員布疋共七千九百二十

萬一千碼。每碼計華尺二尺四寸地雖崎嶇。而道路橋梁寬大平坦。行旅無滯。原本

美理哥國志畧曰。曩者英吉利人初至馬沙諸些。名其地曰新英吉利。後分其地爲六。曰緬。曰新韓賽。曰華滿。曰馬沙諸些。曰干尼底吉。曰羅底島。而馬沙些些東瀕大海。近海之地陂陀稍平。近西則高山峻嶺。與華滿無異。又有干尼底吉河由北之新韓賽華滿交界流過是地。而入干尼底吉。其河流在西境。僅居地之一。東境則居其地之二矣。東北角又有美里麥

河及四方各小河港汊紛岐。島嶼亦衆。大者曰南得吉島。天時頗和暖。因其地遠于北而漸近赤道也。每年春夏之際。始雪。故至四月春晴。雪散。萬物始繁。地氣如中國之江浙。民罕疾癘。山產金銀鉛銅鐵錫。甚少。而草木五穀菓實禽獸皆多。于新韓賽華滿兩部業耕牧者。十居七八。爲二十六部之最。近年樹桑養蠶日盛。工作之所二百五十閒。織布呢絨玻璃器及鉛銅錢錫各器。魚船共萬一千一百六十隻。惟得魚棄其肉而取其油。每年得貲不下數百萬圓。貿易亦多。然在二十六部。則居其次。內分大部十四。小部三百有五。居民六十一萬零十四口。會城附東曰波士頓。然二十六部皆無城。故波士頓亦無也。城中房屋或磚或石。有高至四五層者。有一會議之館。高二十丈。中有華盛頓石刻之像。客旅寓館甚多。大者高五層。內房百八十間。時人稱曰三山客寓。又其市所冠于二十六部。樓高二層。廣長五十三丈六尺。有左右街。左街有六丈五尺。右街有十丈二尺。其市所名曰法內離阿。內外四面皆通。百貨闐溢。任求皆獲。城內

常留餘地廣百畝。圍以闌干。外環樹木。馬牛不容踐踏。故人煙雖極稠密。而地氣得以疏通。城中文學最盛。書樓數所。內一樓藏書二萬五千本。各樓共藏公書約七八萬本。官吏士子皆可就觀。惟不能攜歸而已。通城學館每年用銀五六萬圓。濟窮養疾之院亦如之。海內商船火船甚衆。陸地之車用馬四匹或五六匹。或一二匹。日行六七百里。其外更有火車。惟以火力旋輪。日可行千餘里。城外市鎮亦多大書院。共六所。內一所自始建迄今已歷二百年。爲二十六部

書院之首內爲師者三十五人，受業者三四百人，藏書四萬本。今補

〔律愛倫部〕東北俱界馬沙朱碩士，西界衮特底格，南界阿蘭底海。幅員千二百二十五方里，戶九萬七千一百九十九口。土不惡劣，而寒冽不宜種植，多捕魚貿易爲生。始有馬沙朱碩士之羅查威廉者遷謫此地。千六百三十六年，明崇禎九年。鳩衆開墾。至千六百六十三年，康熙二年。創築部落，始屬英國，後歸彌利堅國。領小部落七，以波羅威頓士爲首區。設正總領一人，副

總領一人，會議公署一所，每季會議一次。設書館三百二十三所，肄業學童萬有七千。俗奉波羅特士頓教、加特力教。產鐵、煤、石板。原本

〔美理哥國志畧〕曰：明崇禎九年，有馬沙諸些人初至羅底島，乾隆五十五年，則自立一部，爲二十六部中之最小。東北界連馬沙諸些，南接壓瀾的洋，西接千尼底吉。內分中部五，小部落三十有一。其幅員僅如粵東之南洋番禺二縣，居民九萬七千二百一十二口。平原無高山，近城河畔有島，故人呼曰島部。所謂

羅底島者，即譯名島部也。島上有小樓，高十餘丈。樓上小房四圍玻璃，每夜然燈數十，光與水映，俾夜行海艘不致觸島沉礁。此皆國中首領及富戶捐貲所設。各部濱海者無不有之。地氣又畧煖于馬沙諸些。會城名曾羅費典，在部之東北，與馬沙諸些相近。城南海港通岸，艘名曰新灣。其貿易多販運出洋，故其人戶雖不及馬沙諸些之多，而貿易工作竟能與馬沙諸些相毗。惟棉布更勝之。又部內地平無高山瀑布，不能借水磨穀，每于海傍曠地建樓高六七丈，上

置風車，借風動輪而磨其穀。其境既小，各官往來會議不難，故每年三四次不等。今補

〔衮特底格部〕東界律愛倫，西界紐育，南界海，北界馬沙朱碩士。幅員七千七百六十四方里，戶二十九萬七千六百七十五口。西多大山，河最長者衮特底格河，由緬地發源，經本部落五十里，至紐蘭頓而注之海。土雖不沃，種植尚易。近已栽桑畜蠶，溯其開址之始，一爲馬沙朱碩士人墾出赤活之地，一爲英吉利人墾出紐蘭汾之地。千六百六十二年，康熙元年。皆歸英

國管轄遂并合爲一千八百一十八年嘉慶二十三年始歸于彌利堅國設立正總領一副總領一總會公署一所更代推舉如前例領小部落十有三以紐含汾爲首區俗奉加特力教波羅特士頓教書館甚多肄業學童八萬四千歲費銀百有九十三萬員尚有醫館律例館不在此數土產牛馬羊騾銅鐵石板魚油鹹魚原本

美理哥國志畧曰明崇禎六年馬沙朱些人始至干尼底吉寄居其後漸次開闢皆屬馬沙諸些道十二

年然後自立一部名之曰干尼底吉北界馬沙諸些東連羅底島西連新約基南濱海其方域有如中國直隸省十分之一內有五山高者七十餘丈餘多平地小河各處皆有大者名干尼底吉河徑新韓賽華滿馬沙諸些三地而後入干尼底吉注于海南有大港口水不生波而且迴環西注而歷地獄門其地狹隘江流旋繞小舟難渡故土人稱爲地獄門云出新約基也沿河土地膏腴近南尤和暖百產皆有惟無人參居民以其地腴故尤加意耕種工作制造之物布棉蔴布疋大小呢紙鐵器等物又一地每年作木時辰鐘三萬件每件價約銀六圓至十圓不等餘物出販無多故洋船亦少分中部落八小部落百有二十居民二十九萬七千七百十一口會城有二一日哈得富耳一日新港某哈得富耳在部中附于尼底吉河其新港在境南瀕海通共教會共四五百每會於禮拜日約千數百人登堂聽教其學館爲二十六部之最於新港會城之內大書院有四其一例學四年然後隨意學于三所三所內一學聖文一學醫道二學國中律例規條四所

爲師者共二十人受業者四五百人于哈得富耳城內一大書院名曰華盛頓其外教啞與聾者一院中有百數十人所學之法皆以手指其後二十六部皆倣此焉今補

紐育部東界注門馬沙朱碩土委特底格南界賓而爾注尼阿紐惹西西北皆界英國新地幅員四萬五千六百五十八方里戶百九十一萬八千六百口域內多山地亦平曠山以朗咨峯爲最高約三百餘丈河以亦臣河爲最要長三百二十五里此外河湖盡

通舟楫始蘭頓之人於千六百九年（明萬歷三十七年）開闢紐育千六百六十四年（康熙三年）設官治理迨各部背英而紐育亦於千七百七十五年（乾隆四十年）歸附彌利堅國英國以紐育本我自墾之地不甘遽棄故興師報復大受荼毒領小部落二十有四以紐育為首區設立正總領一人副總領一人均由人民公舉其立法之官一曰西業一曰阿新墨里西業四年一易阿新墨里一年一易其審判訟獄者又分大小即由西業選充如大者果能供職至六十歲始更易小者五年

卽更其推舉必須白人年逾二十居本部經一年者方能出書薦人否則不得預也俗奉加特力教波羅特士頓教文學日盛書館萬有一百三十二所學童五十四萬一千四百費用銀四十一萬九千八百七十八員尚有各技藝館不在此數先濬運河費官銀千餘萬員其通各部車路多鐵鑄成費亦不貲土產銅鐵鉛鹽牛馬豕羊疋頭玻璨等類計每年工作之物約值銀六千餘萬員未成器皿亦值銀四千餘萬員各家造織粗呢等物亦值銀二百餘萬員（原本）

美理哥國志畧曰明嘉靖二十四年伊大里人始至新約基寄居為荷蘭服役其時地屬荷蘭故稱之曰新荷蘭迨後順治年間英吉利人逐荷蘭而奪有其地英國王分封其昆弟名約者主之與荷蘭人戰爭終為英吉利所得名之曰新約基其疆域有如中國之福建省地形三角惟東南角為海島東界于底尼吉馬沙諸些華滿等三部東北角直至西南角皆連干那大地南接邊西耳文新遮些二部土地高下不一惟東多峻嶺大者名亞罷拉既俺山河不勝數大

者名洒得遜河自北流出千里入海河濶三四里來往洋船可納于半河有瀦瀑布之湖名曰畜治又西北之湖有二一名晏爹利珂一名伊里其二湖之界半屬部境晏爹利珂湖比于中華之鄱陽湖尤大其水出而西流其瀑布自上而下高十六丈聲聞數十里其地自南而北千百餘里故北之寒甚于南每冬春之月河冰可行車水有可作鹽有可作藥者惟作鹽更佳每年約賣數十擔民耕種者居四之三以地為田者居四之一又部中首領欲人設農圃會故每

部立一會首領每年共送銀一萬員其貿易爲二十六部之最土產出賣每年共銀二千三百餘萬員進口之貨變價約銀三四千萬各行工作會所約二百每年賣出棉布約三百萬嗶嘰約三百萬鐵器約四百萬帽約三百萬熟皮約三百萬所作之靴鞋約共五百萬所作之白紙約共五十萬玻璃約二十萬其運貨河有火船陸有火車若速行每點鐘可五六十里慢行每點鐘可三四十里內分中部五十六小部七百六十二居民百九十一萬三千五百零八口會城亦名新約基在東南活得遜河口之東于二十六部城池形勢當推此城爲首城南港口可納洋船每月數百艘皆可駛至城下城外更有各市鎮逾河而北數百里一鎮名阿爾巴尼一鎮名推來者是也部內總制等官皆以二年爲一任二年後復選議處三十二人分四班每班四年爲一任首班任滿則二班升爲首班別選八人爲四班周而復始參議百二十八人每年一任會議以正月爲期按察院之大者有四一內巡撫一員議處三十一員正按察一員副按

察三員每事皆會審定議一內按察一員省內各事皆專自辦理一內按察三員每事商辦一通部分爲八巡道每道一按察院所有道內各事皆自查辦其外州縣司等小察院亦有四每年大小學館費銀約一二百萬圓國中有一演武館在省內活得遜河傍地名西角內爲師者三十八學習者二百五十餘人學力鎗礮械軍器今補

紐慈西部東界海南界地那洼西界賓西爾洼北界紐育幅員七千二百七十六方里戶三十二萬八百二十三口北多大山而平地多沃衍有巴沙益河總受各水滙成深潭澄泓涵演怡人遊眺其初開地者一爲綏林之人首墾南隅沙臨之地嗣有荷蘭人開闢東北千七百二年康熙四十一年始歸英吉利管轄迨各部落叛英吉利遂即率衆歸附于彌利堅國領小部落十有八以特連頓爲首區設立總領及立法之岡色爾並總會公署一所均由民人公舉其審判訟獄者即由總領等選充上等者七年一更次等五年一更國人須年逾二十曾納丁糧者方准出書薦人若

婦人黑人皆不得預俗奉加特力教波羅特士頓教禁販人口近來文學亦有起色產鐵白鉛石板疋頭等類車路亦皆治鐵為之（原本）

美理哥國志畧曰明天啟四年間大尼國人始至新遮些寄寓其後英吉利荷蘭瑞典等國人漸至其後英吉利盡逐各國自立一部近始歸美理哥其地延袤比浙江五分之一東南瀕海北接新約基西接邊西耳文內分中部十三小部百二十居民二十二萬七百六十九口西南有底拉華小港通海東界海皆

沙漠無山惟近西有小山其東沙漠之地夏令炎熱倍于他方由東而西地漸高則炎熱漸減地土不美耕種無多工作貿易則勝別部會城名鐵鏈遁其城近于底拉華（今補）

賓西洼尼阿部東界紐若西南界馬里蘭洼治尼阿西界阿西阿北界紐育幅員四萬七千方里戶百有三十四萬八千二百口城內有墨魯山高百餘丈此外大山尚多未及測量河澤雖多不甚長廣如底臘洼河最鉅亦僅長三十餘丈其初開地者本緩林之

人至千六百八十二年（康熙二十一年）為英吉利將官威廉邊所據千七百九十年（乾隆五十五年）始歸附于彌利堅國領小部落二十有七以哈里士麥為首區設總領一人并總會公署一所內有西業里勃里先特底甫兩官贊襄諸事均由人民公舉三年一更如各部例先日文學迂劣千八百三十六年（道光十六年）漸見起色俗奉加特力教波羅特士頓教土產鐵煤鹽馬牛羊磁器布疋大呢玻璨苧蔴等五穀尤豐亦有鐵路可通近部（原本）

美理哥國志畧曰邊西耳文之始原康熙十九年我國未立首領之際尚屬英吉利于是有英吉利人姓邊者其父曾為水師大將征伐捕盜有勳勞于國故以其地封其子至康熙二十年有船三隻至二十一年又有邊船自至其時尚未有歐羅巴人至此土曠人希故邊向土人買此野地今名之曰邊西耳文譯云邊之林野也東接連新遮些省東北接連新約基西北直接伊里湖正西界阿嘻阿費治彌亞二地南界連費治彌亞馬里蘭底拉華等三地較之浙江畧

廣有押罷拉既俺山自東北至西南濶數千里高三四百丈城不瀕海惟西北有伊里大湖東有新遮些交界之底拉華河其河水出而下注至省城之底拉華大灣是故洋船常至城外又押罷拉既俺山有濕布下蘇貴哈那大河由此而南注馬理蘭部境東不暑不寒與新遮些無異惟城外峻嶺則寒較勝然過此以往至西則又和暖地土肥瘠則東勝于西山中多樹木禽獸而煤更盛甲于諸部土人每常掘地四五十丈取水作鹽亦有水可作藥者耕種不甚加意

以其地太廣也五穀以麥爲多果實以桃梨蘋果爲盛工作則有呢絨布疋玻瓈鐵器木器各等又有作煙櫃之所其煙櫃在車則云火輪車在船則曰火輪船此皆賴水烝之力旋轉而行部內分爲二巡道五十一中部五十一小部居民百三十四萬七千六百七十二口城介底拉華灣底拉華河之間名曰費拉地費至海約四五百里城居底拉華河之西四圍皆九里十里方平街衢廣五丈至十一丈無曲道小巷省西有小河河四十里外之上流清如瀑布干此有

水車渡其水上進至一小山山上有池池外有大鉛管貫入而復渡其水出也其鉛管斜下透入城中地底如中華之溝渠由是各家地下皆有鉛管引水各街地下亦有鉛管分流也又街中家家各監一管以截其水管上有一扭準如欲放水則扭出其準欲止其水則扭入其準故炎夏洗街家中用水皆于此管焉其管或鉛或瓦爲之非比地下之必以鉛爲也省城內有一博物院廣聚天下出類拔萃之人官員每年以十一月會議餘與馬沙諸些無異大書院有七

每院爲師者三四人從學者一二百人鄉中學館在前時無多今士人合議各人捐輸竟有一人樂助銀二萬者餘亦捐題不少教會遂多至八九百所焉今補

地那洼部東界海西南皆界馬里蘭北界賓西爾洼尼阿幅員二千一百二十方里戶七萬六千七百四十八口地勢平蕪南多潮濕河渠不多其大者墨蘭地溫河不與他國貿易惟與近部舟貨往來千六百二十七年明崇禎七年始有綏林之人開闢其地千六百六十四年康熙三年歸於英國千八百三十年道光十年始附

于彌利堅國領小部落六以那洼爲首區設總領一八四年一易薦舉如前例書館百有三十三所需費銀十八萬員俗奉加特力教波羅特士頓教土產大呢布疋鐵器等原本

〔美理哥國志畧〕曰明萬歷年間瑞典王遣使渡海至新瑞典地後順治九年爲荷蘭人所奪至康熙間復爲英吉利人轉奪改名曰底拉華于二十六部內羅底島極小而底拉華次之僅當浙江省二十分之一東與洋底拉華灣等分界北與邊西耳文爲界西南

接馬理蘭內分爲三中部二十四小部居民七萬六千七百三十九口水路通海通底拉華灣并有數小河交滙其運河長六十里廣十丈深一丈有山不高地則西北爲佳東南時虞漲潦土既不美耕種者稀工作貿易亦然境內一城名曰多發官員學館教會皆與邊西耳文無異惟大學未有建設緣始與邊西耳文本爲一部後分爲二故士人之規模動靜皆大同小異今補

〔馬里蘭部〕東界地那洼海西南俱界洼治尼阿北界賓西爾洼尼阿幅員萬有三千六百方里戶四十四萬七千四百口地多大山平壤頗沃河道四達故海舶貿易甚大其初英國律官白麻爾底摩者領衆二百至此開墾父子相繼千六百三十三年明崇禎六年値馬里阿女王時告戒遂以王之名而名其地曰馬里蘭迨各部落叛英以後馬里蘭亦歸附于彌利堅國領小部落十有四以阿那波里爲首區設總領公署一所薦舉更代如前例各部書館費用銀五萬員文學漸起俗奉加特力教波羅特士頓教產銅鐵磁器

石板麥粟魚油鹹魚大呢布疋原本

〔美理哥國志畧〕曰明萬歷年間英吉利人奏准女王請往美利哥闢地遂領二百人置買此地名曰馬理蘭馬理者王后也蘭者地也葢言王后之地也海口在底拉華之東邊西耳文在北費治彌亞在西南內分二路十九中部落居民四十四萬六千九百十三口東接大洋中貫遮士壁灣北連蘇貴哈那河西連頗多麥河東南瀕海地廣無山西北峻嶺高三百丈海濱甚暑近山甚寒東南土宜五穀果木工作則有

鐵器牙器玻瓈紙料等會城有二一名覇地磨耳一名安那城書院有四公貯書數百卷境域當浙江四分之一美利哥國都半在部西半在費治彌亞周四十里名曰華盛頓初未立都城時與英吉利爭戰以華盛頓爲帥得勝故以其名名都城今爲二十六部之公地故各官亦公同理事于其中今補

窪治尼阿部東界馬里蘭海南界北戈羅里西界根特機阿希阿北界馬里蘭及賓西爾洼尼阿幅員七萬方里戸百二十一萬一千四百口地多大山其高

者有波威爾士山四百餘丈河渠甚多最長之波多墨河長三百六十里商賈所滙也初英國依里薩栢女王時有英人在占士開墾告成千七百七十六年乾隆四十一年即自立爲一部歸附于彌利堅國領小部落五十有三以里治滿爲首區設總會公署一所薦舉更代如前例書館百所學童萬七千餘口歲費銀四萬五千員此外各部尚有大書館大書院及技藝等館俗奉加特力教波羅特士頓教產金鐵銅鉛煤鹽麥粟煙葉棉花等部落庫中常貯銀三百萬員備各欵經費原本

美理哥國志畧曰明萬歷三十四年英吉利占士王時有人至美利哥開一新地立其埠即以王占士之名名之然地開闢人煙稀少鳥獸交錯廬舍荒蕪迨後分茅列士之際始名曰費治彌亞譯云貞女意以頌讚女王也東瀕海東北接馬里蘭北接邊西耳文西邊呵嘻阿建大基二部南連典尼西駕羅連二部二十六部疆域此爲最廣有如貴州省焉省北有押罷拉既俺山横亘邊西耳文部斜抵西南有羅晏屋

河占士河頗多麥河呵嘻阿沙河其外尚有數小河境東瀕海無膏腴惟沿河皆沃土境內之山有一橋浮石生成非由人力橋底離水二十丈橋濶數丈傍多樹木掩映又有一石洞口僅容人而內深一里許內有數石人不知制自何代時人呼曰龍洞地廣務耕種多稻穀果實貿易亦衆內分爲二路又分中部落百有三居民百二十一萬一千二百七十二口會城近東沿河名里是滿今補

南戈羅里部東界海西南俱界若治阿北界北戈羅

里幅員三萬三千方里，戶五十八萬一千二百八十口。境內僅有特墨爾山，高有四百餘丈，餘俱崎嶁，林木叢茂。初英國律官曰格拉領頓者，與依爾額蘭威爾里等奉渣爾士王之命，於千六百六十三年（康熙二年）墾此，即以國王之名而名其地，曰渣爾士頓。嗣與臘里開墾之地亦經告成，總名曰戈羅里。地方遼濶，旋分南北兩部。千六百八十年（康熙十九年），英國續遣落機至此，又將南戈羅里再分兩部落，設官治理，不洽人心。千七百一十九年（康熙五十八年），并歸爲一。迨千七百九

十年（乾隆五十五年），亦背英而歸彌利堅國，領小部落十有九，以果攬彌阿爲首區，計幅員三萬三千方里，戶五十八萬一千一百八十口，設正副總領各一人，並總會公署一所，薦舉更代如前例。書館八百一十七所，學僮八千三百九十人，歲費銀三萬七千員，俸奉加特力教、波羅特士頓教，產鐵、棉花、苧麻、絲髮、穀、稻等。河渠不甚長遠，有鐵路通鄰部。（原本）

《美理哥國志略》曰：康熙五十九年，駕羅連之南始有人托足。後康熙六十年，立一城，曰查士頓，原與北駕羅連爲一。迨雍正七年，始分疆爲二，號南駕羅連。東南濱海，北接北駕羅連，西南接磋治亞，地當中國浙江省四分之一，皆平地，無高山，由東南而西北，則地漸高，故北有珧底大河，貫境而注東南洋。又有散底河，貫境而至南洋。西北交界有郅番亞河，亦斜入西而注南洋海中。自東而西多島，其中參天材木不可勝數。故部內火輪船皆在島內往來，不致遭外洋之風浪。東南多煙瘴，歲中常暑熱，冬至不過稍寒數日。霜雪旋落旋消。西北地漸高，天氣亦漸適中。東南瀕

海一二百里皆膏沃，多松橙。三百里外則沙漠無際，漸進而高，直抵西北，則又勝乎東南，與駕羅連北部相同。地多產金，不可勝用。貿易以棉花、穀米爲最盛。境內無販貨之船，皆鄰部之船載運出境。內地分爲中部二十九，居民五十八萬千四百五十八口。東方查士頓城最大，瀕海。此外別無大城。會城名個倫備亞。其官員與駕羅連北部無異，惟北部無副領，此則多一副領，亦並無職事，惟遇首領缺出，則補其缺。教會約一千三百，大書院二所。（今補）

北戈羅里阿部東界海南界南戈羅里西界地尼栖北界淮治尼阿幅員五萬方里戶七十三萬七千九百口墨會山亦有在境內者最高之峯五百餘丈此外大山尚多林木叢茂河港岐分最長之羅阿若河由淮治尼阿發源四百里始英國之臘里懇此與格拉領頓所墾之查爾士頓即今南哥羅里拏內小部落等處告成遂合爲一曰戈羅里與淮治尼阿毗連故有謂戈羅里之北即淮治尼阿至千七百二十年康熙五十九年分疆設吏始各有其地遂分戈羅里爲南北兩部甫分五

十六年即背英而歸附彌利堅國領小部落一十以臘里爲首區設立總領闽色爾等官掌理政事設總會公署一所及書館技藝館俗奉加特力教波羅特士頓教產金鐵木料粟麥洋藍布棉花苧蔴工作器皿原本

美理哥國志畧曰明萬歷十二年英吉利人始至北駕羅連而得其地以費治彌亞爲鄰西以典尼西爲界南接駕羅連東南濱海方域比中國浙江略廣東南地平無嶺惟西北有押罷拉既俺山時人或呼之曰藍山或呼之曰鐵山又呼爲煙山皆以其山所有稱之也省東北有晏羅屋磋灣上河其源自費治彌亞而入過東南而注於海東則有大河及奈士東南有呷非耳河有壓僆涧源委皆在境內其入海處激沙成洲由是分流於班利哥亞皮蔴祿二灣境內地氣惟西爲美東多烟瘴土產黃金故掘地與淘沙者二萬餘人計每年之金變價約銀五百餘萬其木多松居民以松香爲油耕種甚寡植物粟米爲最麥棉煙葉次之人參亦間有之貨罕販運出洋因洋船少

也分中部六十二居民七十三萬八千四百七十口會城沿奈土河名喇理首領一員參辦七員議處十數員參處數十員書院僅一所今補

若治阿部東界南戈羅里南界佛羅里達西界阿那麻馬北界地尼西地卑濕又復多山墨會峯在境內者約四百餘丈扎達湖支河由境內發源而達佛羅里達入海長五百里此外小河尚多初英國若治阿二世王時聞南戈羅里有因底阿大呂宋與彌利堅新墾之地故於千七百三十二年雍正十年遣將率兵並

徒國中貧民。至此墾邊。遂以國王之名。而名其部曰若治阿。有大呂宋人在佛羅里阿者。設兵拒之。至千七百九十八年。（嘉慶三年）始歸附於彌利堅國。初尚與阿那麻馬彌斯栖比之西邊小部、總爲一區。至千八百二年。（嘉慶七年）始畫出疆界。領小部落二十有八、幅員六萬二千方里。戶五十一萬六千八百二十口。俗奉加特力教。波羅特士頓教。設總領西業里勃里、先特底甫等官。薦舉章程。均與戈羅里相同。各書館歲用銀萬八千七百員。產金鐵棉花稻穀木料木器。（原本）

美理哥國志略曰。濱海之部。以磋治亞部爲盡。自雍正十年。始有英吉利百餘人寄居于此。立一城。曰。卽番亞迫。雍正十三年。有瑞典與荷蘭二國人至。其時境南有費羅里大地。原屬西班雅。其居人見有英吉利瑞典荷蘭等國人至。遂與爭鋒。干戈數載始息。乾隆十八年。復有英吉利人至。始稱爲磋治亞部。東南抵海。東北界南傌羅連。北接典尼西。西連亞喇罷麻。南連費羅里。大方域如中國直隸省焉。北之押罷拉旣俺山。至此而止。又有數河斜下東南洋。東北有卽

番亞河。附城有阿結治河。又有亞拉達麻哈河。皆注南洋。地土氣候。皆與駕羅連南部無異。北有石洞。其洞口高數丈。下有水。時人每用小舟浮入。至十五里之深。則有瀑布飛下。不知其源從何而始。不可復進矣。貿易耕種。皆與南駕羅連相同。穀產棉花穀米烟葉等。省內分爲七十六中部。居民五十一萬六千五百六十七口。城之最大者。附近卽番亞河。卽以河名其城。會城則建于中央。名靡理治。教會三百餘。大書院一所。各鄉小學館百所。土人有二族。其始不諳工

作耕種政教。近則延師往教。多文墨之人矣。初費羅里大地廣人稀。邑多土蠻。嘉慶年間。歐羅巴人與西班雅人爭戰。有美理哥貨船爲西班雅人所刼。國中總領知之。起兵反討于西班雅王。王見我國理直。惟貨已難返。遂以費羅里大地償之。是以斯地屬美理哥。此乃道光十年事也。（今補。西班雅卽是班牙。皆呂宋之別稱也。）

阿希阿部。東界賓西爾洼尼阿。南界洼治尼阿。地尼西。西界因地阿那。北界彌治顔依里湖。地勢高阜。少大山。多河渠。最長之模士經岩河。亦不過二百里。千

七百八十八年（乾隆五十三年）有西北方人始至阿希阿之麻里達開墾至千八百年（嘉慶五年）告成設官兩載即歸附于彌利堅國領小部落三十有四以戈攬模士爲首區幅員四萬五千方里戸九十三萬七千九百口俗奉加特力教波羅特士頓教設總領等官如前例書館二十間經費由公田撥出產鐵煤鹽石板粟煙葉稻穀蔴牛馬玻瓈棉花等有河道可達港口陸地有鐵車路以達鄰部（原本）

【彌治顏部】地分二區中隔彌治顏休倫兩湖交滙之水其湖北一區東界英吉利屬地南抵彌治顏湖西界威士衮申北抵蘇比厘阿湖有波古派大山高二百丈域內河皆北流注蘇比里阿湖僅東隅之仙馬里有土番八百八居之餘俱荒曠地廣人稀彌利堅亦俾有皮草公司與土番貿易雖設墨臘底礟臺尚無人流寓其湖南一區東北俱界英屬地方並休倫湖依里湖西抵彌治顏湖南界阿希阿因底阿那三面包湖惟南面平陸沙土疏衍隨地可種有先左色付河長二百里通舟楫其不通河者即有鐵車路鄰

部通衢故城邑俱建在南區而北區則尚無城邑也彌治顏湖廣約八十里至百里長約三百六十里始佛蘭西人於千七百年（康熙三十九年）墾其地先築底特律部落即今首區也迨各處開闢已成於千七百六十三年（乾隆二十八年）爲英國所奪設達厘多里至千八百三十五年（道光十五年）始附于彌利堅國領小部落三十有九幅員五萬六千方里戸八萬七千二百七十口俗奉波羅特士頓教設立正副總領二年一易判事之人七年一易薦舉如各部之例惟不拘何人均可出書推薦與各部不同又新闢之地未詳土產（原本）

【根特機部】東界洼治尼阿西界依里內士彌梭里南界地尼栖北界因底阿那阿希阿厥田惟中中少大山有河道通各部其最長之甘麻蘭河六百里本因底阿土人遊獵之所時相爭鬥千七百六十七年（乾隆三十二年）有洼治尼阿北戈羅里兩處獵戸至此遊獵始引白人數十家遷居於此繈負相望人烟日盛千七百九十三年（康熙五十七年）遂歸附于彌利堅國領小部落三十有七以佛郎賀爲首區幅員四萬五百方里戸

六十八萬七千九百口俗奉加特力教波羅特士頓教設立正副總領西業等皆四年一易里勃里先特底甫兩年一易判事之人即由總領選擇更易無定期雖有書館尚未籌撥經費產煤鐵鹽洋消麥苧蔴烟葉棉花工作等類原本

美理哥國志畧曰建大基部原屬費治彌亞乾隆三十有三載有單爺利蓬者徙居于此建一舍四圍皆木三十有八年至者漸衆立一邑名曰暇律士邑四十有四年與費治彌亞分茅列土不作附庸四十六

年則與鄰並立而屬美理哥國其地延袤與中國浙江無異地居二十六部中央東連費治彌亞東北則呵嘻阿西北則引底安伊理奈等西有美蘇里南有典尼西東有押羅拉旣俺山自東南連峯而入地土稍高瀑布流注或南或北或貫北而西往東北有阿嘻阿河自北而西注于美士細比河故又與呵嘻阿引底安伊理奈等部交界境內各河皆注于斯地居通國中央故寒暑均平土地膏腴五穀果木不可勝用亦有鐵鉛及煤水源之鹹者可以作鹽有一泉水可作藥用山中之穴甚多其大者上半載風從穴外而入下半載風從穴內而出竟不知風從何來亦不知穴之深淺曾有士人于上半載以窗門掩其風秉炬而入見其延袤高下不等入行一日過五十里猶不能盡乃返又經一日始出其穴內之廣可知矣農圃則禾蔴菽麥煙葉苦墨等惟麥甲于諸部不通洋船故貨物難運出外惟用火船在國內貿易而已分中部落八十三居民六十八萬八千八百四十四口其中城市鎮埠以異士鎮爲大呵嘻阿河爲商賈通

津其次則歷星頓鎮前此曾爲省會其中房屋工作貿易推爲最美會城在北介于界士歷星頓二鎮之中名法蘭富耳部內兵腿將勇官有首領議處參議等首領議處皆以四年爲一任參議幾十八每年一任期滿則由民別舉教會約四五百大學公堂五所各處小學館亦不甚多今補

佛羅里達部東西南俱界海北界若治阿平坦少高山上夾沙石卑濕異常仙贊士河自境內發源入阿蘭底海長二百里始大呂宋之般士底里晏於千五

百一十二年（明正德七年）墾此名其地曰佛羅里達至千五百六十五年（明嘉靖四十五年）建有歐吳士代部落下七百六十三年（明嘉靖六十三年）爲英人所奪甫二十年大呂宋旋復奪回於千八百二十年（嘉慶二十五年）遂將全區售與彌利堅國原居之人皆他適留此者漁戶農夫而已近年招復流移築室曰衆領小部落二十有五以達那哈西爲首區僅設議事處一所幅員共五萬五千方里戶三萬四千七百三十口尚未設定官府故不曰士迭而曰達厘多里猶華言不曰部落而曰地方也產玳瑁蜜蠟棗子橙石榴無花菓甘蔗棉花洋藍牛馬豕等又產里付和木最堅久（原本）

海國圖志卷六十三

外大西洋（北墨利加）

歐羅巴人原撰
侯官林則徐譯
邵陽魏源重輯

彌利堅國西路十一部（內有土番四部）

〔阿那麻馬部〕東界若治阿南界佛羅里達海西界彌斯栖北北界地尼西土饒沃豐物產境內多山不甚高有單麥米河長三百里陸有鐵車路可達鄰部運載絡繹舊與若治阿彌栖斯比同區至千八百二年（嘉慶七年）始分爲三部至千八百二十年（嘉慶二十五年）歸附于彌利堅國領小部落二十有六以都士加魯沙爲首區幅員五萬二千方里戶三十萬九千五百二十七口俗奉加特力教波羅特士頓教設總領并總會公署一所土產金鐵棉花甘蔗洋藍石板（原本）

〔美理哥國志畧〕曰亞喇罷麻部舊地半屬𡰪治亞半屬費羅里大迨道光元年然後合爲一部東界𡰪治亞北界典尼西西界美士細比南界費羅里大與美是哥海方域較之𡰪治亞又畧小焉北有押罷垃旣

俺山高約百餘丈亦有數河大者名亞喇罷麻河皆流注磨庇理灣而出海境內自南距北五度故南方夏暑北則稍有霜雪亦不甚寒故禽獸毋庸巢穴土產稻穀果實皆三月放花四五月成熟境內炎熱土人至夏常入山避暑所產松皆弱小稻穀多虛少實其外南近美是哥海並北近山者盡屬膏腴地曠人希獸蹄鳥跡交於野外農牧時防猛獸棉花爲盛次則甘蔗稻穀煙葉果實皆販至磨庇理灣而出海分中部落三十六居民三十萬零八千九百九十七口

別有土蠻數百官員則首領副領各一惟議處官多則五十少則二十五員會議以十月杪爲期會城建於磨庇理灣口因以爲名教會二百餘大書院惟二所今補

〈彌斯栖北部〉東界阿那麻馬南界雷栖阿那海西界阿干薩士雷栖阿那北界地尼西士饒林木茂惟少大山彌斯栖北河最長在境內卽有六百里陸地亦有鐵車路以通鄰部舊屬佛蘭西之雷栖阿那地千七百一十六年康熙五十五年曾建有那支土部落礮臺於

千七百六十三年乾隆二十八年爲英國所奪越二十年又爲大呂宋所奪與若治阿阿那麻馬同區嗣若佐治阿那麻馬自歸彌利堅國于是本部落亦遂全售與彌利堅聽其設官治理領小部落二十有五以熱循爲首區幅員四萬六千方里戶十三萬六千六百二十一口俗奉加特力教波羅特士頓教設立總領諸官及書館經費如前例舊產煙葉洋藍最盛近又棉花爲最原本

〈美理哥國志畧〉曰美士細比部始自康熙五十四年

法蘭西人初至寄居有西班雅人亦欲其地故二國相爭自此以爲公地後英吉利又與法蘭西相爭迨乾隆二十七年英吉利得之嘉慶二年始歸美理哥二十二年列爲一部東界亞喇罷麻北界典尼西西界美士細比河南抵累斯安比之中國直隸省畧小北有押罷拉既俺山至斯而止境北之土皆峻故北河之水有斜下注美士細比大河者有東下注亞喇罷麻者惟境內之河南注墨息哥海地氣寒暑與亞喇罷麻不異惟西無隄障時受美士細比河之渰漲

地極膏腴遠勝亞喇罷麻尤宜棉花貿易亦惟棉花
最盛分中部落二十六居民十三萬六千八百零六
口會城名查基遜城外附河名珠江人寡貿易少惟
西南方之那吉士城商賈雲集以其近美士紐比河
火船洋舶皆可販運之故（今補）
〔雷栖阿那部〕東界彌斯栖比西界墨西果國南界海
北界阿干薩士地卑濕少大山肥磽各半列河之源
長二千里經數部落始至本境而注之海其不通河
路者各有鐵車路以運貨始佛蘭西之人墾彌斯栖

比之西隅原屬雷栖阿那之地於千七百六十三年
（乾隆二十八年）均爲大吕宋人所奪千八百年（嘉慶五年）佛蘭西
人始復取回越三年即鬻與彌利堅國領小部落十
有九以紐哈連爲首區幅員五萬五千方里戶二萬
四千七百三十口設總領并總會公署一所大書館
甚多歲支銀萬五千員俗奉加特力教波羅特士頓
教產棉花甘蔗煙葉洋藍稻穀牛馬（原本）
〔美理哥國志畧〕曰康熙十一年法蘭西人至累斯安
地寄居十九年又隨有至者乾隆二十七年以其地

讓于西班雅王嘉慶四年西班雅王返其地七年美
理哥國總領議出銀千五百萬員與法蘭西王買之
後十六年立爲一部東界美士細比北界徛阿千騷
西界墨息哥德合師國南界墨息哥海（墨息哥國一作墨西科一
作墨是可）內地延袤與中國直隸省大同小異東南地平
西北峯小不峻多大河南有數海島地氣暑熱間有
煙瘴美士細比河水常漲溢漫及會城郎南方亦常
患潦棉花甘蔗之盛甲于二十六部一農夫可種甘
蔗十五畝得糖五千斤棉花價賤有風櫃可以去棉

子而取棉花每櫃能當數百人之工貿易則賴美士
細比河凡上游各部洋船皆雲集于斯分中部落三
十一居民二十一萬五千五百七十五口會城在東
南方離河口三百里名新珂涼土（今補）
〔因第阿那部〕東界阿希阿南界地尼栖西界依里內
土北界彌治顏土膏沃山巔亦堪播種茂樹木有注
麻時河長三百七十里陸有鐵車路可通各部始佛
蘭西人於千七百年（康熙三十九年）始開其地千七百六十
三年（乾隆二十八年）爲英國所奪嗣隨各部背英歸彌利堅

國原與依里內士同區千八百九年嘉慶十四年始分爲二領小部落三十有四以因地阿那波里士爲首區幅員三萬六千五百方里戶三十四萬三千三十口俗奉加特力教波羅特士頓教立正副總領及西業三年一易里勃里先特底甫一年一易判事之人毋論上等次等俱七年一易均由民人公舉書館經費由公田撥出產洋參煤鹽鐵牛馬粟芭蔴蜜臘烟原本

依里內士部東界因底阿那南界彌梭里地尼栖西界彌梭里北界威士袞申地勢平坦茂林木宜牲畜

彌斯栖比河長五百五十里始佛蘭西人於千七百年康熙三十九年先墾附近河岸地建築加河機阿加士機部落至千七百六十三年乾隆二十八年爲英人奪據與因底阿那同區千八百九年嘉慶十四年始分爲二千八百一十八年嘉慶二十三年亦附于彌利堅國領小部落二十有八以灣達里阿爲首區幅員五萬五千方里戶二十七萬二千四百二十口俗奉加特力教波羅特士頓教設立正副總領與各部一例產鹽煤鉛鐵銅芭蔴煙葉棉花石板麥稻穀其內地出產未能悉知原本

地尼西部原本有目無志今取美里哥國志中典尼西部補之

美理哥國志畧曰典尼西之始僅有駕羅連北部與費治彌亞等人至後生齒日繁嘉慶元年遂立爲一部東界駕羅連北境北界費治彌亞建大基二地西界美士細比河南界美士細比亞喇罷麻磋治亞三地東南長袤四面皆斜如浙江省東有峻嶺自北而南橫壓數百里與押罷拉既俺山相連河流相通地皆膏腴不寒不暑農圃之物除橙及無花果外餘皆茂盛工作則有鐵器棉夏布疋等其餘各物皆備部

內分爲二路又中部六十二居民六十八萬四千八百二十二口會城建于中央名那實城官有首領議處參議等教會二三百書院三所今補

阿干薩斯部東界彌斯栖比第尼栖南界雷西阿那西界因底阿北界彌梭里境內西隅有阿薩麻薩尼大山未悉里數彌斯西北河經境內四百里其地原屬彌梭里千八百一十九年嘉慶二十四年始分爲達厘多里至千八百三十六年道光十六年即歸附于彌利堅國領小部落二十有四以力特爾洛爲首區幅員五萬

四千五百方里戶五萬八千一百二十口俗奉波羅特士頓教加特力教設立總領及總會公署之西業皆四年一易里勃里先特底甫二年一易審判之人由總領公署選派上等者八年一易次等四年一易其公舉之制衆口明言毋須暗書保薦此異于各部者禁賭局賭具最嚴奴僕有罪視白人一例治罪無所畸重

彌棱里部東界依里內士南界阿干薩士西界威斯頓北界威斯衮申境少大山林木叢茂彌棱里河經

境內五百五十里通舟楫產白鉛砒礵黑鉛鐵煤鹽石板牛皮棉花牲畜粟麥稻穀千七百年康熙三十九年佛蘭西人始至其地先建仙羅依士偃尼威秀兩部落土番有二種一日格臘包士即佛蘭西人之後裔一日牙模士即佛蘭西人與因底阿士人婚配而生者爲黑白不分之人作事靈巧特鮮專心原與阿干薩士同地至千八百一十九年嘉慶二十四年始分部落設職官三載即附于彌利堅國領小部落二十有三以渣法旬爲首區幅員六萬六千方里戶二十一萬口俗

奉加特教波羅特士頓教設立正副總領二年一易總會公署之西業四年一易里勃里先特底甫二年一易至判事之人即由總領等選派入暫視乎其人有書館教文學寬卹奴僕有殘害其肢體性命者罪之原本·案此志共列二十七部而美理哥志畧則止二十六部者以首部戈攬彌阿乃國都不列于部數也

彌利堅國邊地土番四部

美理哥國志畧曰新國邊地有一類人言談舉止皆出類拔萃不知其始自何來惟見其行藏有如亞細亞之

土蠻方歐羅巴人始到之時土人約有十數萬今則三四十萬矣計其地則有數十社體膚赤而眼髮黑光其髮長而麤其身高而力其心明且信議事則知敬老臨戰有進無退惟遇有仇恨輒若不共天或受人欺負愠坐不言審思良久起即赴湯蹈火務必雪之倘被敵擒則束手受戮斷無屈膝求免此土蠻之性情也惟無書籍不知文字亦不識耕織炊汲茹毛飲血及啖菓木菜瓜而已平日惟業漁獵或歌跳賭博病無方藥惟求叱法之人餘事則皆付之婦人也炎夏腰圍獸皮冬寒則

全衣皮毛。又有面塗五色。頭插烏翎。意示人以威也。雖有房舍棲身。不過篷寮。無金銀銅錢諸幣。但以樹皮珠石相交易。惟立總理頭目以議事。至道光元年。有新國人至其地。定章程。導以士農工商之事。風俗漸開。方英吉利據十三部時。間唆土蠻騷擾內地。及與新國交兵。英吉利欲募土蠻使為前驅。以攻新國。奈語言不通。土蠻不為其所用。而新國西邊居人。多與土蠻相習者。于是購募土蠻。授以兵器。教以隊伍。別立一軍。以助兵鋒。土蠻踴躍用命。盡力屢敗英兵。故新國之勝英吉利。土蠻亦不為無助焉。地在新國之西。機落大山之東。墨西

果國之北。英吉利屬地之南。原無今補

彌利堅國因底阿土番四部 以下原本

威斯滾申達多里部。在彌治顏之西。東界彌治顏湖。西界威斯頓。北界英國屬地。南北距六百里。東西距五百里。多陵阜。少大山。土饒易種。北隅多湖。其稔邦碧湖。即彌斯西比河所發源也。彌梭里河在西隅邊界。曲折環繞。經境內千三百里。此外尚有支汊小渠。可通舟楫。本因底阿土番所居。千八百三十年道光十年始有彌治顏之白人遷往。有居彌斯西比河東者。以威斯滾申為要區。遂創建部落。礮臺尚未設官治理也。東有厄領比村。那洼厘阿村。南有彌爾彎機村。各建礮臺。民業工作。至勃拉伊里都珍村。多佛蘭西貿易之人。約五六百。若彌斯西比河之西。亦稱沃壤。產鉛鐵煤炭尤豐。故彌利堅人於千八百三十二年道光十二年。即糾同土番奪得其地。于濱河之都模格創建部落。居民千二百人。少南之麥領頓村。居民六百人。築礮臺以保障。居西北者。穩底林阿土種類約四千五百人。由此少東。則彌那靡尼種類。約四千人。居西

南者。沙土賀纖土兩種。約六千五百人。依阿威土種類約千二百人。此外尚有因底阿之人。散處各方。種類不一。在北隅與英國所屬交界之邊米那村。彌利堅設有皮草公司。派人貿易。築有礮臺保衛。綜計威斯滾申幅員共有二十九萬方里。彌利堅人在此者。約計三萬餘口。所開地不過十分之一。

威斯頓達多里部。即因底阿土人所居。東界阿于薩士彌梭里。南界墨西果。西界落機大山及墨西果北

界威斯頓底特力幅員二十萬方里地土肥瘠不等肥者産五穀蔬菜牧羊取毛爲織羽毛之用瘠者荒磽不毛並有冬令薪燒不然惟有一種冬草以資炊火落機大山在境内者曰占士峯高約千餘丈其北隅尚有最高之峯未及測量阿干薩士河源自落機大山而至阿干薩士部落長千五百里其水深廣爲列河撥夥河加那底晻河那夥河蘭寧洼撻河阿些治河干薩士河所不及此地乃彌利堅國給與因底阿土人獵牧之所立書館起廟宇給工作器具冀漸

化導第種類亦多有土著者有自外遷來者今將武土衙門於千八百三十六年道光十六年春所查明種類戸口方里列後

土番十四種

作烏斯種類萬五千口居地二萬三千五百方里在阿干薩士之西以耕種爲業産棉花粟米牲畜亦頗富足有出資數千金作商賈販鹽工作之事漸知文字自立頭目三人理事四年一易又設立法之岡塞爾三十名一年一易皆由民人自舉嚴禁販酒入境有彌利堅國所設廟宇六所教師十三名并于列河口岸築礮臺一所近習聲教廬舍華整

格力士種類三千六百名居地二萬五千方里在作烏士之北土肥易耕種其田皆以木圍之産粟米麥稻蔬菜屋雖不華而寛大自立總岡色爾理事並設有審判官行法官彌利堅亦于此立廟宇教師

支羅機士種類六千名居地方二萬二千方里在

格力士之東北人多耕種産鹽及牲畜服色器皿屋宇畧同自立頭目三人理事立法之人分爲兩所每年會議一次並設審判與行法之官各二其阿干薩士河岸有彌利堅國礮臺並廟宇教師二十八刋印書板

阿些治土種類五千五百名居地方萬一千八百二十方里在彌梭里之西原居之土著半已歸化房屋業耕牧未入化者隨處棲止周圍插竹障以牛皮即爲居室湻樸而貧苦

爪包士種類。四百五十名居地方百有五十方里。在彌梭里之西其人比阿些治士畧漸聲教且能誦讀惜無教師訓導。

沙洼尼士種類千二百五十名居地方二千五百方里在彌梭里之西爲因底阿種類中之最漸教化者室廬耕牧有書籍文字彌利堅國曾造廟宇設教師刊書板。

千薩士種類又名高搔士千四百七十名居地四千二百方里。在沙洼尼士之北土著窮苦與阿些治士種類無異所居以籬爲墻上覆木板而泥其外。

地那洼士種類八百二十六名居地三千四百五十方里在千薩士之北俗與沙洼尼士同有彌利堅國所設廟宇教師。

機加布士種類五百八十八名居地方千二百方里在地那種類之北有頭目獨創教門以爲能知未來之事其教中規矩以爲如犯惡事欲赦罪過能不飲濃酒不理毛髮每一禮拜聚集誦經四次即可悔解附從入教者不過四百人有彌利堅國廟宇教師並礮臺一所。

包尼士種類約萬名與般加士種類八百名共居地二萬五千方里皆舊土著。

阿麻哈種類千四百名原土著居地方若干未悉其詳。

阿多士種類彌梭里士種類共千六百名居地方二千五百方里亦原居土著

沔尼加士種類二百五十口沙洼尼士種類二百

口共居地方二百方里

委士種類二百二十口比晏機搔士種類六百十口共居地方二百五十方里。

比阿里阿士種類加士機阿士種類共百有三十二名同居地方百五十方里

阿島士種類二百名居地方五百六十二方里波達洼彌士種類四百四十一名居地方若干未詳以上十四種俱已入化此外種類散處無定如阿力加那士詩晏尼士沒拉弗俄羅士穩特厘士阿

里巴哈士等種皆在化外捕獵爲業榛狉無知故白人少與交易千八百三十五年（道光十五年）彌利堅國遣兵征討始申約束不相侵冦

威斯頓特底力部東界威斯袞申南界威斯頓達多里西界落機大山北界英吉利屬地幅員約有三十萬方里地勢崎嶇人跡罕至故不得其詳千八百五年（嘉慶十年）秋有船戸里威士由彌梭里河溯流而上得其來源於落機大山石壁峭立高有百丈懸瀑飛流河源湍激舟行甚險濱河時有崩坼山麓樹木叢茂居於上段者曰丹士敏尼達里士墨臘弗各種類居於下段者卽底頓士然頓士西阿士各種類千八百三十五年（道光十五年）與彌利堅拒戰者此區人居多土産山羊鹿各種皮毛

阿里顏達多里部又曰戈攬彌阿達多里東界落機大山南界墨西果國西界比西非益海北界英國屬地西隅近海山嶺雖多而東隅落機山最大其幅員里數未詳産木料皮毛有木曰擺樹高約一二三十丈圍圓約有四五丈幹直無節至杪始分枝葉遠望若

傘然并有一種其脂如糖秋收其子作餅甚美惜土人多伐爲薪境内河有阿里顏河源自落機大山長六百里威士河長千里在戈攬彌阿河口之土蠻不業農工非漁卽獵鑿木爲舟可載四五十人所獵獸皮運至戈攬彌阿河口與歐羅巴人易壞礮臺鍋白珠藍珠煙葉鐵刀等物土俗甫生男女卽以物束頭俾其頂鼻挺直并飾脂膩爲美觀間有佩熊爪銅鐲藍珠白珠者多以妻女出售交易一就任人調嬲不以爲意居東隅者伊司律士衣尼沙士洼爾拉士梭加爾士金那士左攀尼士等種風俗言語畧同甫生子以石枕頭經年始除去之故其腦骨扁平惟東南土著與戈攬彌阿河口各種不同察其土俗音語似是由附近彌斯西比河遷至也戈攬彌阿河之北岸卽彎戈洼島袤廣百有五十里林木葱蘢且多沙石海濤沖激其聲如雷居於斯者食則海魚衣則獸革此外尚有小島每島卽有一種類各有頭目先有彌里士曾至其地見其頭目之屋約可容八百人有飲食者有坐臥者儀軀粗莽以人骨爲飾有庫貯珍寶

其最大頭目所轄不過萬有三千人容貌原不惡劣惟以赤土和黑沙塗面令人望而駭惡食則惟魚甚至以人爲食故市上貿易多有人之手足。以上原本

海國圖志卷六十四

歐羅巴人原撰
侯官林則徐譯
邵陽魏源重輯

外大西洋北墨利加洲

北墨利加洲內墨是可國一作墨西科一作墨西果原無今補

職方外紀曰北墨利加國土多富饒鳥獸魚鼈極多畜類更繁富家畜羊嘗至五六萬頭又有屠牛萬餘僅取其皮革餘悉棄去不用百年前無馬今得西國馬種野中生馬甚衆又最長有鷄大于鵞羽毛華彩特甚味最

佳吻上有鼻可伸縮如象縮之僅寸餘伸之可五寸許諸國未通時地少五穀今亦漸饒新田斗種可收十石又產良藥甚多其南總名新以西把尼亞內有大國曰墨是可屬國三十境內有兩大湖甘鹹各一俱不通海鹹者水恒消長若海潮土人取以熬鹽其甘者中多鱗介之屬湖四面皆環以山山多積雪人煙輻輳集于山下舊都城容三十萬家大率富饒安樂每用兵與他國相爭鄰國即助兵十餘萬其守都城亦恒用三十萬人但囿于封域聞人言他方有大國土大君長輒笑而不

信今所建都城周圍四十八里不在地面直從大湖中創起堅木爲樁密植湖中上加板以承城郭宫室其堅木名則獨鹿能入水千年不朽城內街衢宫室又皆宏敞精絶其國王寶藏極多所重金銀鳥羽鳥羽有奇彩者用以供神工人或輯鳥毛爲畫光彩生動初國內不知文字今已能讀書肆中有鬻書者矣俗務農工人尚尊貴面目美秀彼自言有四絶一馬二屋三街衢四相貌也舊事魔神殺人以祭或遭災亂則以魔嫌人祭少故每歲輒加多至殺人二萬其魔像多手多頭極其險怪

祭法以綠石爲山寘人背於上持石刀剖取人心以擲魔面人肢體則分食之所殺人皆取于鄰國故頻年戰鬭不休今掌教士人感以天主愛人之心亦知事魔之謬不復祭魔食人矣其中有一大山山谷野人最勇猛一可當百善走如飛馬不能及又善射人發一矢彼發三矢矣百發百中亦喜啖人肉鑿人腦骨以爲飾今亦漸習于善最喜得衣如商客與衣一襲則一歲盡力爲之防守迤北有墨古亞剛不過千里地極豐饒人強力多壽生一種嘉穀一歲可二熟牛羊駱駝糖蜜綠布之類尤多更北有古理亞加納地苦貧人皆露臥以漁獵爲生有寡斯大人性良善亦以漁爲業其地有山出二泉稠膩如脂膏一紅一墨色

萬國地里全圖集曰默西可國北連兼攝邦國西南連巴拿馬微地東接默西海隅西連大洋海北極出自八度至四十二度偏西自七十度至一百十七度袤延圓方二百八十四萬四千方里與花旗國交界之地乃平坦無木遍處牧場居民以牛羊爲生所有高山大概六十丈亦有出火之峰屢次地震亦有新山忽出舊山隕落江河不多沿海港口有四其天氣不一若自南至北

其冷熱立變民不勤勞是以山內財幣不出運售他國者獨有烏木紅木呀蘭米與香料而已其山出水銀銅鉛亦有金其最多者乃銀通計普天下所出之銀默西國居其三分之二銀礦廠共計三千座所有每年銀價值二千五百萬員中國之洋錢大半由此國運出是班牙未到其國時居民頗向化建廟築壇效物之像而畫字其國有土君律例規矩與中國微似今尚有大城之古蹟是班牙軍侵其國而占據之自乾隆以來每年出

銀千六百萬員其通商不多每年六百萬員入出之貨物價乃其大概嘉慶年間佛蘭西軍與是班牙國爭此地居民不肯悦服新主亦不願服其故主擅自專制是班牙軍攻之衆民效死鏖戰而驅其暴可惜國家未定迭興迭廢又與佛蘭西國結仇而卒求平其國制度與花旗相似其國家之公費入不敷出拖欠甚重其居民分三類一曰是班牙之後裔實乃地主其中亦有巨富素封之家一曰土人匾鼻大骨以耕田度生貧而好奢好飲酒一曰雜類即白黑人等嫁娶所生居民共計八

百萬丁皆奉加特力教憚勞好逸英佛列國商賈鑿山開礦因使費浩繁其益少損重此地分十五部其國都居民一十二萬丁內有高屋巨宇殿堂肅靜山川秀麗柳楊相映但因地勢低累次漲溢亞加補羅可乃西地大海口昔時每年有呂宋大船過海貿易此時生意衰安熱里邑大殿堂以金銀粧飾居民九萬敬十字架乃東方之馬頭建於沙坦船泊遭危其通商甚盛瓜他拉撒拉近附銀山之城三十七年所出之銀共萬六千五萬員居民七萬丁○東半地稱曰加里縛尼實屬沙磽

惟西北最豐盛出各項水果

其東北方連花旗國係平坦土所有花旗豪民遠遊冒險遷到此邦勤力開墾而立其國稱曰特汲黙西可民不悅之再二交鋒未分勝負也○麥西國南形勢危地馬拉邦昔歸麥西哥之版圖今亦自立土主產者牙蘭米鳥紅等木金銀藥材牛皮靛餅每年運出貨價三百萬員山峻入雲時有地震其居民與黙西不異共計百九十萬人口○其海濱英人入山伐木務工者四千餘人○所有巴那馬微地窄狹故此智士設計開河連東

西洋大海而造通中國之路但因山磽硬未知可否若果能如願其利無窮

地里備考曰美詩哥國一作墨西科美里加州北區之西南北極出地十六度起至四十度止經線自西八十九度起至一百二十六度止東至花旗德沙二國暨美詩哥海灣西枕大海南接瓜的馬拉國暨大海北連花旗國長約一萬里寬約三百里地面積方約一百一十八萬四千七百八十里煙戶約一京二兆餘口地勢中高邊下由東南而西北岡嶺層疊峯巒參天亘國中數

千里如人之脊其中四火峯尤峻總名曰煙山即美理哥國之落機大山也貫南北二州之地隨地異名山之兩面平原甚廣河長者四湖大者六其地北境曠漫有草無木民以游牧為生南廣東磽瘠而西膏腴百卉繁生果實皆備土產五金礬煤絲麻蠟蜜水銀靛花煙葉甘蔗胡椒牙蘭米以及木材香藥而大利則在于銀攻礦之廠三千餘所各國行用番餅出於墨西科者三分之二地氣互異海濱酷熱難堪內地溫和其地彌高其熱彌少若高至四五百丈則有如芳春景象人安物阜

倘或再高氣亦遞寒至於冰雪凝積則數日間四時景象俱駢集焉不設君位國人各立官長司理地方朝內有正副首領權理國政所奉之教乃耶蘇公教也初北州之地自美理哥外皆野番雜處無部落惟墨西科早建為國有城邑有壇廟有王有官肖物形而作字有律例有廢城極大云是千餘年前古蹟不知何代何名也明正德中大呂宋國徧據南北州諸國地為藩屬亦侵據墨西科國且以此國為各國之綱領及嘉慶十五年國人苦苛政倡變攻拒十載始盡逐大呂宋官兵自立國君道光三年國人復去王位立官司理國政如美理哥國之例通國分十九部四郡曰美詩哥曰給勒達羅曰瓜叔阿多曰彌刷干曰沙黎斯哥曰薩加德駕曰索諾拉曰濟華曰都郎額曰卓合回拉曰新梁曰達毛黎曰桑盧意斯波多塞曰委立古盧斯曰布委巴剌曰華沙加曰濟阿巴曰達巴斯哥曰干加敦其府曰加里佛尼曰新美詩哥曰達拉斯加剌曰哥黎麻國都建于德斯古各湖西平原中屋宇宏峻風景清雅街衢闊直學醫各院畢備為本州富麗之一其通商衝繁之地有五

大埠

地球圖說麥西可國東南西三面都界大海東北界花旗國百姓約有七百萬之數都城內民二十萬人分三類一大呂宋後裔二土人面帶棕色鼻扁額高耕田為業三雜類即黑白二種交相嫁娶而生地勢沿海低下中有高山積雪不消內有火山不時地震北方曠野牛羊是牧馬非家畜任人拘執道光二十七年與花旗國決戰近日盟好矣是國昔屬大呂宋嘉慶十七年民心不服羣拒呂宋而自立為國所宗天主教國內黑人悉

以捕魚爲生天氣最冷五穀難出故獨墾海濱之土而內地荒蕪○五曰新本士威在海邊袤延方圓七萬一千方里其江千五百里皆深可行船遍地肥腴民不耕田惟入林斲木春水浮送出港賣行價銀卽飲酒費盡而歸大城邑皆在江邊通商以木料爲最每年英民到者六千丁還有閒處給寓數十萬丁其會城曰約翰乃最大之馬頭與英國通商○六曰散約翰島乃老兵所移之處出麥穀可補鄰地之缺○七曰新着大島袤一千三百里延九百里居民七萬二千兵乃魚鼈之藪夏

時漁舟蟻集兼種荷蘭薯蔬菜不植五穀產魚最豐居民富裕佛蘭西之氓猖獗屢叛英官嘗派兵討之

案墨西哥有煙山自米利堅西界來稱落機大山因火峰最多故也自危地馬拉以南至南亞默利加之極南皆曰安達斯大山長約一萬餘里

外國史畧曰麥西可國北極出地自十五度至三十三度廣袤方圓七萬六千里長六千里闊自四百六十里及二千八百里南及東洋海連危亞地馬拉地北界花旗東及海港西及大東洋海明武宗正德二年是班亞人至此尚未知其地之廣大八年復遣精銳兵數百深入震以火器降服其國居民頗向化有金銀飾物亦通文字原係日本國難民留此之苗裔今難詳考是班亞王貪其山多金銀設官管理亦派師船防範他國每年掘金銀礦約一千三百萬圓大半運入是班亞其居民屢缺用道光元年居民見花旗國自主開創盡力效尤驅除是班亞人連年拒戰道光四年遂自立國合十五部爲一地雖是班亞屢圖復據因舟師不能直入而止但麥西哥人不明政令廢立自由二十餘載臣民反覆

無常掘礦雖旺賊盜橫行白日劫掠雖效花旗國之自强而無花旗國之法度焉其國海濱少港船無灣泊其小船入處淺窄線港曲折大礙通商然遇有敵艘來侵亦幸有此阻礙中地高於海六百丈其山峯高一千七百丈北地高坦其土磽确多煙瘴間有沃壤則歲收百倍內有四大湖惟一湖水鹹有火山時時地震有銀山每年掘出約二千三百萬圓金二百萬圓英吉利日耳曼民皆爭掘之又出藥材顏料所産牙蘭米歲値百五十萬兩今亦消滅俗好騎馬執天主教惟僧是聽居民

亦務農織布而其他物必由外國運入道光四年運出之貨一千二百萬圓運入者四百四十萬圓今漸加增銀局所鑄印之銀錢每年約一千七百萬圓此時減少三百六十餘萬圓各商所出本銀約七百七十萬兩至今未償故公班衙多散○麥國之都城居民十四萬在廣谷近湖街屋煌燿甲于通州東邊海港曰他巴哥古時與亞西亞峩羅斯通商今所收之稅每年約四十萬圓由中國所織之綵緞每年有數船到貴里他羅在大谷間居民三萬五千丁附近此地有古蹟亦昔時廣邑

殿屋甚宏不知何國何時所創故墨西哥國自古號爲富强文物之邦其開創在花旗國之前又布益拉居民九萬口其禮拜堂最壯麗乃是班牙國人所建其西方港口乃全地之大市爲西國雲集之埠附近砲臺乃是班亞所築費銀二千八百萬兩然地有烟瘴居人易病國地分十九部東海邊之加利弗尼居民甚罕其半地及禹加坦半地在東邊各有土酋每八萬人擇一賢士會議掌政令麥西哥選首領以攝其權公帑所收者九百三十七萬五千圓所費者一千八百萬圓多由他國

借銀欠項往往不還軍士共計三萬二千丁武費九百六十萬員水師費一百三十萬圓

案北墨利加形如飛魚西北有高山曰落機自西北而東南東偏有山曰押罷拉既俺有大河曰密士失必如中國之黃河回環萬餘里其極北爲冰壘次南休侖湖以北爲英吉利荒地中曰米利堅三十六部膏腴地也其西南德沙國德沙之西曰麥西哥又南一線彎環曰危地馬拉國英吉利地西北爲峩羅斯地麥西哥之西北米利堅之西曰戈攬彌亞河其北

爲阿里顏達多里地其西有彎戈洼島其東曰威斯頓底特力又南曰威斯頓達多里皆因底阿土番也新地者湖之東也農地湖之西北也花地花旗國也

北墨利加洲西南四國 原無今補

職方外紀曰北墨利加之西南有花地富饒人好戰不休不尚文事男女皆祼體僅以木葉或獸皮蔽前後間飾以金銀瓔絡人皆牧鹿若牧羊然亦飲其乳有新拂郎察往時西土拂郎察人所通故有今名地曠野亦多險峽稍生五穀土瘠民貧亦嗜人肉又有拔革老本魚

名也因海中產此魚甚多商販往他國恒數千艘故以魚名其地土瘠人愚地純沙不生五穀土人造魚腊時取魚頭數萬密布沙中每頭種穀二三粒後魚腐地肥穀生暢茂其收穫倍於常土又有農地多崇山茂林屢出異獸人强力果敢搏獸取皮爲裘亦以爲屋其緣飾以金銀爲環鉗項穿耳近海有大河闊五百里窮四千里不得其源如中國黃河之屬按花地農地近皆開墾即彌利堅各部明時未有也

北墨利加西方三國原無今補

職方外紀曰北墨利加西爲既未蠟爲新亞比俺爲加

里伏爾尼亞地勢相連國俗畧同男婦皆衣羽毛及虎豹熊羆等裘間以金銀飾之其地多大山一最大者高六七十里廣八百里長三四千里山下終歲極熱山半則温和山巔極冷頻年多雪盛時深六七尺雪消後一望平疇數百里山出泉極大匯爲大江數處皆廣數百里樹木茂盛參天蔽日松實徑數寸子大于常數倍松木腐爛者蜂輒就之作房蜜瑩白味美採蜜者預次水邊候蜂來隨之而去獲蜜甚多獨少鹽得之如至寶相傳餂之不忍食獅象虎豹等獸動輒成羣皮亦甚賤雉

有大者重十五六斤地多雷電樹木多被震壞有小鳥如雀於枯樹啄小孔千數每孔輒藏一粟爲冬月之儲

北墨利加洲西北諸蠻方原無今補

職方外紀曰北墨利加地愈北人愈野無城郭君長文字數家成一聚落四周以木柵爲城其俗好飲酒日以報仇攻殺爲事即平居無事亦以鬭爲戲而以牛羊相賭凡壯男出戰則一家老弱婦女咸持齋以祈勝戰勝則家人迎賀斷敵人頭以築牆若欲再戰臨行其老人輒指牆上髑髏以相勸勉其女人則砍其指骨連爲身

首之飾人肉則三分之以一祭所事魔神以一賞戰功以一分給持齋助禱者若獲大仇則削其骨長二寸許鑿頤作孔以骨栽入露寸許於外用表其功頤有樹三骨者人咸敬畏之戰之時家中所有寶物皆攜而去誓不反顧以期必勝也其尚勇好殺如此蓋由地本富饒人家星列又無君長官府以理法斷其曲直故小小爭競便相攻殺也此地人多力女人亦然每遷徙凡什物器皿糧糗子女共作一馱負之而行上下峻山如履平地坐則以右足爲席男女皆以飾髮爲事首飾甚多亦

帶螺貝等物男女皆垂耳環若傷獨其耳及環則爲大辱必反報之所居屋卑隘門戸低甚以備敵也昔年極信邪魔持齋極虔齋時絶不言語一日僅食菽一握飲水一杯而已凡將與人攻戰者或將漁獵耕穫者或將宴樂喜飲者或忽遇仇家者輒持齋各有日數耕者祀兕與鹿求不傷稼獵者祭大鹿角以求多獲鹿角大者長五六尺徑五六寸也有大鷙鳥西國所謂鳥王者巫藏其乾腊一具數百年矣亦以爲神獵者祭之巫覡甚多凡祈晴雨則于泉石中尋取一石彷彿似物形者即

以爲神而祭之一日不驗即棄去别求一石偶值晴雨輒歸功焉歲穫新穀亦必先以供巫其矯誣如此近歐羅巴行教士人至彼勸令敬事天主戒勿相殺勿食人遂翕然一變又强毅有恒心既改之後永不犯也俗既富足又好施予人家每作熟食置於門首往來者任意取之卽彌利堅邊地各土蠻

海國圖志卷之六十五

邵陽魏源重輯

北墨利加洲内俄羅斯屬地原本

屬俄羅斯者在英吉利西三面皆海東隅與英連界兩國互爭迨千八百二十五年道光五年始定疆界其地與俄斯之亞細亞洲東隅中隔一海對渡僅五十二里幅員雖百有三十萬方里而部落惟監札加一區一作甘渣甲音譯之殊在阿細亞之極東餘皆海中島嶼人跡罕至常時火焰交秋即冰土多不毛人性馴良不獷狉竄地而居覆以土每一

巢穴人至百餘儼若村落前此麥虀舟至其地登岸遊行忽陷地中見有無數之人在内工作大抵居山者衣食于禽獸濱海者則捕魚爲生其各島之人皆伊斯歸毛土種類習俗剛柔不齊中有銅島高于有三百丈銅礦甚多至今無人開採惟附近居民耕種工作技藝日漸精巧鄰近有戈底阿島長六十里島之北有谷港谷港之前有尖沙曰比士威林沙居民肥短頭大面寬鼻準如鈎各刺鼻唇嵌飾珍寶毳衣善漁其漁艇多裹以魚皮俄羅斯人亦往貿易第港口甚淺此外小島尚多

其最大者有渣治達島阿彌臘兀島港汊紛岐前人汪戈瓦洼至此周歷博訪欲尋一河直達赤城湖或達阿蘭底海竟不可得渣治達島內居人多自俄羅斯遷至謂之麻臘甫種類新墾一區曰紐阿占牙內居千人廬舍礮臺皆用木植多產皮毳海舶赴粵者皆購焉歲得值約銀二十萬員俄羅斯邇年所據之摩底牙港口形勢雖不甚巨然與紐加兀科海岸相連故貿易亦蕃庶

地球圖說峩羅斯屬國在北美利加州者東界英屬國南西兩面都界大東洋北界北冰洋百姓約五萬其地

西北多冰雪終年不消熊舒獸極眾遍地草木人跡稀少農事不興所居或房屋山地多穴處常與亞細亞人通商皮貨貂鼠海虎為多蓋此州極西北之一隅名監札加一作甘查甲與亞細亞之極東北隅僅隔海港五十餘里故從彼地跨而有之

地里備考曰北州之地隸大呂宋國兼攝者一固巴島在亞美里加州北區之南緯度自北二十度起至二十三度止經度自西七十六度起至八十七度止長約二千七百里寬約五百里煙戶七億四萬餘口岡陵重疊河流貫沃其長者曰高都曰基內斯曰挨又名黑人河田土膴腴產五穀五金水晶鐵石等物地氣南方燥熱地分三府曰西府首邑名合瓦那建于北方海濱泊所穩便舳艫雲集曰中府首邑名三達馬里曰東府首邑名三的牙額

一波爾多黎各島在亞美里加州北區之南緯度自北十七度五十四分起至十八度三十分止經度自西六十八度起至七十度止長約五百里寬約一百五十里地面積方四千五百里煙戶三億餘口由東而西岡陵

延袤地氣溫和生殖蕃衍地分七縣

地里備考曰本州之地隸大尼國兼攝者一曰義斯蘭的亞在亞美里加州北區之東北緯度自西十九度四十分起至六十六度四十四分止經度自西十九度四十分起至二十八度五十五分止四面枕海長約九百里寬約七百五十里地面積方三萬九千里煙戶五萬餘口乃北冰海大島也岡陵疊起火山不一湖河眾多貫徹沃潤河之長者曰維達曰的科爾薩曰合爾歷薩皆在南方曰拉加刺曰布魯阿皆在東方曰挨沙拉曰

斯加爾方的亞曰若古爾曰斯加巴達皆在北方湖之大者曰迷瓦曰丁瓦拉薇曰非斯各薇其中有常吐熱氣者土瘠惟產銅鐵鉛玉瑪瑙水晶硫磺紋石等物地氣嚴寒不便居棲地分三州曰南州首邑名勒給惟克曰西州首邑名斯達弃曰東北州首邑名馬都魯瓦

一曰哥羅英蘭的又名襄的麻在亞美里加州之東北緯度自北五十九度三十八分起經度自西二十度起均未詳所止東北枕冰海西南界巴非英海長約六千里寬約二千里地面積方一百十一萬里煙戶二萬四

千餘口多寒少暑偶熱則非常熇烈土瘠產薄人皆業漁地分南北南邑首名如列尼沙合北邑首名厄日德斯

一曰安的列斯中有三島一三達古如斯長約八十里寬約三十里一三多美長約六十里寬約三十里一桑若漢長約六十里寬約三十里皆在亞美里加州北區之南地氣溫和居棲甚便土膴產裕首邑在三達古盧斯島中

地里備考曰本州之地隸厄羅斯國兼攝者有陸地有海島陸地曰厄羅斯美里加在此州北區之西北緯度自北五十四度四十分起至七十五度止經度自西一百三十三度起至一百七十度止東連新北勒達尼西枕白令海南接大海北界冰海暨白令海峽長寬皆約四千餘里地面積方約四十萬里煙戶五萬餘口峯巒疊聳冰雪凝積凜冽難禁地磽產艱共分九部曰義斯基茂曰基德內曰朱克濟曰哥乃給曰給乃塞曰朱加至曰烏加達世米于德曰古盧至曰新加里佛爾艮首郡名昔德加建于海島之中又有四島分四部地氣嚴

寒田土磽瘠以漁為業

外國史略曰峩羅斯藩屬地在此州者為西北邊雪地並所屬嶼州廣袤二萬四千四百五十方里民二萬一千口分三部曰實查曰木攻略曰甲若又有冰嶼曰雪臘加曰甲查曰古佳等地其都城曰新天使魁小邑也峩人在亞西亞東北恒以獵貂鬻其毳皮為生後東貂漸減遂到北默利加開埠而產物不豐有名無實每年運出惟獺皮海虎皮甚多

外國史略曰英吉利藩屬地在此州者曰上下加那他

北極出地自四十二度至五十七度偏西自六十一至八十一度長四千六百里闊約一千里廣袤方圓萬四千二百里居民百十四萬北至冰雪地南連花旗國東連新本西威部及大西洋海西及花旗國並荒地其山自海濱入內地千餘里中多平坦西則密林羅陵士河岸肥沃居民聚集以爲樂國此地湖大如海河曰羅陵士長四百五十里地多材木五穀煙蔴豆及各絨毳皮貨土蠻游獵無定民大半以獵爲生初佛蘭西開此地後英人攻據之於乾隆年間分爲上下部地廣民希天

氣甚冷遂招遠氓開墾至今下加那他部地未開墾者只四分之一納餉銀百四十萬圓守兵三千民壯九萬四千上加那他部未開墾者五分之一納餉七十一萬圓公費均同守兵二千民壯五萬此部分五郡二百有八州一百六十縣居民六十萬佛蘭西苗裔居五分之四近十餘年所入新氓約三十萬人戶日增都會曰貴北城居民四萬在羅陵士河濱通商大市也運出材木不可勝數門地嶼在羅陵士河之中亦通商大半崇天主教新來之氓奉舊正教伐木開墾每年往來之船約載二十七萬噸運出之貨每年值銀六百萬兩運入者值銀五百四十萬兩上加那他分二十六郡二百八十縣都會曰御城最興旺上部居民久據廣地與下部匪徒結衅抗英官憲連年交戰花旗之民又助之幸官氓助兵彈遏其亂英民謀食者多遷此開墾焉

英人所據北亞默利加各地東北曰拉巴突土民甚鮮終年冰雪設教師以化之新開之地廣袤千六百六十里居民九萬與拉巴突隔一海峽地多澤瀦無產物惟多魚英船每年運乾魚出六十萬石價三四百萬圓水

手二萬亦捕鯨魚海犬而售其皮骨與油惟地磽氣冷食物必自外運入居民產業價值銀約三千七百五十五萬圓每年利銀千三百二十七萬圓運進之貨五百八十一萬圓運出者五百六十二萬一千圓納餉九萬八千圓公費十一萬九千圓都會曰聖納翰係通商之埠居民八千道光二十六年火災焚燒殆盡○益瓦地島廣袤方圓一百里居民四萬三千地豐盛每年運入之貨四千九萬圓運出者二十二萬四千圓納餉銀六萬三千圓公費銀七萬圓新蘇各蘭並化頓地嘴廣袤

方圓六百七十里兆頓一百十二里居民十六萬地磽濕出樹木石炭及海魚等物每年運入之物七百七十九萬圓運出者六百七十七萬圓納餉銀六十六萬五十圓公費七十一萬四千圓守兵八百民壯二萬三千都會曰合里法瀕海通商居民萬六千○新本士威廣袤方圓千三百五十里居民十一萬地多密林民住河邊運出多材木河流廣大往來便之運進貨價四百二十萬圓運出者二百九十九萬圓納餉銀四十七萬六千公費二十六萬六千圓民壯一萬二千土人本少英

國招徠闢荒與西國無異其總帥駐下加那他城各地派有官職然百姓亦自擇鄉紳會議行事英國派兵船巡駛以保護之

案英夷屬地跨落機大山東西居米利堅麥西哥之北俄羅斯之東東極胡孫海隅地廣惜不毛爾

地理備考曰北州之地隸英吉利國兼攝者曰新北勒達尼曰北極之地曰北爾慕達曰安的列斯曰盧加亞斯曰古牙那曰馬加艮英斯分序如左

新北勒達尼在北州之北緯度自北四十二度起至七十八度止經度自西五十三度起至一百四十三度止東枕巴非英海暨達委斯海峽西接大海暨厄羅斯亞美里加地南連花旗國北界冰海長約一萬三千里寬約七千里地面積方四百六十七萬七千里地分六境一名下加那達一名上加那達兩地長約二千里寬約一千八百里煙戶一兆二億餘口湖河不一貫徹沃潤河之長者三湖之大者二地饒產豐地氣雖寒不害居棲土產五金煤水銀煙葉等物一名新布倫瑞克南北八百里東西六百里地面積方三萬七千五百里煙戶

一億六萬餘口平原覃廣叢林稠密湖河無幾土產穀果木料一名新斯哥西亞長約千里寬約三百五十里地面積方一萬八千里煙戶一億七萬餘口沿海磽瘠北地宜稼湖河衆多土產銅鐵煤滑石等物一名桑若漢孶島長約三百里寬約百里煙戶一萬二千餘口田土膴腴物產豐饒一名德諾瓦長約千里寬約八百里煙戶七萬餘口崖岸峭立沙灘羅列冰雪凝積地多不毛叢林稠密土產鐵煤紋石木料皮革等物

北極之地名分三境一名北德温緯度自北七十五度

起至七十七度止經度自西八十度起至九十五度止地多寒冰人迹罕到一名北日爾緯度自北七十五度起未定所止經度自西九十七度起至一百十七度止地多海島大者則四堅冰凝積惟夏稍消可通舟楫人煙寥落一名巴非英巴利在巴非英亞德孫二海之間中多海島地極寒冽土產甚鮮人煙蕭條

北爾慕達島在亞美里加州北極之東緯度自北三十一度五十五分起至三十二度二十分止經度自西六十四度起至六十五度止大小四百島大者曰北爾慕

達曰桑若爾曰日桑達威曰古卑爾曰索美爾塞首邑在桑若爾日島中泊所穩便舟楫輻輳安的列斯島在亞美里加州之中緯度自北十度起至二十七度五十分止經度自西六十二度起至八十七度止其中島嶼大小不一爲英吉利兼攝者惟十有八地氣炎熱田土膴腴穀果藥材靡弗蕃衍首邑名邪密在波羅維敦斯島中貿易興隆商賈雲集

盧加亞島又名巴合麻在亞美里加州北區之東南緯度自北二十度起至二十八度止經度自西七十二度起至八十二度止大小五百島大者十四地氣溫和田土肥饒別有右牙邪馬加艮英斯

地球圖說英吉利屬國在北美利加州者東界西洋南界花旗西界峩羅斯屬國北界冰洋專獵野獸故皮毳爲重有大城二曰貴北曰門答亞利大江二土產氈粉牛脯皮貨木料煤炭所進之貨火酒火藥罎毯東方有二島名新著地新蘇各蘭專捕獸漁魚以爲生計荒寒不毛北墨利加洲內英吉利屬地最大亦最磽薄也

北墨利加之英吉利新地東界阿蘭底海西界俄羅斯

屬地南界育奈士迭北界冰海本佛蘭西人也始耶蘇千四百九十七年明宏治十年佛蘭西人操舟由鮮羅倫士河直至各地闢土興屯經營百餘載始創建部落曰新佛蘭西設埠通商又經百載地闢民稠當耶蘇千有七百年康熙三十九年英吉利人始來其地橫行割據遂搆兵戎自千有七百五十六年後乾隆二十一年血戰者八年竟爲英吉利所奪是時北墨利加洲已全并于英吉利既而橫征暴斂各部咸怨誓衆倡義盡逐英吉利官吏自合并爲育奈士迭國并英吉利所自墾之部落亦皆叛英而

歸育奈士迭國於是英人所有者僅佛蘭西所舊墾之阿巴加那達羅阿加那達紐墨蘭士稔那洼士葛底阿紐方蘭島勃林士過島甲墨里頓島七部落而已此七部仍佛蘭西舊制徭賦輕簡故免於背叛政事於育奈士迭略同每一大部落立總領一人岡色爾一所俱由國王勅授甘文好司一所即育奈士迭所謂里勃里先好司者也其官亦用育奈士迭國之例會堆公舉四年更代其推舉之例凡部人歲納錢糧至時令四十者或客民納錢糧或五棒者或收租息至十棒者皆可舉人

羅阿加那達向設總領一人岡色爾設官三十四人甘文好司執事八十八人阿巴加那達向設副總領一人岡色爾設官十七人甘文好司五十八人一切事宜由甘文好司與岡色爾會議復經總領核准施行亦有必由國王勅准者亦有必由國中巴厘滿各官議准者羅阿加那達所行法律六條一英國巴厘滿議准須行之例一向來所定舊例一加那達相沿舊規一佛蘭西王國舊頒示諭條欵并羅汝國之法律一英吉利所定之例一總領偕岡色爾所定之例一本部落內岡色爾甘文

好司議定之例有大獄方用主理官叅酌英吉利佛蘭西兩國法律而行若常日行事毋須主理也所設主理之人英吉利佛蘭西人各半以昭平允阿巴加那達全用英吉利之法律若紐墨蘭士稔那洼士葛底阿勃林士過島紐方蘭島甲墨里頓島五部落亦設總領各官法律如阿巴此外尚有馬崇勒士島孤懸海角爲罪人遣流之所而已錢糧以貿易之稅爲正供田賦甚少其附近鮮羅倫士河之田前屬佛蘭西時分給各官佃種收息近日英吉利改歸士民自畊羅阿加那達遂收稅

餉銀約八十萬員支給官祿公費約銀五十萬員阿巴加那達因修路濬河虧欠銀約三四百萬員那洼士葛底阿歲收稅餉銀約四十七萬員支發各欵公費銀五十三萬四千三百八十員紐墨蘭士稔歲收稅餉銀約三十四萬員支給各欵公費銀十九萬五千員紐方蘭島歲收稅餉銀八萬員支發各欵公費十三萬五千員勃林士過島歲收稅銀三萬八千四百員支發各欵公費銀六萬八千七百九十五員綜計歷年稅餉支應一切無事則贍有事則匱故於千八百三十四年道光十四年

英吉利國王津貼兩加那達部落文事銀三萬員武事銀百二十萬六千員津貼各部落文事銀十萬員武事銀約七十萬員居斯地者面長色黝準高唇厚睛黑而靈動俗尚禮貌雖農夫隸僕相遇諸塗莫不免冠爲禮由先日在此開地者多佛蘭西貴人與官吏兵卒之後裔故馴良敦睦無犯上作亂之習俗奉加特力教者多波羅特士頓教者少故每一部落建立兩教廟宇並有尼庵宅舍樸素以泥塗木爲牆而至之屋上先覆木板再鋪石板樓僅一層皆無峻宇終年有灑無掃故埃塵

汚積近年始學歐羅巴之潔淨懸畫卉爲飾衣履亦同英吉利食多豕肉逢齋戒則以鮮魚蔬菜爲素嗜酒及茶無茶則以架飛豆湯代之河最長者鮮羅倫士河次則荷多洼河皆長千有餘里此外若薩歸尼河額列河先毛里斯河馬達瓦斯河特連河玷士河敖西河里治流河佛蘭西士河召特里河先潤河里士底俄支河緬河比地干底呵河蘇比那加底河洼里河厘洼步爾河均不及鮮羅倫士荷多洼兩河源流之遠湖則與育奈士迭國交界有蘇比里阿湖伊里湖休倫湖在境內者則有安達厘荷湖召特里湖深戈湖額蘭湖而諸湖之中以蘇比里阿湖爲最鉅周三萬有五千丈產最稀僅有稻穀麥烟葉大麥麪木材牲畜

阿巴加那達猶華言上部落也東界羅阿加那達南界育奈士迭國西界荒蕪北界冰海領小部落十有八其首部曰若又曰多倫多

羅阿加那達猶華言下部落也東界阿蘭底海南界育奈士迭國西界阿巴加那達北界荒地領小部落二十有六其首部曰龜麥

紐墨蘭士埝東界勃林士遏島南界阿蘭底海那洼士葛底阿西界育奈士迭國北界羅阿加那達領小部落十有四其首部曰佛里達力頓

那洼士葛底阿東界甲墨里頓島西南俱界海北界紐墨蘭士埝勃林士葛島領小部落十有七其首部曰哈里法士

甲墨里頓島在勃林士遏活島之東那洼士葛底阿之北領小部落三其首部曰西尼

勃林士遏島在紐方蘭之東那洼士葛底阿之北領

小部落三其首部曰查羅氏富
紐方蘭島在甲墨里頓島之東北領小部落二其首部曰鮮間土
此外西北邊地尚有因底阿人所居未詳
馬蒙勒斯島在大海之中距彌利堅東岸六百里小島環之約有四百周圍礁石易于防守而難于通舟英吉利人於千有六百十二年（明萬曆四十年）始往居之當英國內亂時士民多遷此避禍有詩人注臘爾者覽島嶠之幽勝觸景題詠流播海邦故各島多以詩得

名島中地暖而不炎溽草木四時葱郁不彫雞犬桑麻不通外境風泉雲物四顧閒寥可為避世之樂郊然土產僅木棉無他貨故舟楫不盛地曠民稀遂為國中流人所成矣渣治首部落也為各官治所亦不甚廣僅如大村落（原本）
萬國地里全圖集曰北洲內英國藩屬之地土廣人稀北至冰疆南連花旗國東西及大洋海北極出四十度至五十度其地大半平坦江河又多又長其最長者稱曰老林暨以利翁大羅胡侖之湖也海港羅布其西方

林木深邃內多熊狼野獸土人以毳皮出市又產木料可造船每歲賣與英國價銀幾百萬兩海濱近新著島魚鱉如沙之多夏時簇擁海面不勝其數各國漁船雲集捕而鹹之每年五穀木料皮魚各項所運出者計價銀八百萬兩運進貨價銀九百九十萬兩民戶一百二十一萬丁年年有英新氓進地開墾伐木故數年又可倍其人戶也○其地有兩大部曰上下加那他其上部袤延圓方四十一萬三千方里其河漏急灘瀹瀑布飛流郎支瀚內千有餘洲忽然江湖之水匯集急流到岸

白浪掀天忽而涸落數十丈令人驚駴無已其會城曰貴北英民多遷其地闢阡陌墾荒地不期成富其下部昔乃佛蘭西國之新地居民亦本出其國尚存禮儀簪纓之族全崇天主教設寺建觀不務文好歌舞其會城曰門得亞利○三曰新鮮各蘭乃半地天氣最冷自十月至三月白雪滿地出鐵銅石炭其海中魚亦繁多居民安分其都曰哈勒法商船往來之市還有大港口但城邑頗少通商亦微每年入國帑銀百六十萬兩公費銀百十八萬兩○四曰北敦頭虛懸海中內有海港民

爲奴僕土産金少銀多銅鐵鉛水銀菜穀緜花白餹牲畜靛青牙蘭米等物居民多在南方少在北方

海國圖志卷之六十六

外大西洋

邵陽魏源重輯

北亞墨利加南境德沙國危地馬拉國

瀛環志略曰得撒一作德沙又作特扱又名費勒多尼亞在墨西哥之東米利堅之西南南面距海長廣皆約千里地平如砥田土極腴草木暢茂穀果皆宜巴拉窩河由此入海地氣温和烟戶尙稀奥草叢林中有瘴氣舊本墨西哥曠土西班牙據之米利堅貧民麕至後遂叛西班牙而附於墨西哥之卓哈回拉部道光九年又叛墨西哥征之六年不服乃聽其自立國無國王惟擇

官司理事土產木料爲多

地里備考曰德沙國又名費勒多尼亞在亞美里加州北區之中北極出地二十七度三十分起至三十四度止經線自西九十六度起至一百零六度止東至花旗國西連美詩哥國南接德沙海灣北界花旗美詩哥二國長約二千餘里寬約六百餘里地面積方十七萬一千五百里煙戶三億二萬餘口西方間有岡陵東南北一望平原風景清曠有河曰巴剌吾又名北河曁薩北邪

巴剌索哥羅拉多奴耶塞德蕣達的等乃河之大者也
田土極膴金石草木五穀所產甚蕃地氣溫和惟叢林
稠密中藏瘴氣遠人易病不設君位庶民自推官長理
政所奉之教乃羅馬天主公教也技藝庸拙貿易蕭條
康熙三十年為呂宋國人占踞迨美詩哥國不服呂宋
時本國接踵相繼墾地以民稀未能自立故附于卓合
回拉地合為一部道光九年國人起義屢敗美詩哥國
之兵越六載遂自立為國通國分二十七邑曰阿剌巴
麻曰巴剌塞里曰阿羅拉多曰古曼治曰哥里牙曰公

薩勒曰阿黎斯布曰厚斯敦曰倭斯卑曰日非勒孫曰
剌巴加曰黎卑爾的曰麻德科爾達曰迷郎曰迷蘭曰
米邪曰邪哥多士曰勒黎委爾曰勒夫彐約曰薩比邪
曰三達古斯的音曰三當多尼亞曰桑非里卑曰桑巴
的黎西約曰達邪令曰達拉委曰瓦盛敦都城名輿斯
的音建于巴剌索河濱商賈雲集與後斯敦馬沙爾二
城皆通商衝繁之地也
地里備考曰瓜的馬拉國在亞美里加州北極之南其
國土在北極出地八度起至十七度止經線自西八十

四度四十三分起至九十六度四十分止東枕安的斯
海西界大海暨美詩哥國南接大海北連美詩哥國暨
安的列斯海長約三千六百里寬約一千里地面積方
四十萬里煙戶一兆六億五萬餘口地勢平原居多中
高邊下有安達斯山由東南直達西北峯巒疊起火山
甚衆有晝夜吐火不熄者有或吐或熄者湖河不一河
之長者八曰桑若漢曰歷剌瓜曰嗚盧阿曰阿羅曼曰
波挨斯曰科爾佛曰蘇麻新達曰牙勒湖之大者三曰
尼加拉瓜廣約一千五百里曰艮曰阿的丹土產穀果

金石禽獸鱗介木料顏料藥材香料珍珠琥珀雲母等
物地氣互異東則溫和西則熇熱地多震動每有不虞
不設君位各立官長理政所奉之教乃羅馬天主公教
也技藝麤疎貿易淡薄本國昔為呂宋國兼攝迨美詩
哥不服呂宋時本國亦接踵自附于美詩哥迨美詩哥
國君被廢時本國亦背之而自立國不歸統屬越十五
載國人會議將現在五部改號五國大小不等民數不
一
一瓜的馬拉國長約一千四百里寬約五百里京都名

新爪的拉。建于高厥平原之地。地氣和田土膴。百貨駢集。

一桑薩爾瓦國。地面積方約有三萬七千五百里。都城離爪的馬拉國約七百里。土饒產豐。地氣炎熱。火山甚多。技藝貿易皆盛。其通商衝繁之地五處。

一洪都拉斯國。長約一千二百五十里。寬約五百里。戶口寥曠。地氣濕熱。田則膏腴。都城建于烏盧阿河濱。其通商衝繁之地三處。

一尼加拉爪國。東西相距。南北相距。皆約百八十里。煙

戶約十萬餘口。氣溫土沃。都城建于高原。其通商衝繁之地六處。

一哥德黎加國。東西六百里。南北四百里。煙戶約五百餘口。氣溫土膴。都城建于平原。其通商衝繁之地一。名加爾達額。一名波盧加

地球圖說。跨的馬剌國又名危地馬拉邦。東南西三面都界大洋。北界麥西可國。百姓約有二百萬。都城名跨的馬剌城。城內民六萬。天氣較麥西可國更熱。以地當赤道之故也。內多火山。不時地震。昔係大呂宋屬國。今亦自主。風俗土產與麥西可國相似。

地球圖說又曰。北洲海島。在跨的馬剌國東面。隔海甚遠。海島約二十餘。天氣和暢。至秋遇西風。則水壞廬舍。內有三大島。曰苦伯島。海低島。熱美加島。其苦伯之島形勢穹彎。中有高山。內有火山。不時地震。但大半屬英國。其餘屬大呂宋。并佛蘭西。百姓統有三百萬之數。半迹耶穌。半迹天主教。其人九分黑。孥一分面白。土產白糖。冰糖。架非。酒。蔫。百果。訶子。緜花等物。

外國史略曰。危亞地馬拉國分十五部。昔屬麥西哥。道

光十九年。各部自立國。舉首領。後再合。反覆無常。地居南北墨利加一線相連之處。廣袤六千五百三十里。居民百有十萬。海隅港淺。船不能入。東有銀山。地出黛青。頗豐腴。

海國圖志卷之六十七

歐羅巴人原撰
侯官林則徐譯
邵陽魏源重輯

外大西洋（南墨利加洲）

南墨利加洲之北曰巴拿馬南北洲之界也其正北曰可侖比三國東北爲各國兼攝地其南伯西爾其西孛露（其西南玻利非亞）又南爲巴拉大河三國其西智利極南曰智加此外則土蠻也

南墨利加洲南智加國

瀛環志畧巴他我拿一作八的哥尼阿又作巴羅彌那又名智加南亞墨利加極南境即世所傳長人國也地形如鑱北界拉巴拉他西北界智利東距大西洋海西距大洋海南距南海南北約三千餘里東西半之其地草木荒穢人皆野番肢體長大如常人一身有半攫食野獸不成部落亦不與他國往來地氣嚴寒如北亞墨利加之北境又別無物產故歐羅巴諸國未嘗過而一問也極半臨海之地冰雪常凝隔海對峙一島曰鐵耳聶離依休勾中間之港名麥哲論港內多礁往智利祕魯者率取道島南狂風迅烈昏霧迷漫濤瀧之猛惡倍於大浪山舟過人皆額手喜若更生

職方外紀曰南亞墨利加之南爲智加即長人國也地方頗冷人長一丈許遍體皆毛昔時人更長大曾掘地得人齒闊三指長四指餘則全身可知也其人好持弓矢矢長六尺每握一矢插入口中至於沒羽以示勇男女以五色畫面爲文飾

南墨利加洲內金加西蠟國（原無今補厄瓜爾多及委內瑞辣附）

職方外紀曰南亞墨利加之北曰金加西蠟其地出金

銀天下稱首其鑛有四坑深者皆二百丈土人以牛皮造軟梯下之役者常三萬人其所得金銀國王十取其一七日約得課銀三萬兩其山麓有城名曰銀城百物俱貴獨銀至賤貿易用銀錢五等大者八錢小至五分金錢四等大者十兩小者一兩歐羅巴自通道以來歲歲交易所獲金銀甚多故西土之金銀漸賤而米穀用物漸貴識者以爲後日當受多金之累然獲利既厚雖知不能絕也其南北地相連處名宇革單近赤道北十八度之下南北亞墨利加從此而通東西二大海從此

而隔周圍五千餘里天主教未行之先其國已預知尊
敬十字聖架國俗以文身爲飾土產白糖煙葉靛飾世
所稱南墨利加州內可倫比國即此也
地理備考曰哥倫比亞國道光十一年分爲三國不相
統屬茲釋國志仍以哥倫比亞國括之
哥倫比亞國在亞美里加州南區之北其國土在北極
出地十二度起至南六度止經線自西六十一度起至
八十五度止東枕亞德蘭的海暨巴拉西利國西連北
盧哥斯德爾黎加二國暨大海南接巴拉西利北盧二
國北界大海長寬皆約五千里地面積方一百二十五
萬里煙戶二兆八億餘口本國地勢西多岡陵東多廣
原江河貫徹河之長者九湖之大者七田土極腴穀果
最豐產五金水銀鹽煤寶石木香藥材緜花煙葉藍靛
等物叢林稠密禽獸蕃衍地氣互異海濱平原熇烈難
禁惟內地高處溫和甚便居棲不設君位國人各立官
長理事所奉之教乃羅馬天主公教也其餘各教任人
尊奉技藝庸貿易少明孝宗宏治十五年有意大里亞
國人由呂宋國訪據其地分析爲三一名新加拉那大

一名委內瑞辣一名塞多各置官鎮守嘉慶十五年國
人因花旗國創建之後亦聚衆逐呂宋國守官攻戰八
載于嘉慶二十四年自復其國號曰哥倫比亞越十二
載分爲三國不相統屬一新加拉那大國東至委內瑞
辣巴拉西利二國西枕大海南接巴拉西利厄瓜多爾
二國北界安的列斯海長約三千里寬約一千五百里
地面積方三十四萬里煙戶一兆三億二萬餘口地氣
濕熱北方爲甚田土膏腴物產最繁通國分十八部曰
波哥大乃國都也建于平原之中餘地曰安的育基曰
內巴曰馬黎濟大曰波巴焉曰巴斯多曰布挨那溫都
拉曰說各曰巴那馬曰委拉瓜曰加爾達曰那曰蒙波
士曰三達麻爾大曰里約合沙曰冬曰邦不羅那曰
索各羅曰加薩那勒
一厄瓜爾多國東至巴拉西利國西枕大海南接北盧
國北界新加拉那大國長寬皆約三千里地面積方三
十八萬里煙戶六億三萬餘口地氣溫和甚便居棲田
土肥貿易盛國分八部曰基多乃國都也建于山谷之
中餘部曰井波拉索曰英亞不拉曰瓜亞斯曰馬那比

曰官加曰羅沙曰稜音

一委內瑞辣國東枕海暨古牙內地西連新加拉那大國南接巴拉西利國北界海長約三千五百里寬約二千二百五十里地面積方四十一萬里煙戶八億五萬餘口地氣互異平原熇烈山谷温和高阜嚴寒土膴產豐國分十二部曰加拉架乃本國都也建于山谷之中餘部曰加拉波曰馬拉該波曰哥羅曰都盧斯羅曰美黎達曰馬黎那曰亞不勒曰瓜牙那曰古麻那曰巴爾塞羅曰馬爾加黎大

外國史略曰可倫比各地自北極出地一度至十度南極出地自一度及五度八十八萬方里南連伯路巴悉等國北及安特海隅大西洋海東連巴悉國西連北亞默利加之巴那馬峽并大東洋海此地舊屬是班亞國歷三百十八年至嘉慶十四載居民忽叛是班亞國調軍不能征服道光元年列邦會議聽其自主與花旗無異但人心不齊道光十年再叛分是地爲三分其西方曰新額那他廣袤一萬七千三百九十五萬里居民一百七十萬六千分五部十八郡地產金較亞默利加各國尤多亦出銅石鹽苛苛加非青黛皮藥材其安特海港乃名埠也又加他義那居民一萬在巴那馬微地通商興旺每年船隻二千收餉銀三百零七萬圓公欠項三千二百萬圓其都曰巴峩他城居民三萬○其東北方威尼穌拉國地廣袤一萬八千九百六十里居民六十九萬六千地分四部十郡就地高下種麥並加非白糖等貨其都曰加拉甲在安特海口每年進出船一百隻運出加非苛苛煙黛青等貨計一百四十萬兩運入布匹及製造之物約價一百七十五圓其餘海口未大通商每年收餉銀二百五十萬圓公欠項二千萬圓○

其西南方黃道地方即厄瓜多爾國廣袤一萬五千三百八十五里居民五十五萬口地分三部七郡出木料苛苛等貨每年出入之貨各約三百萬圓進出之船百二十五隻危亞貴係大港口公欠項一千五百圓其是班亞苗裔之民耽逸樂憚勞苦好修飾男女集會歌唱飲食無飾惟土人稍知工作衆食西粟火山高千八百丈山嶺極天地勢雄峻惟阿利諾河邊地低坦多澤潴草木繁盛土民性猛好鬭惟養牲畜未向化

瀛環志略曰可侖比亞一作可侖巴一作金加西臘南亞墨利加極北境也西北至巴拿馬與危地馬拉接壤東界英吉利新地東南界巴西西南界祕魯北與西皆界海縱橫皆約五千里西界安達斯大山有火峰以阿利諾馬加他二河爲大所稱西班牙三部之新加拉那大卽金加西蠟之轉音也

南墨利加洲內孛魯國一作伯路破利威國附原無今補

外國史略曰伯路國一作孛露又作北盧廣袤萬八千五百八十方里北連可倫比國南接破利威國東及破

利威巴悉等國西及大東洋海南極出地自三度至二十二度偏西自六十五度及八十一度二十分國分三部二十六郡西方多山高入雲霄此地高於海面百二十丈地坦林密山出金銀自是班亞開礦後至嘉慶十四年計共出金銀十二萬三千二百四十四萬圓又出水銀銅胡椒緜花西米藥材白糖但不產食物必由他國運入緣是班亞人初到此國見土人所用器俱金銀寶飾因　土民勤掘晝夜不息運歸本國皆有貨無價是班牙人又自無製造之材必由外國買運而至故財易得易失也近英人亦於此運金銀返國此地港口曰黑馬城港口有加老國與花旗無異

職方外紀曰亞墨利加洲之西曰孛露起赤道以北三度至赤道以南四十一度大小數十國廣袤萬餘里中間平壤沃野亦萬餘里地肥磽不一肥者不煩耕治布種自能生長凡五穀百果草木皆上品故本地人目爲大地之苑圃也其鳥獸之多羽毛之麗聲音之美亦天下第一地出金礦取時金土互溷別之金多于土故金銀最多國王宮殿皆以黃金爲板飾之獨不產鐵兵器

皆用燒木銛石今貿易相通漸知用鐵然至貴餘器物皆金銀銅三種爲之有數國從來無雨地中自有濕性或資水澤有樹生脂膏極香烈名拔爾撒彌傳諸傷損一晝一夜肌肉復合如故傅痘不瘢以塗屍千萬年不朽壞有一種異羊可當騾馬性甚倔強有時倒卧雖箠策至死不起以好言慰之卽起而走爲所使矣食物最少可絕食三四日肝生一物如卵可療諸病海國甚貴之天鵞鸚鵡尤多有一鳥名厄馬最大生曠野中長頸高足翼翎極美麗通身無毛不能飛足若牛蹄善奔走

馬不能及卵可作杯器今番舶所市龍卵即此物也產棉花甚多亦織爲布而不甚用之專易大西洋布帛及利諾布或剪馬毛織爲服其地江河極大有泉如脂膏常出不竭人取燃燈或塗舟砌墻當油漆用又有泉水出于石罅纔離數十步即變爲石有土能燃火可當炭用平地山崗皆有之地震極多一郡一邑常有沉墊無遺者或平地突起山阜或移山至於別地皆地震之所爲也故不敢爲大宮室上葢必以薄板以備震壓其俗大抵無文字書籍結繩爲識或以五色狀物形以當字

即史書亦然筭數用小石子亦精敏其文飾以珍寶嵌面或以金銀爲環穿唇及鼻臂腿或繫金鈴復飾重寶夜中光照一室其道路自國都以達萬餘里鑿山平谷更布石爲坦途以便驛使傳命則數里一更三日夜可達二千里人性良善不長傲不飾詐風頗湻古因其地金銀最多任意可取故無竊盜貪吝亦不自知其富或反務細微無益之業以度日但陋俗最多近日天主教中士人往彼勸化教之經典書文與談道德理義始改往時殺人祭魔驅人殉葬之俗爲善反力于諸國有捐

軀不辭者其間亦有最惡劣之地土產極薄人拾蟲蟻爲糧以網四角掛樹而卧葢因地氣最濕又有最毒之蛇人犯之必死故不敢下卧恐寐時觸之也其土音各種不同有一正音可通萬里之外凡天下方言過千里必須傳譯其正音能達萬里之外惟有中國與孛露而已近有一大國名亞老歌人强毅果敢善用弓矢及鐵杵不立文字一切政教號令皆口傳說辨論極精聞者最易感動凡出兵時大將戒論兵士不過數言無不感激流涕願效死者他談論皆如此

萬國地里全圖集曰伯路國東至巴悉國西及大洋南連治里拉巴拉答等地北交可侖巴南極出自四度至二十五度偏西自六十度至六十八度其上下兩地共計袤延方圓二百七十九萬里山嶺最高者二百四十三丈地場高於海面百二十丈是以山下暴熱而高處冰凝其海邊曠沙不毛内地則五穀豐產但居民不務農專開金銀山礦自是班牙國人至後所開出者廣大無限其著名之銀山稱曰陂多西高一百六十丈周繞五千八百里山坡自頂以下皆各色礦自開通以下所

出之銀共計七萬二千萬兩別有他山出金其江河沙内亦有金故此居人各用心以出地下之庫並不理其地面之五穀蔬菜也○明萬歷年以後是班牙國之軍到亞黙利加之時風聞伯路地乃寶海金山是以用心竭力不顧阻礙冒危忍餓而至其地强服其土王居民不能抵禦只得遵是班牙之命又奉天主教自後是班牙國派官防範專其金銀之利道光年間此居民亦驅其外敵而自立土主昔分兩國謂之上下此時再連合一國是班牙國之後裔好接遠客寛和禮貌但憚勞好

逸以賭博爲務其通商不多所出者藥材與金銀而已其女眼波明媚使人易迷造酒善釀痛飲必醉居民二百七十九萬丁國都里馬城其馬頭曰加老港又居可城在内地昔土君之都也拉八邑在高山中

地里備考曰北盧國即孛路也北極出地三度起至二十三度止經線西六十九度起至八十四度止東至巴拉西利波里維亞二國西枕大海南接高北盧國暨大海北界哥倫比亞巴拉西利二國長約五千三百里寛約二千五百六十里地面積方七十八萬三千里煙戸一兆七億餘口本國地勢西方崇山峻嶺東方叢林廣原湖河無幾地震甚多河之長者曰馬拉艮曰阿不里麻曰吾加牙勒曰瓜拉加湖之大者曰的加田少膴腴野多沙漠土人雖勤稼穡維艱土産五金水銀穀麥胡椒緜花藥材樹膠顔料香料等物地氣互異海濱温燥山中調和平原濕熱嶺上寒冽不設君位庶民自立官長理政所奉之教乃羅馬天主公教也技藝庸拙貿易蕭條明世宗嘉靖三年有呂宋國人訪據其地虐待其民嘉慶十三年佛蘭西國率兵侵擾呂宋國時各國接

踵謀自立惟時呂宋兵衆事竟不果越十三載國人協同濟利國軍侵利馬城敗呂宋之兵驅逐官員自立爲國不歸統屬未幾民亂復興賊寇猖獗以至國分爲二有高下之稱其後疆界雖析猜嫌如故通國分七部曰利馬乃本國都也建于利馬各河濱餘部曰阿勒塞巴曰不諾曰古斯各曰阿牙古說曰人穵曰利卑達其通南衝繁之地二處

地里備考曰高北盧亦孛露之分國一名鈹利威國又作波里維亞國在美里加州南區之西南極出地十一

度起至二十四度止經線自西六十度起至七十三度止東至巴拉西利巴拉大河合衆二國西連北盧國暨大海南接巴拉乖國濟利國巴拉大河國三境北界巴拉西利北盧二國長約四千里寬約一千五百里地面積方三十九萬六千里煙戶一兆三億餘口本國地勢有山谷有平原其安達斯山由北而南東西分岐在東者峭壁參天冰霜凝積在西者峰巒疊起火燄不熄河之長者曰瓜卑曰北尼曰比哥麻約曰馬爾歷勒湖之大者曰的加界于北盧之間田土互異東方膏腴豐產

西方磽瘠沙漠至若土產與北盧國相等地氣高下懸殊然東南西大抵溫和不害居棲惟北方炎熱爲患不設君位立官理政所奉之教乃羅馬天主公教也技藝庸貿易少本國與下北盧同爲一國迨下北盧違背呂宋時本國亦接踵不受管轄道光五年乃去北盧自爲一國分設六部曰朱基薩加乃本國都也建于平原之中餘五部曰巴斯曰岢魯羅曰波多西曰哥沙邦巴曰達古斯盧都城曰乍爾加斯會城曰巴斯達牙古叔而波多西銀礦最旺初開至今得銀七萬二千萬奇

外國史略曰破利威國一作波里維卽伯路之分國也亦名高伯路在伯路之南地廣袤二萬七千方里居民二百四十萬口地分十部六十三郡西及大東洋海北及伯路東及巴悉國並巴拉危崖中有高峰二千五百四十丈爲是州最高之山草木蕃盛人蹟難到其都曰加申城居民一萬二千地甚高又豐盛其產銀之山昔時出銀無數名揚四海今礦雖空然每年所入公帑尚過於所出約二千萬圓海港市頗興旺又有益賴口迤貴基口拉米口及亞黙利加之口每年約進船各百隻

又破利威一名玻利非亞

案破利威在祕魯之南安達斯大山自西北來環國之西面如帶其西浮沙浸海斥磧不毛山以東橫嶺錯出拓爲平原膏腴之土蔬穀皆宜因地產金銀舉國以攻礦爲業農事全荒恒苦饑饉居民皆西人苗裔善待賓客溫藹可親然好賭惡勞貿易悉倚他國故爲西人所制又善釀酒終日沉醉雖兼產銅鉛水銀胡椒甘蔗緜花藥材顏料香料而利權歸他人土人方卧醉鄉呼庚癸焉豈不惜哉

海國圖志卷之六十八

邵陽魏源重輯

南墨利加州內巴拉大河國巴拉圭及烏拉乖附

地里備考曰巴拉大河國又曰阿爾仁的納在美里加州南區中南極出地二十度起至四十一度止經線自西五十五度起至七十二度止在巴拉乖烏拉乖西南北七千六百里東西三千八百里地面積方一百四十萬里烟戶二兆餘口內地東方平原曠廣西北重岡疊嶺河之長者九湖之大者五土饒產富地氣各殊溫和

居多夏雨連緜雷電交作山頂冰雪凝積不設君位庶民自立官長理事奉羅馬天主教技藝頗精貿易日盛明武宗正德四年爲呂宋國人攻取駐兵鎮守嘉慶十三年國人不受轄制效尤花旗謀自立國興師攻戰越二載逐去呂宋守官自立國人攝政不設君位通國分爲十四部曰布宜諾塞利乃本國都也建于巴拉大河濱因以名國餘部曰音德勒里約曰哥連德曰三達非曰哥爾多瓦曰尼斯德羅曰都古曼曰薩爾達曰如鋭曰加達馬曰里約桵曰桑若漢曰桑盧意斯曰門多薩

其通路閉塞與他國罕交往是以天主教之僧於乾隆年間自招土類教之成人此後是班牙國之藩屬驅其古主其國亦出茶葉與武夷不同飲之者醉後不醒拉國之南還有廣地曰巴他峩那一片荒蕪人戶不多野人形貌魁梧其天氣甚寒居民以獵獸爲生其最南之地隔海島其內間之海峽昔係駛伯路船之大路此時望其島之南而航時時暴風冰霜交作屬最危險

地理全圖集曰拉巴拉他國由治理國東延至大西洋海遼濶平坦袤延三百萬餘方里平坦浩渺草樹雜木

其大江與國同名流長九千里進海之口濶九十里北里可馬河與伯黙若河滙之游牧平地是班牙人初至時野牛不盈十隻但帶牡牝而牧放之近日加增繁盛其居民七十萬不重農務惟捕野牲食牛肉售牛皮歌舞賭博騎馬而已通商甚大進口貨價三千九百萬員所出者三千萬員雖自立主但尊貴弄權虐民律例未定此時各部取兼攝亞黙利加國之號但國權久廢各自專擅其國都曰補諾愛勒居民七萬丁在大江之濱山威多乃其馬頭通商殷盛內地尙有國曰巴拉吳愛

郎巴拉乖一作巴拉圭之異名也

外國史略曰銀國一名拉巴他國東南連巴他峩尼北及破利威東連巴拉涯烏路危等國西連治利廣袤方圓四萬一千里居民六十萬其地廣大平坦在拉巴他河邊瀕河地甚豐盛其餘大半荒蕪荊棘千里百姓不耕惟獵野牛食其肉賣其皮河流甚長其廣如湖入海處甚濶國中有草葉味如茶可飲居民游牧騎馬奔馳速如飛鳥歲入公帑銀七百萬圓出八百萬圓公欠項五千萬圓國都曰善爲勒城在拉巴他河口因以名國

居民八萬所運者係牛馬獺皮每年三四百外國船進口者各三四百隻運進英國布匹絲緞各項價四百二十五萬圓○此國昔與銀國相合者曰巴拉危涯廣袤四千一百七十五方里居民十二萬○南連之國曰烏路危廣袤四千九百十五方里居民十二萬九千其都曰文地威多城大港口也居民一萬與外國通商歲約一千三百萬圓船二百餘隻每年出入不絕巴拉之都曰亞孫西雲居民一萬二千通商未廣此外本州之北謂之南墨利加州內各國兼攝地埔頭而已安達斯大山在國之西與智利界

地里備考曰巴拉乖國在美里加州南區之中乃巴拉大河分國也南極出地二十度起至二十八度止經線自西五十六度起至六十一度止東至巴拉西利國西南連巴拉大河國北界高北盧巴拉西利二國長約二千里寬約八百里地面積方三十四萬三千里烟戸二億五萬餘口本國平原廣濶山林稀疎河之長者曰巴拉乖在西方曰巴拉那在東南曰波盧多曰波德黎曰多巴的曰義巴内曰比勒皆在北方曰加那卑曰的比

瓜黎皆在南方每遇陰雨各河漲溢積久難消遂成大湖水退泥淤其地膏腴産穀果草木大黃血竭桂皮甘蔗藍靛緜花烟葉茶蜜牙蘭米等物禽獸充斥鱗介尢繁地氣互異濕熱燥寒各有不同酋長統攝所奉之教乃羅馬天主公教也工商皆少原本國於明世宗嘉靖五年有意大里國人據其地越九載爲呂宋所取攙與耶蘇會僧人管攝後僧奏毋庸派設官守並禁呂宋國人前往其地以免日久篡奪致廢教規呂宋國君均依所請是以二百年來政事皆歸僧攝理乾隆三十二年

呂宋國王將耶蘇會僧盡逐出境本國遂附于加拉大河國爲一部派官鎮守迨呂宋所屬各國不服統轄驅逐守官本國各地亦自分二十縣首邑名阿松桑乃本國都也建于巴拉乖河岸因以得名其通商衢繁之地五處

地里備考曰烏拉乖國在亞美里加州南區之東南南極出地三十度起至三十五度止經線自西五十五度起至六十一度止東至巴拉西利國西界烏拉乖河南枕亞德蘭的海暨巴拉大河北接巴拉西利國南北千

二百五十里東西千三百里地面積方八萬三千里烟戶七萬餘口南皆山阜北則平原有河曰巴拉大曰烏拉乖曰內哥羅塞波拉地等貫徹沃潤故肥饒豐產地氣温和不害居棲不設君位公立官長以司政事所奉之教乃羅馬天主公教也工商皆少原本國始爲巴拉大河國之地繼爲巴拉西利國所取迨道光六年國人叛而自立不歸統屬各地分爲九府曰蒙德維罷曰馬爾多那曰加內羅斯曰桑若塞曰哥羅尼曰索黎奴曰白三都曰都拉各奴曰塞盧拉爾科國都建于巴拉大河岸右

瀛環志略曰拉巴拉他（一作孛臘達又作巴拉大河又作由乃的朴拉文士士）在智利東隔以安達斯山北界玻利非亞東界烏拉乖巴拉圭西南界巴他峩拏東南距海長約四千五百里廣約三千里巴拉圭（或作巴拉乖又作巴拉吾愛）又間於巴西拉巴拉他中長約一千八百里廣約八百里烏拉乖在巴拉圭南長一千二百五十里廣一千三百里

南墨利加洲內伯西爾國（原無今補）

職方外紀曰南墨利加之東境有大國名伯西爾起赤

道以南三度至三十五度而止天氣融和人壽綿長亦無病疾他方有病不能療者至此卽瘳地甚肥磽多奇異鳥獸江河爲天下最大有大山介孛露者高甚飛鳥莫能過產白糖最多嘉木種種不一而蘇木甚多亦稱爲蘇木國有一獸名懶面甚猛爪如人指有鬃如馬腹垂着地不能行盡一月不踰百步喜食樹葉緣樹取之亦須兩日下樹亦然決無法可使之速又有獸前半類狸後半類狐人足梟耳腹下有房可張可合恒納其子于中欲乳方出之其地之虎餓時百夫莫可當值其飽

後一人制之有餘即犬亦可斃之也饕餮之害如此國人善射前矢中的後矢即破前筈連發數矢常相接如貫無一失者俗多裸體獨婦人以髮蔽前後鑿頤及下唇作孔以猫睛夜光諸寶石篏入爲美婦人生子即起作務如常其夫則坐蓐數十日服攝調養親戚俱來問候餽遺弓矢食物有難以情理通者然習俗相沿亦莫覺其非也地不産米麥不釀酒用草根晒乾磨麵作餅以當飯凡物皆公用不自私土人能居水中一二時復能張目明視亦有能游水最捷者恒追執一大魚名都

白狠而騎之以鐵鈎鈎入魚目曳之東西走轉捕他魚素無君長書籍亦無衣冠散居聚落喜啖人肉西土常言其地缺三字王法文是也今已稍稍歸化頗成人理其南有銀河水味甘美嘗湧溢平地水退布地皆銀沙銀粒矣河身最大海口濶數百里水入海中五百里以内尚爲銀泉不入鹵味其北又有一大河名阿勒戀亦名馬艮温河身曲折三萬里未得其源兩河俱爲天下第一

萬國地里全圖集曰巴悉國一作伯西爾國東至大西洋海西連路巴拉等國南亦交巴拉北連墨西可與佛蘭荷蘭等藩屬北極出一度至南三十二度偏西自四十五至六十五度袤延方圓九百七十二里其地之山不高而大半平坦其江河又多又長普天下至長者曰亞馬孫河其口似海凡悉河由南流北鳥路愚愛河自北至南兩者皆長江也此國之林木深密財産山積惜人跡難到百物自萠自槁其國出紅木珈琲棉花白糖藥材牛皮烟焉又出金沙金鋼鑽石各項寶玉其居民無經營之心由外國買來物件布疋每年運出貨共價

銀千五百九十三萬兩出二千三百四十九萬兩葡萄牙國船初到此國一望荒地漸加開墾荷蘭國兵奪取之占據五十年復爲葡萄牙驅逐培植田稼買黑面人口而用之於道光年間居民上下四百萬丁其中八十萬白面之人四十二萬雜類十五萬自主之黑民以及百七十二萬黑奴是時居民自恃有權能自專制遂絶本國而自立舊王之世子爲君又取國之尊貴者合力協心治理其居民性憚勞惟雇黑奴行作自尋娛樂而温待其奴並非暴主也其國都及其馬頭曰牙匿羅其

海口廣大光景最美令初至者銷魂其居民百五十萬丁商船雲集又巴希亞馬頭居民悅賭博因陷溺日深匪類夜間殺人陌南補可大城居民七萬丁其地方一片平坦居民惟騎馬獵牛而已貴城在內地金沙剛玉所出居民惟用心出百寶而不務農內地之土人不多野性强梗○在此地之北尚有佛蘭西新地林樹稠密外人不服水土染瘴多死其都城曰加延出番樹與丁香等貨但因疫氣故人戶疏罕而國家罪犯徒流於此荷蘭亦開新地名曰蘇利南在水澤之中出白糖珈琲

等貨但其林內尚有遁去之黑人屢次與土人勾串滋事其都曰巴拉馬利破美城○英國北奪荷蘭地而居之沆茫泥地亦出白糖珈琲等貨將其地分三部曰特黙拉曰葢其坡曰北彼治其黑人大半在此耕田產物多而費耗繁是以其農無利

外國史略曰巴悉國一作伯西爾國北連危亞拉可倫比等國南連烏拉圭東及大西洋海西連銀國破利威伯路等國廣袤十四萬四千五百五十方里北極出地自四度十七分及南極三十八度地多山甚荒蕪多河澤饒材木五金寶玉等貨古無人到有葡萄國商船漂至其地一見山嶺廣大即占之居民蠻猛不服而無技藝究爲葡萄人火器所降服後荷蘭來爭暫據其地旋不能守葡萄亞再據之創立巴悉國居民共計六十萬口管是地者皆葡萄亞苗裔其黑面人則由亞非利加買運來每年四五萬口居民崇天主教物產最盛者爲白糖加非又出米緜烟紅木金剛石地雖肥饒百姓惟牧羊牛種甘蔗不種五穀故屢遭飢饉每年出金約值五萬圓金剛石值十萬圓運出貨價三千八百五十萬

圓通商之地係牙匿羅都城其進口船每年七百隻英國人十之四花旗國人十之二其北方尚有數海口通商民間殷戶多外國人此國君亦自稱王立公會以議國政民不好學故無學館每年所入公帑銀千八百二十五萬圓公欠九千一百萬圓兵十三萬民壯二十萬大小戰船一百二十隻其都曰牙尼羅城居民二十一萬巴希亞城居民十八萬五千巴拉城居民二萬八千五百聖保羅城居民四萬五千貴城居民三萬九千美城居民二萬五千白南布可城居民六萬二千

海國圖志卷六十九

外大西洋 南墨利加洲

歐羅巴人原撰
侯官林則徐譯
邵陽魏源重輯

南墨利加洲內智利國 原本

萬國地里全圖集曰南亞默利加地內之列國俱各自主除巴悉外其餘一切皆昔時是班牙藩屬○北地稱曰可侖比亞東及大西洋海西至大洋海北連巴那馬南交巴悉伯路等國北極出地自十二度至南極六度偏西自五十八至八十度袤延方圓七十二萬方里居民三百四十萬名遍地崎嶇峯高者二百一十四丈其火峯令人震懾兩大河一曰阿利諾一曰馬加他皆入大西洋海地出珈琲白糖烟靛等物山川內有金沙珍珠銅銀但居民游惰好賭博通商尚微男女並穿素衣防女甚嚴畧同回教其土蠻則狼心凶毒○其國家聽庶民自主因百姓連人與是班牙軍攻擊十敗十勝畢竟驅敵出境此時大衆嚚凌逞强不安生事其國之公欠太重不能還本又不能繳息因分其國以聽各自爲

主四邦各自立國○著名之城邑曰巴戕他其馬頭曰加拉甲內地貴多廣廠袤延甚遠終年晴和如春園林花發眞可謂樂園焉

智利國在南墨利加洲極南濱海或謂即職方外紀之智加國然彼稱爲長人與此志不同必非一地東界那孛臘達西界卑沙非益海南界巴羅彌那北界摩里威那南北距千有四百里東西距二百餘里幅員十七萬二千方里其地多山有十餘山常噴火焰最高之奄底士嶺終年冰雪不消其卑峯亦千有四五百丈地多震動之災惟土肥美宜稼植耶蘇紀年千有五百三十五年明嘉靖十四年始有大呂宋之阿爾麻俄羅跋涉艱險而至其地千有五百三十八年明嘉靖十七年有比特羅底哇爾底威阿始據爲國與土人爭戰十年千有五百五十年明嘉靖二十九年始奪得智利大半之地遂於濱海設立諸部落惟有阿勞果部落不服率兵往侵屢歲不克反致兵敗被擒自後呂宋雖常設計欲服阿勞果之人終不能得除阿勞果以外智利之地俱歸呂宋矣千有五百六十七年明隆慶元年呂宋設頭目仁尼臘爾管轄其地雖不及庇魯墨西果之盛而土沃礦旺亦

足富强一方千有八百之十年（嘉慶十五年）智利聞歐羅巴
各國擾攘遂欲背呂宋而自專制佛蘭西遣人往說不
從竟自立新總領以掌國事次年四月呂宋兵由庇魯
來攻智利兵敗走越俺底士大山而至孛臘達之免多
沙地求援于其畲山馬定遂與智利合兵攻拒呂宋屢
戰始得志復立智利總領雖不稱王而自爲一國不復
爲呂宋所屬其國每萬五千人立一底表第以轄之別
設數責人統轄每年征收稅餉銀百有十萬員雜課二
十萬員其在山底阿俄支發銀百有二萬六千九百四

十八員千攝西俺支發銀三十六萬員洼爾底威阿支
發銀十八萬員還欠項息銀四十萬員共計每年支發
銀百有九十六萬六千九百四十八員除征收之項尚
少銀六十六萬六千九百四十八員於千有八百二十
二年（道光二年）會計已欠蘭頓本銀百萬棒國內兵丁與庇
魯邊界額設防禦查巡步兵七千五百馬兵三千雖不
甚習練然勇壯善騎遇有事之時歲入不敷兵餉水師
軍專派律哥冶拉尼管領六十門礮大兵船一隻五十
門礮中兵船三隻小兵船數隻俱由英國購去舊船且

國帑不足恐難修繕堅固戶大約百有五十萬口俗與
大呂宋人不同樸魯謹厚相交以禮好遊敢戰女雖不
讀書識字頗多聰明能佐其男故其酋之精明自强立
國創業矣前時國人多奉加特力教近多改波羅特士
頓教在各國未亂以前國中向無書籍近日在山底阿
俄部設書館一所藏書數千卷槧板印刷子弟肄業者
四百人駸駸文物俗尚音樂女子少習歌謳貧人以竹
與麻爲墻覆以樹枝僅蔽風日富者所居內尚修飾外
則塗堅法律寬簡少奴僕偶有一二生子後即可自主

河道短狹惟有毛里河彌荷河較大源流亦不長遠常
患地震之災千有八百二十二年（道光二年）近海地方忽然
高起數仞千有八百三十五年（道光十五年）千攝西俺芝爾
蘭諸部落俱被震毀海水亦低忽有回浪高二十仞將
各岸被毀之物全行漂去而海岸忽又高起數仞船舶
俱閣岸土產金銅銀麥酒陶器
《地里備考》曰濟利國在美里加州南區之西南極出地
二十五度起至四十四度止經線自西七十二度起至
七十七度止東至巴拉大河花旗國暨巴達科尼地西

枕大海南接乖德加海灣暨巴達科尼地北界波里維亞國長約四千五百里寬約四百二十里地面積方十五萬五千里烟戶一兆四億餘口近海之地峰巒參天火山大者十有六內多平原少邱陵湖河相間河之長者十一湖之大者八田土極膴物產最豐地氣頗溫惟多震動不設君位立官司以理國政百工庸拙商賈寥落本國未爲呂宋并吞之前與北盧同爲一國明世宗嘉靖中有呂宋國人訪知其地富庶調兵侵之因水土不馴衢路崎嶇且國人堅守得地無幾迨乾隆三十八

年盡爲呂宋國所取嘉慶十五年因花旗國拒英吉利自立國人相效亦背呂宋逐守官自立爲國惟設官立法意見不同各不相睦內亂復興耶蘇一千八百十四載復爲呂宋國所取戰經四載乃克復其國通國分爲八部曰三的亞麻乃本國都也建于多波加爾馬河岸餘七部曰阿分加瓜曰阿固英波曰哥爾乍瓜曰卯勒曰公塞桑曰瓦爾的維曰濟盧埃其通商衝繁之地凡四。

外國史略曰治利國爲南洲之狹地廣袤八千方里居民七十七萬九千口東面皆高山隔銀國巴他峩尼西及大東南洋海北及破利威南連巴他峩尼南極出自二十五度及四十三度全地分八部山高千五百丈嶺常積雪出金銀而多地震且礦山無木草不出五穀惟兼出銅硝石鹽每年所出之銀七十六萬圓金十六萬圓民多勤勞英國船於道光十一年運進貨價一百九十五萬兩此國亦到中華粤省通商每年公帑收銀百三十萬圓公費約百九十六萬圓公項欠銀三百萬兩軍士三千民壯雖勇而無犯律其都曰散地亞峩城其

地高於海面二百六十丈其居屋各相離如炮臺之立墻其國之大港口瓦巴來所係通商之大市四方之船雲集昔係鄉里今居民有一萬五千大抵通商之效故富庶最易云

地里全圖集曰治理國一作智利國在伯路之南乃沿大海之窄地南極出二十四度至四十度其濶六百里而已袤延方圓五十一萬方里一帶高嶺在其東界愈至東方亦愈磊磊若疊中藏銀礦匠人自冰雪中穿孔開道每年出銀八十八萬兩金五十一萬兩紅銅愈多

所出又出五穀與各項鮮菓其居民尙農務好接旅客其女專務作樂彈琴容儀豐雅其國都曰散地亞峩在茅林之中其馬頭曰瓦拉巴乃南方之城交戰連年爲敵國所壞當是班牙攻擊之時土人奮勇拒擊至今大半未歸治里國統理論治里人驅是班牙國軍之際水陸獲勝可謂赳赳武夫此國家亦自立土主但浮氣輕躁反覆無常

案智利國居落機大山之西大東南洋之東山海扼塞雄踞一隅其最北與銀國隔山分界曰斯音破地

以南曰亞君加危又南分三邑中曰谷加危東曰毋尼羅撒西曰瓦巴來所又南曰毛利又南曰懷孕地又西南曰瓦地威又少南曰亞拉烏亞那其西南曰治羅島土沃礦旺其俗溫和好客女有姿容善音樂今西洋諸國行用番銀成色高者歐羅巴印度所鑄其常行者分四種曰墨西哥曰祕魯曰玻利非亞曰智利成色高下不同粵東人能辨之閩人不能辨也惟稱爲呂宋番又稱鷹仔番云

南墨利加州內各國兼攝地

地里備考曰南州之地屬英吉利兼攝者曰古牙那在亞美里加州南區之北緯度自北三度四十分起至七度四十分止經度自西五十九度起至六十二度止東至荷蘭國兼攝之古牙那地西南連哥倫比亞國北界亞德蘭的海長約一千里寬約三百八十里地面積方三萬五千里烟戸一億四萬七千餘口平原廣濶叢林稠密地分三州曰義斯給波曰德美拉利曰比爾比塞首邑名若爾口城泊所穩便市舶雲集

馬祿義那斯島又名發哥蘭在亞美里加州南區之南

緯度自南五十一度起至五十三度止經度自西五十九度起至六十五度止內有九十餘島大者曰發哥蘭曰索勒達地氣溫和人安物阜泊所穩便

馬加良英斯又名火地在亞美里加州南區之南緯度自南五十二度三十分起至五十五度五十九分止經度自西六十七度十四分起至七十七度十分止中多島嶼大者無幾地氣嚴寒不便居棲田土磽瘠物產維艱首邑建于義斯達多島中

地里備考曰本州之地隸弗蘭西國兼攝者曰古牙那

在亞美里加州南區之北緯度自北二度十六分起至五度五十五分止經度自西五十三度五十分起至五十八度三十五分止東南連巴拉西利國西接賀蘭國兼攝之古牙邪地北界亞德蘭的海長約千六百里寬約千一百里地面積方七萬六千二百里地多荒蕪人烟寥落首邑名加夜邪泊所穩便而貿易冷淡此外尚有兼攝數島在本州之中一名馬爾的尼加一名瓜達盧卑一名三德斯一名馬里亞加蘭大一名北約德爾一名德西剌德一名桑馬爾丁其桑馬爾丁島二歸佛蘭西兼攝一歸賀蘭所屬三島總名曰佛蘭西安的列

斯其島地大小不等泊所穩便近年貿易日盛往來如市

地里備考曰本州之地隸賀蘭國兼攝者曰古牙邪又名蘇里囊在美地加州南區之北緯度自北三度起至六度止經度自西五十四度起至六十度止東南連佛蘭西古牙邪地西接英吉利國之古牙邪地北界亞德蘭的海長約七百五十里寬約六百五十里地面積方五萬里烟戶九萬餘口中有一河名曰蘇里囊由南而北貫徹其地其餘大河曰馬羅尼曰薩拉美加曰古巴邪麻曰迷給利曰哥零丁田土膴腴地氣不馴首邑建于蘇里囊河左岸泊所寬濶帆檣如織此外尚有所攝七島皆在本州之中總名曰賀蘭安的列斯其島大小不等土肥産豐諸貨駢集

地里備考曰南州地屬布路亞兼攝者曰巴拉西利國在美里加州南區之東本巴悉國之分地也北極出地四度二十分起至南三十三度五十五分止經線自西三十七度起至七十五度止東枕亞德蘭的海西連巴

拉乖高北盧可倫比暨巴拉大河等國南接巴拉乖烏拉乖二國暨亞德蘭的海北界可倫比國暨古牙邪地長約九千五百里寬約九千里地面積方二百五十六萬九千八百六十里烟戶五兆餘口岡陵平原相間湖河甚多貫徹沃潤河之大者十湖之大者四地氣溫和田土極腴稼穡最豐草木藥材香料禽獸鱗介金石靡弗畢備粵稽歐羅巴亞細亞亞非里加三州之出産本國無不有之而本國所産樹木禽獸蟲豸他國多罕見君位歷代相傳所奉之教乃羅馬天主公教也此外各

教任人尊奉概不禁止技藝頗精貿易日盛明孝宗宏治十三年右路亞國人來據此地迨大呂宋兵侵擾布路亞國時本國亦爲賀蘭人所取明懷宗崇禎十三年布路亞國驅逐呂宋後遂與本國逐去賀蘭復歸布路亞國兼攝道光五年布路亞國君封其世子伯德祿于巴拉西利自爲一國不相統屬越六載伯德祿返國傳位于其子國分十八部曰里約熱內盧乃本國都也建于海濱百貨駢集五方輻輳曰聖寶盧曰三達加達里納曰聖伯德祿曰馬德葛羅索曰科阿斯曰迷那曰來

斯日斯不黎多三多曰巴義亞曰塞耳日貝曰阿拉科瓦斯曰伯爾能布各曰巴來罷曰北里約哥蘭的曰西阿拉曰標意曰馬拉艮曰加艮巴那其通商衝繁之地五處

外國史略曰南黙利加州各國兼攝地四區一英國所屬之危亞那國在亞利諾可河濱大半藪澤多烟瘴土甚肥出白糖加非各物英人所據地曰盎貴破曰他馬曰拉利居民產業之價每年收銀二千六百二十五萬圓運入之貨七百萬圓出者二千一百萬圓公帑收四十二萬圓費用四十九萬圓兵士七百民壯五千○一荷蘭所據之地曰蘇利南其都曰巴拉馬利城廣袤二百二十六方里居民六萬四千大半黑奴多廣林時與荷蘭交戰通商甚旺運出之物每年約二百五十萬兩○一佛蘭西所據者曰加音尼廣袤五百二十里居民二萬四千九百口地多密林尚未開墾爲謫徙罪人之地多染瘴而死故多逃亡○一葡萄亞所據之地屬巴悉國

墨利加州極南方土番部落

地里備考曰巴達科尼部落在美里加州南區之南緯度自南三十六度起至五十六度止經度自西六十五度起至七十八度止東枕亞德蘭的海西接濟利國暨大海南界南海北連巴拉大河國長約五千里寬約二千里地面積方六十六萬六千里烟戸約二億餘口山林層疊峯巒參天冰霜凝積永不消化其名齊野的瓦美的加拉拿三哥雷門的乃火山之大者也湖河衆多貫徹沃淮河之長者曰內哥羅曰加拉摩利斯曰加雷額湖之大者曰大湖曰德呼爾曰哥羅瓜卑田土不毛

其人有曰春濟曰爾不支曰亞老岡曰德灰勒各等名且總名之曰巴達岡地名亦於此取焉

海國圖志卷七十

外大西洋

邵陽魏源重輯

南墨利加諸島 原無今補

職方外紀曰南亞墨利加之島不可勝數其大者爲小以西把尼亞爲古巴爲牙賣加等氣候大抵多熱草木開花結實終歲不斷產一異草食之殺人去其汁則甚美亦可爲糧有毒木人過其影即死手觸其枝葉亦死覺中其毒亟沉水中可免有鳥夜張其翼則發大光可自照野猪猛獸縱橫原野土人善走疾如奔馬又能負

重若足力竭後以鍼刺股出墨血少許則疾走如初取黃金每歲限定幾日先期齋戒以祈神佑又有一島女人善射又甚勇猛生數歲即割其右乳以便弓矢昔有商舶行近此島遇女子盪小舟至射殺商舶二人去如飛不可追逐更有一島土人言其泉水甚異於日未出時往取其水洗面百遍老容可復如少又有一島名百爾謨達無人居魔叢其上其側近海無風恒起大浪海船至此甚險四十年間曾有一船至彼魔驀登其舟舟中人皆驚仆獨一舵師不爲動且詰問何物魔即應言

舟中有何工作我當代汝舵師指授所爲魔一一與言相反如命東即西命行則止舵師恍悟一法乃顛倒命之舟即疾行甚如飛鳥海道三萬里三日而至抵家言起程之期人皆不信視所寄書中日月果然其怪異如此又有一島墨瓦蘭嘗過此島不見人物謂之曰無福島又有珊瑚島以多生珊瑚樹故名之有新爲匿島甚大其勢貌似利未亞之爲匿島故以爲名亦曰入匿向未周遶此地意其與墨瓦蠟尼相連十餘年前乃知有海船過其南見爲一島經度起赤道以南一度至十二

度止緯度起一百六十五至一百九十止其土風未詳

每月統紀傳曰澳大利亞爲嶼四邊濱大南海及東南海也南南極出地四十七度一十七分北南極出地十度三十七分西出地偏東一百一十四度二十八分東出地偏東一百五十三度二十三分

西海諸島

萬國地里全圖集曰亞默利加西海之隅羣島棊布皆被歐羅　列國所據買黑面人墾種之是以居民稠密惟中多火峯屢次地震狂風輒作走石飛沙其島之形勢如弓彎北極出自一十度至二十六偏西自六十至八十四度南及可危等國北至縛即花旗國之半地其小嶼在南北向益增內有加勒島和暖豐產同于南海羣島出白糖酒珈琲珂珂子棉花等物但因開墾勞費所出貨價貴昂是以生意不盛○西班牙國初尋新地之時到此等島即開馬頭攻逐土蠻又買黑奴以耕墾由此販賣人口之弊起及西班牙人後到南海大地之金山遂棄此羣島猶散蹤不復管轄由是海賊羣赴島港藏匿攻擊是班牙國之商船如此英佛荷丁瑞各國

又乘亂據占其地及佛國大變之時其藩屬之黑奴即動干戈將其白主一切戮殺致萬有餘人受害嗣後土酋自立爲主是以英國民人仰體聖書福音之理知販賣人口不合律例明背上帝是以諭飭所有藩屬島內各黑奴一槩釋放而須銀六百萬兩賞還買黑奴之價共放五十三萬七千之奴此等仁行殊屬可讚焉○英國在此洲內所據之島如牙買加有山下溪澗灌溉田土其農甚盛而其會城京敦被地震滅且飄風毀壞又安地馬亞吉等島古時歸英國而多米尼加山地多巴

哉等島以及近附大地之特尼答島皆新所據取派軍防範建邑蓋屋居人樂業其北有巴夏馬之羣島東離大地九百有餘里亦有百慕他羣島兩者雖天氣溫晴却不產物已賣與外國不復重之也英國商船年年於各島運入銀千五百六十三萬兩所運出者一千三百八十一萬兩其船共計五千八百六十隻○西班牙國在此洲內所屬之古巴島長二千一百里最豐裕之地所運出之白糖烟珈琲酒等貨一年共計銀二千萬員所運出者共計二千二百萬員居民共計七十萬名其

中二十八萬黑奴英國雖嚴禁其販賣而西班牙船偷漏不勝其弊其會城曰夏瓦那居民十一萬丁所造之烟甚香價最貴貴港口亦歸是班牙國其黑奴不多但白面之人專務經營土產山積每年價銀二百四十萬兩○佛蘭西國在此洲內所屬之島曰馬耳地匿瓜他鹿等島生意最盛一年出入之貨計銀二百萬兩其風景亦美山青水綠鳥語花香又海地島甚廣大昔被佛蘭西國占據者但該黑奴謀叛殺其主而立黑王按例辦其島事此時國家未定常時更變於道光二十二年

其被地震大半敗壞居民死者數千地雖廣而民憚勞所運出之產價銀二百七十萬兩○荷蘭在此洲內所居之島止兩處雖不緊要其居民多發財○丁抹國在此洲內所屬島亦止兩處專務教其黑奴而釋放之瑞國亦據小島在北方但其生意微少（原無今補）

地理備考曰海地島國在美里加州北區之東南北極出地十八度起至二十度止經線自西七十一度起至七十七度止四面枕海東向波爾多黎各島西對矮買物古巴二島東界安的列斯海北接大西洋海長約千

五百里寬約五百五十里地面積方六萬里烟戶一兆餘口本國地勢山陵平原相間海濱陡峭河道甚多其長者七湖則無幾其最大者曰索馬士曰英黎幾洛曰多塞田土膏腴穀果豐饒土產銅鐵沉香綿花烟葉藍靛甘蔗加非牙蘭米等物地氣潮濕民性不馴不設君位國人自立官長以理事所奉之教乃羅馬天主公教也工商皆少明孝宗宏治五年爲意大里亞國人所據越數載其東土爲大呂宋國所取西土爲佛蘭西國所獲乾隆五十六年見花旗國自立之後于是西土黑人

首叛彿蘭西國共後東土之人亦接踵效尤遂於道光二年合爲一國不受統屬國分六府曰西府波爾德比零塞乃本國都也建于哥那威海灣曰南府曰東府曰北府曰東北府曰東南府

地里備考曰本洲之地隸瑞西國兼攝者曰桑巴爾多羅美乃安的列斯島之一也居緯度北十七度五十五分經度西六十五度十分迴環約五十里烟戶一萬六千餘口田土肥饒樹木上品泊所穩便舳艫相繼首邑名古斯達維亞

外國史略曰南默利加海隅內洲嶼棋布星羅自弗利他半地延及南亞默利加島嶼廣袤方圓四千三百八十方里與亞西亞之南方相連其地水多急溜船卒入之必遭危險各島之山高僅八丈天氣甚熱所產惟糖加非南果綿花而罕穀米是班亞初到此島時居民無多不知工作是班亞卽在列島開埠廣種植買黑奴來此代耕其後他國雲集或攻擊是班亞而奪其嶼或開荒蕪而設邦國島中居民多黑面約二百九十萬口或兩洋列國苗裔是巴亞人三十五萬口英吉利人六十萬佛蘭西人三十萬荷蘭人六千五百地方約二千一百里居民八十三萬口其中黑奴三十萬口自主之黑人十萬口英國所管者七十五萬口其中黑面人五十九萬七千口佛蘭西所管者方圓六十里居民二十三萬三千口荷蘭所管者方圓十三里居民二萬一千六百口大半係黑奴大尼國所管者八里居民四萬五千口瑞丁所管者二里半居民千六百口黑面人所管者方圓千三百八十五里居民約一百萬口其中佛蘭西人三萬口最大之島曰海地昔屬佛蘭西乾隆五十八

年佛國之叛奴原聽其自主後叛亂黑面人皆驅佛國官吏兵士遂自立爲王效花旗國擇首領管國務佛國屢攻伐不能克軍士四萬五千民壯十一萬三千水師小船六隻國帑收六百萬兩公欠項四百萬兩當佛國攝權之際運出加非白糖數百萬兩自亂後產物遂減其都曰京港又是班亞所屬之古巴島長百五十里濶三十五里居民七十三萬口黑奴居三分之一高山連亘出金銀石炭多支河下流進口之船千八百八十九隻運出之白糖二十五萬石加非五十萬三千石運入

之物共計千八百五十三萬圓運出之物千三百萬圓其烟爲眾國所貴其都係合瓦那內有大禮拜堂甚煌燿費銀十六萬○貴滋與亦屬是班亞廣袤百八十二里居民二十八萬八千其園圃五千七百畝所出者木料白糖綿花米粟並加非胡椒烟樹膏每年運入之貨甚多所出者亦然○英人所據之島計共七所別有他洲所據牙買加島之百姓每年通商利銀約六千萬圓運入者二千一百萬圓運出者二千八百萬圓出銀二百一十萬圓守兵士三千三百民壯一萬八千一百

又巴哈馬羣洲每年商利銀二百一十萬圓運入者六十四萬圓運出者五十三萬圓公帑收銀一十三萬三千圓出十四萬圓守兵士二百五十民壯六百又拉巴突等與每年商利銀三千三百九十圓運入之貨四百六十六萬圓運出者千四百八萬圓國帑收銀三十八萬五千圓出三十七萬八千圓守兵五百民壯六千九百又安地吳亞等島百姓所收千二百三十二萬圓運入之貨一百一萬圓運出之物三百九十九萬圓入公帑二十一萬三千圓出公帑二十一萬九千圓守兵八

百五十民壯四千八百又路齊亞島每年商利銀二百一十萬圓運進之物四十五萬五千圓運出者五十八萬一千圓收公帑七萬六千圓所出均同守兵三百民壯六百又三位島每年商利銀九百三十二萬五千圓運入者二百一十萬圓運出者一百七十五萬圓公帑所收二十四萬五千圓出帑均同守兵一千一百民壯四千五百又北毋他等洲每年商利銀百一十二萬圓運進之貨二百五十六萬圓運出者十八萬九千圓公帑收七萬圓出七萬五千圓兵士二百民壯六百此島

豐磽不一產白糖加非等○此藩屬地若無災難實海外最美之區英人派官管理此島白面人不多其黑面人則遍處散聚有耶蘇之教師各處教之○又大尼啇蘭等國所據之洲甚微今不悉敘

外國史畧巴他峩尼地之南所稱火地之矮人悉缺食物終年氷雪由大西洋望大東洋所駛之各船隨所稱焉義蘭海峽往來風甚烈○法蘭島英人據之以捕鯨魚海馬牛天氣雖冷尚有牧場足養牲畜並出各項食物居民罕少再南則氷雪之地全無居人矣

案承平既久，人滿爲患，奸宄日作，財用匱乏，一切便宜苟且，比於剜肉醫瘡，勢如養癰，終必潰敗。彼昏不知，方藉口庶哉之歎，生聚之謀，而不知時勢迥殊，後之轍非前之迹也。歐羅巴人極意搜求新地，得片土即經營墾拓，遂使萬古窮荒之僻島，畢獻精華，壯哉。

南極未開新地附錄。

職方外紀曰：先是閣龍諸人既已覓得南亞墨利加矣，西土以西把尼亞之君，復念地爲圓體，徂西自可達東，向至亞墨利加而海道遂阻，必有西行入海之處。於是治海舶，選舟師，裹餱糧，裝金寶，繕甲兵，命一強有力之臣名墨瓦蘭者載而往訪。墨瓦蘭既承國命，沿墨利加之東偏，紆廻數萬里，展轉經年歲，方茫然未識津涯。人情厭斁，輒思返國。墨瓦蘭懼功用弗成，無以復命，拔劍下令舟中曰：有言歸國者斬。於是舟人震慴，賈勇而前。已盡亞墨利加之界，忽得海峽，亘千餘里。海南大地又復恍一乾坤。墨瓦蘭率衆巡行，間關前進，祇見平原漭蕩，杳無涯際，入夜則燐火星流，瀰漫山谷而已。因命爲火地。而他方或以鸚鵡名洲者，亦此大地之一隅。其後

追厥所自，謂墨瓦蘭實開此區，因以其名命之，曰墨瓦蠟，爲天下之第五大州也。四庫全書總目辨此云：中國地數萬里爲一州，此海峽僅千餘里，亦指爲一州，豈非荒誕。源案：此書言過海峽後始見海南大地，又恍一乾坤，非即以海峽爲一州也。猶西洋來中國者，必繞過大浪山海峽始至阿細亞洲，非即以大浪山峽爲州也。海南大地，據地球儀器考之，亦必確有數萬里之地在南極左右，但西人初至其地，無人可訪，又無暇周遶測量，是以僅言其畧，實無以海峽當一洲之說。蓋西人書所謂峽者有三焉：兩洲相接，細地相連，如西紅海之峽是也；兩島中斷，舟過其間，如小瓜哇與下港之峽是也；海岸斗出海中，形如箕舌，若南洋滿剌加、南印度戈什峽、小西洋大浪山之峽是也。是峽於後二者必居其一。墨瓦蘭既踰此峽，遂入太平大海，自西復東，業知大地已過其半，竟直抵亞細亞馬路古界度小西洋，越利未亞大浪山而北折，遵海以還報本國。遍遶大地一周，四過赤道之下，歷地三十萬餘里，從古航海之績，未有若斯盛者。因名其舟爲勝舶，言戰勝風濤之險而奏巡方偉功也。其人物、風俗、山川、畜產與夫鳥獸蟲魚，俱無傳說，即南度極數、道里遠幾何，皆推步未周，不敢漫述，以俟後之君子。

澳門新聞錄曰：道光庚子，有佛蘭西二船往南極考察地方，船主阿威厘統理之。正月十九，即十九年十二月十五日。直至南極之六十六度，遙望已見有地方。第三日離

南極地不過五六里遂遣小船向無氷處登岸上拾取石塊地甚大一望無邊阿威里本欲細心考察第五日忽見離岸一帶皆已成氷不得已即回第六日忽遭暴風西厘船險幾撞破更不敢向南極駛去南極下地方寒冷可畏并不見有走獸等物即海騾亦不見一隻阿威厘今既考察出此地其名已列于本國行船之館矣

又云考察出南極地方之事始于米利堅船而佛蘭西人阿威厘今亦已考察至此于一千八百二十三

年有捕獲海騾之人名吻特厘曾駕船駛至南極之七十四度併無險阻更爲温煖于一千八百三十九年六月十九（即十九年五月初九日）阿威厘曾寫信與礪拉巴之才藝館辨駁此事云吻特厘所説果眞何不駕船直向南極駛去阿威厘自言于二月十五（即十九年正月初二）日駛至紐耶蘭島同山威治島之間尚未到吻特厘所説之處即見有氷山阻其去路一望無邊欲尋一縫隙前進亦不能得或者吻特厘到彼處時適值氷山盡消故無阻碍得到七十四度亦未可定但一年

額連蘭島出海漁船不少豈無間遇氷消可至七十四度者乎此阿威厘辨駁之語但以理度之愈近南極天氣應愈温煖何以反天寒氷大是天氣之冷煖併不全係乎度數之遠近況船主巴里亦曾駕船到過南邊七十五度之墨威厘島而船上之伙長人等亦仍在船面行走二三點鐘之久始覺微寒而已是巴里所到之處比吻特厘更近南極一度而天氣亦不覺十分寒冷更見吻特厘所言之可信而阿威厘天寒氷大之説可疑（案兩極下皆太陽行度所不到皆冷帶也距熱帶温帶甚遠是

氷阻無人物之説甚確而南極下溫煖之説全無此理）

又云考察南極地方之事云有新回來之阿彌利堅洲育柰士迭國溫先呢士船船主名威厘機士此船離腮呢島已八十日正月十九（即十九年十二月十五日）直駛至南極之六十四度二十分見有地土此船曾繞着南極海岸遊行七百里因離岸稍近常致擱淺常爲氷山所環繞併歴暴風不少幸船未撞破現在帶有南極地方之石回來有重至百餘棒者考察出此地雖無益於貿易之事然可以釋衆人欲知南極有無地

土之疑心現在三船會合即要到紐耶蘭島去若幸得回紐耶蘭即在往南極考察

海島逸志曰和蘭欲胥南洋之地開擴州府以甲板船四各持三載糧從南海覔地方望南迅發窮極涯際不見島嶼經一年餘至昏黑之處雲霧繞船不辨天海毒魚怪鳥窺人不避日月無光晝短只二三時餘則長夜矣駭懼而返及至葛留巴四舟僅存其二焉

每月統紀傳曰地球面上惟近中帶者最爲温熱離

中帶偏南北兩邊皆有冬夏之别寒熱不等至更遠離中帶兩邊則寒涷尤甚常有永不消之氷英佛等國多有船到南北氷洋勘察新地因極南多過氷成大山不無破船是以先未察悉去年有一船游奕南洋露出一大洲在非利加及米利加二大洲之南見有等島名爲大風此外無他生物亦無果蔬可食想其地極寒恐種穀麥不生也

海國圖志目錄

海國圖志卷七十一

表一原無今補

南洋西洋各國教門表

邵陽魏源譔

敘曰天祐下民作之君作之師君長一國一時師長數十國數百世故自東海以至西海自北極以至南極國萬數里億數人恒河沙數必皆有人焉魁之桀之綱之紀之離之合之語其縱則西域自佛未出世以前皆婆羅門教以事天治人爲本即彼方之儒自佛教興而婆羅門教衰佛教衰而婆羅門教復盛一盛爲耶蘇之天主教再盛爲穆罕默德之天方教皆婆羅門之支變婆

羅門教游方之內者也佛教游方之外者也語其橫則自中南東三印度而緬甸暹羅而西藏而青海漠南北蒙古皆佛教自西印度之包社阿丹而西之利未亞洲而東之葱嶺左右哈薩克布魯特諸游牧而天山南路諸城郭皆天方教其大西洋之歐羅巴各國外大西洋之彌利堅洲各國則皆天主教與中國安南朝鮮日本之儒教離立而四語其支派則佛教分爲三一墨那敏教即印度國舊教一名興杜教一大剌麻教即西藏之黃教

一墨魯赫教即西藏之紅教一名墨低蘭教天方回教分爲三一由斯教即婆羅門舊教一馬哈墨教即穆罕默德所創行于阿丹者一比阿厘教則其兒子所傳行于巴社都魯機者天主教總名爲克力斯頓教亦分三一加特力教乃意大里亞所行天主舊教一額利教一波羅特士頓教則諸國所後起大都有不供他神而尚供天主偶像畫像及禮拜前賢生日者有一切不供惟敬天者有供十字者有不供十字者世傳西洋惟英吉利一國獨闢天主教不知英夷所闢者加特力教爾故英夷國

王將立則國人必會議約撕士背加特力教而尊波羅特士頓教始即位英夷何嘗盡闢克力斯頓教哉又有道教散處各國予身修鍊名巴柳士良教歐羅巴利未亞洲皆有之特不及各教之紀年建朔云自道術分裂儒分八墨分三釋道亦各分歧支同中立異鬬諍堅固于一教中且自相胡越況欲并包殊族泯其畛域會其大同此必不然之數廣谷大川異俗民生其間剛柔輕重遲速異齊　皇清能并回部不能使天山南路舍回教而被儒服能服番蒙不能使西藏漠北舍黃教而誦

六經鄂羅斯兼并西北英吉利蠶食東南而不能使白帽黃帽之方盡奉天主故曰因其教不異其俗齊其政不易其宜作南洋西洋各國教門表

東南洋海岸之國　安南兼儒佛二教今不列表

暹羅　佛教

緬甸　佛教　南掌老撾整線各國並同

東南洋海島之國　日本琉球兼儒佛二教今不列表

小呂宋島　加特力教　舊本土番無教門明以來西洋據此地行教

大瓜哇島　即蘇祿文萊等　舊佛教今回教

小瓜哇島　即葛留巴　舊佛教今回教

亞齊島　即蘇門答剌三佛齊　舊佛教今回教

餘小島無教門不錄

西南洋五印度各國　西藏及蒙古皆剌麻黃教以非海國今不列表

東印度榜葛剌　墨那敏佛教

南印度孟邁等地　錫蘭山島同　墨那敏佛教

中印度溫都新坦　墨那敏佛教　溫都斯坦今稱爲小白頭回子據此志尚屬佛教

西印度包社　舊佛教今比阿厘回教　或曰即巴揶士艮教

西印度阿丹　舊佛教今馬哈墨回教　由斯回教

北印度克什彌爾　舊佛教今馬哈墨回教

南都魯機兼有加特力教　舊佛教今阿比厘回教由斯回教

此外若葱嶺以西之哈薩克布魯特巴達克山愛烏罕布哈爾敖罕葱嶺以東之八城回部自明以來并改佛教爲馬哈墨回教以非海國不列表

小西洋利未亞洲各國　利未亞洲亦有道士教見阿邁司尼國志

東方伊揖國　國內兼有佛教　由教　額利教　加特力教

東方阿邁司尼國　由教　加特力教

東利未亞八部　其六部屬葡萄亞教門未詳其二部屬阿丹馬哈墨回教

北利未亞四部　馬哈墨回教

西利未亞二十四部　小國土蠻祀鬼不知教門

南利未亞四部　小國土蠻祀鬼不知教門

中利未亞二十五部　馬哈墨回教

大西洋歐羅巴洲各國　歐羅巴亦有道士教原志未分析各國故不列表

葡萄亞國　加特力教

荷蘭國　婆羅特士頓教　彌爾尼王與荷蘭同國而别奉加特力教

佛蘭西國　加特力教

英吉利國　婆羅士特頓教
意大里國　加特力教
耶馬尼國二十七部　半加特力教半波羅特士頓教
歐塞特厘阿國　加特力教　婆羅特士頓教
塞牙里與同國亦兼有二教
波蘭國　加特力教
綏林國　婆羅士特頓教
領墨國　加特力教
瑞國　加特力教

普魯社國　或由教或魯低蘭教或加特力教或婆羅特士頓教
北都魯機國　阿比厘回教
北洋俄羅斯國各部
大俄羅斯十七部　額利教
西俄羅斯八部　額利教
東俄羅斯五部　額利教
小俄羅斯三部　額利教
南俄羅斯五部　額利教
加匽俄羅斯四部　額利教

西南新藩俄羅斯五部　馬哈墨回教本回部故
東北新藩俄羅斯四部　剌麻佛教近蒙古部落故
外大西洋墨利加洲各國
北洲彌利堅國二十七部　加特力教　婆羅特士頓教
北洲智利國　加特力教　婆羅特士頓教
其餘北洲内墨西科等國南洲内孛露國金加西蠟國伯西爾國智加國教門未詳

四洲志載加特力教萬有千六百萬人額利教七

千萬人婆羅特士頓教四千二百萬人由教約四五萬人亦作由斯教馬哈墨教萬有二千萬人巴梛士艮教七千三百萬人郎道士教墨那敏教七千萬人大剌麻教五千萬人墨魯赫教四千萬人共計各教六萬七千一百萬人案克力斯頓乃西洋本教或能悉其多寡至西藏蒙古之佛教新疆南路之回教與各洲之道教英夷何由籍其人數耶又志中惟克力斯頓教三派分載最詳至天方教則阿丹志中既言回教中分為二一日色底特士教一日

比阿厘教。阿厘者穆罕然德兄子，傳教而小別其宗，乃各國志中但概稱馬哈默教，無一日比阿厘者。今惟巴社及都魯機知其爲比阿厘回教，餘國則亦無從區別，當俟質諸天方之士。

海國圖志卷七十一

表二 原本無今補

邵陽魏源譔

中國西洋厤法異同表

敘曰：西域厤法傳中國者，唐有九執厤，元有萬年厤，回回厤。九執即天竺厤法也。天竺以望後一日至次月望爲一月，故有白半月、黑半月之名。今西夷歐羅巴洲及彌利堅洲各國厤法，則與天竺異，而與回回厤略同。皆以中國冬至後十日爲元旦，蓋取太陽過宮最卑行最疾之日爲贏縮起算之端，與中國冬至太陽在赤道最南之日者殊科。然太陽之有南北，寒暑所由生也，耕斂所由節也，是爲欽若授時之本，必當顯然布告。非若贏縮之事，特臺官逐日推算以定二十四氣七十二候及晦朔弦望交食之時刻，百姓則可日用而不知也。且最卑有行分，約六十年行一度，即差一日。其始年在中國冬至前二十日，約計道光五十年後即在冬至後十一日，再積三千餘年，以中國春分日爲元旦矣。萬年而後元旦將在炎夏矣。中國與歐羅巴同在赤道以北，中國以太陽在赤道最南晝極短夜極長之日爲冬至，冬日太陽在赤道南則斜照中國故恒寒夏日太陽在赤道北則正照中國故恒暑以此節耕斂頒政事奚不可行于歐羅巴乃不以寒暑爲歲時不與物候民事相關應何哉或謂中土居國也囿於一方獨成其是西夷行國也日航大海繞地一周舟行日千餘里無庸候風三日可更裘葛今日至一地而省民耕明日至一地卽省民斂不必以寒暑爲歲時此沉溺西法曲狥之論夫西農各耕本國不隨市舶爲遷移西商謚鶩重溟何預耕斂之省視豈有人君頒歷不據本國之時令而任無定之舟航　國朝曾取其人供職欽天監考制儀器而不用其歷法蓋知其與民事無涉也今華夷通市正朔相通姑表其異同以便稽覽其法足三百六十有五日爲一年每四年于三月內閏一日其各月內大小日數則正月三月五月七月八月十月十二月各三十有一日四月六月九月十一月各三十日惟二月止二十有八日

今表兩年爲例如左

道光十八年戊戌 西夷千八百三十八年	道光十九年己亥 西夷千八百三十九年
正月小建甲寅 西夷正月日然收阿厘	正月小建丙寅
初一日 西夷正月二十六日	初一日 西夷二月十四日
初六日 西夷正月三十一日	十一日 西夷二月二十四日
十一日 西夷二月初五日	十五日 西夷二月二十八日月盡
二十一日 西夷二月十五日	二十一日 西夷三月初六日
二月大建乙卯 西夷二月日飛普阿厘	二月大建丁卯
初一日 西夷二月二十四日	初一日 西夷三月十五日
初五日 西夷二月二十八日月盡	十一日 西夷三月二十五日
十二日 西夷三月初六日	十七日 西夷三月三十一日月盡
二十二日 西夷三月十六日	二十一日 西夷四月初四日
三月小建丙辰 西夷三月日嗎治	三月小建戊辰
初一日 西夷三月二十六日	初一日 西夷四月十四日
初六日 西夷三月三十一日月盡	十一日 西夷四月二十四日
十一日 西夷四月初五日	十七日 西夷四月三十一日月盡
二十一日 西夷四月十五日	二十一日 西夷五月初四日
四月大建丁巳 西夷四月日阨悖厘爾	四月小建己巳
初一日 西夷四月二十四日	初一日 西夷五月十三日
初七日 西夷四月三十日月盡	十一日 西夷五月二十三日

十一日西夷五月初四日
二十一日西夷五月十四日
閏四月小
初一日西夷五月二十四日
初八日西夷五月三十一日月盡
十一日西夷六月初三日
二十一日西夷六月十三日
五月小建戊午西夷五月月畔
初一日西夷六月二十二日
初九日西夷六月三十日月盡
十一日西夷七月初二日
二十一日西夷七月十二日
六月大建己未西夷六月日潤
初一日西夷七月二十一日
十一日西夷七月三十一日月盡
二十一日西夷八月初十日
七月大建庚申西夷七月日如來
初一日西夷八月二十日

十九日西夷五月三十一日月盡
二十一日西夷六月初二日
五月大建庚午
初一日西夷六月十一日
十一日西夷六月二十一日
二十日西夷六月三十日月盡
二十一日西夷七月初一日
六月小建辛未
初一日西夷七月十一日
十一日西夷七月二十一日
二十一日西夷七月三十一日月盡
七月大建壬申
初一日西夷八月初九日
十一日西夷八月十九日
二十一日西夷八月二十九日
二十三日西夷八月三十一日月盡
八月小建癸酉
初一日西夷九月初八日

十一日西夷八月三十日
十三日西夷八月三十一日月盡
二十一日西夷九月初九日
八月小建辛酉西夷八月日河兀土
初一日西夷九月十九日
十一日西夷九月二十九日
十二日西夷九月三十日月盡
二十一日西夷十月初九日
九月大建壬戌西夷九月日涉點麻
初一日西夷十月十八日
十一日西夷十月二十八日
十四日西夷十月三十一日月盡
二十一日西夷十一月初七日
十月大建癸亥西夷十月日多屋麻
初一日西夷十一月十七日
十一日西夷十一月二十七日
十四日西夷十一月三十日月盡
二十一日西夷十二月初七日

十一日西夷九月十八日
二十一日西夷九月二十八日
二十三日西夷九月三十日月盡
九月大建甲戌
初二日西夷十月初七日
十一日西夷十月十七日
二十一日西夷十月二十七日
二十五日西夷十月三十一日月盡
十月大建乙亥
初一日西夷十一月初六日
十一日西夷十一月十六日
二十一日西夷十一月二十六日
二十五日西夷十一月三十日月盡
十一月大建丙子是月十七日酉戌刻冬至
初一日西夷十二月初六日
十一日西夷十二月十六日
二十一日西夷十二月二十六日
二十六日西夷十二月十一日歲

十一月小建丙子是月初六日甲辰未刻冬至○西夷十一月日卿民麻	二十七日西夷一千八百四十年正月初一日
初一日西夷十二月十七日	十二月小建丁丑
十一日西夷十二月二十七日	初一日西夷正月初五日
十五日西夷十二月三十日歲終	十一日西夷正月十五日
十六日西夷一千八百三十九年正月初一日	二十一日西夷正月二十五日
二十一日西夷正月初六日	二十七日西夷正月三十一日月盡
十二月大建乙丑西夷十二月日厘森麻	
初一日西夷正月十五日	
十一日西夷正月二十五日	
十七日西夷正月三十一日月盡	
二十一日西夷二月初四日	
道光二十年庚子西夷一千八百四十年二月逢閏一月	
正月大建戊寅	七月小建甲申
初一日西夷二月初三日	初一日西夷七月二十九日
十一日西夷二月十三日	初三日西夷七月三十一日月盡
二十七日西夷二月二十三日	十一日西夷八月初八日
二十七日西夷二月二十九月盡係行閏之年故多一日	二十一日西夷八月十八日
二月小建己卯	八月大建乙酉

初一日西夷三月初四日	初一日西夷八月二十七日
十一日西夷三月十四日	初五日西夷八月三十一日月盡
二十一日西夷三月二十四日	十一日西夷九月初六日
二十八日西夷三月三十一日月盡	二十一日西夷九月十六日
三月大建庚辰	九月小建丙戌
初一日西夷四月初二日	初一日西夷九月二十六日
十一日西夷四月十二日	初五日西夷九月三十日月盡
二十一日西夷四月二十二日	十五日西夷十月初六日
二十九日西夷四月三十日月盡	二十一日西夷十月十六日
四月小建辛巳	十月大建丁亥
初一日西夷五月初二日	初一日西夷十月二十五日
十一日西夷五月十二日	初七日西夷十月三十一日月盡
二十一日西夷五月二十二日	十一日西夷十一月初四日
五月小建壬午	二十一日西夷十一月初四日
初一日西夷五月三十一日月盡	十一月大建戊子是月二十九日乙卯辰刻冬至
十一日西夷六月初十日	初一日西夷十一月二十四日
二十一日西夷六月二十日	初七日西夷十一月三十日月盡
六月大建癸未	十一日西夷十二月初四日

初一日　西夷六月二十九日	二十一日　西夷十二月十四日
初二日　西夷六月三十日月盡	十二月大建己丑
十一月　西夷七月初九日	初一日　西夷十二月二十四日
二十一日　西夷七月十九日	初八日　西夷十二月三十一日歲終
	初九日　西夷一千八百四十一年正月初一日
	十一日　西夷正月初三日
	二十一日　西夷正月十三日
	三十日　西夷正月二十二日

烏程陳杰曰西法云足三百六十五日爲一年四年閏一日恐亦言其略耳蓋如其言推之每年歲實適合三

百六十五日四分日之六中國漢賈逵四分法也西洋有太史第谷定爲三百六十五日二四二一八七五用此數推之每一百二十八年閏三十一日則差一日矣四年閏一日則一百二十八年應閏三十二日又最卑有行分不及六十年即行一度又應閏一日最卑之行古小今大約略計之一百二十八年當閏兩日以此懸揣西法當以百二十八年而閏三十三日一千八百四十年應閏四百七十四日乃以三百六十五日與一千八百四十年相乘得六十七萬一千六百日加四百七十四日得六十七萬二千零七十四日是自英國奉耶穌教之年之元旦日起至其第一千八百四十一年之元旦前一日止之日數也其第一千八百四十一年之元旦前一日爲我中國道光二十年庚子十二月初八日甲子日以中國歷朝歲實遞有增減約略計之道光二十一年辛丑年前冬至日上距漢平帝元始元年年前冬至日得六十七萬二千零五十日兩數相減餘二十四日再減去十二月初八日係在冬至後九日餘十五日是奉耶穌教之年之元旦日在漢平帝元始元年

年前冬至之前僅十五日耳惟中國于太陽最卑至元郭守敬始發之尚未知有行分至明季始知有行分我朝康熙乾隆年間兩改其行漢晉唐宋實不可攷則當兩漢之末哀平之年或在冬至前二十餘日亦未可知梅文鼎據康熙戊辰瞻禮單算得耶蘇生在哀帝庚申年冬至前二十餘日竊疑是日爲奉耶蘇教始年之元旦日非耶穌天主降生之日也又曰哀帝元壽二年庚申十一月之冬至距唐高祖武德元年戊寅年前之冬至六百一十七年再距宋太祖建隆元年庚申年前之冬至又三百四十二年再距元世祖至元七年庚辰年前之冬至又三百二十年再距明太祖洪武元年戊申年前之冬至又八十八年再距順治元年甲申年前之冬至二百七十六年再距道光二十一年辛丑年前之冬至一百九十七年通計自漢哀帝元壽二年庚申十一月冬至起至道光二十年庚子十一月二十九日乙卯冬至日止凡一千八百四十年約計六十七萬二千零五十日以現行歲差及今道光二十一年前冬至日冬至時在箕初度五十六分計之漢哀帝元壽二年

庚申十一月冬至日在斗十八度又今最卑過冬至十度十分漢哀平之交應在冬至前二十度三十分英夷當于冬至前二十一日除歲

附天竺回回歷法考

俞正燮曰釋迦文佛之生也以中土二月既望爲角宿直日數至鬼宿直日當中土三月八日即佛生日若以歷法言之則當日春分後二十三日佛生也佛本行集經上記兜率品俯降王宮品並云取鬼宿日然後入於母胎迦葉三兄弟品云此沙門鬼宿日生今鬼宿明不爲餘星所逼其龍門決勝此旁出之言並可爲確徵佛

國月日。與中土不同以宿直日眞佛日也若樹下誕生品云春初二月八日鬼宿合時生過去現在因果經云二月八日生四月七日降魔瑞應經云四月八日夜明星出時生其佛羅安國渤泥國或以爲六月十五日佛生佛西土人安得以中憲論月日哉佛說灌佛經四月八日以期灌佛摩訶滌頭經佛告天下人民十方諸佛皆用四月八日夜半時生爲春夏之際殃罪悉畢萬物發生毒氣未形不寒不熱時氣和適以今爲佛生日又漢末交州牟子博理惑論佛四月八日生孟夏之月仲

呂之時此竝中土之妄言或宏明集所附益也佛所行讃則云三月八日生元李翀日聞錄云元初杭城每歲三月八日迎佛或新至番僧猶有所受唐元奘西域記佛國云菩薩誕靈以舍佉月後半八日藍摩國剃髮窣堵波云佛以吠舍佉月後半八日出家摩揭陀國菩提樹東北人云佛以吠舍佉月後半八日生成等正覺此竝三月八日之明徵惟加毘羅代窣堵國云菩薩降神母胎當此中土五月十五日諸部則以此月二十三日夜降母胎當此五日八日此竝指其入胎之時非出胎

時。佛國上座部云菩薩誕靈吠舍佉月後半十五日。此則一以爲佛生三月十五日小有不同晉法顯傳云舍衞城年年常以建卯月八日行像于闐國四月一日至十四日行像西域記又云屈支以秋分行像是西土作佛事月日無有言佛以巳月八日生者長阿含經阿闍世王二月八日沸星出時佛生二月八日沸星出時出家二月八日沸星出時成道八月八日沸星出時取般涅槃無垢施菩薩分別應辨經音義云依諸經言佛以鬼宿日生成道出家皆用二月八日鬼宿合時依日藏

分經用二月九日曙以夜分屬九日故遼史禮志云二月八日爲悉達太子生辰金史海陵紀云正隆元年十一月癸巳禁二月八日迎佛其致誤有由經云二月後半八日者佛國以中國望後一日至中國次月望爲彼十一月開元占經有九執法唐僧瞿雲悉達治唐憲以明慶二年二月一日起算唐志云開元二年誤其本術則云白博又二月春分朔於是曜躔要以起算然則春分本中法二月中鬼宿當春分起算角直之二十三日合白黑博又言月白望至望白半月黑白月則鬼直爲後半八日謂黑博又之第八日節氣

中氣不能齊，則當朔望範之。取一歲之第一鬼宿日，就西法以春分言，由中法二月十六日起，角直數之，則西域記所稱佛國吠舍佉月後半八日生者，於諸說中爲獨合。佛本行經，佛苦行六年，二月十六日善生村主二女作糜，至二十三日供佛。十五日爲一半，則二十三日是後半八日也。分別應辨音義言二月八日者，在西土一月之後半，當屬西土之二月，而譯者以中土二月當之，名差半月，實差一月。是說也，吾思之十年，讀開元占經而始知之。源案：俞氏考佛生年甚舛，而考佛生日則是，故分別存之。

附明史回回歷論

回回歷法，西域默狄納國王馬哈麻所作。其地北極高二十四度半，經度偏西一百零七度，約在雲南西八千八百餘里。其歷元用隋開皇己未，即其建國之年也。洪武初，得其書于元都。十五年秋，太祖謂西域推測天象最精，其五星緯度又中國所無，命翰林李翀、吳伯宗同回回大師馬沙亦黑等譯其書。其法不用閏月，以三百六十五日爲一歲，歲十二宮，宮有閏日，凡百二十八年而宮閏三十一日。以三百五十四日爲一周，周十二月，月有閏日，凡三十年月閏十一日。歷千九百四十一年，宮月日辰再會。此其立法之大概也。

按西域歷術見於史者，在唐有九執歷，元有札馬魯丁之萬年歷。九執歷最疏，萬年歷行之未久，惟回回歷設科隸欽天監，與大統參用二百七十餘年，雖于交食之有無深淺時有出入，然勝于九執、萬年遠矣。但其書多脫誤，蓋其人之隸籍臺官者，類以土盤布算，仍用其本國之書，而明之習其術者，如唐順之、陳壤、袁黃輩之所論著，又自成一家言，以故翻譯之本不行於世，其缺殘宜也。今爲博訪專門之裔，攷究其原書，以補其脫落，正其訛舛，爲回回歷法，著於篇。案：默狄納即默德那之音轉。

海國圖志卷七十三

表三 原無今補

中國西洋紀年通表

邵陽魏源譔

敘曰自生民以來際天所覆大一統之國惟中國萬里一朔故正槩王王繫春以時改元紀號整齊天下編垂史冊各不相襲此外九夷八荒自爲風氣則皆各君其國各子其民矣苟各自爲朔將棼然雜出奚從綱紀條貫矣故印度西藏蒙古則以佛涅槃之歲後紀年葱嶺東西各回部則以天方穆罕默德辭世之歲紀年大小

西洋及外大西洋則皆以天主耶穌降生之後紀年皆合數百十國數萬里爲一教正朔不係君而係師豈得已哉隋書經籍志言佛說滅度以後正法五百年象法一千年末法三千年耶穌生漢哀帝元壽間上距周莊王十年恒星不見佛生閱八十歲涅槃當周匡王六年凡六百有二歲而天主耶穌生力距佛教此正法五百餘年之應漢元壽下距開皇十四年回教穆罕默德辭世之歲共五百九十四年丙除其生世數十載正五百餘年驅僧毀寺變西北諸印度爲回教此像法千年之應是則自周至漢至隋佛教東流而天主與天方迭據印度代興持世入主出奴各乘氣數皆懸記于千載之前而符合乎千載以下天時人事有開必先不翅五德迭王文質遞尚焉而近日黟縣俞正燮作釋迦文佛生日論獨謂佛生於漢成帝元延元年四月丁丑沸星四面下至地之日與耶穌同時至隋世回教興始爲正法五百之歲由其說則佛生距漢明帝永平三年感夢之時僅七十二歲是佛與明帝同時遽已名聞漢廷光徵帝夢而白馬馱經之使竟當親覿金容面聆口授乎俞

氏于漢永平之夢則欲減佛壽爲六十七歲以就之以明帝永平入夢必在佛滅後故于像法千年又以旃檀像至宋太平興國始移東都當之不以其離西土之歲而以其在中土遷移之歲則此像至今尚存燕京旃檀寺不將謂像法二千年耶俞氏以佛授記旃檀像于佛滅度千年後像往震旦即使果如所論而旃檀佛像以梁天監十年四月五日至揚都距周匡王六年佛滅度時千有百載亦正合千年之讖若佛滅于漢章帝時則至梁天監僅四百餘年耳佛滅四百載旃檀佛像已離西竺適中土安得謂西方像法垂千年乎辨證彌勒踖盩彌遠天方教闢佛天主教豈不闢佛乃以正法之替獨歸之回教乎計道光二十有二年距周匡王五載佛滅度之歲凡二千有四百四十四年距漢元壽

初天主耶穌降生之歲千有八百四十二年距隋開皇十四載回教主辭世日千有二百五十年今列西洋年表而以回教佛教年歲綴其後

中國西洋紀年通表

漢哀帝元壽二年庚申冬至西洋耶穌降生上距周匡王五年佛涅槃之歲六百餘年

漢平帝元始元年凡五年　西洋耶穌第一年

漢孺子嬰居攝元年凡三年　西洋耶穌六年

新莽始建國元年凡五年　西洋耶穌九年

新莽天鳳元年凡六年　西洋耶穌十四年

新莽地皇元年凡三年　西洋耶穌二十年

漢更始元年凡二年　西洋耶穌二十三年

漢光武帝建武元年凡三十一年　西洋耶穌二十五年案耶穌三十三歲卽遭難以後但稱西洋

漢光武帝中元元年凡二年　西洋五十六年

漢孝帝永平元年凡十八年　西洋五十八年

漢孝章帝建初元年凡八年　西洋七十六年

漢孝章帝元和元年凡三年　西洋八十四年

漢孝章帝章和元年凡二年　西洋八十七年

漢孝和帝永元元年凡十六年　西洋八十九年

漢孝和帝元興元年凡一年　西洋百有五年

漢孝殤帝延平元年凡一年　西洋百有六年

漢孝安帝永初元年凡七年　西洋百有七年

漢孝安帝元初元年凡六年　西洋百十四年

漢孝安帝永寧元年凡一年　西洋百二十年

漢孝安帝建光元年凡一年　西洋百二十一年

漢孝安帝延光元年凡四年　西洋百二十二年

漢孝順帝永建元年凡六年　西洋百二十六年

漢孝順帝陽嘉元年凡四年　西洋百三十二年

漢孝順帝永和元年凡六年　西洋百三十六年

漢孝順帝漢安元年凡二年　西洋百四十二年

漢孝順帝建康元年凡一年　西洋百四十四年

漢孝中帝永嘉元年凡一年　西洋百四十五年

漢孝質帝本初元年凡一年　西洋百四十六年

漢孝桓帝建和元年凡三年　西洋百四十七年

漢孝桓帝和平元年凡一年　西洋百五十年

漢孝桓元嘉元年凡二年　西洋百五十一年

漢孝桓帝永興元年凡二年　西洋百五十三年

漢孝桓帝永憙元年 凡三年 西洋百五十五年
漢孝桓帝延憙元年 凡九年 西洋百五十八年
漢孝桓帝永康元年 凡一年 西洋百六十七年
漢孝靈帝建寧元年 凡四年 西洋百六十八年
漢孝靈帝熹平元年 凡六年 西洋百七十二年
漢孝靈帝光和元年 凡六年 西洋百七十八年
漢孝靈帝中平元年 凡六年 西洋百八十四年
漢孝獻帝初平元年 凡四年 西洋百九十年
漢孝獻帝興平元年 凡二年 西洋百九十四年

漢孝獻帝建安元年 凡二十五年 西洋百九十六年
漢昭烈帝章武元年 凡二年 西洋二百二十一年
漢後主建興元年 凡十五年 西洋二百二十三年
漢後主延熙元年 凡二十年 西洋二百三十八年
漢後主景耀元年 凡五年 西洋二百五十八年
漢後主炎興元年 凡一年 西洋二百六十三年
魏元帝咸熙元年 凡一年 西洋二百六十四年
晉武帝泰始元年 凡十年 西洋二百六十五年
晉武帝咸寧元年 凡五年 西洋二百七十五年

晉武帝太康元年 凡十年 西洋二百八十年
晉武帝太熙元年 凡一年 西洋二百九十年
晉孝惠帝元康元年 凡九年 西洋二百九十一年
晉孝惠帝永康元年 凡一年 西洋三百年
晉孝惠帝永寧元年 凡一年 西洋三百有一年
晉孝惠帝泰安元年 凡二年 西洋三百有二年
晉孝惠帝永興元年 凡二年 西洋三百有四年
晉孝惠帝光熙元年 凡一年 西洋三百有六年
晉孝懷帝永嘉元年 凡六年 西洋三百有七年

晉孝愍帝建興元年 凡四年 西洋三百十三年
晉元帝建武元年 凡一年 西洋三百十七年
晉元帝太興元年 凡四年 西洋三百十八年
晉元帝永昌元年 凡一年 西洋三百二十二年
晉明帝太寧元年 凡三年 西洋三百二十三年
晉成帝咸和元年 凡九年 西洋三百二十六年
晉成帝咸康元年 凡八年 西洋三百三十五年
晉康帝[illegible]元元年 凡二年 西洋三百四十三年
晉穆帝永和元年 凡十二年 西洋三百四十五年

晉穆帝升平元年凡五年　西洋三百五十七年
晉哀帝隆和元年凡一年　西洋三百六十二年
晉哀帝興寧元年凡三年　西洋三百六十三年
晉帝奕太和元年凡五年　西洋三百六十六年
晉簡文帝咸安元年凡二年　西洋三百七十一年
晉孝武帝寧康元年凡三年　西洋三百七十三年
晉孝武帝太元元年凡二十一年　西洋三百七十六年
晉孝帝隆安元年凡五年　西洋三百九十七年
晉安帝元興元年凡三年　西洋四百有二年

晉安帝義熙元年凡十四年　西洋四百有五年
晉恭帝元熙元年凡一年　西洋四百十九年
宋武帝永初元年凡三年　西洋四百二十年
宋滎陽王景平元年凡一年　西洋四百二十三年
宋文帝元嘉元年凡三十年　西洋四百二十四年
宋孝武帝孝建元年凡三年　西洋四百五十四年
宋孝武帝大明元年凡八年　西洋四百五十七年
宋明帝泰始元年凡七年　西洋四百六十五年
宋明帝泰豫元年凡一年　西洋四百七十二年

宋主昱元徽元年凡四年　西洋四百七十三年
宋順帝昇明元年凡二年　西洋四百七十七年
齊高帝建元元年凡四年　西洋四百七十九年
齊武帝永明元年凡十一年　西洋四百八十三年
齊明帝建武元年凡四年　西洋四百九十四年
齊明帝永泰元年凡一年　西洋四百九十八年
齊主寶卷永元元年凡二年　西洋四百九十九年
齊和帝中興元年凡一年　西洋五百有一年
梁武帝天監元年凡十八年　西洋五百有二年

梁武帝普通元年凡七年　西洋五百二十年
梁武帝大通元年凡二年　西洋五百二十七年
梁武帝中大通元年凡六年　西洋五百二十九年
梁武帝大同元年凡十一年　西洋五百三十五年
梁武帝中大同元年凡一年　西洋五百四十六年
梁武帝大淸元年凡三年　西洋五百四十七年
梁簡文帝大寶元年凡二年　西洋五百五十年
梁孝元帝承聖元年凡三年　西洋五百五十二年
梁敬帝紹泰元年凡一年　西洋五百五十五年

梁敬帝太平元年	凡一年	西洋五百五十六年
陳武帝永定元年	凡三年	西洋五百五十七年
陳文帝天嘉元年	凡六年	西洋五百六十年
陳文帝天康元年	凡一年	西洋五百六十六年
陳主伯宗光大元年	凡二年	西洋五百六十七年
陳宣帝大建元年	凡十二年	西洋五百六十九年
隋文帝開皇元年	凡二十年	西洋五百八十一年
隋文帝開皇十四年		回教始祖辭世之年
隋文帝仁壽元年	凡四年	西洋六百有一年
隋煬帝大業元年	凡十二年	西洋六百有五年
隋恭帝義寧元年	凡一年	西洋六百十七年
唐高祖武德元年	凡九年	西洋六百十八年
唐太宗貞觀元年	凡二十三年	西洋六百二十七年
唐高宗永徽元年	凡六年	西洋六百五十年
唐高宗顯慶元年	凡五年	西洋六百五十六年
唐高宗龍朔元年	凡三年	西洋六百六十一年
唐高宗麟德元年	凡二年	西洋六百六十四年
唐高宗乾封元年	凡二年	西洋六百六十六年

唐高宗總章元年	凡二年	西洋六百六十八年
唐高宗咸亨元年	凡四年	西洋六百七十年
唐高宗上元元年	凡二年	西洋六百七十四年
唐高宗儀鳳元年	凡三年	西洋六百七十六年
唐高宗調露元年	凡一年	西洋六百七十九年
唐高宗永隆元年	凡一年	西洋六百八十年
唐高宗開耀元年	凡一年	西洋六百八十一年
唐高宗永淳元年	凡一年	西洋六百八十二年
唐高宗宏道元年	凡一年	西洋六百八十三年
唐中宗嗣聖元年	凡一年	西洋六百八十四年
唐武后則天	凡二十年	西洋六百八十五年
唐中宗神龍元年	凡二年	西洋七百有五年
唐中宗景龍元年	凡三年	西洋七百有七年
唐睿宗景雲元年	凡二年	西洋七百十年
唐睿宗太極元年	凡一年	西洋七百十二年
唐明皇帝開元元年	凡二十九年	西洋七百十三年
唐明皇帝天寶元年	凡十四年	西洋七百三十二年
唐肅宗至德元年	凡二年	西洋七百五十六年

唐肅宗乾元元年凡二年	西洋七百五十八年
唐肅宗上元元年凡二年	西洋七百六十年
唐肅宗寶應元年凡一年	西洋七百六十二年
唐代宗廣德元年凡一年	西洋七百六十三年
唐代宗永泰元年凡二年	西洋七百六十五年
唐代宗大歷元年凡十四年	西洋七百六十六年
唐德宗建中元年凡四年	西洋七百八十年
唐德宗興元元年凡一年	西洋七百八十四年
唐德宗貞元元年凡二十年	西洋七百八十五年

唐順宗永貞元年凡一年	西洋八百有五年
唐憲宗元和元年凡十五年	西洋八百有六年
唐穆宗長慶元年凡四年	西洋八百二十一年
唐敬宗寶歷元年凡二年	西洋八百二十五年
唐文宗太和元年凡九年	西洋八百二十七年
唐文宗開成元年凡五年	西洋八百三十六年
唐武宗會昌元年凡六年	西洋八百四十一年
唐宣宗大中元年凡十三年	西洋八百四十七年
唐懿宗咸通元年凡十四年	西洋八百六十年

唐僖宗乾符元年凡六年	西洋八百七十四年
唐僖宗廣明元年凡一年	西洋八百八十年
唐僖宗中和元年凡四年	西洋八百八十一年
唐僖宗光啟元年凡三年	西洋八百八十五年
唐僖宗文德元年凡一年	西洋八百八十八年
唐昭宗龍紀元年凡一年	西洋八百八十九年
唐昭宗大順元年凡二年	西洋八百九十年
唐昭宗景福元年凡二年	西洋八百九十二年
唐昭宗乾寧元年凡四年	西洋八百九十四年

唐昭宗光化元年凡三年	西洋八百九十八年
唐昭宗天復元年凡三年	西洋九百有一年
唐昭宗天佑元年凡三年	西洋九百有四年
梁太祖開平元年凡四年	西洋九百有七年
梁太祖乾化元年凡二年	西洋九百十一年
梁主瑱乾化元年凡二年	西洋九百十三年
梁主瑱貞明元年凡六年	西洋九百十五年
梁主瑱龍德元年凡二年	西洋九百二十一年
後唐莊宗同光元年凡三年	西洋九百二十三年

後唐明宗天成元年 凡四年 西洋九百二十六年
後唐明宗長興元年 凡四年 西洋九百三十年
後唐潞王清泰元年 凡二年 西洋九百三十四年
後晉高祖天福元年 凡八年 西洋九百三十六年
晉主重貴開運元年 凡三年 西洋九百四十四年
後漢高祖稱晉天福十二年 凡一年 西洋九百四十七年
後漢隱帝乾祐元年 凡三年 西洋九百四十八年
後周太祖廣順元年 凡三年 西洋九百五十一年
後周世宗顯德元年 凡六年 西洋九百五十四年

宋太祖建隆元年 凡四年 西洋九百六十年
宋太祖乾德元年 凡四年 西洋九百六十四年
宋太祖開寶元年 凡八年 西洋九百六十八年
宋太宗太平興國元年 凡八年 西洋九百七十六年
宋太宗雍熙元年 凡四年 西洋九百八十四年
宋太宗端拱元年 凡二年 西洋九百八十八年
宋太宗淳化元年 凡五年 西洋九百九十年
宋太宗至道元年 凡三年 西洋九百九十五年
宋真宗咸平元年 凡六年 西洋九百九十八年
宋真宗景德元年 凡四年 西洋千有四年
宋真宗大中祥符元年 凡九年 西洋千有八年
宋真宗天禧元年 凡五年 西洋千有十七年
宋真宗乾興元年 凡一年 西洋千二十二年
宋仁宗天聖元年 凡九年 西洋千二十三年
宋仁宗明道元年 凡二年 西洋千三十二年
宋仁宗景祐元年 凡四年 西洋千三十四年
宋仁宗寶元元年 凡二年 西洋千三十八年
宋仁宗康定元年 凡一年 西洋千四十年

宋仁宗慶歷元年 凡八年 西洋千四十一年
宋仁宗皇祐元年 凡五年 西洋千四十九年
宋仁宗至和元年 凡二年 西洋千五十四年
宋仁宗嘉祐元年 凡八年 西洋千五十六年
宋英宗治平元年 凡四年 西洋千六十四年
宋神宗熙甯元年 凡十年 西洋千六十八年
宋神宗元豐元年 凡八年 西洋千七十八年
宋哲宗元祐元年 凡八年 西洋千八十六年
宋哲宗紹聖元年 凡四年 西洋千九十四年

宋哲宗元符元年凡三年　西洋千九十八年
宋徽宗建中靖國元年凡一年　西洋千有百一年
宋徽宗崇甯元年凡五年　西洋千有百二年
宋徽宗大觀元年凡四年　西洋千有百七年
宋徽宗政和元年凡七年　西洋千有百十一年
宋徽宗重和元年凡一年　西洋千有百十八年
宋徽宗宣和元年凡七年　西洋千有百十九年
宋欽宗靖康元年凡一年　西洋千有百二十六年
宋高宗建炎元年凡四年　西洋千有百二十七年

宋高宗紹興元年凡三十二年　西洋千有百三十一年
宋孝宗隆興元年凡二年　西洋千有百六十三年
宋孝宗乾道元年凡九年　西洋千有百六十五年
宋孝宗淳熙元年凡十六年　西洋千有百七十四年
宋孝宗紹熙元年凡五年　西洋千有百九十年
宋甯宗慶元元年凡六年　西洋千有百九十五年
宋甯宗嘉泰元年凡四年　西洋千二百有一年
宋甯宗開禧元年凡三年。是歲蒙古鐵木真滅乃蠻稱帝　西洋千二百有五年
宋甯宗嘉定元年凡十七年　西洋千二百有八年

宋理宗寶慶元年凡三年其三年元太祖殂　西洋千二百二十五年
宋理宗紹定元年凡六年。是歲蒙古太宗立　西洋千二百二十八年
宋理宗端平元年凡三年。是歲金亡　西洋千二百三十四年
宋理宗嘉熙元年凡四年　西洋千二百三十七年
宋理宗淳祐元年凡十二年。蒙古太宗殂其五年定宗始立閱三年殂又三年憲宗始立　西洋千二百四十一年
宋理宗寶祐元年凡六年　西洋千二百五十三年
宋理宗開慶元年凡一年。是歲蒙古憲宗殂　西洋千二百五十九年
宋理宗景定元年凡五年。是歲蒙古世祖中統元年　西洋千二百六十年
宋理宗景定五年凡三十二年。是歲蒙古世祖至元元年　西洋千二百六十四年

宋度宗咸淳元年宋度宗咸淳七年歲古始定國號曰元　西洋千二百六十五年
宋帝㬎德祐元年凡一年 元世祖至元十二年　西洋千二百七十五年
宋端宗景炎元年凡一年 元世祖至元十二年　西洋千二百七十六年
元世祖至元十五年凡三十二年　西洋千二百七十八年
元成宗元貞元年凡二年　西洋千二百九十五年
元成宗大德元年凡十一年　西洋千二百九十七年
元武宗至大元年凡四年　西洋千三百有八年
元仁宗皇慶元年凡二年　西洋千三百十二年
元仁宗延祐元年凡七年　西洋千三百十四年

元英宗至治元年凡三年　西洋千三百二十一年
元泰定帝泰定元年凡四年　西洋千三百二十四年
元文宗天歷元年凡二年　西洋千三百二十八年
元文宗致順元年凡三年　西洋千三百三十年
元順帝元統元年凡二年　西洋千三百三十三年
元順帝至元元年凡六年　西洋千三百三十五年
元順帝至正元年凡二十七年　西洋千三百四十一年
明太祖洪武元年凡三十年　西洋千三百六十八年
明惠帝建文五年凡五年　西洋千三百九十八年

明成祖永樂元年凡二十二年　西洋千四百有三年
明仁宗洪熙元年凡一年　西洋千四百二十五年
明宣宗宣德元年凡十年　西洋千四百二十六年
明英宗正統元年凡十四年　西洋千四百三十六年
明景帝景泰元年凡七年　西洋千四百五十年
明英宗復位天順元年凡八年　西洋千四百五十七年
明憲宗成化元年凡二十三年　西洋千四百六十五年
明孝宗宏治元年凡十八年　西洋千四百八十八年
明武宗正德元年凡十六年　西洋千五百有六年
明世宗嘉靖元年凡四十五年　西洋千五百二十二年
明穆宗隆慶元年凡六年　西洋千五百六十七年
明神宗萬歷元年凡四十八年　西洋千五百七十三年
明光宗泰昌元年凡一年　西洋千六百二十年
明熹宗天啟元年凡七年　西洋千六百二十一年
明懷宗崇禎元年凡十七年　西洋千六百二十八年
大清順治元年凡十八年　西洋千六百四十四年
大清康熙元年凡六十年　西洋千六百六十二年
大清雍正元年凡十四年　西洋千七百二十三年

大清乾隆元年凡六十年　西洋千七百三十六年
大清嘉慶元年凡二十五年　西洋千七百九十八年
大清道光元年　西洋千八百二十一年
大清道光二十一年　西洋千八百四十一年

附回國教主辭世年月攷

梅文鼎曰據西域齋期。江甯至鴻堂刻單以康熙庚午五月初三日起是彼中第九月一日謂之勒墨藏。一名阿咱而月也至六月初三日開齋。是彼中第十月一日謂之紹哇勒一名答亦月。是爲大節再過一百日。至九月十三。

日爲彼中第一月第十日謂之穆哈蘭。一名法而斡而丁月。其日爲阿叔喇濟貧之期謂之小節。鼎嘗以回回歷法推本年白羊一日入第六月之第八日。與此正合。又據齋湖云。本年庚午聖人辭世共計一千零九十六年。此太陽年。攷本早開聖人生死。在本年十一月十四日。在彼爲第三月。謂之勒必歐勒敖勿勒。又名虎而達查西域阿剌必年是開皇乙未距今康熙爲一千零九十二算。減一爲一千零九十一。乃開皇己未春分至今康熙庚午春分之積年。又查己未年春分在彼爲太陰年之

第十二月初五日。以距算一千零九十一。減聖人辭世千零九十六。相差五年。逆推之得開皇十四年甲寅爲聖人辭世之年。約計甲寅至己未此五年中節氣與月分差錯五十五日。則甲寅春分當在彼中第十月之初。聖人辭世既是第三月。則在春分前七箇月爲處暑月。卽今七月也。自開皇甲寅七月十四日。聖人辭世至今康熙庚午七月十四日。正得一千零九十六年。故曰共計一千零九十六年也。據此則開皇十四年甲寅。是彼中聖人辭世之年。薛儀甫謂回回歷。蓋以此而誤。又按

教主以第三月辭世。而其年春分則在第十月。今彼以第十月一日爲大節。蓋爲此也。

西域水道記曰。喀城外。回教和卓祠堂門外。刻石柱紀年。一年一畫。以派葛木巴爾初生爲元年。派噶木巴爾。於四月初十日戊道。六十三歲而卒。嘉慶二十四年六月初二日爲彼中第一千二百三十三年之終。按回回術。有太陽年。彼中謂之宮分。有太陰年。彼中謂之月分。齋期以太陰年爲準。數至第十二月。則齋。齋滿日相慶爲正旦。齋月卽彼中十二月。所謂月一日又不在朔。以見新月爲准。歷十二月爲

一歲。有閏日無閏月。故歲首無定月。大率每閏二年。遞早一月。如元年歲首在十月。三年則在九月。五年則在八月之類。今以初二日爲歲除。是用太陰法見新月爲歲首也。明史曰。三百五十四日爲一周。周十二月。月有閏日。凡三十年閏十一日。言太陰年也。准此論之。計三十年應有一萬六百三十一日。則一千二百三十三年。積四十三萬六千九百三十四日。又十分日之一。以回回歲實三百六十五日一百二十八分之三十一約之。得一千一百九十六年。又一百四日半弱。從嘉慶二十四年六月初二日逆數之。當

託始於唐高祖武德六年三月初三日也。源案，此所攷與梅文鼎互異，然自昔皆稱回教始于隋開皇初，則梅文鼎所考是也。此石柱所紀，或回教第二世教祖托始之年，非穆罕默特之年歟。

附佛生滅年歲

俞氏正燮謂道家有老子化胡成佛之說，謂佛生周敬王二年，滅于考王三年，在老子出關西逝之後，僧徒力避此謗，故推而前之曰周莊王九年恒星不見時生。魏書釋老志、隋書經籍志。又推而前之曰周桓王時生。釋道安二教論、宋史律麻志。又推而前之曰平王時生。費長房歷代三寶記及法苑珠林。又推而前之曰穆王時生。道歷云，佛以孝王元年入涅槃。又推而前之曰昭王時生。一唐僧智深續集古今佛道論衡引周書異記，二法苑珠林，三宋僧契嵩傳法正宗記。又推而前之曰殷末生。晉法顯佛國記，佛涅槃至晉義熙千四百九十七年，滅度當周成王時，則生當殷武乙時。又推而前之曰夏時生。唐僧道宣感通記。又蒙古源流述唐太宗文成公主嫁吐蕃時距佛涅槃二千七百五十餘年，元太祖距佛涅槃時三千三百餘年，皆當生于夏初，誕不可信。源按唐元奘西域記云佛滅之歲，諸部異議，言佛沒至大唐龍朔三年，經千二百年，或云千三百年，或云千五百年，或云未滿千年。此諸說惟初二條庶近詳實。蓋唐高宗龍朔三年，當耶穌之六百六十三年，距周匡王佛滅

之歲千二百六十五年，此乃質諸佛經正法像法之懸記，沸星下降之符驗，印度相傳之年數，信而有徵，并避化胡之誚，而推諸前也。佛滅度距耶穌生六百零二年，但除三四歲，即在五百餘年限內，經舉大數，不以三四載爲損益。且佛母泥洹經言正法當住千年，以度女人出家減五百年，是則正法本自羸而縮，故佛力餘慶稍延數載，不足爲異。若如道家化胡之說，謂佛生周敬王二年，南史顧歡傳引道經元妙篇。則滅度于考王三年，距漢元壽初耶穌之歲僅四百四十二年，而正法五百更少，決不可合矣。故正史所載佛生當周莊王恒星不見、星隕如雨之歲，一則與佛經沸星出時降生王宮之符應合，二則與佛經正法五百、像法千年之懸記合，三則與印度相傳佛滅度至唐龍朔千有二三百年之傳聞合，請以息道釋之訟，決今古之疑。

海國圖志目錄

海國圖志卷七十四

國地總論上 原無今補

邵陽魏源譔

釋五大洲

梵典分大地爲四大洲，西洋圖說得其二焉，而强割爲五爲四。考萬歷中利馬竇所繪萬國地圖及　國朝南懷仁之坤輿圖說與天啟中艾儒略之職方外紀圖，皆以地爲圓體，故分前後二圖。其一南抵五印度海，北至鄂羅斯冰海，東盡日本朝鮮，西兼葱嶺以西，是爲中國阿細亞洲。一作亞細亞，一作阿西阿。其西北之歐羅巴洲、西南之利未亞洲，則皆以地中海爲界。地中海以北爲歐羅巴洲，南抵地中海，北負冰海，廣萬有千二百五十里，長二萬三千里。地中海以南爲利未亞洲，北起地中海，南至大浪山，海廣十度，東西長七十八度。兩洲之西皆盡西洋大海，兩洲之東則皆與阿細亞洲相連。利未亞之東則以西紅海與阿細亞洲爲界，歐羅巴洲之東則以阿被河及北高海與阿細亞洲爲界，此第一圖也。又有南墨利加洲、北墨利加洲，墨利加今譯爲米利堅。二洲一峽相連，中分南北，其地東南相距百有八十度，南洲南北四十二度，北洲如之，此第二圖也。圖中諸國風俗物產疆域氣候瓜區豆剖指掌畫沙質諸閩粵互市之番舶重譯獻琛之貢使事多徵實語非鑿空似可以盡富媼之形勢矣四洲之方位然以說徵圖實止二洲無所謂四五也說文水中可居曰州其誼蓋起於洪水以前及降邱宅土以後因而不敢後世偏旁加水爲洲故鄒衍談天則裨海所環曰神州釋典論地則鹹海所畫爲四洲是洲者四面皆水之名未可以陸地所通區爲渚嶼之國今歐羅巴利未亞之山皆發脈葱嶺邐迤而盡於西海是即以葱嶺東西畫爲二洲尚不可況於葱嶺迤西之地强

指一河一泊爲界而職方外紀之阿細亞與歐羅巴二圖一則界以大乃河一則界以阿被河此二河者一在裏海之西一在葱嶺之東相去二十餘度計五千餘里循前圖大乃河則西侵歐羅巴之界依後圖阿被河則東侵阿細亞之界究竟此二河中五千餘里之地屬彼洲乎屬此洲乎譬之剖中原爲南北圖南朝者則以黃河爲界圖北朝者則以江淮爲界畢竟此江北河南數千里屬南乎屬北乎地中海本非西海特以亘二域之中衺將萬里闊二三千里與西海相灌輸即後漢書太

泰條支二國所隔之西海是古書所言西海皆即地中海今既知有大西海環其外而反指地中海南北爲二洲不蹈漢人故轍乎至墨利加四面環海地數萬里洵別爲一大洲惟不得以其中央地狹而判之爲二與前圖同弊西人既尋得墨利加之後復念地爲圜體更西應亦可至東因更航海西尋數年復得南極下墨瓦蠟之地因并南北墨利加爲一洲而以新得之地爲第五洲然未嘗測其南極高距之度數江河入海之津口衣冠人物之形狀以告天下後世第言平原漭蕩螢火星

流則尚未晤一人雖至其地與未至等故佛經所謂四大洲者西人止得其二而餘未之聞焉或曰此二洲者於釋典四洲當爲何洲曰阿細亞歐羅巴利未亞共爲南贍部洲也南北墨利加則爲西牛貨洲也梵典言贍部洲中有四主東人主即震旦南象主即印度北馬主即蒙古哈薩克西寶主即大小西洋是歐羅巴利未亞皆屬贍部洲之明證至北具盧洲則隔于北氷海故海船無遠北海而歸之事東神勝洲則阻于南氷海故西船雖能至南極左右覩其地而不能遇其人南懷仁坤

輿圖說顧闢釋典四洲之誼謂南洲當在赤道溫帶以下不當以贍部爲南洲是蓋泥南極北極爲南北不知釋氏以北極南極分上下而以前後左右爲四方同于儒家六合之誼其謂天頂爲北者乃中土人一方斜睨之見其實天頂辰極豈偏于北又安得以南極爲南乎釋典又名四洲曰南閻浮提西瞿耶尼州東弗婆提州北鬱單越州故起世經言南閻浮提日正中時東弗婆提日則始沒西瞿耶尼日則初出北鬱單越正當夜半易地亦然又閻浮提州所謂西方瞿耶尼州以爲東方瞿尼州所謂西方鬱

單越州以爲東方鬱單越州所謂西方弗婆提州以爲東方弗婆提州所謂西方閻浮提州以爲東方南北亦然樓炭經云日繞須彌山東方日出南方夜半西方日入北方日中如是右旋更爲晝夜釋典四大洲之誼如是釋典四方之誼如是請以告西洋之分二大洲爲四爲五者并以告西洋之泥南北二極爲南北者

問釋典言佛降生必于大地之中故印度據南洋小西洋之間釋氏皆以印度爲中國他方爲邊地西印度爲天主所生之如德亞及回教主所生之天方國皆居阿細亞州之西利未亞州之東夾南海地中海之際故天主教則以如德亞爲中國而回教以天方國爲中國其尊西印度如佛教尊中印度等是二洲適中之地自古異人所挺生然謂居二洲東西之中可也其地皆偏瀕南海烏得爲全洲之中曰釋典不言居贍部之中而言居大地之中則是據南北二極言之二極之中爲赤道近二極皆爲冷帶稍離極爲溫帶正當赤道下爲熱帶南洋各國正當赤道下距南北極度數皆均等其地終年恒燠是則正當地球南北之中又正當贍部洲東西

之中故彼自命爲中國也使專據贍部洲言之則正中莫如葱嶺而環葱嶺左右古今但爲游牧部落不聞產一英傑何耶故曰東海有聖人出焉西海有聖人出焉聖人之出必在海濱扶輿磅礴之氣必至平原近海如雍冀青兖而後剛殺始盡冲和始鍾惟是印度正當熱帶地過炎燠人多裸袒而震旦則正當溫帶四序和平故自古以震旦爲中國謂其天時之適中非謂其地形之正中也西洋溫帶之地則爲地中海所占而歐羅巴亦偏于冷帶利未亞亦偏于熱帶故儒佛回教天主教

皆主阿細亞洲天文算法奇器亦皆創自阿細亞而後流被於歐羅巴洲至利未亞洲之版地周萬餘里萬山環之不與他國往來故雖以麥西國亞毘心域國之聲名文物亦不通中國而西洋市舶所至則僅其邊隅黑奴烏鬼之區而已是則又以瀕海爲精粕腹内爲精英地不靈者人不傑信哉小西洋未利亞洲瀕海之地多產黑人歐羅巴商舶過之多買爲奴供役使明史謂之烏鬼今沿其稱呼西洋爲鬼子然白夷與黑夷各產各地相去數萬里豈惟非一國并非一洲今謂黑奴爲烏鬼可也并謂白夷爲白鬼則大不可至南北墨利加洲地廣數萬里與贍部洲同其大明代始與贍部相通而自明

以前其洲中數千載不過草木蕃殖游牧射獵竟無創教治世之聖人及各國開墾通商始知有天方天主等教釋典言佛出世必在浮提州其三州皆無佛乃竟並天主天方之教而無之則贍部洲爲四洲之冠何疑焉歐羅巴利未亞皆奉天主天方之教而天主天方并產西印度佛教則產中印度與儒教產震旦相等而歐羅巴未聞產一教主則贍部洲内又以阿細亞冠彼二洲何疑焉

墨利加洲當爲釋典之西牛貨州非臆度也坤輿圖說職方外紀言墨利加州之孛露國金加西臘國地出金銀天下稱首百物皆貴惟銀至賤其礦有四坑役者常三萬人國王什取其一七月約得課三萬而貿易通志言北墨利加洲之麥西可國有金銀廠明萬歷至今銀歲出口者千餘萬圓歲進口貨價千二百萬圖南墨利加洲之伯路國即前之孛露也金銀山最著昔爲西班牙奪據歲出銀數百萬至千萬圓不等近日國人恢復自治開鑛日旺又云當明嘉靖時西洋聞此金山銀嶺之名于是西班牙葡萄牙國以兵奪據其地所獲無筭金條滿

屋每騎兵各賜二萬圓步兵各賜萬餘圓武官各分數萬圓其後每年所出之數金七百餘萬圓銀千有百餘萬圓有某金廠自開之後所出共計萬萬五千萬圓皆載回西班牙國鑄造番餅廣布天下至今三百年開鑿無窮無盡後因西班牙國兵暴虐孛露人不服起義驅逐自立國王招徠商賈于是英吉利荷蘭之商歲運銀回國約五六百萬圓銀價漸賤貨價漸昂始停止運銀進口俟他日銀價起時再運之以平價然則天下貿易之商莫盛于歐羅巴金銀之產莫盛于墨利加一爲西

方寶主一爲西牛貨洲何疑焉今廣東貿易惟彌利堅國歲有進口銀四十萬圓而歐羅巴則專以鴉片耗中國之幣故彌利堅于我有益無損英夷于我有損而無益

問曰贍部洲之西方寶主南方象主北方馬主則誠然矣人則四方所同何獨以人主歸之東方曰請以西夷之書徵之澳門新聞錄曰中國人民居天下三分之一生齒之繁無國可比卽如俄羅斯地方百四十一萬四千四百方里戶口不過四千一百九十二萬五千名而

中國只湖廣一省地不過十四萬四百七十方里已有戶口四千五百零二萬名江南地方九萬二千九百方里戶口卽有七千二百萬名由此觀之中國只一省卽抵佛蘭西英吉利歐羅巴特厘阿三國之人民又華事夷言曰中國繁庶甲乎四海但卽廣東一省之人可敵他方十餘國各國皆地廣人稀卽印度戶口最稠亦尚有曠土中國則不惟平地皆田卽山巔嶺側無不層層開墾寸土不遺其散布于海外各國者尚不知凡幾其繁庶誠四海所未有由是觀之則東方之宜人信矣觀

墨利加洲南北數萬里明季歐羅巴各國爭往開之各闢草萊立城市竟如自古無人之荒島近卽回部之西四城膏腴可墾者動數萬頃中國有之乎至北方馬主不特蒙古哈薩克布魯特爲然卽再北而俄羅斯其東北際海之地亦產名馬以游牧爲生騎射爲俗見異域錄及本志則馬主之說亦信矣卽其所言衡之則四主中亦自以人主爲上

問西洋舟船所至止有四洲則釋典此外尚有第三第四洲信乎曰此外必有二洲不獨釋典言之也卽以西

人所製地球觀之兩洲實止居全地之半自中國日本以東更無大國其海跨越赤道南北周八萬餘里且多在溫帶寒暑均平之區尙勝地球北極下冷帶有人之地豈冷帶有人而溫帶反無人乎赤道以南空地亦周七萬餘里其地在南極冷帶者半在溫帶者亦半溫帶以下亦必有國土居民西人遊迹偶至名之曰墨瓦蠟泥加而不能詳其度數形勢豈旣有其地而竟無其人乎然則東神勝洲北具盧洲之地卽據地球所餘之空度亦鑿鑿當有二洲又何疑焉惟釋典所云南北東西

四洲實不以二極分南北故自贍部以外未可指其孰
爲東州孰爲北州

釋昆侖上

昆侖即葱嶺葱嶺即河源之阿耨達池非弱水條支西海之地淮南子十洲記等非金城臨羌之石室漢書地理志金城郡臨羌縣西北有王母石室及弱水昆侖山祠臨羌在今西寧府漢志特言望祭於此耳未嘗言昆侖山在其地非青海之大積石元都實說非吐番之闊摩黎山唐人劉元鼎說亦非後藏阿里之岡底斯山也康熙中理藩院主事勝住偕喇麻繪西藏青海地圖歸奏如此蓋前之一說由誤混昆侖於須彌次三說由誤執青海及吐番河爲河源最後一說由誤指阿耨達山在西藏今不暇言弱水條支之荒誕詳辨於後與金城積石闊摩黎

之淺近請先辨岡底斯山康熙時回疆未入版圖奉使喇麻惟知自侈蕃地山水遂以後藏阿里之高山當昆侖當阿耨達謂天下三條四列之山皆祖諸此故番語岡底斯譯言衆山水之根又以其山所出支河譯以馬口牛口象口孔雀口附會於阿耨達四水請先徵其不合一則儒言昆侖釋言阿耨達皆居大地之中今阿里西南徼外之岡底斯山偏近南海絕非域中二則昆侖爲河所源今岡底斯山距青海重出之河源五千餘里距于闐葉爾羌喀什噶爾初出之河源亦三千餘里烏

覩所謂河出昆侖者乎三則阿耨達池出四大水分歸四大海今岡底斯山東出者惟一檳榔江會大金沙江入緬甸南海其西出之狠楚麻楚拉楚三水又皆合赴恒河入南海并無入東海西海北海之水况康泰扶南傳恒水出昆侖山中有五大源則此後藏入恒河三支亦非遠源嫡派四則言阿耨達池在山頂非山麓蓋衆山之太祖必爲衆水之天潢今岡底斯山前面二湖在麓非頂且不通四面支河安能爲萬水之源五則西北域記言岡底斯山在烏斯藏西南縣厓峭壁積高凝氷

山巔清泉百道奮湧爭流自巔至麓既見又伏四面如獅如象如馬如禽西北走喀齊西南走天竺爲各山之鼻祖然廣袤不及二百里高才五百丈云云是其高大不及葱嶺十分之一安能爲宇內最高之山然則昆侖果安在請十徵之儒籍一徵之釋典一徵之西洋圖說一徵之本朝紀載而知衆山之祖乃葱嶺而非岡底斯山所謂河源出阿耨達者乃葱嶺脊上之大龍池回語謂之哈喇淖爾果爲四大源所出之昆侖也山海經西山經曰昆侖之邱實維帝之下都河水出焉而南流注

於無達赤水出焉而南流注於氾天之水洋水出焉而西南流注於醜塗之水黑水出焉而西流注於大杅又曰西海之南流沙之濱赤水之後黑水之前有大山名曰昆侖之邱是蓋以洋水西流爲注雷翥海之河赤水南流爲注南海之恒河黑水當爲注北海之阿被河惟河水南流爲注中國之黄河（吳省蘭河源考以赤水爲喀什噶爾之烏蘭河黑水爲葉爾羌之喀喇河然經文別出河水于三水之外不應複出河源而黑水西流亦乖東注之義）證一也史記大宛傳張騫使西域還爲天子言于闐之西水皆西流注西海其東則東流注鹽澤潛行地下其南則

河源出焉多玉石鹽澤去長安可五千里其後漢使窮河源出于闐其山多玉石采來天子案古圖書名河所出曰昆侖考張騫僅至于闐未至葱嶺故有烏覩昆侖之語而嶺西水皆西流則已聞諸于闐之人是亦明以葱嶺爲昆侖蓋漢時于闐國大西有葱嶺曷嘗以于闐南山當昆侖耶南山脊外之水能入西海耶水經注引凉土異物志云葱嶺之水分流東西西入大海東爲河源即禹記所謂昆侖又言葱嶺在敦煌西八千里河源潛發其嶺分爲二水一出岐沙谷東流徑無雷依耐蒲

罕疏勒皮山莎車各國爲河源一西徑循休難兜罽賓月氐各國至安息而注雷翥海葱嶺有國名伽舍羅逝此國狹小而總萬國之要道無不由其城南是昆侖確爲河源確居地中分注東西各海證二也爾雅河出昆侖虚色白所渠并千七百一川色黄今星宿海甫出即燦若黄金安得色白安有渠并安得爲昆侖之虚惟葱嶺河源銀濤練浪西域水道記口登阿賴山顛望大龍池銀濤一片上涵天光而其所并千七百渠者即回部所受千百支幹之水皆在未至蒲昌海星宿海以前是爾雅色白指葱嶺之源色黄

指星宿海之源知河源爲昆侖尤必知河所初出之源爲眞昆侖證三也爾雅又言西北之美者有昆侖虚之璆琳琅玕焉今葱嶺産美玉見元劉郁西使記環葱嶺之葉爾羌和闐溫都斯坦皆出美玉詎青海所有詎岡底斯山所有證四也漢書西域傳河有兩源一出葱嶺一出于闐于闐在南山下其河北源與葱嶺河合東注蒲昌海一名鹽澤其水亭居冬夏不增減潛行地下南山積石爲中國河按蒲昌海即今回疆之羅布淖爾受和闐河及葱嶺南北河是爲二源葱嶺南河出葉爾羌山中葱

嶺北河則出喀什噶爾西千餘里之大龍池是爲黄河最遠之正源故史記引禹本紀言河出昆侖其高二千五百里其上有瑤池瑤池即大黑龍池也出葱嶺者其正源出和闐者其旁源葱嶺河經喀什噶爾東會葉爾羌河又東始會于闐河源流廣大視和闐河數倍和闐兩岸沙積水多湮滲而葱嶺源數千里或分或合不滲於沙不隔於嶺自古數河源必於此則推昆侖者必於此雖于闐之旁源尚不敢並況他說乎證五也山海經華山七千七百六十七里曰不周之山東望泑澤河水

之所潛也其源渾渾泡泡水經注稱鹽澤之水洄湍電轉爲隱淪之脈即渾泡之謂郭注泑澤即鹽澤山形有缺不周匝處因名不周蓋葱嶺左幹爲天山右幹爲南山包回疆西南北三面惟缺東面形如半規而虚其中河源蒲昌海出焉是則葱嶺即昆侖即不周之山故淮南子稱不周之山爲天柱而七千七百餘里正葱嶺距華山之里數證六也吴省蘭河源考曰西域大勢四隆中窪而羅布淖爾適當其窪處凡葱嶺之東嘉峪關之西天山之陽南山之陰縱横數千里一涓一滴於是滙歸惟以東南方一隅爲泄水之尾閭雖流沙間隔千里而水不流行于沙面必貫輸于沙底雖無顯赴之蹟可決其潛發之源魏游雅曰易言天與水違行今自葱

嶺以西水皆西流則易之所及葱嶺以東耳說文丘土之高也從北從一一地也人居丘南故從北中邦之居在昆侖東南是則昆侖丘爲地之主名故說文以丘屬昆侖若岡底斯山則在中國之西南而中國在其東北與說文中邦在昆侖丘南不合矣證七也昆侖衆山太祖故十洲記云昆侖有四角大山爲其支輔岡底斯山乃其南幹之大宗但可謂由葱嶺南轉而爲岡底斯豈反由岡底斯而發葱嶺何者山之所趨水亦從之如果山脈自後藏趨北轉西至回部而爲葱嶺則其水皆應從山脈北流何故後藏之瀾滄江之怒江之龍川江之大金沙江皆由雲南經緬甸安南以入南海無一北流之水乎是知岡底斯山特葱嶺南幹之主峯而葱嶺北幹則循塞垣趨朝鮮濊貊與鄂羅斯分界南幹則包烏斯藏滇粵盡於緬甸暹羅與五印度分界故漢書西域三十六國惟在葱嶺東者皆屬都護而葱嶺以西無之我　朝聲教所訖亦以葱嶺爲斷雖元代初年盡吞葱嶺以西各國分建藩封卒皆尾大鞭長不受控制豈獨兵力不逮亦天地大氣之自爲界限歟證九也元史

郭寶玉傳太祖征西域入鐵山屯大雪山前谷中雪深二丈乃禱山川神封昆侖爲元極王大鹽池爲惠濟王劉郁西使記逾別石蘭過忽章河土人言黃河源出南大山地多產玉疑爲昆侖是元人亦明知葱嶺河源爲昆侖證十也更徵釋典言昆侖即阿耨達山者始于康泰扶南傳及佛圖調傳并見水經注阿耨達亦名無熱巳言阿耨達池出四大水注四大海者見於長阿含經經云雪山頂上有阿耨達池縱廣五十由旬池東有恆伽河從牛口出從五百河入東南海池南有新頭河從師子口出從五百河入西南海池西有博义河從馬口出從五百河入西北海池北有斯佗河從象口出從五百河入東北海及唐僧元奘西域記記曰贍部洲之中地者阿那婆答多池也即阿耨達在香山之南大雪山之北周八百里西出縛芻河入西北海南出新度河入西南海東出殑伽河入東南海北出徙多河徙多河潛流地下出積石山爲中國河源阿那婆答即阿耨達之轉音新頭河新度河皆印度河之轉音而華嚴音義述之曰香山頂上有阿耨達池四面各流出一河東面斯陀河出金剛師子口南面恆伽河出銀象口西面信度河出金牛口北面縛芻河出琉璃馬口而阿耨達池所在則西域記徵之曰自商彌國境東北踰山七百餘里至波[illegible]羅川川東西千餘里南北百餘里狹隘之處不踰十里據兩雪山間川中有大龍池東西三百餘里

南北五十餘里據大葱嶺內當贍部洲中其地最高也
其水澄清甘美池東派一大水東流東北至疏勒國西
界與徙多河合而東漢疏勒國唐之佉沙國今喀什噶爾也徙多河已見前西北
一大流與縛芻河合而西至達摩諦悉國按徙多河卽斯佗河縛芻
河卽傅叉河新頭河卽信度河一名印度河卽恆河正源也印度河復中分二流爲東西兩恆河同注南海別
詳印度恆河考縛芻河則西流正支其達摩悉諦國卽今葱嶺西之什克南部也惟入北海之河被河難出葱
嶺北幹而不出龍池故淮南子有黃水三周復所之說蓋重源潛發猶羅布淖爾之發爲星宿海唐人不知此
義故强以縛芻河爲北注而以印度河爲西注辨見恆河考此乃直指葱嶺脊上之
大龍池爲阿耨達池卽唐元奘取經歸途溺象之地元奘

海國圖志　卷七十四國地總論上　六

還至于闐國上表云今已越葱嶺渡波密羅川還達于闐爲大象溺死經卷衆多未有鞍乘亦卽僧
惠生至葱嶺頂盤陀國見脊水西流之地洛陽伽藍記自發葱嶺步
步漸高四日至頂約半天矣漢盤陀國正在山頂葱嶺以西水皆西流入西海世人云是天地之中也亦
卽唐書西域傳所指熱海之地唐書葱嶺水南流者經中國入于海北流者經
胡地入于海北三日行度雪海由勃達嶺北行贏千里得細葉川東曰熱海地寒不凍川長千里自此抵西海
矣亦卽元太祖軍至雪山禱神封祭之地見前元史條下亦卽
乾隆中官兵追霍集占未至拔達克山沿岸鏖戰之地
乾隆二十四年回酋霍集占將投拔達克山官軍追至哈喇淖爾遙望五六十里外有塵起越二日追及於和
什克珠庫嶺蓋自池東追至池西也拔達克山近古罽賓國道有三池盤石阪路崢嶸不測之深卽經此龍池

也北史波知國有三池大者龍王中者龍婦小者龍子行人拶祭乃過亦卽此也亦卽道光初
官兵追張格爾至阿賴山頂望脊水西流之地阿賴布魯特遊
牧地在葱嶺脊漢盤陀國也追張格爾事見聖武記登阿賴望龍池見西域水道記知阿耨池
則知河源知河源則知昆侖據大地之中當萬國孔道
且滙巨浸于萬仞峯巔分注四大海宇內斷無其匹番
語黑曰哈喇池曰淖爾以水色青黑得名黑龍池之稱
阿耨達與稱哈喇淖爾華梵翻切皆同阿達卽哈喇之轉音耨卽淖之殊字
非若岡底斯之音義睽隔且西番語
雪爲底斯合番梵皆謂雪山無謂山水根之誼審音辨

海國圖志　卷七十四國地總論上　九

物其將安從葱嶺亦名雪山亦名香山而西域記則稱在香山之南雪山之北者蓋葱嶺西北出之幹爲香山故釋迦氏譜引閻浮圖有葱嶺西據香山之說其東出二幹一爲回疆北路之天山一爲和闐之
南山而南北二山皆可稱雪故西域記有葱嶺據兩雪山間之語蓋對文則別散文則通坤輿圖說有高八十里之理弗依山在葱嶺以西鄂羅斯境內其高次於葱嶺當卽香山矣鄒衍以後異端蠭
起于是十洲記及河圖玉版等書混昆侖於須彌以海
水遶之爲弱水環之昆侖既不若是之大後世若唐楊
筠松以須彌爲四大幹山之祖則又混須彌於昆侖須
彌又不若是之小西域聞見錄疑溫都斯坦迤西大澤中高山卽繞日之峯尤爲陋繆
知釋典起世經言須彌爲西洲地之中心昆侖爲閻浮

提之中心是梵書言須彌者地頂也地心上值天頂正北極下半年爲晝夜之地故言日月繞須彌其外大鹹海環之於海中有四大洲而昆侖特南贍部洲中之高山乃須彌南面之一隅烏得以當全地之須彌哉是釋典以昆侖爲南贍部洲之中央即阿耨達山與河圖括地象所稱地中央曰昆侖其東南萬五千里曰神州之說合與穆天子傳昆侖去宗周澗瀍萬有一千里之數亦合山海經地東西二萬八千里南北二萬六千里自積石千七百四十里自積石出隴西郡至洛準地志可

五千餘里又穆天子傳天子自昆侖山入于宗周乃里西土之數自宗周瀍水以西至于河宗之邦陽紆之山三千有四百里自陽紆西至河首四千里合七千四百里又昆侖瑤池去宗周萬一千一百里此并以葱嶺爲昆侖故里數信而有徵非同他書五萬里七萬里十萬里四十六萬里之異說酈道元顧不信而信東方朔淮南子等書幻等蜃市誕擬蓬壺豈惟儒書所不合抑釋典所不屑道西洋疇人所不屑譚何者南懷仁坤輿圖說宇內名山凡九自西洋高十三里之山起愈東則愈

高有高二三十里者有高四十餘里者有高八十餘里者其末最高之山名曰高駕所山在阿細亞洲境內高百有三十里詳見本志總論第四十六卷夫中華在葱嶺之東則山脈自西來愈西愈高高至葱嶺而止西洋在葱嶺西則山脈自東往愈東愈高亦高自葱嶺而始山居東西正中雖譯名不同而宇內高山獨推亞細亞洲爲歐羅巴洲各山所不及謂非葱嶺而何以萬山之祖當萬國之中謂非昆侖而何更徵以本朝掌故乾隆四十七年遣使窮河源歸　詔曰史記漢書皆言于闐之西水皆

西流注海其東流注鹽澤潛行地下南出爲河源今回部諸水皆瀦蒲昌海伏地千里至青海而始出正猶濟水之三伏三見則昆侖當在回都之西距此萬里康熙中錫拉尋河源歸奏言貴德堡西有三支河名昆都侖蒙古謂橫爲昆都倫言有三橫水入於河也然則回部所謂昆侖山者亦當爲橫嶺而不當如元都實牽青海之昆都侖河爲回部之昆侖山至矣哉　聖智周六合　聖訓炳萬古如赫曦之豁蒙瞀自後皇清通志及松筠西陲總統事略皆本斯誼曰黃河近源在星宿

海西三百餘里，遠源則爲回部極西之葱嶺，在喀什噶爾葉爾羌西千餘里，蒙古謂天山冰嶺皆名曰昆都侖，急呼則曰昆侖云云，雖語焉不詳，要之昆侖當爲葱嶺，非青海，非吐番後藏，固已析衷。大聖誕告中外，使康熙世回部早同車書，則聖祖是論固當先高宗而發之。昔之有天下者，疆域褊狹，多不能有昆侖，能有昆侖、能知昆侖爲河源者，皆自我大清高宗純皇帝始，而拘墟胥儒猶或泥於康熙朝論定，未有知葱嶺河源之後說者，豈以前說於阿耨達池附會較詳，而後說未之及歟。謹勾稽本末，具圖及說，繹闡兩聖人先後同揆之義，軒軒並揭天地。又以謂國家撫有西域，圭名山川，列正祭，隨祭者十有六，不當反遺昆侖太祖，非所以毋元氣綱萬靈，符古者祭海先河之誼。

釋昆侖下

問曰：昆侖之爲葱嶺、龍池之爲阿耨達，信已覈釋典言四水入注四海，而今考元奘西域記與徐氏西域水道記圖，則龍池所出實止三水，東爲中國河源，南爲恒河、印度河，同源西爲縛芻河源。唐人欲合佛經四水，故以印度河當西注，以縛芻河當北注。今子謂印度河即西恒河，與東恒河同源分注南海，無西注之蹟，然則縛芻一河將分注西北兩海耶？又佛經言阿耨達四水皆云遶池一匝，從五百河入于大海，後人襲其說，謂河源遶昆侖西北及南而後東流者，官書駁之，謂昆侖大山非島嶼比，河安能遶其西北南三面而復折東以行耶？曰：是說也，惟淮南子得之，曰昆侖有疏圃之池，河水出其東北陬，赤水出其東南陬，洋水出其西北陬，黃水三周復其源，凡此四水，地之神靈，以運萬物，是明言昆侖流出者惟三水，河水即黃河，赤水即恒河，洋水即縛芻河，其一則伏流潛發，猶水經述蒲昌海洄湍電轉爲隱淪之脈，皆其爲阿被河之潛脈無疑。職方外紀及南懷仁圖曰：阿被河源一出大布里山（即葱嶺北幹烏拉嶺），一出基臺湖（即宰桑泊），北注冰海，首尾七千二百里，河凍開時有大冰如山岳，衝擊兩岸，旁溢千二百里，土人遷居入山避之。蓋葱嶺北爲烏拉嶺，其嶺西北有帕付林高山峙出諸山之上，冬夏積雪，人不能至，即大布里山也。其低平處高不過三百丈而長則自北海至裏海爲阿細亞歐羅巴二洲之界亦爲俄羅斯東北藩屬之界距阿爾臺山起處不遠(四洲志)山巔嶺上隨處流泉雖最高處亦甚泥海其嶺東出烏拉河托波爾河俱東北歸厄爾齊斯河入北海(異域錄)案烏拉嶺隨地流泉沮洳泥濘即潛源重發同于星宿海之證故懷仁圖說謂大布里山在俄羅斯境內(案四洲志稱爲烏拉嶺異域錄稱爲佛落克嶺蓋嶺東出烏拉河嶺西出佛落克河故各據所出之河以名之也)嶺西之水下游會佛爾格河(一作窩爾加)其水不北流而南注入騰吉斯海土爾扈特游牧其地稱之曰

厄濟爾河(異域錄)又賽馬爾罕之納林河亦自東南來會之是則葱嶺以西更無北注之水其北注者惟烏拉嶺東之厄爾齊斯河爲北流第一大幹故懷仁圖說列阿被河于阿細亞洲不列于歐羅巴洲也蓋縛芻河出池以後始滙于雷翥海而後再出潛源阿被河則不出池即伏流地下發于烏拉嶺爲潛源觀此而淮南三周復所之義明而佛經阿耨達四水皆遶池一匝之誼亦明矣山海經言昆侖之邱出河水赤水洋水黑水與淮南同惟易黃水爲黑水考蒲昌海水青黑重發于星宿川

則黃以此例阿被河蓋淮南預指其重源故黃之山海經惟據龍池之初源故黑之也唐代諸僧求北注之水于葱嶺以西而不得于是强以印度河爲西流强縛芻河爲北注姑無論恒河誣謬與佛經不合試問縛芻河之水果何歸宿耶夫縛芻河爲龍池西出之正流即水經注所謂有嬀水潛發葱嶺西逕休難兜罽賓國北月氏安息國南與蜆羅跂禘水同注雷翥海者也即元史之阿母河亦作暗布河亦作阿梅河元設行中書省以控制西域者也亦即南懷仁坤輿圖入鹹海之阿書河

其上游曰亞被亞河曰亞母湖者也(阿母阿書即縛芻之音轉)其水右並葉河葉河出葱嶺北原西北流逕石國康國米國何國史國等地(見大唐西域記一作素葉川)即今納林河逕敖罕西哈薩克入鹹海者左受烏滸河逕吐貨羅月支國(見後漢書新唐書一作馬滸河)即水經注之蜆羅跂禘水出阿耨達山之北西逕紇尸羅國四大塔犍陀衛國至安息注雷翥海者雷翥海即裏海(一名鹹海一名北高海一名加士比唵一名騰吉思海一名格騰里海一名達里岡阿泊)凡葱嶺東之水皆潴蒲昌海(即羅布淖爾)葱嶺以西之水皆潴鹹海蒲昌海之水伏流潛發于星宿海爲黃

河以入東溟則裏海之浩蕩淵渟斷無永瀦而不發之理故嘗謂裏海以西之大乃河長二千四百里分二道入墨阿的湖以達地中海者當爲裏海潛源重出之河是縛芻河爲西注正幹而唐僧之强印度河爲西注又强縛芻河爲北注者萬不可通矣蓋葱嶺北幹日烏拉嶺橫抵北海故葱嶺以西之水爲烏拉嶺所包皆不北注而西南入裏海其北注者惟葱嶺東北之阿被河潛源重發一發于烏拉嶺一發于宰桑泊皆滙歸厄爾齊斯河即阿被阿也一作阿北後入縱或知阿被河即厄爾齊斯河又以其不顯出阿耨達池而疑之又或不知厄爾齊斯河有兩源但知其出宰桑泊即基臺湖而不知其出烏拉嶺者即大布里山即葱嶺北幹又或泥南懷仁圖繪賽馬爾罕于基臺湖之上則益疑之此西圖之大誤也賽馬爾罕在葱嶺西其下游豈有注北海之水乎夫古者九能之士山川能說其非徒說形勢分合之謂其必察地理脈水性并其卓詭之狀隱潛之絡而瞭知之昆侖阿耨達之三周遶匝使不一證諸淮南子再證諸水經注之蒲昌海三證諸烏拉嶺之隨處流泉沮洳泥渟其不供下士大笑者幾希濟

水絕河而南三伏三見使不出中國而傳自外夷其不斥爲誕罔者幾希或曰黃水三周復其源此語非淮南所能創果何據依曰穆天子傳天子升于昆侖觀黃帝之宮釋氏西域記阿耨大山其上有大淵水宮殿樓觀甚大焉是昆侖有黃帝遺蹟自非乘龍御天之大聖孰能智周六合若此者乎又西域記葱嶺南接雪山北至熱池千泉千泉者地方二百餘里南面雪山三垂平陸即今伊犂河所西滙之巴勒喀什泊也葱嶺得名以西域記山嶺葱翠之說爲正顏師古謂產野葱陋不足辯至南懷仁等皆謂裏海之水浩蕩甚鹹不通外海獨海國聞見錄言裏海之水流出包祉不知何據豈誤以印度河出自裏海乎置之不論可矣

海國圖志卷七十五

國地總論中 原無今補

利瑪竇地圖說

邵陽魏源輯

地與海本是圓形而合爲一球居天球之中形如鷄子黃在青内有謂地爲方者乃語其定而不移之性非語其形體也天旣包地則彼此相應故天有南北二極地亦有之天分三百六十度地亦同之天中有赤道自赤道而南二十三度半爲南道赤道而北二十三度半爲北道按中國在北道之北日行赤道則晝夜平行南道

則晝短行北道則晝長故天球有晝夜平圈列於中晝短晝長二圈列於南北以著日行之界地球亦設三圈對於下焉但天包地外爲甚大其度廣地處天中爲甚小其度狹此其差異者耳查得直行北方者每路二百五十里覺北極出高一度南極入低一度直行南方者每路二百五十里覺北極入低一度南極出高一度則不特徵地形果圓而並徵地之每一度廣二百五十里則地之東西南北各一周有九萬里實數也是南北與東西數相等而不容異也夫地厚二萬八千六百三十六里零百分里之三十六分上下四旁皆生齒所居渾淪一球原無上下蓋在天之内何瞻非天天總六合内凡足所佇卽爲下凡首所向卽爲上其專以身之所居分上下未然也凡予至大西浮海入中國至晝夜平線見南北二極皆在平地略無高低稍轉而南過大浪山已見南極出地三十六度則大浪山與中國上下相爲對待矣而吾彼時只仰天在上未視之在下也故謂地形圓而周圍皆生齒者信然矣以天勢分山海自北而南爲五帶一在晝長晝短二圈之間其地甚熱帶近日

輪故也二在北極圈之内三在南極圈之内此二處地居甚冷帶遠日輪故也四在北極晝長二圈之間五在南極晝短二圈之間此二地皆謂之正帶不甚冷熱日輪不遠不近故也又以地勢分輿地爲五大洲曰歐羅巴曰利未亞曰亞細亞曰南北亞墨利加曰墨瓦蠟泥加若歐邏巴者南至地中海北至臥蘭的亞及氷海東至大乃河墨何的湖大海西至大西洋若利未亞者南至大浪山北至地中海東至西紅海仙勞冷祖島西至河摺亞諾海此州只以聖地之下微路與亞細亞相聯

其餘爲四海所圍若亞細亞者南至蘇門答蠟呂宋等島北至新增白蠟及北海東至日本島大明海西至大乃河墨阿的湖大海西紅海小西洋海若亞墨利加者全爲四海所圍南北以微地相連若墨瓦蠟泥加者盡在南方惟見南極出地而北極恒藏焉其界未審何如故未敢訂之惟其北邊與大小爪洼及墨瓦蠟泥峽爲境也其各州之界當以五色別之令其便覽各國繁夥難悉大約各州俱有百餘國原宜作圓圖以其入圖不便不得不易圓爲平反圈爲線耳欲知其形必須相合

聯東西二海爲一片可也其經緯線本宜每度畫之今且以每十度爲一方以免雜亂依是可分置各國於其所東西緯線數天下之長自晝夜平線爲中而起上數至北極下數至南極南北經線數天下之寬自福島起爲一十度至三百六十度復相接焉試如察得南京離中線以上三十二度離福島以東一百二十八度則安之於其所也凡地在中線以上主北極則實爲北方凡在中線以下則實爲南方焉釋氏謂中國在南贍部洲亞誣須彌山出入地數其謬可知也案西法以北極爲北南極爲南此天之南北非地之南北也釋典則以北極爲地頂而東西南北四面環之與南極北極無涉蓋北極爲上南極爲下是上下非四方也又用緯線以著各極出地幾何蓋地離晝夜平線度數與極出地度數相等但在南方則著南極出地之數在北方則著北極出地之數也故視燕京隔中線以北四十度則知燕京北極高四十度也視大浪山隔中線以南三十六度則知大浪山南極高三十六度也凡同緯之地其極出地數同則四季寒暑同態焉若兩處離中線度數相同但一離於南一離於北其四季并晝夜刻數均同惟時相反此之夏爲彼之冬耳其長

晝長夜離中線愈遠則其長愈多余爲式以記於圖邊每五度其晝夜長何如則西東上下隔中線數一則皆可通用焉用經線以定兩處相離幾何辰也蓋日輪一日行一周則每辰行三十度而每處相違三十度並謂差一辰故視黑龍江離福島一百四十度而緬甸離一百一十度則明黑龍江於緬甸差二辰而凡黑龍江爲卯時緬甸方爲寅時也其餘倣是焉設差六辰則兩處晝夜相反焉如所離中線度數相同而差南北則兩地人對足底反行故南京離中線以北三十二度離福島

一百二十八度而南亞墨利加之瑪八作離中線以南三十二度離䖍島三百二十八度則南京於瑪八作八相對反足底行矣從此可曉同經線處並同辰而同時見日月蝕矣此其大略也其詳則備於圖云

艾儒略五大州總圖略度解

天體一大圜也地則圜中一點定居中心永不移動蓋惟中心離天最遠之處乃爲最下之處萬重所趨而地體至重就下故不得不定居於中心稍有所移反與天體一邊相近不得爲最下處矣古賢有言試使掘地可

通以一物縋下至地中心必止其足底相對之方亦以一物縋下至地中心亦必止可見天圓地方乃語其動靜之德非以形論也地既圓形則無處非中所謂東西南北之分不過就人所居立名初無定準地度上與天度相應天有南北二極爲運動樞兩極相距之中界爲赤道平分天之南北其黃道斜與赤道相交南北俱出二十三度半日躔黃道一日約行一度自西而東奈爲宗動天所帶是以自東而西一日一周天耳日輪正交赤道際爲春秋二分規南出赤道二十三度半爲冬至

規北出赤道二十三度半爲夏至規黃道之樞與赤道之樞亦相離二十三度半其周天之度經緯各三百六十地既在天之中央其度悉與天同如赤道之下與南北二極之下各二十三度半也又二極二至規外四十三度也分爲五帶其赤道之下二至規以內此一帶者日輪常行頂上故爲熱帶夏至規之北至北極規冬至規之南至南極規此兩帶者因日輪不甚遠近故爲溫帶北極規與南極規之內此兩帶者因日輪止照半年故爲冷帶赤道之下終歲晝夜均平自赤道以北夏至

晝漸長有十二時之晝有一月之晝有三月之晝直至北極之下則以半年爲一晝矣往南亦然以南北距度考之其熱不得不然也其在東西同帶之地凡南北極出入相等者晝夜寒暑節氣俱同但其時則有先後或差一百八十度則此地爲子彼地爲午或差九十度則此地爲子彼處爲卯餘可類推也人居赤道之下者平望南北二極離南往北每二百五十里則北極出地一度南極入地一度行二萬二千五百里則見北極正當人頂出地九十度而南極入地九十度正對人足矣從

南亦然此南北經度也至于東西緯度則天體轉環無定不可據七政量之隨方可作初度而天文家又立一法算之以宗動天一周則日月行三百六十度故每時得三十度如兩處相差一時則東西便離三十度也今兩處觀月食各自不同則知差一時者其地方相離三十度以此推之東西之度可考驗矣或但以里數考之古來地理家俱從西洋最西處爲初度卽以過福島子午規爲始彷天度自西而東十度一規以分東西之度故畫圖必先畫東西南北之規後考本地理離赤道之

南北福島之東西幾何度數乃置本地方位譬如中國京師先知離赤道以北四十度離福島以東一百四十二度卽于兩經緯線相交處得京師本位也但地形既圓則畫圖于極圓木毬方能肖像如畫于平面則不免或直剖之爲一圖或橫截之爲兩圖故全圖設爲二種一長如卵形南北極居上下赤道居中一圓如盤形南北極爲心赤道爲界又于二全圖外另各設爲一圖曰亞細亞曰歐邏巴曰利未亞曰亞墨利加也而墨瓦蠟尼加則國土未詳圖不另立云圖中南北規度相等皆

以二百五十里爲一度赤道之度亦然其離赤道平行東西諸規則漸近兩極者其規漸小然亦分爲三百六十度其里數以次漸狹別有算法今畫圖爲方者其畫線不免于稍變畢竟惟圓形之圖乃得其眞也

艾儒略四海總說

造物主之化成天地也四行包裹以漸而堅凝故火最居上而火包氣氣包水土則居於下焉是環地面皆水也元黃始判本爲生人水土未分從何立命造物主於是別地爲高深而水盡行於地中與平土各得什五所

瀦曰川曰湖曰海川則流湖則聚海則潮川與湖不過水之支派而海則衆流所鍾稱百谷王焉故說水必詳於海海有二焉海在國之中國包乎海者曰地中海國在海之中海包乎國者曰寰海川與湖佔度無多不具論寰海極廣隨處異名或以州域稱則近亞細亞者謂亞細亞海近歐羅巴者謂歐羅巴海他如利未亞如亞墨利加如墨瓦蠟尼加及其他蕞爾小國皆可隨本地所稱又曰隨其本地方隅命之則在南者謂南海在北者謂北海東西亦然隨方易向都無定準也茲將中國

列中央則從大東洋至小東洋爲東海從小西洋至大西洋爲西海近墨瓦蠟尼一帶爲南海近北極下爲北海而地中海附焉天下之水盡於此裨海大瀛屬近荒唐無可證據

海雖分而爲四然中各異名如大明海太平海東紅海孛露海新以西把尼亞海百西爾海皆東海也如榜葛蠟海百爾西海亞剌比海西紅海利未亞海何摺亞諸滄海亞大蠟海以西把尼亞海皆西海也而南海則人跡罕至不聞異名北海則冰海新增蠟海伯爾昨客海

皆是至地中海之外有波的海窩窩所德海入爾馬泥海太海北高海皆在地中可附地中海

海島之大者附載各國之後其小者不下千萬難以盡述大率在亞細亞者蘇門答蠟日本浡泥最大在歐羅巴者諳厄利亞最大即英吉利在利未亞者聖老楞佐島最大在亞墨利加者小以西把尼亞最大在墨瓦蠟尼加者新爲匿亞最大而太平海中則有七千四百四十島此外有石礁或見水面或隱水中水中者船極畏之又有沙洛船值之則陷此時盡棄船中重貨雖百萬金錢所不恤乘潮至方得脫之否則斷無出理

地心最爲重濁水附於地到處就其重心故地形圓而水勢亦圓隔數百里水面便如橋梁遠望者不可見須登桅望之乃見其前或夷或險而海中夷險各處不同惟太平海極淺亙古至今無大風浪大西洋極深深十餘里從大西洋至大明海四十五度以南其風常有定候至四十五度以北風色便錯亂不常其尤異者在大明東南一隅常有異風變亂淩雜倏忽更三十四向海船惟任風而飄風水又各異道如前爲南風水必北行

儵轉爲北風而水勢尚未趨南舟莫適從因至摧破至小西洋海潮極高大又極迅急平地頃刻湧數百里海中大船及蛟龍魚鼈之屬嘗乘潮勢湧入山中不可出歐羅巴新曾蠟利未亞大浪山亦時起風浪甚險急至滿剌加海無風儵起波浪又不全海皆然惟里許一處以次第與後浪將起前浪巳息矣海上雖多有風獨利未亞海近爲匿亞之地當赤道下者常苦無風又天氣酷熱船如至此食物俱壞人易生疾海深不得下碇舶大不能用櫓海水暗流及潮湧飄舶至淺處壞者多在

於此海水味鹹中有火性又勢常激盪故不成冰至北海則半年無日氣候極寒而冰故曰冰海海船爲冰堅所阻直須守至冰解方得去又苦冰山海中冰塊爲風所擊堆壘成山海船觸之定爲虀粉矣赤道之下則終歲常熱食物水酒至此色味皆變過之即復如常凡海中之色大率都綠惟東西二紅海其色淡紅或云海底珊瑚所映而然亦非本色也又近小西洋一處入夜則海水通明如火西儒常親見而異之特器汲起滿器俱火光又滴入掌中光亦瑩然可玩後來漸次消滅

儒略輩從歐羅巴各國起程遠近不一水陸各異大都一年之內皆聚於邊海波爾杜瓦爾國里西波亞都城候西商官舶春發入大洋從福島之北過夏至線在赤道北二十三度半踰赤道而南此處北極已沒南極漸高又過冬至線在赤道南二十三度半越大浪山見南極高三十餘度又逆轉冬至線過黑人國聖老楞佐島界中又踰赤道至小西洋南印度臥亞城在赤道北十六度風有順逆大率亦一年之內可抵小西洋至此則海中名小島險峻難行矣乃換中舶亦乘春月而行抵

則意蘭經榜葛剌海從蘇門答蠟與滿剌加之中又經新加步峽迤北過占城暹羅界閱三年方抵中國廣南廣州府此從西達中國之路也若從東而來自以西把尼亞地中海過巴爾德峽往亞墨利加之界有二道或從墨瓦蠟尼加峽出太平海或從新以西把尼亞界泊舟從陸路出孛露海過馬路古呂宋等島至大明海以達廣州然某輩皆從西而來不由東道故其途程經九萬里也行海晝夜無停有山島可記者則指山島而行至大洋中常萬里無山島則用羅經以審方其審方之

法全在海圖量取度數即知海船行至某處離某處若干里瞭如指掌百不失一（此是初通中國時故迂遠曠日今則火輪往返不過數月）海船百種不止約有三等其小者僅容數十人專用以傳書信不以載物其舟腹空虛可容自上達下僅留一孔四圍點水不漏下鎮以石使舟底常就下一遇風濤不習水者盡入舟腹中密閉其孔復塗以瀝青使水不進其操舟者則細縛其身於檣桅任水飄蕩因其腹中空虛永不沉溺船底又有鎮石亦不翻覆俟浪平舟人自解縛運舟萬無一失一日可行千里中者可容數百

人台小西洋以達廣東則用此船其大者上下八層最下一層鎮以沙石千餘石使船不傾側震盪全藉此沙石二三層載貨與食用之物海中最難得水須裝淡水十餘大桶以足千人一年之用他物稱是其上近地平板一層則船內中下人居之或裝細軟切用等物地平板之外則虛其中百步以爲揚帆習武游戲作劇之地前後各建屋四層以爲尊貴者之居中有甬道可通頭尾尾後建水閣爲納涼之處以待貴者之游息船兩傍列大銃數十門以備不虞其鐵彈有三十餘斤重者上

下前後有風帆十餘道桅之大者長十四丈帆闊八丈水手二三百人將士銃士三四百人客商數百有船總管一人是西國貴官國王所命以掌一船之事有賞罰生殺之權又有船師三人歷師二人船師專掌候風使帆整理器用吹掌號頭指使夫役探測淺水礁石以定趨避歷師專掌窺測天文晝則測日夜則測星用海圖量取度數以識險易以知道里又有官醫主一船之疾病亦　市肆貿易食物大船不畏風浪獨畏山礁淺沙又畏火船上火禁極嚴蓋千人之命攸係然其起程但

候風色未嘗選擇時日亦未嘗有大失也海島逸志曰大海之中風雨晝晦有黑雲一片如針下垂漸低漸墜至海者則水爲之漈洄淵湃遠者無妨近則燒雞羽放鞭爆而水櫃水桶皆當謹慎用綿被或用衣服覆蓋不然盡被吸去矣海水味鹹騰而爲雨則淡是天地好生之德不可測議者也

海產以明珠爲貴則意蘭最上土人取海中蚌置日中晒之俟其口自開然後取珠則珠色鮮白光瑩有大如雞子者光照數里南海皆剖蚌出珠故珠色黯黯無光有珊瑚島其下多出珊瑚初在海國色綠而質柔輭上生白子土人以鐵網取之出水便堅有紅黑白三色紅

色者堅而密白黑色者鬆脆不堪用大浪山之東北有暗礁水涸礁出悉是珊瑚之屬猫睛寶石各處不乏小西洋更多琥珀則歐羅巴波羅尼亞有之沿海三千里皆是蓋爲風浪所湧堆積此地土人取爲器物龍涎香黑人國與伯西爾兩海最多嘗有大塊重千餘斤者望之如島然每爲風濤湧泊於岸諸蟲魚獸並喜食之他狀前已具論海水本皆鹽味然亦有不假煎熬自凝爲鹽塊者近忽魯謨斯處有山五色相間亦純是鹽土人鑿山石鏇以爲器財食物則不須和鹽蓋其器已是鹽

自生鹹味也。又有海樹。太平海內淺處生草一望如林葱蒨可愛

海國圖志卷七十六

國地總論下　原無今補

邵陽魏源輯

南懷仁坤輿圖說　坤輿圖說與職方外紀大同小異凡雷同者不重錄惟此數條外紀所無故別出之

先聖論地初受造時甚圓。無深淺高卑之殊。惟水徧圍其面而已。但造物者將居民物於地面。則開取淵坎。合水歸之。致露乾土。即以所取之土。致成山岳陵阜之類。試觀海涯。無不倚山陵之尼。江河多峽于阜嶺之中。大約高山多近深谷。可以驗其原生之意也。然造成後又

有變遷。蓋諸國典籍所記高岸爲谷。深谷爲陵。古來未有者。或新發而始見之。乃地震所致。或風力。或水勢所成也。若究其生山之故。不但飾地之觀。豎地之骨。直于人物有多益焉。或以毓五金。或以捍四海。或以涌溪澤。或以茂林叢。或以蔽風雪。或以障蔭翳。或以界封疆。或以禦寇盜。或以關飛走之囿。或以廣藏修之居。無算妙用。則造物之原旨。以全夫寰宇之美。而備生民之須耳

今摘天下各國有名高山里數開列于左

阨勒齊亞國阨莫山高十三里一百九十二丈。阨勒齊即額力

（西今北都魯機國也一作厄勒祭）

西齊理亞國晝夜噴火之山名阮得納高十三里一百五十六丈

西洋德納里法島必个山高二十一里二百一十四丈

阨勒齊亞國亞多山高二十四里（即厄納特赫國在裏海東南見異域錄）

諾爾物西亞國山高三十里零二十丈（一作諾勿惹國即那威國也）

亞墨尼加洲伯納黑山高五十五里百二十丈（即耶瑪尼國）

莫哥斯未國里弗依山高八十三里零七十二丈（地圖作大布里山在烏拉嶺北即葱嶺北幹也在俄羅斯境內）

亞細亞洲高架所山高一百二十一里二百零四丈（案名山自西而東以漸高高至此山為最蓋葱嶺也見釋昆侖篇）

（案此所列名山惟詳歐羅巴洲東至葱嶺而止其阿未利洲西南之墨溜斯大山西北之亞大臘山及阿細阿州西南之岡底斯山西北之阿爾泰山均未列及）

天下名河

亞細亞洲

黃河元朝圖史載黃河本東北流歷西域數大洲凡四千五百餘里始入中國又東北流過夷境凡二千五百餘里始轉河東又南流至蒲州凡一千八百餘里通計屈曲九千餘里

歐拂臘得河長六千里其流入海口處闊四十八里（即長江之異名也）

安日得河長四千八百里闊約五里深十丈餘分七岔入海其水產金沙（此即東恒河也兼受岡噶江大金沙江以入南海英夷圖中一作安治市河一作瀲日市河皆譯音之殊）

阿被河長七千二百里此河開凍時有大冰如山岳衝擊樹木排至兩岸旁溢一千二百里土人遷移入山避之（即額爾齊斯河一源出基臺湖即宰桑泊也一出大布里山則葱嶺北幹也大里布山在烏拉嶺之西北）

（亦名帕付林斯科山其長直抵北海為歐羅巴阿細亞二洲之界在俄羅斯境內或疑阿被河為葱嶺以西之流則何由貫烏拉嶺而入北海又何由列于阿細亞洲名川內乎）

印度河長四千里入海口處闊一百六十里（亦名信度河即西恒河也與東恒河同源異委亦入南海）

（案大金沙江下游入安日得河統為佛經之恒河惟英夷圖中所繪不誤南懷仁圖則大金沙由緬甸入海與安日河各為海口則安日得河不足統大金沙江此一大舛漏）

（阿細亞水由俄羅斯入北海者莫大于額爾齊斯河及色棱格河朱爾克河源長流廣為北幹三大水與中國江河相並圖中除阿被河外雖尚有北流之加西馬河聽西味河然不甚長遠且說中不列于名川又誤繪撒馬爾罕于阿被河之上此二大舛漏）

克魯倫河之水由黑龍混同江入海此東北一大幹圖中有之而無水名說中亦不及此第三辯譌

歐羅巴洲

大乃河長二千四百八十里。分三岔入墨阿的湖。注地中海。墨阿的湖之水由墨海以入地中海南懷仁圖大乃河字當西向而反東向與窩爾加河混殽不清宜改正。

窩耳加河長一千六百里。分七十二流。入裏海。即異域錄之佛爾格河土爾扈特。游牧此河西岸亦名厄濟納河

達乃河長四千八百里。入大海。此非西洋大海也即墨阿的湖之下游一名黑海在裏海之東地中海之北。南懷仁立名不妥宜名黑海

多惱河長三千六百里。分七岔入海。其河有橋長一十一里。高十五丈。此所入亦地中海

案蔥嶺以西之水莫大于佛經之縛芻河元史謂之阿母河乃出龍池入裏海之正幹。即懷圖中之阿書河也阿母阿書皆縛芻之音轉乃圖有之而說中所載名川不及之此一大辯譌

又納林河亦出蔥嶺由放罕布哈爾土爾扈特境入裏海亦一大幹河也圖中雖有撒馬爾河而甚微短與撒馬爾罕相去遼遠無以見其爲一國之經流故說中亦不與窩爾加河並列名川此二大辯譌

利未亞州

泥祿河。長八千八百里。分七流入海。泥祿河即四洲志伊揖國之奈爾河

黑河地內藏其水道。至二百四十里。遠有餘

北亞墨利加

加納大河海潮入此河。至一千六百里。流入海口處闊二百四十里。

南亞墨利加。

聖瑪得勒納河。長三千六百里。

巴里亞河。深十五丈。入海口處闊四百四十餘里雅瑪瑣農江。長一萬餘里。闊八十四里。深不可測入海口處。闊三百三十六里。其水勢悍急直射海水。至三百二十餘里皆淡水其兩岸綿亘有一百三十餘國。語言風俗俱不同。

南懷仁坤輿圖說

海水自然之動。止有其一。即下動也。凡外動爲強則非自然可知矣。其強動甚多。其一外風所發。風既不一。動亦不一。其二自東而西。凡從歐邏巴航海西向而行則順而速。東向而行則逆而遲。此動非特大海。又于地中海可見其所以然。從太陽自東而西行以生焉。見風氣說其三。自北而南。凡航海從北向南必順而速。從南而北則

必逆而運。夏月行北海者。常見冰塊之廣大如城如海島。曾有見長三百餘里者。從北而南流。其所以然者。北極相近之海大寒。北年中多雲雨多冰雪。與赤道相近之海大熱。每日海水之氣甚多。被日薰蒸冲上空際。蓋南海之勢處卑。北海之勢處高。故水北而南流也。

潮汐各方不同。地中海迤北迤西。或悉無之。或微而難辨。迤南迤東則有而大。至于大滄海中則隨處皆可見也。第大小速遲長短各處又不同。近岸見大。離岸愈遠潮愈微矣。地中海潮水極微。又呂宋國莫路加等處不

過長二三尺。若其他如大西拂蘭第亞國潮水長至一丈五尺。亦有一丈八尺至二丈之處。安理亞國隆第諸府現長至三丈。其國之他處長至五六丈。阿利亞國近滿直府長至七丈。近聖瑪諸府間長至九丈。此各方海潮不同之故。由海濱地有崇卑直曲之勢。海底海內之洞有多寡大小故也。況月之照海各方不同。則其所成功亦不能同。其長退之度或每以三候。或長以四候。或其長極速。即騎馳猶難猝脫。則一候倏淹覆四百餘里。而又一候倏歸本所。又始起長之時亦不同。大概每日

遲約四刻。朔望所長更大。嘗推其故。而有得于古昔之所論者。則以海潮由月輪隨宗動天之運也。古今多宗之。其占驗有多端。一曰潮長與退之異勢。多隨月顯隱盈虧之勢。蓋月之帶運。一晝夜一周天。其周可分四分。自東方至午。自午至西。自西至子。復自子至東。而潮一晝夜槩發二次。卯長午消。酉長子消。若隨處隨時。晷有不同。是不足爲論。別有其所以然也。二曰月與日相會相對。有近遠之異勢。亦使潮之勢或殊。假如望時日盈即潮大。月漸虧而潮漸小。三曰朝之發長。每日遲四刻。

必由于月。每日多用四刻。以成一周。而返原所。蓋月之本動。從西而東。一日約行三十三度。從宗動天之帶動自東而西。必欲一日零四刻。方可以補其所逆行之路而全一周也。四曰冬時之月。多强于夏時之月。故冬潮槩烈于夏潮。五曰凡物屬陰者。概以月爲主。則海潮即由溼氣之甚。無不聽月所主持矣。即月所以主持海潮者。非惟光也。蓋朔會時月之下面無光。至與吾對足之地亦無光。海當是時猶然發潮不息。則知月尚有他能力。所謂隱德者。乃可通遠而成功矣。是月以所借之光

或所具之德致使潮長也如磁石招鐵琥珀招芥然或生多氣于海內使其發潮也如火使鼎水沸溢然

或問潮汐之爲理者何也曰一則以免腐朽之患蓋水久注必朽一則以清外聚之垢蓋地上丕惡之積由江河而歸于海乃潮長復發吐之也一則輔舟航漂渡之事蓋潮長則從海易就岸潮退則從岸易入海觀此則海潮之益不淺矣造物主豈無意乎　或問海水之鹹曷故曰多由于乾濕之氣之滲證曰凡滋味必從二氣之雜乃乾而甚燥必生鹹如灰溺汗等是也則海既含多氣或風從外至或日從內生故其水不能不鹹也試用海水濯物必溫和乾燥較諸他水爲濁其沾濡如油何也其含土之乾氣故也又試觀海水或泥沙內或被火蒸必甘何也失土氣之大分故也又試取浮薄空器塞口沉于海中其內所侵入之水必甘因水從微孔入少帶土氣故也又從海氣聚結之雨必甘何也氣上時其上之濁多墜失故也觀此多端海水之鹽從上極乾燋之氣而生也明矣雖然太陽之亢炎亦能致鹹驗之海面之水鹹甚于海底者近受日暈之射而底之水日

光不及故也又試之夏月海水多鹹于冬月蓋日軌甚近之所使然矣

大地內多藏積水常見鑿礦者多遇池瀆湍潤又隨處掘井者或淺或深無不得水之源又觀乾地屢開竅發水而或成湖澱或淹廬舍因知地中若非函大積之水定無是事也又造物者初收水于深淵時遺多分于地內又隨處開闢匿空隱渠以徧施潤澤正如人體內多備脈絡筋骨以運血氣之潤澤也地本至乾非得水之潤自難凝結又不能養育卉木金石之類濟捄人物之用因知天地造成之初地面卽多發泉川江湖以備後用而江河溪泉多由于海水證以四端一曰天下大川日日入海而不溢者必有他出若無出而不溢極難解矣二曰江河之洪大者若非源于海安得有此大源蓋地內從氣所變之水萬不足供大江之常流也三曰從古嘗有江湖泉川新出其味如海之鹹其魚亦如海內之形則江河非由于海而何四曰凡近海之地必多泉川愈遠于海者其川亦愈寡矣

又江河雖多從海而出但泉川亦有從氣變生者蓋地

中所藏多氣既不能出外又被圍山之冷氣攻之因漸變涣而滴流致成泉溪之水源試觀最高之山大都有水泉甚甘甚洌若海水或相去甚遠其地或甚低其水又濁且鹹何能致甘洌乎又觀人屋近于山麓閉其戸牖必多溼而發水何也其內藏之氣易變水也矧山穴之內乎又入山中諸洞旁多滴水成渚乃溪澗水源之一證也　或問海卑地崇水何能逆本性上流于地面乎曰海水所由之匿空隱渠必曲非直乃水因潮長時强入其內不能復退惟有漸進勢不得不上涌矣況星

辰之隱德必招攝海水以滋萬物而土爲極乾又招水以自慰其渴因濟外物之須則水之上流也觀其私性爲逆觀衆物之公性則不爲逆也正如凡遇空時水土必上火氣必下而是上下之動者論各元行之性爲逆論衆物之性不逆是也

萬國地理全圖集曰諸水之滙聚稱爲大洋其最大者爲太平海在亞齊亞及亞墨利加中間自東至西長三萬三千三百里自南至北闊一萬四千三百里西及大清日本等國東交亞墨利加西邊其中多有羣島次者大西洋海東及歐羅巴亞非利加等地西交亞墨利加長二萬五千二百里闊一萬六千二百里其中大嶼四散海港繁多爲通商之大路三者印度海即在亞齊亞亞非利加南邊長闊均一萬二千四百里其中海島最多四者近北極之冰海其長闊上下七千三百餘里但因冰如山凍不可駛五者近南極之冰海其長闊不可量也○兩山間至大之海介歐羅巴亞非利加之中間稱地中海長七千有餘里闊一千九百里其中海嶼洲島不勝數黑海與亞得利亞海隅及地中海相交大西

洋海之東隅係西班牙日耳曼巴剌得等海隅西麥西可羅隣合順巴尕等海隅海水之色如氣者青然夜間動水出火若羣螢動搖其深淺不等大洋之中斷難量度愈近岸愈淺海中潮汐寰宇之陰濕升降於水者皆月主之濕能下濟水則上升如呼吸然月之所臨則潮起爲正攝月之對冲潮亦爲起爲反攝故潮盈於朔漸移三刻一十二分對月到之位而以日臨之次潮必應之月望後東行潮附日而西應之月周天而潮亦應也月遶地而行潮亦遶地而行惟潮有遲速大小不等或

有進六丈或一尺二尺而已王潮有大小是隨月所行
月行有高低則潮生進退月行高則潮小月行低則潮
大其海潮皆有定候每日晝夜兩潮如子午潮長則卯
酉潮退但時刻各處不同

莊廷旉地圖說乾隆五十三年陽湖莊廷旉著有海洋外國圖編未見其書見其二圖
地球渾圓全圖始於明神宗時西人利瑪竇及　國
朝南懷仁等所進地球式及坤輿說但其地球經緯分
度以正面中國度線收狹小而外域各國度線反放寬
大者據稱地體渾圓分繪作兩半圓應作中高之勢使

閱者視正中則小視斜側應寬庶合西洋繪法云云不
知人視圓球周當中面寬而側面狹今既於平幅繪圖
則當正中與邊隅一律均勻其經緯度已分曲直線雖
突面之體人豈不可帶左右視即與視中線法同何得
如西人偏執迂見致天度地面一圖內有大小之殊耶
昔徐光啟亦曾進萬國經緯地球圖已無傳本今此圖
內經緯度線纂量勻派其每度內應得水土界限與西
法舊圖同惟四隅之與中線則概分均平無大小偏陂
之議至西人舊圖為幅尋丈未便篋笥且所書國土尚

俱係前代名目又圖中混列蟲魚怪物無關坤象大體
今並刪除祇彷其水土形局縮成尺幅而外夷名稱悉
遵　欽定職方會覽四裔圖說等書間或旁附舊名
便覈同異至坤輿地圓之旨元史札馬魯丁亦已言之
天有三百六十度中界赤道分南北極以便推步地亦
如之與天度相應中國當赤道北故北極常見南極常
隱南行二百五十里則北極低一度北行二百五十里
則北極高出一度地體渾圓是以知地之全周為九萬
里又以南北緯度定天下之縱凡北極出地之度同則

四時寒暑靡不同若南極出地之度與北極出地之度
同則其晝夜永短靡不同惟時令相反此之春彼為秋
此之夏彼為冬以東西經度定天下之衡兩地經度隔
三十度地隔七千五百里則時刻差一辰凡時刻內刻
之四分天即西過一度相去一百八十度則晝夜相反
自赤道南二十三度半為南道即冬至限赤道北二十
三度半為北道即夏至限中國在赤道北故日行南道
則中　晝短日行北道則中國晝長日行赤道中則晝
天下晝夜均平因以日輪行天之勢分山海為五帶即

赤道間爲中帶其地甚熱日輪晝夜長短勻平之間故
也一近北極圈一近南極圈此二處地甚冷帶遠日輪
故也一在北極下中國晝長二圈之間即北道夏至限
一在南極下中國晝短二圈之間即南道冬至限此二
處皆爲正帶一歲中日輪高下遠近得冷熱往還相均
故也又以全地塊段之勢分輿地爲五大洲曰亞細亞
者爲中土大清國南至呂宋亞齊噶喇巴北至新增白
臘冰海東至日本島西至大乃河黑海西紅海小西洋
等處曰歐羅巴者爲大西洋南至地中海北至白海東

至黑海西至大西洋海各島曰利未亞者爲西南洋南
至大浪山北至地中海東至西紅海聖老楞佐島西至
聖多默島等處其利未亞四圍俱海僅東北區盡西之
海處微地與西戎相連大西人稱若此處能與大西之
地中海相通則西舶可由此達小西洋至中國兒繞利
未亞之海經大浪山風波而又遠二三萬里也曰亞墨
利加者是中國後面之地全是海圍亦有數大國於近
赤道之宇加單處止微地與南極下地作連遂分南亞
墨北亞墨二州盡南爲瑪熱辣尼峽惟見南極出地而

北極恆藏焉人物荒杳從海北轉即中土屬之瓜哇境
矣大地同海本一圓球以入圖分繪兩面閱者聯東西
爲一反覆旋合觀之與得三百六十度全勢全圖內十
度作一格使簡約易覽其緯度自晝夜平線分南北起
至兩極係平度漸近極圈漸小而盡於九十度其每度
之東西里分應漸減除其經度自兩極疏分至赤道係
直度其每度之南北經線應準定二百五十里無減自
京師順天府爲經線正中初度者乃東方九十度內定
九五居中之義餘經線爲京師偏東偏西循環合轉仍

三百六十今每幅經緯線得一百八十度而外圍之大
圓周亦仍三百六十度也其各省府所定度位則遵
御製數理精蘊以北極出地平並日月交食各方所
測時刻天頂推而定之以中國所驗而論如春秋二分
日躔赤道時於順天府午正所測驗日離赤道天頂四
十度於最南之廣州府午正所測驗日離赤道天頂二
十三度以二十三與四十相減則餘十七度即知廣州
距順天南北隔地面亦十七度矣再以合天交食之理
定東西相去之廣以每年頒行月食於最東杭州省城

所驗較最西雲南省城所驗每差五刻五分以刻分覈度數則知兩省東西相距二十度是以與圖定兩府東西隔二十度餘他省府與全地各國及海島海面俱依方測量勿可混列也其日出入方位晝夜永短刻分與夫交節氣遲早時刻各地不同處自有　頒行時憲可與斯圖外層之約略注載攷覈或不甚舛宣城梅文鼎曰極度晷景常相因知北極出地之高即可知各節氣午正之景測得各節氣午正之景亦可知北極出其地之高然其學非膚淺可窺今第以監定所測京省等

處北極出地度并以京師子午線爲中而較各省會地所偏之度凡節候遲早月食先後胥視此

或問古典籍記載有言地之廣大東西南北曰四方隅曰四維總稱八方又曰四極四遊八紘之外更有大九州昔神農度地四海內東西九十萬里南北八十一萬里地厚與天等之説今述地球兼水土而圓周止九萬里何據乎不知地體圜圓九萬里非可臆見以所定里數而測月食分杪里差覈以時刻如日隨天行一日一周地面有十二時較交食時分得若干里因知地兼海大圜實九萬里再以北極出各地高卑定南北準則亦九萬里但南北有兩極不動之定位至東西乃隨各方人居處論天與地本無東西定位慎勿泥古爲膠柱之議譬諸紀載稱有國土從無日光惟燭龍啣火相照又有稱天方仙界日長無夜等説固虛誕無憑更有可據者如稱奉使至北方日皆長晝即日入尚皆見博烹羊胛未熟而日又東升以爲其長晝可異乃不知其時値夏秋間至其地耳如遇冬令豈知其地之人皆伏蟄而避長夜猶之臺郡雜誌載海中有暗礜夷舶初抵是處

見其日亦長晝無夜山青水秀萬花遍滿惜無居人夷人謂其地美留番衆二百人住此給以歲糧俾爲耕植次後原舟至値山中如長夜前留番衆無一存者舉火索之見石上遺書言夏後漸成昏黑且山多怪魅所留人漸沒矣此處等所同北極下之地皆近極八九十度內乃夏則北有長晝而南爲長夜冬則南有長晝而北爲長夜至半年爲日半年爲夜恐聞者疑信未然今將日躔南北帶冬夏二至限外地面之晝夜時列書刻以見晝夜長短一定之理可見太陽非獨于九重天內居

中而于南北兩極一百八十度內高卑上下以成歲功
亦在居中五十度內吾人幸生中土全仰太陽和煦如
君父愛育之下其極北極南地面光氣稍偏雖曰大德
好生而冰海火地人物亦罕由少資生之道也此外更
輯有海洋外國圖編容別續出以補前圖之未盡

西洋人瑪吉士地理備考敘

水火有氣而無生草木有生而無知禽獸有知而無義
人有氣有生有知亦且有義故最爲天下貴也是故君
子以天爲家以德爲本以道爲域身軀由地而來向地
而歸靈魄由天而來向天而歸人者不屬此地而屬天
何可輕忽人性之天而背聖人之理乎夫蠻狄羌夷之
名專指殘虐性情之民未知王化者言之故曰先王之
待夷狄如禽獸然以不治治之非謂本國而外凡有教
化之國皆謂之夷狄也且天下之門有三矣有禽門焉

有人門焉有聖門焉由於情欲者入自禽門者也由於
禮義者入自人門者也由于獨知者入自聖門者也識
知夫遠客之中有明禮行義上通天象下察地理旁徹
物情貫串今古者是瀛寰之奇士域外之良友倘可稱
之曰夷狄乎聖人以天下爲一家四海皆兄弟故懷柔
遠人賓禮外國是王者之大度旁咨風俗廣覽地球是
智士之曠識彼株守一隅自畫封域而不知牆外之有
天舟外之有地者適如井鼃蝸國之識見自小自蔀而
已方今東西太平遠洋輻輳凡洋艘到漢地通市必繞

地一周圍海數重際天冥晦不達萬里而來相見凡宇內窮極幽遠自日出之國以至冰岳之島洲與洲而相岐國與國而相左閉戶陸居者終身所未聞皆達客身之所經目之所覩也自非諳諸達人則天文度數之遠近國土古今之盛衰形勢風俗之殊異畢世其能想像乎行舟沙礁之險易到岸埠市之繁寡即初涉商舶者能遙度其津涯乎誠欲擴智識而裨生人其可以無是書

瑪吉士地球總論

夫地球以土水二者爲本土則分爲山谷島洲磐石沙泥水則分爲海江河湖淵潭澗溪上下周圍天涯到處飛者飛潛者潛動者動植者植而皆不離于其面也古之探訪地球者以所尋得之地分爲三州一名歐羅巴一名亞細亞一名亞非里加三者而已及明宏治年間始尋得新地名之曰亞美里加始合爲四大州後各駕舟歷時又尋出南海最南之澳大利亞大島且環以南洋衆多〃島國或聚或散因此新著地理志人又以諸島合爲一州命之曰阿塞尼亞是以近日地球始分爲五大州也一歐羅巴二亞細亞三非里加四美里加五阿塞尼亞又諸譜地理者既知地球圍線周圍共九萬里復以所得古今各處度量地面周圍約有積方二垓五京七兆九億六萬方里五大州內所尋之地所訪之島所遊至近之處極遠之邦各方共計地約六京八兆八億二萬五千里水則約一垓八京九兆一億三萬五千里水陸二面兩相比較地則一分水則三分至于人數千億約分五種或白或紫或黃或青或黑其白者乃歐羅巴一州亞細亞東西二方亞非里加東北二方亞

美里加北方此數方之人顏色皆白面卵形而俊秀頭髮直舒而且柔其紫者乃亞非里加北方亞細亞南方除天竺及亞細亞所屬數海島不同外其餘顏色黑紫鼻扁口大髮黑而鬈其黃者乃印度一國及亞細亞南方亞美里加南方之人其顏色皆淡黃鼻扁口突髮黑而硬其青者乃亞美里加人其顏色大半青綠面貌毛髮與黃者頗相等其黑者乃亞非里加人顏色烏黟容凸顴高口大唇厚髮黑而鬈有如羊毫鼻扁而大類似獅準間亦有白色之人居其東北則皆歐羅巴亞細亞

二處人曩時遷移彼地者也。又亞細亞南方及各海島亦有黑人，而形容體態與亞非里加之黑人迥殊。夫天下萬國之人，有下中上三等之分。下者則全不知有文義學問，止務漁獵遊牧各處。中者則習文字，定法制，立國家，但其見聞淺陋，無深遠。上者則攻習學問，修道立德，經典法度，靡不通曉。承平則交接邦國，禮義相待；軍興則捍禦仇敵，保護國家。論五州萬國之語言文字，約有八百六十種。歐羅巴語音五十三，其通用者十有七：一大西洋，一大呂宋，一意大里亞，一佛蘭西，以上四者

乃羅馬國辣丁語所分派者也；一亞里曼，一賀蘭，一弗拉萌牙，一大尼，一瑞典，一那華，以上六者乃古調多尼加語所分派者也；一英吉利，其語乃辣丁、調多尼加二國所相并者也；一厄羅斯，一烘哥里亞，一伯羅尼亞，一布威彌亞，以上四者乃古斯加拉髙尼亞之語所分派者也；一額力西，其語乃古額力西國所傳者也；一回回，其語乃回鶻又名回紇國所傳者也。亞細亞語音一百五十三，其通用者十有五：一回回，一天方，一伯爾西亞，一回紇，一中華，一滿洲，一蒙古，一日本，一高麗，一琉球，一暹羅，一越南，一阿瓦，一印度，一西藏等語。亞非里語音一百一十五，其通者五：一伯爾卑勒，一壹的科鼻，一尼幾里西，一哥布達，一桑哀等語。其天方語音亦通行于此州之北方。亞美里加語音則有四百二十二，其至通用者除土語外，多係別州之語：一英吉利，一大呂宋，一葡萄亞，一佛蘭西，一賀蘭，一大尼，一瑞西亞等語。南洋阿塞亞尼州語音百十七，其通用者惟馬來語音也。以上八百六十種，按省而分論之，約有五千餘種；更按府縣村鎮而論，則其數莫能計矣。

地球推方圖說　彌利堅國人培端撰

余嘗考中華諸古書多主地方而靜之說少有言地圓而動者今試以大船遊行海面至北極海即見北斗星高在頂上不能見南極若遊行南極海面又見南極星亦高在頂上不能見北極可見南北之地皆圓又試以船自廣東向西開行先過印度海又向西南過亞非利加又過南大西洋南亞美理駕折向西北過太平海然後直由西行仍能回至廣東此又可見東西亦圓故周行無礙第地球圓圖既列于前恐未甚瞭目故復推方

而繪其全凡分四大洲曰亞細亞歐羅巴亞非利加南北美理駕各有圖在後至諸海島皆不別列

亞細亞洲幅員廣大為四土之最東界大東洋海南界印度洋海西界地中海及紅海至歐羅巴北界北冰海居是土者東有大清國十八省并內外蒙古諸部新疆回疆朝鮮又東海島如日本琉球其最著者也南為暹羅緬甸南掌印度等國西為前藏後藏波斯等國西南為亞剌伯回部西北為土耳基等國再西為買諾所稱小亞細亞者是極北為峩羅斯界峩羅斯之境十雖十之六在亞細亞而國都建于歐羅巴則屬之歐羅巴而已

歐羅巴洲在亞細亞西以烏拉嶺為界西距大西洋海海水由西北注入曰波羅的海由正西注入曰地中海由西而東有巨浸曰黑海漢初意大里亞之羅馬國創業成一統中國稱為大秦五代擾亂散為戰國元末曰爾曼列國在歐羅巴之中原稱覇自明至今大小其成十餘國曰峩羅斯曰瑞典曰璉國曰爾曼曰普魯士曰奧地利亞曰希臘曰瑞士曰意大利亞曰荷蘭曰比利

時曰佛蘭西曰西班牙曰葡萄牙至其雄峙海島者曰英吉利

亞美理駕洲地分南北中如蜂腰長約二萬八千餘里東距大西洋海與歐羅巴亞非利加二洲相望水程約隔萬餘里西距大東洋海直抵亞細亞之東其極西北隅與亞細亞極東北隅隔一海港南亞美理駕明時屬葡萄牙西班牙等管轄至今分立數國如可倫比亞秘魯智利巴西等更有諸小國及羣海島皆不贅敘北亞美理駕中國稱米利堅者是其民或從英吉利來或從

佛蘭西來後并立為一國官以民情向往推選糧以各部輕重自納至其稱花旗者則因華人見其船掛花旗而名之也夫本國有自主之權至今不改初英吉利與之搆兵經數年不解至乾隆四十九年始議和本國人立華盛為領首自後每四年一易以為例今幅員增廣戶口日繁已分為三十餘大部矣人民物產大約二十年之久則倍之其農務工作兵丁貿易賞罰刑法來往賓使修築圯橋諸大事皆由議事閣酌議其鄉學縣學醫學皆設館男女無一不讀書文質彬彬稱極盛焉餘詳國誌

海國圖志卷七十七

邵陽魏源輯

籌海總論一原無今補

陳倫烱天下沿海形勢錄

天下沿海形勢從京師天津東向遼海左延山海關寧遠盡平復州金州旅順口鴨綠江而抵高麗右袤山東之利津清河蒲臺壽光海倉口登州而至廟島其登州一郡陡出海東盡于成山衛與旅順口南北隔海對峙海船往盛京天津者以成山為標準此登州西北之渤海也成山衛轉西南則靖海大嵩萊陽鰲山靈山而至江南海州此皆登州西南之海也海州而下廟灣而上則黃河出海之口沙泥入海則沉實支條縷結東向淤長潮滿則沒潮汐或淺或沉名曰五條沙中間深處呼曰沙行江南之沙船往山東者恃沙行以寄泊船因底平少閣無礙閩船遇此則魄散魂飛蓋閩船底圓加以龍骨三叚架接高昂閣沙則碎折更兼江浙海潮外無屏蔽之山以緩水勢故潮汐比他省為最急苟乏西風開避則舟隨溜閣靡不為壞是以海船往山東兩京必從盡山對東開一日夜避過其沙方敢北向而登萊淮

海稍寬海防亦由五條沙爲之保障也廟灣南自如皋通州而至洋子江口內狼山外崇明鎖鑰長江沙坂急潮其槩相似而崇明上鎖長江下扼吳淞東有洋山馬蹟花腦陳錢諸山接連浙之寧波定海外島而嘉興之乍浦錢塘之鱉子餘姚之後海寧波之鎮海雖沿海相連要疆但外有定海爲之捍衛實內海之堂奧也惟乍浦一處濱於大海東達漁山北達江南之洋山定海之衢山劍山外則汪洋言海防者所當留意江浙外海以馬蹟爲界山北屬江山南屬浙而陳錢外在東北俗呼

盡山山大澳廣可泊舟百餘艘賊舟每多寄泊江浙水師更當加意焉由此再南歷衢山岱山而至定海東南由劍山長塗而至普陀普陀直東外出洛迦門有東霍山夏月賊舟亦可寄泊伺刧洋船回棹且與盡山南北爲犄角山脚水深非加長椗纜不足以寄普陀之南自崎頭至昌國衞接聯內地外有韭山帀邦亦賊舟寄泊之所此皆寧波之內海也自寧波台州黃崖沿海而下內有佛頭桃渚崧門楚門外有茶盤牛頭積穀鬣壳石塘枝山大鹿小鹿在在皆賊艘出沒之區而樂清東峙

玉環外有三盤鳳凰北屺南屺而至北關以及閩海接界之南關實溫台內外海逕寄泊樵汲之區不可忽也閩之海內自沙埕南鎮烽火三沙斗米北交定海五虎而至閩安外自南關大崳小崳閭山芙蓉北竿塘南竿塘東永而至白犬爲福寧福州外護左翼之藩籬也南自長樂之梅花鎮東萬安爲右臂外自磁澳而至草嶼中隔石牌洋外環海壇大島閩安雖爲閩省水口咽喉海壇實爲閩省右翼之扼要也由福清之萬安南視平海內虛海套是爲興化外有南日湄洲再外烏邱海壇

所當留意者東北有東永東南有烏邱亦猶浙省之南屺北屺韭山衢山江省之馬蹟盡山也泉州北則崇武獺窟南則祥芝永寧左右拱抱內藏郡治下接金廈二島以達漳州金爲泉郡之下臂廈爲漳郡之咽喉漳自太武而南鎮海六鼇古雷銅山懸鐘在在可以寄泊而至南澳則閩粵分界矣泉漳之東外有澎湖三十有六島而要在媽宮西嶼頭北港八罩四澳北風可以泊舟若南風不但有山有嶼可以寄船而平風靜浪黑溝白洋皆可暫寄惟洋大而山低水急而流迴北之吉貝沉

礁一線直生東北內礁暗礁布滿僅存一港蜿蜒非熟習者不敢掉入至南有大嶼花嶼貓嶼北風不可寄泊南風時宜巡緝焉澎湖之東則臺灣北自雞籠山與福州之白犬洋對峙南自沙馬崎與漳之銅山對峙延綿二千八百里西面一片沃野自海至山淺闊相均約百里西東穿山至海約四五百里郡治南抱七鯤身而至安平鎮大港隔港沙洲直北至鹿耳門鹿耳門隔港之大綿頭沙洲而至隙仔海翁隙皆西護府治而港之可以出入巨艘惟鹿耳門與雞籠淡水港其餘港汊雖多

大船不能出入僅平底之澎船四五百石之三板頭船堪以出進此亦海外形勢以捍內地者也南澳東懸海島捍衛漳潮為閩粵海洋適中之要隘外有三澎小島為南風賊艘經由暫寄之所內自黃岡大澳而至澄海放雞廣澳錢澳靖海赤澳此雖潮郡支山入海實潮郡賊艘出沒之區晨遠颺於外洋以伺掠夜西向於島澳以偷泊故海賊之尤甚者多潮產也赤澳一洋自甲子南至淺澳田尾遮浪汕尾鮜門港天星平海雖屬惠州而山川人性與潮無異故立碣石鎮以扼其中自此而

入粵省外自小星筆管沱濘福建頭大崳山小崳山伶仃山旗纛嶼九州洋而至老萬山島嶼不可勝數處處可以樵汲在在可以灣泊粵之賊艘不但艚船海船可以伺劫即內河槳船漁艇皆可出海剽掠粵海之藏垢納污莫此為甚廣省左捍虎門右扼香山而香山雖外護順德新會實為省會之要地不但外海捕盜內河緝賊港汊四通奸匪殊甚且其域澳門外防番舶與虎門為犄角有心者豈可泛視哉外出十字門而至魯萬此洋艘番舶來往經由之標準下接崖門三竈大金小金

烏猪上川下川戙船澳馬鞍山此肇郡廣海陽江雙魚之外護也高郡之電白外有大小放雞吳川外有硇州下隣雷州白鴿錦囊南至海安自放雞而南至於海安中懸硇州暗礁暗沙難以悉載非深諳者莫敢內行而高郡地方實藉沙礁之庇也雷州一郡自遂溪海康徐聞向南幹出四百餘里而至海安三面濱海幅濶百里對峙瓊州渡海百二十里自海南繞西北至合浦欽州防城而及交阯之江平萬寧州延長一千七百里故自海安下廉州船宜南風上宜北風自廉之冠頭嶺而東

白龍調埠川江永安山口烏兎處處沉沙難以盡載自冠頭嶺而西至於防城有龍門七十二逕逕逕相通逕者島門也通者水道也以其島嶼懸雜而水道皆通廉多沙欽多島地以華夷爲限而又產明珠不入於交阯是以建海角亭於廉天涯亭於欽瓊州屹立海中地從海安渡豚南崖州東萬州西儋州北瓊州與海安對峙諸州縣環繞熟黎而熟黎環繞生黎而生黎環繞五指嶺七指山五指西向七指南向周圍陸路一千五百三十里府城中路直穿黎心至崖州五百五十五里萬州

東路直穿黎心至儋州五百九十里自海內港之東路沿海惟文昌之潭門港樂會之新潭那樂港萬州之東澳陵水之黎庵港崖州之大蛋港西路沿海惟澄邁之馬裊港儋州之新英港昌化之新潮港感恩之北黎港可以灣泊船隻其餘港汊雖多不能寄泊而沿海沉沙行舟實爲艱險此亦海外稍次之臺灣惜田疇不廣歲仰需於高雷雖產楠沉諸香等於廣南甲於諸番究非臺灣沃野千里可比中國之海防自遼而始至瓊而盡首尾凡萬餘里

張汝霖澳門形勢篇

濠鏡澳之名著於明史其曰澳門則以澳南有四山離立海水縱橫貫其中曰十字門故合稱澳門或曰澳有南臺北臺兩山相對如門云澳今西洋意大里亞夷人僦居環以海惟一逕達前山故前山爲拊背扼吭地北距香山縣一百二十里而遙南至澳門十有五里而近其有寨自明天啟元年始立參將營　國初因之康熙三年改爲副將未幾以左營都司代何準道曰康熙七年秋海賊從寨右登岸攻刦果福國村副鎮遂請移駐縣城坐令扼塞之地武備損威相仍至今五十六年

建土城起礮臺兵防二門外復建臺列礮各十雍正八年設縣丞署乾隆九年建廣州府海防同知署增兵舍百間而前山之勢益重東門外爲教場出南門不數里爲蓮花莖即所謂一逕可達者前山澳山對峙於海南北莖以一沙隄亘其間徑十里廣五六丈莖盡處有山拔起蹲踞連蜷曰連華山萬歷二年莖半設閘官司啟閉康熙十二年建官廳於旁以資戍守出閘經過花山下有天妃廟折而西南一山青巉巉中嵌白屋數十百間形繚而曲東西五六里南北半之有南北二灣可以

泊船規圖如鏡故曰濠鏡是稱澳焉前明故有提調備
倭巡緝行署三今惟議事亭不廢　國朝設有海關監
督行臺及稅館其商儈傳譯買辦諸雜色人多閩產若
工匠若販夫店戶則多粵人賃夷屋以居烟火簇簇成
聚落其舟楫有高尾艇有西瓜扁又有省渡石歧渡新
會江門渡有洋船石立廟祀天妃名其地曰娘媽角娘
媽者閩語天妃也雍正七年觀風整俗使焦祈年乾隆
十年分巡廣南韶連道薛韞先後巡視有記薛韞澳門記自香山
縣鳳棲嶺迤南凡一百二十里至前山又二十里爲濠
鏡澳不至澳六七里山嶄然斷亘沙隄如長橋曰蓮花

莖莖末山又特起名蓮花山又伏又起中曲枸長五六
里廣半之直坤艮是稱澳焉澳惟一莖繫于陸餽糧食
餘盡海也以故內洋舟達澳尤便捷遵澳而南放洋十
里許右舵尾左雞頸又十里許右橫琴左九澳灣峯表
裏四立象箕宿縱橫成十字曰十字門又稱澳門云其
東南百里間爲老萬山孤島具營壘山東北注虎門屬
番舶入中國道此山外則天水混同旡復山矣而澳夷
出入洋則不於虎門於十字門二門俱斜直老萬山十
字門特近澳也澳夷西洋族自嘉靖三十年來此歲輸
廛緡五百一十有五孳育蕃息迄今二百有餘年矣其
戶四百二十有奇其丁口三千四百有奇白主黑奴內
剌兵一百五十名其渠目兵頭一掌兵理事官一司庫
判事官一司獄而總領一番僧一人其教號天主其業
惟市舶慧者肄天官術爲廟者八曰三巴曰咖斯蘭曰
大廟曰板漳曰龍松曰風信曰支粮曰花王附廟罷獄
獄三重薄罪圈拘聽禮拜廟即釋重則縛置礮口擊入
海爲礮臺六曰東望洋曰咖斯蘭曰三巴曰南灣曰西
望洋曰娘媽角礮銅具四十六鐵具三十大者六十一

小者十有五凡廟若礮臺獨三巴爲崇閎焉乾隆十年
乙丑二月予以巡海至此偕海防印同知光任香山江
令日暄登乃臺譯人次理事官前導而兵目領番卒手
布綉旗肩鳥銃一十二人排右臺方廣可百畝中有堂
西南指十字門東望則九洲洋如列星羅几硯間下即
宋文天祥勤王經由之伶仃洋也西望則三竈黃楊諸
山而北折而上爲崖山也轉而內矚洲嶼參互水有艨
艟哨櫓之次比陸有亭障壁壘之相望前山寨附其背
虎門扼其吭　國家御內
控外大一統豈不偉哉澳東爲東澳山又東爲九星
洲山九峯分峙多巖穴奇葩異草泉尤甘商舶往來必
汲之曰天塘水其下爲九洲洋旁連雞拍山多暗礁又
東爲零丁山東莞香山新安三邑畫界處下爲零丁洋
又東至於旂纛澳又東北不二百里有二門曰虎門蕉

門蕉門南瞰大洋有暗礁不能寄椗與東洲門金星門
可泊艚船漕船洋舶不由之金星門之旁有雞籠洲小
茅山虎門即虎頭門大虎山峙其東小虎山峙其西雙
扉書然海水出入其中橫檔山限之所謂粵東山有三
路分三門而以大庾爲大門海有三路亦分三門而以
虎頭爲大門東西二洋之所往來以此爲咽喉者也橫
檔山有東西礮臺與南山三門礮臺聲勢相應虎門協
副將領之上有虎門寨明萬歷十六年建　國初毀于
寇康熙二十六年建今寨于石歧嶺築土爲之五十七

年改建磚城官兵自邑還駐之。薛韞虎門記虎頭門以虎山得名山有二西曰小虎山東曰大虎山如連珠巨浸中稍折而東南右橫檔山左南山相距五六里巋然雙闢而海出入其間界中外故曰門橫檔山首尾樹礮臺二高水而約五十仞南山礮臺一可三仞及水俱宿目兵焉循南山下十餘里三門礮臺二三門者山前突二石插波劃水爲三也目兵如各礮臺數橫檔南三十里許爲龍穴山先置汛哨今廢南山東南三四十里爲椗椅灣畧如郊關形而已曠廓外絕涯涘矣虎山內外重洋而門當其最深流處番舶及內郡巨艚必由以入絕獅子洋達廣州海中函谷關也而門左右半淺洋惟不任漕舶行他舟縱所如寥乎閉外夷之門一而開內壤之門且干矣夫陸有剛海有港此勝敗得失之地也虎頭門既城石旂麓聚兵于有八百八十八人領於副總兵官而偏師亦往往守港口但使聲援罔有不及邏詗罔有不謹重門擊柝以禦暴客庶其懲而毖後患哉雖然海門以閑內外也外困於內變生於常道必又有制治於兵防之先者

又名秀山。宋張世傑奉帝昺退保秀山即此。由是踰獅子洋。入黃埔。是爲今諸番船口。虎門天啟海濶而多礁。舟觸之立碎。番船至必官給引水人導之入。固天設之險也。又虎門下有合蘭海。每歲正月初三四五日現城闕樓臺車騎人物。倏忽萬狀。康熙丙辰見戈甲之形。粵有兵變。葢海市也。

北則靑州山。前山澳山。盈盈隔一海。茲山浸其中。厥壤砠。厥木參。嶒屼薈蔚。石氣凝靑。與波光相上下。明嘉靖中。佛郎機既入澳。三十四年。復建寺於茲山。高六七丈。

閎敞奇閎。天啟元年守臣慮其終爲患。遣監司馬從龍毀其所築城。蕃不敢拒。今西洋番僧搆樓榭。雜植卉果。爲澳夷遊眺地。又北爲秋風角。爲娘媽角。一山嶒然。斜插於海。磨刀犄其西。北接蛇埒。南直澳門。險要稱最。上有天妃宮。其前山迤北。由陸道雍陌。明萬歷中設雍陌營踰逕頂達鳳棲嶺。以至於縣。

澳西不十里。有北山。下爲北山村。沙尾村。西爲燈籠洲。其與秋風角對峙者。曰南埜角。旁爲掛椗山。船可寄椗。又西爲大托山。小托山。大磨刀。小磨刀。山有礮臺上下

二門。過此爲虎跳門。崇禎十年。紅毛駕四舶由此門入廣州求市。外有島廣百餘里。是爲浪白滘。明初諸蕃互市於此。嘉靖中始移濠鏡。萬歷三十五年。番禺舉人盧廷龍計偕入都。請盡逐澳中諸蕃出居浪白外海。當事不能用。又西爲黃楊山。上有張世傑墓。下爲黃梁都。有巡檢司城。方一里。都司戍之。稍南爲鹹湯門。外爲三竈山。產鹽。有大使領之。高瀾山多鹿。元海寇劉進據之。明初平。有腴田三百頃。居民烟火與三竈相望。

其南有四山。爲內十字門。又二十里。有四山爲外十字

門澳夷商舶出入必由之有橫琴山宋益王南遷泊此丞相陳宜中欲奉之犇占城颶作而殂宜中遁夜有火燒舟艫殆盡一名深井山澳曰井澳橫琴二山相連爲大小橫琴元末海寇王一據之旁一山曰銀坑水最甘洌又南五十里曰蒲臺石又東南爲老萬山自澳門望之隱隱一髮至則有東西二山相距三四十里東澳可泊西南風船西澳則東北風船泊之山外天水混茫雖有章亥不能步已歲五六月西南風至洋舶爭望之而趨至則相慶山有人魋結見人輒入水名曰盧亭相傳

晉賊盧循潰兵逃此子孫皆裸體嘗下海捕魚充食能於水中伍三四日不死地多伏莽山故名大奚山有三十六嶼周三百餘里居民不隸征徭以魚鹽爲生宋紹興間招降之刺其少壯者充水軍老弱者放歸去寨有水軍使臣及彈壓官慶元三年鹽禁方厲復嘯聚爲亂遣兵討捕墟其地以兵戍之未幾罷後有萬姓者爲酋長因呼老萬山雍正七年兩山各設礮臺分兵戍之與大嶼山屯哨爲犄角則澳門虎門之外蔽也

英夷入貢舊案

乾隆五十八年勅諭前一道

皇帝勅諭英吉利國王知悉咨爾國王遠在重洋傾心嚮化特遣使恭賫表章航海來廷叩祝萬壽並備進方物用將忱悃朕披閱表文詞意肫懇具見爾國王恭順之誠深爲嘉許所有賫到表貢之正副使臣念其奉使遠涉推恩加禮已令大臣帶其瞻覲錫予筵宴疊加賞賚用示懷柔其已回珠山之管船官役人等六百餘名雖未來京朕亦優加賞賜俾得普沾恩惠一視同仁至

爾國王表內懇請派一爾國之人住居天朝照管爾國買賣一節此則與天朝體制不合斷不可行向來西洋各國有願來天朝當差之人原准其來京但既來之後即遵用天朝服色安置堂內永遠不准復回本國此係天朝定制想爾國王亦所知悉今爾國王欲求派一爾國之人住居京城既不能若來京當差之西洋人在京居住不歸本國又不可聽其往來常通信息實爲無益之事且天朝所管地方至爲廣遠凡外藩使臣到京譯館供給行止出入俱有一定體制從無聽其自便之例

今爾國若留人在京言語不通衣服殊制無地可以安
置若必似來京當差之西洋人令其一例改易服飾天
朝亦從不肯強人以所難設天朝欲差人常住爾國亦
豈爾國所能遵行況西洋諸國甚多非止爾一國若俱
似爾國王懇請派人留京豈能一一聽許是此事斷難
行豈能因爾國王一人之請以致更張天朝百餘年法
度若云爾國王爲照料買賣起見則爾國人在澳門貿
易非止一日原無不加恩視即如從前博爾都噶爾亞
意達里等國屢次遣使來朝亦曾以照料貿易爲請天

朝鑒其悃忱優加體卹凡遇該國等貿易之事無不照
料周備前次廣東商人吳昭平有拖欠洋船價值銀兩
者俱飭令該管總督由官庫內先行動支帑項代爲清
還並將拖欠商人重治其罪想此事爾國亦聞知矣外
國又何必派人留京爲此越例斷不可行之請況留人
在京距嶴門貿易處所幾及萬里伊亦何能照料耶若
云仰慕天朝欲其觀習教化則天朝自有天朝禮法與
爾國各不相同爾國所留之人即能習學爾國自有風
俗制度亦斷不能效法中國即學會亦屬無用天朝撫

有四海惟勵精圖治辦理政務奇珍異寶並不貴重爾
國王此次賫進各物念其誠心遠獻特諭該管衙門收
納其寔天朝德威遠被萬國來王種種貴重之物梯航
畢集無所不有爾之正使等所親見然從不貴奇巧並
無更需爾國製辦物件是爾國王所請派人留京一事
于天朝體制既屬不合而于爾國亦殊覺無益特此詳
晰開示遣令貢使等安程回國爾國王惟當善體朕意
益勵款誠永矢恭順以保乂爾有邦共享太平之福除
正副使臣以下各官及通事兵役人等正賞加賞各物

件另單賞給外茲因爾國使臣歸國特頒敕諭並錫賚
爾國王文綺珍物具如常儀加賜綵緞羅綺文玩器具
諸珍另有清單王其祗受悉朕睠懷特此敕諭

乾隆五十八年敕諭後一道

皇帝敕諭英吉利國王知悉爾國王遠慕聲教嚮化維
殷遣使恭賫表貢航海祝釐朕鑒爾國王恭順之誠令
大臣帶領使臣等瞻覲錫之筵宴賚予駢蕃業已頒給
敕諭賜爾國王文綺珍玩用示懷柔昨據爾使臣以爾
國貿易之事稟請大臣等轉奏皆係更張定制不便准

行向來西洋各國及爾國夷商赴天朝貿易悉于粵門互市歷久相沿已非一日天朝物產豐盈無所不有原不藉外夷貨物以通有無特因天朝所產茶葉磁器絲斤爲西洋各國及爾國必需之物是以加恩體䘏在澳門開設洋行俾得日用有資並沾餘潤今爾國使臣于定例之外多有陳乞大乖仰體天朝加惠遠人撫育四夷之道且天朝統馭萬國一視同仁卽廣東貿易者亦不僅爾英吉利一國若俱紛紛效尤以難行之事妄行干瀆豈能曲徇所請念爾國僻居荒遠間隔重瀛于天

朝體制原未諳悉是以命大臣等向爾使臣詳加開導遣令回國恐爾使臣等回國後稟達未能明晰復將所請各條繕敕逐一曉諭想能領悉據爾使臣稱爾國貨船將來或到浙江寧波珠山及天津廣東地方收泊交易一節向來西洋各國前赴天朝地方貿易俱在澳門設有洋行收發各貨由來已久爾國亦一律遵行多年並無異語其浙江寧波直隸天津等海口均未設有洋行爾國船隻到彼亦無從銷賣貨物況該處並無通事不能諳曉爾國言語諸多未便除廣東粵門地方仍准

照舊交易外所有爾使臣懇請向浙江寧波珠山及直隸天津地方泊船貿易之處皆不可行又據爾使臣稱爾國買賣人要在天朝京城另立一行收貯貨物發賣倣照俄羅斯之例一節更斷不可行京城爲萬方拱極之區體制森嚴法令整肅從無外藩人等在京城開設貨行之事爾國向在澳門交易亦因澳門與海口較近且係西洋各國聚會之處往來便益若于京城設行發貨爾國在京城西北地方相距遼遠運送貨物亦甚不便從前俄羅斯人在京城設館貿易因未立恰克圖以

前不過暫行給屋居住嗣因設立恰克圖以後俄羅斯在該處交易買賣卽不准在京城居住亦已數十年現在俄羅斯在恰克圖邊界交易卽與爾國在澳門交易相似爾國現有澳門洋行發賣貨物何必又欲在京城另立一行天朝疆界嚴明從不許外藩人等稍有越境攙雜是爾欲在京城立行之事必不可行又據爾使臣稱欲求相近珠山地方小海島一處商人到彼卽在該處停歇以便收存貨物一節爾國欲在珠山海島地方居住原爲發賣貨物而起今珠山地方現在洋行又無

通事爾國船隻已不在彼停泊爾國要此海島地方亦屬無用天朝尺土俱歸版藉疆址森然即島嶼沙洲亦必畫界分疆各有專屬況外夷向化天朝交易貨物者亦不僅爾英吉利一國若别國紛紛效尤懇請賞給地方居住買賣之人豈能各應所求且天朝亦無此體制此事尤不便准行又據稱撥給附近廣東省城小地方一處居住爾國夷商或准令嶴門居住之人出入自便一節向來西洋各國夷商居住嶴門貿易畫定住址地界不得逾越尺寸其赴洋行發貨夷商亦不得擅入省

城原以杜民夷之爭論立中外之大防今欲于附近省城地方另撥一處給爾國夷商居住已非西洋夷商歷來在嶴門定例況西洋各國在廣東貿易多年獲利豐厚來者日衆豈能一一給撥地方分住耶至于夷商等出入往來悉由地方官督率洋行商人隨時稽查若竟毫無限制恐内地夷人與爾國商人間有爭論轉非體恤之意核其事理自應仍照定例在嶴門居住方爲妥善又據稱英吉利夷商自廣東下嶴門由内河行走貨物或不上稅或少上稅一節夷商貿易往來納稅皆有

定則西洋各國均屬相同此時自不能因爾國船隻較多征收稍有溢額亦不便將爾國上稅之例獨爲減少惟應照例公平抽收與别國一體辦理嗣後爾國夷商販貨赴嶴門仍當隨時照料用示體卹又據稱爾國船隻請照例上稅一節粤海關征收船料向有定例今既未便于他處海口設立交易自應仍在粤海關按例納稅毋庸另行曉諭至于爾國所奉之天主教原係西洋各國向奉之教天朝自開闢以來聖帝明王垂教創法四方億兆率由有素不敢惑于異說即在京當差之西

洋人等居住在堂亦不准與中國人民交結妄行傳教尤屬不可以上所諭各條原因爾使臣之妄說爾國王或未能深悉天朝體制並非有意妄干朕于入貢諸邦誠心向化者無不加之體卹用示懷柔如有懇求之事若于體制無妨無不曲從所請況爾國王僻處重洋輸誠納貢朕之錫予優加倍于他國今爾使臣所懇各條不但于天朝法制攸關即爲爾國代謀亦俱無益難行之事茲　明白曉諭爾國王當仰體朕心永遠遵奉共享太平之福若經此次詳諭後爾國王或惑聽爾臣下

之言任從夷商將貨船駛至浙江天津地方欲求上岸交易天朝法制森嚴各處守土文武恪遵功令爾國船隻到彼該處文武必不肯令其停留定當立時驅逐出洋未免爾國夷商枉勞往返勿謂言之不預也其凜遵毋忽特此再諭

奏英夷貢表轉進摺乾隆六十年十二月粵督朱粵關舒奏

奏爲英吉利國呈進　表貢奏明請　旨事據洋行商人蔡世文等稟稱據英吉利國大班披朗稱伊國王備具恭進　大皇帝表文方物由本國夷船寄粵令伊面見總督關部大人將表貢賫呈轉求代奏等語臣等當卽傳見該大班據將夷字正副表二件伊國自書漢字副表一件貢物一分呈出臣等公同閱驗其漢字副表雖係中華自書而文理舛錯難以句讀隨令通曉該國自書之通事將夷字副表與

漢字表核對另行譯出臣等核其文義緣該國王因前年貢使進京仰蒙　皇上懷柔體恤　賞賚渥優不勝喜歡感激是以備具表文土物呈進以表悃忱且聲明前年　天朝差大將軍帶兵到的噶地方伊國曾發兵相助此事在從前貢使起身之後他們不曾得知是以未在　大皇帝前奏明等語臣等詢問該大班的噶是何地方據云在中華西北地方與本國海道毗連等語是的噶似卽係廓爾喀地名其所稱曾經發兵相助之語措詞極爲恭順而又

意存見好外夷慕化輸誠葢仰德威廣被惟是各國進貢向係專遣使臣賫奏今該國並無貢使來粵止係該大班接到表貢求臣等轉奏與例未符謹繕錄貢單同原表三件恭摺奏呈 御覽其貢物如准賞收俟 命下臣等另行委員齎送京師

乾隆六十年譯出漢字夷表

英吉利國王雅治管佛蘭西並受倫等處地方呈
天朝 大皇帝我宗室議政大臣馬甘尼由
天朝京都回到本國帶有 大皇帝書信所諭

情由恩典我心中十分感謝歡喜所差貢使進的禮物蒙 皇上賞收賚到 御賜各物當即拜領足感 大皇帝記念彼此雖隔重洋但俱要望通國太平無事百姓安寧蒙 大皇帝諭稱凡有我本國的人來中國貿易俱要公平恩待此是最大天恩雖 天朝百姓不能來我國貿易若有來的我亦要盡心一樣看待我已分付在港脚等處地方官員遇有 天朝百姓兵丁人等務要以好朋友相待從前 天朝差大將軍帶兵到的密地方

我國兵總亦曾相助前貢使到京時未得我們因都士丹地方音信是以未曾將此事奏明將來如有機會亦可以表我的誠心據貢使回稱 大皇帝萬壽康寧並稱我將來年壽仰託 鴻福均同一樣我心寔在歡喜感激惟望 中華同外國永久共沐天恩順具本國些須土物伏乞 賞收自英吉利國本都呈一千七百九十五年六月二十日按因都士丹即溫都斯坦譯音不同葢言貢使未接印度兵總之信息也

嘉慶九年譯出漢字夷表

英吉利國王雅治管愛倫等處地方呈 天朝

大皇帝從前 太上皇帝恩威遠播四海昇平今 大皇帝仁慈威武天下太平均同一德凡有本國人來中國貿易俱蒙一體公平恩待我因天朝百姓不能來我本國貿易我已分付在港脚等處地方官員如與中國相連地方遇有 天朝百姓兵丁人等務要加意相待即遇有別項事情要我出力我亦十分歡喜効力我與佛蘭西國前已修和因和之後伊國強和無理是以我今復與伊國戰

爭我本意原欲和好無事豈料伊國強橫夌辱致我不能忍受又於海口地方設立重兵顯有歹意我恐被伊國佔奪無柰亦只得設立重兵防守並非意存好鬥我雖然與伊國戰爭仍可照舊來中國貿易通好並無阻碍那佛蘭西國海口雖有重兵我已用兵船圍住伊不能出口此外又多派兵船護送是以我貿易船隻可保無虞又幸遇　大皇帝聖明即使佛蘭西國有着人到中國謠言疎間我國我想大皇帝必不聽信再伊國不獨存心想占奪我國並

欲占奪我之屬國伊國若兵力不能相敵伊必另設陰謀即伊國恃强設計我國均能設備提防可保無虞查該佛蘭西國內已亂了十三年佛蘭西老國王爲人甚好竟被伊國人弑害深爲可憫可恨如今伊國有一人做了國長存心無道意欲惑亂人心使通國之人不顧五倫不畏天地我想伊斷不能惑中國

大皇帝英明素著定然洞察其奸恭祝　大

皇帝長享四海昇平之福具本國些須土物伏乞

大皇帝賞收自英吉利本都一千八百四年五月二十二日

粤督倭關延奏片稿嘉慶九年十二月

查英吉利國王表內所稱與佛蘭西國爭鬬及佛蘭西國有着人到中國謠言疎間等語查係嘉慶七年八月間有在澳居住之夷目委黎多寄信與在京居住之西洋人索德超言英吉利國有大戰船六隻近澳門停泊恐有覬覦澳門情事轉呈管理西洋人大臣蘇楞額具奏欽奉　諭旨查詢經前督臣吉查明英吉利國護貨兵船均已陸續回國其在澳門外

灣泊時並未滋事因該國向來恃强住澳夷人是以驚疑等情奏案　聖鑒在案今該國王表文所稱謠言疎間之語自係指前事而言本年該國亦有護送貨物兵船四隻來廣隨即護送貨船回國並無絲毫滋事且貿易夷船英吉利國貨物最細較別國買賣殷厚該國夷目夷商均稱恭順臣等窺測其隱因與佛蘭西讐觸相爭恐爲離間有妨貿易故於表內特陳其事寄諭洋商潘致祥等亦僉稱委係此意該二國僻居東北海外去粤東甚遙斷無虞别滋事端

等語似屬可信可以仰慰　聖廑

粵督那、關延覆奏嘉慶十年三月

奏爲英吉利國呈進表貢接奉　廷寄恭摺覆奏事伏查外洋各國夷商俱無兵船惟英吉利國貨船有兵護送而該國商船亦無兵船惟其國王貨船始有兵船四隻護送其兵船在虎門外交易後隨同貨船回國不准少有逗遛臣等亦派有兵役防送其餘各夷國貨船内均有礮火器械自資防範於例原准攜帶至該國原表稱歡喜効力等語隱躍其詞自係聞洋面盜賊不靖或需伊等出力之意查夷人不遝沾沾計利即如上年澳門夷目願備兵船二隻幇同師船出洋緝捕臣延即以體制不符且不能得力與倭議以後停止夷船協捕於本年正月會　奏在案而此二隻洋船迄今無踪亦實無遭風失事等事細揣其情形不過藉協捕爲名可以免此二船出入納稅而英吉利國自亦得聞此事希冀效尤免稅又恐澳門夷船出力有功或待彼國冷淡其意不過如此至各該國夷船隻既大多載礮火向來洋盜俱不敢

搶刦澳門等要處又有師船巡防不致少有疎失可以無廑　聖念

嘉慶二十一年七月奉
上諭此次英吉利國貢使到天津時謝筵不遵禮節至
通州已稱叩跪必能如儀迨至御園朕將次陞殿正副
使臣俱託病不能瞻覲是以降旨卽日遣回但念該使
臣雖有失禮之愆該國王萬里重洋奉表納貢其意至
爲恭順未便絕之已甚轉失字小之意因將該國王貢
品內擇其至輕微者地理圖四張畫像二張銅板印畫
九十五張加恩賞收仍賞給該國王白玉如意一枝翡
翠玉朝珠一盤大荷包二對小荷包八個交該貢使領

賫回國以示厚往薄來之意該貢使等領到賞件極爲
欣感亦頗形悔怯現已自通州起行俟到粵後著蔣攸
銛等仍照例給予筵宴一次並諭以爾等福分淺薄已
至宮門不能瞻仰天顏大皇帝憐念爾國王慕化輸誠
仍酌收貢件並賞稱國王貴重品物爾等應感激天恩
迅速回國俾爾國王敬悉恩意其未收貢件均妥爲照
料上船勿令損失倘曉諭之後該貢使等復將未收貢
物懇乞賞收總以業經奉有明旨不敢瀆請正言拒絕
欽此

敕諭英吉利國王知悉　國遠在重洋輸誠慕化前於
乾隆五十八年　先朝　高宗純皇帝御極時
曾遣使航海來庭維時爾國使恪恭成禮不愆於儀用
能仰承　恩寵瞻　覲筵宴　錫賚便蕃本年
爾國王復遣使賫奉表章備進方物朕念爾國王篤於
恭順深爲愉悅循考舊典爰飭有司俟爾國使臣至日
瞻覲宴賚悉倣　先朝之禮舉行爾使臣始達天津
朕飭派官吏在彼賜宴詎爾使臣於謝宴時卽不遵禮
節朕以遠國小臣未嫻儀度可從矜恕特命大臣於爾

使臣將次抵京之時告以乾隆五十八年爾使臣行禮
悉跪叩如儀此次豈容改異爾使臣面告我大臣以臨
期遵行跪叩不致愆儀我大臣據以入奏朕乃降旨於
七月初七日令爾使臣瞻覲初八日於正大光明殿賜
宴頒賞再於同樂園賜食初九日陛辭並於是日賜遊
萬壽山十一日在太和門頒賞再赴禮部筵宴十二日
遣行其行禮日期儀節我大臣俱以告知爾使臣矣初
七日瞻覲之期使臣已至宮門朕將御殿爾正使忽稱
急病不能動履朕以正使猝病事或有之因祇令副使

入見乃副使二人亦同稱患病其爲無禮莫此之甚朕不加深責即日遣令歸國爾使臣既未瞻覲則爾國王表文亦不便進呈仍由爾使臣賫回但念爾國王數萬里外奉表納賮爾使臣不能敬恭將事代達悃忱乃爾使臣之咎爾國王恭順之心朕實鑒之特將貢物內地理圖畫像山水人像收納嘉爾誠心即同全收並賜爾國王白玉如意一柄翡翠玉朝珠一盤大荷包兩對小荷包八箇以示懷柔至爾國距中華遥遠遣使遠涉艮非易事且來使於中國禮儀不能諳習重勞唇舌非所

樂聞天朝不寶遠物凡爾國奇巧之器亦不視爲珍器爾國王其輯和爾人民愼固爾疆土無間遠邇朕實嘉之嗣後無庸遣使遠來徒煩跋涉但能傾心效順不必歲時來朝始稱向化也俾爾永遵故玆敕諭

海國圖志卷七十八

籌海總論二 原無今補

邵陽魏源輯

粵東市舶論 清河蕭令裕

康熙二十三年臺灣鄭氏平海禁大開二十四年從疆吏之請設江海關浙海關閩海關粵海關於是內地商舶兼通南洋荷蘭助順先請互市他島夷望風景附莫不瞻戴斗牛梯航歲至英吉利最後款關其國皆在大西洋荒遠莫測而自漢以來所通西域僅至西南洋而止然以漢書前後西域二傳考之則知西域之與西洋

地雖相遼俗不甚遠也班書稱罽賓國王治循鮮城其民巧雕文刻鏤治宮室織罽刺文繡好酒食有金銀銅錫以爲器市列以金銀爲錢文爲騎馬幕爲人面其風氣物類與罽賓同者有烏弋安息之屬烏弋之錢獨文爲人頭幕爲騎馬安息亦以銀爲錢文獨爲王面幕爲夫人面今英吉利佛蘭西荷蘭諸國善製鐘表窮極工巧織罽之屬精妙絶倫所用洋錢一以銀鑄幕爲人面或爲王面斯其俗相近一矣班書稱安息國畫革旁行爲書記師古謂今西方胡國及南方林邑之徒書皆横

行不直下今西洋諸國書旁行斜上皆拉體納字今欽天監有書拉體納字文鳥跡蛛絲由左以達右斯其俗相近二矣班書自宛以西至安息國雖頗異言然大同自相曉知其人皆深目多須頫善賈市爭分銖貴女子女子所言丈夫乃決正今西洋諸國善賈爭利家事取決常于女子嫡主貲財夫無妾媵微不同者深目鮮須耳斯其俗相近三矣盖大西洋之地在漢書惟大秦國足以當之范書言大秦國亦云海西國以金銀爲錢銀錢十當金錢一其王常欲通使于漢而安息欲以漢繒綵與之交市

故遮閡不得自達至桓帝延熹九年大秦王安敦遣使自日南徼外獻象牙犀角玳瑁始乃一通焉直至明代萬歷中利馬竇入中土而大秦人始通于中國繼以佛郎機荷蘭戈船相繼至粵閒故大西洋之通自明代始若天竺國一名身毒則西南洋非西洋也亦于明季國初爲西洋諸國據其海口設礮臺立市埠今來粵貿易港脚白頭夷附英吉利旗號者卽古之天竺國于是大西洋　西南洋始混而爲一徵諸漢時西域之俗既如彼驗之今日南洋之舶又如此豈非向背之故振古

如茲懷誘之方無遠不屆者哉夫象胥達志情欵非易通也漲海浸天帆檣非樂赴也而黃支獻見漢以來始不絕書番禺都會唐以後舶乃雲萃可知殊裔之貢珍覩中華爲天府諸蕃之懷化求市貿以自封也昔之聖王稔其風尚故結以恩信招以貨賄蠻夷竭懽象來致福減戍守之費兵革不興收征榷之贏軍儲是賴遠覽古今因時之制得失之林斷可識已是故趨利如騖者種人谿壑之常因勢要約者函夏金湯之固孟堅所謂漢多財物必市乃得所欲乃扇賓實利貲賜買市其使

數年而一至者眞爲得其情實也知其情實而御之有道矣

或曰聖王分九州制五服務盛內不求外漢之蠻夷通市貨買好辭爲詐多求使者護送以事絕遠故孟堅謂盛德在我無取于彼也今南洋諸舶抵我邊境什百爲羣連檣相接器則火礮鐵刀人則趫捷狙獷設有伏莽坐見披猖漢之已事可得儗乎應之曰此未足以爲慮也軍旅之事必權衡於主客洲島之俗惟利益於貿遷凡夷之必我資者二而我之不夷患者二番人性耆乳

酪膠結腸腹惟大黃茶葉蕩滌稱神一不得食立致困病異時恰克圖口不與俄羅斯通市西洋各國亦大黃於粵每國限以五百斤防其漏入俄羅斯也比開關如故紅毛花旗諸酋合辭籲請毋限定數是知疵癘之祲非藥罔濟旗槍之用在彼同需今茶斤出口歲計四五十萬頻年交易定有積存然茶之爲物霉變易生三歲以後不可復食如聞英夷誇詐謬有三十年之蓄此其欺罔不辯自明設有禁斷驚擾內作其必我資者一也番人近利尚功以海商爲世業沿海埠頭競思壟斷轉

相販鬻而及毫釐其有別部雜港思商中國卒爲遮闌用擅專利又敂關之船珍貨山積來自本國例議重稅國主藉有稅入用供餉俸住澳門者爲大班總其貿易厚資本者爲船主統曰公司他夥長水梢附貨載艙無不希收餘羨用裨生計舉國上下皆以中華爲利藪其必我資者二也英夷窟宅渺隔重洋惟澳門租住是其頓宿之所澳夷雖甚貧薄未易全以賄通其米利堅佛蘭西諸〃夙與仇讐不能統壹如有跳梁使相攻擊以夷伐夷正可撫爲我用故佛郎機之寇新會卒以成禽明嘉靖中和蘭番之寓臺灣終歸敗遁老巢既遠持久爲難其不夷患者一也民非水火莫能生活番船之來商梢百數近時洋米載自呂宋轉餉無乏誠難與爭然萬山以外颶風堪虞一入萬山糧道立斷加海水味淡秋冬變鹹潭洲迤北之洋春夏淸甘可飲益北江之所從入也秋冬水涸海氣上浮矣夷來下碇每在秋冬涓涓之滴不堪入口是故守磯臺之險絕奸民接濟之路斷校椅之泉截大嶼龍穴之汲以守岸爲上計不交鋒于大洋我逸彼勞彼客我主其不夷患者二也去彼二患守我二資交易坦途番客大至航三萬

里之海但有牽來議四十桅之徵都無檢閱茲非柳藩之善政欽賢之遺規與且尤有說焉凡夷之狡焉生心者皆漢奸之導誘也而漢奸之敢于煽惑者皆執事之侵漁也往夷貨之來有稅有鈔有進口出口之規有分頭疋頭之算箱包漆木動輒規例之收呢羽鐘表咸入彤廷之貢此取之在上者也商保之船必資規費貨銷之數按抽行用黃埔一進泊而丁胥之事例已多省澳一往來而牌照之取求又夥吏役之生活仰給惟於船來蔬米之日需翔貴由于買辦此取之在下者也取得

其道則受吏樂輸而荒服有出塗之願取失其道則商胡斂怨而奸豪售貪狡之謀何者商行資用類皆取自夷中一苛於商即商因而厚斂一斂於夷即夷從而枝求厚斂者以官爲市而商或潤其餘枝求者引商爲援而夷斯逞其忿始則規制弁髦侈然而違犯繼則語言慢易哤然而上侵小則礮械森陳陽爲防護將牢之說大則兵船飄忽陰懷恫疑虛喝之謀欲懲奸而畏首畏尾欲大創而籌餉籌兵益貪縱侵凌於無事之日不得不彌縫姑息于有急之秋也蘇軾謂㓗廉哲人之細事

而古今邊患常生於貪守邊得廉吏則夷夏乂安諒哉言乎

市舶之通人多同異自英吉利橫海上驕嫚日聞於是有爲封關罷市之議者應之曰市舶者島夷嚮化之誠沿海居民之利也得其所欲則瀛渤晏安失其所營則奸豪反側善謀國者但當自計利害不足與論是非也方嘉靖時海寇大作毒東南者十餘年其始因倭舶至閩浙互　諸大姓及商賈多負其直倭糧匱爲盜諸大姓脅將吏捕逐之兵且出又泄師期令去約他日至償

其直他日至負如初倭大怨恨而內地奸民復煽爲亂遂焚掠州縣巡撫朱紈至首嚴通番禁犯者寘重典又憤閩浙勢家多庇賊上疏言過激中朝士大夫與爲難爭掣其肘劾紈至死中外莫敢言海禁事於是徐海汪直內訌而倭亂成矣鄉使互市之倭不虧其直洋來之舶不禁其通則徐海汪直公然貿易之商日本佛郎機長此朝宗之集也挾倭之賊以脅官即挾官之兵以脅倭誘張爲幻負直不償金鼓一振毒遍四海當時商賈釀禍萬死莫辭而市舶既革利權在下港外交通走險

不擇朱紈通番之禁殆亦因噎而廢食者哉鄭曉稱倭禍起于市舶禮部遂請罷市舶而不知所當罷者市舶太監非市舶也可謂深切著明矣今粵海通市百有餘年假令奏罷停其來舶洋行貨直類多賒貸一時殷商墊給既所不甘疲商責償于何取辦勢必遠夷忿咨要遮不去而買辦引水漁船快蟹之徒沙文馬占沙文者僱于夷馬占通夷語者也通事洋貨舖之屬懼於失業潛爲敎誘椎髻之俗好亂由于性生飛鴞之音集林忘其懷化未形隱患可勝言耶且防邊之策尤貴招徠漢書謂匈奴貪尚

樂關市嗜漢財物漢亦通關市不絕以中之故知撫綏遐服非財賂無以款通懷異遠人必負販乃能要結也夫中行說衛律之謀主是漢患之內生也貢馬邑交易之無功由釁端之自啟也如彼英夷不同冒頓自爲海賈何暇遠圖但使關市持平夷商親附脫有奸猾隱爲詐虞屛之遠方肆諸朝市百蠻慴伏豈敢動哉然而體順夷情主平市價必有以大服其心乃使其無所藉口必先外藩無輕節府之意而後欵塞謹功令之遵其要在於行禁肅清綱首難以賄進而無取乎閉關封港俾

番商裹足而望洋也後漢書張奐傳遷安定屬國都尉羌性貪而貴吏清前有八都尉率好貨財爲所患苦及奐正身潔己威化大行班超謂任尚曰蠻夷難養易敗宜蕩佚簡易寬小過總大綱而已夫小過之糾不肯爲其簡易財貨之好乃甘爲其患苦抑何方寸岑樓不揣本而齊末之甚乎君子是以知君卿之導和推本信誠廬奐之淸白用懷遠俗也

鴉片煙一名阿片一名阿夫容出英吉利屬國種紅罌粟花葉如靛靑子如茄每根僅結子二三顆熟時夜以刀劃皮分許膏液流出晨收而浸于水俄頃出之貯諸器取葉暴乾爲末雜揉其中視葉末多少以定成色葉末半則得膏半然後揑爲團葉裹之(見海錄)有公班有白皮有紅皮公班爲上白皮次之紅皮最下前代無此物明時始入中國龔雲林醫鑑用阿片泥和糯米爲丸治百病名一粒金丹李時珍本草綱目云俗人房中術用之雍正中年希堯刊集驗良方鴉片屢見初不言其吸食也鑲竹爲管或磁或銀挑烟於盒如粒如丸就燈而吸倚枕側眠盖自乾隆末年始嘉慶初食者漸多犇奉

明禁至今日而家喻戶曉俗不可挽凡食煙之人燃燈在榻必兩兩對臥左右移易薜茩論必用除嫌恨名曰開燈日久中病應時而食名曰煙引引至而不得食則四肢頹然涕泗交下刻不能支吸烟數日精神頓囘名曰過引引深者日須三四錢引少者以數分計盛年柔脆先零何早筋力乍衰髓竭乃槁此食煙之狀也煙土之入始在澳門繼歸黃埔　今上初元森嚴設禁乃移泊於新安縣屬之零丁洋其地水路四通凡福建天津江浙之泛外海者皆必由焉島民萬餘家皆蛋戶漁

艇販私爲業道光三四年來躉船五六舶前總督阮元密奏請暫事羈縻徐圖禁絶近則約十七八船經歲逗溜接遞新烟洋船駛進鹿門轉入蛟門以所載之土運黃埔深井地名有窟宅爲奥援有快蟹爲護送分售於會城之窰口其送煙匪艇一名扒龍數十鍵兒搖槳如飛列礮械而行比年澳門之抑冬夷往來省城自覓各船交易窰口之利又分而天津閩浙船大率在省議價到躉交土他大吏之貢船差船私攜過嶺者歲又不知幾許此販烟之衆也雅片煙惟公班行於粤各省類白皮每白

土一包合三斤直洋銀二十一二圓去窰口之沾潤規費之花銷番夷約得銀十三四圓賤時亦每包十三四圓番夷約得銀八九圓每歲以一百萬包計番夷實得銀千三百萬圓不等自餘價銀尚七八百萬四五百萬圓大抵水師有費巡船有費關役有費營汛有費差保有費以窰口爲授受以煙價爲取償世盡奇貨之居人競染指之望此售煙之利也其害深其習錮其來遠其利溥其人夥其勢横法令之設祇同於具文根底之深遂蟠於天下說者謂番舶來貨亦貯躉船異時禁之稅

額將虧短紬然關稅之贏自數十萬鴉片之耗千萬有餘豈貪其至輕而忘其至重耶夫貲財銷竭踰其人心風俗之閑鴆毒晏安情我堅甲利兵之氣職謀國是不得不挽救力操也然而有所操卽有所遺操其末者遺其本操其僞者遺其誠惟末是趨而以僞相市更及十年而其效可覩矣

粤東濱海之區耕三漁七幅員遼濶民食不敷歲仰廣西桂柳梧潯諸府之接濟設遇粤西年荒諸郡閉糴則粤東米價翔貴小民粒食維艱惟洋米產小呂宋國地

在閩粤之南土沃水膏不耕而穫稍米一石值銀數錢由海道來廣不過六七日粤關市舶每載八口乾隆八年欽奉　諭旨凡遇外洋貨物來閩粤等省貿易帶米一萬石以上者免其船貨稅銀十分之五帶米五千石以上者免其船貨十分之三其米聽照市價公平發糶仰見　聖謨廣遠軫切民依灼知開禁南洋爲控制外蕃起見　國家富有四海並非需此稅銀與其以茶葉大黃易呢羽鐘表無用之物不如助籌足食利賴閭閻　訓典煌煌勝算操而垂裕遠也自司榷者

專利自封多不以此爲便奉行日久舊制漸湮嘉慶十一年以後續來米船粵關止于免鈔飭令空船出口由是夷商無利來米頓稀道光四年總督阮公奏請各國夷船專運洋米來粵免其丈輸船鈔所運米穀起貯洋行糶賣原船載貨出口一體徵收稅課得 旨允行一時黃埔澳門歲增米十餘萬石然各國來粵米船均係零星小販並非資本充裕之夷每船載米三四千石及一二千石不等雖有出口貨物其數不甚相懸洋米之獲利旣微出口之稅銀仍納所免進口鈔規始猶抵

敷關費漸且不足取償緣阮公入告之時僅據縣稟議行其乾隆八年寬免米船貨稅之 恩旨未經查明聲敘是以但能導夷船之歲至而不能使洋米之積餘可以收效於會城而未得推行於全省本年早稻收穫僅及六成秋冬亢旱晚稻不足三成來歲青黃不接之際卽查照乾隆嘉慶年間成案飭商採買洋米回粵糶賣將來平其市價非不可轉歉爲豐而暫時舉行究非永久之 策似應奏援乾隆八年舊例嗣後凡遇外洋夷船並無別貨攜帶專運洋米來粵五千石以上者免

其出口貨稅十分之三一萬石以上者免其出口貨稅十分之五其載米不過五千石以上者仍照道光四年成案止免進口鈔規不寬出口貨稅以廣 皇仁而昭限制如此則外洋米穀進口愈多以關市之征資積貯之益 然而議者或曰 天朝民食豈藉外洋榷貨免徵且將虧稅夫茶馬者西北之利也以內茶易番馬不得謂中國之戰騎取給于夷也通其地之有無使所產不歸紅腐收其土之蕃育使所積貲我邊儲神明之用固應無方也若粵關正額盈餘歲需銀九十萬兩比

年奏銷常溢收四五十萬其中進出貨物以英吉利公司夷船爲大宗英吉利風俗向來精勤織作所製呢羽洋布紗綫等物非中國無以流通洋米產小呂宋等處不過一隅之地又距英吉利國都方萬餘里使進口洋米出口減稅止港脚花旗諸夷聞風興販亦無過十之五六英吉利闔境民夷必不容廢其織作專以販米牟利是進口之呢羽如常卽出口之貨稅無減粵關正餘之數歲終豈慮懸絀耶且卽關稅稍絀而藏富於民備戶口之流亡免司農之賑貸以下益之有餘補上損之

不足經國之遠猷綏邊之至計詎與夫頭會箕斂者較
短絜長耶或者又謂米非洋產買自邊郡船若暢來盡
攜鴉片此皆參隨巡欄之屬造爲飛言阻撓善政以自
殖其私不知內米洋米味各不同市價番價豈甘折閱
況零丁躉船自販煙土即洋米不通而貨船獨不賫來
耶夫洪範八政一食二貨因貨通而食足交易而退各
得其所裁成輔相之方莫善于是是在當路君子之勤
求民隱而已謹議
源案此議洋米但知小呂宋而不知暹羅及新嘉坡

葛留巴港脚諸地皆歲歲運米入口又不知運米一
二千石者亦准免稅十之一且有賞給米商頂戴自
康熙至乾隆疊次　恩旨具載　皇清通考四
裔門別詳東南洋呂宋暹羅二國志內
粵東章奏一　兩廣總督林則徐
竊臣等承准軍機大臣字寄道光十九年十二月十一
日奉　上諭本日據曾望顏奏夷情反覆請封關禁
海設勦辦以清弊源一摺又另片奏澳夷互市貨物
亦請定以限制等語著臣等悉心妥議具奏謹將察看
籌議情形敬陳之查原奏以制夷要策首在封關無論
何國夷船槩不准其互市而禁絕茶葉大黃有以制伏
其命封關之後海禁宜嚴應飭舟師將海盜勦捕盡絕
又禁大小民船槩不准其出海復募善泅之人使駕火
船乘風縱放而以舟師繼之能擒夷船即將貨物全數
給賞該夷未有不畏懼求我者察其果能誠心悔罪再
行奏懇准其互市仍將大黃茶葉毋許逾額多運以爲
箝制之法等語臣等查粵東二百年來准令諸夷互市
原係推恩外服普示懷柔並非內地賴其食用之資更

非關榷利其抽分之稅況自上冬斷絕英夷貿易以來
疊奉　諭旨區區稅銀何足計論大哉　謨訓中
外同欽臣等有所秉承無所用其瞻顧惟將各外國在
粵貿易一律停止則有尙須從長計議者竊以封關禁
海之策一以絕諸夷之生計一以杜鴉片之來源雖若
確有把握然專斷一國貿易與槩斷各國貿易揆理度
勢迥不相同蓋鴉片出產之地皆在英吉利國所轄地
方從前例禁寬時原不止英夷販煙來粵即別國夷船
亦多以此爲利而自上年繳淸躉船煙土以後業經奏

奉　恩旨槩免追罪卽未便追究前非此後外國貨船莫不遵具切結層層查驗並無夾帶鴉片乃准進口開艙惟英吉利貨船聚泊尖沙嘴不遵法度是以將其驅逐不准通商今若忽立新章將現未犯法之各國夷船與英吉利一同拒絕是抗違者擯之恭順者亦擯之未免不分良莠事出無名設諸夷稟問何辜臣等卽礙難批示且查英吉利在外國最稱强悍諸夷中惟米利堅及佛蘭西尚足與之抗衡然亦忌且憚之其他若荷蘭大小呂宋嗹國瑞國單鷹雙鷹等國到粤貿易者多

仰英夷鼻息自英夷貿易斷後他國頗皆欣欣向榮蓋逐利者喜彼絀而此贏懷忿者謂此榮而彼辱此中控馭之法似可以夷治夷使其相間相睽以彼此之離心各輸忱而內向若槩與之絶則觖望之後轉易聯成一氣勾結圖私左傳有云彼則懼而協以謀我故難間也我　朝之馭諸夷固非其比要亦罰不及衆仍宜示以大公且封關云者爲斷鴉片也若鴉片果因封關而斷亦何憚而不爲惟是大海茫茫四通八達鴉片斷與不斷轉不在乎關之封與不封卽如上冬以來已不准英

夷貿易而臣等今春查訪外洋信息知其將貨物載回夷埠轉將煙土換至粤洋並聞奸夷口出狂言謂關以內法度雖嚴關以外汪洋無際通商則受管束而不能違禁不通商則不受管束而正好賣煙此種貪狡之心實堪令人髮指是以臣等近日不得不於各海口倍加嚴拿有一日而船煙並獲數起者可見英夷貨去煙來之言轉非虛揑不然以外洋風浪之惡而英船仍不肯盡行開去果何所圖若如原奏所云大小民船槩不准其出海則廣東民人以海面爲生者尤倍於陸地故有

漁七耕三之說又有三山六海之諺若一槩不准出洋其勢卽不可以終日至謂捕魚者止許在附近海內此說雖亦近情然旣許出洋則風信靡常遠近難定又孰能於洋面而阻之卽使責令水師查禁而晝伏則夜動東拿則西逃亦莫可如何之事臣林則徐上年刋立章程責令口岸澳甲編列船號責以五船互保又令於風帆兩面及船身兩旁悉用大字書寫姓名以及里居牌保惟船數至於無算至今尚未編完繼又通行沿海縣營如有夷船竄至該轄無論內洋外洋均將附近各船

暫禁出口必俟夷船遠遁始許口內開船其平時出入漁船逐一驗查只許帶一日之糧不得多攜食物若銀兩洋錢尤不可許隨帶出口庶少接濟購買之弊至大黃茶葉二物固屬外夷要需惟臣等歷查向來大黃出口多者不過一千擔緣每人所用無幾隨身皆可收藏且尚非必不可無之物不值為之厲禁惟茶葉歷年所銷自三十餘萬擔至五十餘萬擔不等現在議立公所酌中定制不許各夷逾額多運即為節制之方然第一要義尤在沿海各口查拿偷販出洋否則正稅徒虧而

漏卮依然莫塞是以制馭之道惟貴平允不偏始不至轉生他弊若謂他國買回之後難保不轉賣英夷此即內地行舖互售尚難家至日見而況其在域外乎要知英夷平日廣收厚積本有長袖善舞之名其分賣他夷獨牟餘利乃該夷之慣技今斷絕貿易之後即使從他夷轉售一二亦已忍垢蒙恥多喫暗虧譬如大賈殷商一旦僅開子店寄人籬下已覺難堪惟操縱有方備防無懈則原奏所謂該夷當畏懼而求我者將於是乎在矣至於備火船練鄉勇募善泅之人則臣等自上年至今皆經籌商辦理惟待相機而動即各山淡水上年本已派弁守之始則夷船以布帆兜接雨水幾於不能救渴繼而覓諸山麓隨處汲取不竊則已守不勝守似毋庸議總之馭夷宜剛柔互用不必視之太重亦未便視之太輕與其涇渭不分轉致無所忌憚曷若薰蕕有別俾皆就我範圍而且用諸國則不啻毆漁此際機宜不敢不慎況所杜絕者惟在鴉片即原奏亦云凡有夾帶鴉片夷船無論何國不准通商則不帶鴉片者仍皆准予通商亦已明甚彼各國夷人原難保其始終不帶若

果查出夾帶應即治以新例不但絕其經商如其無之自不在峻拒之列也又另片請將澳門西洋貿易定以限制查上年臣林則徐先已會同前督臣鄧廷楨飭次議及嗣經核定章程諭令澳門同知轉飭西洋夷目遵照即如茶葉一項每歲連箱准給五十萬觔仍以三年通融併計以示酌中之道其他分條列款該夷均已遵行至所請責令澳夷代英夷保結一節現旣不准英夷貿易自可毋庸置議

奏彌利堅代英夷請欵疏　參贊大臣楊芳等

竊照英吉利逆夷于二月二十四日乘駕兵船及火輪三板等船欲進省河經鳳凰岡官兵奮力擊退即于二十五日繕摺由六百里馳
奏在案是日米利堅國領事多利那因該國貨船並不在禁止通商之列先經琦善批准帶進黃埔貿易適值英夷攻打虎門被阻不得入口聞鳳凰岡官兵擊退逆船來向營盤禀訴據總兵長春報知前來當飭署廣州府知府余保純帶同通事譯訊據多利那稱英夷既被擊退自不敢再有他求

惟念稱兵犯順係英國兵頭所作之孽其帶貨商船並未敢隨同滋事而因此阻滯年餘不得貿易在該商爲其本國兵頭所累原不足惜而我米利堅等國向來恭順不敢私賣禁物蒙　天朝恩准照常貿易極爲感激乃到粵經年被英國牽累不能進埔開艙以致貨物霉爛貲本虧耗現查英國夷商情亦急迫可否于此次擊退兵船之後姑准其商船一體貿易庶各國不被英國妒恨免致阻梗牽留而英國貨船在埔其兵船即有顧忌而不敢滋事似亦制服之一法等語臣諭以該夷所言雖亦近理殊不知英夷肆逆逞凶罪惡重大實自絕于　天朝今蒙　命將出師特申　天討即謂夷商並無助逆究係英國之人又安敢以通商爲請正詞回覆去後是日逆船雖無動靜而探知退泊未遠臣料其早晚又必來擾戒備益嚴惟省城所存礮位不如虎門之大虎門礮臺既失礮亦隨之且外海師船在虎門者均被逆夷燒燬別營舟師刻難調集雖有內河巡船及招募水勇快艇祇能防而不能攻臣與兼署督臣怡良等正極焦切適于二十六日巳刻長潮之際南

風大起該逆大小兵船添至七隻火輪船三隻三板船二十餘隻果皆乘風擁至其時鳳凰岡等處營盤各放鎗礮擊斃夷兵不少而逆船恃其堅厚且行且拒冒死闖入省河飛礮火箭施放無數幸各城上下內外已將官兵壯勇排列如山不令少有空隙且臣等先經示諭軍民以防禦英逆與他寇不同其礮彈能于遠處裂開以燒房屋而火箭又著物即燃此時保衛城垣首須撲除火患是以于列隊兵勇之外復逐段多添撲火兵丁使房屋不燒人心即定雖是日逆船礮箭施放不絕而

省城內外周密巡防並無一處失火該逆見守城如此嚴緊立即移竄空曠之白鵝灘中心暫行下椗不敢逼近城垣亦不敢復放礮箭第仍慮其堵截上下游各船則省中一切日用以及軍火所需皆無不棘手正在分籌勦逐間復據洋商伍怡和等以各國領事夷商于英逆帶兵之人無不交口斥詈該兵船因見城上岸上均各森嚴亦即畏懼而退二十七八九等日兵船及火輪船三板船均陸續開離省河惟各國夷人在粵均望承平謂英夷既經繳還定海不敢更有他求惟貿易一事

係　天朝二百年來稠疊　恩施不得不代懇法外施仁仍循舊制呈出義律等所立筆據有不訐別情惟求即准照常貿易如帶違禁之貨即將船貨入官字樣是其前此要求奸計此時無可復施惟臣等奉命督兵祇知軍務為亟斷不因各國連番環請稍任懈我軍心即其筆據之言雖曾寓目仍如無覩第既有此情形理應據實入　告固不敢冒昧陳乞亦不敢壅于　上聞至其所云貿易夷人並未隨同滋事貨船入口正可制服夷兵等語臣暗訪明查倘非誕妄而就

兵機而論亦有時以縱為擒與其峻拒羣夷恐致一同觖望或先從權制馭借以寄運深謀伏候　聖主指示機宜不勝稟感悚惶之至（案所云不訐別情只求照例通商是煙價香港皆不敢索又許退出虎門也非彌利堅夷目從中講欵不能有此機會）

海國圖志卷七十九

籌海總論三 原無今補

覆奏各國夷情疏 請逆將軍奕山等

邵陽魏源輯

竊臣等承准軍機大臣字寄道光二十一年正月十九日奉　上諭怡良奏接辦粵海關務稅課短絀一摺據稱粵海稅務以夷稅爲大宗本年所到夷船不及十分之二因各國之船爲英夷攔阻不能進口是以六月後正當徵輸暢旺之時轉致短絀等語廣東例准各國通商其恭順各國自仍照常貿易英夷強悍桀驁阻撓

各國生計各國豈肯甘心失利著奕山隆文祁墳於先後抵粵時查明各該國情形果否怨恨英夷阻撓生計抑稍有觖望於　天朝未能招徠撫綏以致向隅失業據實具奏將此各諭令知之欽此臣等抵粵後密加查明緣粵海關務舊章例准通商各國除居住澳門西洋夷人貨船向在澳門卸貨外其餘米利堅佛蘭西荷蘭國大小吕宋國嗹吱啦國橽國瑞國單鷹國雙鷹國英吉利國並港脚各國貨船向例應進黃埔查驗開艙各該國距粵程途遠近不同每年來船數目約在一百餘隻二百隻不等自二十年三月二十六日起截至六月初二日止祇到有米利堅國吕宋國貨船十九隻自是之後並無貨船進口葢因英夷犯順駛有兵船來泊澳洋所有各國貿易商船均被英夷阻撓不得進口英夷强悍桀驁各該國力不能制阻遏外洋無不同深怨恨迨至本年二月初六日英夷闖入虎門攻破烏涌卡座夷船直達黃埔是以向准通商之米利堅國佛蘭西國及港脚貨船共四十二隻始得隨後進口英夷懇求通商經臣楊芳會同撫臣怡良體察情形　奏明仍准

恭順各國照舊通商各夷無不欣感共戴　皇仁並不敢觖望于　天朝傳諭各通事所禀亦俱相符現在雖經開艙而殷實客商均經紛紛遷避商民交易者甚屬寥寥臣等現已出示曉諭令其急速回來各安生業與恭順各國照常貿易無須驚疑日來漸次歸業民情少覺安貼 謹案廷寄之意原欲以夷攻夷惜覆奏未能仰體廟算詳察夷情也

奏佛蘭西國夷情疏道光二十二年二月將軍奕山等

查佛蘭西與英夷毗連疆界各為一國素稱强悍前因爭擾地方搆有嫌隙彼此交兵多年後經議和該國亦與廣東向來交易上年十二月間據報該國新到兵船一隻兵頭眞時爾士思利管駕來粤泊在香港對面尖沙嘴地方並云後尚有兵船未到等語正在咨飭查訪間旋據報稱佛蘭西兵頭士思利乘坐小三板來省入館當經咨飭洋商等暗為訪詢據云來省意欲面見官府有稟商事件不肯明言帶有素曉中華言語之和尙

王遮依里達二人同來稟稱該國兵頭有咨商軍務不用通事傳話懇請面稟等情臣等以該國向通貿易素稱恭順乃英夷興兵犯順阻撓各國生意未始不怨恨英夷今既據稟請當面咨陳軍務正可因勢利導駕馭羈縻為以夷攻夷之計當卽於距城十里之半塘地方傳令來見詢其來意據稱該國王聞英夷與中華搆兵恐該國商船被其擾累是以遣伊前來保護並諭令到此從中善為解散臣等諭以爾國向稱恭順素所深知英逆如此頑梗不化肆行强暴將來爾等各國必受其

害爾國王既遣爾帶兵前來果能出力報効必自當據實奏明　大皇帝格外優待恩施據稱我國與英夷雖屬敵國但現在新和無隙可乘不能妄動若無故攻彼恐別國不憤不如息事罷兵早了此局方妥當詰以爾有何息事之法據稱伊願與英夷講說伊若允從則已如不允從卽向其藉詞交兵等語臣等諭以英逆屢次犯順現在侵犯寗波定海等處致干　聖怒簡派揚威將軍各路帶兵前往勦辦此時本將軍等如何敢擅准令伊講說據稱大人等既不敢奏我先出外洋與

英夷兵頭講說如有何信息再來回報當卽酌加賞賚該兵頭及和尙旋卽辭出外洋又據汎弁探報逆夷兵頭僕鼎查於上年十二月間由浙潛回香港又探得佛蘭西兵頭到香港與逆夷兵頭見面二次旋據香山駐澳縣丞張裕稟稱佛蘭西和尙王遮等面稟該兵頭現有要事於正月十六日開船前往呂宋去看兵船留話給眞時爾和尙進省稟覆二月初五日眞時爾到行呈遞說帖仍以解和為詞希冀賞給英逆馬頭臣等察其行事以英逆新與連和佛夷思於中取利又思分地效

爲之居間夷情詭譎多端該兵頭雖陽爲恭順焉知不
藉探內地虛實別生事端雖現在該夷同米利堅各國
夷商進省行照常貿易而無故求和不能不疑遂以好
言拒絕並導以不可助逆玉石俱焚若能爲中國出力
大皇帝必加恩於爾等語除密飭水陸兵勇嚴加
防範觀其動靜外所有佛蘭西兵頭來省情形不敢壅
於
上聞據實附陳 案佛蘭西求面禀軍情其來意之誠可見且得與英夷素伙之勍敵使之講欵英夷必曲從卽使不從而藉詞交兵英夷亦必畏事機莫善于此乃稽延半載始聽其行及入長江而江寧欵議已定數日矣

覆奏各國夷情疏 靖逆將軍奕山等

道光二十二年正月二十四日奉 上諭有人奏英
逆糾集天竺佛南小呂宋等國夷船數十隻同惡相濟
請飭曉諭解散等語此等遠夷被該逆糾合自係迫以
威利未必眞心相助果能設法解散以孤其勢此事或
有轉機着該將軍督撫體察情形悉心籌畫如果各夷
可以理諭卽剴切宣示曉以大義俾不爲逆夷所愚但
須斟酌盡善然後舉行又須持以愼密斷不可少露風
聲原片着抄給閱看欽此臣等伏查原奏內聲稱鎭海

等處停泊夷船數十隻五月初六日定海新到夷船二
十一隻初九日又到夷船四十餘隻或云來自天竺或
云佛南及呂宋各夷等語查前次奏報逆船摺內自四
月至五月初六日止先後共出老萬山駛赴浙洋者計
四十七隻所稱鎭海定海兩處停泊逆船自必卽係四
月內由粵駛往船隻但從前據該管縣探報均稱該船
係自英逆本國駛來並無聲明別國之說茲復細加採
訪緣西洋諸國總名爲歐羅巴洲並無天竺國名目史
載天竺國一名身毒在月氏東南數千里其俗重佛法

又聞天竺一名印度孟呀喇及喀布爾皆係印度之一隅喀布爾即前此傳聞與英夷打仗之國猛呀喇則英夷屬國至佛南國或即係佛蘭西因夷語西字是尾音以致傳寫不一本年春間佛蘭西國兵頭眞時爾及土思利管駕兵船來粵帶有素曉華語之和尚玉遮依里達二人同來謁見曾經臣等將曉諭該夷情形奏明在案風聞該國與英逆兩不相下現因英逆日强恐其蠶食早已整頓兵船預為防備呂宋在粵洋之東南該國如赴浙江即由臺灣福建一帶北駛原不必由粵洋經

過有無船隻助逆無從而知聞該國貧而弱自顧不暇未必能以兵助逆且該國商船向在澳門貿易亦頗恭順惟訪聞海外各國另有一種船隻名為西裝柳其船上多係黑夷礮火俱備往往受僱於各外國代人打仗索價數萬員至一二十萬員不等現在英逆分擾各省難保非此等船隻在內該逆插以旗號即作為伊本國之船亦未可知臣等伏思佛蘭西與呂宋各國素稱恭順原可以理曉諭設法解散惟該國是否與英逆同惡相濟無從得其確據且該國現無大兵頭在粵僅止小夷商貿易似未便向其講說轉失　天朝體制查佛蘭西兵頭於春間呈遞說帖本以代英逆講和為辭嗣因該兵頭土思利出洋後總未再來臣等隨時體察情形如果有機可乘自當因勢利導以靖逆氛而崇國體

覆奏印度夷情疏 將軍奕山等

道光二十二年四月奉　上諭御史蘇廷魁奏粵海逆夷潛遁當乘機速辦善後事宜一摺據稱傳聞英夷爲孟阿喇攻破逆夷兵船紛紛遁回請選派兵勇趕緊修築虎門礮臺以資抵禦廣東省城東北陸路名燕塘墟賊若乘間而入頃刻可至其要隘莫過於城東之大沙河宜築長堤省城西南地名龜崗其東岸宜設營兵使彼首尾不能照應水陸皆可制勝等語逆夷恐惡貫滿盈結怨各國現在傳聞有孟阿喇攻襲之語着奕山

等密查粵東所泊夷船駛去若干隻夷衆傳說若何如果該國有事逆夷陸續逃遁該國夷人在粵甚衆總可得其實在底裡或係他國與英逆有爭鬭之事或孟阿喇糾集別國與之爲難均着查訪明確據實速奏該將軍等前奏修復虎門各路礮臺必須由內及外次第辦理此時該逆如果將船隻陸續撤退留泊廣東無幾正可趁此趕緊購料興工集事毋稍觀望並着奕山相度機宜倘可乘該逆窘迫之際出其不意明攻暗襲殄滅無遺亦足以紓衆憤而快人心至燕塘墟大沙河龜崗爲賊陸路所必經應否築堤設營水陸交嚴之處着奕山等相度地勢妥籌辦理該御史原奏着鈔給閱看將此由五百里諭令知之欽此臣等伏查本年二月間風聞英逆所屬之孟阿剌地方向有英夷兵目帶領黑白夷兵各數百名駐守因黑夷出兵在外多有傷亡僅剩白夷兵不敷駐守該逆兵目於去冬勒派土夷商民充當兵役因而構怨羣起刺殺夷目並將白夷兵數百名焚虀殆盡嗣又據香港探報英逆前佔孟阿剌埠頭藉産鴉片厚利得充兵餉因被孟阿剌歷恍鬼子將八顛

之弟殺死奪回鴉片埠以至兵餉不繼等語當經臣等以得自傳聞究無確據曾於前次奏報摺內聲明在案是該御史所奏合之粵中傳聞不爲無因惟該逆兵船是否因此紛紛遁回前此密飭查探茲據署大鵬協副將及各處探報前聞孟阿剌將英國兵頭戕害英夷遣火輪船來粵赶回兵船巡船駛至孟阿剌應援之說如果屬實自不應有兵船駛至乃現在英逆兵船火船又陸續駛到三十餘隻查探所到之船已有向東開駛者其餘灣泊各船或云留泊香港或又云亦欲駛往江浙

據查探情形，似該逆夷船隻駛回孟阿剌應援之說，未必可信。但近日又訪聞得英國之東另有恩田國，相距約三月水程，英夷欲得其地，被恩田國設計誘騙，於本年正月內殺斃英兵萬餘名，現在干戈仍未止息等語。又傳聞逆夷先與喀布爾打仗，現在又與治拉拉拔打仗，有地名古斯尼仍被治拉拉拔奪回，該逆夷深恐喀布爾與治拉拉拔和好，又訪聞喀布爾與孟阿剌各處總名印度等語。奴才等竊思該夷在海外欺凌各國，因而各國與之為難，似係事所必有，而現在查詢該國夷

眾所有孟阿剌、恩田國及喀布爾各情節，或稱得自傳聞，或稱並無其事，其所言地名亦恐傳播語音，不無譌錯，一時殊難得實。案加布爾城即阿付顏尼城，乃愛烏罕之國都也，在中印度西北，境與俄羅斯游牧接壤。治拉拉拔即機雀國之音轉。恩田國在印度東水程三月，疑即緬甸國之音譌。

覆奏英夷情形疏　揚威將軍奕山

竊臣等准軍機大臣字寄，道光二十二年三月奉
上諭：本日據奕經等奏，廣東送來通事二名，熟悉夷語，現派司員向逆夷等連日隔別詰問等語。白夷幹布爾既屬頭目，必知該國一切情形，且現有通事二名，自可一面妥為撫養，一面細詢該國底裏，着奕經等詳細訊明：英吉利國距內地水程，據稱有七萬餘里，其至內地所經過者幾國，克食米爾距該國若干路程，是否有水路相通，該國向與英吉利有無往來，此次何以相從至

浙；其餘來浙之孟加剌、大小呂宋、雙鷹國夷眾帶兵頭目，私相號召，抑由該國王招之使來，是否被其裹脅，抑或許以重利；該女主年甫二十二歲，何以推為一國之主，有無匹配，其夫何名，何處人，在該國現居何職，又所稱欽差提督各名號，是否係女主所授，抑係該頭目人等私立名色；至逆夷在浙鴟張，所有一切調度偽兵，及佔據郡縣、搜刦民財，係何人主持其事，義律現已回國，果否確實，回國後作何營謀，有無信息到浙，該國製造鴉片煙賣與中國，其意但欲圖財，或另有詭謀，以上各

條該將軍等即分別詰問詳晰具奏將此各諭令知之
欽此臣等遵即督飭司員等帶領通事將各條逐件連
日詢問據該白夷等供稱自英吉利國城至內地廣東
地方總視風信遇順風時不過三個月即至香港遲則
四月五月不等至遲亦不過六個月即可以到所過地
方若佛蘭機急欲羅士郎嗎達剌沙姑路庇合嗎勒格
星加坡等處皆英吉利所屬其所經有何國均難指實
名目或船上淡水乏食過有洋面附近之山即用小船
攏岸取水其地方名目未能細辨至克食米爾即孟加

剌地方孟加剌是其總名克食米爾乃孟加剌所屬孟
加剌又英吉利所屬英吉利所有大船到加剌吉達為
止其地有小河可通克食米爾亦有陸路距加剌吉達
約計千里復有陸路通嚕嗔大呂宋佛蘭機等處此次
來浙之兵均係該國王所調祇有英吉利大當兵其呂
宋孟加剌雙鷹國之人不能當兵所來之各國夷人乃
商船僱工係該帶兵官僱來辦事及充當水手該國女
主乃老王之姪女國王無子其姪女賦性聰明故立
為主名域多喇乃英吉利所屬渣嗎剌國王之子名鼻
連士阿剌扳國人稱為法是滿及該國第一等官職並
不干預國事至欽差提督等名從未聽聞亦非女主所
授大約皆係私立名色至犯浙一切事件從前乃占那
麗架闌頓調度自該逆死在定海後乃占那哥付調度
其人一向在寧波廈門定海等處占那哥付乃嗎達剌
沙之勾連那官即陸路之兵頭也義律係去年即由廣
東動身回國其有無音信來浙該白夷等均未能知曉
鴉片烟土乃孟加剌孟米鄉所出就深山地方秘密製
造其本國人苟非製造鴉片之輩俱不准入鄉看其製

法甚恐洩漏其術其利或為所奪英吉利及西洋花旗
等國俱係赴孟加利盜米各處販入內地但欲圖利並
無詭謀等語以上各條經司員等逐件細詢理合恭摺
覆奏

覆奏越南軋船情形疏 兩廣總督祁𡊮

道光二十一年八月十八日奉 上諭朕聞英吉利逆夷在粤滋擾有越南國貿易人聲聞英夷悖亂天常稱兵犯順並云彼國善製船礮工且迅速各項火器精於英吉利所爲若有文檄與之彼國自能效順等語逆夷近日疊肆猖獗必應設法大加懲創越南是否素爲該逆所畏船礮火器是否能制英夷之命其願爲效順之語果否出於至誠抑係別有所圖著祁𡊮梁章鉅確探密查並於接奏後密行知廣西巡撫周之琦一體

查探據實具奏事關重大毋稍含混亦慎勿洩漏是爲至要將此密諭知之臣等遵查此事先於本年四月間有越南國人阮得烘在臣祁𡊮衙門呈控新會縣船行梁潘輝等於數年前失風漂至越南打沉船貨向伊借銀買帶貨物今來粤追討未償呈懇追還等語隨飭縣傳訊梁潘輝等供認欠銀屬實卽行措交阮得烘在省守候追欠之時復在臬司衙門呈遞一紙內稱伊在粤見英夷如此猖獗不過恃船堅礮利本處戰船力不能敵該國所造之船頗爲堅厚皆係甘露鬼子駕駛如中國給該國王文書當可代造不過四百金卽造一隻並稱該國與英夷近無嫌隙事宜機密等語臣等隨訪查越南雖素產木植若造一堅厚大船亦非數百金所能辦卽造成該船式樣本地無人駕駛前督臣林則徐仿照越南製成軋船四隻內港外洋均不可用是其明徵又查阮得烘不時外出貿易本年隻身來粤並不常住越南恐非安分之徒揆其情詞不過冀懇速爲追欠似無別意其所稱該國可代造船隻之語該國王並不知曉臣等以事關外夷未敢冒昧偵再訪查辦理旋據新會縣稟報欠項全數交清給領卽飭令阮得烘回國茲

奉 諭旨飭查當卽一面飛行廣西撫臣周之琦一體確實查探臣等一面密爲商核查越南之於 天朝久稱恭順聞昔曾戰敗英夷之師至今兩不侵犯此特見之前人說部係嘉慶十三年之事迄今已閱三十餘年英夷日見强肆且與越南未再交兵故未聞有英夷畏懼越南之語至其船礮之堅利與否廣東距越南較遠一時難得確據容臣等再爲探訪該國船礮火器果否精於英夷所爲該國王有無至誠效順之意逐一

設法確探密查並俟廣西撫臣就近查訪實情是否可
行移知到日另行具奏

再奏越南軋船情形疏　兩廣總督祁𡎴

十月十五日承准軍機大臣字寄奉　上諭祁𡎴等
馳奏遵查越南國人阮得烘在粵守候追欠曾於臬司
衙門呈稱英夷猖獗專恃船堅礮利該國所造之船頗
爲堅厚如中國給該國王文書即可代造揆其情詞不
過冀懇追欠現在欠項全清已經飭令回國至該國之
船礮果否堅利尚須查探等語廣東距越南較遠一時
難得確據自係實在情形著祁𡎴梁章鉅確加查訪該
國船礮火器是否精於英逆所爲該國王有無至誠效
順之意逐一設法探詢確實即行奏聞欽此臣等以此
事所關重大必須查探明確不敢稍有虛飾因思現在
欽州知州黃定宜籍隸廣西龍州其在籍時應有所聞
而欽州地方又與越南接壤就近查訪亦易得實當即
據越南夷人阮得烘前在省城所稟之言一面嚴密飭
行該州詳加訪察一面會同隨時密訪有常往越南貿
易之順德縣民人周彥才及瓊山縣民人陳姓現在省
城詳加詢問據周彥才口稱本年八月伊甫自越南起
身回家越南現因英夷滋事亦隨時警備約造有戰船

七八隻每船三桅四十餘槳船用長木直板船身則以硬木爲之厚五六寸或七八寸不等又另有仿造英吉利之屬國新洲貨船約十餘號亦用硬木製造皆堅重有餘而靈動不足該國銅礮頗少鐵礮亦不甚大又該國寓兵於農其打仗多以象力取勝但能陸戰而不善水戰該國由都城出港三十餘里始爲大海各外國貨船如至該國議明入港後該國先將各國船中礮械搬至岸上代爲看守俟出港時送還看來越南向恐各國在其本國滋事並未聞英逆有畏懼越南之說訪之陳

姓所言亦大畧相同又訪聞現募鄉勇中有礮手林九其人從前曾被張保招去後經改過投回復爲良民曾幫張保與越南打仗必知底細隨令管帶鄉勇之可靠紳士密向查詢據稱越南戰船有金蟹銀蟹之名如天津來粵貨船式樣堅牢而不能快駛其內河船有名牙鈫者長十餘丈濶二丈槳百枝亦看風勢爲遲速曾被張保打沉數隻看來難與英夷對敵等語又據欽州知州黃定宜稟稱本籍龍州地方與現任之欽州均與越南之東北境毗連惟距該國王駐劄之富春地方尚有

二千餘里其海防船隻製作未能深悉就平日傳聞該國向製巡洋大師船二隻悉令附近居民合力採取堅巨大木輸納成造以銅包底故俗呼爲銅皮船約可載二百餘人至三百人不等此項船隻料件雖堅滯笨不靈此外復有巡洋小兵船多用籐篾穿紮而成俗名籐船止可坐二三十人或四五十人其船行駛較便第遭風撞礁卽行破散前此該國王令夷官修造巡船大者幾及數月小者亦幾一月始竣是木料雖多而工匠未見迅速且查道光二十年間該國夷目阮廷豪等兵船

在崖州洋面遭風沉船遞至欽州轉送回國有撈獲銅礮三位一重八十餘觔一五十餘觔一止三十餘觔式樣與內地過山鳥鎗相似又聞越南現聞英夷滋事亦慮擾其邊地修備防守該國自去冬添造戰船至今尚未畢工時時託人探聽英逆消息等語又檢閱檔案道光十二三年間該國奸民陳加海糾結內地遊匪楊就富等在夷洋狗頭山嘯聚刦掠曾經該國以兵力不足請內地舟師前往幫捕始能殲厥渠魁可見該國巡船並不得力臣等查廣東省雖距越南稍遠然該國情形

節次訪查大略相同伏思該國世受　天恩素稱恭
順現在國王阮福暶新受　敕封尤當感　恩圖
報如果該國船堅礮利兵力精强斷無不竭誠報效之
理而該國王並未表文陳請亦未呈懇督撫據情轉
奏其為力不從心未能與英夷為難已可想見除由廣
西撫臣周之琦就近查訪確實另　奏外所有臣等
會同密訪緣由理合先行具　奏

按越南兩次擊敗英夷皆誘其深入內河而後以
小船環攻勝之非以駛逐大洋角勝也越南軋船
破敵見於　皇清通考四夷門并非說部又見
於英夷所撰之四洲志則敵國公論必得其實非

夸張傳說之詞謂越南不長于大洋而長于內
河則可謂越南長于陸戰而不長水戰則不可

海國圖志卷八十

籌海總論四　原無今補

邵陽魏源輯

剿夷兵勇約法七條　兩廣總督林則徐

一夷兵船雖長若干丈爾等不必看得他長雖有大礮若干門爾等不必畏他礮多而大益夷礮惟在兩旁我師只要攻其頭尾譬如頭南尾北有北風則攻尾有南風則攻頭若頭東尾西亦以東風攻頭西風攻尾既佔上風又避礮火再兼察看潮勢取其順潮則得勝必矣夷船喫水多者二丈餘少亦丈餘我船喫

水不過數尺自遠處繞轉必能佔其上風若攻頭則必先打其頭鼻攻尾則必先打其後艙後艙有玻璨者乃其帶兵大官所住火藥等物皆在焉此處疊攻必破破則火藥自發其舵雖有銅包但是生銅礮打可斷舵斷鼻斷則全船皆無主宰且船內拉篷之人前後最多若經幾礮轟打下海則船上無人不能自動即大礮皆為我得矣

一駛近　船頭尾則我船俱須分左右翼如鴈翅行斜向船頭撲攏船尾擺開方能聚得多船且火器不致

悞擲自己艕內(幫)。如夷船頭東尾西。我船乘西風攻尾則近左者船頭應向東南其近右者船頭應向東北大家都用斜勢則礮火無非擊在夷船不至反擊自己其餘俱可類推此惟在乎舵工之舵之得力巧者快者加賞數倍並將所得夷船上銀錢鐘表呢羽等物以雙分給予舵工若臨時悞事當進不進當轉不轉即將舵工斬首示衆

一礮火能及之處即先開礮至鳥鎗可及便兼開鎗迫噴筒火礶能及則隨便用之多多益善總須擲到夷

船不至悞擲本船爲要其桅上拋火礶之法應擇兩人頭戴竹盔胸前遮小籐牌繫繩於背其腰仍帶雙刀並繫火繩一人上頭桅二人上二桅皆上至頂與篷齊爲止其下每桅兩人拉滑車將竹簍所裝火礶(每簍約裝火礶十餘每礶用藥線四根包以布袋)用力拉上其桅頂之人即用火繩點着火礶隨點隨放此簍放完彼簍又上總使夷船上應接不暇且桅上拋礶而船頭仍須多放噴筒如此絡繹不絕則夷船被燬必矣即使船未全燬而火勢既猛夷人必站不住我師定可乘勢過船旣過之後則火礶噴筒皆停止不用

一兵勇過船遇夷人便用刀砍其首級留在隨後統算不可急獻首級轉悞要事除砍夷人外其船內最要之物莫如柁車纜篷桅纜鼻頭纜能將各纜全行砍斷則船已爲我有又何患銀錢貨物之不我有哉凡得一夷船所有過船之人應將船上銀貨一律盡行分給並別須重賞總不許於船內先行搶貨轉悞殺賊工夫違者照軍法懲辦

一我船斜向攻擊夷船頭尾大抵以四角分計每角拖

船至多不過容四隻其大者不過容三隻即四角合攻亦不過用十二船至十六船攻擊夷船一隻此外即有多船亦可分擊他船不必聚在一處轉致凌亂若有時必須多船齊攻應聽帶兵將官號令(鼓聲大擂紅旗招呼即是集船合攻)或有時前隊船斜攻已久未得見手則應暫令休息後隊仍由斜向攏上但須聽帶兵官號令方准調換不得擅自退息違者立斬

一瓜皮小艇應僱三十隻上裝乾草松明擦油蔴斤配火藥十之一二用草繩綑住上蓋葵蓆船之頭尾各

用五尺長小鐵鍊一二條以鐵鐶繫定其一頭拴大鐵釘長七八寸其末須極銳利船上置大鐵鎚二把使善泅者二三四人皆半身在水半身靠在船旁挨槳以行妙在甚低夷舡礮火所不能及一經攏近夷船無論頭尾兩旁皆可貼緊敲釘將火船釘在夷船木上將火點着燃起其人即泅水走開縱有極大夷船有此火船十餘隻釘住焚燒亦無不燬之理況上面有火礶噴筒中間有壯勇爬桅過船下面又有火燒該夷三層受敵抵當此一層不暇兼顧彼一層安

有不授首於我者乎

一破敵首重膽氣膽大氣盛者必勝況此次殺一白夷賞一百圓黑夷半之生擒者視其人之貴賤格外倍賞是殺得十夷即得千圓殺得百夷即得萬圓再多者並可得官何等快樂即或陣亡亦可得二百圓賞恤各宜拚命奮勇立功邀賞如有臨陣退後即刻斬首懸竿示衆

答奕將軍防禦粵省六條

一水道要口宜堵塞嚴防也此時夷船既破虎門深入

堂與查省河迤東二十餘里有要隘曰獵德其附近二沙尾兩處皆有礮臺其河面寬約二百丈水深二丈有零又省河西南十五里有要隘曰大黃滘亦有礮臺其河面寬一百七丈水深三丈餘凡若前此果於該兩處認真堵塞駐以重兵則逆夷兵船萬難闖進省垣高枕何須戒嚴乃既延悞於前追悔無及今夷船正於此兩處要隘橫亘堵截使我轉不能自扼其要幾如骨鯁之在咽喉矣惟有密飭近日往來說事之員督同洋商先用好言誘令夷船退離此兩處

而在我則密速備運巨石僱齊人夫一見其船稍退即須乘機多集夫兵累千連夜填塞河道一面就其兩岸厚堆沙袋每岸各駐精兵千餘先使省河得有外障然後再圖進勦此事不可緩圖尤不可偏廢若僅駐重兵而不塞水道則夷船直可闖過雖有兵如無兵也僅塞水道而不駐重兵則逆夷仍可拔開雖已塞猶不塞也塞之駐之而不堆沙袋則以兵擋礮立腳不住相率而逃仍猶之乎不塞不駐也此兩處辦成後應致力於內洋之長洲岡及蠔墩最後則善

及虎門彼處有南沙山巨石可采如何堵塞容再酌
議
一洋面大小船隻應查明備用也查虎門所泊師船除
沙角失事時被焚十隻外聞尚有提中營二號三號
大米艇二隻五號小米艇一隻提右營二號大米艇
一隻五號小米艇一隻現停湞口自應由水師提督
配齊弁兵礮械以備調用其虎門以外附近之水師
營分東則提左營大鵬協平海營碣石鎮西則香山
協廣海寨現在各有師船若干配駕弁兵礮械若干

亦應分飭配足報明候調至省河有府廠運廠兩處
均係成造師船之所現在各有造竣師船幾隻另購
堪以出洋大船幾隻應飭據實開報并將蓬索槓椇
即日備齊聽候查驗再上年府廠改造巡船及新造
安南三板現在尚存幾隻裝配礮械若干亦即開明
聽用其招到快蠏船十九隻現泊何處此內壯勇若
干礮械若干亦即稟候核奪
一大小礮位應演驗撥用也查此次虎門內外各礮臺
既被占奪所失銅鐵礮位合各師船計之不下五百

餘尊其中近年所買夷礮約居三分之一盡以藉寇
資盜深堪憤恨今若接仗非先籌礮不可而礮之得
用與否非先演放不可査佛山新鑄八千斤火礮十
四尊僉謂無處試放殊不知演礮並不必極寬之地
祇須水上備一堅固之船安礮對山打去其山上兩
頭設柵欄截必不至於傷人並須堆貯大沙袋每袋
約長四五丈寬二尺餘堆成橫豎各一丈高七八丈
以爲礮靶對靶演放既有準頭而礮子之入沙囊深
至多少尺寸果否沙可攩礮亦即見有確憑矣此十

四尊試過如皆可用即日運省備防其餘即於佛山
如式再鑄倘試後有須酌改鑄法之處亦即就近諭
匠遵辦以臻周妥又番禺縣大堂現有五千斤夷礮
四位似可撥至離省十五里之鴈塘墟向來演礮處
所亦照前式堆排沙袋演試又廣協箭道有夷礮六
位斤重較小似可撥在北較場如式堆演所有來粵
客兵即令該管官帶領輪班演礮如此則礮力之遠
近礮攩之堅鬆與兵技之高下無不畢見一舉而三
善備焉再前據廣州協趙副將開報該協箭道并貿

頁祠現存該用各礮約五百位又紅單船拖風船卸下各礮亦約有一百位雖俱不大然未嘗不可備防似應分別查驗演放以便分配各船及岸上營盤應用至裝配船兵宜將船隻駕到將近佛山之五丫口茉莉沙瓜埠口等處分起裝就聽調庶免疎虞

一火船水勇宜整理挑用也查夷船在內河最宜火攻前月經楊參贊飭備柴草油料松香裝就火船約百餘隻聞係署督標中軍副將祺壽候補知縣錢燕詒等經理其事茲隔多日恐柴草等物霉溼短少應飭

查明重加整理其裝載之船原只以備焚燒固不必堅固新料但亦不宜過於彭舊且必須有篷方能駛風若專藉一二人之力猶恐推送遲緩不能成功其船約以數隻爲一排駛近夷船則環而攻之能於各船頭尾繫大鐵釘釘住夷船燃火使之推不開拔不去當更得力其未用之先此船宜移上遊近佛山一帶裝載完妥寅夜乘風與有礮各船一同放下隨攻隨燒諒必有效又內河東路之菱塘司一帶另有捐辦火船百餘隻即某所捐辦也分段停泊如需應用亦可隨時調集以收夾擊之效至水勇一項人人以爲必須僱用惟患其有名無實前此虛糜僱資已非一次除淇澳之二百八十人係鮑鵬爲前琦部堂僱用聞已散去可毋庸議外若臬運兩司訪僱之水勇一百二十名聞有董事管帶應可得用第未知其船現泊何處似應查點試驗又番禺縣張令原由揭陽帶來壯勇三百名皆係以鳥鎗擅長每人各有自帶之鎗施放頗準此一起雖係僱爲陸路之用而上年曾經諭明肯下船者多加僱資彼即欣然下船似宜將

此壯勇三百名作爲水戰之用此外再僱務須考其技藝查其底裏必使層層保結不任濫竽並諭明臨陣爭先者即予拔官如敢潛逃立斬示衆信賞必罰自足以勵士氣而壯戎行矣

一外海戰船宜分別籌辦也查洋面水戰係英夷長技如夷船逃出虎門外自非單薄之船所能追勦應另製堅厚戰船以資制勝上年曾經商定式樣旋因局面更改未及製辦其船樣尚存虎門寨如即取來斟酌趕緊製造分路購料多集匠人大約四個月之內

可成二十船以後仍陸續成造總須有船一百隻始可敷用此係海疆長久之計似宜及早籌辦若此船未成之前即須在洋接仗計惟僱覓本省潮州及福建漳泉之草烏船亦以百隻爲率將其人船器械一齊僱到給予厚資聽其在洋自與夷船追擊不用營員帶領以免牽掣仍派員在高遠山頭瞭望探報果得勝仗分別優賞其最得力者賞拔弁職充入營伍緣漳泉潮三郡人性強悍能出死力既可兼得名利自必踴躍爭先較之本地弁兵顧惜身家者相去遠

甚至於能在水裏潛伏之人查本省陸豐縣之高艮鄉饒平縣之井洲及福建澎湖之人罩鄉其人多能久伏水中似亦可以募用其火攻器具如火箭噴筒火毬火罐之類亦宜多爲製備以便臨陣拋用

一夷情叵測宜周密探報也查逆夷兵船進虎門內者在三月中旬探報有三桅船十四隻兩桅船三隻火輪船一隻兩桅大三板四隻單桅大三板一隻其各國貨船在黃埔者現有四十隻自虎門以外則香港地方現泊有夷兵船十七隻伙食船三隻此等情形朝夕變遷並非一致似宜分遣妥幹弁兵輪流改裝分路確探密封飛報不得捕風捉影徒亂人意其澳門地方華夷雜處各國夷人所聚聞見最多尤須密派精幹穩實之人暗中坐探則夷情虛實自可先得又有夷人刊印之新聞紙每七日一禮拜後即行刷出係將廣東事傳至該國並將該國事傳至廣東彼此互相知照即內地之塘報也彼本不與華人閱看而華人不識夷字亦即不看近年僱有繙譯之人因而輾轉購得新聞紙密爲譯出其中所得夷情實爲

不少制馭準備之方多由此出雖近時間有僞託然虛實可以印證不妨兼聽并觀也至漢奸隨挐隨招自是翦其羽翼之良法但漢奸中竟有數十等其能爲之畫策招人揑弄文墨製辦船械者是爲大奸須將大者先除則小者不過接濟食物即訪拿亦易爲力矣

稟夷船克制之法　江浙委員

伏查夷船最大者長十五丈寬二丈餘次者長十二丈寬一丈九尺高五層下三層裝貨吃水二三丈上二層

出在水面礮位多者七十二門次者五六十門不等礮位安設兩旁其船頭尾皆高仰不能安礮與內地兵船不同船頭有東丈大斜木一根一應精巧帆索均繫其端謂之頭䑶乃一舡之把握非數十人不能運動而尾後之柁機括靈活只須一二人便可手撥與內地之全力在柁尾又不同大桅係大木三截接駕並非一木獨豎駛風能行三面若迎面頂風則較內地洋船尤形笨緩其桅雖稱堅固所懸礮位甚小有警卽放桅礮以爲號令臨戰或仰空飛墮礮子以警敵人其實並非攻擊

之用前廣東林制憲用價一萬八千元購得西洋大號舊夷船一隻一備兵勇演習仰攻丈量查勘具得實在情形我兵攻擊之法當避其兩旁而專注其首尾緣兩旁不但有礮且夷兵皆伏艙內彼能外擊而我難內攻惟頭鼻無礮而挽鼻掌索之夷均立船面無所遮護但能斷其頭鼻或殺挽鼻夷兵則全船皆亂不能行駛我兵迎頭搶上勢如破竹矣又舡尾有後樓玻璃窗二面係船主所居瞭望之地其下係火藥艙亦其要害若用小船水勇于尾後攻擊使彼船旁礮位無從施放而我

以火器擲入艙內則船主等不難一轟而斃此用內地小船克制大夷船制勝之法蓋西洋花旗夷及安南夷破英吉利均係專用小船去年鄧制憲在厦門卽得力于水勇夾攻其首尾而林制憲派調師船兩次接仗亦係斷其頭鼻皆獲勝仗是以夷船在粵惟遠泊大洋方敢下碇至近港口二三十里以內私販鴉片則船必終夕隨風潮往來行走不敢停留盖恐我小舟水勇乘夜潛襲天明卽返夷目入夜昏暗不能瞭準難于施礮抵禦及至浙江招寶山下則數大船停泊數月距岸雖近

無所畏懼實由浙江不知閩廣設策破夷未曾出師攻擊之故若能內河守禦嚴密再募水勇乘用內地網船杉板船草烏船之類改裝漁販船户潛攏夷船前後夾攻夷船轉東則尾隨而東轉西則尾隨而西夷船笨大不如小船之靈捷夷礮不能及卽賊技無所施且焚且攻夜出晝返則道頭港招寶山之船何能守留數月安然無事誠恐將來夷船駛入江境我兵勇未諳攻擊之法合亟稟請通飭沿海營縣先購募沿海漁户水勇練習火船攻剿技藝分藏各港口內遇有夷船駛入內河

卽仿用前法夜乘風潮攻其首尾使該夷受創永遠不致窺伺實于扼要剿堵大有裨益

陳天津禦夷情形疏 揚威將軍奕山道光二十二年五月

竊五月十一日臣等因逆夷攻陷江蘇寶山縣飛飭總兵尤渤帶兵改道赴蘇接應旋接到兩江總督牛鑑來咨寶山失守提督陳化成業已陣亡該督現在退至嘉定地方連日據各路稟報夷船由西南外洋駛向東北而去紛紛不一現在上海已有夷船二十餘隻定海道頭等處停泊及駛出夷船約四十餘隻陸續在金塘羊山橫水各洋面游奕無定現又據象山縣官稟報自西南外洋駛來四桅三桅二桅等船十六隻亦向東北駛

去大約夷船統在八十隻內外其形長圓不一並不似一國之船但逆船既多分竄沿海迤北各口岸均屬喫緊臣等已飛咨各督撫將軍加意防範至天津海口爲畿輔切近之區年來一切防堵事宜節經　欽派大臣審度周詳該督及帶兵大臣定能布置妥善設逆夷膽敢竄進必將自取滅亡惟臣等到浙半年以來身歷其事所有該逆伎倆見聞較爲親切該督等或未能灼悉謹就所知臚敘五條以備防堵之助

一天津貨船皆能直抵閘門逆夷如欲駛近宜以鎮守

防守爲要。凡係商漁船隻。皆宜聚於關內。勿使出入。免致奪我船隻。資爲逆用。且凡通海港汊及偏僻小路。均宜派人稽查堵截。毋令一人來往。以斷漢奸傳遞消息。接濟糧食。並令府城內外各居舖連環取保。其廟宇等處。槩不許容留閒人。庶不致造作浮言。摇惑衆心。

一江浙地狹路仄。難於布列陣勢。不得不於沿海近海之處。安兵防堵。北方地勢寬展。儘可於逆夷火礮不及之地。扼要安營。並於高阜處搭設高架。遥爲瞭望。以次傳報。該逆惟恃船礮。如欲豕突上岸。彼之大礮一時不能運動。我兵用抬礮連環轟擊。較爲得力。

一沿塘築土墩。不甚可恃。逆礮力猛有準。不過一二礮土墩便已坍塌。其逆礮大半自桅頂施放。憑空下擊。我兵雖藏伏墩內。仍不能避。或於營外建築土城。庶可避其火箭。

一逆夷聲東擊西。是其慣技。每當鎗鋒相施。烟焰迷漫之際。彼必多方從背後及兩旁繞出。或冲營陣。或截營盤。我兵腹背受敵。遂不得手。是宜先將各處小路設法截斷。或撥兵瞭望堵築。并加意防守營盤。自不致有顧此失彼之虞。

一北方地勢既曠。逆夷登岸。必以大隊攻撲。我兵即須以大隊逆敵。該逆總以五人魚貫一排。腰插手鎗尖刀。背插火箭。其鳥鎗以四桿輪替。爲首者施放。第五人裝藥。以次傳遞。聯絡不絶。我兵於正面攻剿之外。尤須於遠處多伏馬隊。兩旁橫衝其陣。彼必自亂。並查逆夷慣用炸礮。我兵易致受傷。如臨敵之際地勢寬展。宜各以數十人分作數隊。庶彼炸礮落於空地。

不致每發傷人。

以上五條。請飭下直隸總督及帶兵大臣。酌議辦理。或於防剿事宜。稍有裨益。

請推廣文武科試疏　兩廣總督祁𡎴

竊臣於上年欽奉　諭旨著就所屬文武員弁勤加訪察如有才能出衆民心愛戴及洞悉夷情深通韜畧者隨時酌量海疆地方何人與何地相宜不拘資格即行奏請升調候朕擢用等因欽此臣因留心體訪廣東文武各官凡久於其任者均尚可孰悉夷情而深通韜畧者實難其選已將無員可保緣由另摺覆奏伏思內外文武臣工多以科甲爲筴名之始文場鄉會試第三場試以對策武場鄉會試內場試以默寫武經主司果

於是取人士子果於是考究本足以覘實用秖以相沿日久不免視爲具文其弊由文試惟重制藝聲律武試惟取命中挽強士子以後場無足重輕漫不經心相率流爲剽剿抄襲儌倖進身迨服官以後無暇講求文則止論錢穀簿書而不知經濟武則僅講弓馬騎射而不習韜鈐循分供職即可晉秩除官猝然有事之秋所學非所用是猶不識藥性醫方而責以衛生切脈不習規矩律呂而責以製器和音何能程功奏効今但請文武兩科申明功令尚恐積習既深仍屬有名無實臣愚以爲有文事者不廢武備今將於武備收得人之效即須就武備開取士之途似宜於奉行成法之中微寓變通考選之制如文試第三場策問五道請定爲五門發題曰博通史鑑曰精熟韜鈐曰製器通算曰洞知陰陽占候曰熟諳輿圖情形令士子報名應試時照從前本經之例於冊內分別填註考官仿元人經疑以兩書異同設作問題果能貫通闡發而首二場文藝尚屬平順者即一律中式茲經學已於二場發題考試則發策不必復問史學則於古今成法無所不該最徵器識其餘四

門若兵書則詳水戰之陣法圖志則通外域之夷情併足裕遠謨而操勝算至武試除默寫武經外請添問策一道分韜畧技藝火攻水戰四門仍如文試令該生指項註冊入內場日亦舉以爲問所對不必深論文理亦不必限字數如能各就所習確鑿指陳而騎射與膂力尚屬合式者亦一律中式仍請　欽派大臣於文武二科試策覈實磨勘以免剿襲之弊如此認眞遴選士子自必爭自濯磨恐一時難以舉行請自下屆鄉會試爲始數科之後月異日新人才或可期輩出或將謂現

行鄉會試策問固已周備何必專限五門使易於懷挾倖獲不知求全責備淹貫爲難專門名家講求較易現行名雖美其優者僅以考據見長餘多臨時敷衍成篇毫無實濟若各就專門之學主司臨時就其諸說之可疑者發問又何從揣摩懷挾或又謂以此取人恐蹈能言而不能行之弊然能言而不能行者固所必有斷無不能言而能行者課虛責實未嘗不可拔十得五又或謂兵法占驗理宜秘密且術數及拳棒教師向例所禁不可以入於策問然以所此防奸宄而非所以待秀

良且以跅弛不羈之才收入彀中俾就範圍而效驅策似亦收攬人才免入歧途之一道以上三說皆不足慮至現在文武官員雖一時未能得人然文職微員及武營末弁難保無因職分卑微不能上達以致無所表著並士民人等伏處草茅卽有奇才異能因不攻舉業無由効用未免向隅考唐宋以來廣設科目名臣接踵可否將博通史鑑五門分立五科　特詔舉行無論現任致仕大小文武職官及軍民人等准以所業由該地方官申送督撫考校如所言足資採用及技擊精强卽行

分别咨明吏兵二部調取入京詳加考試選其才具眞實者奏明引　見分别酌用如此鼓舞振興庶不致用非所學日起有功可以稍慰我　皇上遴選才能整飭戎政之至意

案韜鈴火器等門施之于沿海閩粤可也或文鄉試照舊專于沿海武鄉試推廣數門可也此奏欲通行于十七省之文鄉試故爲部議所格

海國圖志卷八十一

夷情備采一 原無今補輯　　　　邵陽魏源輯

澳門月報一

論中國 道光十九年及二十年新聞紙兩廣總督林則徐譯出中有四條曾附奏進呈

中國人民居天下三分之一。地廣産豐皆士著。少習駕舟之事。才藝工作甚多。我皆不奇。所最奇者惟中國之法度自數千年來皆遵行之。在天下諸國中或大或小。無有一國能有如此長久之法度也。額力西國之梳倫與孔夫子同時各立法度。然額力西國已經數易其主。

法度亦多更變。羅問國亦在孔子之時。當日强盛。平服天下一半地方。然今所剩之地甚微少。阿細亞西邊諸國前曾强盛過。迄今衰敗。變爲曠野。而今中國仍遵行其法度。現今西方諸國皆立國不久。只欲以兵戈相勝。一國欺奪一國。皆因其法度規矩不定。不遵約束也。中國非無變亂。不過暫時受害。乃有一主。卽復統一如前。卽平服中國之金朝元朝。必用中國之風俗律例。此可謂勝中國以力。而中國反勝之以文也。中國法律與由斯教之法律相同。中國人與外國隔别。又不習以兵火剿滅鄰國。以爲自己係上等之人。由斯教亦自負上等人而遵守摩西士之法律。嚴拒外國人。正與中國同。皆是保守自己。免雜風俗。正似羅問國加特力內之教師。終身不娶。不作差事。努力扶持教法。至耶穌一千年時遂令通歐羅巴俱行遵敬此教。羅問教內之規矩亦極嚴肅。其治罪之律例。正與中國律例相等。故中國惟自謂王化之國。而視外國皆同赤身蠻夷。

若論人民之多。卽無一國可與中國比較。卽如俄羅斯有一百四十一萬四千四百四十六方里。城池亦寬大。

人煙亦稠密。然戶口不過一百九十二萬五千名。而中國只湖廣地方寬不過十四萬四百七十七方里。卽已有戶口四千五百零二萬名。佛蘭西地方寬有二十一萬三千八百三十八方里。戶口三千二百零五萬二千四百六十五名。而江南地方寬九萬二千九百六十一方里。戶口卽有七千二百萬名。歐色特厘國寬二十五萬八千六百零三方里。戶口三千二百一十名。中國河南山西兩省寬十二萬方里。戶口卽三千七百零六萬名。英吉利國寬十二萬七千七百八十八方里。戶口一千二百二十九萬七千六百名廣東一省寬不過七萬六千四百五十五方里戶口卽有一千九百十四萬七千名是中國一省卽可抵西洋三大國之人民俄羅斯設立陸路兵丁六十萬名佛蘭西陸路兵丁二十八萬一千名歐色特厘陸路兵丁二十七萬一千名英吉利國陸路兵丁九萬名在中國設立陸路兵丁七十六萬四千名在數國之中爲㝡多惟論及中國海上水師之船較之西洋各國之兵船則不但不能比較乃令人一見卽起增恨之心

中國不肯與外國人在海面打仗惟有關閉自己兵丁在礮臺內又斷絕敵人之火食此或者是㝡好之法亦係將來必行之法然此法實難行蓋因各處人烟布滿居民只欲賣火食所以在尖沙嘴銅鼓洋各處火食亦甚易得但要好待土地人方好或者中國必用舊時待鄭成功法子將其沿海各岸人民驅入三十里內地不遵命者殺我思此法今亦難行因徧處海岸皆係富厚城池昔日所以能行者以　開國得勝之兵威也

中國之火鎗係鑄成之鎗管常有炸裂之虞是以兵丁多畏施放中國又鑄有大礮每一門可抵我等大礮四十八門尚有許多大小不等礮火惟中國只知鑄成礮身不知作礮鏜且礮身又多蜂眼所以時常炸裂又引門寬大全無算學分寸施放那能有準又用石頭鐵片各物爲礮彈并用羣子封門子皆粗笨無力兵丁或以五人十人爲一排百人爲一隊不同我國分派之法又中國兵丁行路亦不同我等隊伍容容而行皆任意行走遇緊急時誰人向前趨走極快者卽是極勇之人中國兵丁多用兵丁之子充之以當兵爲汚辱凡體面人

不肯當兵其錢糧甚少遇征調便乘機勒索虜掠居民見兵過無不驚懼由行伍升至武官只要善跳善射并無學問尤要有銀錢就可買差使買缺推陞各省皆然

現在中國人買甘米力治船又要扣留黃旂兩船入官此事不久可見一番新世界今暹羅安南亦學別國製造兵船故中國亦用此法然有兩種阻礙一係中國水手愚蠢難得明白精熟之人必等別國之人方會駕駛一係工價太賤若雇外國人不敷養贍不肯爲中國用安南國船亦仍照舊製只比中國師船稍好看然亦不

甚利便暹羅國尚有西洋式様船數隻不過用以貿易況其船艙製造不好現在都魯機人曾有西洋人指點製造好船様然總不及歐羅巴若中國人欲學外國之式製造師船必需外國人指點如何駕駛凡有外國人肯爲中國人所用者初時必定應許多少工價各様恩典迨後定必被驕傲官府騙其工價并且凌辱如荷蘭人在日本國務與西洋人相反事事遵從日本法律并助日本國捕陷西洋之人畢竟得何好處現在荷蘭在日本之貿易已滅至兩隻船而已

西洋人留心中國文字者英吉利而外耶馬尼國爲最普魯社次之順治十七年則有普魯社之麻須部一士人著書談中國現貯在國庫內又有普魯社之摩希彌阿部落教師亦曾譯出中國四書一部又有普魯社之般果羅尼部落一名士曰阿旦士渣著書論中國風土人情但用其本國文字嘉慶五年間有人曰格邪孛羅熟諳中國文字但恃才傲物又有耶馬尼國之紐曼曾到廣東　國著一書論佛教一書論中國風土將帶回許多書籍與耶馬尼諸國人考究又繙出詩經一部又有力達者著中國地里志一本說中國如極樂之國令耶馬尼人人驚異又有耶馬尼之包底阿現在佛蘭西國雕中國活字板普魯社人亦出財助成其事又有歐色特厘阿一人曰巖里查亦著一書論中國錢糧

又曰中國官府全不知外國之政事又不詢問考求故至今中國仍不知西洋猶如我等至今未知利未亞洲內地之事東方各國如日本安南緬甸暹羅則不然日本國每年有一抄報考求天下各國諸事皆甚留神安南亦有記載凡海上游過之峽路皆載之暹羅國中亦

有人奮力講求由何路可到天下各處地方于政事大得利益緬甸有頭目曰彌加邪者造天地球地里圖遇外國人即加詢訪故今緬甸國王亦甚知外國情事中國人果要求切實見聞亦甚易凡老洋商之歷練者及通事引水人皆可探問無如驕傲自足輕慢各種蠻夷不加考究惟林總督行事全與相反署中養有善譯之人又指點洋商通事引水二三十位官府四處探聽按日呈遞亦有他國夷人甘心討好將英吉利書籍賣與中國林係聰明好人不辭辛苦覯其知會英吉利國王

第二封信卽其學識長進之效驗
道光十七八年澳門有依逕雜說乃西洋人士羅所印由英吉利字譯出中國字以中國木板會合英吉利活字板同印在一篇序云數百年前英吉利有一掌教僧將本國言語同訥體那言語同印今仿其法所言皆用中國人之文字此書初出時中國人爭購之因其中多有譏刺官府之陋規遂爲官府禁止中國居天下人中三分之一其國又居阿細洲地方之半周圍東方各國皆用其文字其古時法律經典皆可長久其勇敢亦可與

高加薩人相等性情和順靈巧孝親敬老皆與歐羅巴有王化國分相等惟與我等隔一深淵卽是語言文字不通馬禮遜自言只畧識中國之字若深識其文學卽爲甚遠在天下萬國中惟英吉利留心中國史記言語然通國亦不滿十二人而此等人在禮拜廟中尙無坐位故凡譔字典譔雜說之人無益名利只可開文學之路除兩地之坑塹而已

澳門月報二論茶葉
貿易中貨物之利於人并利於稅餉舍茶葉外斷無勝於此者中國每石茶葉收稅餉二兩五錢又洋行會館各費每石抽銀六員至九員不等先日公司與洋商交易時每石茶葉納餉并費皆係六兩七錢比今減少除中國省城稅餉外海中沿途尙有關口七八處亦須俱納稅餉俟到英吉利國每棒稅餉又納銀三錢七分五厘統計茶葉稅餉較之原值已加一倍再加水腳各費運至英國賣値與武夷山買價豈止加數倍耶惟米利

堅國稅餉減少故各埠茶價較賤
茶葉銷用極廣故我等於各地盡心栽種欲敵中國獨行之買賣印度之阿山地方出茶僅敷本地用度後人於阿山上面尋出地方栽種茶樹近已裝茶出口道光十九年蘭頓已有阿山茶葉均以爲奇其茶小種有三種白毫有五種後經茶師考察此茶有傷原性致有煙氣苦味皆由工人製造不善須得盡用中國工人栽種卽與武夷無異近年荷蘭亦於所屬葛留巴用力栽種道光十八年已有兩種茶葉因此島福建人居半故所

種茶樹茂美此外如新埠等島及西洋之沒拉濟爾亦用心栽種徒費工錢而地土不宜今皆廢棄

英吉利之外米利堅人銷用綠茶最多一千八百三十三四兩年（道光十三四年）米利堅船由中國裝出茶葉不下一千八百六十八萬八千五百三十三棒從前并無此數也歐羅巴內地銷用茶葉以荷蘭俄羅斯兩國爲最荷蘭每年要銷二百八十萬棒耶麻尼每年銷用一百八十萬棒或二百萬棒佛蘭西在廣東出口時茶葉雖多然沿途分售及到本國進口時數已減少只銷二十五

海國圖志　卷八十一　夷情備采上　九

萬棒然只用之以作醫膽經之藥材因佛蘭西酒多便宜故不甚銷中國之茶也俄羅斯茶在北邊蒙古地方買去在一千八百三十年（道光十年）買去五十六萬三千四百四十棒在一千八百三十二年（道光十二年）買去六百四十六萬一千棒皆係黑茶由喀克圖旱路運至擔色再由水旱二路分運娜阿頟羅其黃旂船緞領船普魯社船所運茶葉皆不甚多其印度各埠銷用之茶每年有英國六七船前去售賣其阿支比拉俄各島中茶葉係中國福建商人裝出販賣中國人海船放到蘇祿文萊路哥尼阿新奇坡附近各處係順西北風駛去英吉利人亦有在新奇坡買中國茶回國者其茶均是上等現在各島每年銷茶之數年增一年總而計之中國每年出口之茶葉有七千餘萬棒與鴉片貿易可以抵對

現在中國人阻止貿易致我國人皆盡心在東印度之阿山地方栽種茶葉前此雖亦知其地宜茶尚未甚盡心今已奏聞蘭頓本國請免賦稅奉到示諭設法鼓勵今已做出茶葉百九十箱若更加多本錢可以多種百倍也近日英吉利攻服椤定地方其土亦宜茶再請中

海國圖志　卷八十一　夷情備采上　十

國工人製造卽可得利聞阿山茶樹第一年每株可値先士六七箇自此遞年加增及至六年後卽遞年減少約計五萬二千六百忽地方每年產茶可値勞碑銀二百二十箇

我國王以小呂宋耕種不甚起色下令凡有農器進口免稅凡有人肯栽洋靛等貴物議公項如何獎賞又肯墾荒栽種各物之人如何賞給令各官商議定奪若有兩家合栽架非樹數至六萬株者給頭等賞銀八千員四萬五千株者給次等賞銀六千員三萬株者給三等

賞銀四千員並於架非出口時免稅凡栽種桂皮茶葉桑樹者同之凡栽種椰子樹者較架非樹三等每等加賞二千員其栽玉桂丁香者賞格較架非樹加倍凡栽種洋靛及糖蔗及以上各樹之人準其自開闢雞場永不納稅現在中國人及印度人本地人會合不過二十家其耕種産業上好糖不過二萬棒或産洋靛不過一萬棒者方其栽種時郎不收地稅若有人代官府盡心耕種各樹五年之後不但免其地稅並將五年內所納稅餉加三倍給回

澳門月報三論禁煙

鴉片製造一在八達拏一在默拏皆孟阿拉地方而孟阿拉各官設法加工總要引中國人嗜好此物在加爾吉達孟阿拉首部落稅簿上郎可查出每年鴉片到中國多少到別處多少無不列明近來六年間孟阿拉出産七萬九千四百四十六箱內有六萬七千零三十三箱到中國故鴉片乃是中國最銷流之物今將其數目開列於下一千八百三十三年道光十三年中國七千五百九十八箱各處一千八百一十箱三十四年道光十四年中國一萬二百零

六箱各處一千七百九十箱三十五年道光十五年中國九千四百八十五箱各處一千五百一十箱三十六年道光十六年中國一萬三千零九十四箱各處一千七百五十七箱三十七年道光十七年中國一萬零三百九十三箱各處二千二百十三箱三十八年道光十八年中國一萬六千二百九十七箱各處三千三百零三箱此但係孟阿臘一處鴉片數目除孟邁等處所發賣在外每年印度所收鴉片稅餉自五百萬至一千萬員不等故巴厘滿遂以印度爲屬國中之第一以近來論之鴉片運到中國

者從古以來實無多過於今日總因孟阿臘官府貪心所致故孟阿臘港口貿易較之孟買尤大計所納稅餉多於地租每年觧至英國之銀約六十三萬九千棒合三百一十五萬員連存留在印度以及各官所用之銀大約有二百萬棒合一千萬員故英國受鴉片之利益不少亦以此招中國人之忌

在印度鴉片之稅英國多年得孟阿拉地稅銀四百二十二萬九千七百十二員地稅外又徵收餉銀現在常例外再加四款稅餉第一款種波畢之時卽須上稅第

二款波畢成熟之時以估價之多少上稅第三款於取波畢汁之時亦須上稅第四款於出口之時又要上稅合計收餉銀連地稅共收銀九百六十八萬四千餘員除公司貿易外餘地皆禁止不準栽種以免走私漏稅之弊但除英國所轄地方外他國亦有出產鴉片者如麻爾洼地方亦種波畢且製作好價值昂先年麻爾洼鴉片有公司包攬時三分中只有一分由孟邁出口二分由布路亞國所轄之拏孟出口及近二年去此包攬貿易之後今卻有十分之九由孟邁出口只一分由拏孟出口因此英國逐年得孟邁鴉片稅餉銀百萬員此法度之好無窮故今鴉片之稅餉在英國實在難去

一千八百年間中國準鴉片進口以藥材上稅及後奉旨禁止而廣東官府仍準鴉片躉船長灣在黃埔距省有十二里至一千八百二十年鴉片進口太多道光二年故令躉船出口不準灣船黃埔由是灣零丁洋及澳門急水門等處又議定規銀每箱若干自總督衙門以及水路文武官員皆有之惟關口所得最多或在船上來取或在省城交收皆逐月交清亦有將鴉片準折每次自

一箱以至百五十箱為止卻無定數此走私之光景着實可痛正猶西洋人好飲辣酒都魯機及印度無來由人好食生鴉片皆害人性命之物而爭食不已以致印度及麻爾洼亦印度自主之國未屬英吉利者各相爭種若想印度人不栽波畢除非中國人不食鴉片若想中國人不買鴉片除非印度不栽波畢二者皆所不能

鴉片乃印度各官養成後又得巴厘滿甘文好司示諭允準而印度之官利其稅餉於二十年間每年有七百五十萬員稅餉近來數年已至一千餘萬在英吉利屬

國中最爲貲財之藪自廣東公司散後其公司之人即作鴉片買賣又將賣鴉片之銀買茶葉回國而英國之茶葉餉亦甚大故國中所受鴉片利益不少今義律繳銷二萬餘箱如此英國豈不破費一千二百五十萬員此刻我等可爲販賣鴉片之人賀喜緣鴉片買賣原是一件就要崩倒極危險之事久在其頭上西邊之善人老實人久已爲之痛哭茲竟如此平安收場實意想不到故我等爲其喜不可言

前在一千七百三十七年乾隆三年戊午帶來鴉片不過四千

餘箱前時鴉片準納稅進口至一千七百九十六年纔禁止嘉慶元年丙辰一千八百三十六年道光十六年丙申又欲如前納餉進口奏而未允其時已多至三萬餘箱因恐外國以鴉片易換紋銀又必多開銀礦致竭中國之財源中國乃天下生齒繁盛出產最豐之國若以鴉片易紋銀猶如拔取其國中之精華如中國之綢紗佛蘭西之小帶及煙葉皆英國所禁又如英國之疋頭爲陷麥所禁陷麥乃耶馬尼國部落中國禁鴉片猶如佛蘭西之波利稔王禁英人不準至本地貿易相同雖是嚴禁皆不能行緣鴉片躉船泊在外洋外國人未嘗自帶進口係中國走私船執其所買之鴉片單駛至躉船憑單交土而中國人帶進內地者用重銀賄賂官府求其伴爲不知所以有鴉片貿易罪過論係地爾洼於一千八百三十九年道光十九年在蘭頓所作以爲不獨壞中國人之風俗且使中國人猜忌英吉利人令兩國通商事情有礙且有走私之惡名

特爾達說零丁洋係中國荒地并無兵房營汛保護可以任外國人停泊然憶在一千八百二十八年娜威額

達船上水手爲人所殺中國亦將凶手捉獲施刑又一千八百三十五年英吉利多羅頓船被刦之事亦係一件證見是中國人在相近自己海岸上施行其政治以保護他國之旂號故亦可在彼處地方行其所立之章程不得謂在零丁洋面販賣鴉片係合法之事只好說販賣鴉片之船隻比中國水師船布置更好格外堅固而已

鴉片貿易英國人帶至中國每年約有一千二百餘萬棒銀計六千餘萬員鴉片係印度之波畢所作即如我

國比酒仁酒係薏仁所作墨蘭地酒係額立所作皆惡酒也有智之人恐受其害多不敢飲而飲葡萄酒白酒然飲仁酒比酒之人亦不能禁絶如英國人要彌利堅人除去黑奴及要俄羅斯人除去其耕田之奴僕并要中國人除去婦人裹足之事改換其法律準人遵從各樣教門懲治溺死兒女待外國人如本國人等事中國其肯從之乎又如英國禁止濃酒之事其始斯葛蘭愛倫蘭墩銷售濃酒其酒稅爲國中稅餉之最其後因濃酒害人加重其稅餉俾其昂價則窮人飲之者少乃走

私日多飲者亦日多徒漏稅餉而無益於禁酒當英吉利國王渣治第一管國時定例每棒濃酒收稅餉時令兩個半只準領牌零賣不準開設館又出賞格凡有一小杯酒未納足稅罰銀一百棒給與報信之人讀此例者皆滿身汗流凡有身家之人皆知禁止而濃酒貿易遂落於下等不堪之人此等人無產業可罰放膽走私且將報信之人滿街驅逐兩年間積案萬有二千人每年國中針流濃酒尚不下五千六百萬棒一千七百四十二年始仍準人領牌開濃酒館減少稅餉與中國禁鴉片事無異

中國人若以鴉片貿易同英國講論英吉利國王定肯禁止販運鴉片到中國即印度栽種波畢之事亦定可停止而栽種別物國家之稅餉及衆人之利益仍可再得況現在鴉片貿易不十分大行以致各處貿易利息亦皆減少看此時勢惟有等候中國之事情定奪而已今將繳與中國及存下鴉片之數目開列在下文義律繳與中國鴉片共計二萬零二百八十三箱值魯碑二千五百萬箇麻爾洼存舊鴉片一萬二千箱值魯碑七

百二十萬箇存新鴉片二萬三千箱值魯碑一千一百五十萬箇孟阿拉存舊鴉片八千箱值魯碑三百二十萬箇孟阿拉新鴉片二萬二千箱值魯碑八百八十萬箇總共值魯碑五千五百七十萬箇該五百五十萬棒有奇

方繳鴉片時義律立意賠補之給與各船收單并問各人要在印度收回鴉片抑或要會單在國庫內收銀時鴉片客商皆願得會單回國收銀義律遂寫會單十七張寄與國中管庫官支銀并付回國中文書限十二箇

月由本國庫給還所繳鴉片之價今年廣東圍公司館勒繳鴉片之事正如我英國監禁佛蘭西使者在磤臺上因我等關口官府聞佛蘭西使者在近哆洼地方攜佛蘭西小帶上岸故將佛蘭西使者監禁待他繳上違禁貨物後方纔釋放與今廣東事一樣

聞義律望國王之命四個月即可回來必待接到回信方準船隻進黃埔近日所到之依里沙士地挖船係八月初二日（中國七月十三日）自蘭頓開船云廣東繳煙之事蘭頓於七月十三日（中國六月二十日）即已知道國中之人皆搖

動自律衙門及甘文好司之官府俱各相問尚未接到義律之信盎義律之信係交阿厘爾船帶往蘭頓大約總要十月間（即中國九月）纔能到又有蘭頓所接孟邁及中國商船家信說及繳煙之事英國各皆謷動即買賣亦不甚好銀舖利錢長至六分又向佛蘭西銀舖借銀四百萬棒又向花旗銀舖借銀八十萬棒交與銀店支發真是從未聞過如此之緊茶葉價長至加二分而各莊茶葉尚不肯賣所有東邊貨物逐一長價

十二月到蘭頓之茶七萬包當賣去五萬八千包存下一萬二千包未賣所存下之茶內有一半係帶茶葉進口之人貯起索價甚高賣出之茶葉比十月間價更貴後因買者日少價錢漸已減落前月十六日接得印度信來說自七月間廣東已將英國貿易停止遂致茶葉價值又復長價至前月下旬傳說國家要與中國打仗茶葉價更增長自後市上賣茶之人皆囤積不賣買茶之人到外購買毫不能得以致下等之黑茶綠茶亦如常時好茶并工夫茶一樣價值

中國圍守夷人繳煙之信七月三十一日（即六月二十一日）已

到蘭頓之因底阿好司都內各衙門及貿易店銀店俱有擾亂是日在蘭頓天色昏瞭米價亦昂貴國中甚苦鈌銀銀價即已增長湖絲前時價值不好現今已大改變所有茶葉盡皆起價蘭頓各物件無不昂貴在此季內孟邁地方要到中國鴉片棉花存下未去者共計虧銀六百萬棒真是大有害于利益若再遲延不理必倒塌許多貿易地方窮困

中國與英國貿易而英國庫中每年所得之稅餉不下四百五十萬棒（約一千五百萬員）若一經停止數月之間國中

定必因乏之前時有公司時各大班亦常慮及停止貿易之事常要蓄積茶葉以備兩年之需因散公司後即無茶葉存蓄緣散商貿易茶葉到國立圖即銷何能存積現在英吉利并米利堅二國亦已鼓動禁鴉片并即出告示定販鴉片及食鴉片之罪又出賞格求人做極好之告示以禁止鴉片又有鴉片貿易罪過論係地爾洼於一千八百三十九年（道光十九年）在蘭頓所作以為鴉片不但壞中國人之風俗并令中國人猜忌英吉利人令兩國通商有嫌隙現在有許多仁愛之人立為一會欲

禁止此貿易其哲付里士係此會著名之人在孟阿拉建立醫館同律山頓及沙渣治士當頓共立此會欲先講明與衆人感動其良心然後遞稟回國求律好司甘文好司及巴厘滿衙門各官府助理此會立定章程必要巴厘滿開口分付東印度公司禁止不準栽種鴉片方可禁止變作他項正經貿易

蘭頓新聞紙內載云律士丹合遞一稟講論中國停止貿易皆　鴉片犯禁起見請國王將鴉片貿易停止中國人禁止鴉片係為風俗政事稅餉外國人即應遵其法律而行現在衆人皆說中國官府受規不管禁止有名無實又說中國拘禁我等使者殊不思受規乃官府之事而　朝廷一知立即究辦安得說禁止有名無實況義律並非使者不過係代理人而已若按英國律例即應按各客商所有之鴉片更加三倍罰銀今中國不過只將其鴉片收繳而已然因致累我國正經貿易亦受虧缺所以不能任人再賣

我等自知以鴉片貽害中國之故為中國人所憎惡常欲自解於中國因思惟醫道有益於人於嘉慶十年有

醫生俾臣者至粵教種牛痘一年收所種小兒數千道光七年有醫加厘赤者在澳施設眼科五年中醫愈華人四千餘費去施藥銀千有八百餘棒皆衆人捐助道光十五年復有彌利堅國名醫伯駕者亦開外科數年間醫愈七千餘人一切下證皆來就醫其餘輕證難以數計所費銀亦三千兩亦衆人捐助此皆伯駕不貪利不厭煩一片誠心所致

海國圖志卷之八十二

夷情備采上

邵陽魏源輯

澳門月報四 論用兵

現在蘭頓國都中有助官兵要打仗者有助民人不欲打仗者爭論三晝夜決以紙鬮各大官得九分戰鬭方免爭論現在東印度英國屬地及國中各部落已出令各船裝定軍器往東印度會合又甘文好司分付不準擾害中國地方又云打仗之事宜長久不宜短速試問我等應將鴉片拋棄乎抑與中國長久打仗以保鴉片

乎看來中國究沒有行過一事足爲我國攻打之故中國海島約分三段一廣東海島其最大者在省之西南其省之極東即有南澳若論泊船適中之地莫好過尖沙嘴二福建海島大者曰臺灣甚是富厚有淡水雞籠二港口其對面彭湖地甚瘠瘦然爲臺灣必要之區次即海壇不及二島之大然人民居彼甚多三浙江之海島舟山甚小然形勢甚好以之作貿易必更興旺于別處因係中國中央地方如寧波杭州上海蘇州等處往來必由之路故亦緊要我等若得如此一處地方在彼立定再得一處如新奇坡海岸可招集鄰近地方到來貿易又必其地所產足敷居民之用且爲貿易來往必經之港口則所獲利益不少

廣東謠傳中國官府欲將省城外房屋拆毁以爲城池之保障此不足信廣東省城高有十忽周圍亦有礮眼并無城濠如歐羅巴各國無城牆之郭落一樣凡工作手藝棧房貿易多在城外較城中更爲蕃庶豈能盡行拆毁若行此法則受害之人更多

道光己亥十一月（即中國九月三十日）新聞紙曰得忌喇士船主

遵義律之命去攻打九龍山礮臺正在出力時已經衰敗被中國打退又另有三板幾隻趕前幫助亦皆退回陸續歸尖沙嘴次日又預備有軍器之杉板船再去攻打衆船至亦皆覺得昨日之敗若不報復英吉利旗號必定受辱于天未明時鼓勇而去豈知所預備之事皆屬枉然是日又收回尖沙嘴義律此事辦理大錯無一件錯事可以比之諸事軟弱可悲可憐此舉原係保護我國旗號之體面及我等自己之聲名理應極力攻打燒燬師船拆毁礮臺以除所受之凌辱今卻如此收煞

我笑義律意見錯又能忍受也

道光己亥九月十二日（即八月初五日）有大呂宋墨爾咩那兩枝桅船灣泊在潭仔清早五點鐘時被中國數船攏近似是兵船呂宋水手即扯起旗號不久即見有兩火船駛來水手即放椗鍊以避火勢後又有大艇兩隻一在船頭一在船尾縱火大燒時又有許多小兵船攏來滿船俱是手執軍器之人蔑船上人驚慌齊下水又被中國人撈起衆人遂搜取船上物件連水手衣服夥長路程圖取去割下旗號復放火燒船約共値銀二萬餘員將夥長水手及撈起多人俱帶回去（此蔑船被逐未回國者）

道光己亥十月二十八日（即九月二十二日）英國兩隻兵船自澳門洋面起椗至虎門因風被阻延至十一月初二日早纔到（共走五日方至虎門）兵頭士密一到穿鼻洋即稟求不要燒燬尖沙嘴灣泊之船容在彼等候國王回信或另設法卸貨遞稟後退出三里聽候批示及至次早提督發回并未啟視諭速交出兇犯旋見提督師船出洋將近英國兵船士密先放大礮攻打即有師船四隻一同放礮回擊打了兩點鐘之久因提督顯其大勇扶持船隻致未大傷我們華輪船上被提督礮傷船頭并繩索等件人亦受傷速即退出回到澳門洋面義律士密馬禮臣隨即上船赴尖沙嘴趕回保護矣

前時船主士密在尖沙嘴退出外洋中國即以爲是害怕他緣中國是順風順水直來奔擊英船彷彿就要全燒燬我等船隻士密等因在礮臺下打仗恐有危險我等不能退步所以及早退出近聞九龍礮臺新修更堅固又聞多出師船并裝滿引火之物明是要圍兩隻兵船待灣泊着即向船放火現在我等船灣泊銅鼓洋潮水甚急難於灣泊卻利於中國人順流火攻甚于尖沙

嘴不知士密何故在此灣泊

道光庚子七月初二日（即六月初四日）香山縣會同澳門同知出一告示言奉總督之命英國兵船近來離出海岸足見不敢攻敵中國兵威不過保護鴉片走私貿易諭令師船封禁大小河口以免英國兵船進來除師船裝載火礮器械出外洋毀滅夷船外并令漁船蛋家出洋攻打其家屬官爲資給養贍所賞之銀亦比前時賞格上所說最多不知可能準給否然中國人預備攻打封港

兵船之事甚是勇壯又聞有船百隻由虎門出來

道光庚子新聞紙曰二月二十八日（即正月二十六日）有廣東師船二隻及許多小火船燒然向金星門之船吹來幸被風水淌近岸邊燒了中國許多小艇及外國底威爾大杉板船頭桅被燒不久救息又有哥洼支麻里船避火擱在淺灘久方駛脫其窩拉尼兵船上當遣杉板將火船撥至岸上離去各船以免于險聞各船上裝有噴筒不見開礮是晚又有火船到來皆不得順遂所害是晚潮小風軟中國人若放得各火船得法我等船必大

受其害此算是第一次後來恐中國人若一練熟駛火船有準即更有危險之事切當小心隄防之

道光庚子六月十三日（即五月十四日）新聞紙云早上有十隻火船乘着猛流向金星門來我等灣泊許多船皆起椗以避其害并放下在兵船上之杉板將火船驅至岸上惟聞炸裂之聲不能為害當火船衝來時有許多中國官艇攏來欲望有着火之船即行攻打後見火船不能成功遂即駛回只跳過兩桅之特威爾船上殺死水手幾名即跳下水去火船樣子皆甚好滿載引火之物一對一對用鍊鍊起（以上皆林制軍督廣東事）

道光庚子五月二十二日（即四月二十二日）有希爾拉士船主穠西在福建南澳島之西北遇見八隻中國商船三隻大桅船外看全似買賣船毫無分別漸駛漸近船主纔起疑心分付預備尚未停妥那船已貼着我船右後梢施放鳥槍此時風靜又在打魚洞中我船不能離開發礮亦只得放槍回拒乃我之槍火放去全不中用因中國船用皮蓆遮蔽甚好彼水手在蓆後地放槍火甚穩定有準又用火料數次燒着皆救滅了不致延燒船上

繩索良久風纔起我船方能轉動開礮海賊始行逃去我船上水手五十名被傷十五名而船主穠西受傷甚重下腮及眼周身及腿皆受重傷心中甚可憂愁（此福建鄧制軍所募水勇攻剿之事夷不知以為海賊也）

又九月十九日（即八月二十四日）新聞紙曰福建泉州來信云布林麻兵船幫同阿厘牙達兵船在厦門與中國打仗我之彈子穿過中國師船直打至岸上共打沉師船數隻中國人遂連夜將各師船駛回港口內次日中國又擇選師船裝上大礮二百零四門其中有極重大之礮

再與我等打仗我兵因不能上岸遂將兵船駛開至礮彈不及之處然中國打至兵船之彈子亦不少其礮彈有重至十八棒者（十二兩為一棒）兵船大桅之帆竿已被打折中國又在港口及對面海島建礮臺數座以為防守前時派設兵船數隻封廈門港口惟現在兵船遇了勇敵之後大抵必去再請兵幫助矣（此亦福建鄧制軍時事以後新聞紙無考）

蘭頓付來新聞紙云現在甘文好司派設甘寄底去查察倉庫併立定倉庫之法將去年所得之稅餉併去年國中之費用民間所拖欠之稅餉一併列明在一千八

百四十年（道光二十年）按大概情形看來所收之稅餉錢糧約有四千七百六十八萬五千棒另在印度公司所收之稅餉錢糧已有十五萬七千棒合共算來已有四千七百八十四萬二千棒計開本年還賬之銀二千九百四十三萬九千棒此外別樣大庄使費銀二百四十一萬棒其餘各官俸銀之類約有一千七百四十五萬一千棒總共算來約費用銀四千九百三十萬棒若將所收錢糧稅餉之數與費用之數比較起來即見得所入不敷所出查前任管庫官為國中費用不足故由庫中

出單揭下銀一百萬棒以為文學館之費用此項已歸于雜項大庄費用之數內再去年庫中會出單揭下銀二十六萬棒以為在爱倫地方各和尚之費用此項亦係前任管庫官拖欠下來之賬俱已歸于雜項費用數內除此兩項之外尚差一十九萬八千棒此數係歸在本年費用之數內現在尚未查清所以不能得知是虧空不是去年所收得之錢糧稅餉約有四千八百一十二萬八千棒去年費用銀四千九百九十八萬八千棒除去所揭下為文學館用之項短少銀八十六萬棒後

又提出為軍需費用銀七萬五千棒合共算來短少費用銀九十三萬五千棒在去年共計虧空銀一百四十五萬七千棒然除卻在上文所載為爱倫地方各和尚費用銀二十六萬棒之外虧空銀一百一十九萬七千俸又除卻為付寄書信費用銀二十五萬棒之外虧空銀九十四萬七千棒又除去為軍需等項費用短少銀九十三萬五千棒之外實虧空銀一萬二千棒併無着落此係[illegible]年所收稅餉併費用之數也在本年所算清之數論及各欵費用即有賠還賬目和息銀三千四百

八十七萬七千棒奉兩好司衙門之命給出兵費銀爲水師用六百萬棒爲軍器庫用五百六十五萬九千棒爲武備雜項費用銀一百八十八萬五千棒其中多已出了銀單只存二百七十三萬六千棒未曾出單爲各官俸銀一千六百八十八萬棒總其費用銀四千八百七十五萬七千棒此外尚有數款費用銀一係水師費用并各兵之工食定必要豐致可令兵力強勇爲此項已經提出一十萬棒後又爲派設官府費去銀七萬五千棒第二係加拿達（係在北阿米利堅洲英屬地方）之費用因本年查

倉庫之時候比往年更早所以尚未得知前年加拿達之費用銀係五十萬棒去年加拿達費用銀一百萬棒本年加拿達之費用銀雖未得知然就最少之數且算三十五萬棒第三係與中國行兵之使費皆係印度國家先支然後國中給回前時與爪洼（係噶啦吧地方）打仗時尚可以預料所用之銀故能先出銀單但與中國行兵之事未知何時方能歇止所以不能定其數目況印度兵丁之費　甚大所以更不敢預先料定現在按東印度公司付來之數自起兵後至五月初一（卽三月三十日）已經費

去銀五萬四千棒若再行兵六箇月之久其費用必致有一十六萬二千棒連以上所用五萬四千棒算來卽有二十一萬六千棒然其中有運載船之費若打仗得久卽不必用運載船如此看來大抵一十五萬棒卽可以足餘爲打仗之費除卻自起兵後至五月初一（卽三月三十日）所用之銀外卽可留下一十萬棒以爲再打仗六箇月之費此項兵費乃係東印度公司先行支給待至再查庫時給回此去年并本年查庫各款之數也再推算下年國中費用之大概數目計還賬目利息銀約要三

千一百八十七萬七千棒爲水師併軍器庫各項零碎銀約要一千六百八十八萬棒合共費用銀四千八百七十四萬七千棒再加上水師費用銀一十萬棒武備及水上派設官員費用銀七萬五千棒爲加拿達費用銀三十五萬棒爲與中國行兵事費用銀一十五萬棒大概下年查庫時其費用必致有四千九百四十三萬二千棒之多此係一定必須之數其餘尚有許多未曾列出

澳門月報五（論各國夷情）

俄羅斯係與中國素和好之國。俄羅斯近來屢欲攻擊東印度。今此中國停止英國貿易之事。大抵亦係俄羅斯之陰謀。在京都內慫慂所致。然中國亦可發二萬兵由緬甸人孟阿拉驅我等出海。

我等聞俄羅斯之權柄陰謀。大有害於我等東邊之印度西邊之巴社等國。俄羅斯有書舘在北京。中國情事俄羅斯可以知悉。而我等并無人與北京來往。中國已知英吉利印度之稅餉皆由鴉片及茶葉棉花。故俄羅

斯亦欲奪我等印度之稅餉。合公司所屬之地不能安靜。亦已足矣。又何必再用別法來相害耶。一千八百三十七八年。（道光十七八年）我兵攻取印度西北直到千拿哈又至加布爾。已近西藏之西界。距葉爾羌戈什哈地方不遠。邊疆上駐有大兵在此幾座城。與達機士頓并附近各國貿易極大。中國見我等先在印度不過貿易。後卻全得了地方。又得新奇坡。又似有謀澳門小呂宋之意。又似有犭中國之意。故中國將各埠頭門塞。只準在廣東貿易。又兼有俄羅斯人挑動。故用此膽大之法。中國

向來不肯待我等與大西洋俄羅斯各國一樣。我今要中國待我等與大西洋俄羅斯各國相同。（其俄羅斯爭印度一篇已錄印度卷內此不重出）

印度付來之信。聞得俄羅斯已帶兵攻打機汪。（係自王之韃韃里國）數仗皆勝。又聞俄羅斯使者二三日內已離比特革（俄羅斯東都）往北京。不知此使者係學習中國文字十年照例替換之人。抑係講論英國之事。縱係講論英國之事。亦必數月方可到得。大抵俄羅使者未到中國以前。我與中國事已鬧開矣。凡中國人之思疑俄羅斯比思疑

別國更甚。斷不肯聽從俄羅斯人之言語。然我等亦必隄防俄羅斯人之陰謀詭計。

新奇坡新聞紙云。暹羅國王聞我等攻敵中國之事。甚非笑輕忽我等以一撮之多而攻打　天朝無數之兵丁。現在暹羅國王將所有赴中國貿易之船盡收回船廠。而在曼果（暹羅國都）貿易之中國人與新奇坡貿易之中國人亦皆戲笑我等。可見中國人如何恃其人民之衆。又曰國中新得作飛礮之法。可與佛蘭西人鬭勝。蓋佛蘭西人初用飛礮之時。英吉利人卽十分留心學之。而

佛蘭西人于打仗時用兵船少而能勝英人者皆因其火藥勝于英吉利之火藥現在喏付厘亦說英吉利飛礮與佛蘭西飛礮一樣在英國試飛礮之法乃建一隻大堅固之船無論船隻相距遠近俱可施及直飛至大船上礮即裂開將此船打成碎片僅剩船底未壞而片刻即沉海矣用火藥不過十一二棒彈子内又包藏火藥兩棒半亦少有煙落下時亦無聲而遠方聞之如放八十棒火藥之大礮此亦國家之新鮮強勇故國家封密不令人知惟佛蘭西有此

米利堅駁英吉利新聞紙曰爾屢次爭論不過結上有云若查出船上有一兩鴉片甘願將犯人交中國官府正法船貨入官等語爾豈不思英國屢次示知義律云凡到中國貿易之人皆應遵守中國法律乎我等若不夾帶鴉片中國人亦不能加以刑法儻我等船隻人民到英國若有違犯英國法律豈能不按英國法律治罪何以到中國遵中國律例即以為有辱本國之尊貴前英國嘝船色循船均具結進口皆係公衆道理

又曰米利堅旗號已被英國鴉片貿易所汚因數月前有走私鴉片之船扯米利堅旗號在中國海岸來往且有英吉利人口說必要盡心盡力以陷害米利堅人等語幸中國官府識破其奸米利堅人方免受害我今請問爾英吉利船扯米利堅佛蘭西黄旗各國之號為公正道理乎抑為不顧私利乎又如繳煙時鴉片價值每箱不過洋銀二百五十員何各英國人將煙賣與義律呈繳之時又索價每箱五百員之多欲望英國庫中償補之我並非欲揭出英國人之短處但果係如此必更有許多不堪說之事故不得不畧陳之

澳門西洋兵頭覆英吉利兵頭士密信曰英吉利人不要想我留英人在此居住我亦必守中國人所定章程不肯違背之只是中國與英國兩邊之事我皆不理爾但說英吉利人不在澳門居住之難不思及西洋五千人為英人亦受重累所有貿易皆要停止爾若不念朋友之情我即將近來幾箇月内所有之事宣布與通天下人知道求各國公議判斷爾所行之事不獨犯我國法律乃亦有犯于英吉利國家之法律

設欲停止正經貿易不許外國通商如日本近來二百

年不與外國往來之事此必不能彼時日本人之機智與歐羅巴各國相等即國中之強勇亦與歐羅巴各國相同況彼時歐羅巴人已得中國之利益故視日本之貿易不甚要緊今二百年來西洋各國行船之法勇敢之心及國中財帛俱已大增于前在日本貿易之日淺在中國貿易之日久所以中國貿易即難停止

育乃士跌國即米利堅國名定必無打仗之意其信內云無論米利堅人在中國如何吃虧育乃士跌國家定必盡心調停平安而已前因歐羅巴各國時常打仗大呂宋各

部落亦屢擾亂所以米利堅凡事俱能忍耐不肯同別國打仗

英國人離省城後因行為有不是之事故中國人以此罪英國人米利堅人係恭順中國得以照常貿易前月間我等已議定暫在港外貿易之章程獨花旗不與和心此係外國不能齊心會合之大害也

米利堅人從前只欲作兩邊俱不管之人等語觀去年米利堅人繳鴉片時只當係英吉利人之物難道英吉利國家便不賠補米利堅人所代繳之鴉片價值乎但米利堅人如果欲作兩邊不理之人即應停留在虎門外洋方得平安不應具結進口米利堅人若果能長長兩邊不理即可免卻我等許多憂愁之事

英吉利歐斯特里俄羅斯普魯社四大國已經同都魯機國立定章程又將此章程寫寄與伊揖國之巴渣官但未曾會合佛蘭西國恐此事將來合佛蘭西與英吉利兩國不相睦巴厘滿衙門已命水師軍添二千水手又命即速整頓船隻佛蘭西亦增添其兵丁此事係兩邊錯會了意我等望其相友愛而定奪之

海國圖志卷八十三

邵陽魏源輯

華事夷言錄要

此書兩廣總督林則徐譯出曾見于兩江總督裕謙奏摺

火藥外國未用時中國已有之羅鍼亦由中國海船行至西洋磁器則近日西洋各國亦設窰仿造而普魯特之壘林部落尤多終不及中國之泥細而精潔惟種牛痘一法係由西洋傳至粵也

中國之畫惟重寫意虛多實少不如西洋之工細而洋畫人物又是一片黑影不獨中國人嫌之卽西史載英

國前代女王伊來西麻于寫容時亦不許寫此黑影

外洋有歌舞而無演戲有火燎而無燈籠蘭墩國都街市皆以煤火通于牆筒互相貫通光明如晝絕無紗燈紙燈前此貢使律馬加尼至北京回經運河各鎮市燈光燦若繁星歸國夸述以為大觀

又中國藥材多是草木外國藥材草木僅居十之一二

西洋醫不診脈而中國及回回醫皆信脈理有二十四樣脈診之卽知其病何證又西洋不擇日而中國欽天監凡舉事必擇吉日西洋絕無此說

前此西洋耶穌等在京作欽天監曾帶西醫與各官府往來借行克力斯頓教是以教師必先曉醫道方能為人所說

粵省火燭一起將夷館及各街道燒成白地與道光二年蘭頓國都之火燭無異

西洋人皆短衣窄袖惟白頭回人長衣寬帽時常薙髮與中國人無異

中國最重文墨多由寒微至貴紐曼譯出中國之書言其政事最好通阿細亞州無此善政卽歐羅巴洲之羅

問克力斯頓各大國政均不及故稱王化之國惟武勇不如西洋若中國而兼西洋之武勇我等敬中國尤當不同

前時有羅問國之耶穌奉使至北京授欽天監著有許多書籍道中國之風俗現在佛蘭西各國多有藏貯使我等得知中國之風俗皆應感耶穌也中國音語最難學習近有波羅士特之教師勤力學習是以馬禮遜米倆尼麻士文三人俱能通中國語言文字

佛教與回回教克力斯頓教亦有分別中國稱為佛日

本稱爲釋迦蒙古稱爲剌麻印度稱爲窣他緬甸稱爲偶麻西藏稱爲麻哈毋尼暹羅稱爲波納分教其實一也佛生于加治麻國在克力斯頓教一千年之前如謂人死復生爲禽獸鱗介互相輪回皆各教所無而克力斯頓教中又分出二教曰額力教曰加特力教皆以淨水教化現仙佛鬼魔及地獄皆一例觀之我思佛教之道理未必能勝于加特力教額力教之道理

昔年多麻士至中國傳加特力教時中國從教者仍信奉鬼神以加特力教中不禁人奉鬼神之像也及耶窣

至中國觀前所行之教皆非正道始刪去許多敬奉鬼神之事

孔夫子書係耶述用拉提納字體譯出甚少精理我等若信其不甚明白之書以爲中國儒教道理止于此恐爲耶述所誤

中國有回回之馬騄墨頓教各處建廟禮拜又有由教其人甚少只散在鄉間單身修煉

中國人以歐羅巴爲夷皆由不通歐羅巴之語言文字是以于麻六甲設書院教師以教化中國之人中國人

之聰明靈變除英吉利外他國皆不及

各洋商名浩官茂官啟官教官經官明官海官三官貞官各通事名亞担亞東亞江亞蘭細亞周亞欽

十三間夷館近在河邊計有七百忽地每忽八尺內住英吉利彌利堅佛蘭西領脈綏林荷蘭巴西即巴社白頭回歐色特厘阿俄羅斯普魯社大呂宋布路牙等國之人

廣東走私之船曰快艇曰蜈蚣艇以其多槳排列槍械形似得名每于黑夜由小河魚貫而出分赴各岸售私專與官船相避粵東汊港紛歧熟習港歧易于趨避倘遇官船邀

截不及走避即持械拒捕

鴉片船皆下椗于伶仃洋其島高尖獨峙頗有居民山可禦東北風若風暴將起則駛往對面之金星門否則被風吹出大洋外矣

西洋種罌粟花曰波畢其上等者在麻哈默那次等者在麻爾注孟買加爾吉達即孟阿臘首部落皆英吉利所轄東印度地每箱載兩滿每滿各重六十七棒十二兩爲一棒合中國秤每箱百斤有零其價自一千三百魯卑至一千五百魯卑不等五十五先士值一魯卑二魯卑值一番銀裝箱後用格粒巴船

運至各國售賣除印度外又有回教之都魯機亦產鴉片每年亦有千餘箱運至中國多是彌利堅船運之凡裝載鴉片之船每船約載三百躉每千六百八十斤爲一躉俟過七洲洋後到伶仃洋即有軍器之船在彼灣泊將鴉片移入有軍器船內至夜有內地蜈蚣艇來接載運至省城此等船常有二三十隻與官船抗拒其格拉巴船在伶仃洋守候鴉片賣完時揚帆回去中國始由穿鼻洋跟至老萬山空放響礮回稱夷船盡已驅逐遠颺

粵省與外國交易番銀俱是用大呂宋之達刺洋錢故

外夷各帶達刺番銀以買中國之貨近則出口之銀比入口更多以鴉片年增一年煙價多于茶價也

廣東礮臺外砌有圍牆以防敵人上岸攻我礮臺後路而牆皆砌薄只好圈其兵丁不令外走若以禦敵即不能

夷船禁燒酒同于中國之禁鴉片水手好酒同于中國之嗜煙蓋水手在船盡受炎熱夜卧風露加以燒酒之力一飲則必醉醉則必發寒熱往往不治禁令雖嚴而水手以酒爲命時時盜買多藏于水桶船主望見但見是水不知皆酒也

黃埔在水中央周圍皆洋貨船而內地尤帆檣如林以外國貿易船比之外國所納稅餉不過本地百中之一所以中國不甚希罕外夷在粵之貿易

外夷雇中國人供役曰沙文故華夷有事官府輒先以禁買辦火食及撤退沙文爲首務嘉慶十二年夷兵頭特魯厘帶兵上澳及嘉慶十九年英兵頭那列士到澳門時道光十九年律勞卑到省城時均即封港停止貿易驅逐沙文打破夷館提拏通事必待事定始開艙發沙文也

中國戶口之數難考即征收地丁人數亦難信完錢糧時只家長一人出名中國以六人爲一戶西洋以五人爲一戶如廣東省城衆即百萬古時戶口煬帝時共有八百九萬戶一千一百二十二年海壯帝時宋徽宗宣和四年有二千零八十八萬二千戶一千二百九十年急賴間爲帝時元世祖至元二十四年有一千三百十九萬六千戶一千五百零二年明孝宗宏治十四年有五千三百二十八萬二千戶一千六百四十四年順治元年清朝初滅至二千七百二十四萬一千戶乾隆間會共一萬五千萬人以孟阿拉之

戶口方里比較中國中國約二萬二千八百萬阿彌于乾隆四十二年住燕京依官書計算中國戶口連無錢糧之人共二萬萬人佛達阿拉士譯出部錢糧戶冊亦有一萬四千八百二十一萬四千餘人與前二數比較尚不甚相遠至近年人數日增更可想知

中國產米不敷日食故準洋米進口並免米船之稅近年米利堅英吉利由小呂宋葛留巴新奇坡運至米不下二萬二千八百十六蔑（每蔑一千六百八十斤）而鴉片貨物寄放伶仃洋則不僅米船也印度之人民極多不須外米

接濟而反運米出口接濟東西洋各埠何以彼有餘而中國反不足且工作則中國更勤苦飲食則中國更愛惜（印度凡食餘之物他人即不食之）設印度地面而以中國人居之獲利尤倍可見中國之蕃衍稠密更勝于印度矣按央馬禮遜之數（馬禮遜官名非人名也父子世習漢文其子曰秧馬禮遜秧者小也）中國幅員一百三十萬方里戶口三萬六千四十四萬三千人其地之遼闊人之蕃盛自古鮮有

中國　欠固多亦有外夷不淸粵店之帳即開帆回國者粵店既不能稟官追還而外夷不法亦不能稟官處治

俄羅斯不准船到粵只准陸路帶茶六萬六千箱計五百萬棒因陸路所歷風霜故其茶味反佳非如海船經過南洋暑熱致茶味亦減然俄羅斯亦托外國船隻帶貨到粵貿易

每年中國與各國貿易并中國出口與外國貿易者約値銀八千萬員以英吉利米利堅爲最大

自公司散後無人管事洋商有再著大班來粵之請英國遂派領事一人律勞卑于道光十四年至粵管理貿

易欲在粵設立審判衙門一所并如英國設主里十二人以助審案七月二十四日律勞卑并未經洋商通報突然闖進省河中國總督大怒遂停貿易禁火食預備火攻于是委船押同律勞卑下澳律勞卑到澳即氣忿死道光十六年英國義律至澳由廣督奏稱各國貿易惟英吉利設有公司四首商管束曰大班二班三班四班其船定于七八月到廣以貨換貨至次年二月出口維時各大班請牌下澳至七月間請牌上省自公司散後事無專責前督盧會奏請　敕令夷商寄信回國再

遣大班來粤管理貿易今十六年十一月接據夷人義律㩦一妻一子至澳約束商人水手惟不管貿易

西洋欲中國之松蘿茶熙春茶頗覺有損疑中土人以害人之物轉緣茶爲黑茶何以我等飲此種茶便覺有損安南日本瓜洼（即葛留巴）等亦產茶而不多近則印度公司所轄之阿山（在緬甸北雲南之西西藏之南）產茶頗旺

廣東洋貨稅餉甚重夷商屢稟官憲且洋行會館抽分每百兩抽內地賣家三分公貯以備洋行倒塌欠款無着者即以此代償近因洋行欠項太重公項不敷遂仍

各欠各還第公項代賠之例雖改而抽分如故名爲抽內商而內商必增貨價則亦仍出自外夷貿易中矣夷船進黃埔裝載七百躉者計其官費及引水通事一切使費銀將近五千圓故非大船不能堪此重費

康熙初鴉片準作藥材進口每擔納稅銀三兩後又每包加稅銀二兩四分五分至乾隆年間吸食日多廣督奏請奉旨嚴禁入口嘉慶間禁益嚴初枷杖後軍流

鴉片私躉船初在澳門後因住澳之布路亞人索費太多業此者遂議改他地于道光二年設立躉船安設軍器抛椗伶仃洋由葛留巴之船載至伶仃洋過載躉船即卸載回帆商人在省講定價值即先交銀寫立發票付與快蟹船扒龍船付伶仃洋運入省城所過地方水師官均已受賄放過故近數年多至數倍

嘉慶二十三年印度鴉片進口者只有三千二百十箱道光六七年九千九百六十九箱道光十二三年有二萬三千六百七十箱道光十六七年即多至二萬四千箱計印度接濟中國鴉片居其大半雖亦有銷售别處者總不若此地之多此外都魯機亦有千箱能以入口

除鴉片外亦有他稅重之貨亦泊于伶仃洋由快艇濟運貨物至岸偷漏稅餉此由道光五年加增海口稅餉始有此弊後因廣東洋米接濟奉旨免米船進口之稅因此鴉片及重貨多暗寄于未甚滿載之米船入口

有人言情願斷止鴉片一物另開南邊港口貿易可乎我恐未必能行蓋天朝只準在粤貿易者畏惡外夷拒而遠之不許深入腹地也

蒙古在西北之地與歐羅巴相近故飲食性情頗近歐羅巴之人

中國文字天下聞名已數千年才能造出甲于天下許多道理規矩皆與歐羅巴之國畧同只是疲懦不善于戰故為外國人所輕若以中國人之才能而兼外國之剛強則歐羅巴人視中國人又不同想因承平日久剛氣已退自知不善戰故每事只用柔治其防守之兵有事只聞礟聲而已水師船遇西洋并無軍器之商船尚抵當不住何況兵船且軍器亦多廢鐵造成年久并未修理整新火藥則煙方出口子即墜地矣

水師之無用亦由不善調度之故我見廣東岸上粗工

力作之人甚是勇壯即如中國水上之人歐羅巴人尚不能及若以歐羅巴人與岸上粗力人比自更不能及若據此等強壯之人充當兵丁真可謂精兵昔有大呂宋人到廣日記云中國之人若善調度即為第一等勇壯之兵言誠不謬矣

貿易通志

英吉利國四面環海以師船環守本國者百艘其餘分布各國市埠每埠或數十艘或十餘艘不等共計兵船五百三十艘水師兵三萬五千丁連水手梢工共九萬佛蘭西兵船三百有十艘俄羅斯國百有二艘彌利堅國五十四艘其兵船大者載大礟百二十位又次者七十位此之謂陣艦小者自六十位至三十位又小者自二十位至十位此以之出奇制勝無事則以之護送商船巡羅海賊有事則以攻戰

夾板船順風逆風皆能駛駕而無風則不能行爰有智士深思天地間空中運動流轉之物惟風水火三者今風力水力皆無可恃惟有火力可借火藥之力能裂金石震虛空愈悶之則力愈大豈不可以火輪代風輪水輪乎于是以火蒸水包之以長鐵管插柄上下張縮其機借炎熱鬱蒸之氣遞相鼓激施之以輪不使自轉既驗此理遂造火輪舟舟中置釜以火沸水蒸入長鐵管繫輪〃轉一點鐘時可行三十餘里翻濤噴雪溯流破浪其速如飛不論風之順逆風之有無潮之長落溜之

上下借陰陽之鞲鞴施造化之鹿鑪巧矣極矣彌利堅與歐羅巴隔海數月程五印度與歐羅巴遠地數萬里而火輪遄駛不過四五旬大則軍旅小則貿易往返傳命有如咫尺不疾而速不行而至非天下之至神其孰能與于斯且火機所施不獨舟也又有火輪車車旁插鐵管煑水壓蒸動輪其後豎縛數十車皆被火車拉動每一時走四十餘里無馬無驢如翼自飛欲施此車先平其險路鋪以鐵轍無坑坎無紆曲然後輪行無滯道光十年英吉利國都兩大城間造轍路九十餘里費銀

四百萬員其費甚鉅故非京都繁盛之地不能用近日西洋各國都多效之此外又有火輪機凡布帛不假人力而自成織巧奪天工矣然地有紆曲高下不可行火輪者惟在塡平道路將碎石塿地使其平坦兩旁軌轍以鐵爲槽行時溜轉如飛則一馬之力牽六馬之重西洋貿易不但航海卽其在本國水陸運載亦力求易簡輕便之術一曰運渠一曰鐵路運渠者如中國之運糧河荷蘭瀕海多沙船易淺擱沿岸而行程途紆遠國人議開運渠自國都至海長百五十餘里闊五丈四尺

深二丈火艦往來無礙直抵都城避險就安費銀五百萬員各商舟行此渠者納餉補費以備歲修又其國內支河四通八達畫舫安坐晝夜遄行沿岸村莊綠楊穿映有同江浙其溝大抵闊六丈深六尺磚鋪兩岸以馬牽舟雖不如火輪之速而安穩如衽席也佛蘭西國亦開大渠通湖入海長二百二十里費六百五十萬員英吉利水渠亦多然近嶼不長所至通海掘不甚費彌利堅國其始地廣人稀近日各國輻輳四方流寓墾闢日廣物産殷阜乃大開六渠以通貨第一渠長千餘里掘

費二千二百萬員闊六丈深六尺每年納餉二百餘萬員第二渠長千有八十里掘費九百萬員每年納餉百餘萬員第三渠長百八十里掘費百十九萬員歲納餉十萬員其餘以漸短小通計每年國帑關稅入多出少共計三千餘萬員皆運河通市之益至于無水可通山險泥滯運貨維艱之處則亦爲石衢鐵轍以利車輪雖不及火輪之速然遇紆回高下之地火輪無所施則此又通其窮矣故西洋貿易但求一勞永逸不爲惜費苟安而行渠行路之人皆合納課以備歲修則又一舉而

上下兩利至海口停泊之所若無天生形勢拱抱則風潮澎湃舟易觸礁西洋各國于此險港則外築石塘以護其外而海船環泊其內又築礮臺以禦賊則皆中國所無亦中國所當法

中國以農立國西洋以商立國故心計之工如賈三倍其國所立規制以利上下者一曰銀票二曰銀館三曰挽銀票四曰擔保會前二者國王與商民分立之後二者則商民自設之銀票如中國之楮幣國王出之以時收納循環不失信故外便商而兼利國銀館者如中國

之銀店收銀代為生息但彼則國王自設之或寄存銀或支借或出票荷蘭國銀館始于萬歷三十七年章程公正各國取信佛蘭西國銀館嘉慶間因軍餉支用過當所收銀二千萬員一時倒敗其後更立章程再開銀館能收銀九百萬員而止銀館最大者推英吉利國都始于康熙三十二年初止收七百萬員後至乾隆五十年增本至萬萬五千萬員內借支國王四千餘萬員公信無欺故各國商旅皆願存銀其中恃以無恐賦稅之出納皆存于銀館彌利堅亦開銀館道光十二年本銀七千九百萬員嗣後十七年其私館敗銀有出無入近日復與人復取信矣其他西國各有之而此三國為最不獨國都有之其各城通市私館亦多故銀館者民之庫國之帑商賈之源商民兼獨有所寄賄則免其經營貧商得以借貸則資其轉運挽銀票者如中國之會票凡西洋本國之商欲赴廣東貿易挾重資涉險遠甚為艱難但寄票與駐粵之商會銀交易又如英商欲向花旗商買貨而無現銀則亦出票會銀于售貨之某地而彼商欲買英貨者即于某地收兌其銀焉此三者中國

皆有此例惟擔保會則中國無之其會有三一曰船擔保舟航大洋難保沉覆假如船價二萬員載貨五萬員出海每月納會中銀每百兩納二三錢設使船三月到岸平安無失所納銀存為會中公費如或船貨有失視其損失之分數如偉桅折貨濕會中按數償補如或全船沉溺則會中即償其半但必實報實驗衆力恤災從無推卻英吉利國都二十一會其本銀或八萬或五六萬或三四萬員不等同休戚共利害歲終會計有利均分有害分受要之利多害少二曰宅擔保城市稠密回

艅堪虞假如本屋價銀二千每年納會中銀二十員不幸被災則會中亦代償其半三日命擔保假如老妻弱子身後恐無生計每年于會中入五十員死後如後嗣成立無需賙卹則已如貧不能自存則會中贍其家每年一千員此四者皆西國恤商之政而尤要者則曰以兵船保護商船之法如商船在海遇仇國及海賊來攻則國之師船迅駛而來或護其前或殿其後待商船各駛去收港而師船列陣交戰以退敵凡交戰之際商船皆不得出港倘擅動蹈危則擔保會中不償其所失凡

各埠貿易之銀皆由師船遞寄故師船寄課爲萬全無失之策

滑達爾各國律例　米利堅醫生伯駕譯出

嘗思各國皆有當禁外國貨物之例其外國不得告訴委曲而違此禁亦不得以仁情推辭若他告訴委曲是不過欲利而已該國必不以他得利而違自己之禁誠思凡國有禁皆有所謂而然也

第三十七章

一禁立之後如有犯禁船貨物夾帶出口或夾帶入口或帶貨漏餉則變價充公

第二百九十二條

打仗者是我們出於不得已強逼而應有此事也蓋打仗者有公私之分或兩國交戰或二主相爭所事皆出于公而兵權亦出於公此是也私自兩人相敵此是性理之常此之謂也

予詳審有應戰有不戰者若情有可原固無論人人皆欲戰豈不欲自保其身自護其地而於當戰之日而竟不戰者乎然戰合於人心事自合乎天理如匪盜打劫村場誰不與之抗拒是理所必然勢當如是是故應戰應不戰者皆以合義爲貴非可苟焉而已也今我說此

應想一想於自己。但如英吉利國王。不與大臣同行事。雖用錢銀不逼迫百姓守兵械他們為打仗據實是必議大臣同行與索軍糧

一當者 如父母打不孝順之子女此是應當也但別人因我子女不孝之事他將我子女打所論之理亦不應當打我之兒子也

二職 如琉球人往別國忽遇大風打爛船隻失水往中華去此琉球人並無錢財亦不能糊口能回國則要禀明此縣或日後方可回國此是人情之職

三或 如外國帶鴉片往省流毒射利該本國不准他進口亦不能告訴一說之事此是理也

四守法 往別國遵該國禁例不可違犯如違犯必有罰以該國例也

五公法者 但有人買賣違禁之貨物貨與人正法照辦

六或 或各花旗人各司其事花旗之事別國之人往花旗去立不能做此處兵丁也

七不論 不論別國人在此該國

八或 如若英吉利國女王欲與佛冷西國打仗但大臣思想無道理此大臣不願發一將不發一銀何得戰也

法律本性正理所載第三十九條 袁德輝譯

各國有禁止外國貨物不準進口的道理貿易之人有違禁貨物格於例禁不能進口心懷怨恨何異人類背御本分最為可笑若不分別違禁不違禁以及將本求利均不準進口可以含怨即如甲國貨物而至乙國並不見有違礙而乙國禁之此謂之不是好意亦可含怨已無遺礙而又無實在明白說出其所以不準之理立此等例禁令人難以推測算是與人隔別斷絕往來也所立例禁即如走私出口入口有違禁貨物并例準貨物偷漏不上稅餉情事有違犯者將船並貨入官充公

一百七十二條

中國日本國無有照會某處之船準進某處之船不準進皆禁止外國人不許進口在歐羅巴洲中各國除與有仇敵之數國此外人人皆可遊行國國可以進口一經準其進口就當遵順其律例我思律例之設原為保存身家性命起見非闗遵其例即子其民之理國家立

法應須如此而外國人一入其地即該凜然遵順國家撫有天下治理億兆而律例亦不止此自法制一定普天之下莫不遵守故外國有犯者即各按各犯事國中律例治罪其治罪之意不過令人保全身家性命也

二百九十二條

兵者是用武以伸吾之道理有公鬬私鬬公鬬係兩國所興之兵私鬬乃二家所懷之忿以妥當道理而論凡保護自　及保全自己道理自然可以有用武之道理此等道理常在人心中亦人人所共知有些迂儒用經

典上義理如已身已被人殺害猶曰只好任他殺去而
已總不任殺人之名此等錯意見終怕行不開原其故
無非爲避害保身此亦人之常情然兵亦不是亂用若
知夫天性所賦之理不得已而用兵總合夫道理以仁
義之律法而節制之國中權柄是決斷爭辯鎮壓傷害
禁止我們私自所欲伸之義理欲與外國人爭論先投
告對頭之王或有大權之官設或都不伸理可奔回本
國稟求本國王保護核其可行則行可止則止若概而
準之與外國人理論相對則國中無一人不連累其中

人人亦可擾亂何以保全兩國和氣此係大危險之事
先要審定虛實有何怨的道理或是應該興兵或是應
該不興兵或是須要用兵國中方纔太平悉聽國王裁
奪無此法度何能一國太平
如此惟國王有興兵的權但各國例制不同英吉利王
有興兵講和的權綏領王無有此權
英吉利王無有巴厘滿衙門會議亦不能動用錢糧不
能興兵要巴厘滿同心協議始可

海國圖志卷八十四

邵陽魏源輯

請造戰船疏 方熊飛 安慶府監生

英夷犯順荼毒生靈所以猖獗日盛者以我軍徒守於
岸無戰船與之水戰耳海口城市居民稠密鱗亘數里
防守弁兵叢集海岸夷礮轟擊不必審準發無不中房
屋傾頹兵民傷斃無膽者相率而逃有勇者不免於死
於是議者動謂逆夷船堅礮利其鋒莫當不知逆夷之
礮固利我軍之礮何嘗不利但夷船在水進退左右四

面皆能自如我軍只有退後一路其餘三面皆受其制
蓋在岸者其勢聚聚則易於中在水者其勢散散則難
於中此勝負所由分也夫邊疆有警則戰場在陸沿海
有警則戰場在水我軍若有戰船散布水面夷船不過
三四十隻其來必乘風濤之便不能一時俱到乘其大
幫未至纔到數船即放礮轟之隨來隨剿既可省力即
使大幫全至我軍但能預先提向上風壓而擊之則火
彈火箭火鏈固可因風施爲即風色或轉逆風不利攻
擊則游弈趨避沿海港汊皆我内地可以寄碇而夷船

不能也戰船定係兩旁有木架高下兩層遇賊即用綿絮漁網浸海水掛之賊礮雖猛以柔制剛以水尅火不能爲害夷船高大如山體勢笨重非風不行海上亦有數日無風者昏夜暗令善水者數人乘無風時伏其舵後用斧鋸斷其繫柁巨纜舵必上仰而不得力一遇風作其船自覆即不覆亦不能動此時若用漁船連環堆載火薪油硝夜往焚之漁船低小夷礮不能下及夷船底面雖有銅片包裹而船上之蓬蓆繩索一燒船亦坐困此時再以戰船逼之殆如釜中之魚將焉逃哉而且

將士在船四圍皆水不比在岸之一人先逃衆即相率而潰也既絕逃生之念自萌敢死之心此時勇氣百倍何患攻之不力戰之無功愚昧之見各海口用戰船數十隻雇漁人之素習風濤慣駛船舵者以充水勇在船訓練每船以百人爲斷以武弁數人領之巡防海洋自是有備無患之勝算何也各處沿海城市如前此所失之鎭海寧波諸處以及後之失守等處皆海港以內之地非即海濱其距海濱或百餘里如天津之距海濱百二十餘里是也至近亦有數十里皆非海船之夷礮所能及惟逆夷知無戰船以襲其後故敢直入內港攻陷城池搶奪無忌若有戰船散寄外洋彼必不敢直入港內而懼戰船之截繫港口斷其歸路矣則港內地方何至有失守之虞不但此也凡有漢奸與逆夷通水米販煙土者即以戰船阻截放礮擊之逆夷之糧食無從而給煙土無從而賣財物無從而掠水戰無從而勝計窮勢蹙坐而待斃矣此一勞永逸之道而議者概不及此蓋因承平日久額設之戰船例價甚輕監造者不肯賠累板薄釘稀一遇風濤顛播必至破壞不堪適用若得

新造戰船每船必需萬金方能堅實修造計百萬金恐耗經費故隱忍不言不思逆夷之患何時能休軍餉之需伊於胡底以防守無益之費作造船練兵之資當時之所費相當後日之所省甚大如曰造船必待時日之久緩不及急則一面修造戰船一面僱大商船以應之且雇大漁船以助之但能善乘風潮亦可出奇制勝至戰船成則無慮矣請以地勢之所宜酌爲船數之多寡而詳定　奉天天津粵之虎門閩之厦門皆最大海口也各宜二十隻浙之定海宜十五隻其乍浦宜十隻以

爲策應江蘇之崇明宜十五隻其上海宜十隻以爲策應福建之福州山東之登州二處海口最狹防守猶易各宜十隻凡十處共船百五十隻無事各巡海口一有警報福州廈門相近可以互援江蘇浙江可以互調赴援山東天津奉天亦可以互調赴援外洋乘風乘潮行船瞬息千里應敵者相與暫阻於前赴敵者不難隨蹤於後我軍前後夾攻逆夷腹背受敵將見守無不堅戰無不勝是在水之百五十戰船遠强于在岸之數十萬雄兵尚何逆夷之足云況戰船一造即操必勝之權有

明徵矣前此李提督之以三十隻船破粵東艇賊三百餘船又破台灣巨盜蔡牽八百餘船及姚總督之破鄭芝龍皆以船滅賊以少勝多又況逆夷聞修戰船諒必心驚膽喪不俯首求款即望風而潰不戰而自遁矣豈非策之最上者哉戰船之修宜及此時亡羊補牢三年蓄艾未爲遲也迨夷匪盪平即以此船巡洋緝盜武備張而不弛遐方畏而胥懷長治久安在此一舉

覆奏仿造夷式兵船疏　兩廣總督祁𡎴

九月二十五日奉　上諭奕山等奏製造戰船一摺據稱快蟹拖風撈繒八槳等船僅可用於江河港汊新造之船亦止備內河緝捕難以禦敵惟在籍郎中潘仕成捐造之船極其堅實駕駛演放礮手已臻嫺熟轟擊甚爲得力並仿照米利堅國兵船製造船樣一隻現擬酌照英夷中等兵船式樣製造並將年分例修師船暫停節費爲改造大船之用各等語朕思防海事宜總以造船製礮爲要各省修造戰船竟同具文以致臨時不

能適用深堪憤恨此次所造各船自不致拘守舊式有名無實據奏停造例修師船改造戰船所辦甚合朕意均著照議辦理惟海船大礮係屬懸放火藥發時勢必向後坐掣如何得有準頭現該督等奏業已嫺熟得力著將如何施放之處再行詳晰具奏所進圖說各五件著再繕就三分咨交江蘇福建浙江督撫本日已有旨諭令各就該省洋面情形詳加履勘何者合用奏請製造並將原件發給訥爾經額轉交托渾布閱看如果合用將來均需粵省製造分運各省據奏潘仕成所捐之

船堅實得力以後製造船隻即著該員一手經理斷不許令官吏涉手仍致草率偷減所需工價準其官為給發並不必限以時日俾得從容監製務盡所長等因欽此臣等遵即傳到該員潘仕成恭宣　諭旨該員感激　天恩情詞踴躍自願墊發銀兩交木商購備船料由該員監工製造盡心竭力務使一船得一船之用旋據稟稱即行先發銀十萬兩交木商出海約可購船料十餘分等情臣等查此項經費銀兩仍須由官給還前經靖逆將軍奕山會同臣等奏明擬將粵東現屆拆

造年分例修師船暫停製造惟每年節省為數無多隨後再行籌款奏辦等因在案茲督同各司道等覆行詳查所有屆限應行大修小修各項師船原因雖有損壞尚堪修理若一概不修是以有用之船全歸廢棄而各海口額定船隻短少太多難資巡緝是已屆小修大修船隻似仍應照例修理其屆限應行拆造船隻係全照價製造即可全行停止合計各廠每年應行拆造師船多者十餘隻少者八九隻間有三四隻者其師船有米艇及撈繒等項之殊米艇又有大中小之別每隻例價

自一千六百餘兩至四千三百餘兩不等就十年以來比較經費若每歲節省約計三萬兩上下不等此外別有遭風損壞師船事出不虞不在尋常歲修之例每年難以核定亦擬將應修者仍行估修應改造者亦即一律停止以歸節省惟每歲節省銀兩無多不敷改造大船之用查本省外省士民援照豫工新例在廣東藩庫報捐前於具奏辦理夷務用過銀兩數目摺內聲明有已上兌銀十七萬兩統應歸入軍需項內備支嗣後陸續報捐截至九月底止計共捐銀四十五萬餘兩現在

軍務既定可無意外之需廣西留防兵丁一千五百餘名已全數撤令歸伍水陸各勇亦經分別裁撤止存六千餘名每月不過用銀五六萬兩此後壯勇尚可再行裁汰更可節省所有造船之費即可在報捐銀兩內動用其一切製造事宜統由潘仕成一手經理毋許官吏涉手仍欽遵前奉　諭旨咨商兩湖四川督臣將可造大船堅實木料俟體察實在可用即分別咨取一併發交潘仕成監製俟造就三十隻後是否足用再行酌量辦理並另造小號戰船三四十隻跟隨大船作為羽

翼常用駕駛操練將來舊式師船每年停造之數漸多即將此項新船補撥各海口平時可資巡緝有事調備不虞似於海防有裨至前奉　諭旨飭令粵海關監督臣傳諭洋商設法購買夷船已據洋商伍秉鑑潘正煒稟稱捐買米利堅呂宋夷船各一隻臣等查驗木料堅實尚堪應用惟船隻尚小且亦略舊現仍督飭洋商隨時察訪購辦謹將船隻圖說各五件遵　旨照繕移咨江蘇福建浙江各省備查再船內放礮取準一節查夷船桅上造有桅盤用中等木椿鑲做形似半筐其

上可容十餘人桅上所用大礮係用繩懸拽起安置桅盤之上現在潘仕成所造之船船身係照夷船製造其桅蓬則仍是內地式樣船上止有桅杆並無桅盤不能懸放大礮現在所造船內用礮架安置演放轟擊其礮架圖說先已進呈俟下次采到木料即全仿夷船桅盤之式一律製造前又有造就夷船小樣一具業經奕山攜帶回京豫備進　呈

造礮工價難符例價疏　靖逆將軍奕山等

查軍營器械必須整齊鎗礮必須堅利方足以壯軍威辦理防堵善後礮械尤須製造精良粵東舊存軍械及各兵丁隨帶軍裝本不敷用且損爛遺失均應隨時添補惟時值急需工價物料倍昂於平日若照例價核發斷難備辦且此次新鑄三千斤以上各大礮礮身愈重則膛口愈寬礮子則須加大加重適與膛口配合方能轟擊有準又恐礮子過重不能及遠查夷人所用大礮子多有通心亦有空心者今倣照製造庶幾橫大質輕

可期攻堅致遠又將空心礮子分作兩開鍊成熟鐵中係鐵練約長尺許用時將鐵練收入空心仍舊扣合無異尋常礮子一經轟擊出口則兩半飛舞形如蝴蝶擊中夷船桅索即行鉤掛焚燒名為蝴蝶礮子再舊式礮子合縫處總有線痕一道橫梗中央轟擊時不無窒礙現在飭匠鑄造務須磨光無線此等名目做法例所不載其工料價值亦非尋常所鑄礮子可比應請俟各樣礮子鑄成後核明銅鐵斤重數目彙同軍裝器械各項援照浙江奏案於例價外酌加四成俾工料可期堅固

而製辦不致棘手事竣一律造銷再英夷猖獗全恃火
器猛烈我軍亦須多添鎗礮廣東自興軍以來至今已
陸續鑄造銅鐵大小礮千餘位自數百斤至八千斤及
萬餘斤不等並有各國夷人護貨來粤帶有大礮鳥鎗
其鎗礮鑄造精良別有自來火鳥鎗推動機關即能燃
放無需火繩較爲靈便當飭洋商及紳士軍民廣爲購
買而價值亦較昂貴應請按照購買製造實價確切造
具細冊核銷至鉛丸火繩軍營需用甚多查乾隆五十
七年工部奏明各省備辦鉛丸不准另開耗鉛火工其

火繩一項常年操演所用令兵丁自備以歸節省倘遇
另案軍需動用該督撫預行奏明均照京城製造藥鉛
火繩工料辦理奉　旨依議欽遵在案今英夷滋事
各兵勇操練巡防需用藥鉛火繩等項爲數不少製造
鉛丸不無火耗未便責令自備應請照奏定章程均照
京城製造工料辦理但廣東產蔴較少火繩向用榕樹
皮成造用之已久毋庸更張應仍按麻火各繩分別例
價核銷又查從前舊式礮架笨滯艱澀施轉不能如意
且係尋常雜木木性鬆脆一經礮發震動榫縫開裂既

難取準又不能再行施放况從前所用礮位數百斤及
一千斤上下者居多此次添鑄二三千斤至一萬斤以
上大礮斷非舊式礮架所能運動即五六百斤各礮架
亦須堅實利用現係揀選至堅至重之櫧木及油椎等
木裝作兩層上層四小鐵輪中貫鐵心如磨盤式以便
旋轉下加兩大木輪四全鐵輪以憑扯運中間着力處
所加用鐵條外包鐵皮其木輪釘以鐵瓦所用工料價
值較之從前製造相去懸殊而運用較靈查大礮之轟
擊有準全在礮架得力未便因工料昂貴即爲遷就除

一萬餘斤之大礮架尚須籌議製辦外其已經製造之
大小礮計架一千五百餘座內有照舊用式樣另換工
料者有平底兩層四輪中用磨盤心者有照夷式四輪
兩旁加用滑車以便牽拉進退者又有照夷船內所用
礮架分爲兩層者費用計復不貲謹將各礮架式樣繪
繕圖說四分並另繕礮架價值銀數清單先行恭呈

御覽

水勇小舟攻擊情形疏 將軍奕山等

道光二十一年八月二十八日奉　上諭給事中朱成烈奏拒礮之法以牛革兩片聯而爲一使尖其脊如蛤之開負於背後高出於首賊如開礮則羣伏于地牛革上窄下寬礮子必皆滚落此陸戰之法若與水戰則以木驢置于小舟之上亦以牛革爲之如船篷式而尖其脊礮子到脊滑不能住皆從兩旁滚入水中且小舟高不過一尺木驢高不過三尺大礮自六七尺以上飛過不能擊及可操必勝之權等語現在逆夷凶惡全恃

礮火我兵于避礮之法不可不博採衆論加意講求著該將軍參贊及沿海各將軍督撫體察情形該給事中所陳禦礮之法是否可行據實具奏將此各諭令知之臣等當卽如法用牛革雙層上窄下寬製就蛤形傍設二環在內左右分執以便開合起伏于常操時用擡礮遥試鑼鳴卽伏可躲避惟兩手持牌不能執持鎗械又不能遮身後之人夷人炸礮落地始行轟裂四擊毒火滿地卽使牌可護身不能前進夷人闖至徒手亦不能殺賊至木驢載以小船加牛皮三層臣等親放至海面使快蟹船以子母礮演放二百步外兩層俱透五百斤礮中之連船俱覆春間在燕塘製造護船籐牌以大木爲架用籐笆二層棉胎二層牛皮三層用一千斤大礮在三百步外試之中皆洞徹詳細體察情形以此禦夷皆不得力惟粤省現製長牌下綴雙輪以籐爲托以棉絮厚鋪其上幔以牛皮覆以濕被牌上留孔以紅糖鹽水灌透永不乾燥以二人執之在前行則護礮止則爲營植牌時牌尖向後斜立火箭擡礮俱可自上溜過陸戰尙屬可用該給事中又稱水戰則以牛皮木驢置于

小舟之上而尖其脊礮子到脊滑不能住等語該給事中意在以小勝大以卑避高誠不易之論粤中水勇亦用此法惟船上不用木驢係用八人以槳盪扒龍小艇旋轉如飛駛進賊船卽覆舟下水以首戴之而行一近賊船卽反船超上拋擲火彈火礮得勢則鈎船而上不得勢仍覆舟荷之而行大礮下擊子必落水且人在水中萬不能中但此等人非眞習水性者不能驅使陸續廣爲招徠現在僅得二百餘人隨火船出沒或可乘間制勝

製造出洋戰船疏 靖逆將軍奕山等

道光二十二年六月十四日奉　上諭前據奕山奏廣東曾捐造大號兵船一隻頗能駕駛出洋可見木料人工隨地皆有急公好義正不乏人嗣後如有捐貲製造戰船礮位者該督撫查明保奏朕必照海疆捐輸人員從優鼓勵欽此又七月十五日奉　上諭沿海向備戰船原以為巡哨禦侮之需近來各省多半廢弛不能適用是以海氛不靜禦寇無資廣東為沿海首要之區必應先行整頓前經降　旨諭令該省製造大號

戰船自必早為籌畫妥密辦理惟此項船隻無論大小總以堅固適用為主並能于中間安放礮位若僅依向來水師戰船修造仍屬有名無實著該將軍等極力講求雇覓工匠迅將各樣大小戰船趕緊製造其式樣如何著先行繪圖貼說馳奏呈　覽如木料不能堅實製造不能如法將來經朕派員查出惟奕山等是問倘一時不克湊集如有可購買之處著即先行設法購買欽此又七月十六日奉　上諭前因海疆防禦首重戰船降　旨飭令粵省酌籌製造並將方熊飛原呈鈔給閱看茲復據金應麟奏請飭多備船隻其造舟之法如子母舟聯環舟及樓船走舸鬬艦海鶻游艇蒙衝並三層船兩頭船悶頭釘船皮船等項式樣不一著奕山等悉心體訪查明該少卿摺內所奏各船究以何項船隻最為得力即購備堅實木料趕緊製造並將擬造船式繪圖貼說具奏其該省洋商內如有深悉造船之法及力能設法購買夷船者並著文豐畱心訪察加以激勸原摺著鈔給閱看將此諭知奕山祁墳等知之欽此臣等伏查該少卿金應麟具奏各項船隻俱係徵諸

載籍所論不為無稽惟是造舟之法貴因時以通變尤貴因地以制宜往往有宜于古而不宜于今宜于江而不宜于海者該少卿奏稱川廣之船足以制江閩粵之船可以防海原非專指粵東一省而言而臣等體察粵東現在情形自應專于講求防海禦敵之船以期得力若如該少卿所稱子母舟一項遇敵即鈎其舟母船縱火與彼俱焚伏兵開子船歸聯環舟一項分為兩舟中連以環遇敵縱火前環既解後舟即回二者但可為焚燒敵船之用又如走舸輕若飛鷗游艇則回軍轉陣蒙

衝則開掣棹空矢石難破四者但可爲掩襲敵舟之用至于樓船則建樓三重可馳車馬闘艦則百二十步以木爲城但質體笨重昔人已慮其陡起暴風人力難制又如三層船首尾造暗艙以通上下中層鋪刀板釘板以設機關兩頭船兩頭製柁遇東風則西馳遇南風則北馳以及悶頭釘船狀如板片人在艙底每多掩蔽水拍船上亦不沉沒皮船用生牛馬皮竹木緣之狀如箱形以竿繫木相輔而行以上各項船隻式樣不一現在粵東省河内如快蟹拖風及撈繒八槳等船似亦大同

小異然悉心體察僅可用之于江河港汊若施之于茫茫大海則亦未見其盡善也匪特此也即如粵東自上年造船以來紳士許祥光等捐造船二隻左右設槳六十四枝輕捷便利若駛往大洋又苦于不能盪槳批驗所大使長慶承造船一隻仿照昔人兩頭船之法兩頭製柁中設兩輪以激水左右設槳三十六枝以上三船僅可備内河緝捕之用廣州府知府易長華承造船一隻較之例造大號米艇工價加倍雖可駕駛出洋但木料板片未能一律堅緻亦難禦敵惟查上年紳士潘仕

成捐造船一隻倣照夷船作法木料板片極其堅實船底全用銅片包裹以防虫蛀現已調撥水師營弁兵駕駛逐日演放大礮臣等親往白鵞潭督令操練礮手已臻嫻熟轟擊甚爲得力現在潘仕成續又造成新船一隻照舊船加長工料亦仍舊堅固尚有未造成二隻與此船同式督工趕辦約九月内亦可造竣本年夏間有米利堅國兵船二隻護送夷貨駛至黃埔該夷船人告知通事等云伊外國兵船結實長大如　天朝官員想上船看視儘管來看等語維時南韶連總兵馬殿甲

署督糧道西拉本赴東路一帶稽查壯勇與提督吳建勳等登其兵船該兵頭呈獻小三板船一隻伊國地理圖一册隨優加賞賚以示懷柔當即逐細察看該兵船分上下兩層安設大礮四十餘位均有滑車演放推挽極爲純熟其尤靈便處中間大桅及頭尾桅均三截篷亦如之設値風暴即將上截桅篷落下較之我船桅係整枝尤覺適用譬如北風若行船自南而北即係頂風謂之折戧我船遲笨戧駛行似梭織夷船轉篷靈便戧駛畧偏風而行我船向用本碇棕繩若遇急流巨浸下

碇不能抓地該夷船碇純用鐵造尤爲得力隨覓巧匠照該船形勢製造船樣一隻臣等公同閱看悉心籌畫逆夷恃其船堅礮利因我師船不能遠涉外洋與之交戰所以肆行無忌監生方熊飛所稱額設戰船例價甚輕監造者不肯賠累以致板薄釘稀難禦風浪係屬實在情形而該少卿所稱造舟之法寬以歲月持以實心無惜重貲無拘文法數語尤屬中肯此時如講求最爲得力之船必須倣照夷船式樣庶堪與該夷對敵惟最大夷船礮位三層可安大礮七十餘位船身長十七八

丈亦覺製造維艱茲擬就其中等兵船式樣如法製造並將官紳等造成各項船隻分別繪圖貼說恭呈
御覽至採辦木料上年委員赴欽州一帶購買據稟洋面不靖安南木商不肯出海無從購辦查堅實木料出產于外洋者居多現在設法招商採辦並傳諭粵海關監督文豐曉諭洋商購買夷船茲據該監督呈稱轉據洋商稟稱現在黃埔夷船俱係載貨來粵仍須原船載貨回國未肯出售俟探聽進埔之船如有堅固願售者再行設法購買等語至現在潘仕成造成戰船一隻核實估價計銀一萬九千兩該監督情願捐廉陸續發給無須動用帑項各等情理合一併奏　聞再查製造戰船既取其工堅料實斷不能吝惜重價必須先造大號戰船三十隻再造小號船三四十隻既可爲大船羽翼又可資洋面緝捕所費實屬不貲臣等公商擬將粵東現屆拆造年分例修師船暫停製造以冀節省經費爲改造大船之用每年節省爲數無多容隨後籌出款項再爲奏明辦理

又道光二十二年五月靖逆將軍奕山奏查逆夷

巡船有大中小三等專爲接仗而設大巡船載礮七十餘門中巡船載礮四十餘門小巡船載礮二十餘門其裝兵船則僅有礮十門八門及四門二門不等係爲夷兵居住及裝載火食之用

水師提督吳建勳擬仿照夷船製造戰船式計長十三丈寬二丈九尺深丈八尺木料堅實間或購自外洋船底骨長十丈七尺底板內板計兩層底板厚四寸內板厚三寸五分頭桅二桅俱長六丈三桅長五丈七尺每桅分爲三截視風之大小隨時續之使長卸之使短大可駛風行走風篷用布亦分四層張掛如遇頂風折戧收駛便捷船底板之內內板之外共安橫柴一百五十四道曲手一百五十四對艕柱一百零八條舵條長三丈七尺五寸徑一尺鐵鐃大小四門拋泊時隨宜用之

共重五千六百斤繫鐵練大小三條共重一萬九千斤船底骨並頭尾鰲舵俱用銅片包裹共銅片重一萬三千餘斤另用生銅釘一千四百餘斤銅柱鈎環不在此內鐵釘自一尺三寸長至五寸二分不等共計重一萬六千餘斤此外鐵板鐵箍及鈎環之類約計用鐵一萬餘斤船底骨用洋杪木桅用雜木底板內板俱用梨木舵柱舵牙繳關心俱用櫶木艕柱繳關盤礮架俱用呂宋格木頭鰲橫柴曲手俱用樟木艙面用紅羅木其餘多用油松或杉木船頭安礮一位船尾左右安礮二位

上層左右共安礮二十二位下層左右共安礮二十四位各重二三千斤不等船內設水櫃四個米艙二個器械艙二個火藥艙一個鍊艙二個另有官艙爲弁兵棲止處所此船約可容三百餘人所用工料銀兩將來造成方能核計另有圖一張進　呈

廣州府知府易長華承造師船長一十三丈寬二丈六尺深一丈零五寸較大米艇加長三丈五尺加寬五尺四寸加深一尺二寸船底及舨板俱厚三寸較米艇加厚一寸大桅長八丈七尺頭桅長七丈五尺三桅長三丈二尺船頭并兩旁及船尾共開礮門二十五個各安一二千斤大礮大桅之前爲繚關用以盤絞篷索大桅之後中間爲火藥櫃兩旁爲淡水艙木料俱選用堅實間有採于廣西購自番舶者繚關風壇桅柱用櫶木桅夾橫柴拱腰舨柱曲手用樟木舨板上下用桬木中有

杉木戰棚板用紅羅木大桅頭桅用洋木大橈二橈三橈俱用咖囒呢木其餘均用杉木船頭兩旁安舨板以便探水船外兩旁各安水蛇五道其內安大曲手五對中曲手二十一對以固船身船內兩旁安拱腰二百四十四條又于舨板內安舨柱一百七十四條排比極密以拒礮子鐵釘俱加長加密自長一尺九寸至五六寸不等共用鐵一萬五千餘斤此船約可容二百人共用工料金八千餘兩另有圖一張進呈

批驗所大使長慶承造水輪戰船一隻船身長六丈七尺艙面至船底深四尺三寸頭尖連陽橋寬五尺三寸中連陽橋寬二丈兩頭安舵兩旁分設槳三十六把中腰安水輪兩個制如車輪內有機關用十人腳踏旋轉輪之周圍安長木板十二片如車輪之輻用以劈水巴杆二道以西桅杉木四根爲之各長三丈每道安布篷一架艙底安曲手灣繞共三十四對以樟木爲之水輪用梨木欖木舵用櫶木桷木其餘多用杉木鐵釘自長九寸至三四寸不等約共用鐵三千餘斤兩頭及兩旁

共安大礮十二位二千斤至八百斤不等其船上牆板礮窗等處用生牛皮爲障毛竹爲屏架以籐屜夾以棉胎以避礮火交戰之際更罩罟網六層并棕片布屜爲軟障用時以水灌濕庶可禦敵以壯軍心其篷索平時以藥浸製再于船中暗設火器藥煙臨陣旋轉旋放此船約可容百餘人共用工料銀七千兩另有圖一張進呈

在籍刑部郎中潘仕成新造戰船一隻船身長十三丈三尺六寸底骨長十丈零八尺面寬二丈九尺四寸高深二丈一尺五寸底骨用洋梢木圍大六尺徑二尺船底横柴八十餘度俱大六寸厚六寸兩邊拱腰共計三百三十餘度俱厚七寸大五六寸上下曲手共一百六十餘隻俱用樟木梨木船底用柳州杉板厚三寸船幫用洋油木板夾拱腰共厚一尺三寸船内櫃口龍并櫃陣共一百一十五條通用洋杪木油木椽黎俱大八寸厚六寸櫃板用紅羅木厚二寸半船内外横筋共三十

二度大一尺二寸至八九寸不等大桅長八丈七尺中間甲口圍大八尺四寸徑二尺七寸用洋來吧嘛木頭桅長七丈五尺中間甲口圍大六尺六寸徑二尺一寸用洋來杪木舵碇俱用咖囒呢木船底用銅片包裹連釘片共用銅六千七百餘斤鐵釘長二尺短至五寸不等共計用鐵二萬四千餘斤另鐵錨二門及鐵條鐵馬鐵勾以拘船身風帆三架俱用洋來蓉布計長四百餘丈船艙分三層下層壓石約深三尺餘二層間檔板十六度俱用紅蘿木厚二寸半中藏水櫃三個火藥櫃三個彈子櫃二個中層兩旁安大礮二十位船尾安礮二位自二千斤至三四千斤不等櫃頂棚面兩旁安礮十八位自一千斤至數百斤不等仍可分列子毋礮數十桿船頭礮位隨宜安放此船可容三百餘人共用工料銀一萬九千兩尚有未造成戰船二隻亦照此式製造約九月杪可以完竣另有圖一張進呈

在籍戶部員外郎許祥光等捐造戰船二隻船身長九丈九尺及十丈不等均寬一丈六尺高深一丈三尺大桅長五丈六尺頭桅長四丈二尺三桅長二丈三尺船底以西桅杉木爲之厚三寸底骨用足油松木艈板及左右護板俱用杉木柚木艈板厚八寸護板厚三寸半艙內橫柴共一百二十根用樟梨等木曲手共二百四十條用樟木椗碇用櫧木桅夾風擋俱用大樟木火藥櫃外用鐵片包裹鐵釘自長九寸半至長數寸不等共用鐵九千八百餘斤中分二層上層頭尾并兩旁共安

大礮十五位自二千斤至八百斤不等礮位之上設護板礮手在下藉以遮蔽護板上密排子母礮三十六位與大礮相間連環施放上層艙面留艈口二處與下層相通以便礮手人等出入下層左右設槳六十四枝槳眼間設子母礮及小銅礮以備近攻打槳者與放礮者各有專司且各有避礮之處有風駛帆無風打槳每大戰船一隻用此船二隻前後策應船內共設水勇一百七十四名其船喫水僅三尺遇淺水亦駕駛如常此船工料每隻約用銀五千餘兩另有圖一張進呈

安南戰船說

餘姚縣知縣 汪仲洋

前兩廣制府林公到鎮海論及戰船檢篋中繪存圖式以授計凡八種而安南船居其半一種廣東水師營快蟹艇圖計兩桅每面用槳二十枝一種知沙碧船圖計三桅有頭鼻與英夷船同礮二層三十四位長十二丈一種花旗船圖三桅與英夷船同礮二層二十八位一種安南國魚船圖此船一名戰船用在布梭大頭三板船後長約八丈餘寬若八九尺餘更加寬長亦可形如大西瓜扁式兩邊安礮兵在蓬內打仗不見敵人礮火

有膽進攻木料要十分堅厚使礮子打不動頭尾兩邊各設槳三四枝或設車輪激水更爲穩捷礮眼上一層設木欄欄如女牆式排列鎗礮欄上設木拱蓬厚二尺頂有井口以透煙氣一種安南國大師船圖船身約長十四丈寬若二丈一二尺艙深一丈餘船頭與尾均平絞纜用絞盤船底艕厚五寸餘水離艕厚七寸餘艈邊一尺餘以堅木爲之艈外企排六寸寬厚木枋以攩礮艙內通攩藏火藥艙安大礮後正中兩邊夾以水櫃相離二尺不至潮溼用木桶裝貯不用瓦器凡兩桅桅凡

二段以筍接竪式與暎夷相同此船較魚船更鉅皆安南之大船也一種安南布梭船形如夷船小三板式長約三丈寬六尺兩旁每面設槳十餘枝頭尾各安熟鐵大子母礮一位兩旁配小礮四位鎗兵二十餘名兩頭用柁首尾不分隨意棹走一種安南大頭三板船圖此與布梭船當先夾攻其船頭須十分堅厚外加八字槳以生牛皮數層蓋之且船頭高於船尾二尺彈子擊來傷不着船中之人船兩旁高與掉槳人頭齊船頭安千斤礮一位兩艕船尾各安子母礮配槳兵二十餘名把

柁一名司礮數名鎗兵數名每船約用三十餘人船身長三丈餘寬七八尺艕用堅木厚約二寸此船及梭船越南謂明太祖用小船破陳友諒大船之法英吉利來侵越南賴此等船勝之以其不借風潮而能運動如飛也一種車輪船圖前後各艙裝車輪二輛每輪六齒齒與船底相平車心六角車艙長三尺船內兩人齊肩把條用力攀轉則輪齒激水其走如飛或用腳踏轉如車水一般船身長一丈七尺五寸船艙肚闊五尺船邊護木離船一尺一寸頭尾用木蓬中用竹蓬船蓬至底高

六尺餘一半入水如船輕用石壓之搕船底入水一尺則輪齒亦入水一尺也按以上安南船凡四種其布梭船大頭三板船長僅三丈操楫飛行進退惟意實與軋船相似而無軋船之名誠能仿安南之四種若大師船魚船造三分之一布梭船大頭三板船造三分之二工料務求堅實鎗礮咸爲預備揀選善沒水之勇健不時操練分布粤之虎門閩之厦門浙之鎮海乍浦吳之上海北直之天津隨英夷所到之處長短大小相衛但於海口內洋攻之彼何能肆行無忌闖入內地

瀛環志畧曰英吉利兵船極大者安炮一百二十門次一百次九十次七十四次六十中等者安炮四十四次三十六次二十八小者安炮二十次十次六其船大者三桅長十五六丈次者二桅長約十丈船形平直兩舷高六七尺船腹入水深者三丈餘淺者兩丈餘小者丈餘包以銅片厚一二分防蠔蟲蝕船也船底有三龍骨正中者高三尺許平而直兩旁者相距尺許低於中龍骨尺許船底厚約七八尺表裏兩層故謂之夾板釘極密以銅爲之長尺許舵甚小在中龍骨之尾長與中龍

骨齊桅三節在根者圍約三尺餘長約十丈入船腹者三丈餘直抵龍骨在外者七丈餘中一節圍約尺餘長約二三丈上一節圍不及尺長止丈餘每節相接處有木架可坐數人持儀器審方向又可懸炮擊遠帆分三幅以布爲之卷舒極速繩索密如蛛網兩旁有繩梯用以登桅船首有桅長二三丈其勢斜立亦施篷以兜風謂之頭鼻砲位少者一層多者兩層至三層上一層在船面下兩層於船旁開砲洞入在船腹其船行大洋中不畏風浪其篷關捩靈巧能收八面之風惟入水過深

最畏礁石一閣淺即立敗矣船料皆番木或黃色或赤黑色皆極堅紉船之內外時時拭滌皆極光澤繩索拭以油使其柔紉隔數日輒重拭之

萬歷中汪鋐鑿舟沈敵之說自來以爲奇策謂募善水之人伏船底用利斧鑿孔其船立沈又聞善水之人能伏水底七晝夜能於水中食餅餌兼操作嘗以詢之竇提軍振彪提軍云此技余少時嘗學之未成也而知其梗概凡人入海必先閉目否則爲鹹水所侵目且盲必閉氣否則流隨吸入傳瞬而腹彭亨年少力壯者閉氣稍久亦斷無逾刻許者其能不浮不沉恃手足之運動運動少停則隨波湧出水面斷無在水中尚能施力運斧之理且海水波浪最勁愈深愈勁能浮江河之水者入海水則敗能浮內港之水者入大洋則敗善水之人在大洋落水得片板可不死若徒手浮沉大浪中力盡氣微亦未有不死者此技即使至精斷不能化其身爲魚鱉世俗耳食資談柄則可舉施之實事則愚矣又守備吳金魁水師勇士殺海賊無算爲賊傷斃得旨優卹亦嘗習此技余問之亦云然

海國圖志卷八十五

邵陽魏源輯

火輪船圖說歙縣鄭復光

曩見傳鈔火輪圖說不能通曉嗣見小樣船僅五六尺其機具在內者未拆視又於丁君守存處見一圖俱有在內機具與前圖相表裏故會通其意爲之圖說其尺寸就小樣船約之質多用銅大船未必盡然會心之士必毋泥執

一曰架　銅爲之下檻四根長短各二連成長方以爲底上梁四根亦如之四角各豎一柱而架成矣其近

前梁處加一橫梁從上直穿三圓孔中一旁二其後檻居中亦從上穿一圓孔其旁兩長檻當橫梁之下各有圓孔則橫穿之架之大小稱船之艙

二曰輪　後輪二命爲支輪緣其小於前輪取其支架令平可陸行以抵舟也形似車輪兩輪共軸軸端圓而軸中豎短柱一柱端亦圓爲直軸入後檻孔中則兩軨可前後轉以便左右也輪在舟內　前輪二命爲飛輪名見奇器圖說緣輪體重而形圓一周之重如一故其未動也似多一重而其既動也則多一力所謂已似無用而能以其重助人力者也輪心孔方軸圓而榫方輪隨軸轉者也軸近榫處各作一曲拐曲拐外貫旁檻橫孔乃安輪輪在檻外而舟內　外輪二命爲行輪輪舟雙環連之以版或八片或十餘片用以撥水如槳然在舟外兩旁轂孔亦方

三曰柱　曲拐二皆運之以柱爲邊柱下端各作圓孔以受曲拐上貫橫梁兩邊孔另有中柱貫橫梁中孔三柱上齊連以橫栓所以同其下上之也中柱稍短

其下入於氣箭氣箭頗粗面有蓋蓋心有管恰套中柱下端密而寬寬以利柱之下上密欲其不甚洩氣也氣動中柱則邊柱同動而曲拐運轉飛輪也　附氣箭機具得自丁君傳來之圖甲乙爲總管藏在鍋內氣從甲下行至乙則分而爲二上由丙入已下由丁入庚乙內有舌如門扇軸安左邊如風箱中事件氣從乙入爲舌所礙不能兩管並進必尋隙而行辛爲鐵條卽如中柱入子孔內戊爲託版以銅鐵爲之初疑太厚或夾皮如水礮中事件丁君言在沸水熱氣中皮難堅久見風鎗中事件亦銅鐵也壬另一管上通丁

下通癸原稱癸為盤不類殆是筩也內氣化水則入於此癸外當另有盤貯冷水癸淩其內氣過處使化水不致毀裂機器也氣尋隙行假令隙在丙舌必下而掩丁氣全入巳則戊為之下矣戊下巳足氣來不止必尋隙入丁舌自上而掩丙氣全入庚則戊為之上矣夫巳庚相等則勢均力齊因子稍洩氣癸能化水自生呼吸所以下上甚速靈動微妙不可思議但曲拐之轉因柱下上可左可右而飛輪一動重助其勢則左之必左右之必右自有順無逆矣

四曰外軸　內外樞　軸內端方而外圓連內方處圓之入船幫連外圓處方之入輪轂方端入內樞圓端入外樞　內樞銅版一片厚一分闊七八分長視飛輪內徑稍殺中作方孔以受軸內端版片兩端各立短柱入飛輪兩輻之間輻動則撥短柱而軸隨之轉矣外樞畧同內樞長視外輪徑稍盈則向內一折使足函外軸又向外一折各作兩孔用兩螺丁以固於船幫中心作圓孔以受軸外端所以管輪而利軸轉也

五曰外輪套　徑足函外輪而止內外兩層外為正面

全圓之內為背面半圓之連合以牆亦半圓而止所以圍外輪束水使上不旁傾也半圓徑邊安兩合頁用螺丁固於船幫牆上

六曰鍋竈　鍋下安竈後開火門鍋邊起牆高及架上有蓋立兩柱夾之柱端安橫梁中開孔以螺丁固其蓋前有竈突高過於架以出煙鍋近上口旁有一管橫曲上出其端如碗以入水碗底管旁橫一柄命為閉氣柄右推則開以入水左推則閉不洩氣稍下復次第安兩管為出水管皆橫曲下垂有閉氣柄蓋為斟

酌水之多寡設也鍋竈切近內之後氣筩則在架前橫梁之下當是長管藏鍋內從頂下垂將至鍋底一折橫行至氣筩處以遠瀉氣入筩也曲拐左近下有垂管安閉氣柄想與氣筩相通蓋欲洩氣以泊舟兼為氣化以出水也

七曰桅　兩截參差相接下截高過船艙端作長方柵欄架長約尺半闊八寸上可棲人以窺遠用瞰也

八曰繩梯　上結柵架下結船邊

九曰破風三角帆　有木如桅臥安船頭長四五尺突

出船頭者三四尺。端繫兩繩一附木繫於桅根。一斜
迤而上繫下截桅上。成三角形畧合句四股三之度
布作三角帆斜邊及下邊安銅圈無算套兩繩上逆
風張之以破風不逆則收之。然不能一拵便收。必解
繩方無礙。則用銅圈者爲收摺如扇以省手揲之煩
耳

十日破浪立版。　舵　版立舟底高約及尺厚二三分。前齊舟底後殺於底者寸餘另附木片高稱之闊約一寸爲之舵舵幹上入舟處有木套形似碑藏其機

於內高及胸上端横出一軸軸端有加版輪名出奇器圖說順撥則舵左逆撥則舵右。

十一曰全圖。　原傳圖說言帆雖設而不用逆風日行二千里圖說甚畧俱不明了晉江丁君拱辰演礮圖說云夾板船大順風日夜行六百里火輪船順逆風順逆流亦行六百里以表與脉較準一呼一吸爲時一秒。二船皆行二丈一尺似屬徵實。然一周八萬六千四　秒以二丈一尺乘之里法百八十除之得一千八百不合蓋所據推算尺度之殊不足異也至原

傳圖說帆設而不用。則何必設。又畫有法條實爲無用皆不足據或謂風力可以飛石移山並其逆風能行者亦疑之不知飛石移山之風順風且不可行逆風豈眞謂此殆謂尋常逆風他舟袖手此可徑進風若稍順則熄火張帆未嘗廢帆不用也其巧在三角帆以破風立版以破浪行船巧在輪運輪巧在曲拐若夫風浪之力所以大者氣法也水火之力亦氣法也分風擘浪則彼氣之力失氣火熾水沸則此氣之力得勢彼失此得其加減比例誠有不可擬議者則

逆風能行理有固然雖日二千里不無誇張或謂晝夜行千二百里者近是

火輪船式

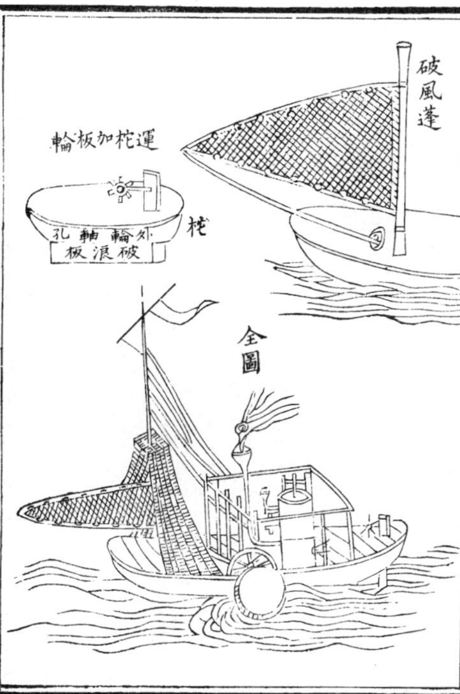

海國圖志　卷八十五　火輪船圖說　七

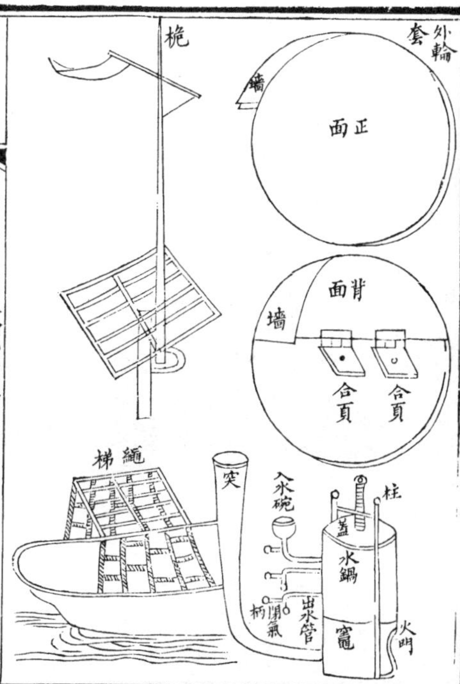

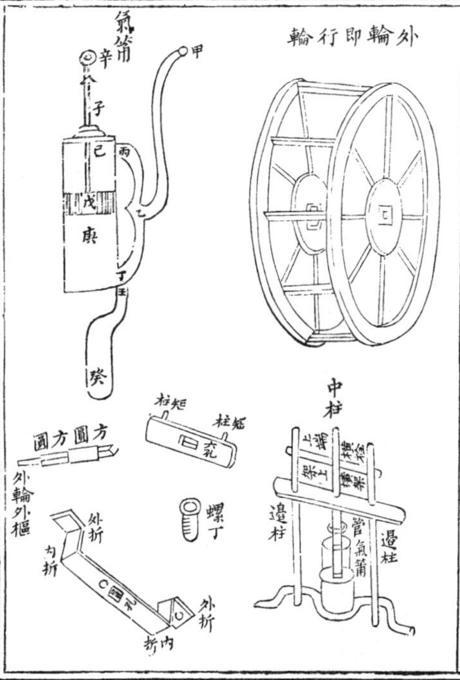

海國圖志　卷八十五　火輪船圖說　八

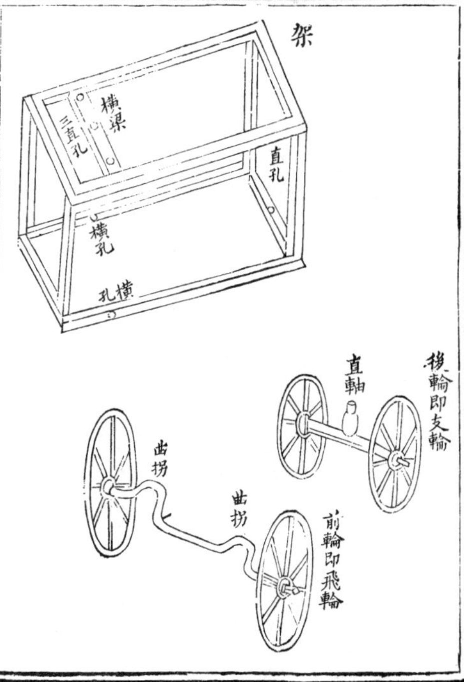

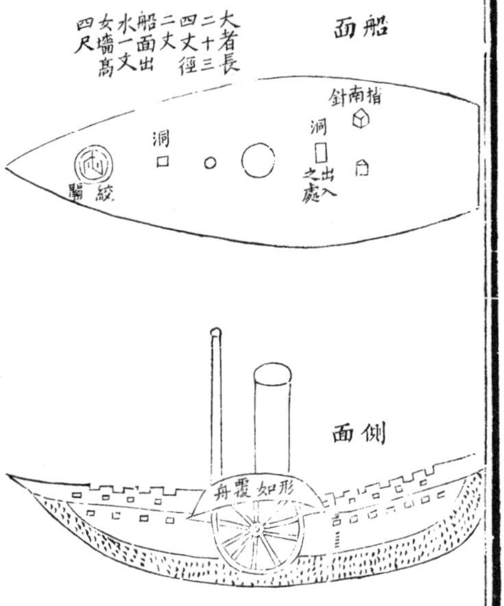

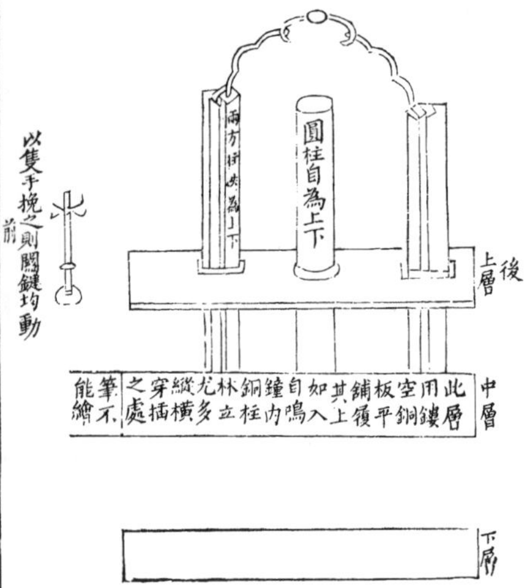

火輪舟車圖說 西洋人

子作火爐上開煙窗丑為火罐寅位開小洞蓋以鐵版上彎裝一卯管與辰桶連辰桶下裝巳戌酉三管巳管通午桶未竿之底致氣推上酉管通午桶未竿之上致氣推下惟戌管獨彎通出氣之亥管又辰桶中裝小申桶高低視辰桶之半而無底板長短約可留住或巳戌或酉戌二管故丑罐水滾至極氣從丑上卯入辰過巳至午則未竿必升上未竿升而申竿必下未申竿頭裝曲柄各繫轉輪竿上下不止輪即轆轤不住舟車之利莫便於此又卯管當半裝機關鈕如關之則水氣不通辰桶而未申竿即不運動舟車可立止不行其寅位鑄版之重輕約以丑罐中水氣之加減五分之一假如水氣得五十斤則鐵版當用四十斤氣滿丑時罐隨氣可升降若無此鐵恐罐有迸裂之憂也昔未作此器時牛馬之外最捷莫如明駝日行千里由今視之則瞠乎後矣有心濟世者曷勿倣式為之

其丁筒內之戊號鐵片既水氣蒸激如此其動甚快激上迫下則辛號用一條鐵連合戊號鐵片上出筒外合着機關辛號鐵條就感動在外之機關雖此條但上下感動而因此牽制於別項活竅則周圍輪機無不轉動也

又曰火輪船自英國寄信至印度由地中海行走二月可到若用常船則雖走地中海捷路亦須三四月方到其方便可見矣惟此船費銀甚多公司今要罷之各商情願捐銀仍照此法辦理也此船由英國京城起程駛

入地中海地中海東南有一地在南海之間如腰帶之形相連亞西亞及亞非利加之地海舟在此要改般三日之陸路過至紅海另用炊氣船接進印度海直至孟買後可由陸路轉寄孟雅剌各處矣但此等火船只可在外洋闊河駕駛宜慎用於小河窄港緣斯船中艙之底火煮兩銅鍋沸水待水之沸氣蒸入機竅內則機關自動機動則能使船旁兩輪棹水轉動不停其行如飛恐有迎面小艇狹港相遇則有翻傾之害故中國可行于長江大河難行於舟艇聚密之小港也

火輪船說 西洋人

每月統紀傳曰今西方各國最奇巧有益之事乃是火蒸水氣舟車所動之機關其勢若大風之無可當也或用爲推船推車至大之工不藉風水人力行走如飛或用之造成布匹妙細之業無不能爲甚爲可奇可讚至其感動之理却非難明蓋萬物之內多被熱氣布漲成之雖鐵條厚實之物性亦如此近火烘熱則必漲大一些而水力尤甚蓋水一分煮到極沸則變爲氣須千分百分之地纔可容載之茲若將一罐以水斟滿而將蓋

封之致氣不能出則水到沸時其罐必迸裂是水布漲之力可見矣今以蒸水之氣感動機關卽是此理也讀者看上畫圖可明此理其甲號者乃是大鐵罐用時必斟滿以水在下乙號是火爐炎火甚

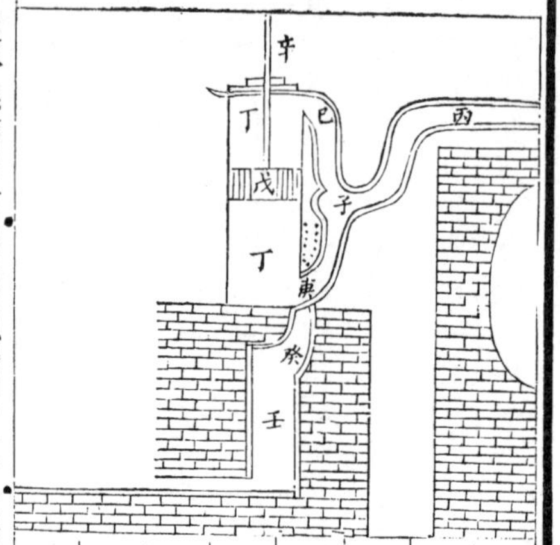

熾因煑水滚必當有變氣鑵內獨有丙號一筒爲水氣所出氣過此筒則别至丁號大筒此筒上下皆塞惟有癸號小筒水氣由之進至壬號大盤復冷變回水也其丙號筒至子號則分爲二其一在已號入丁號筒之上其一在庚號入丁號筒之下在子號又有一扇小門轉移於已號庚號兩小筒之間此通則彼塞又丁號筒內有戊號一片銅或鐵密合其筒內壁而可在筒內上下

水氣由丙筒至子號小門上已筒進丁筒其戊號鐵片則迫下且子號小門封塞已筒水氣則必由庚筒下進至丁筒其戊號鐵片復激上至子號小門則封塞庚筒也戊之鐵片恒常上下如此致所進之氣不復由已庚二筒而出乃由庚後一癸筒出至壬處復變水矣

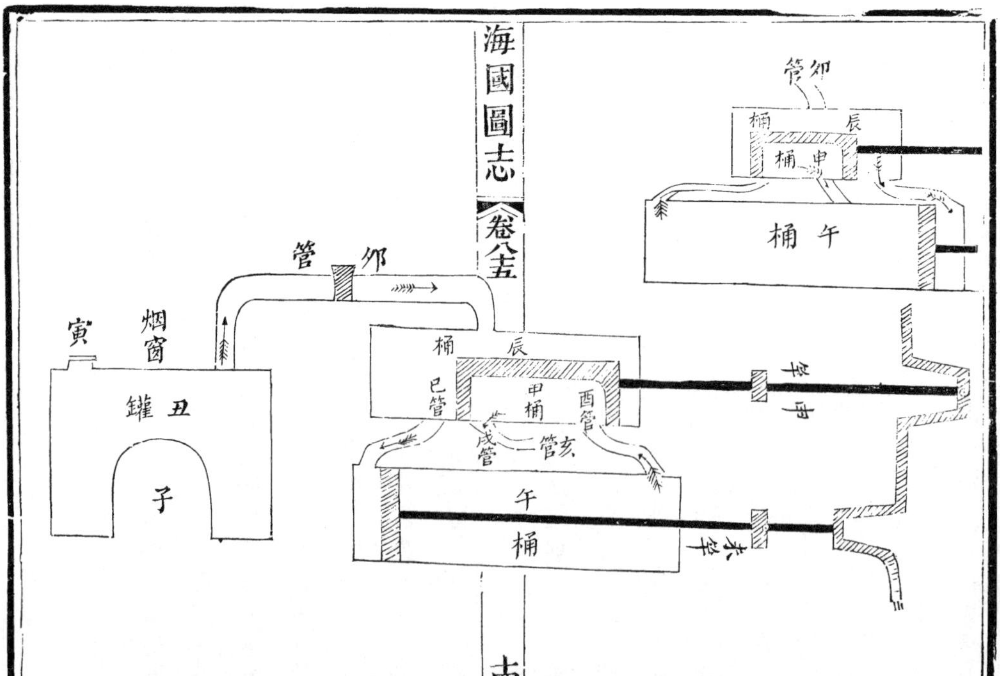

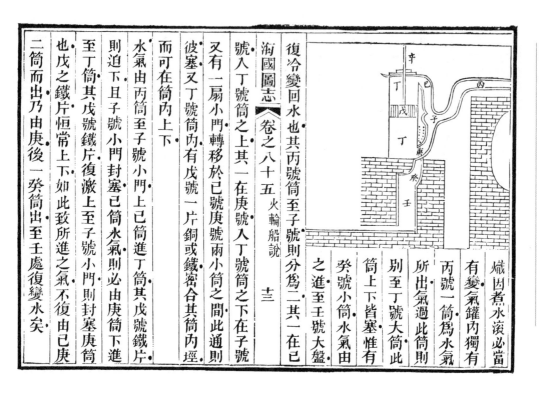

海國圖志卷八十六

邵陽魏源輯

鑄礮鐵模圖說

浙江巡撫劉片奏查嘉興縣縣丞龔振麟于道光二十年六月調赴甯波軍營差委因素有巧思在營製造輪船前欽差大臣裕謙令督製軍營一切器械迨九月間臣復令在省局監工凡軍器中一切應用機括之物皆係該員督率指示如鑄造礮位向須合土爲模再行范金傾鑄而土模非月餘不能乾燥極爲費手上年冬間

雨雪連綿模不能乾以致礮不能鑄該員冥心苦索創爲鐵模試用與土模無異仍可源源鎔鑄且事簡功倍所省工費尤多不特內地工匠等所未知并爲西洋夷法所未有其運施之靈用心之細寔屬不可多得現在揚威將軍已照會臣將該員先行記功以示鼓勵茲查出該員監造鳥鎗亦有不能合用功罪不能相掩是以臣聲請一併交議但其在局數月監造之器不計其數且多靈巧堅固洵屬勞績懋著即鳥鎗之震落門盤露有沙眼亦因多加火藥之故况僅止四桿爲數無多可否將該員應得處分俯予寬免奉　旨准行

庚子夏英夷犯順侵入舟山其時振麟備職禾中奉檄赴甬東見逆帆林立中有船以筒貯火以輪擊水測沙線探形勢爲各船嚮導出沒波濤維意所適人僉驚其異而神其資力于火也振麟心有所會欲仿其製而以人易火遂鳩工製成小式而試于湖亦迅捷焉中丞劉公聞製船事令依前式造巨艦越月而成駛海甚便中丞又以礮架舊式重滯僅能直擊與林少穆制府共相籌畫擬數千觔重器置於上畀一人之力使之俯仰左

右旋轉轟擊授以繩墨振麟得以師承其意而如法以成即圖中磨盤架四輪車是也辛丑秋八月蛟門失事省城添局製造授振麟以鑄礮事鑄礮向以合土爲模經旬累月一模始成一鑄即廢不可復用當軍書旁午緩難濟急且時入冬令雨雪連綿製尤不易嘗謀一勞永逸之計殫思竭慮擬以鐵易土爲模而苦無成法遂以私臆創造模成後鼓鑄便捷旋蒙入告並以所呈圖說刊訂成書移咨沿海同人紛索遂復校刊是編敘而存之以誌一時之知遇云爾龔振麟自序

礮始於范蠡，然飛石擊人，非火攻也。元人得西洋礮轟取襄陽，後不甚著。前明中官鄭和造大舶征服西洋諸國，招徠粤東通市，於是中國有佛郎機礮，兵家者言益缺如也。惟泰西湯若望火攻挈要祕要兩卷專講礮法，頗爲詳備，然其建爐造模之繁難，甚於內地。內地泥模層層筍合，雖較湯法簡便，泥以水合，非一月不能乾透，若值冬令雨雪陰寒晴霽絕少，則非三兩月不能乾透。且一鑄之後，隨卽毀之，當軍興緊迫之際，何能咄嗟而

辦。禾城龔士振縣丞精於泰西算法，故製造軍械皆能覃思極巧，神明乎規矩之外。如造夷船式礮車，用四輌可以推拽進退，軍上另用磨盤木四面旋轉，皆堪施放。辛丑夏英夷犯順，予從事鎮海糧臺，兼管礮局，甚慮製造之艱緩，與商變通之法，士振擬剏鐵模，工匠駭爲河漢。旣而鑄造若干，著有成法，其法至簡，其用最便。一工收數百工之利，一礮省數十倍之貲，且旋鑄旋出，不延時日，無瑕無疵，自然光滑，事半功倍，利用無窮。闢衆論之異軌，開千古之法門，其有裨於　國家武備者豈淺鮮哉！道光癸卯四月上浣東牟鹿澤長識

製鐵模法

視礮之大小，約分爲幾節（或四五六七節均可，總以礮身之長短爲準，長則約分多節，不必拘定），合土按各節式做成泥礮以爲心（每節上下卯筍須極脗合），烘透，接成一泥礮，使無偏倚（礮箍礮耳及照星花紋起線處悉照式完備），然後用土按節合成外模（照鐵模本身外線做成車板，於內面車鏇，務令極圓），烘透。每節於徑線分爲兩瓣（如合瓦式，須極正極勻爲要），傾鑄時從礮口一節起首，先另做成圓平土托一塊（亦烘極乾），將礮口一節泥礮倒竪於托上，次將外模一瓣亦竪於托上，與所竪泥礮遙對務準（中間留出空位，卽係鐵模地步），覆用熟泥補平烘透（與兩

邊瓣縫相平直），再將次一瓣合成一節，用兩鐵箍箍緊，另用烘透之泥圓板一塊（周圍與節周相等），覆於一節之上（圓板與節相合，須先做成筍槽，俾第二節之卯筍可以相屬），板上留出鑄口，范鐵傾鑄成一節之一瓣，亦待冰透，卽將先立之一瓣輕輕退開，除淨所補之泥，仍舊合好箍緊（每瓣相合之縫際須做小卯筍抑合，俾無參差之弊），復取泥圓板覆上，范鐵傾鑄，則一節合瓦式成矣。且緩出模，仍然安置不動，待冰透取去上覆泥圓板，將第二節之泥礮接於已鑄之第一節泥礮上，次將外模一瓣續於已鑄之第一節外模上，亦如前法，用泥補好烘透，再加

次一瓣接合用箍箍好上覆泥圓板按次傾鑄凡各節層層悉如前法次第傾成務使相屬各節兩瓣相合之縫須合錯落如砌磚牆之眞縫同式凡每節之一瓣須用冂字樣熟鐵鈕二個相對嵌入使安放有準須於未鑄之先反嵌於外模裏面留出口字下脚使鐵汁自爲齒住以上各節鑄完即將內外泥胚去淨磨光聽用後放於乾燥處所不可近潮氣雖用至數百次完好如初永無弊矣若鑄四千斤以上至萬斤礮之模惟將每節分爲三瓣餘法同

鐵模鑄礮法

先將每瓣內面用細稻殼灰和細沙泥調水用帚薄薄

刷勻如粉牆狀次用上等極細窑煤調水刷之兩瓣相合如合瓦形用鐵箍箍緊烘熱節節相續餘法皆與用泥模同至傾足成礮後立可按瓣次序剝去鐵模如脫笋殼狀露出礮身凝結未透尚屬全紅設有不平處所即用鐵絲帚鐵錘收拾是以鑿洗之工可省並可立出礮心除淨泥胚膛內即天然光滑亦不費鏇洗之工矣

鐵模利效

一鐵模一工之費而收數百工之利也始造時仍先用土分段合成較泥模工料加至二倍旣成之後一勞永逸雖傾鑄數百次愈久愈熟非若泥模一鑄即成瓦礫廢器是以兩泥模之工之用而作數百次之工之用也

一鐵模用匠之省無算也改用鐵模則泥模之工料以及舂泥打泥板之小工可省所需惟做礮心之匠鑄礮之匠耳如用匠四十名每日可出礮三位若趕辦二日相牽可出九位雖陰雨亦不能間阻計算一礮之工僅費數千文是一礮較泥模已省至十餘倍矣

一鐵模用匠可限定工程也葢泥模須舂泥極熟打泥

板待曝乾作模又須層層用炭烘透工匠藉辭拖延時日督催嚴則傾鑄時故使瑕疵叢生而諉于督催過嚴泥未舂熟模未乾透之故使督者無從置辭而鐵模則永無此弊故可定限刻期而成

一鐵模鑄成礮後可省修飾之工也泥模鑄後即成瓦礫嵌於礮身須用多工細細鑿洗修飾今鐵模所鑄立刻出模礮身自然乾淨絲毫不加修飾則修飾之工省矣

一鐵模所鑄可省洗膛之工也泥模所鑄非兩三日不

能冰透使火氣內攻鎔汁浸潤于膛心胎上出之既屬不易洗之更費工程無論如何鏇洗總難一氣光滑不若鐵模所鑄旋鑄旋出火氣不致內攻膛胎出之既易復能天然光滑上下如鏡施放可以致遠而無澀滯之弊

一鐵模鑄礮可無蜂窩之弊也泥模雖費用炭火烘足外面乾透而土性自潤一見鎔汁則潮氣自生是以騰沸不已即生蜂窩不能堅結渾然施放可虞今鐵模無濕氣可生無騰沸之事則蜂窩不起矣

一鐵模可經久收藏以備歲修之用也泥模不特一用即廢且開工後必須待至一月左右始能范金傾鑄是待一礮之成已須經月之久今鐵模既成目下傾鑄收利無算足用後仍復完善如初可以收藏以備歲時添補修改之用其時祇須置鑪做礮心不待天時立可范鑄二三日礮即成就用畢復可收藏垂之永久利用無窮焉如軍行塞外道路修阻礮身重滯搬運不易可將礮模攜帶隨地鼓鑄尤爲便捷

按製礮法礮之一身厚薄輕重均有一定準則故西法有比例推算之說要皆以膛口空徑爲則譬如一礮約定膛口空徑爲一寸則礮墻近尾處應厚一寸近耳處應厚七分五厘口邊應厚五分故自外觀之口銳而尾豐耳之圓徑及耳之長俱應一寸比例相生作爲定率推步是以礮體大而膛口亦大故可用數十百觔封門之彈不然則礮體蠢然重滯礮口窄不容拳徒有數千觔之名雖食藥多而子力不稱安望其致遠乎若謂前法膛大墻薄有炸裂之虞蓋未細推耳即照空徑一寸推之近尾處厚

亦一寸計通徑爲三內減空徑容積得面積六寸二十八分三十一厘八十五毫〇〇較空徑面積七十八分五十三厘九十八毫〇〇已大至八倍矣以八倍之力束之而尚炸裂必是鐵料不善豈可諉之於厚薄間耶似比例相生之法爲至善也至位置礮耳前後有四六比例之法以輕重計之不可以寸尺計爲至要自耳中心至礮口十居其四二自尾珠至耳中心十居其五八再以礮體圍圓定上下以耳之外圓線上切礮體之中線則耳就下適得其半如捧托然不特運用輕捷俯仰如意更無縱跳傾欹之弊

又藥膛火門亦有一定之法礮膛內須置藥膛藥膛徑小于礮膛徑二分許底圓口微傚如茶盃裏面底形所重在底圓蔄不可平開火門須于緊挨藥膛之極底處則無後坐之虞此工匠最難措手處畧不經心爲其所誤雖製作精細亦爲廢物矣開火門法銅鐵各異銅礮于鑄成後用尺內外比量極準以鑽開之○鐵礮先用熟鐵纏絲打成火門管聽用俟鑄時安穩泥心胎之際將火門管置于心胎尖上極正極準而後范金傾鑄即成矣

鐵模全圖説

鐵模全式

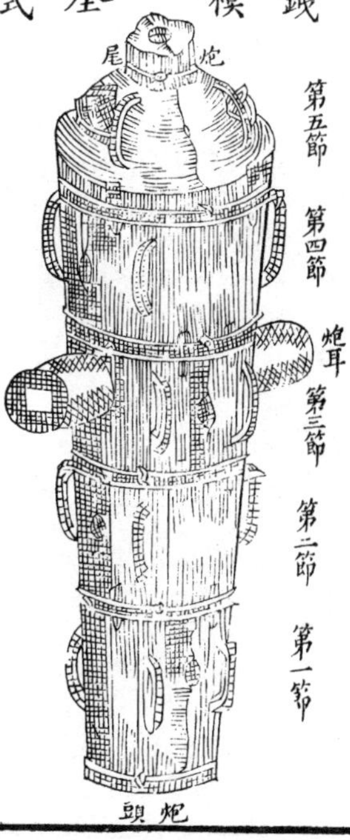

泥炮心式

炮心與泥模所用同仍用各土按層製配

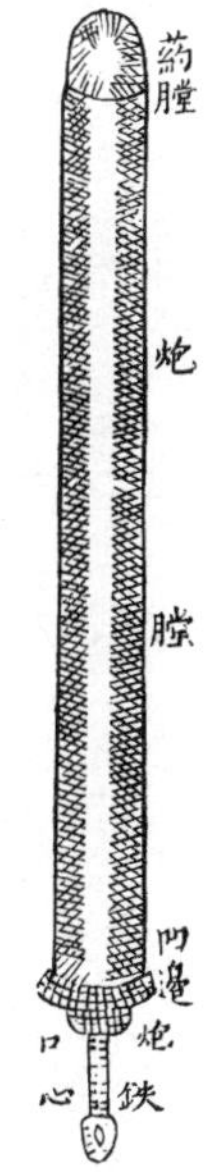

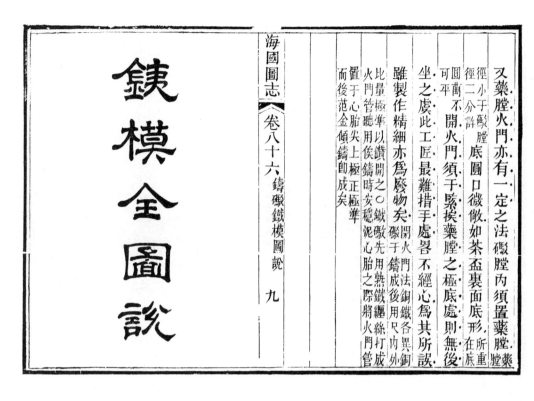

第一節鉄模左辦分式

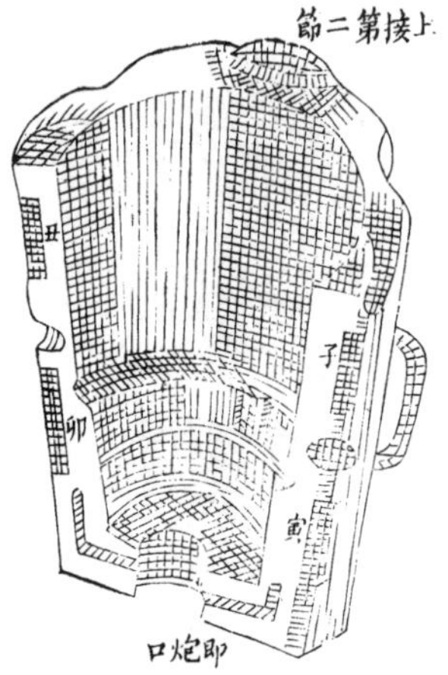

第一節鉄模右辦分式

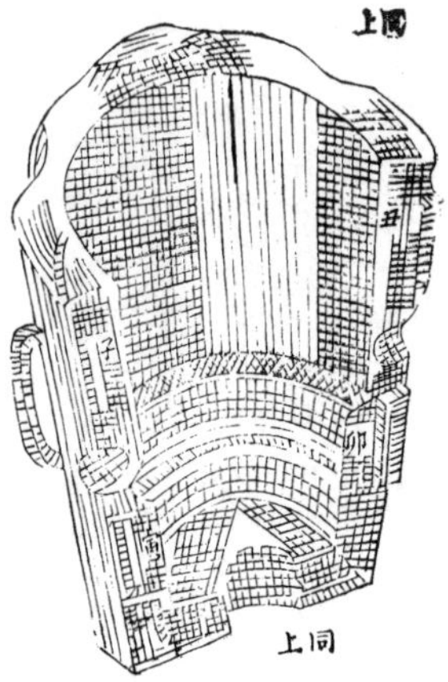

第二節鉄模式

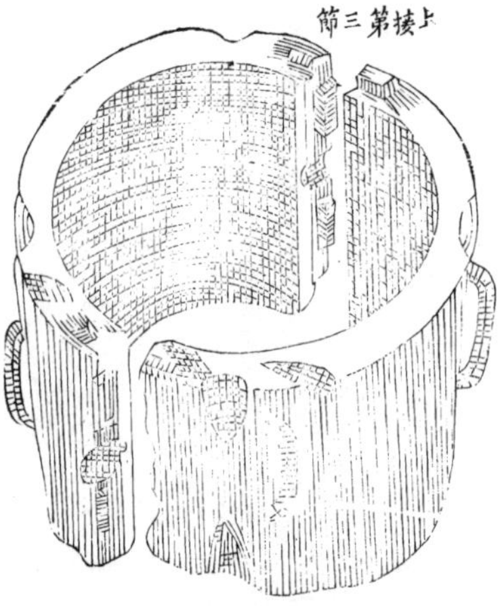

第三節鉄模式

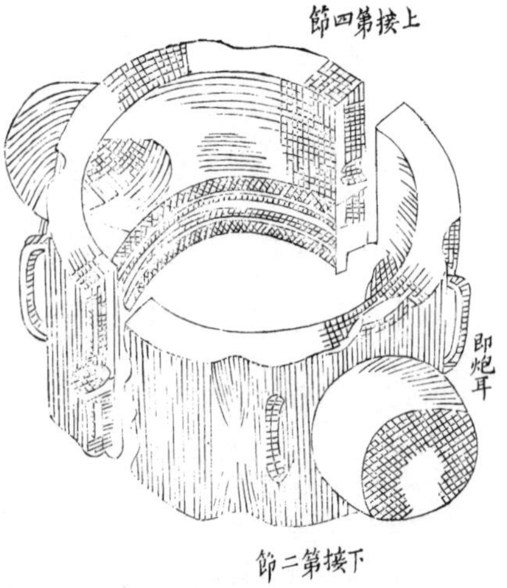

第四節鋳模式

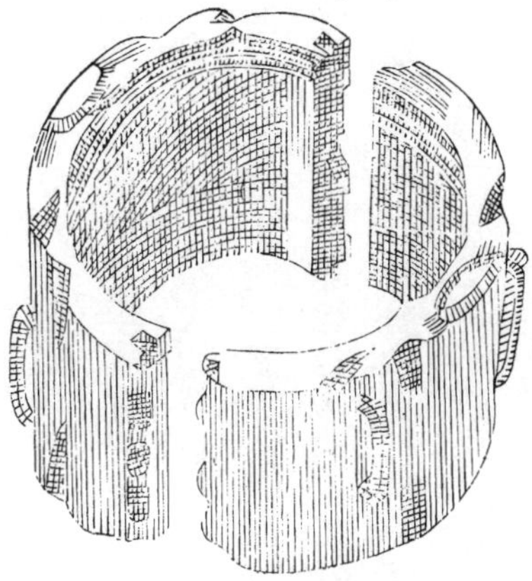

第五節鋳模左辦分式

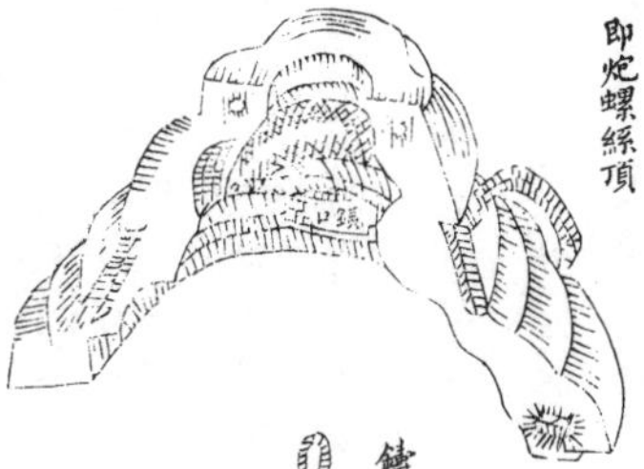

第五節鋳模右辦分式

鑄造洋礮圖說

福建監生丁拱辰著

西洋鑄礮之法首在煅鍊之工而圍徑之大小長短又須俱合算法且藥膛爲礮身吃重之處尤須堅厚得力方無炸裂之患是以西洋礮身尾粗而頭細至于銅鐵之性各有不同銅則性柔鐵則性剛鑄銅礮則工本甚鉅鑄鐵礮較爲省費果能煅煉精純即鐵亦勝於銅各省之鐵惟粵省所産者爲佳其中又有荒山及新舊黑蔴鐵洋蔴鐵數種所謂洋蔴鐵者係産自外洋其荒山鐵者係在荒山採礦煉成新片鐵也又從而煅之謂之

新黑蔴尖鍋鐵此鐵性較純鑄礮匠工初只用三成而用荒山新片鐵七成合鎔鑄成礮位多有蜂窩後經改新黑蔴尖鍋鐵加至八成取其堅實配以荒山新片鐵二成或以新黑蔴尖鍋鐵七成配以洋蔴鐵三成加工煅煉鑄成質體內外一律光潤始無蜂窩之患至於頭尾之粗細藥膛之大小亦須配造合式其礮耳安置更要合宜轟震可期穩固耳若偏前礮發則礮身後仰耳若偏後則礮頭下覆要在輕重衡平置身自宜微後又須偏下不宜過高方爲合法其泥模務須焙乾否則火

氣下激水氣上蒸水氣大則蜂窩亦多蜂窩多則有炸裂之患故須礮口朝上灌鑄則後尾之鐵較爲堅實其安引門更要得法若引門直大則火氣透洩發火必遲偏前則必後坐其孔必須自後微斜前透入藥膛底不可分毫向前烘藥一燃礮即發出而不動搖至於礮膛爲礮身之主宰而受藥之處貴乎圓堅方免壅滯須按圍徑大小另鑄一生鐵藥膛其引門用熟鐵打就貫入膛底將鐵心先用青蔴或籐皮裹住後用泥滚圓晒乾先上沙漿次用白土泥漿敷上用木矩板限住轉圓俱

合圍徑之數晒乾用火焙透外用烏煙擦之貫入生鐵藥膛內上用泥條頂住使礮心居中不移將泥模逐層安上其合縫處用泥畚護又用鐵箍束住使其不脫用火燒紅俟冷時內用烏烟擦之周圍用乾土舂實築之以固其模鑄時其鐵水務須鎔煉純熟去淨渣滓接續傾鑄不宜延緩間斷至滿爲度俟過三四日火氣稍退將土撤卸去其模則礮形自露突更俟冷透卸下取出礮心再用炭火燒過俾鐵性一律純熟然後令工匠打磨礮身務要內外光滑鑽通引門刻鐫字號試驗演放

響亮穩固即可合用今繪圖式以備參考

鑄礮彈法丁拱辰

凡鑄礮彈無論大小務要取其光圓堅實圍徑尺寸須合膛口不宜過大過小大則藥力閉塞恐有澁滯小則藥力洩氣彈出無力而彈子又有數種如實心及通心等類大抵三五千斤小礮可用實心彈子若八千觔至萬餘觔之大礮近則實心彈子亦可用遠則彈子重大恐難得力又不若用通心彈子較爲輕捷所謂通心者係彈子中心上下鑄時即通一圓孔用木塞住兩頭外仍取圓用油灰彌補光平譬如一萬一千觔大礮用實心彈子約重七十餘觔若通心即可減去一二十斤分量用木塞住亦不過五十餘斤其體輕可以擊遠至於鑄彈子之法若用兩模配合鑄出則中腰必露線痕不能光滑必須先用蠟作彈形圍徑取圓再用泥包外模上留一眼用火焙其模則蠟自鎔瀉而出而模中自空然後從眼內傾鑄開模則其彈光圓無痕若鑄通心彈子先作泥心一條將蠟配成彈子圓形再用泥包外模亦如前法洩蠟灌鑄則模開彈出中虛一孔而圍徑亦

光圓此鑄彈子之大畧也

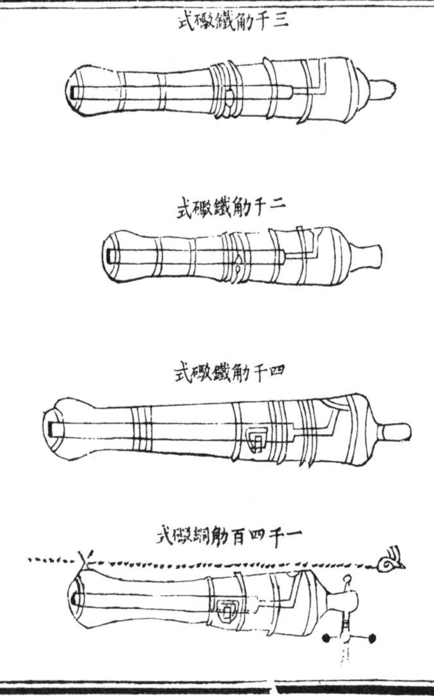

海國圖志　卷八十六　鑄礮圖式　十九

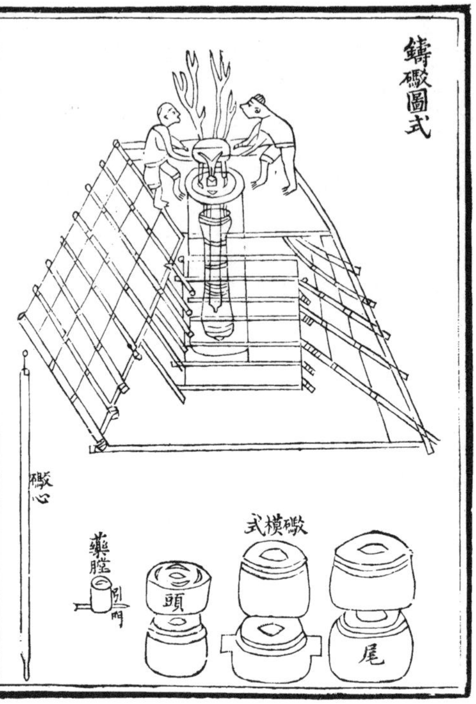

海國圖志卷之八十七

邵陽魏源輯
餘姚縣知縣汪仲洋

鑄礮說 附臺礮

夷礮鐵質重七百餘斤。用銅仿鑄重九百餘斤。其製火門一段最厚。自火門以至礮尾。其勢漸增。自火門以至礮口。其勢漸減。膛口極大而薄。火門下一段內有藥膛。較膛口收縮三分。裝藥二斤。封口鐵彈七斤。雖七百斤可抵三千斤礮用。時林少穆來浙出前明焦勗所葺泰西湯若望造礮之法。分火攻挈要祕要二卷。總名之曰

則克錄。其論築臺砌窑造模諸法。似不若中國較爲簡便。但以礮模乾透爲主。而其確不可易者。如鑄銃分戰攻守三等。銃身之上下長短厚薄各有所宜。其言曰。西洋鑄大銃必依一定眞傳。比照度數推例。其法不以尺寸爲則。只以銃口空徑爲則。葢各銃異制。尺寸不同。惟銃口空徑。則是就銃論銃。比例推類。自無差誤。戰銃空徑三寸起至四寸止。身長從火門至銃口三十三徑。火門前銃牆厚一徑。耳前牆厚七分五厘徑。銃口牆厚半徑。銃底厚一徑。尾珠在外。其珠之長大各得一徑。銃耳

之長大俱各一徑。火門至耳際得十三徑。耳得一徑。耳前之銃口徑得十九徑。此係四六比例之法。火門距耳得十分之四。帶耳至銃口得十分之六。此戳銃之制也。守銃一名象銃。口下空徑五寸。火門前裝藥處空徑二寸五分。身長從火門至銃口八徑。膛內裝藥窖處得二徑。藥前寬處得六徑。裝藥墻厚半徑。銃口墻厚二分五厘。徑銃底厚一徑。尾珠銃耳長大各六分徑。火門至耳際二徑。耳得六分徑。耳前至銃口得五徑四分。此係四分比例之法。謂火門距耳得一分。帶耳至銃口得三分。

蓋以銃前膛寬體輕故也。以其膛口極寬。故名象銃。象銃即守銃也。又鍊鐵之法。鐵質粗疎。兼雜土性。必着實燒煑。化去土性。追盡鐵屎。鍊成熟鐵。庶得堅固。銅質精堅。具有銀氣。須先看驗純雜若何。如法參兌上好碗錫少許。用尋常爐座將銅鎔成清汁。以錫參入。化勻傾成薄片。聽候燒入大爐鑄造。按今用鐵必用大爐。非兩日夜不能追盡鐵糞。洋銅本已煉淨。只用小爐鎔之。半日即能澆鑄。用鐵欲老。用銅欲嫩。皆與之合。其鑄造各種奇彈。以及提硝煉磺用炭。皆有一定準則。又放礮近遠之法。凡礮倒放。只宜一度至四度。仰放自一度以至六度。蓋銃用彈三四斤重者。平度擊放可到四百步。仰高一度可到八百步。高二度可到一千四百步。高三度可到一千八百步。高四度可到二千步。高五度可到二千一百步。高六度可到一千一百五十步。若高七度。從上墜落則反近矣。諸凡放銃以此例推。西洋教練火器之制。有學教官教授各藝。朝夕演習。十日一考。立簿冊註。三進者賞。退者罰。原等者免。再次原等者責。五次原等者逐回改業。限期以一季為度。必欲造成一應器械。飯

食悉資官給。亦無廩糧。學成方許教官開送武官處試演。十發而僅中五六者上稱通藝。回學再習。十發不差一者稱為成藝。收入營內。厚給廩糧衣甲。即名武士。禮儀服飾。咸旌異之。百發不差一者。始為精藝。給廩旌異。超等優示。其教官之責。即以所教武士之技藝精粗多寡以為升降。又根本至要。則在智謀良臣。平日博選壯士。練精神。器膽壯。必齊審機應變。自能戰勝守固。而攻克矣。否則空有其器付。託非人。適以資敵。其書約二三萬言。此其肯綮也。予得此書後。與龔縣丞互相起發。頗

得神器三昧用夷礮推放觔兩尺寸按原礮加一倍自二三四倍以至九倍均可照算先就夷礮用加一倍加二倍之法作模試鑄可抵舊礮五千斤八千斤之用計自開鑄以迄八月二十五日以前共鑄大小銅礮一百二十餘門除分撥定海外餘皆擺列港口礮臺又夷礮架礮耳以後架若層梯而下以便演放時測量遠近高下以爲仰放平放尺寸架下有四輪可以拽礮進退林制府云其在粵有磨盤礮架可以旋轉四應者龔縣丞將礮架改爲兩層下層照常安輪下層中心以鐵椿貫

之礮耳以後仍列梯級雖四五千斤之礮只以一二人撥之即可隨意所向子以英夷慣於奇正相生水陸夾攻應移港口內有餘之礮兼防間道來襲督帥以兵不足倚恐其委而資敵也詎知英夷覘知港口礮臺層列但以虛聲攻擊而別用奇兵由招寶山金雞山後攻入鎭海不守而所鑄神器及架俱爲夷人所有豈不惜哉

又曰銅礮光滑礮子及遠計千斤銅礮可當三千斤鐵礮之用但銅礮一放則渾身熱透難以連疊施用而鐵礮則一時不能紅透惟在鑄之精細光滑使與銅礮同功則善矣

又曰木礮用堅木爲之長丈二尺膛三寸外圍口厚三寸底厚五寸形式一切如鐵礮之式剖木心兩面合成圓圍用鐵觚十三圈鐵圈外再用毛竹包裹以麻繩綻固裝藥斤許或裝大鐵彈一枚或裝鐵條十餘皆可共重百餘斤四八六人皆可擡放每礮可連放數次每放一次刷礬水一次即所謂擡礮也或施於山谷之戰或沙漠難運重礮之地似較鐵礮爲便利

附炸礮法 署陝甘總督林則徐奏

臣前次奏時仿照洋礮之法製備應用等因謹已捐貲集匠將現有之礮位先造轉輪車架以利推運而便旋轉又封口礮子一項向來但用實鐵彈於致遠攻堅已屬得力但一礮只斃一賊多亦不過數賊而止臣曾見洋礮有空心彈子之法名爲炸彈因密授匠人倣法卽在臣行署督令試鑄虛其中而留一孔此中半裝火藥雜以尖利鐵稜仍將其孔塞住納於礮口將孔向外一經放出其火力能到之處彈子卽必炸開彈內之藥用

磺較多可以橫擊一二百步其彈子炸成碎鐵與內貯之鐵稜皆可橫衝直撞穿肌卽透遇物卽鑽一礮可抵十數礮之用近日鑄成試放已向遠處裂開附近民人觀者如堵不知所用何法而竟詫爲未有之奇是此種炸彈實爲行軍利用現就礮口尺寸多製土模鑄造應用其前派遊巡將弁疊據稟報自舊臘下半月至今各於沿山隘口逐加搜捕實已全無賊蹤卽荒僻山梁積雪深厚處亦無人馬行跡臣復密加查訪均屬相符據兵民僉稱總因礮火猛烈賊番聞風遠遁

炸彈飛礮輕礮說 江蘇候補知府黃冕

一攻夷宜用炸彈飛礮方足制勝也伏查夷變以來歷見各省章奏虎門廈門寶山皆爲夷船飛礮所潰其礮彈所到復行炸烈飛擊火光四射我軍士多望風膽裂其實夷船亦不盡飛礮大抵攻堅城沈敵船則用實心之彈驚敵陣潰敵衆則用空心之炸彈而內地大礮則惟有實心鐵彈故止能透一線洞一孔而無益于行陣變化之用有正無奇非善策也惟飛礮炸彈之法內地罕見多駭爲神奇不知如何製造　道光二十四五年

間剿番青海曾隨林制軍講求火器師心創鑄居然造成曾經演試其彈炸裂飛擊遠到邊方聚觀無不駭異且其彈渾成鑄就較之洋夷飛彈用兩瓣合成者更爲圓巧適用曾經奏奉　硃批嘉獎在案其彈橢圓有如鵝卵其法以泥爲外模復以泥爲中胎其泥胎中先藏尖利錐刀碎磁等件復留上竅以便鑄成之後去泥入硝磺入毒藥大約二斤之彈須空五六兩六七斤之彈須空一斤有奇餘以類推裝藥填實之後仍與實心彈同重則以橢補圓之故也渾圓之彈輕而寡力故放

出不能及遠惟橢圓力重到遠始炸也其入藥宜磺多而硝少以硝性直出磺性横出也彈皮不宜過厚亦不宜過薄厚則藥力不能炸薄則藥先炸而不能及遠也彈所到處其彈皮留炸裂四散而彈心之尖鋭錐刀亦復横穿直透且毒烟所及人皆暈倒火光所射衆皆潰駭數彈落營而闔營皆亂一彈入船而全船可破聲如霹靂勢如鬼神實爲破敵奇器伏查近年辦理善後以來所造防江大礮身笨膛小雖七八千斤不過抵三四千斤之用不若將此炸彈多造裝入配用則礮雖不可改造而彈子易于得力亦足以挽其弊

一水陸戰礮重笨扛礮受子無多宜改製以小受大之輕礮方能利用也竊查整頓水師之要總以船礮爲先而内地江船斷不能如海船之堅大至于海運沙船雖係行海亦非戰艦卽一二千觔之礮亦難施用而擡礮之力量遠近又僅與擡銃等故無以禦海賊今日欲反其弊必須講求礮制使能以小受大以輕勝重以短及遠簡便靈動庶幾一礮抵數礮之用小礮同大礮之長足以收克捷實效飛礮炸彈固爲制敵奇器但大彈必大礮方能容受止可施于守城守礮臺而不能施諸戰陣可施于大海船而不可施于中號小船猶未足徵利用之效因又講究小礮可容大彈之法不用鑄造而用打造不用生鐵而用熟鐵方能使礮身薄而礮膛寛緣生鐵鑄成每多蜂窩澁體不能光滑難于剷磨故彈子施放不能迅利至熟鐵則不可鑄而但可打造其打造之法用鐵條燒鎔百鍊逐漸旋繞成圓每五斤熟鐵方能煉成一斤堅剛光滑無比初次製成小礮二位一重二百斤一重一百六十斤二百斤者可容二斤有零之

大彈可抵千二百斤礮之用重百六十斤者可容一斤十二兩大彈可抵千斤礮之用雖不能以一當十已可以一當五因又精益求精再仿製百二十斤小礮一位百斤小礮一位以上小礮現存江南城守營而其膛可受大彈仍與前兩礮等竟可以一當十矣礮愈輕工愈精力愈大礮輕力大則其架必須稍大或壓以沙袋庶放礮時架不揚起鐵經百煉永無鑄造之炸裂施用靈活尤勝巨礮之笨重彈子飛出到遠四炸又足以驚敵營而裂賊船一人可以挽放兩人可以扛擡小車小船皆可運載卽施之陸戰行陣亦可進止自如

摧堅破眾較之生鐵鑄成身厚膛小之大礮其用廣而效大殆不可同年語即較之抬礮僅受彈子數兩者亦得力十數倍

再大礮惟用諸戰艦而不便於陸戰現在江浙所製礮車礮架亦止可施于沿海近岸而西北平原列陣馳擊尚非所宜晃曾隨林制軍勦番青海創製陸戰礮車仿轎車式而畧小不用木箱而用生牛皮以鐵架撐之倒安威遠礮一位內用抽屜分藏火藥炸彈其箱內可放衣械行糧駕以一馬雖

沙陸之地皆可長驅而進臨敵則卸馬用人以後爲前兩人倒推而進連環開放一如排鎗之用地狹列小陣前環十餘車地廣列大陣前環數十車數百車連環施放間以擡鎗弓矢夾護左右我軍既有憑恃障蔽心定膽壯敵軍莫能犯夜間下營則以數百車環列向外即成營盤可代鹿角歷來講求車戰者莫善於此東南各省不能車行者無所用之若天津沿海陸路伏地雷數層迎敵於前遙列車礮於地雷之後敵至則先點地雷後開車礮而官兵大隊之鳥鎗擡礮又在車礮之後此萬全必勝之策宜於平時置備庶金湯鞏固而人心安堵矣

或謂空心炸彈長于橫擊至攻堅直透則不如實心彈之有力曰有此輕鐵寬膛之礮則實心大彈亦可用但其彈亦必用熟鐵而不用生鐵用打造而不用傾鑄方可光圓滑溜與夷彈相等以百斤之輕礮而可容二斤之實心大彈亦勝營制礮彈得力良多

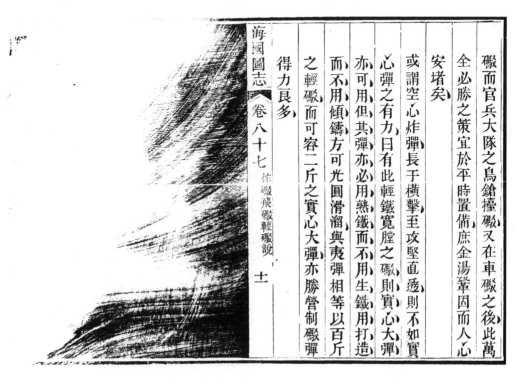

樞機礮架新式圖說 浙江縣丞龔振麟

製法

一磨盤礮架須選極堅極燥之木爲之。（檜槐樟柳皆可用，惟松杉楓不可用）按礮規定俯仰分度數梯鐵什件、更宜渾堅脗合。其機巧在一樞心（卽圖中磨盤頭中心）兩滑車（卽轅木所配鐵輪）配合時務須度取礮身輕重之中心、以轅木上承礮耳處爲準則。下倆樞心滑車爲犄角勢。使輕重持平。（此最要者總在礮耳之前後輕重相勻，不特運用輕捷，而施放時亦無坐跳之弊）雖重至萬觔。以一人之力卽可旋轉輕捷指揮如意。

一四輌礮車轅木車輪。亦須堅燥木料。其機巧在輪軸承轅木處。視礮輕重之中心亦以轅木上承下處爲準。俾推挽行走。及停輪施放頭尾輕重相適。無欹斜之弊。運用始能輕捷。

語云工欲善其事。必先利其器。神器爲克敵制勝之首務。若置如磐石。止擊一敵。卽敵適入於的中。亦僅一擊而已。焉望其指揮如意。所向披靡耶。今考　學引重法。製成樞機二式。畀一人之力可以旋轉如圜。隨向轟擊。一磨盤。爲戰艦。爲敵臺。爲城闗攻守之具。一四輌。爲行陣。爲隘口。爲奇伏夾擊之具。縱敵如潮湧。靡不克捷。

磨盤礮車全式

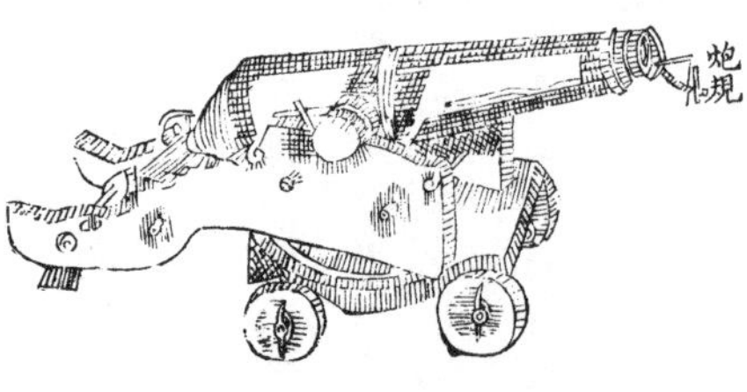

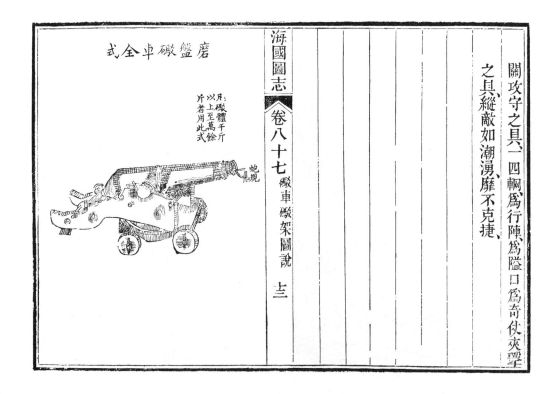

磨盤礮車底盤分式

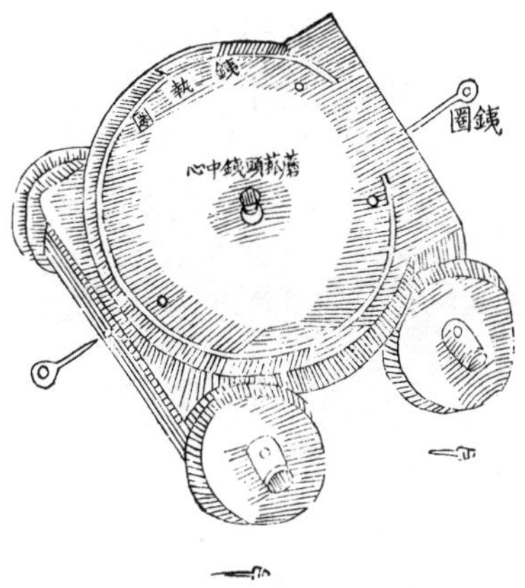

磨盤礮車左右轅木分式

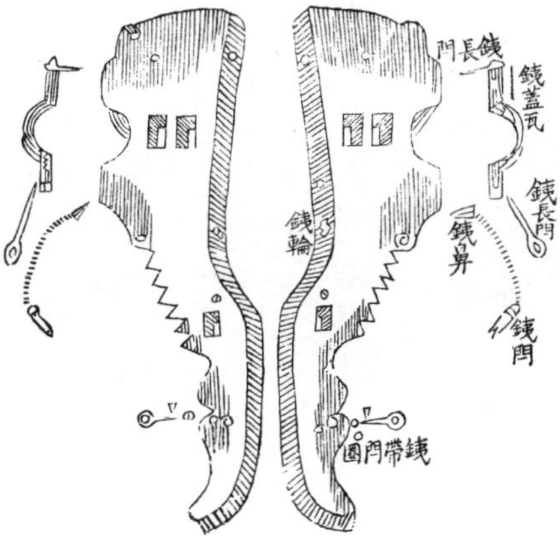

磨盤礮車橫檔及鐵什件式

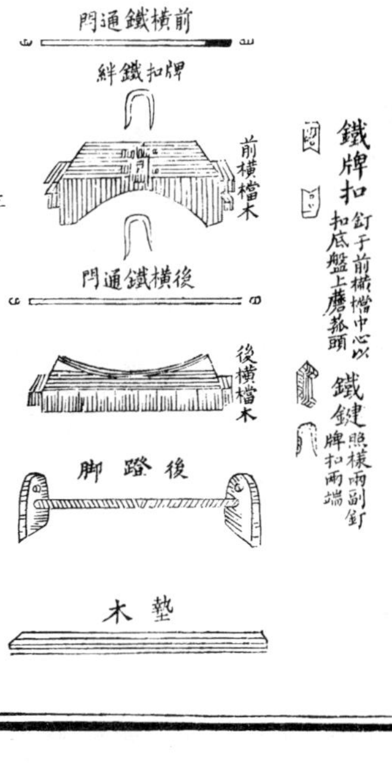

四輌礮車全式

凡礮體千斤以內者用此式

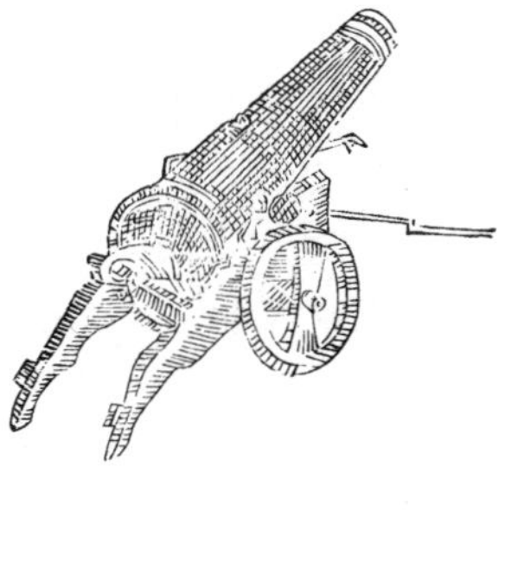

四輌礮車分式及鐵什件式

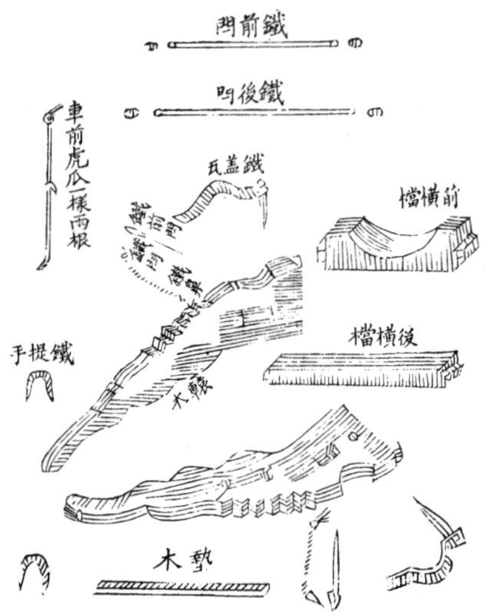

四輌礮車輪軸分式

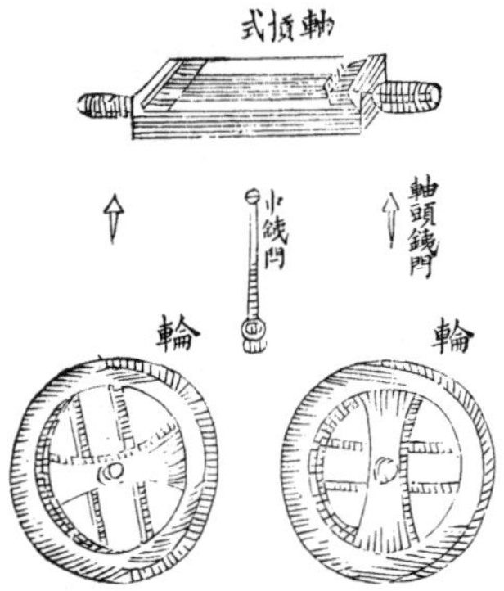

大礮用滑車絞架圖

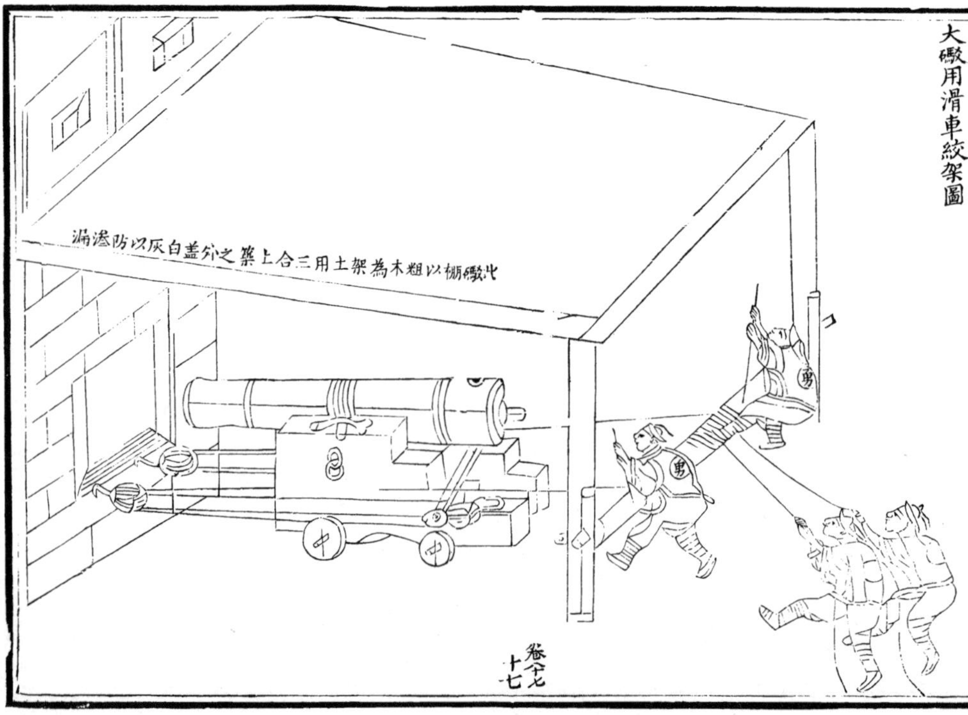

大礮須用滑車絞架圖說

福建監生丁拱辰

礮法貴乎精又貴神速便捷則單架之法不可不講如八千觔至萬觔至大礮其礮架須用堅木製就架之前後兩傍用粗鐵環各二箇前面礮門下用穩木横限一條鑲入石壁內上亦安粗鐵環二箇後面安絞架一具左右立二柱上架絞架横木軸二柱之下亦安二鐵環另製滑車二對前面左右各一對每對兩箇前滑車內連鑲二小輪後滑車內鑲一小輪俱釘用鐵環配用光滑油繩如欲推出將左右前滑車一對鈎在礮門横限

上二圈內後滑車一對鈎在礮架後環內然後將二繩引於絞架之上繞之以手用力絞轉則礮自然前進矣務使礮頭伸出礮眼之外方可施放否則恐轟震礮牆如欲挽回將後滑車鈎在礮後木柱二圈內前滑車鈎在礮架前面鐵環內前後互易而用將前滑車二繩引於絞架之上繞之如前用力絞轉則礮自挽回矣將礮門掩閉用濕透礮刷子掃淨礮膛然後下藥用木棍送入膛內次下彈子又用菁就蔴毬如膛口大小塞入膛內使藥不四洩彈出有力裝畢再放放畢如前法挽回

再裝連發四五礮後須少停片刻以防礮身透熱其礮臺下石板須鋪平磨細使其光滑車輪行動無礙方能輕便大抵三二千觔之礮只用滑車即可扯動無須絞架蓋用滑車一副人力可省三分之二譬如八千斤之礮架有四輪按一人扯一百斤計之須用八十人如用滑車只須二十四人即可扯動若再加用絞架其省力加倍只用八人絞之便可輕輕行動是用力省而成功多如欲使礮高下左右用堅木棍撬起墊之挪之轉之不過二三人之力足矣至於戰船上礮尤宜倣製車架

現在粤省內河各臺均經安用滑車絞架其新修戰船亦俱安設滑車演放甚爲得法若僅以木棍撬轉不特多用人力且重而難移而礮架時被撬動不無損壞究不若用滑車絞架之靈便得用也今繪圖於後

倣製西洋舉重滑車絞架圖

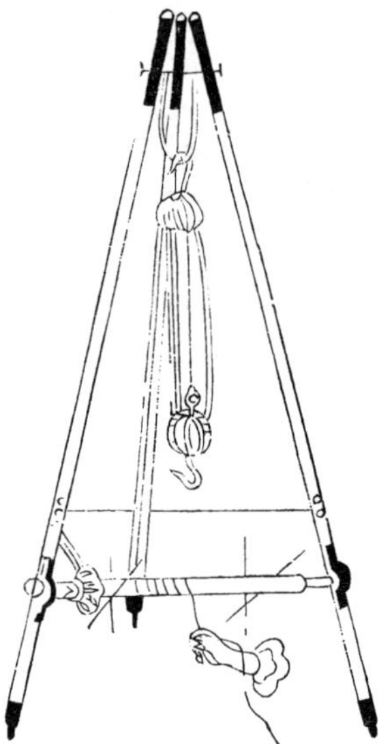

附大滑車圖

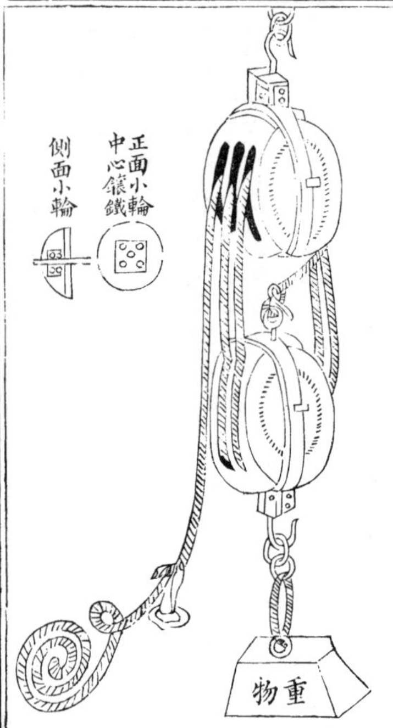

舉重大滑車絞架圖說

前圖所論用滑車絞架之法，係就平地扯礮而言。且礮架下又有四車輪轉旋，故易於運動。至若憑空舉重，如大礮上架等類，則其輕重懸殊，與平地迥不相同。尤須藉滑車絞架之力，方可舉起。是以兩器互相爲用，其力更大。單用則其力倍減。大抵空物空懸，有垂壓之勢，滑車絞架並用，則縱或脫手，其繩必不能驟開，免致下墜。即如粤省現製三萬斤大銅礮一位，其質體甚重，難以舉動。曾令工匠倣西洋滑車絞架式製就一具，如法舉

起，挪動上架，甚爲便捷。大凡製造滑車絞架，必須用堅木爲之。大滑車外加鐵箍，復加粗鉤，內鑲三輪或二輪不等。又製舉重絞架，每具用堅木柱三根，頭尾包鐵，下安鐵錐，使著地不移。上貫鐵橫梁箍住，中懸一鐵環，使三柱上合而下分，支撐左二右一，如鼎足而立。其左柱二根中間用橫鐵條一道以限之，使其穩固。下安絞架橫軸，以便運動。旁附鐵齒輪一箇，形如菊蕋，外圓內方，貫入軸端。上垂鐵尺一條，其形如鑿。軸順轉則無礙輪行，若逆轉則格住輪齒，軸便不動，繩力不懈，使其有進

無退。此製器之最巧者也。如欲絞起大礮。前後各置舉重架一具。先將三輪滑車鉤住上鐵圈。下二輪滑車鉤住重物圍繩。每架用十餘人力絞之。後用數人扯住繩頭。以免滑脫。若後面再用一絞架。更省人力。此現製滑車絞架之式。考諸西洋人南懷仁所著靈臺儀像志內載運用滑車絞架各圖說。大畧相同。

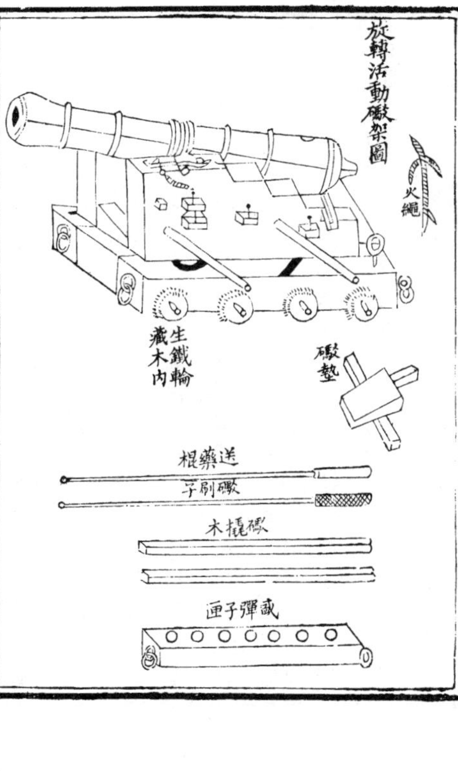

旋轉活動礮架圖說

此旋轉活動礮架，又謂之磨盤架，用堅木製就，凡交接著力緊要之處，皆鑲鐵板以固之，所有一萬二千斤八千斤大礮，須用此架方能靈便，而其工價較鉅，視礮之大小，酌量配架，架分上下兩層，其下層比上層四旁畧大，上架下藏生鐵轆轤小輪，左右各三箇，下露十分之二，聯絡下架，合而爲一，進退旋轉自易，架之前後，安二鐵圈，爲施滑車之用，內有十字木，前後二道，前一道安鐵磨心，須要堅粗，貫於上架，旁及後面，有二溝，其周圍下鑲鐵板，以利輪行，此二溝皆承上架，轆轤鐵輪得以左右旋轉，上架前有橫鐵枝一道，橫木四道，貫緊，旁加大釘貫下之，使堅固不脫，其前橫木二道，上下相加，中心鐵板包固，中有一孔，對入下軸，如磨之有樞而旋轉之，全在兩旁轆轤鐵輪三箇，加以架旁四孔，楯木棍推挽之，故覺靈便，如萬斤八千斤大礮，只用四人可推，旋轉左右，甚不費力，現在粵省礮臺各大礮，均製此架，甚爲得用，今繪圖於後。

論車架舉重等第丁拱辰

向者所製礮架，木脆而輪細，不堪演放，兼且遲重難移，匠人惟知有輪，必轉大小，則一殊不知輪大則輕快，小則重滯，有天淵之差也，試言乎舟上絞車中安一枝絞柄，其長三尺，以絞重物，如重一千斤，手自絞柄之末，用力絞之，得一百斤之力，原有定額，若移而至一尺五寸之處，其用力必當三百斤，再移而至於一尺，則甚重，或至五寸，則任出多力而不動矣，以此比輪，形異而法同，今之礮架製輪，必當配合，庶得輕快便捷，如架長六尺者，按十分之三折之，配輪徑一尺八寸，架長四尺者，配輪一尺二寸，餘可做此，內外加鑲鐵箍，如恐大木難求，二三片合亦可用之，如此則架上安礮，用力十分之一可扯之行，若用銅鐵製輪，又再加輕，每百斤用力三斤八兩而已，又如製滑車之法，如圖倣製一對，上輪比下輪遞小，酌量繩之大小，而留其竅，以穿繩，以不壓下繩爲度，每個內藏小輪三個，逐竅如式，穿絡蔴繩扯物，如單用一小輪，一百斤之物，用力四十七斤，二小輪用力四十斤，三小輪用力三十六斤，四小輪用力三十三斤，五小輪用力三十斤。六小輪用力二十五斤。如扯萬斤。亦依此算法。假如大礮一位重八千斤。落架用力八百斤。再用滑車一對。內藏六小輪。止用二百斤力扯之。又再加絞架一個絞之。得用力二十斤。絞架之上安二絞柄。其一插入軸中。上下對分長與絞輪之全徑等。旁安撥柄。長與絞輪半徑均。若手對撥柄撥之。或對絞柄絞之。又或對絞輪扯之。此三者力均十分之一。另上一枝絞柄上出軸心過半。而手由柄木絞之。則倍輕。若由後復用一絞架糾纏手中所扯之繩。又再用力十分之一

聞者不之信。觀於時辰鐘機械內藏大小四五輪。下懸銅葫蘆重至七八斤。逐輪牽連。遞相減力。至擺尺之際以一小篾阻之。可止七八斤之力。於此可知也。又如撬物之木柄長七尺。撬物百斤。過物至地平之上一尺二寸。手對二尺之處舉之。用力一百斤。舉至三尺用力五十六斤。四尺用力三十八斤。五尺用力二十九斤。六尺用力二十四斤。七尺用力二十斤。又如挨磨輪軸面徑一尺二寸。亦用絞柄長七尺。穿入竅中一尺二寸。手對二尺之處挨之。用力一百斤。對四尺挨之。用力三十八斤。其輕重等第與撬柄同。今將移大礮之高低用六尺之撬柄。其輕重與六小輪滑車等。二者取便皆可擇之至於滑車之用。不但輕快兼且敏捷。觀象臺儀器重數千斤。窺測星辰。轉運不容以稍緩。皆恃滑車功力不然夜測星辰四分之久。星已移度。而測礮猶測星辰。不容稍遲。獨八千斤礮位。非滑車不能便捷利用。小者可免耳。

海國圖志卷八十八

邵陽魏源輯

西洋用礮測量說 福建監生丁拱辰

前代制礮之法原于佛郎機佛郎機卽佛蘭西也初佛郎機與巴社回人戰制火器大破回人回人不知其名遂以其國號名之上古初未有以礮戰者至北宋廣州始效其法西洋制物恒遵勾股立表測影期于必合夷礮之多中者非恃千里鏡也其制造演放皆準乎法也曾遊海外諸邦遇精于數學者輒爲諮訪且聞其制礮

演礮動合度數心竊誌之今者英夷肆擾牽土共憤而水戰莫先於火器謹卽素所見聞者筆之于書以備當道之採擇如圖所繪礮形而論之以小挈大以寸作尺以尺作丈如礮重二千斤身長五尺尾徑一尺頭徑八寸口徑四寸設若用刀切爲上下兩半截論之彈發出去必由中間一線直出不待智者而後知也其下半截可置弗論而上半截尾徑五寸頭徑四寸以五尺之長而尾至頭已差一寸猶目中所視上面之靶線與礮中所發下面之彈線出至礮口漸合一寸若出至一丈漸合二寸發至二丈五尺已合五寸則靶線與彈線已相交會合發至三丈則靶線轉在下面而彈線反在上面兩線相距已差二寸由此而漸遠至一百二丈五尺彈與靶上下已差二丈又如佛山所鑄生鐵大礮身長一丈尾徑二尺頭徑一尺四寸切去下半截不論而上半截尾徑一尺頭徑七寸以一丈之身而尾至頭自上面之靶線與下面之彈線漸差三寸若二丈則漸合六寸至三丈三尺三寸漸合一尺則靶線與彈線相交會合再發去四丈三尺三寸則靶線又轉而在下彈線又反

而在上兩線相距上下已差三寸至一百零三丈三尺三寸上下已差三丈若至二百零三丈三尺三寸則差六丈如彈發至四里每里約一百丈計共四百零三丈三尺三寸則上下積差十二丈三尺三寸如再鑄之中銅礮重三千斤身長六尺尾徑一尺二寸頭徑九寸五分至四里亦差八丈如欲中他船底而彈反高越桅尾不論大小礮位皆有高越之差此法按圖細心檢視瞭如指掌爲今之計已成之礮不論萬斤至百斤各先度尾之徑若干尾之徑圍若干尺寸干礮頭製一乾堅木

圈周圍與礟尾一樣大不容毫髮之差將木圈套附礟頭與礟口平齊木圈勿伸出便符勾股度數如此則自引門後正中一線直視至礟頭正中與敵船相對然後施放雖使童稚亦能中的矣或恐木圈經久銷縮有破裂之變則用鉄板鑲固雖久不壞而新鑄之礟立令匠人于礟頭外皮漸漸加厚如花瓶口圍至與尾一樣大便合用矣至于礟頭上面正中要起一珠爲表礟尾大圍之處上面正中亦當起一珠爲表與前表相對更爲細微如前有珠後無珠無可相對反致生疑不如前後

皆無珠較爲安協久而精熟得其變通制造演放動中肯綮克敵制勝可操掌握矣

礟圈圖說

按照礟頭之圈如式製就束之礟頭勿緊勿鬆制法內外圈務要極圓內圈居中勿偏四旁方合度數玆又繪副圈圖一個形屬三角高與圈厚等後稍放長前後皆要刻一線痕以爲中標識用時方不偏斜如恐一時木圈遺失、或逢損壞則用此三角形縛之礟頭由引門後上面正中向礟頭上面正中直視對繩然後開礟其法

亦同其照視之法如礟圖後人目所視前後均平如水面向敵直去爲度勿使前後高低不均致有微差已成之礟加此木圈已合法度若再加珠爲表其法益容繪明珠式以便安置前珠可釘在木圈上面正中後珠可安在引門後上面正中安後珠之方法如銅礟可鑽一螺螄竅旋轉入竅如是鐵礟堅剛難鑽可用松香煑蠟粘之或用牛皮膠均可如恐脫落再粘亦易測準之法如式由兩表尖峯對正均平爲準

總之已成之礟不外加圓木圈及三角形二法未鑄之

礟不離頭徑加大如花瓶口頭之圍至與尾之圍等前後如圖安珠爲表斯爲萬全夫制度之法必當因時變通整理合度以垂久遠似乎不必拘泥舊章也果能如是則雖有夷礟百種新奇不出此範圍之中

佛郎機子母礟安表式

製礟始於佛郎機故同人謂礟爲佛郎機今中華惟子母礟尚存舊號粤人謂之搭提閩人謂之板槽以其身有一槽中加鉄板塞緊各以其意而名之也大礟而外禦寇破敵無逾于此輕快便捷頃刻可疊發數出連環

不斷兵錄最取此種為第一得力惟當安照星照星即立表也蓋其腰間廣大無可作準必當如圖立表如頭徑四寸尾徑五寸則尾徑大於頭一寸對半折之得五分則頭應加高五分今頭上立表高二寸而尾後立表可高一寸五分前後表各製一小孔如管中窺物狀從二小孔窺之對靶直擊發無不中也今之子母礮多不立表立亦不符尺寸演放不能十分準的未製之子母礮切不可不加表也如已造就亦可安之

中西用礮論

凡中西大小礮位自五百斤至五千斤止每百斤用嘗製火藥四兩而礮彈用薄棉先裹外加紅布包縫周密用廣東排錢尺引繩度地礮頭加三角形礮口高一度半平放演試不拘大小礮位皆至百丈便墜地即試八千斤礮遠亦如是而止若不包棉不包布礮腹不滿藥力旁洩兼彈子與礮腹相磋磨而不滑則尚不能及如是之遠觀於木噴筒吹泥彈滿腹則力大而遠彈小則氣洩易墜理甚易明也若欲使彈强發百丈以外至百五十丈先於彼處立靶然後此地安礮向天邊空際高六度半放去則能至百五十丈之遠如向空廿度至三十度高擊去可期二三里然彈線如彎弓不能徑直斜墜而下雖遠無用萬一能中亦已無力矣世俗傳聞之說謂大礮響如霹靂聲震三百里彈子可擊三四十里一遭轟擊山崩地裂屋宇被擊坍塌平地此皆未經演試之談殊不知礮響小大一樣極大者聲震五十里大小礮皆發里許擊沙袋擊山麓于百丈遠僅入土三四尺而已惟至五六十七十丈之處入土六尺至八尺之深擊磚墻僅洞穿一孔連透數重墻壁擊三合土墻則

堅不甚壞惟擊石則碎裂擊杉木船隻可穿三四重若牛皮幔緊亦可穿五六重懸牛皮間綢紗七八層三十丈還不能貫穿若擊夷人戰船堅木厚三寸者可貫穿二層太遠則不入至力窮之處蓆帆不能穿惟染灰跡而已所以夷人交鋒如在一里內外不甚開礮必在相距五六十丈極八十丈之內彼始開礮十可中七八也若至一里之遠彈子多墜無力難準雖可加高相補究是無　兼夷船上礮式不長皆自二尺至四尺最長七尺止六七尺者發多中三四尺者彈雖到靶或高或下

或偏而門自徑二寸至六寸此外未見矣其彈子所發亦僅符一里內之用今就英吉利佛蘭西亞墨利加三樣礮式與中華生鐵礮銅礮同用營藥演放比較遠近相等獨是藥料較勝墜數較減耳我軍若不惜加貲再加工料均是一樣得力何必拘執用彼籐炭法惟是彼船在洋進退活動且嫻習日久熟知礮性擊八十丈以外礮口加高量高補墜有量天尺插在礮口以定遠近加高度數折為尺寸以補墜數兼礮架活動上下四旁多槃滑車輕快便捷皆中國營兵所不習即彼此礮彈

遠近相均尚難制勝而況藥有美惡乎今當鑄就新礮之式再加長腹用上料火藥光滑大彈礮身漆綠色安置樹林青草間偃旂埋伏使彼千里鏡不能窺出安礮之處而我軍遠窺測準乘其無備必可制勝更於波羅洛日亭向獅子洋之處就地鑄就每位二萬斤三萬斤長大大礮四位安置向外遠擊此處設哨屯兵稽查奸細時刻戒嚴以制其大艘內犯然其施放亦必待一里以內蓋礮腹愈大用藥愈多則其彈子亦隨之遞增重大所以大礮擊遠僅能與小礮均非大礮及遠小礮及近也譬如射箭大小弓箭相差不遠弓大箭大而鏃亦重其射遠仍是六十步即如子母礮雖小亦可至百丈也

凡立靶演練只可度地五十丈及七十五丈先將此二靶試準再立百丈之靶終日如法演練無不多中若如燕塘立靶之處自平地至半山腳靶比平地加高四丈其遠百二十三丈而試靶平放不能到位必當斜向靶上空際用量天尺自地平測至高六度半計十有四丈演放墜落方在靶上無異即夷人放天礮不惟無準難

中而中亦無力凡彈子所去至百五十丈已漸低落如强弩之末不能穿魯縞也必當以百丈內為用按算所墜若干加高相補如測視紅心至百丈加高二丈四尺亦可中此外即不可用若新更加長火藥項眞定可加遠不在此論燕塘演練雖年年有期無如立靶之處高懸半嶺四丈之高演放惟認前面山石以為標準使有素習此處地勢者礮準加高亦只能中此處之靶若移之他處或使擊船固執舊方誠有萬難且舊製礮位頭小尾大多有彈子差高每至三丈左右姑作絕長補短

以墜下抵高越殊不知墜下之數比高越之數有不同且高越有限度而墜下無垠涯舊製卽使可用以高越之數補墜下在百丈以外姑許其中若在百丈高越三丈而墜下只二丈四尺相除尚高越六尺如敵在七十五丈高越二丈二尺五寸墜下只一丈二尺則相除高越一丈零五寸矣如敵在五十丈高越一丈五尺墜下只七尺則相除尚高越八尺矣敵在二十五丈高越七尺五寸墜下二尺則相除高越五尺五寸矣更加測視者多照不到位高越愈多使現敵人交鋒已久盡知其

弊所以迅速直迫而來使我利器竟成虛設試立一靶遠五十丈用舊製礮位不加圓圈不加三角等法與之測視正對紅心定必高越成丈無移此法與西法相同宜製三角準頭練試準繩使知礮藥彈子之性相距道里遠近量高補墜之數則發自多中

至於舊法測視數端有用錫片鑽三空安在礮尾上面窺之者有用木版二片各開二孔前後懸葫蘆者有或懸垂珠分安前後二形相切對線演放者此二式謂之星斗僅可以定偏正而不可以定高低惟有用竹管窺者不拘定對靶能知變通上中下轉移斯可權用今燕塘立靶之處急宜改移進前廿三丈木靶加濶加高各二尺便合演練而五十丈及七十五丈爲對炮之常經更當演熟不然縱使此處練至百中移至他處則不合用矣或問既能平放百丈何以不能斜放向上百二十三丈之遠何以加此二丈之高二十三丈之遠卽如此大差乎假使敵據高臺我豈不能高中乎不知彈子出口其力甚剛設若擊礮臺上當在地平斜斜向上六七八十丈之遠彈子有力始能得中如至百丈以外是謂

强弩之末再欲使其就下之重體凌空勉力而上譬諸少年之人血氣方剛登山甚疾老大氣衰之人平行尚難何況登高以人喻礮物理可推也

至若擊夷船之法夾板船上每桅三節相續全靠左右偏摘摘緊前後四桅牽連相依爲用若擊壞空中桅盤四枝搖動寬鬆傾側不堪駕駛必當退出修理又最忌攻擊尾後因多窗檽木版甚薄一擊裂散若火輪船上面與夾板無異惟身加長而無中桅內藏機械包裹蒸氣處處緊秘張縮冲動經過各輪始達船旁激水大輪

其質薄輕始能越淺水故易於擊壞壞其一機則蒸氣洩出不能行動擊破煙筒則滿船昏暗迷目難堪若壞其長筒則當駛回外國方能修理觀彼船上惟安頭尾兩礮位每重千餘斤至二千斤而止其脆薄可知也惟測視攻擊之法尤當變通其夾板順大風日夜行六百里火輪船順逆流晝夜行千二百里以時辰表與人脈息呼吸較準推算人脈一呼一吸之間二船皆行二丈二尺夾板船逆風對我軍面前經過一呼一吸船行一丈如對面前斜去斜來一呼一吸能行七尺其礮自點引門一呼一吸始響又一呼一吸彈始到攻擊時當如數按算加量進前則不大差

至防夷船桅礮懸放之法彼船桅盤上所安小礮甚長自高擊下其勢倍順比之地平演放倍遠礮臺內火藥宜藏僻處以防火彈墜落其礮臺內兵房比墻宜低四尺倒水傾落房後使無所施其大夷船桅安礮之盤約高四丈距臺十丈用勾股法推算似編中長方曲折及圓形二臺前墻高一丈二尺後面兵房高八丈桅尾彈擊來皆落後池矣

壓礮之物向多用砂袋重至五六十斤演時礮身或退後或仰起惟有五穀一壓不動計用紅粬米一斤小麥十二斤綠豆二斤芝蔴二斤粟十五斤用紅布袋盛之演時先入藥彈舂足實測準即將五穀壓在礮耳適中上面然後點引門響後用蔴掃浸水洗盡灰燼方可再演凡撬柄扒掃引門錐水桶尖方礮枕一切演放之具皆當備足庶免一物不備臨時束手無策

以上所陳彈子自二十五丈五十丈七十五丈至百丈四處墜下之數係就中上營藥爲率若用上料好藥則墜數較少而下等之次藥其墜無所底止皆不在此論

用火藥法

中華礮式如礮身重每百斤用火藥四兩如夷礮四千斤乃四千磅實重三千斤用藥七斤八兩中有身短而口大者則加用十分之二亦無妨惟演放時聽聲用藥臨演之際須用紅布袋每包二斤或三斤可以寫明用時送入礮腹逐包舂實用引門錐用力插看以實爲度

用鉛彈法

凡礮口配彈子以九折爲率如口徑六寸配彈徑五寸

四分口徑二寸配彈徑一寸八分餘可倣此試彈之法用銅板或紙皮規一孔周圍符之便知圓否又當先滑腰間一線宜敲平貼先用薄棉裹之次用木紅布包縫周密送入礮腹大彈入後加羣彈一包十二個每個就礮口之徑二折如口六寸每彈徑一寸二分口二寸每彈徑四分餘皆倣此羣彈已入再用舊蔴繩解散扎成圓毬與礮口緊合再舂入礮腹使彈有力自高擊下亦不輾出彈勿過細恐洩氣無力不能及遠或偏左右

經試墜數

昇平日久向來大礮入彈演練亦非常事而放亦不求其中中亦不知其差高之度與墜下之數今獨立靶高一丈二尺濶八尺上畫橫線日日演試細驗彈至二十五丈墜二尺至五十丈墜七尺至七十五丈墜一丈二尺至百丈墜二丈四尺止此外至百十丈墜三丈二尺至一百二十三丈墜十丈皆不合用茲特據實數彙列明晰以便逐處加高補墜不論遠近皆有準繩

測準亦有不中論

凡演練大礮必當礮好藥佳彈圓其架便捷架下地方平坦不偏左右安靶之地不宜太高亦不可過遠有一不合便不能中如礮已舊腹中生鏽凸凹不平引門寬大演放無力或引門在礮腹底面進前二三分者必能退撞並有一經演放礮口仰高或連架跳起或偏左右以致不中此可加米壓重亦有火藥不純打不到靶礮彈不圓及過小者或腰間起線不平礮架不得其宜地有不平礮身欹斜左右偏左者彈必偏左偏右者彈必偏右皆不能中靶若四者皆得其宜發無不中也

中華用礮變通轉移法

西人鑄礮用礮之法極盡精微不同於中華之草率若示華人以西法在智慧者一聞曉暢其不解者必謂歷來演放皆如用鳥鎗打鳥但用目力由尾視頭對靶何嘗不中乎不知大礮與鳥鎗大有不同鳥鎗所擊只十丈而頭小尾大至十丈只差五六寸入彈又非一丸故所差不知而大礮之差則動論尋丈必知變通轉移方合演放若就數種度數不同之礮執定一樣演放安能命中卽如用竹管窺視一法較之各欵星斗較為相近然當有分上中下轉移之法方能中靶若執定管窺不

知轉移雖期多中轉移之法先將礮位度量如身長八尺頭徑一尺一寸尾徑一尺五寸比頭徑大四寸對半折得二寸爲毋以身長八尺爲除除之每十丈彈子差高二尺五寸如相去五十丈差高一丈二尺五寸如彈墜七尺尚差高五尺五寸如用竹管欲打紅輪正中當測視紅輪下五尺五寸六折形三尺三寸若打七十五丈彈子差高一丈九尺此處墜下一丈二尺彈尚差高七尺此處五折半形三尺九寸竹管當向紅輪下四尺左右又如在相去百丈差高二丈五尺墜下二丈四尺

相除尚差高一尺五折算形只五寸竹管當向紅輪下五寸亦有每百丈差高一丈八尺者在五十丈差高九尺扣墜數七尺尚高二尺六折算形只一尺二寸當向紅輪下一尺二寸演放如相去七十五丈差高一丈三尺五寸扣墜下一丈二尺相除尚差高一尺五寸六折算形只在九寸左右也當向紅輪下一尺左右便合如相去百丈差高一丈八尺而墜下二丈四尺相除尚多墜下六尺五折算形只三尺當向紅輪上三尺演放均是佛山新鑄礮位而測視有上下之不同使執管覘之見將前礮與後礮一同演放均是百丈之紅輪前礮向下一尺後礮向上六尺其上下之差計有七尺誠有天壤之別凡用竹管者能如法轉移便與所用三角形相符

西人鑄礮用礮法

西人鑄礮其鐵皆經百煉鎔淨先用蠟製成一礮絲毫無異次用泥封密陰乾鑄時用火烘模開孔洩出蠟油然後將鐵灌入四五日後始開模取出置之荒野人跡不到處將礮實滿火藥用長心引火繩一點各人盡遠

避藏跡一經礮響騰躍空中跌落不壞以不炸裂爲度使無後患其鑄法合度多以引門上長方形爲表或安頭上或安尾後或頭尾皆安亦合度數而火藥較之中華又更精細舉數較減如中華火藥至五十丈彈墜七尺至百丈彈墜二丈四尺用西人火藥五十丈墜四尺百丈墜二丈左右而已其彈子乃用蠟模鑄就渾圓如地球腰間並不起微線演時或用千里鏡或就引門測視對靶一十丈至百丈左右皆有逐處加高補墜高低轉移如擊七八十丈及百丈製一象限儀插入礮口

如上叚所述方法加高一度至五十丈高八尺七寸四分至百丈高一丈七尺四寸八分攻擊甚準並繪一圖以便考証此法靈臺儀象志有圖可據也

用礮遠近釋疑

或曰子所著前編演礮差圖每百丈差高二三丈設若四里差高十丈左右其變通加三角表之法善鈎股者亦稱合度向聞大礮擊遠二三十里姑不之信意者或有十里其彈子彎者不計直者想有六七里可用若據今日在燕塘演試中西大小礮位皆在百丈左右而直

彈大約不過六七十丈此外則漸漸墜低其用法當如何安置耶應之曰用礮之法不論彈發十里以至一里皆當取其彈子直去者用之彎墜者舍之如彈發十里而直者有六七里今僅發一里爲百丈而直彈有六七十丈當以此爲用加三角表之法誠不可無雖六七十丈之中畧有小墜此處有力可用此外至八九十丈百丈左右彈漸漸墜下不甚合用矣而用者當漸加高以補其墜如弓箭射靶其理則一現在賢良祠西洋礮式三位可據也或曰若然則已合西法設使不加三角表

定然高越但見燕塘演練百丈之靶雖多有高越過靶亦有不高越中靶者何耶曰礮製不一律其中有尾過大而頭過小者每百丈差高至有三丈餘至靶高越必多若如頭稍加大則每百丈差高二丈四尺者至此彈子墜落亦恰在二丈四尺可以恰中而旁觀者以爲不加三角表亦可遠近一律中靶殊不知惟可中此百丈之靶若自二十五丈至五十丈七十五丈三處各有高越安能適中或曰加三角表三處既已各有墜數不加此表反有高越亦有法可繩之否曰凡礮位不同一位

自有一位度數彈發高低其性不同所差惟在礮頭之徑數差一寸者至百丈即差丈餘雖同一廠所鑄一時一式皆非一律其用法當未經演放先度定此幾位尺寸度數逐位度量身長及頭尾之徑如上法算定差高補墜之數記載一紙謹記在心上架竹管放低轉移窺測則與加三角表同法加三角表加高補墜數架竹管放低就差高隨彈高下均可互用若無分等第不知度數執定一律演放而不察者以爲不加三角表擊百丈亦時有中靶不知擊近又有不同耳或曰子所論是矣

惟所云擊至六七十丈之遠恐夷船之礮比我較能遠及以七十丈為用竊恐不敵曰夷人製礮之時已預酌遠近用礮之時有知遠之方先於船上用千里鏡窺視人形大小以定道里遠近測視準頭遠近不同約量彈子可到兩地相去窺視人形明晰在六七八十丈左右彈放出去直而有力可中然後開礮遠則不開也然亦有時特意虛發者如兩處交鋒相距曠遠竊恐彈發不到先駕火輪船迅發一礮探之不能中則不開放二十年以前曾在澳門聞海上夷人戰船交鋒對礮駛得甚

近約在六七十丈始肯開礮方今演試始覺所言皆合或曰若此所云夷礮亦不甚遠何以自河下擊上鄉村有三四里之遠耶曰凡礮安高一度半平放可至百丈若高六度半可至百五十丈高十度可至二百丈高二三十度擊上空中墜落便有三四里不見夷船安礮其口仰上乎此乃攻擊城池恐嚇居民不能有準也要之夷人用礮考試猶中國科場之考箭倘推廣其法則海內之善於用礮者到處皆是此禦寇之大助也

用礮摘要

一凡擊敵之法當首先審視人形長短以知遠近方能命中若就現時之礮無分遠近不知加高放低執定一律演放彈發無準若知遠近擊遠加高擊近放低發必多中不致高越加高補墜放低就差高用量天尺較之便知對靶高低尺寸大約擊大船高約一丈相去二十五丈及五十丈七十五丈三處測對船底此外至一百丈測對船底之上一尺擊百十丈測近船面如小船高約五尺者自二十五丈至七十五丈比大船再低一尺惟一百丈及百十丈當再低五寸

所謂低一尺或低五寸乃見水面離船底大概之形此就現時所鑄之礮總論大畧十位有六七位如是其中亦有不盡如此者若未曾用量天尺較對猝遇交鋒就此權用不特多中且不高越船上此就不加三角表而論也

一凡礮位準頭盡在礮頭之徑當知算差之法不知算法雖知遠近亦難有準若知編中算法算出差高之度除起彈墜之數倘差高若干轉移演放發無不中

一凡鑄礮如中華所鑄每多頭過小而尾過大能中遠不能中近近則高越西人鑄礮頭尾相差無幾能中近不能中遠中華之礮能中遠只在一百丈至百十丈若自七八十丈以內彈多高越西人鑄礮能中近自出口至七八十丈皆可中此外至百十丈測之正對多不能中當加高補墜中西二礮比較擊近者勝於擊遠近者易中其力甚剛遠者難中其力甚微凡礮位能中遠者恒不能中近能中近則又不能中遠故算法不可不知若欲鑄就遠近一律測正皆可中

靶卽西人之善鑄礮者亦不能兼今就歐邏巴各國礮式度量推算演試較合惟佛蘭西有一式頭徑比尾徑小無幾使彈不墜每百丈差高一丈七尺自彈出口直至七八十丈所墜抵補差高恰能相近所差只在一二尺若敵船相距八十丈以內測正攻擊皆可命中惟八十丈以外至百丈及百十丈當漸加高補墜蔽之僅能中遠者不同但敵船之大者長十丈高一丈至百餘丈之遠視之短且低矣且水上渺茫彈自空中斜墜擊之難中中亦無力蓋敵船迫近其形甚大彈子直貫易中若欲擊遠則加高補墜所以離遠不甚開礮也今用一算法不論大小礮先算後鑄如佛蘭西式爲有準

海國圖志卷八十九

象限儀圖式

邵陽魏源重輯

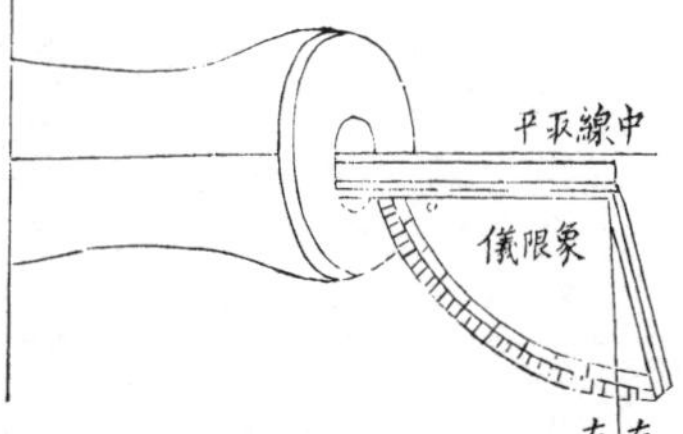

附製象限儀尺寸

此儀即弧三角其製法大小隨意大則度寬小則度密以取圓三百六十度分爲四限之一得右限九十度茲粤省所製半徑五寸七分旁另留餘位三分以備貫釘又附左限十度角穿一垂線下懸一重球墜之其方柄宜直長二尺七寸上安兩小銅圈以便測視地平高低每面寬七分安在儀面之後柄伸出一尺五寸便合用

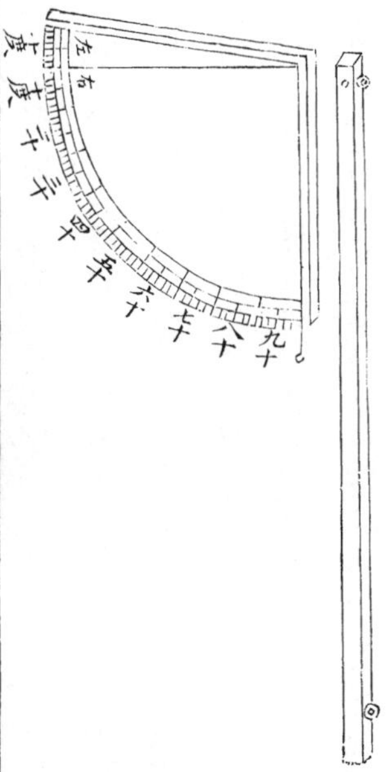

用象限儀測量放礮高低法

丁拱辰

此象限儀即渾天儀四分之一也按周天三百六十度一限計分九十度每度本作六十分今因製具狹小以每度權作十分算此儀俗謂之量天尺其爲用也甚廣測視七政躔度與夫量山度雲霄壤之高下皆可推算而西洋人用之測驗礮差尤爲精微蓋礮之高下各有不同而加落之數亦屬無定要在有所準繩非可臆揣故用此儀以較之其法無論有表無表之礮先將礮口安平然後將此儀插入口內使垂線不偏左右其礮身

中線自與之俱平如欲擊百丈以內之靶則先以線平試演一礮視彈去到靶或高或低低則加高高則落低加高則用右儀視垂線偏右幾度低則用左儀視垂線偏左幾度其加落若干度若干分均須隨時記淸以後施放即爲準繩如欲擊二百丈之靶又須較之百丈量爲加高如係擊三百丈則又須倍加總期中肯爲率餘可類推平時司礮者果能按礮一二演試得法各自記明雖未必礮礮皆中靶然亦必不離上下左右之間不然彈飛如隕星一閃而過又奚能遠視測量高下之尺

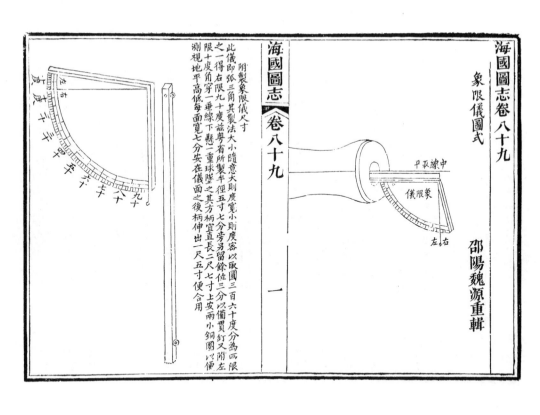

寸至若大礮固能擊遠然過遠則彈去究竟無力大約三百丈之內一百丈以外方能有勁也葢礮力近則猛烈可以摧堅破鋭至左右儀高下之數只須左右各十度測量卽可足用故將左儀十度附於右儀之左以便運用此用儀之大畧也然礮之食藥分量之多寡彈子之輕重大小均須合式平時一一配定方能有準若彈子小而膛口大則藥力四洩彈出無力而不能擊遠倘彈子稍大不合膛口又恐有澁滯之虞必須詳愼親爲檢點此乃就平地設靶而言若夫由高而擊低自下而

攻上須將儀柄執之手中與礮身比平從柄上前後兩銅圈孔內測視彼處或高幾度或低幾度高則遞加低則遞減須知陸地設靶與水面不同如敵船來自水面則進退無定又在臨時相度遠近測看敵船駛來或乘風力或順潮信更須視風力之緩猛潮信之長落以察其船行之遲速然後從容施放如果審度得宜不患礮發之無準矣

中線高下圖

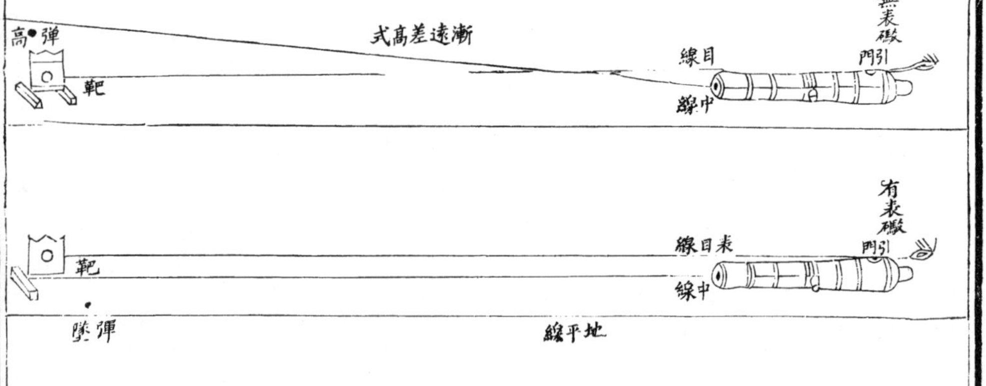

演礮須知中線準則論

夫演礮須對靶而目線與中線互有參差。立靶既有遠近之分則彈去即有高下之殊。要必有所準繩而後可融會變通。蓋礮有大小頭尾粗細之徑固有不同。而其形質渾圓自百斤至千萬觔大小雖殊。用法則一。由中心測直而畫其中線當為準則。以較高下之差。然後用象限儀以記其加高落低之數。庶幾稍有把握。今於後幅繪二圖以論之。如無表之礮。其尾粗而頭細。若從引門上用目線對礮頭測平則礮頭較礮尾必高而礮口

自與之俱高。其中線亦與之愈遠而愈高。假如礮口中線與上線相距一尺。出至二三丈之外。則中線漸遠漸高及至到靶必高越目線之上而過。又如有表之礮其頭己加表與尾徑相等。若從引門上用目線對礮頭測平則礮口內中線亦與之俱平。假如礮口中線與上線相距一尺則對靶上相去自亦一尺。此兩礮目線雖同而中線彼此高下迥殊。設以此兩礮下子演放。如擊百丈以內。入靶可知。無表之礮有高越之差。有表之礮有彈墜之失。然中線差高之數。其遠近丈尺各有不同。而算差之法不可不知。譬如前論無表之礮。作身長二尺頭徑二寸八分。計之上下分中得半徑一寸四分。尾徑四寸得二寸。則頭較尾小六分。即以六分為母。以身長二尺歸之。計每尺差三分。如一丈則差三寸。十丈則差三尺。百丈則差三丈。若彈子由中線發出至百丈之遠有漸墜之勢。譬如彈至百丈約墜二丈四尺。除墜數外計尚差高六尺。則彈子仍越靶而過。蓋因不知礮頭尾徑粗細之差及加高落低之法。故兩礮俱不得中。此一

定之理也。如能知中線高下之差。高測則低。低則加高用象限儀測量合度。此兩礮又何嘗不中靶耶。此算遠近差高捷便之法。與勾股算數相同。故附其說。俾司礮者得以易曉。

勾股相求算法圖

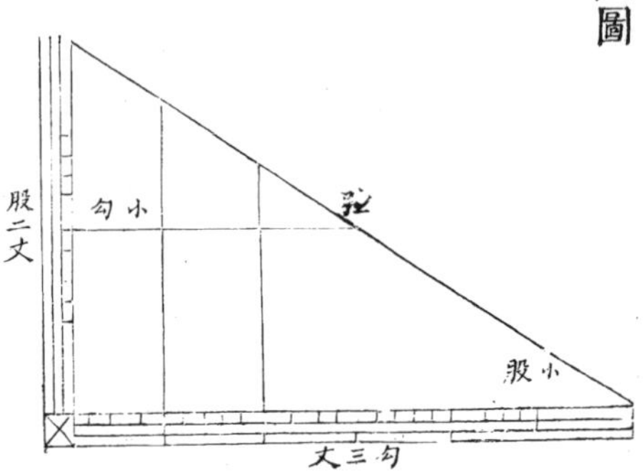

勾股相求算法圖說

按勾股之法其用甚廣以之測影推度山川之高深平原之廣遠非勾股莫由而知今畧舉一端以明其法如圖所繪直線爲股橫線爲勾斜爲弦譬如大股高二丈大勾長三丈以股求勾問小股一尺該小勾幾何法置大勾長三丈爲實以大股二丈爲法除之則每尺之股得小勾各一尺五寸若股一丈則得小勾一丈五尺若大股二丈則得大勾三丈又以勾求股問小勾一尺得小股幾何法置大股二丈爲實以大勾三丈爲法除之則每小勾一尺得小股六寸六分六厘如問小勾五尺

設小股幾何法以小勾五尺與大股二丈相乘得一丈爲實以大勾三丈爲法除之得小股三尺三寸三分三厘若勾二丈則得股一丈三尺三寸三分勾二丈五尺則得股一丈六尺六寸六分若勾三丈則得股二丈恰符原數餘可類推此勾股相求算法之大畧與前篇礮位中線差高算法相同因恐司礮者不諳勾股算法難於洞曉是以中線準則論內附陳便捷算法俾人易曉今仍附此圖以備參考

量頭尾徑圖

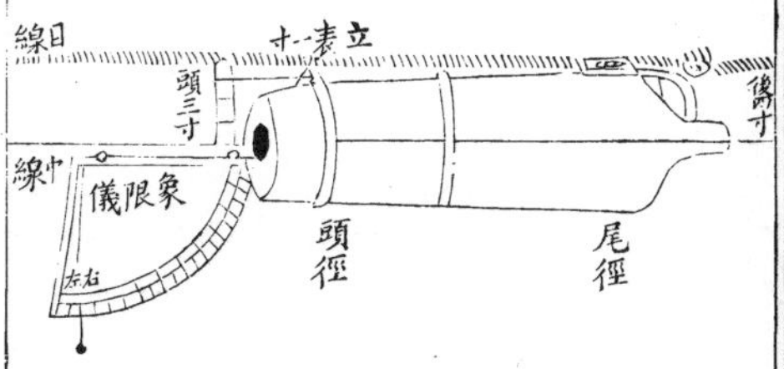

量礮頭尾徑捷便法

前篇所論演礮須知中線準則，然猶慮司礮者不諳測視頭尾徑之法，仍恐不甚瞭然，故又立一捷便較法，使人人可以易曉。假如有一礮尾粗而頭細，其形質渾圓，必須量頭徑尾徑之數，方能得中線之準。其法以尺先自礮尾後耑分中而上，用橫線與尾扯平，量直有若干尺。譬如測得四寸，則上下可知計八寸矣。上下分中而算，下四寸可置勿論，計僅得上半四寸。再用尺測礮頭，譬如測得六寸，分而計之，則上下各得三寸，下三寸可

置勿論。以礮頭上三寸與礮尾上四寸測平相較，計礮頭周徑各短一寸，故須立表補一寸，前後各得四寸之數，使其勻平，分中測視，方得其正。此猶就一礮而言，其他各礮前後粗細又自不同，如較短一寸則補一寸，短二寸則補二寸，視短數之多寡，定立表之高低，方爲合式。蓋立表之意，無非欲使頭尾之徑高低相等，取其平直而已。以之測正，可爲標準，擊近視高低亦可用，擊遠則礮口加高，難以取準。若臨時揣摩，則必失矩度。此又不若用象限儀測之，平時記明尺度，較有準則，俾倉猝

施放不致失所憑依今繪圖於左

進呈演礮圖說疏 靖逆將軍奕山等

道光二十二年七月二十二日奉　上諭有人奏近得一書名演礮圖說係丁拱辰所著此人曾在廣東鑄礮演試有準亦曉配合火藥之法著奕山祁墳查明是否實有丁拱辰其人現在曾否在粵所製礮臺礮位果否堅固適用據實具奏又聞廣東造得火輪船亦頗適用著即繪圖呈進並將是否內地匠役製造每船工價若干一併詳悉查明具奏欽此伏查丁拱辰係福建監生前來軍營投効呈獻象限儀一具測量演礮高低之法當經臣等于上年冬月間親往燕塘地方用象限儀測視演放尚為有準該監生頗知急公曾賞給六品軍功頂戴該監生著有演礮圖說係講求演礮準則而於配合火藥以及修築礮臺鑄造礮位亦只有論說未經親為製造前經署督糧道西拉本即就原書詳加考核復於團練壯勇之時或在平地低處或於礮臺高處先立靶於水面用象限儀測視演放大礮往往中靶者多該道與　拱辰互相參酌擇其演礮要法別擬圖說數則言簡意括刊掛礮臺俾人人易曉現在駐守各臺壯

勇俱能深明其法其臺上礮架一律製造滑車絞架推挽亦極靈便除別製象限儀二具交齋摺差弁帶京呈進外茲將丁拱辰所著原書及該道西拉本更訂數條各繕一冊先附報便咨送軍機處進呈至於火輪船式曾於本年春間有紳士潘世榮雇工匠製造小船一隻放入內河不甚靈便緣該船必須機關靈巧始能適用內地匠役往往不諳其法聞澳門尚有夷匠頗能製造而夷人每造一火輪舟工價自數萬員不等將來或雇覓夷匠倣式製造或購買夷人造成之船隨時酌量情

形　奏明辦理再查本年六月間紳士潘仕成獨力報効不惜重貲雇覓米利堅國夷官壬雷斯在僻靜寺觀配合火藥又能製造水雷據該紳士聲稱所製水雷一物尤爲精巧利用曾派人在彼學習技藝俟將來造成後如果演試有效該紳士自行派人齎送到京聽候閱驗合併陳明源案火輪船大小不一如欲載多兵多礮航大洋之火輪船自非價數萬員不可若行內河之小火輪舟其輪不在兩旁而在船底如磨礱式者現在粵東城外珠江有之詢彼夷人製造不過數千員每日亦可行八百餘里由珠江至香港即有二百里洋面則岸海上海內洋亦可遍行中國製造火輪舟但須仿此磨礱式之小火輪是矣至此奏所云試造不靈便者仍由粵商師心仿造未延夷匠指授之故倘肯出貲延夷匠爲師不旬日而可成矣又大火輪船有頭號二號三號不等去年上海夷曾以三號火輪船出售于甯波製造極其精工索價二萬員則凡所稱每舟需十萬員者尤妄說也

海國圖志卷九十

西洋　　邵陽魏源輯

西洋低後曲折礮臺圖說丁拱辰

西洋礮臺可拒天礮火礮大礮火箭其臺最忌前低後高以及臺內構屋建塔高出墻頭因英夷一種天礮斜發空際墜落炸裂亂滾又學佛蘭西飛礮將大彈入大礮內對陣直擊彈子炸裂火迸敵營倘轟擊只在墻外不致焚燒若臺內行兵之處後有屋宇高墻則一被轟擊火光飛濆立足無地且能焚燒火藥局其彈徑四五

寸形如臘丸上留一口腹中空虛藏許多小彈每彈皆用桼臘縣沙線札之各通一引總結於口內實火藥著處破裂火光一發小彈帶火亂噴利害甚於天礮如大礮對陣轟擊若墻內屋宇高聳或礮臺後墻枕山高於前墻一遭礮擊灰石飛揚亦難立足所以前宜高後宜低形勢宜曲折堅固宜三合土收彈宜網喉如圖所繪墻高一丈二尺厚上八尺下一丈二尺頂如覆竹形墻內路闊一丈密掛網一丈或四方或斜方形略如酒漏樣網喉長九尺每網之下開一井將網尾入井一尺使大礮自空中墜落由喉入井著水必熄矣其路後築兵房高八尺比前墻低四尺而房後高只四尺倒水斜傾落屋後之池屋脊愼勿用瓦亦用三合土厚一尺前後有門以通入兵房之後留一路濶三尺路之後開一長池若天礮之彈墜在網喉必落井中如墜在屋背必輾轉落池而礮墻既高於兵房俺礮彈子不能中入矣臺築河旁兩岸對峙各築一臺畧朝向外口如八字樣仍於礮臺之內相去半里由河邊陸地塡出一莖直出中流盡處漸廣如出水蓮花莖之兩旁各築一墻扶翼中

道以護來往接應者於水中莖盡處築一臺長方形勢向外安礮共成鼎足形三面攻擊聲威雄壯仍於臺前河中多立品字木樁名梅花樁中泓留一水道甚狹逶迤曲折如之字樣使敵艘不得直入若循道曲折而進則兩岸中流三臺合攻豈能飛越至若海外孤懸或海口三面環海一面枕山者則用圓臺大畧如是也

西洋圓形礮臺圖說丁拱辰

上所陳曲折礮臺式乃是內河兩岸形勢他如虎門橫檔孤懸海中或兩山對峙半面環海半面枕山則當稍

異此則不用曲折之字樣可用圜形臺式就其山麓形勢循環周築或拱抱山後就地築造勿似大角沙角後枕山面甚高前臨海港甚低如圈椅樣一遭礮擊碎石炸裂飛火噴燒立足無地何暇顧及交鋒夷礮來攻最喜尋此形勢便彼攻擊若前高後低并空其後一面不築墻則彼雖有許多奇礮皆無所施其巧今繪一圖半面環海就山麓環抱開一平壤闊四丈內臺墻厚上八尺下一丈二尺墻後路闊二丈路後兵房並房之前後墻身闊一丈兵房後用一坑闊六尺深丈餘墻高一丈

二尺路張網喉每喉下開一井兵房高八尺坑愈深愈好若有山上流泉導入坑塹可使天礮墜落遇水必滅如無泉水己落坑底其火亦不能噴高矣兵房之制亦與陸地河旁臺式稍異前有門而後不開門其山巔可剷平以築小臺臺墻畧低只用大礮中礮數位過山礮子母礮十桿弓箭手十人前助擊敵後防間道小臺之門向後開一小徑曲折而下直達大臺之右入於大臺之內臺內開一偏門以通行人臺墻後近山處剷去山土一層環抱周圍高與墻等使其山脚壁立而從間道

者亦不得越登矣此抱山後之法勝於枕山而向閭澳夷云中華礮臺既不合式況加石砌更易迸裂西洋各國礮臺皆就山勢堀平或堀山分為二三層依山築臺隨式而成率用三合土築成觀澳門三巴門外城垣東西望洋礮臺皆三合土為之二百餘年不圮是其明證至若山如屏障或如木梳形可就此法變通亦難板執耳以上二臺俱開三角礮眼勝於方圓礮眼礮架下鋪細石或堅木板或三合土不可用泥土致礮架陷入土中難以移動也其木樁或三枝相近連而為一中下用

橫門交連一齊打落水底上加大小石塊壓之使不能絞起因夷人有舉重算法及一應舉重挨磨車絞車絞架滑車螺旋轉諸器拔之甚易若如此法絞拔扯鋸皆無所施也

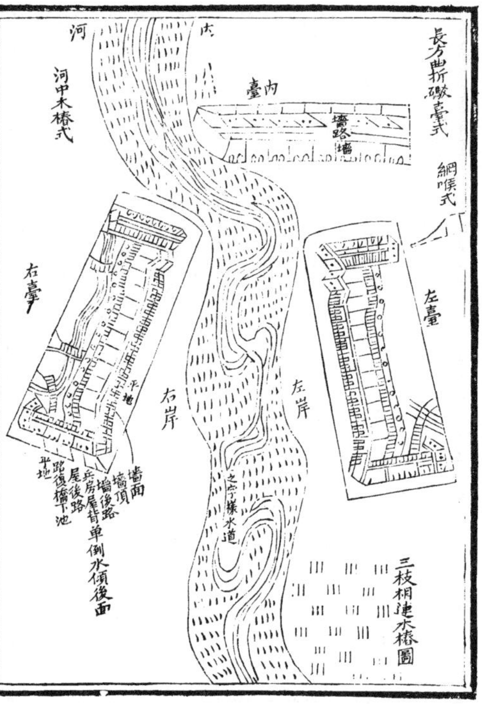
長方曲折礮臺式
網喉式
河
河中木椿式
内
臺内
右臺
左臺
右岸
左岸
之字樣水道
三枝相連水椿圖
平地
墻面
墻頂
墻後路
兵房屋背单倒水須後面
屋後路
路後墻下池
平地

圓礮臺式

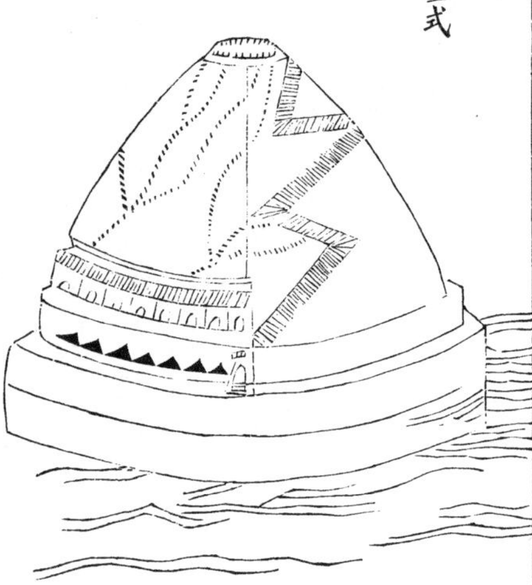

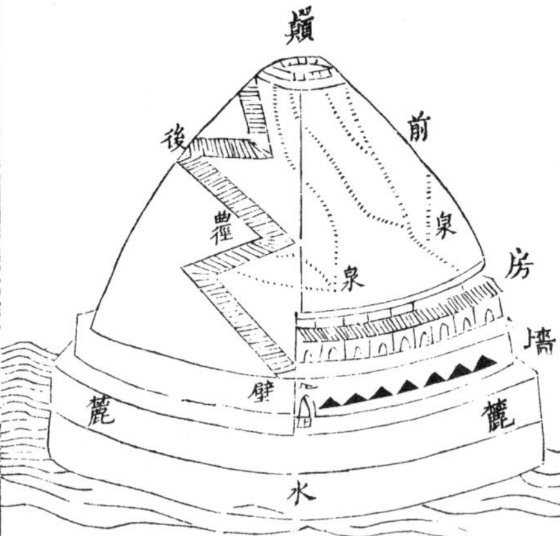
巔
前
後
泉
泉
房
墻
壁
麓
麓
水

潤土礮臺圖說

丁拱辰

猝遇寇警囊沙爲墻厚一丈隙安礮位其法最妙厦門用此法敵人礮彈擊來只入沙二三尺惟是可暫不可久沙袋月餘朽腐則不能得力易成可久者莫如潤土礮臺不時潑水可期數年不壞可自水口至內河擇險要兩岸鑿鋪潤土築礮臺墻排列各畧朝外如八字樣上墻百堵或地方狹窄就地酌量墻高五尺五寸內藏數千斤大礮每墻隙安置一位外口闊二尺二寸內口闊七尺安五六七八千斤大礮餘留外口闊一尺八寸

內口闊五尺安二三四千斤大礮酌量礮位之大小按留墻隙作礮眼敵礮直來柔能勝剛得其彈可用而墻內可留一路闊三尺以便行兵路邊可開一池深闊長與墻高闊長等就所鑿起之土恰敷臺墻之用然後引水入池如此則大礮火礮直來不能中傷天礮自空際斜墜必落池中若在池後尤不爲害墻高五尺五寸外邊上下長二丈內邊長一丈六尺五分及一丈七尺五分二款黑配上厚八尺下厚一丈二尺墻頂勿作平坦當凸起如覆竹形礮架下及後面共長二丈闊七尺當打木樁作基上鋪雜石板或鋪堅木方堪演放礮架之輪方不沉陷土內致難轉動自海口至內河各險要可用此法大小礮位當有千餘方足禦寇此是有定位不能移動可守不可戰若欲出洋追逐制勝之方莫如造堅固夾板或恐緩不及事則如靖海侯施將軍克復金厦二島之策著有成效餘無他策

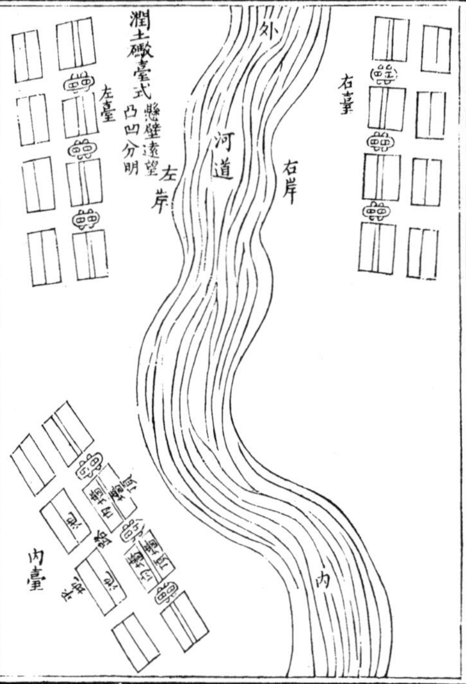

礮臺旁設重險說

江蘇候補知府黃冕

一礮臺左右旁近宜環設暗溝地雷并設伏兵以示重險也查各省沿海礮臺以防內地海盜則有餘若以禦洋夷則適足樹的招攻毫無益于守禦緣洋夷以船礮爲城郭習慣攻戰如使我礮僅中其船舷兩旁不過倒退搖撼無損于敵除非適中其火藥艙方能轟裂否則適中頭鼻亦足使駕駛不靈安能有此準的而夷船攻我則于數里內外遙升高桅用遠鏡測量情形瞭悉一面先用大礮飛彈遙注礮臺轟擊使我兵驚潰卽一面

分兵繞出礮臺後路夾攻其後使我水陸腹背受敵此虎門厦門定海上海寶山失事情形如出一轍今議防夷仍止以礮臺堅大爲事而不講求夷敵繞攻礮臺之計非善策也欲求萬全必移海口礮臺于內河要害之處尤必于礮臺左右遠近別設重險方足以有備無患其法在一伏地雷一設暗溝

地雷之法有用之攻城者必先掘地道潛入且耗火藥十百倍非戰守所用其用之待敵者古法用磁瓦罐瓽分貯火藥或用兩鐵一盔一底聯以螺絲旋亦未以收

迸裂之力如欲用藥少而得力大必用生鐵鑄成渾器
而空其中但留小孔實以火藥毒藥并藏刀劍碎錐在
內閉氣愈緊則迸裂愈雄各就地勢酌用方圓長短之
地雷相度敵兵來路無論高坡平地散伏錯設平日不
設藥線俟臨敵之時方始安置其看守藥線之人或伏
山坳或伏地溝遠埋藥線伺敵入伏即行點放或黑夜
遣諜潛往點放或募人佯作漢奸投敵點放其地雷嘴
口向下倒垂以啣藥線其藥線須藏於竹管內以防雨
水潮溼此只就內地火藥而言若仿造西洋自來火藥

則但須蠟封嘴口而別埋一無藥長繩于數里外臨時
但一牽動其繩而火藥自發尤可收一發聚殲之效勝
于攻剿十倍一處受創處處驚畏草木皆兵自不敢長
驅無忌矣蓋炸彈即小地雷而地雷即大炸彈用藥少
而得力大儘可多設數處數重首尾互應以資層層得
力

或謂敵于地雷已發之後又遣後隊冒死續進且或先
驅牛馬俘卒前行嘗試而後以精兵隨之其時地雷已
罄又將何以制敵曰地雷以內又必環以暗溝始萬全

無患深掘重塹多種荊棘蒺藜或灌泥水其上施板蓋
土望如平地一踐其上人馬皆陷此等如遇衝要之處
二道三道皆可施設但必深秘勿泄使我兵知之而敵
不知避則必墮吾計中矣至於礮臺不過虛張旗幟佯
置兵礮以誘敵其得力之處全在礮臺以外別伏精兵
相機策應若夫當地雷之處或佯走以誘敵而無地雷
之處設疑形以誤敵此則臨時制變存乎其人有非筆
墨所能盡者

語曰三折肱始為良醫又曰不經一失不長一智

是故前車者後車之鑒也夷變以來非無宿將忠
謀皆以承平剿內寇之法施之外夷證治不符方
藥屢換冕從事浙海目擊情形痛深創鉅因病悟
方不敢以敗軍之將遽忘報國之心爰成禦夷數
策一炸彈二輕礮以利其器見前卷三地雷四暗溝
以重其險皆前人所未有而邊防所必備曾從林
制軍劉番青海已將炸彈輕礮製造試用有效曾
經奏聞至地雷之法不過就炸彈而擴充之無論
西北東南皆可為陸戰陸守之奇器用力少而成

功多省兵省餉妙難殫述蓋親當利害又竭耳目
心思而後得之其炸彈飛礮英夷陸戰長技實不
外此至輕礮地雷則英夷遇之尚不能當此合之
粵中所造攻船水雷而用之水陸皆操勝算而猶
患海防無備者未之有也然此法止可施之外夷
剿寇若內地亂民脅從居半宜剿撫兼施未可玉
石俱焚敬告仁者愼毋輕試

地雷圖說　江蘇候補知府黃冕

地雷造法空其中以藏利器以出藥線竅其旁內用泥胚外用木模鑄成後去泥實藥一切如造炸彈之法每具輕者一二十觔重者一二三百觔計每鐵十觔配炸藥一觔許輕重照數加減

一造地雷之法以閉氣緊固爲得力一二十觔者留孔方圓不過一二分一二百觔者留孔不過一寸鑄成時宜用口對孔吹之遇有鐵竅露氣之處宜以油灰粘糊使不出氣爲度

一地雷一二十觔者可擊數十丈一二百觔者可擊數百丈鑄造須量其空處裝藥多少酌定鐵之厚薄以爲模式總以炸力猛勇爲度蓋鐵太厚而藥力少則炸必緩而力弱藥太多而鐵過薄則地雷過於易高恐冒過賊面而擊賊無多是在製造時每成一土模必加斟酌使恰合機宜方可留用否則另修土模期於盡善

一地雷之法必先試驗於天津陸地或南苑空曠之處由火器營監造演放如果得力再行多造分給陸路

各營以及各海口水師

一地雷安設宜于容敵最多最要之路分伏數層以數十具爲一層藥線牽連如同瓜籐蔓引一發皆發

一地雷腹內藏有鋒利之物倘鐵鑄地雷或不敷用則竝用瓦罐多貯石灰夾放火藥小炸彈於其中用三合油灰封蓋整固以佐鐵雷之不及同時點放則炸飛無數皆能擊賊而石灰迷賊亦可助我制敵

一地雷緊要全在引線製造得法安放得宜不潮溼不迸斷不泄露宜專派心腹備弁一二員帶兵數十名

或登高瞭賊或空地數尺以藏身勿令賊望見其引線製造必須試過倘試而不效加意講求必以盡善爲度否則有治法無治人而謂地雷之不可用則謬之甚者也

地雷之利三言蔽之曰省鐵省火藥省兵餉而已何謂省鐵內地鑄造三四千斤及七八千斤之大礮費鐵費人工無數笨重難運及敵以飛礮火箭遥攻守臺兵棄礮潰竄仁委之于敵今地雷外匣不過生鐵十餘斤及一二百斤不等連在內錐刃計之每地雷小者不過需銀一二兩大者需銀一二十兩而止合計用銀一二萬兩即可造地雷一二千具分布天津江浙閩粵五省每省數百具即皆固若金湯視大礮之費鐵多而得力少者何如其善一也古法所製地雷皆掘坑藏窖全恃火藥之多其攻城地道固需火藥數萬斤即攔路地雷埋伏罌罐亦動需火藥數百斤不等由其少迸裂之能但仗焚燒之燄今則生鐵鑄成渾器閉愈緊固則力愈猛烈小者不過火藥數斤大者不過十餘斤而可當千百斤之用且外而鐵片內而刀劍皆同時炸裂四出不止

焚燒之力敵不入伏斷不點放無虛發浪費之弊視大礮之亂轟浪放者固殊天淵即視古法地雷亦費省而力大其善二也海夷船艘飄忽沿海處處設防每苦兵餉浩大今但于天津江浙閩廣海口登陸之處相度形勢要害凡容敵最多最要之區分設數伏多設數處可以一登再發此外紛歧可遶之路或開溝兜斷或安放小地雷或別設疑陣誤敵但需閱定形勢之遠近安轟擊之大小繪圖貼說秘存營縣入于交代或埋樁暗記秘授心腹弁兵則水師人人胸有成算識定膽壯臨時

毫不張皇。數十兵守險扼要，可當千百兵之用。可轟殲千萬之敵。視紛紛多調外省客兵，勞費萬倍者，何如。其善三也。至地雷形制不拘一定，畧圖于左。

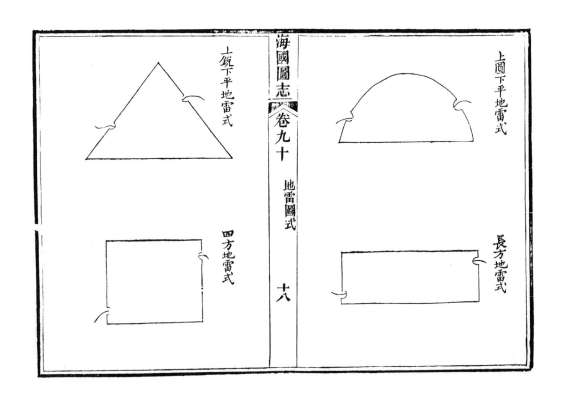

上圓下平地雷式

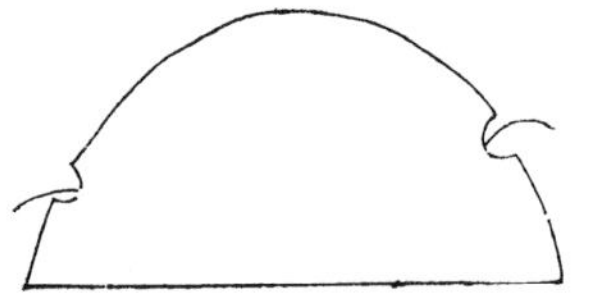

長方地雷式

上銳下平地雷式

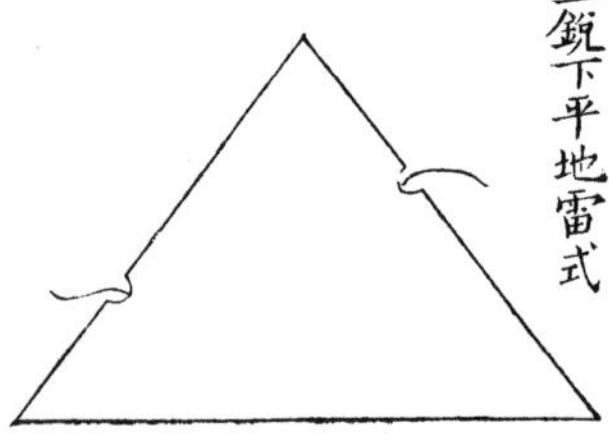

四方地雷式

計覆用地雷法 道光二十二年八月 戸部主事丁守存

竊職奉諭製造地雷四十箇前經呈請札飭糧臺收貯存案茲奉札詢地雷機關暨裝藥埋伏等法按地雷乃擇地埋伏之物均係自擬式樣用生鐵鑄成圓礟裝盛紅油木櫃每箇計重八十斤計容炸藥五斤內有鐵管一箇重八斤計容藥十兩內竹管一根上頭作馬蹄形入紙燃藥綫由櫃底木槽順出閘板之外其木槽內實以烘藥一兩計上糊棉紙一層以防烘藥泛出烘藥槽之上有方形圓孔木板中有鐵葉機關上層有空底瓦

盆一箇將炭毬燒著入內煨以熱灰其鐵葉機關有鐵釘一根箝住再將上面圓孔木蓋蓋住並將鐵礟上面薄木板用四小釘釘住擇要害路口不致積潦之所掘坑二尺許將油櫃埋入上面蓋以防雨木蓋覆以浮土令無露出以一面留一氣眼以出火氣並又爲每日換火之用再於地雷櫃二三尺之外照翻車大小刨深二尺許長坑橫攔來路其木櫃旁竹管之內鐵釘之上數以堅細麻繩由地內埋通節竹將繩橫入引過翻車下深坑以一端用橛栓住再將翻車安妥翻車之上蓋以

浮土令與平地造成車轍馬跡之形令人不疑賊來踹著翻車車壓其繩繩牽其機火墜藥燃其礟出地七八尺許然後炸裂鐵片飛空皆能殺賊其炸裂遠近之數無從預定大約可在周圍數十丈外現在均未裝藥易於存貯其藥必臨時再裝方免疎虞並可免日久生潮覆查監造時係由天津派外委王天文督催工役登記帳簿此外尚造有自來火竹礟噴筒等式樣四件據該外委稟稱共領用過制錢五百七十千文至地雷機關該外委亦能通曉合併聲明伏乞鑒核施行

按丁之地雷與黄之地雷二法迥殊黄之地雷由我兵自發之丁之地雷則俟敵踐機自發之但引線自行點放者全在得入伺便否則失之毫厘此黄之法難于丁也丁之由敵踐機自發者止能轟傷其前隊黄法則可俟敵全隊入伏并可俟敵已入二伏三伏而後同時點放如得其便可奏大功此丁之遜于黄也且丁法機巧而登陸之路甚多難於遍設黄法簡易即陸路最曠之天津亦不難處處安伏若於隘處用丁法而於容敵最多最曠之路用黄法則敵登陸

卽入彀中計出萬全矣故竝存其說

海國圖志卷九十一

邵陽魏源輯

西洋自來火銃製法 戶部主事丁守存

中華銃礮或用紙信或用烘藥總係火繩點燃其不便有二臨陣忙亂倘裝放偶疎則貽害甚鉅又紙信恐雨淋溼烘藥恐風吹散晦夜尤爲不便故洋夷創爲自來火機以螺絲轉嵌火石以鋼板爲火門葢卽以出火內層置大曲鋼鑽一小曲鋼鑽一墊機一綰斜齒二外層小鋼鑽一小鋼輪一龍頭一鴨嘴一螺絲一底層攀機

龍尾一護機鋼圈一層層密合皆按弧三角綫取其圓稜恰對製造可謂工細然火石須常換否則擊而無火又大風之中火星隨風亂撲一放不燃處其悞事是猶精而未盡精也近復有自來火藥一法紅銅爲筩徑分許長分許中空底粘白藥一層其銃之信眼宊出一小小鋼管以紅銅筩冒其上後設攀機銅鑽等件如前惟龍頭端無鴨嘴其端下垂作深分計之圓槽攀之起放之下一擊則火出而銃響其法始萬全無弊但不知白藥爲何物所配視其火光所迸竝嗅其氣味知爲有硝

無礦之物，然不知更有何藥，或謂係嗬唎水，雜硝礦爲之者非也，夷人甚秘其方，但云以藥水化銀爲之，藥水一名强水，投錫銅鉛汞立化烏有，惟用銀化後，底澄白沫一層，收而晾之，以鐵鎚對鐵砧敲之立爆，近日粤中大吏向夷人購得其方，其火乃燒酒蒸出，而用銀收乾成藥，造成可以爲大銃，可以爲三寸之小銃，取諸懷中可以防身，無煩覓火種，不憂倉猝，不憂昏夜，既安銅冒藥在內，層若以蠟固銃口，雖水中可放，并不憂風雨，此西夷數百年洩造物之秘，而剏此法，予既得其法，因詳其理，以告人，蓋因理以悟事，則難；即事以尋理，則易也

造藥方

净硝　火酒　潮腦　砒霜　青粉　紋銀

第一次，將净硝置新廣鍋中，用雨水或長流水，炭火化開，以鮮柳枝左右攪之，加水膠汁，俟濁沫上浮，撇去，傾有銑磁缸，蓋嚴，冷定，將硝牙取去

第二次，將鍊過硝牙再入鍋，炭火化開，加雞子清、石膏收取如前法

第三次，用白礬末收取如前法

第四次，再用水膠加蘿蔔汁，如前法

第五次，雞子清、石膏，如前法

第六次，白礬末，如前法

第七次，水膠、蘿蔔汁，如前法

第八次，雞子清、石膏，如前法

第九次，白礬末，如前法

九次以後，再加清水煑提三次，不加藥料，上無沫，下無渣，此爲純硝，每硝十觔，所餘不過一觔，此硝明透若水晶，瑩瑩可愛，再用小口大腹粗磁罐一個，約容硝二觔

許者，底層先裝青粉八兩，上加鍊過硝一觔，不令滿，再定造凹底小口玻璃瓶一個，凹底留一透孔，足容磁罐之口，如有不嚴，以不木灰和泥固之，玻璃瓶上口先以玻璃塞住，再以不木灰泥固之，再以皮紮之，置鐵火架上，用木炭文武火熬鍊一炷香，水升至玻璃瓶凹處，周圍不復下，仍以布醮涼水常溼玻璃瓶，俟火足取下，上下層之水各分置一玻璃瓶，緊固其口，無令出氣，懸風日處晾之，以消其浮水，晾三日取下，即以此玻璃瓶作底層，另用前次之凹底透心玻璃瓶套於口上，拔去口

塞不灰泥緊固之上口亦固之將鐵鍋一口滿盛密石砂將瓶坐砂上文火鍊之候水升上亦分置之統用上層水為精藥仍以玻璃瓶固其口此為製硝法硝既製成乃製酒

上品廣錫製徑尺大花露蒸甑一具蓋用銀底用紅銅合縫處要極嚴勿透絲毫之氣取上好燒酒盈底銅釜十之七文火蒸之流出之酒以小口大腹磁瓶盛之蒸畢再入甑蒸之如前共蒸九次每酒一觔入硼䃃二兩白砒末一兩蒸之仍以小口瓶盛之萬無洩絲毫之氣

此為製酒法酒既製成乃配强水花露甑見泰西水法將鍊過硝水置玻璃瓶每水八錢兑入鍊過酒七錢即成强水將足紋銀四錢錘薄片如紙剪碎入投玻璃瓶其銀立刻翻花半時化淨白沫坐底旋將上層之水另傾一瓶留底白沫若霜陰處風晾三日取出聽用此藥一擊便燃是為丹成之候

鍊此藥宜淨室擇丙丁日天火日爐宜南北向忌閒人出入尤忌婦女雞犬僧道並諸不潔皆能合藥走洩或至毀裂傷人慎之藥鍊成再造銅冒

造銅冒用熟紅銅打薄片先造鋼板一具厚一分半闊一寸長五寸平排二十眼眼徑一分許中密畫豎絲如髮底置鋼砧為托以銅小杵合空徑少弱將紅銅片蓋眼上杵對之錘擊之遂成一銅冒二十眼擊完下其底透之出置白藥少許仍以小杵壓緊入匣裝之如是銅冒藥造成至於裝盛銅冒以便取携則另有機器詳見別集製銃如常銃大小任便惟必須螺絲轉底否則火機等物無所安頓透火之凸火門用螺絲空筩擊火龍頭必用凹心其深如銅冒之長相合防銅冒炸飛傷手

大鐄回火法不一有用火爐烤烘者有用香油炸煮者不如用鉛為易法將鐄打成彎過銼光淬水勁極化鉛數觔將鐄投入候冷再將鉛炖火上鎔之將鐄箝出內生外熟勁而不折柔而多力鐄力須二十觔以上否則不足攀機與中軸須合勾股否則不合用且不堅久推廣自來火之用攻守埋伏應變倉猝無往不利未遑盡述

或問用硝何也曰硝之性純乎火者也雷電之升原本於硝不以點燃而灼不以風雨而滅此乃硝之精氣不

雜形質人之所取則質多氣少且多染鹹氣故力不猛多方陶鍊所以取其氣也玻璃不透氣而能見形靑粉緩其性不使驟升冷水頻沃者氣遇冷際卽化爲水此天地陰雨之理也至氣極淸質全降則隔之以砂亦所以緩之也

或問用酒何也曰酒者五穀之精純乎氣者也而水性居多未能猛烈故屢屢提之棄粗取精而又加以大熱之品以助其燄故一經兌入硝水其力甚大

或問用銀何也曰五金之性皆主收斂而至精者惟金

銀故銅朽則爲綠鐵腐則爲鏽金與銀從未見其朽腐而一入此水居然化爲異色瑩白是銅鐵之所不及也既化之後水之精氣爲其所歛銀質改而性不改其收束之力與堅凝之體將如許火氣攝入毫釐一經擊動引其熱性奮迅迸裂蓋有不可思議者曰爲火光雷爲火聲聲之火疾光之火徐一擊之理夫何疑歟向來或傳自來火藥乃硝磺和人骨灰爲之蓋人銀聲近傳聞之誤也

夷人有捽礮者棉紙裹小石砂一包合口用松香粘滴捽地則響火光四射乃用此藥少許包入砂中所製子造試之不謬

夷人有拉礮者硝紙剪条如韭葉闊長二寸計一頭以膠粘細石砂粘此藥少許以紙箍之兩手拉之火出爆炸

夷人有自來火木條者乃硫黃製鍊十餘次將鍊過燒酒攙入以木蘸之磨之則立燃或攙入硝水少許其火更烈

其他各式奇巧火法總係强水所配無他謬巧此水染

肉上微痛變黑色洗之不去染鬚髮亦然若着肉過多則肉腐爛以入腹殆無不立斃之理

夫用火之法爲攻戰伏守之要務然點燃需人則諸多未便若精鍊此藥擴充其用鍊鋼鍊鐵鍊銅兼以刱造機器或令自轆或用人牽或祕之徑寸之間或置之山谷之險洵用間出奇之妙術也

請仿西洋製造火藥疏 道光二十三年福建提督陳階平

竊照英夷輸誠沿海安堵正當講求武備以期有備無患臣駐守晉江將及一載防警之暇察訪遠近各營製造火藥能否一律認眞惟聞杭州省城精造加工火藥現存數萬觔其餘提鎮各標因防堵未及如法舂造卽調來浙江之各省征兵裹帶火藥亦係舊時陳藥竝無加工新造轟去不能甚遠查製造加工火藥奈其中有賠累之艱人工之鈌若不徹底講求總有加工火藥之虛名而無加工火藥之實效何以靖海宇而衞生民蓋

硝不提炙磺不揀淨輕率製造率難致遠透堅細察歷年營員在省領回營硝一經提炙必虧折三成一經揀淨必虧折一成此虧折之苦往往視爲畏途不肯踴躍從事又慮造成之後仍須補足向定額數坐使賠累其難一也製備石臼木杵一切器具不可不良加以提炙之柴薪輪舂之工食在在不能短少無欵補苴其難二也再查營中造藥向來多用碾盤一牛一日可碾藥百餘觔今若加工舂造每臼三人輪舂每日造藥不過十五觔此多寡勞逸之攸殊經辦營員未有不貪多而好逸其難三也有此三難功無實濟是以各營造藥自奉行後畧加工一二成其餘照舊臣晝夜思維夷礮甚短何以猛烈較甚於內地之長礮其爲火藥精工無疑因多方購得夷礮火藥一小包用鳥鎗試遠實有二百四十弓之數是以臣造藥時照提硝復加一次共提三次愈舂愈細加至三萬捍試遠亦能到二百四十弓藥力與之相等內地大礮本長加倍倘遇使用權操必勝是加工造藥非比別技兩相用則遠者勝別自爲用則精者遠宜乘此閒暇之時備不虞之用可否仰懇勅下各

直省督撫預先添辦硝磺嗣後凡各營請領硝磺如須硝十觔另加三觔磺十觔另加一觔以備折耗同額一併給發至炙硝柴薪舂工口糧約計每造萬觔加工火藥需用經費銀五百兩各省物料夫工貴賤不一亦有用至七百兩者由督撫籌欵或作正開銷責成營員辦理工料旣眞俟藥造成稟驗以鳥鎗二百四十弓遠打靶爲準如有再減料偷工察出立予重懲自此營員得免賠累造藥必能加工各省一律照備於武備實有裨益

一加工造藥全在煑煉硝觔前在廣西江南提煑二次鳥鎗試準一百六十弓廈門添煑一次鳥鎗試準二百四十弓硝性勁直必須煑煉如法方能收猛力直前之効先用大鍋盛硝四十觔清水十五觔熬煑半炷香時候加入牛皮膠水一茶鍾渣滓浮起用笊篱撈去用鐵鏟和之以防帶底另用瓦鉢以白布漫蓋將煑成硝水冲入鉢內凝結成餅簪牙玲瓏半尺許潔白如氷雪以舌試鹹淡絕無滷氣爲率

一硫黃揀淨渣滓石性搗碎細碾重羅成粉

一柳樹燒炭存性搗碎細碾重羅成粉

一造藥萬千零用石臼二十個外方內圓深一尺四寸徑寬一尺三寸厚五寸以造藥多寡爲置臼之增減

一杵用槐榆堅木長六尺杵嘴長一尺六寸杵尾下挖土深一尺俾杵揚高有力

一每臼用牙硝八觔磺粉一觔二兩炭粉一觔六兩攙扣入臼三人輪替舂踏不歇與舂米無異以三萬杵爲率

一用清水百觔新大麥三觔入鍋同煑撈去大麥水入缸盛貯每日每臼藥舂三萬杵足數用筊篩將藥攤平口噴麥水用力推篩旋噴旋推藥即成珠篩下之藥再噴再推上下一律成珠其珠類似黍米曬乾甚堅收貯乾燥處永無日久碎散成灰之弊先用手掌燃試以不炙手爲度造藥處工匠衆多勿存成珠藥以期愼重

一提煉硝磺宜於春季進藥必在夏初取其晝夜舂造曬晾易於見功如遇緩急需用則長夜亦可造辦毋須拘定夏季而提煑三次舂杵三萬愼勿減少

以上各條簡便並無奇巧揣磨之處照辦甚易酌造一次立見效驗下屆承辦者亦不敢再事草率將官嚴加操練較八十弓倒靶藥力增加兩倍而準頭仍與相等實於軍儲有裨

西洋製火藥法　福建監生丁拱辰

夫鎗礮之利與不利全在製藥之精與不精若拘定常例不求精製不但有炸裂之虞且恐施放不能得力西洋人用藥極意精細其力足以擊遠其烟多係白色我但加工加料製造即可敵彼洋藥粤東有精製火藥其

藥力竟與洋藥相等烟亦白色見火卽燃毫無渣滓嘗製數千觔頗得其用自宜廣推其法其製造之法每藥一百觔須用提淨牙硝七十六觔半淨硫磺一十二觔蘇杆炭一十二觔葫蘆殼炭半觔汾酒二十觔真好大梅片二兩摩犀公角二兩煆炭配合而用惟提硝之法總以潔淨爲率煎至二三次用白糖以去盡其泥用蘿蔔以去盡其鹽用雪水以清淨其礬必至於極淨而止愼勿草率然後取其面上之牙爲用其底再以清水漂之必如棉花雪體用其淨而去其渣其硫磺則用茶油

煎之以去其面牛油煎之以去其底至於蘇杆先去其皮並頭尾兩段取中節用明火煆炭務令火候得宜倘火候不到其力不猛烈火候太過又不能致遠燒煆葫蘆殼炭亦然其製摩犀公角打碎以鐵鍋煆之使其燒透烟盡爲止以以芭蕉樹取汁多煎之次日澄清去水加大梅片二兩共入鍋內鍋外用滾水泡之使鎔化爲糊以硝磺及炭灰汾酒合而同舂愈舂愈好碾煉極工而後羅篩細粒製成以少許置之手掌中用火點試以不燒手爲佳果能依法製造尚可較勝洋藥切勿輕忽

減工減料此配精藥之良法也如礮中用藥平時須先較準分量某礮某礮食藥若干一一記明用紅布袋盛之配合藥膛大小裝入再用引門鐵錐探入刺破布袋然後下烘藥點放方爲合法特附其說以備參考

西人製藥用藥法　丁拱辰

西人製火藥每百觔之中用淨硝七十五觔硫磺十觔杉炭十五觔用上料極厚好燒酒及好泉水和之舂煉足透用紙盛少許舉火試之火着藥發其紙不焚爲度其硝用好泉水煆煑二三次去盡汚穢渣滓至極清淨

候冷堅凝舂至極細用細羅斗篩出細末粗者棄之其硫磺煑法不用柴防火氣上騰燒化惟用好炭燒得純白而無火烟出爲度次用灰掩之使餘火不騰起卽將釜安在竈上將熱用生油少許抹遍釜內將硫磺先落一塊每塊約半觔次用鐽擂鎔再落一塊再擂均鎔又逐塊再落須各擂鎔落至滿釜而止所有汚穢渣滓烏色盡浮上面除去淨盡方可盛入小桶其桶務要浸水而後覆　地上使水氣墜盡然後盛貯桶內欲貯之時硫磺倘在釜內當仍架在竈上竈中之火炭雖已用灰

掩之恐有餘火四出當加瓦片蓋密方不焚燒盛貯桶
內片時便凝結成塊再舂搗極細用細羅斗篩出細末
即另行盛貯其杉炭須選燒透不存木性者庶無黑烟
蔽目並要飛碾極細用水過洗篩汰粗渣合硝與磺和
厚酒及好泉水各半舂煉足透愈舂愈好故演時烟微
而色白有力能致遠此製藥之法也至於用藥之法亦
各不同中華論礮身重數每百觔用火藥四兩乃係論
礮口入彈就彈配藥大率以彈三觔用藥一觔惟彈至
四十觔或五六十觔之大就應配之藥八折算如中華

新鑄四等生鐵礮五千觔者我用藥十二觔半口徑五
寸三分彼就口九折算應用彈徑四寸八分重三十一
觔應配藥十觔零五兩又三千觔者我用藥七觔半口
徑四寸五分彼就口九折算應用彈徑四寸重十八觔
應配藥六觔又二千觔者我用藥五觔口徑四寸彼就
口九折算應用彈三寸六分重十三觔配藥四觔五兩
又如八千觔者我用藥二十觔口徑六寸六分彼就口
九折算應用彈徑六寸重六十觔應配藥二十觔其彈
過大不堪照配當再八折算堪用藥十六觔凡此四等

用藥彼少我十分之二可知彼藥勝我十分之二也彼
就礮彈配藥而我論礮身用藥各從慣熟不必更改因
數十年以前舊制礮位其口極小若因口用彈因彈配
藥用藥過少不能遠及惟火藥製法效之無難似宜倣
製

海國圖志卷九十二

邵陽魏源輯

攻船水雷圖說 廣東候補道潘仕成

陰符經曰火生於木禍發必尅凡物必相尅而後可相制水尅火也乃籍水勢激發而火愈烈相反而適以相濟其理不可測而其巧固不可階矣海夷犯順恃其船堅礮利而欲制礮必先制船會米利堅夷兵官壬雷斯抵粵自言能造水雷遣善泅水者潛至敵人船下或順流放去泊於船底藉水激火迅發如雷雖極堅厚之舟

罔不破碎事成索酬數萬時值閩浙用兵猝欲得其法以破敵不惜重貲如數予約乃稟商靖逆將軍暨督撫大憲給劄開局凡九閱月而水雷成演試以徑尺餘西桅數百本聯貫六層排比周密纜椗成簰廣袤七尺餘厚約六七尺將礮具載火藥二百觔安置簰底須臾機發如迅雷驚霆烟熖燒空木植飛騰折裂屢試輒驗夫夷船底厚不過尺似此礮力猛銳又何堅之不摧何敵之不破。奏齎進呈復於天津演試其效如前且每造一具數日可成價僅需四十金每省但費四千金卽可造成百枚可攻百艘之敵制夷勝算莫過於此爰繪圖系說刊布流傳以便演習而靖海防易傳曰水在火上旣濟卽繼之曰思患而豫防之成之爲此蓋亦居安思危之志也夫

攻船水雷總圖

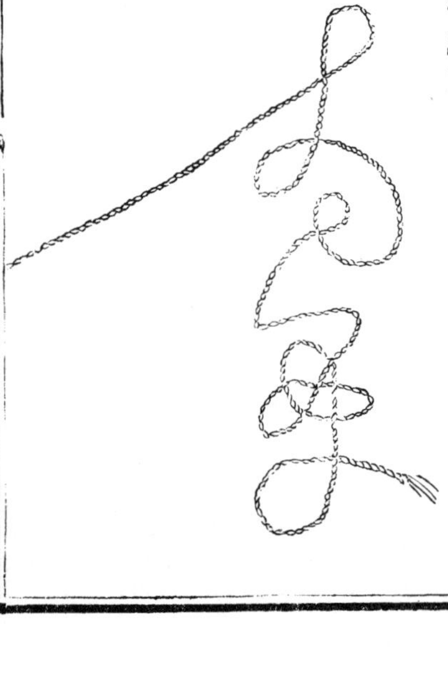

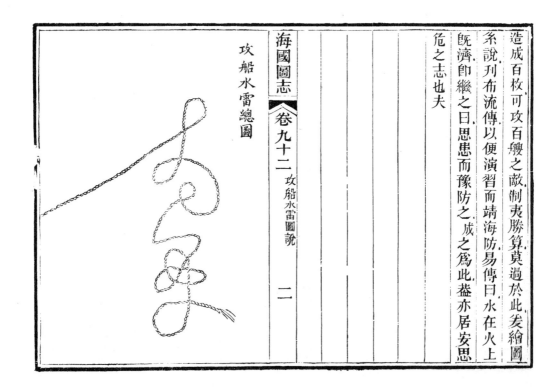

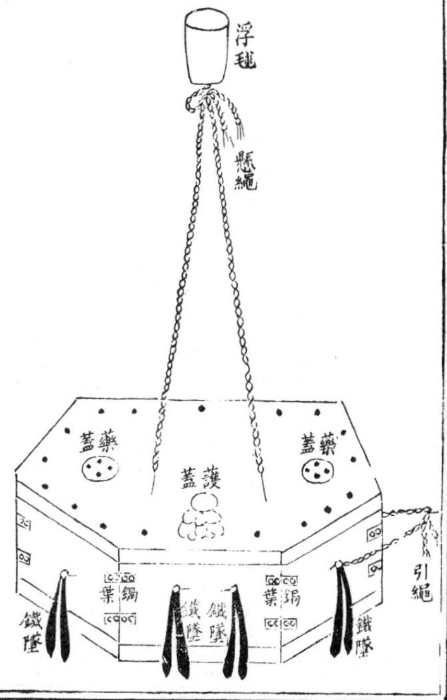

神之震威善擊者莫如雷製器以象之利用破敵沉之水中卽藉水激火而轟焉上發此水雷之所由名也凡銅之事九曰護蓋曰羅蓋曰藥蓋曰火床曰揭板曰火帽曰柱套曰直水管曰曲水管鐵之事八曰錫葉曰墜曰揭板軸曰彈條曰火塔曰鼓釘曰鼓柱曰螺絲釘木之事七曰櫝曰隔板曰浮毬曰塞曰扛機板曰扛錠曰機檥革之事二曰鼓圍曰墊繩之事二曰引曰懸紘之事二曰機系曰鼓椶合硝磺炭之事一曰藥油灰以密之漆布以固之而器之事備矣引繩之長利搭放也櫝

鋭首尾利分水也油灰漆布防濡滯也錫葉螺絲合縫固也加以革墊密無罅也挂鉛鐵墜墜使沈也懸之浮毬宜淺深也護蓋橫竅以時啟閉通緩急也干竅爲羅瀘水滓也水管竅細機欲緩也管底一曲通鼓腹也革木堅韌水鼓牢也豎柱夾鼓欲不倚也火床之設在鼓旁也床有揭板承起彈也揭板有軸利轉捩也彈條三級併有力也併彈凡三防或失也自然火帽冒火塔也火塔中空藥管通也揭板之鼻繫機系也機系上繫扛機板也扛錠承板與鼓對舉而易起也機檥之楔也欲

系急而勿褪也拔塞灌水用適時也水漲鼓起機括動也揭起彈落激火發也藥氣上轟震如雷也無堅不破有觸皆飛而器之用利矣

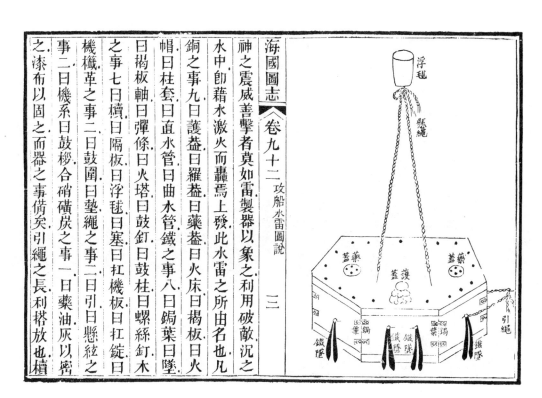

櫃內位置圖

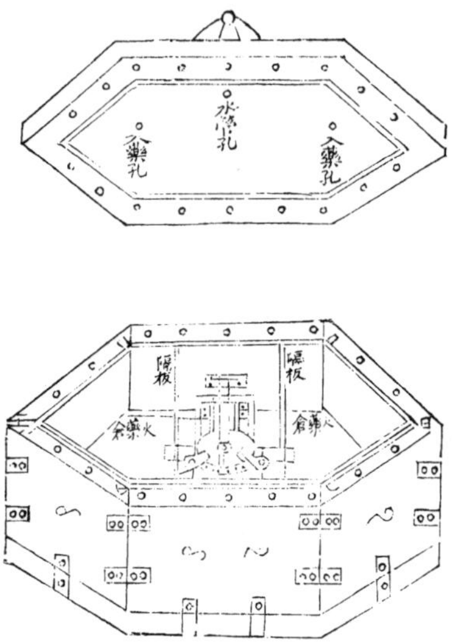

櫃製八木合成大小長短任便配造木以樟榆之類爲佳其過堅及脆而鬆者均不合用今製大號者長三尺六寸高一尺五寸寬一尺三寸五分木厚一寸五分內用隔板分作三隔中隔安置水鼓火床各機括首尾二隔可共受火藥一百八十觔次者長二尺八寸五分高一尺五寸寬一尺三寸五分木厚一寸五分除安置機括外可受藥百二十觔若欲多用火藥三四百觔以至千觔則將櫃製拓大自無不可

承機圖

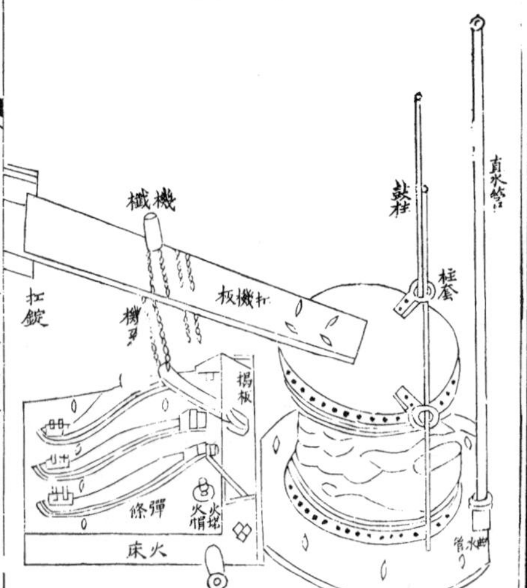

水鼓火床等器先按部位安於櫃內將櫃試水保無滲漏然後扳起三彈條承於揭板唇上繫機系於揭板鼻端按底水鼓將機系上繫於扛機板孔中取機攏揳緊使不得鬆褪火帽三緊冒於火塔之首火床藥管內實滿烘藥逐件查點妥當用油灰螺絲釘固封櫃蓋其羅蓋護蓋加用皮墊應用一切預備完全俱運至水次將火藥由櫃蓋藥孔傾入首尾兩隔實滿而止卽將藥蓋用皮墊油灰封固繫定浮毯及引繩用木塞緊塞護蓋移櫃於水四面配挂鉛鐵墜使櫃沉而毯浮斯水雷之

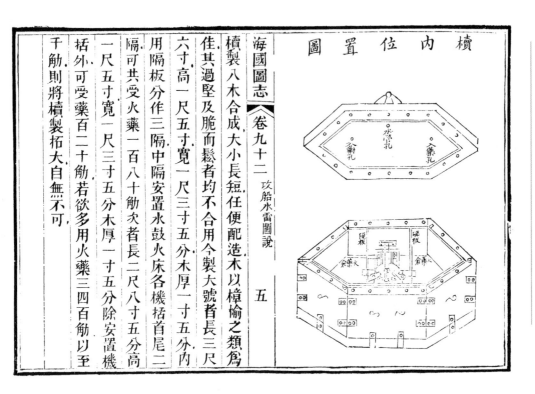

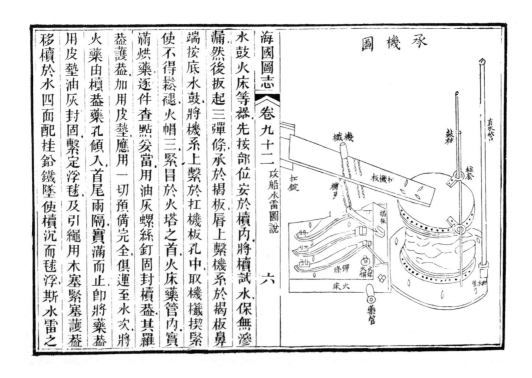

事備若同時應用有數十雷器之多承機亦不宜太早
約預先三二日內陸續裝備其櫃試水後須晾令全乾
凡銅鐵機括用油拭過方為妥協緣五行相生之理銅
鐵俱能生水若裝貯後封備日久恐水氣泛而鏽衣積
聚或致機括澀蝕或致烘藥潮溼有一受弊便不能靈
應如意也

發機圖

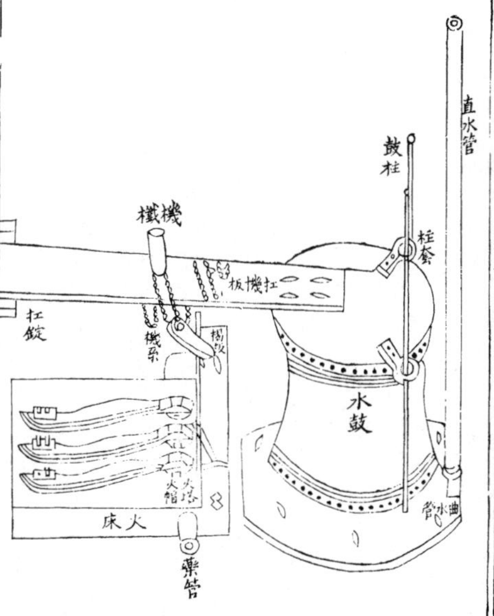

雷器裝備妥協後令極善沒水之兵潛送至敵人船底
將引繩搭繫水中錨索務使水雷恰在船底之中勿得
差錯即將護蓋木塞拔出速即登岸遠避為時約五六
分久水灌鼓漲機板扛揭板而起揭板起盡彈條擊落
火帽迸裂發火迫入火塔直透藥管內烘藥然火勢橫
溢藥倉如迅雷轟然起矣

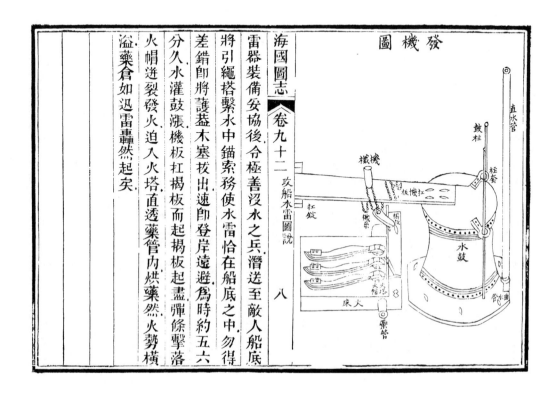

鼓力入水深淺差等

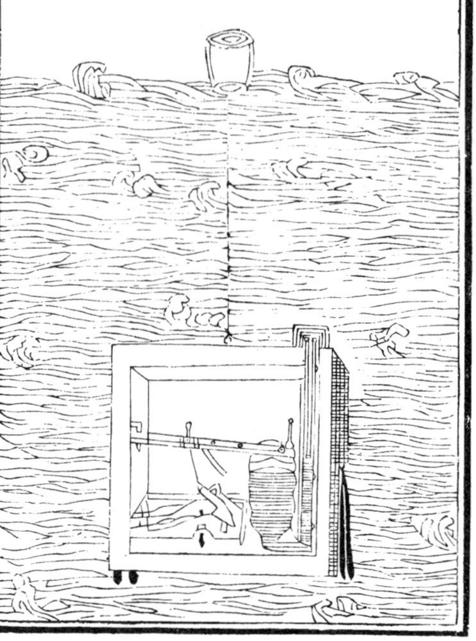

雷櫝入水必須深至三尺五六寸方能發彈緣火床三彈條用力扳起承於揭板之唇其力共用約三十觔繫定機括任從上顛下頓彈條終不能落必須水灌鼓漲扛起揭板乃能落彈用雷器者斷無誤發機括之虞此最妙之法也而水鼓之力又視水之淺深為差等如櫝入水一尺鼓之起力約有十觔入水三尺則起力可得三十觔入水愈深鼓力愈急若深至一丈則鼓力能起百觔 彈矣

雷櫝送至船底位置

洋舶大者長十五六丈次者長十一二丈八九丈不等其繫錨之索拋在水面離船約二三丈水雷引繩須長七八丈方合用計搭於錨索放去尚可入船底四五丈間適當大桅之下矣若錨索或偏左偏右度其勢順流放去不能適當船底之中則須另製小鐵錨繫定引繩至敵船上流安插務使雷櫝恰順流浮在船底中間地位不可差失然洋船身重泊定後風吹不甚動移且首尾俱有錨索若用兩雷器將引繩之稍結連一從船左一從船右順流而下引繩遇錨索挂住兩雷器恰在船

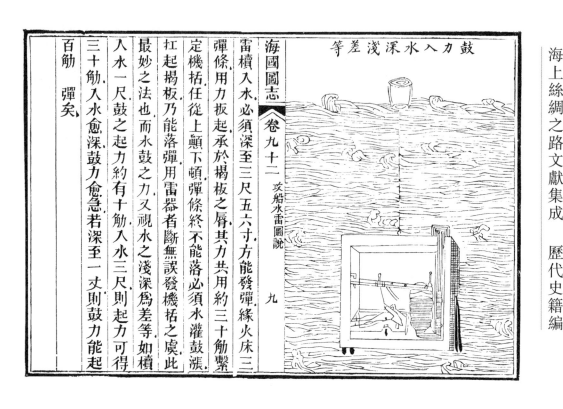

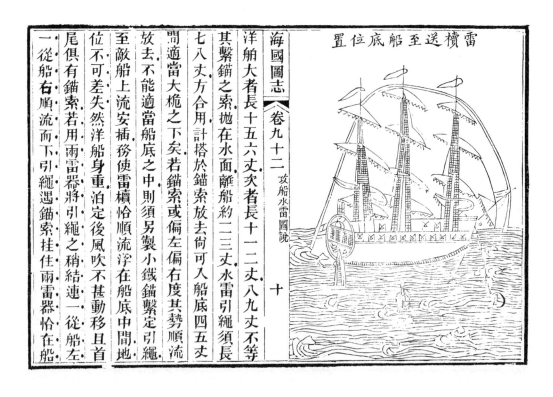

底左右夾攻更爲得力

護蓋圖

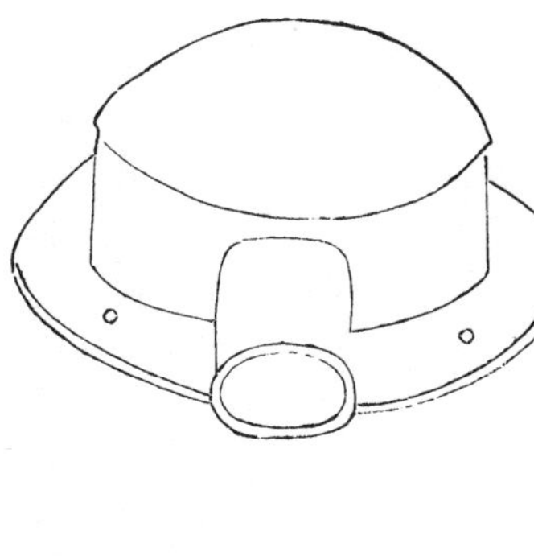

護蓋範銅爲之厚一分高一寸二分徑二寸四分鋪邊五分螺絲釘四內容羅蓋外橫設圓竅管長九分徑八分受塞木使水不得入欲用則拔塞以受水取厚銅所以防搕搥取橫竅所以防上壓也

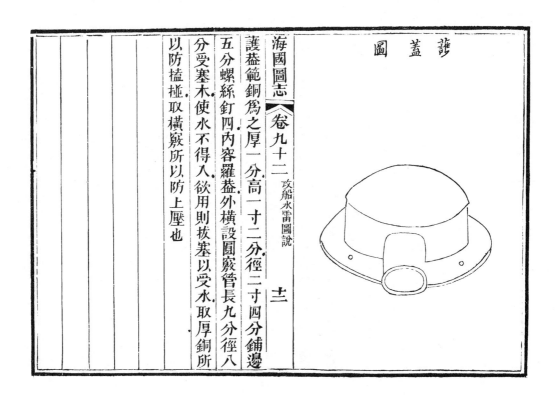

木塞圖

塞木不宜過堅。松杉之類爲佳。長二寸許。一頭削圓以納護蓋橫竅。一頭削方以便用力拔緊。務使涓滴不能滲漏。方能將此雷櫝久藏水中。萬無一失。如要用時。卽拔去塞木。水自灌入。約爲時五六分久。水漲鼓起彈落而火發矣。此塞木先編烙字號。花押水勇繳令。卽執以爲憑。

羅蓋圖

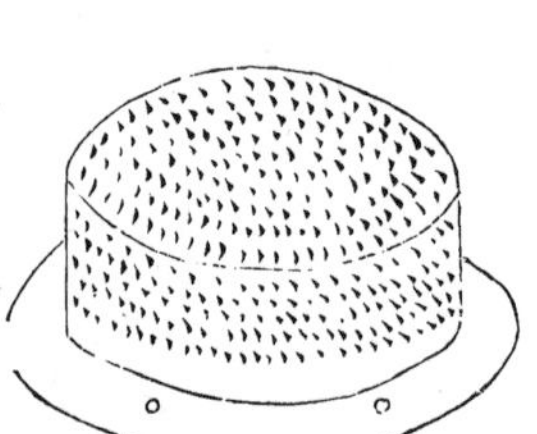

羅蓋鍊薄銅爲之。高八分。徑一寸五分。鋪邊二分半。螺絲釘四周。身細竅千百。罩於水管之上。藏於護蓋之內。所以濾去水中渣滓。不致入塞水管

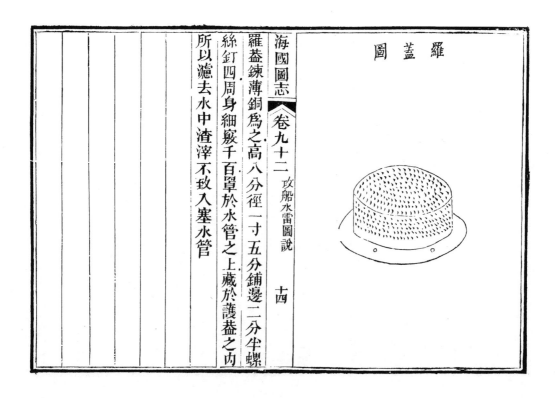

藥蓋圖

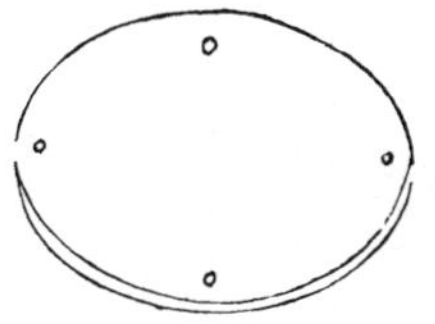

藥葢圖銅片爲之徑一寸五分厚半分先用油灰革墊密貼藥孔後用葢封有四螺絲釘緣雷櫝大號者裝藥後過重難於遷移故臨用時始裝藥若小號者較輕裝藥後始封櫝葢則葢上未開入藥之孔藥葢原可不用

鉛鐵墜圖

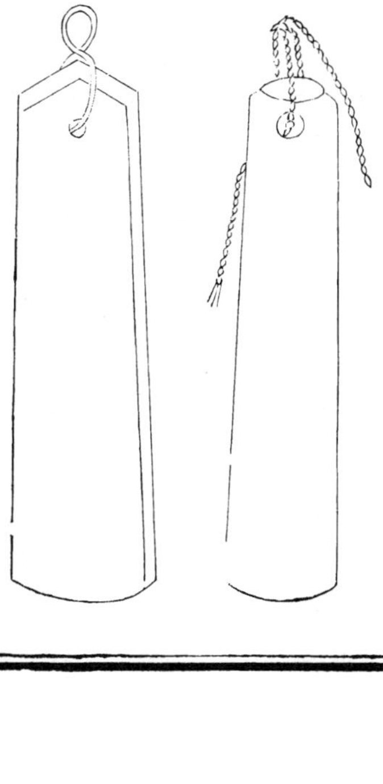

墜以鉛鐵爲之大小輕重任便器大宜重墜器小宜輕墜先於櫝外四圍下半截安定有環螺絲釘入水時始用墜周圍均勻繫挂必安於櫝之下半截者欲其下重則波浪掀翻無傾側之患也必入水時始挂墜者欲櫝與墜分運則輕便易舉也夫木器內空入水則力善浮鉛鐵堅重入水則力善沉若浮力與沉力適均則櫝僅平水面屆在浮沉之間必再加六七觔沉力而櫝始沉惟一沉必直至水底乃止故必用浮毬有十二三觔浮力者懸繩以提之欲櫝入水七尺則懸七尺之繩欲櫝

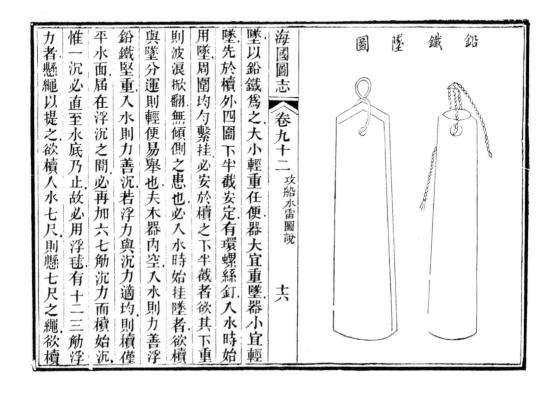

入水一丈則懸一丈之繩使浮沉淺深因地置宜惟我所命浮毬必須十二三觔浮力者欲其抵對六七觔沉力之外尚有餘力不致俱沉也

海國圖志卷九十三

攻船水雷圖說下

邵陽魏源輯

浮毬圖

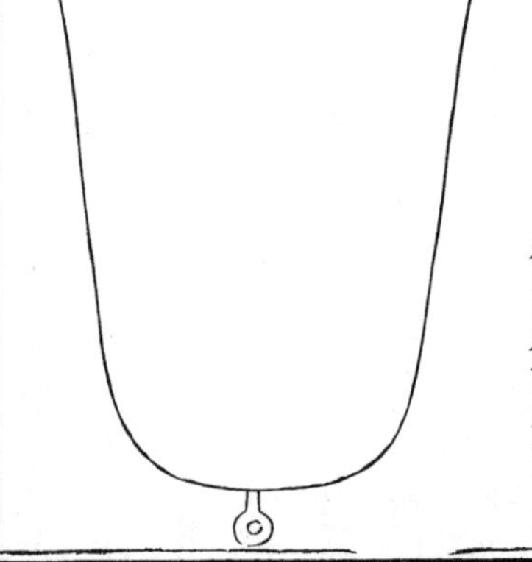

浮毬用木製造空其中底蓋周圍俱用油灰密抿使不滲漏方圓長短樣式不拘但以得浮力十餘觔為度底安環釘繫懸繩雙股繩之下系分繫於雷櫃蓋上環釘其毬微露水面須用漂流棄物如爛木板片草束之類遮掩使敵人不覺

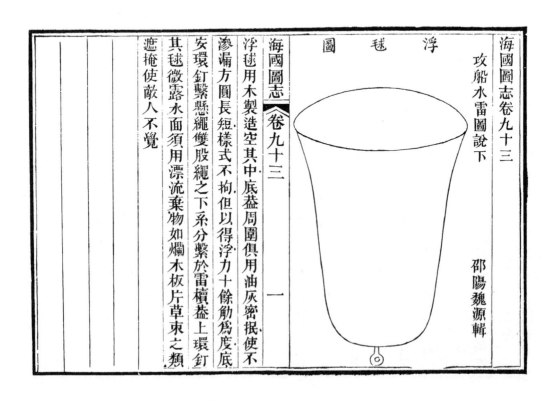

水鼓圖

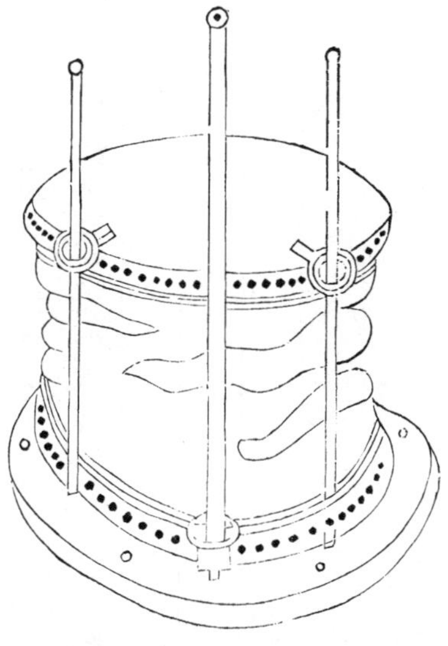

水鼓底蓋用木圖用革於底之鋪邊處設曲水管橫插入鼓底中通鼓腹曲水管之上口受直水管之下口使水由直水管達於曲水管由曲水管達於鼓腹須完密無罅漏方合用未灌水時鼓身縮小高約三寸五分灌水後鼓身漸次漲滿約高六寸五分

水鼓底蓋圖

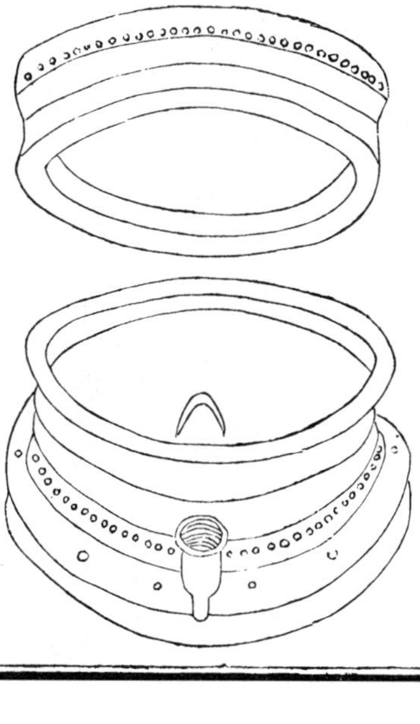

鼓底蓋均用堅木蓋厚一寸四分徑四寸五分狀如覆碗旁邊平處所以受綴皮之釘卷槽處所以受稜皮之絃鼓底徑四寸五分厚連鋪邊一寸四分狀如仰盂其綴皮受釘稜絃與蓋同惟俯仰異勢側面鑿一孔橫通於仰盂之底以納曲水管鋪邊周圍寬八分厚四分離水管二寸左右各豎鼓柱以夾鼓周圍螺絲釘六所以安鼓於雷櫝之底

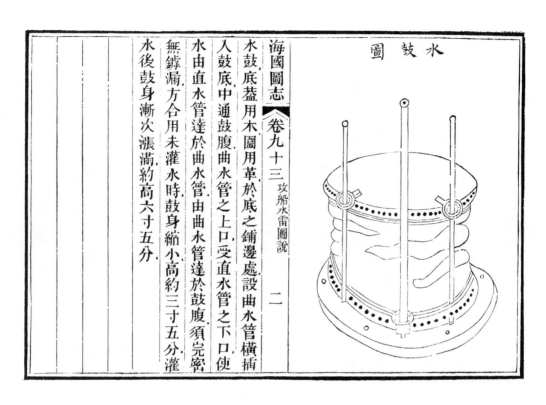

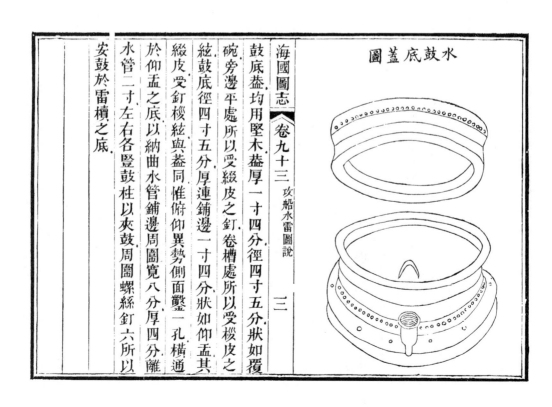

華圍圖

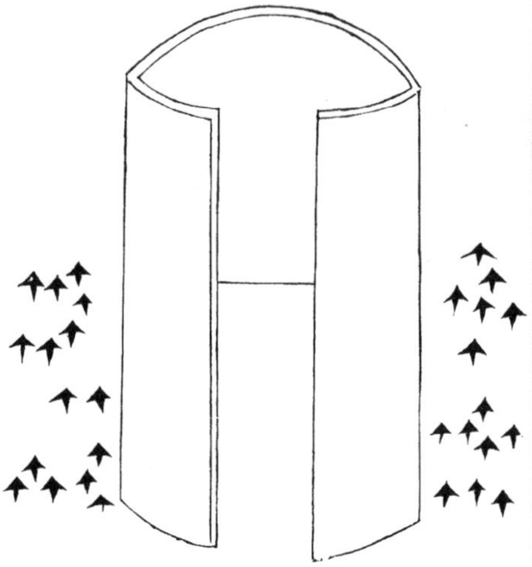

鼓圍取厚鞹牛皮縱七寸橫一尺四寸與鼓底蓋周圍配合為度馬油漬透紉合其縱縫夾用漆灰鼓釘密綴於鼓之底蓋復用絃於底蓋卷槽處棱緊

直水管圖

直水管範銅為之徑五分長一尺一寸五分槓高則加長槓矮則減短總以透出槓蓋為度管內徑二分上口收極小僅如小米粒大使水不得驟入則發機不虞太疾又須蔽羅蓋之孔畧大庶水中渣滓能過羅蓋者則斷不致滯塞於水管腳下有盤徑七分厚一分盤下有牡螺絲徑四分長四分所以納曲水管上口之牝螺絲

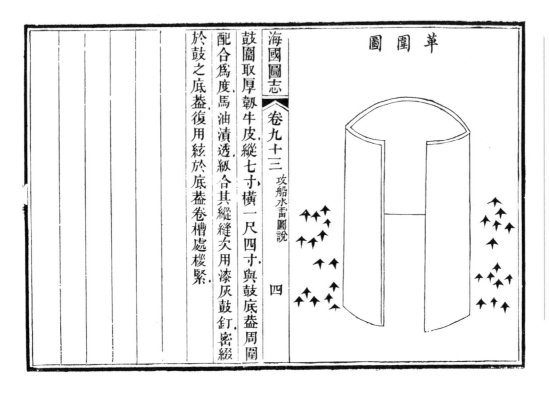

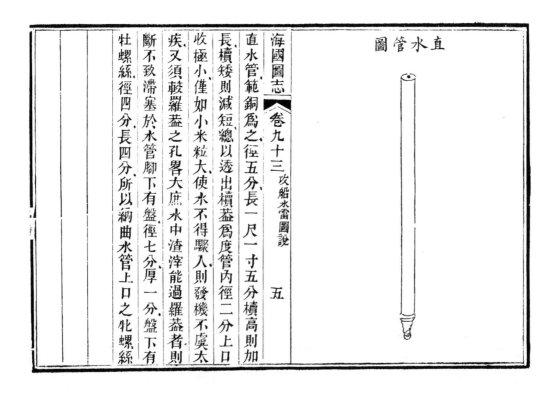

曲水管圖

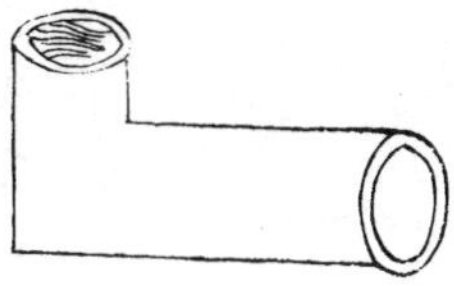

曲水管範銅爲之徑六分曲上處長一寸二分口內有牝螺絲以受直水管之牡螺絲曲入鼓底處長二寸管內徑二分

鼓柱柱套圖

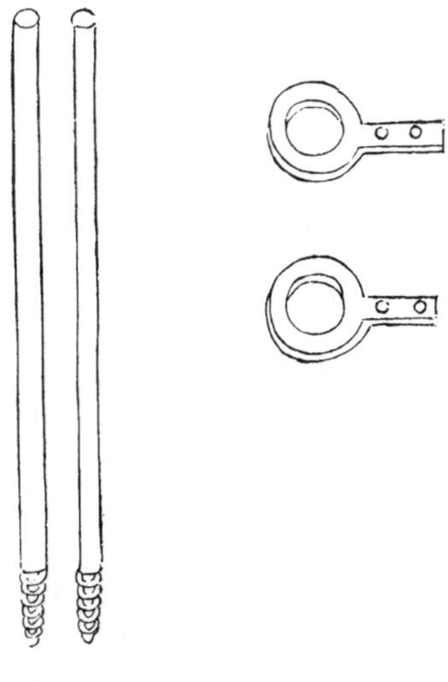

鼓柱凡二以鐵爲之徑二分半長七寸上穿柱套作牡螺絲豎於鼓底鋪邊所以扶鼓使不得偏倚

柱套凡二熟銅製造厚半分狀如環而有柄以受釘安鼓頂木旁套環中空徑五分套加柱上使寬綽有餘鼓身起落不致吃緊爲妙

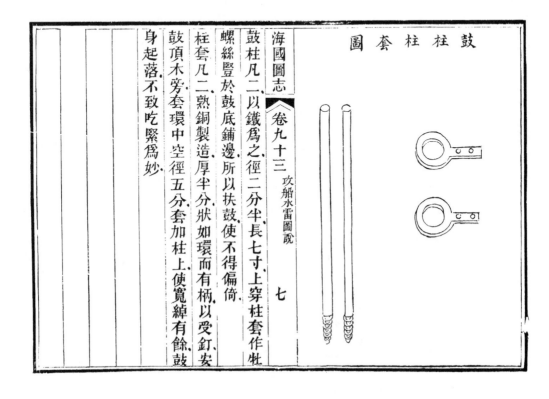

火床圖

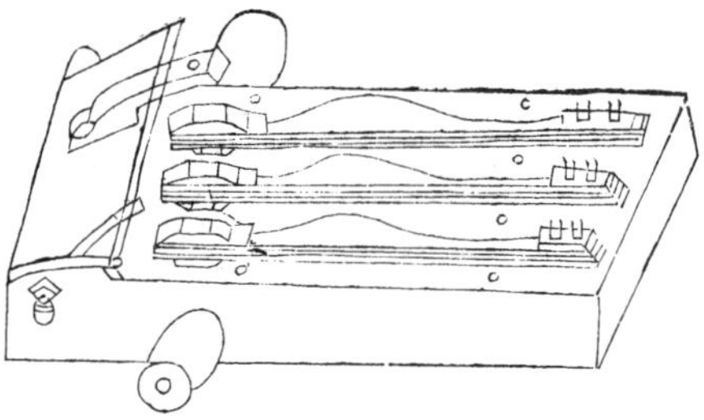

火床範銅爲之方長如床橫設藥管左右皆通藥管當腰開三小孔作牝螺絲以納鐵火塔火塔之頂冒以銅火帽床首設揭板斜起以承彈條之首床尾安三彈條彈條之首適當火塔之上承於揭板之唇

火板圖

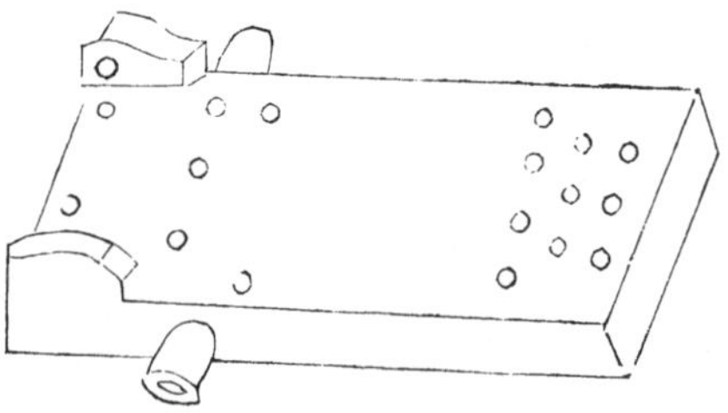

鑄純銅爲床板長五寸八分濶三寸五分厚八分首有兩耳各高六分濶五分長九分耳有圓孔受揭板之軸離首一寸四分橫穿藥管徑二分半左右皆通藥管當腰勻排三孔所以納火塔藥管兩端各長一寸徑六分所以穿過櫝內隔板使藥管內之火藥與隔板倉內之火藥相連尾有六小孔可納彈條有六螺絲釘身排八大孔受螺絲釘安床於雷櫝之底

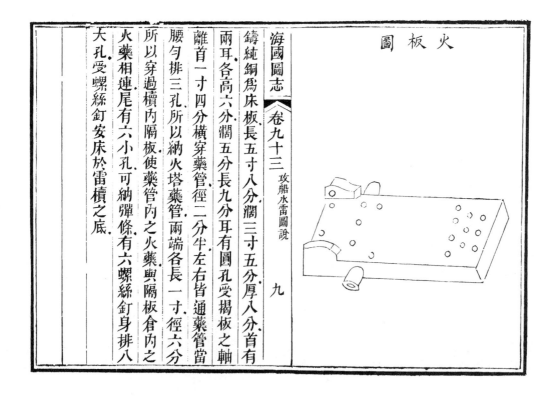

揭板并軸圖

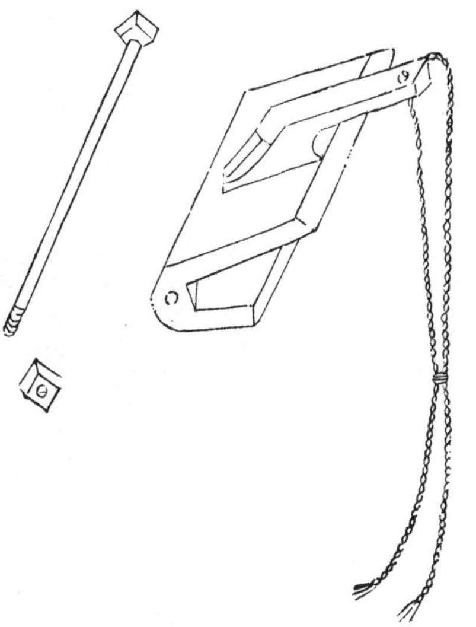

揭板純銅鑄造厚二分橫二寸四分斜起處縱一寸七分底平處縱九分承彈條之脣側面寬二分半脣上離床板面高一寸一分貫軸處厚五分有鼻自板面中間隆起寬四分長二寸四分半在板面厚四分半出脣外厚二分鼻端穿小孔所以繫機糸

揭板軸以鐵爲之長三寸七分徑不及二分貫揭板連於火床板之兩耳

彈條圖

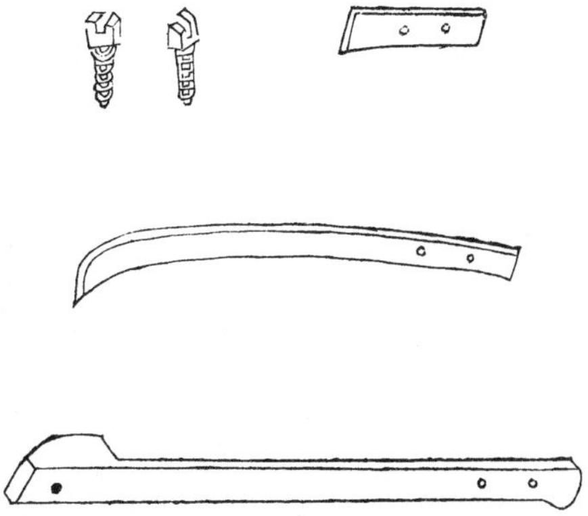

彈條鍊純鋼爲之下一條長四寸七分其首獨加厚二分長六分厚處之底中間有窩大一分半深半分中一條長三寸五分其首微屈作俯勢上一條長一寸一分均寬四分均厚半分螺絲釘二并上中下三條安於火床之尾下條之首獨厚者欲其力聚於首也底之作窩者欲其擊火帽使迸裂不得外散也中條之俯其首者欲其助力於下條也上條之獨短者所以護其根使扳彈條而已無拗折之虞也彈條凡三道者防其或有一擊不然之失也

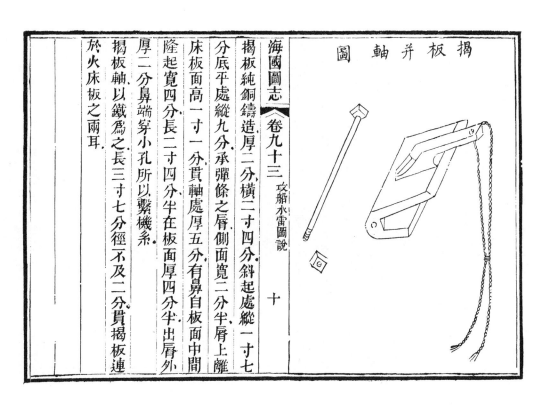

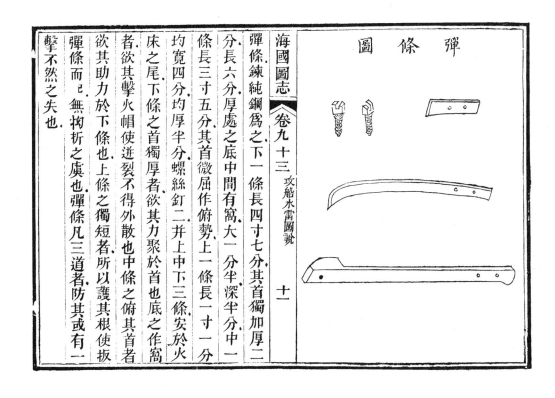

銅火帽圖

火帽、極薄紅銅製造、高一分、徑一分、內滴凝藥、狀如高帽、頂平、恰緊冒於火塔上層、彈條擊落、迸裂、自然迫入火塔、直達藥管、由藥管橫達藥倉、而轟然上發矣、此物本來自外夷、今廣東已能仿製、價頗賤、惟收貯須乾潔、若藏至五六年後、藥性過陳、試擊無火者、便不合用、

火塔圖

火塔、鍊純鋼製造、長四分半、分作三層、上層戴火帽處作圓柱、長一分半、徑一分、中層作八角磚、厚一分、徑三分、下層作牡螺絲、長二分、徑二分、中開直竅、上小下大、安於火床藥管之上、三塔勻排、其竅直透藥管內、

扛機板扛錠機檝圖

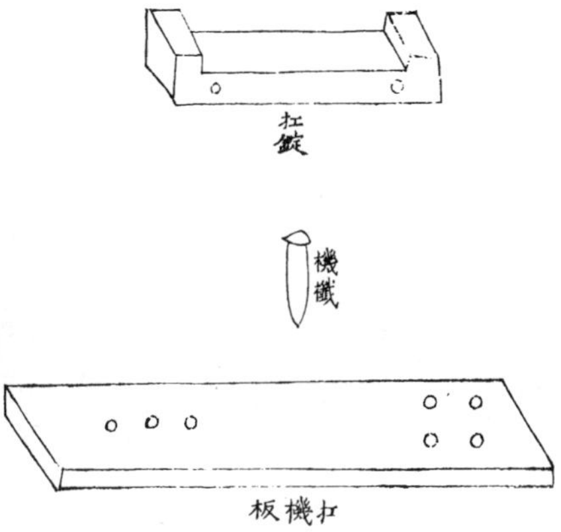

扛機板、堅木爲之、寬一寸、厚五分、長約八寸、櫝寬則須加長、櫝狹則須裁短、腰中鑿小孔以繫機系、孔內用機檝揳緊、使系絃不得鬆褪、一頭用四螺絲安於水鼓之頂、一頭架於扛錠之上、

扛錠削木作錠式、寬厚各一寸、長二寸、安於水鼓對面之櫝牆、部位須較按低、水鼓之頂高二寸、以爲此頭預先借起地位、

革墊圖

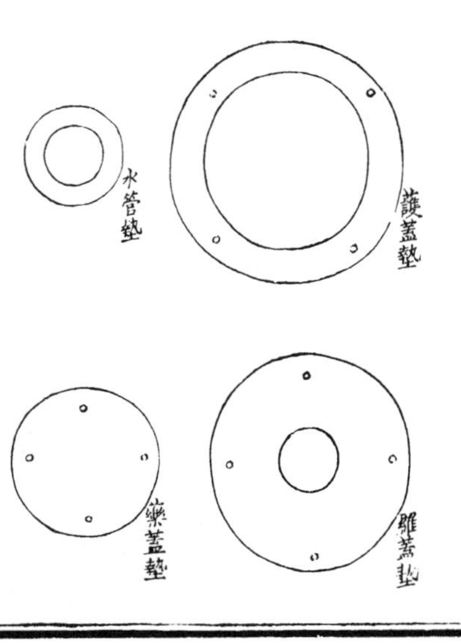

墊、以軟薄牛皮爲之、凡四、曰護蓋墊、曰羅蓋墊、曰水管墊、曰藥蓋墊、各如其器之大小裁用、墊於二器合縫之處、使吃緊而無罅漏、

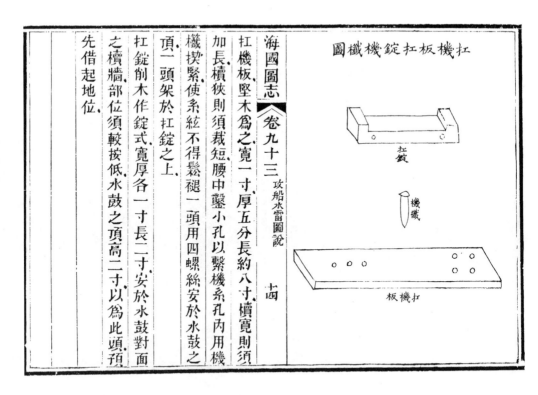

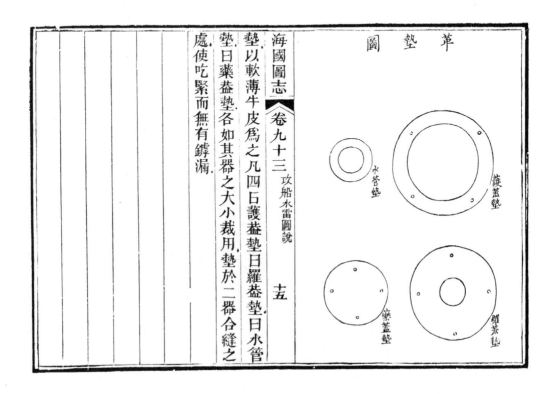

螺絲釘圖

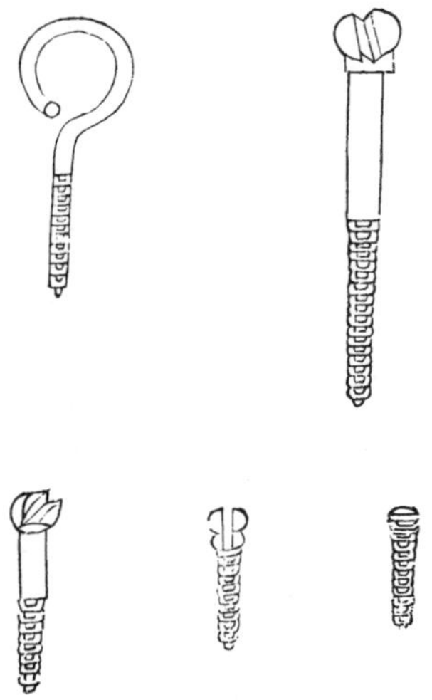

凡釘俱用鐵鼓圓釘過小不用螺絲餘釘俱用螺絲欲其得力於喫緊處且釘口無木紋綦裂之虞兼安好後仍可脫卸之便

火石機圖

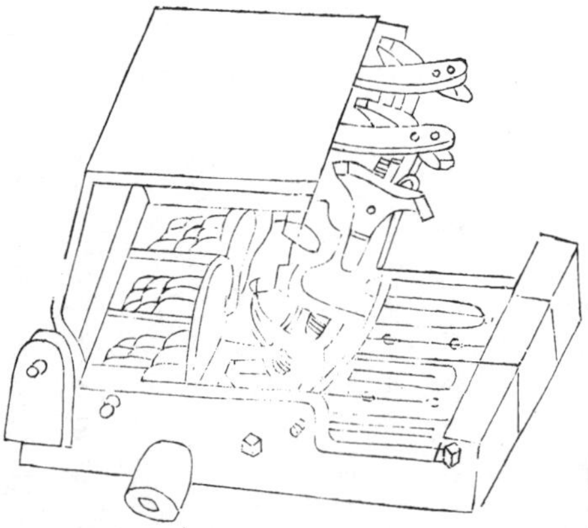

銅火帽來自外夷或偶虞缺乏即以火石機代之其法合三火機於一床床之首尾各安鋼條可抑揚以取力設鋼掩以掩藥盤兼受石擊設鋼喙如鳥喙各銜火石一塊其頂扣於揭板之唇揭板起則石擊鋼掩火星紛迸藥盤而轟發矣此即洋鳥鎗火機之法畧為變通隨處俱可仿製自無庸藉銅火帽於外夷

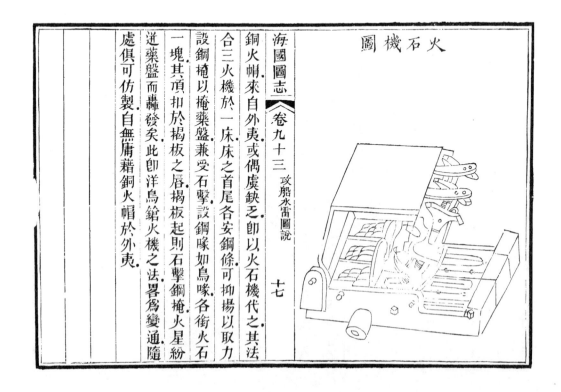

大沽口試演水雷圖一

水雷造成齎京於道光二十三年八月十六日進呈奉
上諭前據祁墳等奏候選道潘仕成製造水雷二十具派令學習製造之生員李光鈐議敘八品職銜潘仕豪議敘從九品李光業帶同匠役齎京試演現在李光鈐等業將水雷齎到著訥爾經額遴派幹員來京會同李光鈐等三人將水雷火藥一併帶至天津交善祿向榮擇水深寬廠之處會同演試是否適用著該督即行具奏其水雷圖說一冊屆時交該委員帶給該總兵等閱看以便如式試演將此諭令知之欽此

大沽口試演水雷圖二

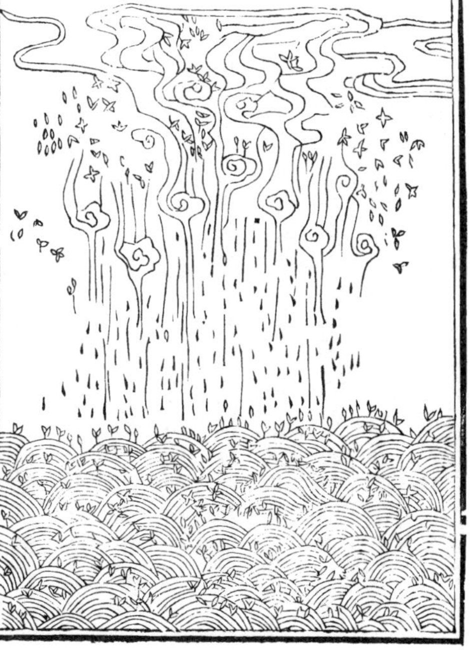

天津鎮善　通州鎮向　天津道文　於九月初八日在天津大沽海口會同演試用厚八寸長丈六杉木四層共厚三尺六寸繫備木筏安於海河墜定錨纜將喫藥百二十觔水雷送至筏底繫定引繩拔塞後待時四分許轟然一聲激起半空將木筏擊散碎木隨煙飛起其海河水勢亦圍圓激動洵爲火攻利器旋稟直隸總督訥　據情覆奏

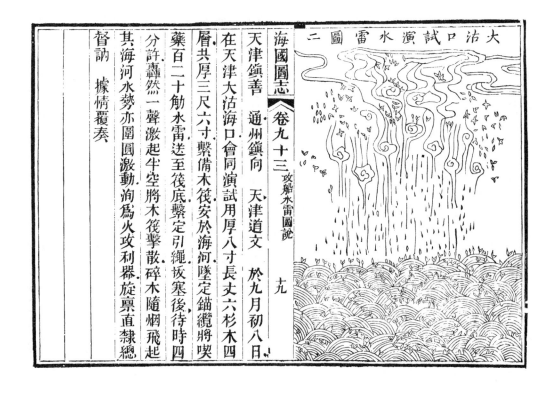

海國圖志卷九十四

邵陽魏源輯

西洋器藝雜述

海島逸志曰西洋行舟不專用指南車以量天尺量之則知舟行幾許里又能按圖知海中沙礁泥淖之處毫無差錯其形畧似紙箑能開闔有一横尺一斜尺尺中有分有寸俱書西洋字每量必於午刻日中之際其横者以定均平其斜者以觀道途之遠近海中之淺深然明其尺量而無海圖亦無益於事故海圖爲體量天尺

爲用二者不可缺一

察天筒以玻璃筒二式如筆管長一尺餘内實水銀置之匣中旁書西洋字其水銀自能升降大約晴明則水銀下沉陰晦則水銀上浮然浮沈有高低覩其旁字以察風雨晦暝未嘗不驗

定時鐘一日十二時分爲晝夜二周子正十二點丑初一點午正又十二點至未初又一點合一日爲九十六刻每刻十五分是亦一道也其鐘大小不一小者盈寸大者高數尺又有串連小鐘十餘事聲如八音鏗鏘可聽以應時報刻者又有預撥某時支字及其時則鳴鐘不已令人警覺者名曰鬧鐘

天船短小其式如亭可容十人内置風櫃極其巧如渾天儀用數人極力鼓之便能飛騰至極高之處自有天風習習欲往何處則揚帆用量天尺量之至其處乃收帆聽其墜下相傳曾有被日火燒毀并曝死者所以不敢頻用也

風銃狀與銃相似有二式一另用銅毬裝氣令滿螺旋於銃之底面一即連於銃筩用鐵條貫皮爲鞴極力鼓

氣令入實鉛子或泥彈撥機放之聲不甚響亦能傷人每裝氣一次可放數十銃能透五分杉板於三十步外

西洋行船指南車不用針以鐵一片兩頭尖而中濶形如梭當心一小凹下立銳以承之式如雨傘而旋轉面書西洋字用十六方向曰東西南北曰東南東北西南西北曰東南之左東南之右東北之左東北之右西南之左西南之右西北之左西北之右是亦一道也唐帆欲往何方則旋指南車之字向以準船洋帆欲往何方則旋船以依指南車之字向製度雖異其理則一

葛畱巴城海口有甲板嶼因和蘭建造甲板船之處故名曰甲板嶼其船二十五年則拆毀有定限也其船板可用者用之無用者焚之而取其鐵釘船板厚經尺橫木駕隔必用鐵板兩旁夾之船板上復用銅鉛板連片徧鋪桅三接帆用布船中大小帆四十八片其旁紐縴絆悉皆銅鐵造成所以堅固牢實鮮有悮事其船艕如女牆安置大礮數十船大者礮兩層小者礮一層水手每人各司一事雖黑夜雨暴風狂不敢少懈法度嚴峻重者立斬船主主之所以甲板船洋寇不敢近也

千里鏡能觀遠景者無足稱奇有屈曲管者能覩其室之徧隅房中隱微之處無不遍及其佳者每管值數千金用以禦敵可望敵營中能周知其虛實女牆衣壁人數多寡洞見底裏誠鬼工之奇技也按近日西洋並無此器或傳聞太過之詞

西洋禦敵多用天礮而英圭黎之技較之和蘭又精巧礮用銅鑄每礮尺寸長幾何圖大若干能及其遠近幾許皆有定限也譬如敵營遠近幾許用量天尺量之用屈鏡覰之則舉礮悉中其處不踰尺寸礮必向上而舉到其處銃子卽能墜落而旋滾周徧焉因冲天而舉故名天礮今英夷攻城攻岸之炸彈下卽此也然可以驚人而不能取准故廣東省城其礮悉落池塘空地具見章奏無命中不踰尺寸之事

西洋奇器如水琴風琴風鋸水鋸風磨水磨弔橋城門弔橋重數千斤早晚開閉一人可挽千斤稱式如筒以鐵為之中用螺銓一人可銓雖廈屋巨舟銓之立卽欵斜顯微鏡自鳴鐘自來火自轉雄飛禽走獸自能鳴動木偶如生不可畢舉

番語寫字曰銖厘和蘭寫字用鵞毛管削尖作筆濡墨橫書自左而右紅毛和蘭色仔年諸國皆同爪亞無來

由息覽則用竹片削尖而書亦橫書則自右而左武吃貓里番把實番里貓柔番則又各别聞有種番寫字自下而上者鮮到巴國未之目覩也

和蘭鑄圓餅銀中肖番人騎馬持劍名曰馬劍有半者名曰中劍有小而厚者鑄和蘭字名曰帽盾有半者名曰小盾有小而薄者中肖甲板船名曰搭里又有黃金鑄者中肖番人持劍而立名曰金鈁其馬劍中劍大小帽盾皆　金鑄者以兩為斤每員當十六員之用又有紅銅鑄者中肖雌虎名曰鐳以當錢文之用紅毛國不

產金銀無所鑄和蘭西鑄圓餅銀中肖雙鷹名曰搭里有半者小者中肖獅子亦名搭里有小而薄者中鑄番字名曰鲂以當十文之用千絲臘國最富多產金銀鑄圓餅銀中肖其國主之面名曰洋錢有半者二當一之用有四當一者有八當一者有十六當一者有三十二當一者中肖一朵花亦稀見矣亦有金鑄者大小皆如之作十六倍用又有紅銅鑄者中作十字形名曰爪以爲錢文也

澳門雜錄曰米利堅洋錢七錢二分每圓值先士百箇

先士係紅銅所鑄中無方孔每先士值銀七厘二毫英吉利洋錢重十九邊呢十三額連以中國稱之重八錢一分每圓值時令五每時令值邊呢十二以中國銀計之每時令值銀一錢六分四厘每邊呢值銀一分四厘二十時令爲一棒每棒計銀三兩二錢七分一厘布路牙即大西洋國洋錢有老格魯邑值里士一千新格魯邑值里士四百每老格魯邑值新格魯邑二箇半老者值銀九錢五分七厘六毫新者值銀三錢八分三厘零四絲又有他國用勞碑其勞碑與格魯邑同值未知老耶新耶

巴社國所用之洋錢曰多曼與大呂宋之洋錢同值每金洋錢值銀十一兩五錢二分

又曰華人視外夷國地人名多嫌其俚不知試以外夷轉翻中土對音之字亦猶是也如西洋稱廣東曰諫黨福建曰薦酒即建州二字安南曰故占車那虎門曰博低架濠鏡曰昔今巴澳門曰雙高前山曰加查白領古港口曰耕地里老萬山曰蘭東弄愛倫闗東亦廣東二字音其間有對音者有不對音者總之以異國之音翻本國之字欲其雅馴必須如漢書唐書西域傳之稍加潤飾乃可

謝清高海錄曰西洋木工多用風鋸其製先爲一板屋令四柱皆活可隨意遷轉取大木一長于板屋數尺圓以爲軸橫穿左右兩壁鐵環之以軸納其中兩端出于壁外以一端爲輪輪十六輻分兩層環植于軸內層與外層各八相間尺餘其長數尺編竹篾以爲帆帆有八斜張于內外輻上以乘風兩輻則張一帆其長視輻寬則較內外輻之縱而定其尺寸上復幕以布帆帆乘風而輪轉則軸隨之而轉布帆則視風之疾徐以爲舒卷疾則卷徐則張屋內軸上環以數鐵鋸架木于鋸端以

石厭之鋸隨軸轉則木自斷矣所以活屋之四柱而任意遷徙者欲以乘八風也

西夷火輪船圖說曰火輪船上安大鐵缶盛水欲滿書甲字二下爲火爐以熾炭書乙字二缶旁開一口爲丙字筒由丙字橫斜至子字筒分爲二其上己筒其下庚筒由己入丁爲丁字筒與己庚平列丁止一筒分爲上下中安雙鐵片夾皮縮於一鐵柱爲戊字而子字筒中復設一銅片作小門轉移於己庚兩小筒之間此通則彼塞密合其筒而鐵片與銕柱從之上下焉庚之下一

小筒爲癸癸之下一大盤爲壬而戊字鐵片所連一鐵柱上出筒外爲辛字卽船面所栥之白氣管也凡火熾水沸氣從丙字出至子字小門上己筒進丁筒戊字鐵片則迫下子字小門封塞己筒水氣由庚筒下進丁筒戊字鐵片復激上子字小門封塞庚筒鐵片常時上下而所進之氣不更由己庚二筒而出乃穿庚後之癸筒出壬字之大盤仍化水矣水氣蒸激往來不已戊之鐵片與　之鐵管亟挽竝動在船輪機無不周轉矣其船上機輪別有圖說

西洋奇器述武進李兆洛曰氣鎗者爲銅球大如拳上爲螺旋孔一筒長二尺許錫爲之圓孔徑寸餘以銅挺梢其中而帛纏其端令周密如鞴筒之端亦爲螺旋以合於球乃使有力者出入而致之使其嘘吸之氣納於球久之氣漸滿鼓之不能入球如火熱幾不可着手乃退螺旋而下之以合於鳥鎗之火門處火門處亦爲螺旋而竅其中附球於上而內閉之啟其機球中之氣激入火門而丸出矣其及遠中深不減於藥約可十餘發過此則氣微而不能及遠矣

洋法之絕奇者能取氣而制使之云氣有三凡所取者皆三氣雜又有機器別之爲三其氣了然有色可辨一氣微紅色一氣白一氣卽火也三氣之中別去一氣其二氣卽殺氣人中之立死云天地之氣充塞兩間木石等物皆不能隔惟玻璃器能隔絕天地之氣而不透漏故製用氣之機必以玻璃爲之有一火法不知其名爲玻璃圓罌周尺許四面無孔竅罌中有二小銕錘着其半腰一銕絲細於髮着錘旁而出罌外人立一玻璃几上以手指拈銕絲則其人鬚髮皆植立以一指他指則

隨指有光如電般然作雷鳴旁人或以指着其人卽亦然響時人皆心神震怖云彼國製此以治陰寒痰溼頑痺難治之病若更大則光與聲亦益大極大則聲如霹靂或殺人其響之發無論遠近聞者心皆振動天下之至疾者莫如風而雷火則比風更疾彼國置此器試之響發時數十里內同刻皆聞也蓋所制使者龍雷之火隨地氣輒奮拈銕絲之人立玻璃器上所以隔絕地氣不着其身故着地之人指之卽震本人所指之氣着地亦卽隨指而震也予頗行時見易君山始言及之匆匆未及一觀其器深以爲恨其理甚可思雷電之發因陰陽閉隔近擊成聲於此尤可信

樂櫃高可四尺濶二尺厚半之周閉之如書廚藏風輪於中以一機出外而轉之中排管數十風入管而鳴鳴如吹鐘鼓方響等器皆具一圓筒植立隨機而轉筒上綴小釘無數高下疎密無一齊者近筒左右銅絲如網筒轉而釘牽其絲卽擊鼓撞鐘之節也奏之凡五六節巨細疾徐各自不同先開一機而轉其風輪樂卽隨轉而作既畢則閉此機而復開一機其音節又異矣所

奏卽其國之樂徧作之可四五刻也所排之管以鉛爲之長短參差不齊其外圓可徑半寸管管相同其內孔圓徑卽各異此與古人製律之法似可參校欲購其一具拆視而細審之惜力未能也

源按西洋有雷盒者形如鏡箱前列兩銅環而以一銅絲屈繞兩環之端人試以手握左環則其右環着手震顫如痛若兩人各一手分握一環則其所空手指着人卽痛葢左手握之則氣達右手右手握之則氣貫左手以治風痺麻木之證立效與此所述氣器畧同曾見之粵中每一具價百餘洋今海口通市可購買也

美理哥國志畧曰西國書籍或以鉛字擺板或以鉛字刊板其擺板不過二十六字如中華之點畫鈎剔所印除經史詩詞歌賦外並印新聞紙其紙各家不同約千餘樣始如歐羅巴刊刷錄見聞布告四方其紙長至五尺濶至三尺其紙不訂裝底面皆印字或每日一出或七日出三四張或半月出一張不等每一出多者約有二萬張少者約有五百張每年收看新聞銀一圓至十

二圓不等內載船隻往來時日貨物價值增減買賣田地租賃房屋時價並官員士子兵丁言行及天下一切事物此外亦有每月新聞書書內載欽天監醫生樂工律例學問勸世文等事其書有一季一出者約二三百篇亦有如中華之時憲書一年一出者約三四百篇內載日月出沒薄蝕之原由士農工商本年應如何營作各國本年人數增減惟無吉凶趨避之日然亦不過史傳輿地志先賢言行記畧並天文音樂大小學文章勸世文等書其書有一本爲一套數十本爲一套並有來

自各國者其價或半元數十元不等爲士之家或藏書一二千書院或藏書一二萬亦有富家立一書齋置各書于內任人觀覽

又曰美理哥國之文字皆同英吉利國雖有法蘭西荷蘭等國之人而新國獨效英吉利者因國初地廣人稀雖各國皆來貿易惟英吉利居十之九從其語音者較多至今則與英吉利無異此外則或文字相同而言詞獨異如法蘭西荷蘭者是亦有文字不同而言詞亦異如滿漢日本安南暹羅者是雖文字言語不同而切音

未嘗有異滿漢固不異乎日本日本亦無異于西洋且新國不過倣英吉利國二十六字母耳其一曰A音睺二曰B音碑三曰C音颸四曰D音哋五曰E音依六曰F音鴨符七曰G音芝八曰H音咽住九曰I音矮十曰J音遮十一曰K音咖十二曰L音喉兒十三曰M音唵十四曰N音燕十五曰O音軻十六曰P音丕十七曰Q音翹十八曰R音鴉十九曰S音喉時二十曰T音梯二十一曰U音嚶二十二曰V音非二十三曰W音嗒布如二十四曰X音鴉時二十五曰Y音威二十六曰Z音思

其中有三字能獨用無別字貫之者如A I O是也A者一也I者我也O者歎詞字母雖止二十六乃相連相生變化無窮連字之法有以二字連成一句或三字至九字不等從左手起橫讀至右非如漢文從上至下也二十六字母散之則無窮合之則有限其用不測然雖三尺童子亦可學習凡天下事物皆賴二十六字詳說之其始歲歷幾百稿三易而始成故雖盈千累萬之書亦不外此二十六字母也此字母西洋各國皆同

天下山水方里數目

山四千八百五十七萬零八百二十五里

水一萬五千零三十二萬三百方里

共一萬九千八百八十九萬四千一百二十五方里

四洲音語　四洲音語不知何自辨之考康熙乾隆中皆曾命欽天監偕西洋人徧往各省各邊測北極高度偏度及太陽出入早晚或彼時徧歷各地曾辨其語言歟

阿細亞洲音語及南海島音語九百九十一音

墨利堅洲音語一千二百一十四音

歐羅巴洲音語五百四十五音

阿未里加洲音語二百七十六音

共三千零二十六音

量天尺較量算法每起加五度

初起度	六十九里	二十
二起五度	六十八里	九十三
三起十度	六十八里	十四
四起十五度	六十八里	八十四
五起二十度	六十五里	二
六起二十五度	六十二里	七十一
七起三十度	五十九里	九十二
八起三十五度	五十六里	六十八
九起四十度	五十三里	一
十起四十五度	四十八里	九十三
十一起五十度	四十四里	四十八
十二起五十五度	三十九里	六十九
十三起六十度	十四里	六十
十四起六十五度	二十九里	二十四
十五起七十度	二十三里	六十六
十六起七十五度	一十七里	九十一
十七起八十度	一十二里	一
十八起八十五度	六里	三
十九起九十度		

疇人傳湯若望字道未明崇禎二年入中國　國朝順治二年六月若望上言臣於明崇禎年間曾用西洋新法製測量日月星晷定時考驗諸器近遭賊燬臣擬另製進呈今先將本年八月初一日日食照新法推步京師所見日食分秒竝起復方位圖象與各省所見不同之數開列呈覽及期大學士馮銓同若望赴臺測驗

與所算密合有　旨行用新法十一月以若望掌欽天監事累加太僕太常寺卿　勑賜通微教師十四年四月回回科秋官正吳明烜疏言若望所推七政書水星二八月皆伏不見今水星於二月二十九日仍見東方八月二十四日又夕見又言若望舛謬三事一刪紫炁一顛倒觜參一顛倒羅計　命內大臣等公同測驗水星實不見議明烜詐妄之罪援赦得免康熙四年歙州新安衛官生楊光先上言若望新法十謬及選擇不用正五行之誤下王大臣等集議若望及所屬各員俱罷黜治罪於是廢西法仍用大統至康熙九年復用新法康熙十七年若望卒

武進趙氏翼簷曝雜記曰余年二十許時閱時憲書卽有欽天監正湯若望副南懷仁姓名皆西洋人精天文後閱蔣良騏東華錄則湯若望當我　朝定鼎之初卽進所製渾天星球一牀地平日晷窺遠鏡各一具其官曰修政立法順治九年湯若望又進渾天星毬地平日晷儀器康熙七年治歷南懷仁　奏監副吳維烜所造八年時憲書十二月應是九年正月又一年兩春分兩秋分種種錯誤遂革維烜職授南懷仁爲監副按　國初至余二十許時已一百二十餘年而二人在　朝中已能製造儀器必非少年所能當亦在三四十歲則余識其姓名時蓋已一百五六十歲矣後閱明史徐光啟傳以崇禎時歷法舛訛請命西洋人羅雅谷湯若望以其國新法相參較書成卽以崇禎元年戊辰爲歷元是崇禎初已有湯若望則又不止一百五六十歲嗣後又不知以何歲卒也○源案阮氏疇人傳據新法算書及四庫書總目言湯若望卒於康熙十七年距崇禎初亦止五十餘載安得有乾隆初年尚存之事至南懷仁則疇人傳但言其康熙初入中國不言卒於何時然考蔣友仁以乾隆二三十年間入中國進增補坤輿全圖奉　旨翻譯圖說　命禮部侍郎何國宗檢討錢大昕詳加潤色又　命在養心殿造水法又　命友仁同何國宗攜儀器徧測新疆度數節氣早晚增入時憲書是其時南懷仁亦久卒矣趙氏少時所見時憲書列湯南二人姓名恐是康熙初年時憲而誤記爲乾隆初也又考海島逸志言荷蘭人處西北寒地人多百歲及居葛𠸄巴炎暑澡浴終日發泄至五六十歲卽爲上壽是西人壽考亦不過百歲從無一百五六十歲之事趙氏追憶少年之詞竝無實據

疇人傳楊光先字長公歙州歙縣人也恩廕新安衛官生告湯若望傳天主邪教且其造時憲書有十謬一不用諸科較正之謬二一月有三節氣之謬三二至二分長短之謬四夏至太陽行遲之謬五移寅宮箕三度入丑宮之謬六更調參觜二宿之謬七刪除紫氣之謬八顛倒羅計之謬九黃道算節氣之謬十歷止二百年之謬於順治十七年呈禮科不准又於康熙三年狀告禮部曰湯若望陽假修歷之名陰行邪教之實散布邪黨于濟南淮安揚州鎭江江寧蘇州常熟上海杭州金華蘭谿福州建寧延平汀州南昌建昌贛州廣州桂林重慶保寧武昌西安太原絳州開封并京師共三十堂每

堂一年六十餘會，每會收徒二三十人，各給金牌繡袋妖書會單，以爲憑驗，請照大清律左道妖言二條治罪。

旨下禮部會吏部同審，湯若望等及傳教之歷官李祖白擬大辟，免死，其作序之給事中許之漸罷黜，四年特授光先欽天監右監副，旋授監正，光先以但知推步之理，不知推步之數，且以攻罷邪教，爲邪黨所忌，潛伏殺機，恐遭陷害，力辭新職，疏凡五上，卒不准辭，乃輯前後所上書狀論疏爲上下卷，名曰不得已，光先在監三年，謂戊申歲當閏十二月，尋覺其非，自行檢舉，時來年憲書已頒行，乃下

詔停止閏月，交部治罪，議大辟，免死，歸卒，康熙九年，復起湯若望爲監正，用新法，十七年若望卒，錢大昕曰，光先于步天之學本不甚深，其不旋踵而敗宜哉，然摘謬十論，議西法一月有三節氣之失，移寅宮箕三度入丑宮之失，則固明于推步者，所不能廢也，吾友戴東原言歐羅巴人以重價購不得已而焚燬之，蓋深惡之云。此篇據疇人傳原本參以楊氏不得已二卷

鴉片來中國統計若干列 見英夷所刊漢字日月刻度通書

丙辰年一千零七十箱
丁巳年二千三百八十七箱
戊午年二千九百八十五箱
己未年一千七百一十八箱
庚申年一千八百六十七箱
辛酉年三千二百二十四箱
壬戌年一千七百四十四箱
癸亥年二千零三十三箱
甲子年二千一百一十六箱
乙丑年二千三百二十二箱
丙寅年二千一百三十一箱
丁卯年二千六百零七箱
戊辰年三千零八十四箱
己巳年三千二百二十三箱
庚午年三千零七十四箱
辛未年三千五百九十二箱
壬申年二千七百八十八箱
乙亥年二千九百九十九箱
丙子年二千七百二十三箱
丁丑年三千三百七十六箱
戊寅年二千九百一十一箱
己卯年三千五百七十五箱
庚辰年一千四百四十一箱
辛巳年三千五百九十一箱
壬午年一千九百三十六箱
癸未年三千二百零七箱
甲申年三千九百二十三箱
乙酉年五千三百六十五箱
丙戌年四千六百二十七箱
丁亥年五千八百六十一箱
戊子年七千三百四十一箱
己丑年四千九百零三箱
庚寅年七千四百四十三箱
辛卯年五千六百七十二箱

癸酉年三千三百二十八箱　壬辰年六千八百一十五箱
甲戌年三千二百一十三箱　癸巳年七千五百九十八箱
甲午年七千八百零八箱　己亥年三萬二千五百五十箱
乙未年一萬二百零七箱　庚子年二萬八千四百四十四箱
丙申年一萬二千六百六十箱　辛丑年二萬六千二百五十箱
丁酉年一萬九千六百零五箱　壬寅年二萬六千六百五十箱
戊戌年三萬七千零九十箱
合共計三十二萬零三十七箱譬如每箱五百員
計共銀一千六百萬零一千八百五十員　自丙
辰年起至壬寅年止
交易買賣番人俱要現錢不用貨易貨以上皆英吏原文

海國圖志卷九十五

邵陽魏源輯

作遠鏡法說畧 歙縣鄭復光

湯若望遠鏡說用一凹一凸頗言其理而作法不詳今洋製多用純凹因積思而得其法今說其畧焉

遠鏡說云人睛中有睟睛底有◎刻本如此想是圖其形狀蓋謂凹也屈申如性高窪二鏡自備目中云云其作法用套筩安一凹鏡於內安一凹鏡於外縮筩視遠申筩視近縮以配短視申以配老花然則遠鏡從目睛悟得也短視睛多凸故凹殺其凸而短視者能見遠矣衰老睛近平故凸益其凸而老花者能察細矣一補偏救弊之理耳凹稱大光明凹爲大光明凸爲次光明本遠鏡說凸能恢物象其所長也凹視物則小凸視遠則昏凸視近極卽是顯微其所短也明能解昏恢以顯小是補偏救弊之術也蓋物遠不能見者影小而色淡耳凸爲外鏡恢其影矣而未免於昏凹爲內鏡大其明矣而未免益小合之則兼貲交濟所以成遠鏡也然目有不合奈何於短視者稍縮則凹得力於老花者

稍申則凸得力於平人則在申縮之間而目之異者同矣然遠近有差奈何物近則稍申使凸得力物遠則稍縮使凹得力而遠近之差者齊矣既悉此理便可製造而遠近說謂須察二鏡之力若何相合若何比例若何必須面授而不肯言其所以然今皆推說得之并推廣得三種焉遠鏡剏於默爵（見疇人傳）言其理者則湯若望遠鏡說言其妙者一見於陽瑪諾天問畧一見於南懷仁儀象志一見於戴進賢星圖于一凹一凸之製皆無異辭然未見其佳者觀遠鏡說圖作七筩戴進賢有非大

遠鏡不能窺視之論必愈長愈佳而所見者皆長不過尺耳此初出之一種也一種用兩凸外淺內深最長者亦止尺餘視物甚大而淸但其影倒見俱用之於儀器窺筩蓋物象既倒偏上者反下偏下者反上是物一差分則影差二分於以側物則目暢而差微易得中影此用非遠鏡而亦可爲遠鏡也一種純用凸鏡外用一淺凸內用數深凸合爲一筩從三面起至六面止而優劣不與焉洋製佳者多如此爲後出一種而諸書皆未及惟　皇朝禮器圖有之義取備物故論說不詳耳統

觀其理凸凹之力相合比例皆在乎深淺深淺之分不可量則量其收光之長短其法取凸鏡對日承以板片上蒙白紙由近漸遠則日光射板由大漸小而光漸濃過此復大又淡矣極小最濃之尺寸卽爲是鏡之深力也（愈短愈深愈長愈淺）業鏡者名幾寸光此卽火鏡取火之法也今以光是順透而收小命爲順收限夫凸有一面凸者爲單凸有兩面凸而深恰相等者爲雙凸又有深淺不等者命爲畸凸用雖同而力限之長短各異惟順收限則無論何面向日皆如一日若版置鏡上令不遮日稍

側其鏡則有返照日光射版上亦能取得極小最濃處與順收限理同而度必短命爲側收限此限在雙凸則兩面向日其度必等在畸凸必不等至單凸理當一有一無而乃一長一短恒若一與三也雖皆有法推算姑不多及只取單凸一種以平面向日論之有側收限二求順收限法以六乘得十二有順收限三十求側收限法以六除得五卽所求若凹則無收限而有側收限必以凹面□日（平向日則無光獨與凸異）蓋凹與凸反凸以平面向日正是凹形此陽燧取火之理也作遠鏡法其一種凹凸

相合者各求其限取凹一而凸二爲定率焉葢一凹一凸假如限俱一寸則勢均力齊若相切爲一必成一平鏡矣今凹切目推凸離之則物影漸大凹力止於此凸力漸大也至極大而清卽是遠鏡能及其順收之半則止是凹力不足也凹深加倍必至順收限而止故以凹一凸二爲定率也凡用限法必歸一律俱順或俱側皆可凹無順限取側限六乘之用其虛數可也其二種兩凸相合者或兩凸若一則任求一順收限倚之以爲兩鏡之距則視物影倒而極清亦稍大焉若內深外淺則各取其順收限并之以爲距葢外凸愈淺而距愈長

影亦愈大而顯今命爲距顯限焉此種最佳易作易用惜影側耳其三種內筩用純凸相合者外凸亦宜淺然所見者至長五尺而止或緣凸過淺則非極大不易作而攜鏡遊覽長三四尺於用已足耳其內三凸或同深或深淺不等俱以距顯限爲率如用甲乙丙則甲與乙乙與丙各用其距顯限爲之其合爲一筩則命爲大光明限緣目切甲視遠則無所見而光爛然離目漸遠必見物淸而小愈遠愈小同凹鏡理故也然則外加淺凸豈非仍卽凹凸相合之理歟推其相合比例如大光明

限一尺則外凸之順收限二尺是亦一與二之定率也數筩展足共數宜四尺餘葢外凸限二尺則鏡長宜四尺一如加倍之理餘數寸者以爲收展及相銜之準耳若內凸用四則大光明限須縮之凸用五須再縮凸用六又再縮其法各置其距顯限四凸者用一五除合六六六折五凸者五折六凸者四折以爲距卽得大光明限其外凸順收限皆視大光明限加一倍然宜稍短二三分不宜稍長恐量難準確也葢外凸順收限假如二尺展足約四尺目距凸四尺則見倒形而大光明限雖合凸

理實皆凸形故能倒其倒形使復順也夫用倒者取其能清非取其倒也外限稍短則稍深內外之距用時須稍縮不過力稍殺耳若外限稍長則稍淺用時稍申必過其限不可用矣凹凸相合者亦然但其器長則外凸須大否則內凹顯外凸小矣而純凸者器雖長外凸徑小而內凸亦能顯使大也此後出之鏡所以棄筩就繁必有取爾又五凸六凸非能加勝而四凸者如甲乙丙丁多有另作數短筩視甲乙遞深者以備調用葢甲乙稍深則視大而稍闇稍淺則稍大而更明時明物小則

用深時晦物大則用淺亦一巧也

海國圖志卷九十六

地球天文合論一

西洋瑪吉士撰　邵陽魏源補輯

七政

夫地理者講釋天下各國之地式山川河海之名目分爲文質政三等其文者則以南北二極南北二帶南圜北圜二線平行上午二線赤寒温熱四道直經横緯各度指示於人也其質者則以江湖河海山川田土洲島灣峽內外各洋指示於人也其政者則以各邦各國省府州縣村鎮鄉里政事制度丁口數目其君何爵所奉

何教指示於人也此三者地球之綱領也不可缺一且地理本乎天文由天文方知地形如何度數如何地面各處之所在天下人類之差别是以欲窮究此理先應思地體如球常丸轉于日球之外相距甚遠然後能悉地身與各星相關而地理之所謂文者乃可推測

地球論曰昔人論地體不過曰其長無盡其厚莫測上居人道下屬鬼方其東升西没之日月星辰不過爲地之點綴裝飾而已又有測度而云者地體圓扁周圍與天邊相連如表單與表面相合迨後人歷經實據始覺

地體本圓如球昔論皆屬虛僞故今名爲地球其實顯有情形堪證譬如天氣清明毫無遮蔽有船開行人則立于岸邊觀望其船漸漸去遠初則不見其船身後則不見其船桅又如有船自遠而來初則但見其桅後則方見其船若海面爲平者何能有此情形蓋去船開行已遠身桅皆當不見來船既已臨近身桅皆當見之且船身比桅大去船何以自下而上先不見其身後不見其桅來船何以自上而下先見其桅後見其身乎若船上人望此地亦如之去船先不見其平地後不見高山

來船先見其高山後見其平地可見地本圓者此理之可徵者一也再前明正德十四年有二人一名瑪加連士一名德拉給從歐羅巴駕船向西而行一直西進永不改向或有阻隔不過略爲轉灣迨駛過其處仍然向西行越一千一百二十四日不料復抵當日開船故處越數載復有安遜穀哥二人等駕舟往返循環亦皆如是若地係直者何能從西而往由東而返皆因地體本圓故能循環此理之可徵者二也又凡有向北而走者但見北方各星如自下而上漸起漸高其南方各星又似自上而下漸垂漸低若向南而走則見北斗星如漸降漸下行至赤道之間則北斗星即不見矣其南方各星又似自天邊而現漸起漸高者可見地由南而北亦係圓形此理之可徵者三也尚有一理最易明地體之圓在月蝕論內

地球循環論曰夫地體之圓前已引證解明無可疑矣至其循環之理則何也昔人云地球懸于渾天之中靜而不動日月各星晝夜循環于其外迨前明嘉靖二十年間有伯罷尼亞國人哥伯尼各者深悉天文地理言

地球與各政相類日則居中地與各政皆循環于日球外川流不息周而復始并非如昔人所云靜而不動日月各星循環于其外者也以後各精習天文諸人多方推算屢屢考驗方知地球之理哥伯尼各所言者不謬矣并察得地球之轉有二一則日周一則年周日周者本身之周而復始也晝夜運動西向東旋隨旋隨升凡十一時七刻十一分四杪方周故地上之人仰觀各星皆如東升西没此乃地球東旋之明驗也且地球既晝夜旋轉地上之人何以不覺其動譬如乘舟或東行或

西行値風息浪靜之際在船之人并不覺得船身搖動惟覺岸邊山林屋宇動轉船東行視彼如西往船西往見彼如東行此理亦可爲證也年周者旋于日外之周而復始因其隨旋隨升盡歷十二宮位凡三百六十五日二時七刻三分四十五秒方能一周故有四季之分寒暑之別也源案此即西人地動太陽靜之創說但地球既運轉不停則人視北極亦當變動而不能止其所矣姑存備一說

地球五星序秩曰按哥伯尼各之法以日居中地球與五星循環于其外本體無光皆受日光而明近遠之度

數相别循環之日期不同因其法順情合理故今之講習天文者無不從之茲將日體之廣大旋轉之日期及地球五星等本體之大小離日之遠近循環之遲速開列于左

日徑長三百一十五萬里比地徑大一百一十倍身大一百三十二萬八千四百六十倍居天之中樞紐盤旋不離本位凡二十五日六時一周復始

水星徑長一萬一千三百里比地徑小一倍半身小十分之九離日一萬三千三百六十一萬里循環于日之外凡八十七日十一時四刻十四分三十秒方行一周本身西向東旋至十二時零四分周而復始

金星徑長二萬七千八百七十里比地徑微小比地身小一分有二離日二萬五千萬里循環于日之外凡二百二十四日八時二刻十一分二十七秒方行一周本身西向東旋至十一時五刻六分周而復始

地球徑長二萬八千六百五十里離日三萬四千五百萬里循環于日之外凡三百六十五日二時七刻三分四十九秒方行一周本身西向東旋至十二時周而復

始

火星徑長一萬五千九百二十里比地徑小一半有餘比地身不足一半離日五萬二千六百一十三萬里循環于日之外凡六百八十六日十一時一刻三分二十七秒方行一周本身西向東旋至十二時二刻九分周而復始

木星徑長三十三萬一千二百一十里比地徑大十一倍有餘身大一千四百七十倍離日一十八萬萬里循環于日之外凡四千三百三十日六時二刻方行一周

本身西向東旋至四時七刻十一分周而復始
土星徑長二十七萬五千二百九十里比地徑大九倍有餘身大八百八十七倍離日三十二萬九千二百萬里循環于日之外凡一萬零七百五十六日二時一刻十二分方行一周本身西向東旋至五時一刻一分周而復始
五星之內惟木土二星與地球皆有跟星相隨其地球之跟星卽月也本體亦無光其所發之光乃受日光照射者其徑長七千八百二十里比地徑四分之一有餘

比地身小四十九倍離地八十五萬九千五百里循環于地球之外故曰地之跟星其循環于地之外有二周一爲有定之周乃自某處起行循環一周仍歸某處也凡二十七日三時六刻十三分四杪一爲交會之周乃每月朔或望之際也凡二十九日六時二刻十四分三杪蓋月繞地行于本道地亦繞日行于本道至二十七日三時六刻十三分四杪月雖仍歸起行之本處而地已離原　處去遠二十七度故月至起行本處不能如前之交會必須多行二十七度方能與日地三者交會也

其行二十七度需二日二時四刻數分故朔至朔或望至望每月必二十九日六時二刻十四分三杪也每年共循環地球十二次因其循環之十二次不足三百六十五日之數所以三年一閏五年再閏也本身西向東旋至二十七日三時六刻十三分四杪周而復始
其木星有四跟星第一離木星九十三萬八千四百二十八里循環于木星之外凡一日九時一刻十二分三十三杪方周第二離木星一百四十九萬零四百四十五里循環于木星之外凡三日六時四刻十三分四十

二杪方周第三離木星二百三十八萬四千七百一十二里循環于木星之外凡七日一時六刻十二分三十三杪方周第四離木星三百一十九萬五千三百二十六里循環于木星之外凡十六日八時二刻二分八杪方周
其土星有七跟星第一離土星四十九萬里循環于土星之外凡一日十一時一刻三分二十七杪方周第二離土星六十五萬四千五百里循環于土星之外凡二日八時六刻十四分二十二杪方周第三離土星九十

二萬零五百里循環于土星之外凡四日六時一刻十分十二杪方周第四離土星二百一十萬里循環于土星之外凡十五日十一時二刻十一分方周第五離土星二百八十萬里循環于土星之外凡七十九日三時七刻三分方周第六比第一星相近離土星四十一萬一千九百七十四里循環于土星之外凡一日四時三刻八分方周第七去土星尤近離二十四萬一千五百二十四里循環于土星之外凡十一時二刻七分方周再土星除七跟星相隨外尚有一圈繞于其體之外名

之曰土星圈以至好千里鏡觀之見其如有二圈相疊約寬六萬三千里周圍離土星亦約六萬三千里旋于土星之外凡五時二刻二分十五杪方周其圈非他乃無數之跟星萃聚各于本道圜繞其外其星雖非盡集于一所人視之相離甚遠惟見其光交射如一線之相連故人見其圜與土星相離也可見土星雖離日甚遠所受之日光無多然而四面環繞之跟星甚衆勢必受其衆光照耀而益明也

五星離地之遠近均以離日之遠近爲準其離日有比地近者有比地遠者近者以地球離日之里數爲度除去星離日之里數若干下餘若干即星之離地里數也遠者以星離日之里數爲度除去地球離日之里數若干下餘若干即星之離地里數也以此推之五星離地之遠近即可知矣此一定之理雖易明曉但五星與地並行于日之外遲速不同遠近各別其地球五星相離之遠近曷能槩論如各星地球錯綜而行時日不同然必有交會之期至星地交會或均在日上或均在日下勢必相離較近若各星已行至日上而地尚在日下或

地行至日上各星又至日下其相離自然較遠今將五星離地至近至遠里數分列于後

水星與地球交會之際相離二萬一千一百三十九萬里時日當中相離四萬七千八百六十一萬里

金星與地球交會之際相離九千五百萬里時日當中相離五萬九千五百萬里

火星與地球交會之際相離一萬八千一百一十三萬里時日當中相離八萬七千一百一十三萬里

木星與地球交會之際相離一十四萬五千五百萬里

時日當中相離二十一萬四千五百萬里
土星與地球交會之際相離二十九萬四千七百萬里
時日當中相離三十六萬三千七百萬里
以上所論之金木水火土五星乃自古所傳近日西士考察始知舊五星外又另有五星亦循環于日之外本體無光皆受日光而明遠近之度數相別循環之日期不同內惟一星比地大四倍其四星皆小于地但查出之年限未久故中華之書未有記載今此書止論地球故不暇備列也

太陰晦明消長論日月球本體無光借太陽之光而明故凡循環于地球之外每有晦明消長隱露更生之別此因人居地上見其如此其實月之本體則總係半邊光明也譬如以線繫一球對燈光而轉于人之外則此球若在燈人之間或上或下其被光照而明之半邊則對于燈其背陰而暗之半邊則對于人若離其間往右而轉人視之見其黑者漸漸退少亮者漸漸增多也凡轉至人在燈球之間或上或下其被光照而明之半邊則對于人其背陰而暗之半邊則對于外若離其間仍往右轉人再視之其亮者又漸漸增多也但球之所在不論前後左右其體受燈照者永是半邊並無差別其所以晦明消長乃人之所見者也月體亦然凡行于本道在日地之間或上或下其有光之半邊必然向日其無光之半邊必然向人此乃月朔之時也凡離于月地之間往西行本道越八分之一其有光者漸長無光者漸消人于地上觀之見其微露一彎如蛾眉又行本道至八分之二則見其光漸漸長至半規故名為上弦又行本道至八分之三見其光益長至多半規猶卵形日

又行本道至八分之四即半途之中其光盈規人于地上觀之見其團圓如鏡此乃朔後至月望之時也凡行本道至八分之五其明又漸消晦又漸長人于地上觀之見其光初退一彎又如卵形之式又行本道至八分之六則見其光漸漸消去半規故名為下弦又行本道至八分之七其無光者益增有光者益減則見其微餘一彎光明故名為蛾眉殘月此乃望後至將晦之時也凡行本道至八分已盡之一周復至日地之間其無光之半邊又向于人其有光之半邊又向于日此乃再月

朔之時也可見月與日合則爲朔離則爲弦對則爲望但或合或對地日月三者不能常常正直故雖合而無日蝕雖對而無月蝕也葢月地各行本道遲速不同至相合之際地與日正對而月在其間不上不下適當其中方有日蝕至相對之際月與日正對而地在其間不上不下適當其中方有月蝕若至相合之際地與日正對而月在其間或上或下所以每月皆有月朔而不能皆有日蝕也至相對之際月與日正對而地在其間或上或下所以每月皆有月望而不能皆有月蝕也再月

之上弦下弦何以分辨葢月光彎環者向西則爲上弦月光彎環者向東則爲下弦也

海國圖志卷九十七

地球天文合論二

邵陽魏源補輯

日月蝕論曰人必明于月蝕之故乃可證地圜之理夫日蝕月蝕果何故耶葢地月各行于本道不息月乃地之跟星離地球八十五萬九千五百里循環于地球之外相離地球之遠近雖異於各星却有交會之際其交會之際如日居上而地居下月在其中斯有日蝕緣地本黑暗必受日光而明凡有月過其中勢必掩蔽日光不能下照且月之正面受日光而明者向上其背面黑

暗者向下故日蝕必在月朔乃此時日月地俱平直相對也其交會之際如月居上而日居下或月居東而日居西地在其中斯有月蝕緣月本體亦黑暗必受日光而明凡有地過其中勢必掩蔽日光不能射照且月之循環地球之外必于十五日方能行至地球背面故月蝕必在月望乃此時月地日俱平直相對也再日月之蝕所蝕多寡不同故有三等之分一曰滿蝕一曰半蝕一曰圜蝕

其滿蝕者乃本體全被蔽者也日月之蝕皆然日蝕者

蓋月道非圜其形如卵故月行本道離口地有遠近之分雖本體較日甚小但近日則不能全蔽其光近地則可以全蔽其光也且滿蝕更有隨蝕隨現蝕後微停始現之別蓋日大月小日光照月月之黑影下垂尖銳離日愈遠其影愈尖勢必影隨形轉地上之人若在月影之末其處黑影尖小月身一動其影即過人則即見日光故曰隨蝕隨現也地上之人若在月影之中其處黑影寬大月身雖動其影不能立刻過完及至刻影過完必緩斯須人則方見日光故曰蝕後微停始現也月蝕

者地體大于月月經于地受日射于影中地大月小可以全蔽無所受之光月即黑故爲滿蝕且滿蝕亦有隨蝕隨現蝕後微停始現之別蓋日大地小日光照地地之黑影上射尖銳地離日愈遠其影愈尖亦必影隨形轉天上之月若離地遠其處黑影窄小過之甚易毋庸躭延即刻可現人則即見月光故曰隨蝕隨現也天上之月若離地近其處黑暗寬大過之較久必需遲滯不能即現人則微待方見月光故曰蝕後微停始現也

其半蝕者有多半少半之分日月之蝕皆然蓋此際地月各行本道雖然交會未曾平直相對或上或下惟蔽半光故爲半蝕

其圜蝕者乃中間黑暗周圍露光也惟日蝕則然蓋月體較日體甚小雖平直相對但月近日遠地其黑影未曾到地是以地上之人尚可見日之周圍圜光故爲圜蝕且日蝕非每朔而有之因月行本道或左或右不能常與日地平直相對而交會也又月蝕亦非每望而有之因地行本道其影隨形而轉月行本道不能常常遇地之影也但日蝕月蝕每年至多不能越七次至少不

能無二次且日蝕比月蝕較多但月蝕比日蝕易見至日之滿蝕甚少每十八年之間共約七十次乃四十一次日蝕二十九次月蝕也又不能天下各處皆然因有先後之分多寡之別故不能畫一也

以上已解明月蝕之故乃月上日下地在其中日所發之光爲地影遮蔽不能照于月身而地影射于月身也夫影必如形一定之理若地體果方月中之地影必露圭角何以月蝕或滿或半或多半或少半人但見其黑影永爲圓者蓋地必圓形始有圓影地球之圓無可疑

矣

辨彗星論曰夫彗星古者不明其理或以爲硫磺之氣由地上升而然然盡卽息或以爲五星之流火或以爲地上之流星或以爲至高之雲受日光照射而明更有以爲妖星出現主有水旱刀兵之災紛紛議論不一而足凡此皆不明彗星之理者也自乾隆二十四年以後西域之精習天文者逐日多方考察漸悉奧理蓋彗星之現至高且久硫磺氣然由地而起何能及其高久卽五星流火地上流星亦不過瞬息之光彗星則有數日

皆現者數月皆現者且現必終夜光明其非流火流星也明矣如乾隆二十四年所現之彗星六月有餘更可知也況流火流星無定期亦無定向而彗星則現有定期行有恒道卽至高之雲日照而明一遇風吹或飄散或變形何能如其有定恒也至妖星之論尤屬杳茫彗星各國皆見若主災異理應各處皆然何以此國有刀兵彼國却無或彼國有刀兵又無彗星出現也此等議論乃古人不知彗星之運動惟見其時隱時現故以爲無定自加西奴及合纍等考查眞確始悉彗星之本體

與五星相同惟所行之本道與五星異耳金木水火土五星均循環于日之外月及各跟星又循環于所跟者之外除此尚有別星亦循環于日外者名曰彗星其循環之道與五星等行法不同蓋五星繞于日外其循環之道近于圓形日在正中彗星亦繞于日外其循環之道近乎卵形日在一邊因其本道長圓是以所行似有多寡不同其近于日則所行甚速日漸分明遠于日則所行甚緩日漸隱沒故時隱時現人不能常見雖用至上之千里鏡觀之亦不得見越數十載各按其本行輪

迴之期而現人方得見也且彗星之體大小不同所行之道亦有直橫斜三者之分或如卵形而行或直道而來繞過日體仍直道而去各從其所向行于本道所行較五星甚緩往返之年限亦久故人不能深悉其定期如五星之準然有數星亦知其輪迴之限如前明嘉靖十年所現之彗星越七十六載于萬歷三十五年復現西域習天文者推算其行度乃倒退而轉卽嘉靖十年所現者至康熙二十一年又現較前所差不足一年之期後之習天文者按前推算預定其期云至西洋之一

千七百五十七八年間卽乾隆二十二三年此星必復現至期果然今以七十五六年之數計之道光十四五年間所現者亦此星也又康熙十九年所現之彗星光芒甚大查古書所載前一百零三年卽明隆慶十一年所現者亦如此星按其運動行度推算此星乃一百零三年周而復始者至乾隆四十八年果復現今以一百零三年之數計之至道光六十六年其星必當復現也又康熙四十一年所現之彗星察其形體光芒卽前康熙七年所現者按其運動行度推算此星乃三十四年

周而復始者越三十四載卽乾隆元年其星復現至乾隆三十五年又現嘉慶九年又現道光十八年又現皆此星今以三十四年之數計之至道光五十二年其星亦必復現也

迄今西域之精習天文者考查推算共識彗星二十有一皆循環于日之外各行本道運動不同可見彗星亦如五星之類不過法稍異耳

猶有一者異于五星卽其光芒也其光芒按牛敦等諸精習天文者所論并非他故乃日之太陽眞火鍛鍊其

星而星體所發之暈遠射也何以見之如彗星之初現也離日尙遠其光芒微細及漸漸近日則光芒漸漸長大其始退也離日尙近其光芒遠射甚長及漸漸遠日則光芒亦漸漸短小相離愈遠不惟光芒隱沒卽本體亦不見矣且其光芒與日相對如日在右其光芒則左射日在東其光芒則西射常散見于背後也譬如然物于空中若不動搖其烟必一直上升若稍動之其烟必偏斜而上天上之彗星亦然再彗星分爲三等一名有鬚者一名有尾者一名有髮者其有鬚者比日先出光

芒在前本體在後其有尾者日落方現本體在先光芒在後其有髮者與日相對地間其中光芒在本體之後故人視之如在本體周圍若髮之在本體鬅鬅然也更有數星其體甚小光芒微暗人視之如無光芒者也

以上辨論考察詳明確據毫無疑義前人紛紛虛謬之論豈其然哉

恒星列宿論曰凡論星者七政列宿皆在其中但因各星所發之光有大小明暗之別且因其所行本道有不離本處者有離本處可以常見者又有離本處又不能

常見者故此分爲三等一曰恒星一曰五星一曰彗星
夫恒星者乃本體有光之星也彼此相離之遠近永無差異惟因地球本體西向東旋故人見其與日球每日似由東而西也其數目莫測其離地甚遠其天狼乃爲離地之至近者尚離一百三十八萬秭里譬如火礮所發至快之彈子每一時能行三千三百六十里雖飛行七百萬年亦不能及天狼之處其他星遠者更何從測度推算哉有用極長之千里鏡測者其見五星與月較大數倍其見恒星則比前轉小惟光畧明耳蓋凡有光

者遠觀之其光發散似大而暗近觀之其光團聚似小而明故用千里鏡觀恒星五星等之大小卽此理也其本體之廣大應按近遠而擬議之今以日球較驗譬如日體比地球大一百三十二萬八千四百六十倍其離地不過三秭四京五兆里而人觀之其本體大不滿五寸若再離遠十倍不過三十四秭五京里其體則大不滿五分再離遠十倍不過三百四十五秭里其體則大不滿五釐再離遠十倍不過三千四百五十秭里其體則大不滿五毫再離遠十倍不過三萬四千五百秭里其體則六不滿五絲再離遠十倍不過三十四萬五千秭里其體則大不滿五忽若論其光亦當如之且小至釐毫絲忽相離又既甚遠如何能見不過以其理而言之今天狼離地遠至一百三十八萬秭里之多雖不用千里鏡而尚能見其體大如星光明遠耀可見其體比日體甚大其光比日光尤明此離地至近之恒星尚若是其他更何能論定哉是以不能盡爲推算其體之大小離之遠近但各恒星離地球既極遠尚能見其光明則本體必甚大也

至恒星之數不假千里鏡之力而目能得見者約一千餘迨後按壹巴爾哥者所算定之數二千零二十二星後之各習天文者逐日考察漸加漸多至發拉摩斯德者則論定數目增至三千因其身有大小之別故分爲六等其至近者視之體大光明爲一等其次漸遠體光略小者爲第二等再其次則愈遠體光又略小者爲第三等以次推之漸遠漸小次第而分故有六等焉不以千里鏡觀之但得見其一星若用極長之千里鏡細察之則尚有四面環繞之星甚多萃集于一所也卽如昴

宿不用千里鏡視之惟有七星若以千里鏡觀之按胡各者算有七十八星嗣後又有雷達者算有一百零八星之多參宿不用千里鏡視之則惟有三星若以千里鏡觀之按加理畧者算有八十星嗣後又有雷達者算之約有二千星之多其他宿及各星之數目若用至上之千里鏡觀之尚有見不眞者焉能盡算得其數其跟星循環之理亦如日月地五星等本身之盤旋且恒星本體之光與日相同日則離地較近雖盤旋而其光常明無所分別星則離地甚遠其本體自有之光大小不

等故旋至光大者下射可以到地視之得見若旋至光小者下射不能到地卽不能見矣再其光亦非常明乃閃閃不定與五星之光定而常明者不同蓋五星受日光而明然其離地較近又光力充足故地中上升之氣不能遮蔽其恒星雖本體自有之光明然其離地甚遠又光力微弱故地中上升之氣得以或蔽但五星或臨沒或始出之際因天邊之氣比天中之氣甚多故其光亦閃閃、定不能常明若過有風之時氣之飄動甚速其光之閃閃更頻也以此推之則恒星亦必如日球有

別星環繞于其外惟因至高極遠難以測算故不能悉定耳

夫列宿者天文家以爲數星之環集借鳥獸之名而名之也蓋上古厄日多同巴鼻羅尼亞二國之牧童夜間牧于田野仰觀天上各星集于一處或有多者或有少者其形不一因以地上庶物鳥獸等之名隨意而名之嗣後習天文者因其名已定且昔人皆仍之未改習慣自然故亦不肯改易仍照舊名卽天文圖上亦按其名之形而繪之但其星之集本與所定鳥獸等名毫不相

似至其數目在中國不過二十有八在西域曩時亦不過三十有三居北方者二十有一居南方者一十有二今之人逐日考察陸續增至七十七宿在黃道者一十有二居北方者三十有四居南方者三十有一其黃道之十二卽十二宮也共千有百四十四星至多者乃酉宮內有二百零七星至少者乃戌宮內有四十二星至于南北二方之宿日漸加增至今共查得有一百零八宿緣此書專論地球而各星與之相關者不過略言大概並非解釋天文故未備載其名也

辨天漢論曰夫天漢者古人議論紛紛皆無證據非惟中華爲然即西域亦然緣彼時尚未深悉天文之理又無千里鏡察看不過因各臆說如華名河漢番名乳道各就其名以爲說辭也今特察看眞實蓋天河于晴明之夜不用千里鏡而觀之但見其茫茫如白烟一道橫于空際似殘破間斷者若以至上之千里鏡而觀之乃無數甚小之星萃集一條其光輝射照甚多則紛紜散亂故但能辨其爲星而其星之數過多亦斷難推算且離地甚遠光力微弱是以無千里鏡觀之但能見其如

白雲一道而不能辨其爲無數小星之萃集也

寒温熱道論曰地球大小各圖既已按處詳繪無不周備察地理者又觀其四小圈必橫分地球爲五段而各段中之處或在南或在北或在中勢必有寒温熱三者之別各自不同故以每段而名之五道其一熱道在南北二帶之間者寬四十六度五十六分古之人以爲此段地正當日光直射其地甚熱盡是荒沙故名之曰熱道迨ノ人稽查詳明始知古言錯悞蓋此段地有日月霜露風雨及時而降不惟人可安居且物更繁産每年田禾稻穀兩季收割且所産各香料藥材五金寶玉較他處更爲精美如印度南洋諸島及南墨利加三處在熱道之中者其水土膏腴所産各物比地球諸處尤爲豐美蓋因日行于本道不過于二帶之外其光直射正照其地故較別段微熱並非人所不能安居者也其二曰温道有二道焉一在北極圜線之間一在南極圜線之間每寬四十三度四分名之温道者蓋因此段日光照臨斜射非同熱道之正直相對故其地熱稍減漸覺温和如中國及地中海是也其三曰寒道亦有二道焉

一在北極圜線之內一在南極圜線之內每寬二十三度二十八分名之寒道者蓋因其此段每歲多半不見日光即或得日照臨其光亦不過斜射且日凡在天邊下之時甚覺寒冷無處不冰其地雖不若熱温二道之舒暢與物産之豐殖人居之合宜然而其地亦有居人牲畜如峨羅斯東北方及歐羅巴近北洋諸國并非全無人物者也

海國圖志卷九十八

地球天文合論三

瑪吉士地里備考　　邵陽魏源補輯

氣論曰凡運動流行於地球四面者名曰氣由地上升不過數十里而即止去地近者厚而密去地遠者薄而稀其爲氣視之莫見撫之莫穫放之則彌六合卷之則退藏于密故有輕重剛柔之殊人物共所包羅以通呼吸而延壽命且又易於聚散其散也則爲熱其聚也則爲冷是以所受之熱愈炎而愈散所受之冷益寒而益聚一散一聚無不流動焉夫何有是氣哉乃地上之山

川人物水火金石穀蔬草木等萬物之所發者也試以其重驗之比水約輕八百五十六倍既有輕重其包羅人物之外者應重勢必壓伏難舉而人何以不覺其重蓋因所包羅者上下周圍均同故人不覺也譬如人入水底何以不覺其重若以身接飛泉下流何以又覺其重蓋在水底者上下周圍均爲水所載故雖重而不覺其重其接飛泉下流者水往下傾身之上皆爲水壓雖輕而仍覺其重也又譬將手入桶水之中不覺其重若將桶開一孔瀉水以手承之則手自被水壓而往下蓋手在水中周圍有水包之故不覺其重手在水下惟有上流之水下壓故覺其重也再譬如將海沫一團以線繫于大木桶之底隨後用水貯滿桶內海沫體質極軟而其上壓之水甚多且重何以不能將海沫壓損蓋海沫中已浸滿水體故外水雖多乃周圍包之不能壓損況其體中所浸之水雖少亦可敵外面之水也氣之理亦然氣比水尤輕水既周圍包羅不覺其重氣亦周圍包羅所以尤不覺其重也又氣越厚密則越重越薄稀則越輕地方所在越高則其氣越薄稀而輕越低則其

氣越厚密而重是以人居地面則服其氣若去地遠則氣力薄而不能保其生命也曩者嘉慶年間西域有人乘風球上升去地約十四五里之遠其人即覺有耳聾者有手痺者又有受萬種淒涼莫可明言者諸各不同倘若離地愈遠不知更作何狀可見人離地面不可過于高遠也又氣之輕重厚薄各處各時皆不相同故西域製造陰晴表以度量其輕重再凡運動流行之物皆有輕重之質而氣則除輕重外猶有剛柔之性其體質

若有外力制之可以由大而縮小然其體質亦具有力或去其外力之制又可以舒小而復大也譬如以皮氣球將氣裝滿封固其口入或以手按之則氣必收縮而曲斂將手離開則必舒放而復元惟人手按之之際但覺其氣勢騰起而拒手若將氣球擲地勢必跳躍若非氣有剛柔之力何能如此再其剛柔之力有多寡之別若按之力小其騰起之勢亦小按之力大其騰起之勢亦大且本性原有三等可見一則雖按之不論幾多年限其力終始如一並無消減二則熱之愈甚其力愈大

三則若無阻隔抑壓者其舒而發散即彌漫無窮也但氣之厚密各處不同故欲定其高量非易所以氣之凝也愈遠于地面則愈薄焉

風論曰夫氣既爲運動流行之物而其本性原寂靜不動上下四旁不偏不倚常爲均平有一處失其均平之勢則周圍之氣皆因之而動其動則爲風其成風之由一則因熱一則因冷熱則令氣發散而此處較彼處尤爲輕稀冷則令氣凝聚而彼處比此處更重密緣氣動有遲速之殊故風起有和迅之別屢次試驗嘗見四刻之內有行二三里者有行百五六十里者且風所以常變不定皆因其由來使然若其由來常如一轍則風亦始終不變也凡在海上駕舟之人常見熱道之間周年東風名曰不易之恒風其故皆因日之類行從東而西將在下之氣曝之使散其氣俟日過復凝于是其氣已歉則東方之氣從西流而彌縫之故常隨日俱西流動不息周而復始所以恒變爲東風也又有言其處恒發東風者因地球本體一日一周之故蓋地球每日由西而東旋轉其面上之氣自必流行其上從東而西如舟

行逆水或由西而東其水過于舟身必從東往西而流也其風亦有時偶因他故稍爲變易其故不一今就南北二帶之風言之其風凡從一方而起無甚變幻其名爲二帶風者乃由赤道至北約三十度至南亦約三十度南帶北帶之間所發者也有三等之別其一名曰恒吹風北方永從正東而起惟在赤道上及去赤道或南或北二三度之處雖恒吹東風然亦稍有變異不能永爲一穴也其二名曰當令風乃六箇月一方而起再六箇月從相對之方而吹其風凡轉對方之際每有烈風

暴雨雷電交作乃春秋二分之時也其三名曰海地微風乃每日自子時至午時則由地向海而吹自午時至子時則由海向地而吹因其風微細所吹不過二三十里即息故也

雷電論曰雷者空中閃電發燒之聲也其鳴爲雷霆又名霹靂其光則爲閃電又名雷鞭夫何以有是雷電哉凡天氣炎熱從地面必有能然之氣如硝磺等之類發洩而上騰至其氣在空中積滿之際則然而化爲雷電故夏令居多冬令甚鮮至雷鳴之聲或云皆因于硝氣

迅然發洩所至若雲中無硝氣則惟有電掣而無雷鳴又凡雷鳴必先閃電而後雷響其鳴聲長短亦因有山應之則其聲悠長若在谷中其聲更長且巨聲之大小疾緩乃相離遠近故先見其光後聞其聲也其雷在熱道一帶時所恒有若在赤道之上則聲愈洪巨屋宇舟車人物無不震動凡雷行縱衡不定常于空中且進且退往返迴環一時則千盤萬旋不已其所以致雷下降者每因雲積甚厚倘一遇風則吹散消滅而雷不鳴凡塔頂之金銅等物亦皆有吸雷下降之力故凡雷鳴時在高處較低處爲尤多再雷鳴之時撞鐘放炮皆屬不宜蓋因鐘礮之聲均能動氣恐氣動而致雷下降也又雷鳴時所有硝磺火藥等易然之物必須藏匿恐被雷火引著而轟擊也

日月重見論曰日重見者乃雲上所形之日體也皆由太陽之光映射于浮雲內故人視之如別有一日也凡日遇有重見即有光環相隨于後且必有或雨或雪相繼而下日之重見有多寡不等其二日尚爲人所時見然已覺其少其三四五六日則人罕見之順治十八年

波羅尼亞有同時見七日者尤少之少也月重見者乃雲上映照之月體其數之多寡與日略同其所重出之月一時或旋繞于眞月之外一時或並列于眞月之旁也

冰論曰冰者乃嚴寒所凝結之水也夫水本流行之物一凝則靜而不動其體堅實必須剖之始開鑿之方碎且凝結之量包涵甚大試觀貯水之器往往被其鼓裂凡石罅中若凝結充滿亦可裂開而山或爲之崩墜凡寒冷至極則凝結如山距赤道數十度之處見于海面

者甚高且大宛如島嶼半浮水上半没水中春初及穀雨時人尙可近之迨穀雨後則無人敢近恐其融化傾墜而被壓也近二極之處雖大暑時亦不融化所以南方離赤道六十八度北方離赤道八十一度之處恒爲積冰所阻不能越過

潮論曰潮者乃海水之動而不失其常也每日十二時三刻四分必有二次之消長長足則漸消消盡而復長其長也則名曰上潮其落也則名曰下潮蓋日月衆星皆有吸水之力視遠近爲微甚而月尤近于地是以地球月圍所包之海水凡在月正對之下者勢必被月吸起故各處地方月至當頭其處海水必然長高其長則爲上潮也不惟月至當頭爲然即月至下面天頂其上面地球之處亦如月在當頭仍爲長潮可見月至上面天頂上面地球正對處長潮而下面亦長月至下面天頂下面地球正對處長潮而上面亦長蓋地球上下二面各處正對之水其與月相離至近者則月吸之甚力其潮上起其與月相離至近者則月吸之不力其潮下墜勢必相離于地球中心而較周圍各處之水逾高愈

下所以地球上下二面之水各爲增長地球各處地方凡距上下二頂各九十度之間者其海水一上一下分流勢必消減而並落其落則爲下潮也又因月行于本道每至一午線之上必經由二次一則于上面一則于下面並須十二時三刻四分方能一周是以四海之水十二時三刻四分二次消長焉夫潮每月朔望定有兩次消長較平日爲尤甚名曰大潮蓋因朔乃日月相遇交會並在一處其相吸之力更大故地球上面甚高而下面之潮其墜亦甚大也望乃日月相距間對列在兩邊其所分吸之力亦大故地球上面之潮較盛而下面之潮其墜亦較甚也其長既較平日甚大而其落亦比平日尤低理所必然也又每月之内定有兩次消長較平日爲尤小名曰小潮即在月之上弦下弦蓋因二弦之時日月相距九十度之遠若月與潮長之處正對其落處乃日正對之下若日與潮長之處正對其落處乃月正對之下其因月吸而落之水又被日吸而長其因日吸而落之水又被月吸而長故兩分其水勢然月近于地其吸力較大日遠于地其吸力較小故此時之潮

雖長而不能大因月吸之力勝于日吸之力也再大潮每年有二次較各月尤大小潮亦有二次較各月尤小者則在立春立秋之時日近于地而吸力較大所以潮之或長或落較他月爲尤甚且潮之長落因乎月時常與月相隨由西而東是以每月于朔望而至一處午線之上其處卽爲潮長至次日則月遲三刻四分方能再至午線上而潮亦必須遲至三刻四分始能再長也故凡各處十二時三刻四分之內有二次之長落六時一刻九分三十秒有一次之長落凡知一處每日長潮落

潮之時以後每一日多加三刻四分卽明曉矣然地球並非四面全水故潮之長落各處亦不能盡同況且山峽洲島阻東水勢所以同時之潮又有或高或低或大或小或長落或不長落之別焉

夫海水之動前于潮論已爲詳釋此外尚有別動之端其名曰流而流之動與潮之動迥不相同亦不相礙皆因地球本體西向東旋是以洋海之水其流大抵由東而西但爲山峽洲島阻隔不能盡屬順流故有分歧或變爲南向北流北向南流西向東流不等然終歸一派

仍西向而流也總而言之其各流甚急且大常令舟行退回十分險要故駕舟之人凡過其處務宜預爲防備以免失落遲悞之患

地震論曰地震者乃地內硫磺各石類之然燒也避之不得亦莫知其動至何處其爲硫磺等各石類然燒而成者已有實據可證西域有勒美里者將鐵末硫磺與水三和匀通共重三十八斤穴埋地中越數日竟致地面震動墳起且有火焰發出又乾隆二十年布路亞國都地動傾覆之害自古罕見地縫中所出黑塵劫灰及

有水翻滾皆具硫磺氣味總之地中有溫泉及硫磺各礦其處則必頻頻遭地震因硫磺各石其性不一有相合者有相反者譬灰與水二性相反若兩相値勢必驟發其在地中亦然一遇聚合卽然燒爆發若地竅寬闊足以舒其所發之性則無地動倘地竅窄狹不能舒其所發之性其發必將周圍搖動然盡方息也又地中有一竅然燒而臨近各竅亦必被其殃譬如火藥若有少許引線則各處皆然故凡地動一處相離則數十里轉瞬皆動也又凡地中各竅既然其上面周圍之處均爲

搖動。譬如以重物擊壁之中。必其壁上下兩旁周圍。必皆震動。其體愈剛堅者。其震動愈遠。再地動有因本處而震動他處者。有因他處而震動本處者。凡本處之動。上下搖動。其動也大。他處之動。兩旁搖晃。其動也小。再凡地動之際。皆有聲響。乃地中然燒。其氣發散之音也。再凡地大震。必有各預兆于其先。或天邊有黑雲出現。緩緩上騰。瀰漫空中。或地上酷熱。上騰之氣。被其散漫而大風暴發。或天氣極熱。微風不動。萬物煩燥。故凡風暴地震。必先有異兆。即天地寂靜。萬籟無聲。而樹木無風自動。此皆災變之將至也。

火山論曰。火山者乃地中之火由此發竅而出之路也。其穴口所吐者。並有浮石温石等。隨火發出。上爲黑烟灰燼渣滓。騰空如濃雲。俯不見日。其火山高低不等。其低者則火由穴口發出。高者則山旁綻裂。火由縫出。其山中噴出之石灰漿水等。則低者常多。高者常罕。總計天下之火山。現有火出者。大小共六十八處。其在洲上者二十有八。其在島中者四十。今已無火。其形仍舊者。大小共九十二處。其在洲上者四十有五。其在島中者

四十有七。後釋其地再爲註明。

海國圖志卷九十九

地球天文合論四　西洋瑪吉士撰　邵陽魏源補輯

緯經二度論

古之人以地體爲平坦東西之相距較南北甚寬故立緯線以量二極相離之遠近立經線以量東西相距之長短其緯度則從二極算起其經度則從鐵島算起蓋以爲畫鐵島地方之午線即至西最中之午線也迨後人考查詳明深悉地球之形體而欲準定地面各處之所在仍用緯經二線之法其法先以地球分爲一百八

十段每段橫畫一圈寬一度均與赤道周圍相平在赤道之北者九十圈南者亦九十圈其圈則爲平行線其度則名曰緯度每一度六十分每一分六十杪又以赤道于地球上分爲三百六十格每格直畫一圈寬一度均達南北二極與赤道相搭爲直角其三百六十度分爲兩半不拘從何圈算起往東一百八十度往西亦一百八十度至背面相對之處而止其圈則爲午線其度則名曰經度也每度數亦與緯度相同則地球之上各處皆有平行線與午線相搭而各處之地位居于何度

相離若干無不了然是以欲知何所祇覿其居于地球南北第幾平行線與午線相搭之處即可明矣今凡論地緯者乃一處之相距于赤道也凡論地經者乃一處之午線相距于第一午線也其緯度在于午線上計算從赤道而起往北九十度往南九十度其在北者則曰北緯度在南者則曰南緯度地愈近于極則其緯數愈多愈近于赤道則其緯數愈少各處之緯數至多不能越九十度蓋赤道之離二極也亦各九十度午線由赤道至于極亦各九十度也其經度在赤道上計算從第

一午線而起往東一百八十度往西一百八十度其在東者則曰東經度其在西者則曰西經度其定立午線之首前欵已爲詳明其緯度因地球二極處形扁相離稍有差別然甚覺微細爲數無幾故諸察地理者一例計算未曾區別也但其經度之數有長短之別與緯度不同蓋因地球體圓自赤道南北兩分而前漸近于二極其平行線漸覺圈小而其午線之相離亦漸窄盡于樞紐之處故離赤道六十度之處其經度較之在赤道上者不過一半所以午線相離之至遠者在赤道上而

經度之至長者亦在赤道上也故各處之經度凡論遠近總應歸赤道上計算也其經線可以按度數而算亦可以按時刻而算按度數而算則每一度分爲六十分每一分分爲六十秒按時刻而算則每十五度作爲四刻每一度作爲四分又每十五度有遲早一點鐘之差則在東者遲四刻在西者早四刻蓋日之類行由東而西先過東邊之地方後過西邊之地方所以東邊得日在先西邊得日在後及至在西者方屆其時而在東者已越其時矣故東遲西早每十五度有一點鐘之差譬

如京師時屆午正以東十五度之處則已交未初以西十五度之處則尚係午初再東再西總以十五度爲限按此類推即可知其時刻也今繪緯經二度圖于後以備覽

經緯二度圖

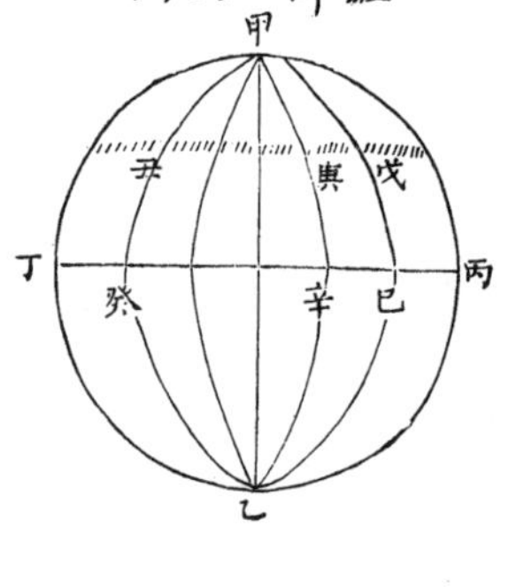

丙丁一線為赤道譬如戊字為一處地方其緯度即從巳至戊之線其經度如以甲癸乙一圈為第一午線從癸至巳即其經度也若庚字為一處地方其緯度即從辛至庚之線其經度即從癸至辛也如辛字為一處地方則無緯度因其在赤道上其經度亦從癸至辛也如癸字為一處地方則緯經二度皆無蓋因其在赤道上故無緯度在第一午線上故無經度也

以上所論以類推可見其一凡居于赤道上之處不見緯度蓋緯度從赤道起算直至二極必須離開赤道或往南往北一秒半秒方有可計算凡居于第一午線上之處不見經度蓋經度從第一午線起算直至東西必須離開第一午線或往東往西一秒半秒方有可計算所以若居于第一午線與赤道交會之處者緯經二度皆不見其理亦然其二凡同居一午線之上者或南或北于赤、相距同遠則彼此緯數相同時刻不異但因其所居南北不同方故彼此有晝夜長短之別譬如在南者晝五十二刻夜四十四刻是晝長夜短也在北者則晝四十四刻夜五十二刻是晝短夜長也若北方晝長夜短則南方必晝短夜長此理之所必然也推之四季亦彼此相反在南者時届春令在北者則爲秋令在南者時届夏令在北者則爲冬令若北方春令則南方秋令北方夏令則南方冬令蓋其所居同線而異方故緯數相同時刻相等而晝夜則相異四季則相反也其三凡居兩面相對一午線之上者或在南或在北彼此于赤道相距同遠則緯度相同方位各異但因其所居

東西相對故彼此有子午正對之差譬如在東者時交午正在西者則届子正若東方子正則西方必午正然其晝夜之長短相等四季之時令相同蓋因彼此所距于赤道同遠故緯度之數目不異也

再各平行線因離于赤道漸遠其圈漸小每度數目雖仍爲六十分每分六十杪每杪六十微然較之赤道上者則逾遠愈爲短少至二極之處而盡故將各平行線較赤道祇有若干之數目算明畫圖開列于後以備查閱

平行線	分	杪	微
第一	五十九	五十九	二十四
第二	五十九	五十七	三十六
第三	五十九	五十五	一十二
第四	五十九	五十一	三十六
第五	五十九	四十六	一十二
第六	五十九	四十	一十二
第七	五十九	三十三	三十六
第八	五十九	二十五	一十二
第九	五十九	一十五	三十六
第十	五十九	四	四十八
第十一	五十八	五十三	二十四
第十二	五十八	四十	四十八
第十三	五十八	二十七	三十六
第十四	五十八	一十三	一十二
第十五	五十七	五十七	○
第十六	五十七	四十	一十二
第十七	五十七	二十二	四十八
第十八	五十七	三	三十六
第十九	五十六	四十三	四十八
第二十	五十六	二十二	四十八
二十一	五十六	○	三十六
二十二	五十五	三十七	四十八
二十三	五十五	一十三	四十八
二十四	五十四	四十八	六
二十五	五十四	二十二	四十八
二十六	五十三	五十五	四十八
二十七	五十三	二十七	三十六
二十八	五十二	五十八	一十二
二十九	五十二	二十八	四十八
三十	五十一	五十七	三十六

平行線	分
三十一	五十一
三十二	五十
三十三	五十
三十四	四十九
三十五	四十九
三十六	四十八
三十七	四十七
三十八	四十七
三十九	四十六
四十	四十五
四十一	四十五
四十二	四十四
四十三	四十三
四十四	四十三
四十五	四十二
四十六	四十一
四十七	四十
四十八	四十
四十九	三十九
五十	三十八
五十一	三十七
五十二	三十六
五十三	三十六
五十四	三十五
五十五	三十四
五十六	三十三
五十七	三十二
五十八	三十一
五十九	三十
六十	三十

二五一四　三五一三五一三五　二　五　二三四五　一二三　四
杪十十十十九十十十十十十十九十　四　十九十十十十六十十十　四　十〇　五
五二九四　二五六七七六二二　五　五　一四三六　五四三　七
四四一二　二　四二三四一四一四四一　三一　四二三三三　二二
徵十十十十〇十二十十十十十十十十〇十十十十十十十〇十十〇
八八二四　四　八二六八二八二八八二　六二八四六六六　二四
平六六六六六六六六六　七七七七七七七七　八八八八八八八八八
行十十十十十十十十　十十十十十十十十十　十十十十十十十十
線一二三四五六七八九　一二三四五六七八九　一二三四五六七八九

二二二二二二二二二　一一一一一一一一一
分十十十十十十十十十　十十十十十十十十十　九八七六五四三二一盡
九八七六五四三二一　九八七六五四三二一
一二二二二二二　三三三三三三　二三三二二二一一
杪五　十十十十十十　十十十十十十十　十十十十十十十十十　八五三〇
四八一四七八　一二三三二一　八七五二一九六三
一二二　三三　四三三二　二四三三　四　一四　一四四四三二
徵十十十〇十十〇十十十十〇十十十十〇十〇十十〇十十十十〇〇
四二四　六六　八六二四　四八二六　八二一　八　二八八八四四

地球時刻道論

古之察地理者曾以地球分為五道。乃熱道一段。寒道溫道各二段。外又以六十道分之。而寬狹不一。南北二方各三十段。名之曰時刻道。其故有二焉。一則指明各地彼此相去之遠近。二則辨明各地晝夜時刻之長短。但欲指明地球各處之所在。或南或北。或東或西。緯經二度既已繪定。詳明而各處所在。必能洞悉胸中。斯能不迷于所視。顧後世之察地理者未嘗多用其法。以指示各處所在。故仍論之。夫時刻道者。乃地球一段地方。間于二橫圈之中者也。凡居每道上之人。其時較于相挨道上者之時有二刻之差別。又有一月之差別。蓋屢試屢驗。凡居于赤道上之處。晝夜均平。日則六時。夜則六時。若所居相距赤道者。凡日之類行越于春秋分處。愈近夏至之處。晝則漸長。夜則漸短。日至其處而止。愈近冬至之處。晝則漸短。夜則漸長。日亦至其處而止。且其晝夜之度時刻之數。愈離于赤道。或南或北。則逐道愈漸加增。甚至南北二圜線之處。其晝之長者竟增至十二時之多。再由二圜線至二樞紐之處。竟增至六箇月之久有晝無夜皆爲白日是以按時刻之差别若干卽分地球爲若干道自赤道起至日長六時二刻之處横畫一圈爲第一道自一道起至日長六時四刻之處又横畫一圈爲第二道因此每于多二刻差别之處卽畫一圈至二圜線之處日則長至九十六刻圈則共畫二十四道又自二圜線起至二樞紐之處日長則逐月加增所以由圜線至日長一箇月之處横畫一圈由日長一箇月之處至日長兩箇月之處又横畫一圈因此每于多一箇月差别之處卽畫一圈至二樞紐之處日

則長至六箇月圈則共畫六道從此可見由赤道至圜線共有二十四道每道遞增二刻由圜線至樞紐共有六道每道遞增一箇月南北相同每方三十道統計六十道再二刻之道離赤道愈遠其道愈窄一箇月之道離圜線愈遠其道愈寬今將各道離赤道若干寬窄度數日長時刻開列于後以備便覽但其所論之月因中華與西域之月數不同且在北方者多一日在南方者少一日故改爲按日而計也

地球時刻表

赤道上		周歲	日長六時
第一道	離赤道八度三十四分	道寬八度三十四分	日至長六時二刻
第二道	離赤道十六度四十三分	道寬八度九分	日至長六時四刻
第三道	離赤道二十四度十分	道寬七度二十七分	日至長六時六刻
第四道	離赤道三十度四十六分	道寬六度三十六分	日至長七時
第五道	離赤道三十六度二十八分	道寬五度四十二分	日至長七時二刻
第六道	離赤道四十一度二十一分	道寬四度五十三分	日至長七時四刻
第七道	離赤道四十五度二十九分	道寬四度八分	日至長七時六刻
第八道	離赤道四十八度五十九分	道寬三度三十分	日至長八時

第九道	離赤道五十二度五十七分	道寬二度五十八分	日至長八時二刻
第十道	離赤道五十四度二十八分	道寬二度三十一分	日至長八時四刻
十一道	離赤道五十六度三十六分	道寬二度八分	日至長八時六刻
十二道	離赤道五十八度二十五分	道寬一度四十九分	日至長九時
十三道	離赤道五十九度五十七分	道寬一度三十二分	日至長九時二刻
十四道	離赤道六十一度十六分	道寬一度十九分	日至長九時四刻
十五道	離赤道六十二度二十四分	道寬一度八分	日至長九時六刻
十六道	離赤道六十三度二十分	道寬五十六分	日至長十時
十七道	離赤道六十四度八分	道寬四十八分	日至長十時二刻

十八道　離赤道六十四度四十八分　道寬四十分　日至長四時二刻
十九道　離赤道六十五度二十分　道寬三十二分　日至長十時六刻
二十道　離赤道六十五度四十六分　道寬二十六分　日至長十一時
二十一道　離赤道六十六度六分　道寬二十分　日至長十一時二刻
二十二道　離赤道六十六度二十分　道寬十四分　日至長十一時四刻
二十三道　離赤道六十六度二十八分　道寬八分　日至長十一時六刻
二十四道　離赤道六十六度三十二分　道寬四分　日至長十二時
二十五道　離赤道六十七度二十三分　道寬五十一分　日至長北方三十一日 南方三十日
二十六道　離赤道六十九度五十分　道寬二度二十七分　日至長北方六十二日 南方六十日

二十七道　離赤道七十三度三十九分　道寬三度四十九分　日至長北方九十三日 南方八十八日
二十八道　離赤道七十八度三十一分　道寬四度五十二分　日至長北方一百二十四日 南方一百二十日
二十九道　離赤道八十四度五分　道寬五度三十四分　日至長北方一百五十七日 南方一百五十日
三十道　離赤道九十度　道寬五度五十五分　日至長北方一百八十八日 南方一百七十七日

辨四季寒暑論

前地球循環欵內已論地球本體之轉有二一則日周一則年周日周者本體之周而復始也晝夜運動西向東旋隨旋隨升年周者旋于日外之周而復始也因其隨旋隨升盡歷十二宮位是以有四季之分寒暑之別也今將四季寒暑之故特爲詳明夫地球循環日外之道乃黃道中線也其南北二極與天之南北二極常爲直對相應雖運行不息其二極所指永不更移蓋因其軸若于黃道直竪則地球周圍循環日光常居赤道其二極總無近遠之別而日之光照終年南北相同既同何能有四季寒暑之別其軸若于黃道平横則地球周圍循環日光一時居于赤道一時在北極頂上一時在南極頂上所有地上各午線之處無不絡繹而偏照雖其處不無四季寒暑但日體出乎二帶之外何能有夏

冬二至也祇因其軸于黃道略爲偏斜有二十三度二十八分之銳角故地球周圍循環有時北極近日而南極則遠于日有時南極近日而北極則遠于日有時赤道與日相對凡至二極近日故有夏冬二季赤道與日相對故有春秋二季也蓋地球在春分之黃道與赤道交會處其二極同距日遠而所受日光照臨二方相同故北方溫和南方涼爽在北者則爲春在南者則爲秋若離春〃之處向北而往則北方之天氣漸漸變爲暑熱是由春而夏南方之天氣漸漸變爲寒冷是由秋而

冬也地球在夏至之黃道與北帶相連處其北極近于日南極遠于日而所受日光照臨二方相異故北熱而南冷在北者則爲夏在南者則爲冬若離夏至之處向南而旋則北方之天氣漸漸變爲涼爽是由夏而秋南方之天氣漸漸變爲溫和是由冬而春也地球在秋分之黃道與赤道交會處其二極亦同距日遠而所受日光照臨二方相同故北方涼爽南方溫和在北者則爲秋在南者則爲春若離秋分之處向南而往則北方之天氣漸漸變爲寒冷是由秋而冬南方之天氣漸漸變

爲暑熱是由春而夏也地球在冬至之黃道與南帶相連處其南極近于日北極遠于日而所受日光照臨二方相異故南熱而北冷在南者則爲夏在北者則爲冬若離冬至之處向北而旋則北方之天氣漸漸變爲溫和是由冬而春南方之天氣漸漸變爲涼爽是由夏而秋也由此類推而各道日之長短差別益可以明悉矣今畫此地球循環日外並四季寒暑二圖于後以便備覽

地球循環日外圖

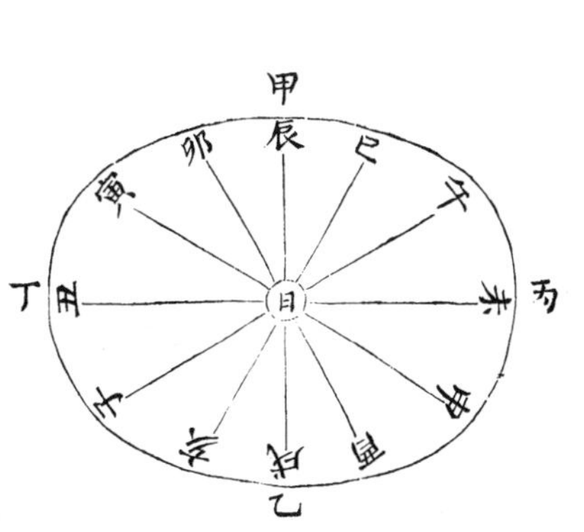

甲乙丙丁一圈乃地行本道也其式如卵形四方距日有遠近之別前已解釋茲繪圖置日于其中者以明地行各宮之節氣并四季之時令也夫地之本道分爲十二段每段應一宮自乙字處起是爲第一段乃戌宮從右遞數第二段則爲酉宮第三段則爲申宮第四段則爲未宮第五段則爲午宮第六段則爲巳宮第七段則爲辰宮第八段則爲卯宮第九段則爲寅宮第十段則爲丑宮　十一段則爲子宮第十二段則爲亥宮也地行每約一月之期則過一宮春分之時地入辰宮地上

之人觀日如進戌宮穀雨之時地入卯宮地上之人觀日如進酉宮小滿之時地入寅宮地上之人觀日如進申宮夏至之時地入丑宮地上之人觀日如進未宮大暑之時地入子宮地上之人觀日如進午宮處暑之時地入亥宮地上之人觀日如進巳宮秋分之時地入戌宮地上之人觀日如進辰宮霜降之時地入酉宮地上之人觀日如進卯宮小雪之時地入申宮地上之人觀日如進寅宮冬至之時地入未宮地上之人觀日如進丑宮大寒之時地入午宮地上之人觀日如進子宮雨

水之時地入巳宮地上之人觀日如進亥宮也

地球循環本道已爲解釋詳明今將地入每宮四季寒暑之別繪圖于後備覽

四季寒暑圖

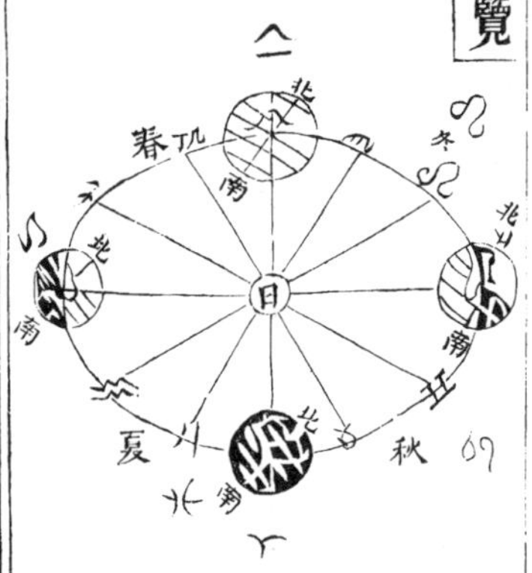

黄道上四球乃地球也各球上北字乃爲北極南字乃爲南極中通一線爲地之軸與黄道相搭爲二十三度二十八分之鋭角周圍循環二極定向永不更移各地球上白色者乃向日之半邊黑色者乃背日之半邊本體之轉雖一日周而復始然向于日者總是半邊凡地在辰宮人則見日如在戌宮乃北方春分之時南方秋分之時也地之赤道與日正對南北二極相距同遠受日光照臨二方相同故北方温和南方凉爽各處從赤道兩分或往北或往南太陽卯正而出酉正而沒晝夜

盡爲均平日終六時夜間六時也自辰宮行至丑宮人則見日如在未宮乃北方夏至之時南方冬至之時也北極近于日南極遠于日北方受日光直照則熱南方得日光斜射故冷北方各處從赤道往北見日者多則晝長夜短按各處時刻道自六時增至六月南方各處從赤道往南見日者少則晝短夜長亦按各處時刻道自六時增至六月也自丑宮行至戌宮人則見日如在辰宮乃北方秋分之時南方春分之時也地之赤道與日再爲正對南北二極相距同遠受日光照臨二方亦

相同故北方涼爽南方溫和各處從赤道兩分或往北或往南太陽亦卯正而出酉正而沒晝夜盡爲均平日終六時夜間六時也自戌宮行至未宮入則見日如在丑宮乃北方冬至之時南方夏至之時也南極近于日北極遠于日南方受日光直照則熱北方得日光斜射故冷南方各處從赤道往南見日者多則晝長夜短按各處時刻道自六時增至六月北方各處從赤道往北見日者少則晝短夜長亦按各處時刻道自六時增至六月也自未宮行至辰宮入則見日如在戌宮乃北方

又春分之時南方又秋分之時此十二宮一周之始終四季循環之次序也

海國圖志卷之一百

地球天文合論五

邵陽魏源補輯

平安通書論天地 美理駕國人培端撰

天自恒星外其周太陽之各行星則有可計焉繪圖於後以俟觀天文者考而知也居中爲日周日第一道曰水星其廣大較地八分之一凡八十八日限周日一轉第二道曰金星其廣大約與地均凡二百二十五日限周日一轉第三道曰地球即人所居者是凡三百六十五日二時七刻零周日一轉其南北極樞紐不離其處

而東西則每一晝夜一易轉有一太陰旋繞卽月也有月道圖朔望晦明圖附第四道曰火星較地略小凡六百八十七日限周日一轉第五道曰花女星凡一千一百九十三日限周日一轉第六道曰火女卽陸星凡一千三百二十五日限周日一轉第七道曰虹女星凡一千三百四十二日限周日一轉第八道曰海女星凡一千三百四十六日限周日一轉第九道曰酒女星凡一千三百八十日限周日一轉第十道曰義女星凡一千五百十一日限周日一轉第十一道曰天后卽巧星凡

一千五百九十四日限周日一轉第十二道曰穀女即感星凡一千六百八十一日限周日一轉第十三道曰武女即焰星凡一千六百八十七日限周日一轉自五道至此凡九星較水星更小古人未嘗尋見今用大千里鏡窺其形多稜角雖各異其道而有相交之際或曩爲一星而分裂之未可知也第十四道曰木星廣大百倍於地凡四千三百三日限周日一轉有四太陰旋繞第十五道曰土星即鉛星其象與衆星殊外有長圓圈如帶較金星略小凡一萬零七百五十九日限周日一

轉有八太陰旋繞第十六道曰天星又較小於土星凡三萬零六百八十七日限周日一轉有六太陰旋繞第十七道曰海王星亦是新尋見者較天星略小而大於地數十倍凡六萬零一百二十七日周日一轉曾於尋得之時已一見太陰旋轉然細思此星離日已遠又大於地球必非一太陰所能偏照俟再諦觀以告同人若彗星圈道長圓竟天其遠遠未易釐定有時見其光下垂者人謂之尾云夫諸星行皆隨日轉或遲或速而日亦二十五晝夜零爲之一轉果誰繫之而誰運之者嗚呼仰觀之下使吾愈不能忘于眞神創造之德矣

附大小遠近喻

試以一直徑二尺大之圓物作日觀懸垂於大片空地上水星之小比如芥子離星作八丈二尺金星比如大豆離日作十四丈二尺地球之大同于金星離日作二十二丈五尺火星又小於地球比如粒黍離日作三十二丈七尺火木之間九星譬更小而如沙離日作五六十丈不齊木星最大擬之以橘離日作一百三十二丈土星較小如中橘離日作二百十一丈零天星較小比

如梅子離日作三百九十六丈海王星略大比如小桃然離日作六百六十丈然執此以喻猶未必肖況以片楮而繪星十七道亦祇以彷彿其痕迹而豈能量天之高星辰之遠哉

日晷圖說

凡欲定時先將指南針定明南北向平鋪日晷圖又將三角尖版一塊大小如式以尖角向南底角向北竪在午線上不使有偏倚斜側放置日中如正午時則版全無影餘視版影所射便識何時矣苟有好之者務必選

空闊斥地使日光自朝至暮常見者置一石磴上用細石照式刻闊狹時辰線毋失分毫定南北向置磴上又用照式三角尖銅版一粘置午線中可時時閲之豈不便於作事乎

按日晷與自鳴鐘略有遲速詳見時刻論與安息日期注故凡定時者亦須用加減活法致日晷所指之時與鐘所指之時兩相吻合

附月道圖說

居中爲日日外大圈爲地周日行之黃道其繞黃道作

逕圈者爲月繞地行之道自每年正月朔推至十二月晦其於黃道一周稍有不及是名歲差差至一月則必置閏書云以閏月定四時成歲正謂此也

日月蝕圖說 圖見後

日月之蝕說如聚訟不知日月未嘗或缺特居地面之人有時或不見日月光耳蓋月小地大月被地吸故其軌道繞地而行與日各邊相對中隔地球則日光不及月而月暗無光是爲月蝕如第一圖是地影掩月有遠近之分月蝕卽有多少之别或正入或旁入地影如第二圖是月與日同邊日被月掩則日蝕月離地近則見日蝕多離地遠則見日蝕少如第三圖是有時日月雖同邊而不相對掩則日不蝕日月雖各邊而中隔之地球或上下不等則地影不掩月而月亦不蝕細究此理乃有一定按今年正月初一子時日蝕爲西洋二月初一午時與大利亞與亞非利加之大龍山等皆見中華不見西洋七月十三子時月蝕十分之七卯時復圓爲中華六月十五酉正中華月未上故又不見歐羅巴北亞美理駕與亞非利加之北皆見又西洋七月廿八

卯正日蝕爲中華七月初一戌正時中華日落已久故又不見蓋日月之蝕每年皆有但各國有見有不見卽所見處時辰分杪亦不同考天文者諒不以見不見爲疑也若咸豐二年十一月初一之日蝕則中華見而西洋不見欲詳其說以俟來年

四時節氣圖說 圖後見

世人皆見日有出入不知非日之出入乃地球運動故耳人之　地面者不自知地之動而反以爲日之或升或落譬如人坐行船祗見岸上之山直趨向後山豈有

動乎哉今繪圖于後使考天文者覽焉地球以兩極為樞紐每十二時一旋轉為晝夜地面向日處為晝背日處即為夜中華日方中而吾美理駕國乃為夜半於此可證且其由黃道而行則十二月一周為一歲其周行之道譬將竹管用刀斜截日在管之央地向竹管斜截處上下周行故冬至地行高處見日反低日短夜長夏至地行低處見日反高日長夜短南北各反是春分秋分地行中間與日不相上下故晝夜相並若說地行之道常平則與日當常並非惟晝夜常無長短而冬夏亦

不成矣此四時節氣由于地球運動而成之說也其又有六個月見日不落時常為晝六個月見日不出時常如夜此則近北極處有然須究地球合參天文方曉

時刻論 圖見後

通書日出入時刻悉照自鳴鐘第恐無鐘鏢處難以家喻戶曉故今祗取日晷定時刻而又慮地球環日周行勢有高低則人見日之出入有遲速故仍以無遲速之鐘鏢以交日之遲速分注於每七日下此書所云日出入時刻祗就中國寧波府而言寧波北極出地為二十

日晷圖

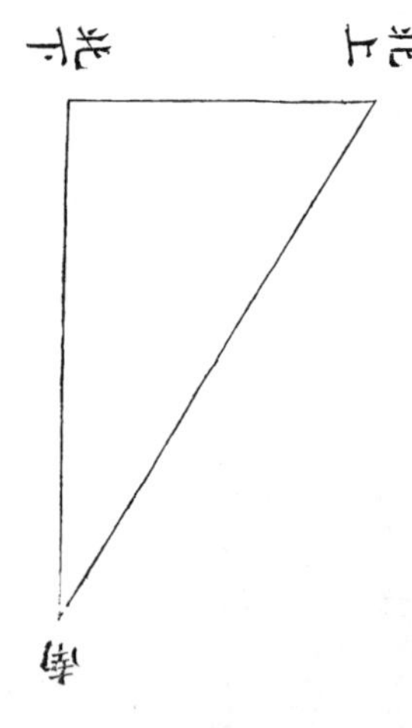

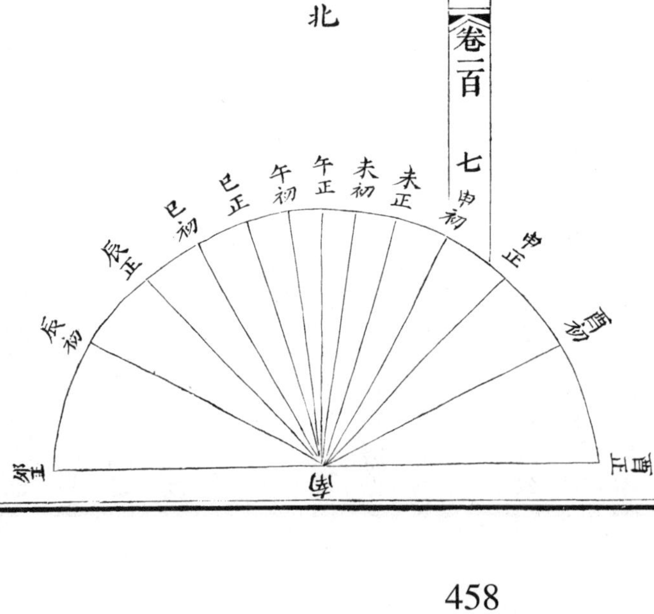

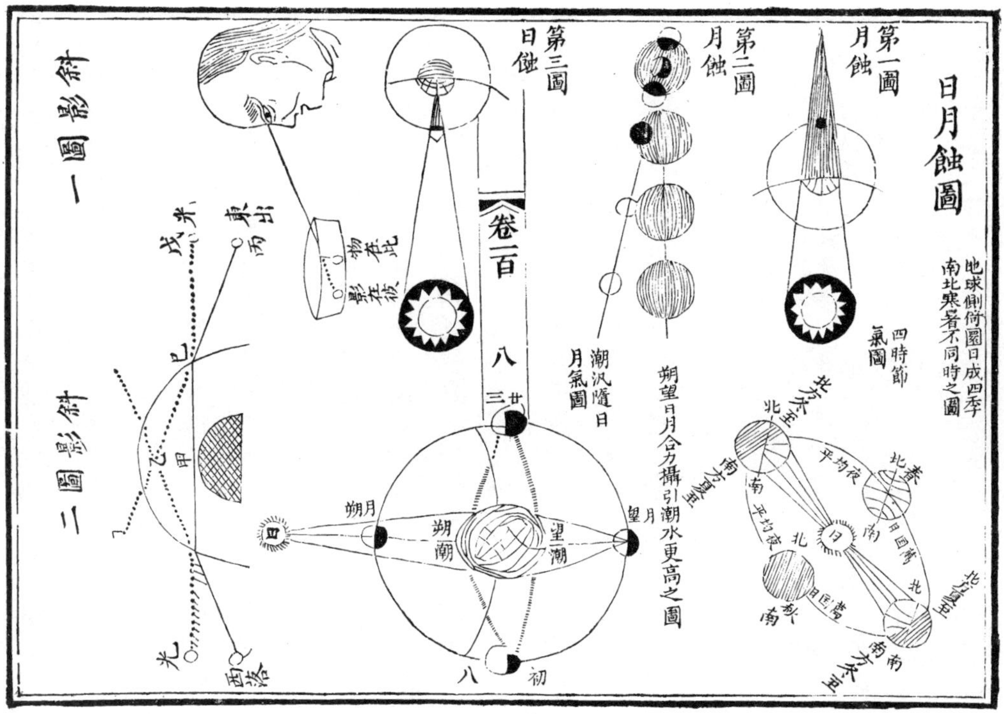

九度五十五分其距寧波而東至舟山距寧波而西如江西之彭澤九江安徽之歙縣休寧祁門湖北之興國嘉魚等處其北極出地同約三十度者亦可通用若偏南偏北則須別算且書中所言日之出入乃以地平線當日之中若日未出而先見其光與日已入而仍見其光是名斜影另繪二圖于後第一圖譬如以一洋銀放置在淺鉛盤內稍近此邊人目所視祇見彼邊之空處將水傾入滿盤而洋銀之影忽斜在彼邊爲人全見矣日之出入其光被天空氣升降而人在地平上見其斜

影亦然觀第二圖便可瞭然甲位直視東方爲地平線乙圈爲天空氣人在甲位視東方祇見戊位早晨日出丙日光直射宜在丁被乙圈天空氣納入甲位則人從已視去日光方在丙而其斜影恰已在戊位人在甲位視西方其日入之斜影亦可如是相推故以時刻而言日出時須扣除二分算日入時又須加二分算乃爲有定耳

潮汛隨日月圖說圖另列

宇宙間萬物皆有相攝之性今試以微物觀之將兩細

羽浮在盌水上須臾必相翕合潮汎隨日月亦然第世入祇知潮汎隨月如鐵隨磁石不知潮亦被日所攝顧日大而月小何以潮隨月者反多而隨日者反小蓋日與地遠而月與地近遠勢不能敵近理固然也今繪圖于此俾觀者瞭然潮水隨月月至天頂每日約遲四十九分故潮之遲亦如之（六十分為一點鐘一百二十分為一時辰）故二十九日半遲至一千四百四十分遲足一日又成月初辰戌之漲矣又大港潮何以與小港之潮每差或幾分或幾時蓋小港灣曲水行稍遲故耳試將鎮海與寧波相較

便明茲圖有黑暈者為潮月朔則日月同在一道潮固隨之至初八廿三月行之道與日不相對則潮隨月而亦少隨日月望之潮與初一同特早潮翻為夜而夜潮遂作為早耳

附鎮海潮汎　寧波港漲退每潮遲一時辰

初一 十六	初二 十七	初三 十八	辰戌漲　丑未退
初四 十九		初五 二十	巳亥漲　寅申退
初六 廿一	初七 廿二	初八 廿三	子午漲　卯酉退
初九 廿四		初十 廿五	丑未漲　辰戌退
十一 廿六	十二 廿七	十三 廿八	寅申漲　巳亥退
十四 廿九		十五 三十	卯酉漲　子午退

節氣日離赤道表

正月初四申時立春　日距赤道南十六度四十分

十九午時雨水　日距赤道南十一度三十分

二月初四午時驚蟄　日距赤道南六度十九分

十九午時春分　日出赤道南入赤道北

三月初四酉時清明　日距赤道北六度十九分

二十子時穀雨　日距赤道北十二度三十分

四月初六午時立夏　日距赤道北十六度十二分

廿二丑時小滿　日距赤道北二十度十二分

五月初七申時芒種　日距赤道北二十二度四十六分

廿三巳時夏至　日距赤道北二十二度半

六月初十寅時小暑　日距赤道北二十二度四十六分

廿五戌時大暑　日距赤道北二十度十二分

七月十二未時立秋　日距赤道北十六度四十分

廿八寅時處暑　日距赤道北十一度三十分

八月十三申時白露　日距赤道北六度十九分

廿九子時秋分　日出赤道北入赤道南
閏八月十五卯時寒露　日距赤道南六度十九分
九月初一辰時霜降　日距赤道南十一度三十分
十六辰時立冬　日距赤道南二十度十二分
十月初一卯時小雪　日距赤道南二十二度四十六分
十六子時大雪　日距赤道南二十三度
十一月初一酉時冬至　日距赤道南二十二度四十六分
十六巳時小寒　日距赤道南二十度十二分
十二月初一寅時大寒　日距赤道南十六度四十分

十五亥時立春　日距赤道南十六度四十分
三十酉時雨水　日距赤道南十一度三十分

西洋歷法緣起

西洋歷法創始於羅馬國王名羅馬露其時爲中華周平王之八年羅馬露造歷以曉百姓以十個月爲一年四箇月有三十一日六箇月祇三十日合計每年凡三百零四日此大謬也至平王四十五年鴛麻王卽羅馬國位改十二箇月爲一年月分大小以三十日爲月大每年凡六箇月以二十九日爲月小每年亦六箇月共計一年得三百五十四日又作閏月其法以四年兩閏爲定第一次所閏之月祇二十二日第二次所閏之月亦祇二十三日如此合算每年共三百六十五日零三時辰若後世能依鴛麻王之法雖略有未合尚不至于大謬蓋其所定三時嫌有略多之處其實祇兩時半加四十八分零四十九秒又一秒作百分開之得六十二分照自鳴鐘式每一時爲兩點每點該六十分每分該六十秒鴛麻王之法所差尚屬無幾而後來諸王竟私心自用隨意加減年日之多寡故或不應閏而閏或應

閏而不閏以致天時與麻法不合至西漢宣帝二十三年羅馬國汝留王卽位始改其法以日爲度不以月爲度每年定爲三百六十五日每四年閏一日爲三百六十六日其正三五七九十一月每月三十一日四六八十十二月每月三十日其每年二月俱係二十九日惟至第四年得三十日又七月名汝留月以汝留王故也後至中華西漢元帝十二年間羅馬國奧古斯都卽位名八月爲奧古斯都月向來祇三十日奧古斯都增八月一月爲三十一日因減去二月一日故不閏之年二

月祇二十八日又將九月十一月俱減一日爲三十日十月十一月俱增一日自是以後諸外國皆服羅馬正朔遵行無改蓋汝留王以每年爲三百六十五日零三時算至二千年𨚫錯十五日至汝留王後三百七十年即中華東晉成帝三年有一公會從天主教主及監督各人等向定于每日開齋某日課程當公會聚集之時向係在二月二十一日春分之節至此春分已退至三月二十五日迨至汝留王一千六百二十七年即中華之萬厤十一年春分又逆在三月十一日較前三月二

十五早十四日其時天主教主思欲除去十四日又恐有碍公會預定之期故祇改去十日以二十一日爲春分焉又立一閏法每年二月祇廿八日每第四年乃閏得二十九日又每百年不閏每第四百年乃閏每至千年不閏如此推算三千八百六十年但多一日耳所遵天主教諸國一時皆依此法即不遵天主教西方諸國亦知此法無訛悉用其厤惟俄羅斯不用此法故與此差有十二日

照外洋厤數定年其每年二十四節氣分屬每月每日俱有一定之日與中國之立春或在十二月或在正月者不同譬如外洋春分向在二月二十一日其餘可以類推雖至數百年之久所差斷無一日是以變更即善忘者亦偶一翻閱而已蓋至三千八百六十年後始差足一日此以日度定年勝於以月度定年有如是也